Gert Raeithel

Geschichte der nordamerikanischen Kultur

Gert Raeithel

GESCHICHTE DER NORDAMERIKANISCHEN KULTUR

Band 1

Vom Puritanismus bis zum Bürgerkrieg

1600–1860

Zweitausendeins

Gert Raeithel, Geschichte der nordamerikanischen Kultur.
Band 1. Vom Puritanismus bis zum Bürgerkrieg (1600–1860).
Band 2. Vom Bürgerkrieg bis zum New Deal (1860–1930).
Band 3. Vom New Deal bis zur Gegenwart (1930–1995).

Erste, durchgesehene und erweiterte Auflage, August 1995.
Zweite Auflage, November 1995.

Die Abbildungsnachweise befinden sich am Ende des dritten Bandes.

Lektorat der erweiterten Neuausgabe Ekkehard Kunze und Martin Weinmann, Wiesbaden.
Herstellung der Lizenzausgabe Dieter Kohler & Bernd Leberfinger, Nördlingen.
Druck Buch- und Offsetdruckerei Wagner GmbH, Nördlingen.
Gebunden bei G. Lachenmaier, Reutlingen.
Printed in Germany.

Diese Ausgabe gibt es nur bei Zweitausendeins
im Versand (Postfach, D-60381 Frankfurt am Main) oder
in den Zweitausendeins-Läden in Berlin, Essen, Frankfurt, Freiburg, Hamburg,
Köln, München, Nürnberg, Saarbrücken, Stuttgart.

In der Schweiz über buch 2000,
Postfach 89, CH-8910 Affoltern a. A.

ISBN 3-86150-129-5

INHALT

VORWORT

Kultur wurde bis ins 20. Jahrhundert hinein auch in Nordamerika als etwas Hohes und Geistiges betrachtet, als etwas Entlegenes und Nichtalltägliches, als ein europäischer Luxus sogar, der in einem republikanischen Gemeinwesen keinen Platz habe. Nach neuerem Verständnis jedoch umfaßt Kultur die Gesamtheit der gesellschaftlichen Tradition. Dazu gehört das Brauchtum ebenso wie die akademische Philosophie, die Technik wie die Religion, die Umgangssprache wie die feierliche Rede, die Politik, die Kunst und das Alltagsleben.

Gibt es überhaupt eine einheitliche nordamerikanische Kultur und nicht etwa beliebig viele Subkulturen? Amerikanisten, die sich mit der Kultur der USA befassen, bejahen diese Frage. Seit Gründung der Vereinigten Staaten sollte eine Amerikanisierung die Homogenität der Bevölkerung und die Einheit der Kultur sicherstellen. Die angloamerikanische Mehrheit drängte ihre Normen auch Minderheiten auf. Umgekehrt definieren sich die USA gerne als Summe ihrer Minderheiten. Somit hat die Erscheinung, daß die Amerikaner gleichzeitig »amerikanischer« und »ethnischer« wurden, der kulturellen Einheit keinen Abbruch getan.

Nach welchen Gesetzmäßigkeiten kommen unverwechselbare Merkmale einer Nationalkultur zustande? Welche Stimme setzt sich durch auf dem Forum der Ideen, wer bestimmt, in welcher Richtung eine Kultur sich letztlich bewegt? Geoffrey Gorer, Erik Erikson und David Riesman haben Amerika nicht von seinen Rändern her, sondern aus der Mitte heraus untersucht und uns gezeigt, wie man das Typische vom Zufälligen, die Norm von der Abweichung unterscheiden lernt.

Die Vereinigten Staaten sind beschrieben worden als eine wandelbare, eine unfertige Gesellschaft. Unübersehbar sind freilich die kulturgeschichtlichen Konstanten, wie sie sich seit der Kolonialzeit herausgebildet haben. Unverändert halten Amerikaner an der Überzeugung fest, in einem gelobten Land zu wohnen, unbeirrbar nennen sie als wichtigste Tugenden Unabhängigkeit und Selbstvertrauen, Optimismus und Fortschrittsglauben, Gleichheitsdenken und Voluntarismus, Individualität und das Streben nach Erfolg.

Ein Weg zur Fixierung kultureller Gesetzmäßigkeiten führt über die Erforschung der »modalen« Persönlichkeit. Der »Modus« bezeichnet den Wert, der am häufigsten auftritt. Die modale Persönlichkeitsstruktur ist nicht identisch mit einer vagen Jedermannsmentalität, denn sie soll gerade das Typische oder Repräsentative in einer Kultur verdeutlichen. Nach demographischen und kultursoziologischen Kriterien ist der »modale Amerikaner« im Lande geboren, spricht akzentfreies Englisch, trägt einen angelsächsischen Nachnamen, hält die nationalen Feiertage ein, gehört einer protestantischen Kirche an, nimmt proteinreiche Nahrung zu sich, bewältigt gemeinsam mit dem Ehepartner die Erziehungsaufgaben, tritt für die nominelle Gleichberechtigung der Frau ein und so fort. Der »modale Amerikaner« als Quintessenz des Amerikanismus macht Abweichungen von der kulturellen Norm deutlicher sichtbar. Er ist ein Konstrukt, aber mehr als Fiktion, da er seine Existenz gewissermaßen einer realen Häufigkeitsverteilung verdankt.

Psychologisch gesehen erscheint der Amerikaner als ein Typ, der das Mobile dem Seßhaften und die Weite der Enge vorzieht, der die aktive, persönliche Erfahrung bevorzugt, statt sich passiv Objekten hinzugeben. Michael Balint hat den objektschwachen Typ, den »Philobaten«, detailliert beschrieben: hochgradig beweglich hegt er grenzüberschreitende Phantasien, brüstet sich seiner technischen Fähigkeiten, liebt das Risiko und kommt über den Verlust von Personen und Sachen anscheinend leichter hinweg als der objektstarke, anklammerungsbedürftige, »oknophile« Gegentyp. Dieser Gegentyp lebt sein Leben in kleinen Schritten, er braucht Zäsuren, Dinge, die er kennt, Menschen, Gegenstände und vertraute Situationen, die ihm Halt geben. Die freundlichen Weiten der Philobaten erzeugen bei ihm Schrecken vor der Leere.

Schwache Bindungen an Personen und Sachen sind das Grundcharakteristikum der nordamerikanischen Kultur. Ein Stützpfeiler dieser These ist die Geschichte der Auswanderung. Wirtschaftliche, politische und religiöse Gründe reichen zur Erklärung eines freiwillig gefaßten Auswanderungsentschlusses meist nicht aus. Der Auswanderer mußte fähig sein, Eltern und Verwandte, manchmal auch Kinder und Ehegatten zurückzulassen, soziale Bindungen zu lösen. Die Geschichte der Auswanderung ist auch eine Geschichte des Verzichts. Der Verzicht war um so leichter zu leisten, je schwächer die Sozialbeziehungen von Haus aus waren. Es ist kein Zufall, daß die Rückwanderungsquote bei südeuropäischen Auswanderern mit ihren engen familiären, kommunalen und religiösen Bindungen immer besonders hoch lag und bis zu siebzig Prozent betragen konnte. Die radikale Ortsveränderung wurde rückgängig gemacht, sobald in den USA ein gewisses Maß an kultureller Nähe nicht gegeben war. Dagegen betrug die Rückwanderung in vorwiegend protestantische Länder wie Schottland, Schweden oder die Niederlande selten mehr als zehn Prozent.

Unterschiedliche Objektbeziehungen lassen sich quantifizieren. Amerikanische Männer verbringen Tag für Tag sechs bis sieben Stunden allein, Bewohner anderer

Länder zwischen zwei und vier Stunden. Amerikaner, männlich oder weiblich, sind wesentlich häufiger als andere Nationalitäten allein an ihrem Arbeitsplatz tätig. Amerikanische Väter verbringen ihre Freizeit doppelt so häufig außerhalb der Familie wie etwa französische Väter. Japaner sparen ein Fünftel ihres Nettoeinkommens, Deutsche etwa ein Siebentel, Amerikaner ein Zwanzigstel.

Das Modell der Objektbeziehungen eignet sich dazu, wiederkehrende Muster in Geschichte, Politik und Alltag zu erkennen und ihre psychologischen Ursachen zu erklären. Seit George Washington ist uns der Interessenkonflikt zwischen Isolationisten und Expansionisten in der amerikanischen Außenpolitik bekannt. Die beiden Strömungen laufen nicht in Wellen ab, sondern scheinen gleichzeitig präsent zu sein. Sie entsprechen auf öffentlicher Ebene dem privaten Hang des objektschwachen Typs, sich vom Zentrum seiner Existenz zu entfernen, in der Bewegung aber sein eigenes Ich zu finden. Die Sehnsucht nach dem *beyond,* das Verlangen, Menschen, Dinge und bekannte Umgebungen hinter sich zu lassen, ist als Merkmal in der Kolonialzeit geprägt worden, wurde in der klassischen Epoche der Auswanderung verstärkt und ist bis heute das wichtigste Kennzeichen der nordamerikanischen Kultur geblieben.

Gert Raeithel

Einleitung

DIE GROSSE RECHTFERTIGUNG

Seit den ersten Besiedlungsversuchen bis in unsere Zeit steht Amerika unter dem Diktat des Komparativs. Vergleiche zwischen den überseeischen Kolonien und Europa wurden von Anfang an gezogen. Fielen die Vergleiche günstig aus für Amerika, war es gut, wurde der günstige Vergleich von einem Europäer gezogen, womöglich noch besser. Als der englische Missionar George Whitefield erklärte, in Amerika würden die zarten Gemüter junger Menschen nicht durch allerlei Versuchungen verdorben wie in dichter bevölkerten Ländern, war das eine willkommene Äußerung, wenngleich man es immer schon gewußt hatte.[1] Denn der Entschluß zur Auswanderung und die Abkehr von Europa verlangten nach fortwährender Bestätigung.

Musterbeispiele für die Herrschaft des Komparativs geben die Schriften ab, die um Siedler für die Kolonien warben: die Gattung der *promotional literature,* auch *come-hither pamphlets* genannt. Dort erschien Amerika als Paradies, als *Neugefundenes Eden,* wie der Titel eines Werks hieß, das Schweizer Bauern ins Hinterland von Virginia locken sollte. Der Mythos war penetrant; er forderte Ironie heraus. So zahlreich tummelten sich die Fische in den virginischen Gewässern, schrieb John Smith, daß man versucht sei, sie mit der Bratpfanne zu fangen.[2]

Bereits zu Beginn der Kolonialzeit manifestierte sich als wiederkehrendes Thema die *translatio studii* – die Vorstellung, daß Amerika die Kultur der Menschheit dort fortsetzte, wo Europa Abschied von ihr genommen hatte. Diese Idee fand sich in puritanischen Predigten und Tagebüchern, in virginischen Gedichten des 18. Jahrhunderts, und sie reichte übers nächste Jahrhundert bis in die Gegenwart hinein. Als Korrelat dazu die offenkundige Bestimmung der territorialen und kulturellen Ausdehnung über den Kontinent hinweg, eine Vorstellung, die später als *Manifest Destiny* zum festen Begriff wurde. Um die Mitte des 18. Jahrhunderts malte sich der Verfasser eines Almanachs für einfache

Leute den Tag aus, an dem der Kontinent erobert sein würde: eine Freude wird dann herrschen, so groß, daß die Felsen und die Bäume miteinander tanzen werden zur Musik von Orpheus. Die Dichter besangen zum Ende der Kolonialzeit den aufsteigenden Ruhm Amerikas, eines gelobten Landes –

A Canaan here
Another Canaan shall excell the old
And from a fairer Pisgah's top be seen.*

Besser, schöner, heller als das alte Land – vom Komparativ zum Superlativ war es da nicht weit.[3] So hieß es unmittelbar nach der Revolution in einem Gedicht, nach Amerika würden die Besten aus aller Herren Länder eilen, um dort des Ruhms und der Tugend teilhaftig zu werden. Welche Bindungen könnte ein armer Europäer an sein altes Land haben, in dem er nichts sein eigen nennen konnte, fragte der französische Immigrant Hector St. John de Crèvecoeur. Seit den Anfängen haben Einwanderer und Siedler darüber reflektiert, warum sie in Amerika sind; sie waren rechtfertigungsbedürftig. Selbst wenn die Entwicklung des Ganzen ihre Erwartungen enttäuschte, die »Große Utopie Amerika« bot Raum für kleinere Subutopien. Davon machte spätestens ein Roger Williams Gebrauch, und die Sozialreformer des Brook Farm-Experiments knüpften an puritanische Traditionen an, um sie »onward and aloft« zu tragen. Es mußte weitergehen, und es muße weiter aufwärts gehen; die Überzeugung, daß der menschliche Geist und der Fortschritt von Ost nach West wandern, eben die *translatio studii,* war vor der Besiedlung Amerikas entstanden, aber die amerikanischen und besonders die puritanischen Siedler haben die Idee mit Nachdruck vertreten. Neu war des Puritaners Cotton Mather Vision, daß die Sonne im Westen aufgeht, ein Bild, das samt dem futuristischen Amerikanismus, von dem es begleitet wurde, sogar in der antikalvinistischen Literatur des 19. Jahrhunderts Schule machte.[4] In einem Satz: Die Ursprünge der amerikanischen Kultur liegen in der Kolonialzeit, ihre Eigenart läßt sich dort schon beobachten. Cotton Mather entnahm der Literatur seiner Zeit, daß die amerikanische Hemisphäre am Jüngsten Tag der Verbrennung der Erde entgehen würde – »the *American Hemisphere* will escape the *Conflagration* of the *Earth*« – danach bräche ein tausendjähriges Reich an. Nur in Amerika würde man es in heiliger Ruhe wirklich genießen können.[5]

* Ein neues Kanaan,
Ein Kanaan hienieden soll das alte überbieten,
Von einem schönern Berge Hermon wird man's sehn.

I. Kapitel

ANFÄNGE DER KOLONISATION

Lange vor den Puritanern hatten Europäer Besiedlungsversuche in Amerika unternommen. 600 französische Hugenotten siedelten sich 1555 auf einer Insel in der Bucht von Rio an. Calvin unterstützte das Unternehmen durch Entsendung von Missionaren. Die Siedlung wurde nach wenigen Jahren von Portugiesen zerstört. Franzosen gründeten 1562 Port Royal im heutigen South Carolina und zwei Jahre später Fort Caroline am St. John's River in Florida. Der Spanier Pedro Menéndez errichtete mit St. Augustine (Florida) 1565 die erste permanente Siedlung für Europäer auf dem späteren Staatsgebiet der USA. 1574 gab es bereits über 150000 spanische Siedler auf beiden amerikanischen Subkontinenten. 1609 gründeten die Spanier Santa Fé. Die Franzosen hatten 1603 den Pelzhandel mit den Indianern begonnen und den Grundstock für spätere französisch-indianische Kriegsbündnisse gelegt. Der Landerwerb stand hinter den Handelsinteressen zurück. Frankreich exportierte sein feudales Landsystem nach Amerika und verteilte Grundbesitz nur an Adlige und verdienstvolle Personen. Die Nachfrage war nicht sehr groß; zwischen 1608 und 1628 wurden nur drei Besitztümer vergeben. In der Folge zeigte sich das Desinteresse französischer Kolonisten, ihren Besitz zu erweitern oder zu kultivieren. Ein königlicher Erlaß von 1711 drohte allen mit Expropriation, die sich nicht intensiv um ihr Land kümmerten.

1612 schickten die Holländer zwei Schiffe den Hudson River hinauf, um mit den Indianern Handelsbeziehungen anzuknüpfen. Auf Manhattan wurden zu diesem Zweck ein paar Hütten errichtet, aus denen sich ein Handelsposten, später ein Fort entwickelte. 1621 erhielt die Dutch West India Company ihre Charter zur Gründung von Neuholland. Die ersten permanenten holländischen Siedler errichteten 1624 Fort Nassau am Delaware und Fort Orange, das heutige Albany im Staat New York.

Handelsgesellschaften

Die Besiedlung Nordamerikas war das Werk von *colonizers* und *colonists.* Die *colonizers* waren Unternehmer, die auf eigene Rechnung oder im Auftrag von Handelsgesellschaften die Errichtung von Kolonien vorantrieben. Die *colonists* ließen sich als Siedler in diesen Kolonien nieder. Eine *trading company* ist eine gesetzlich genehmigte, mit bestimmten Privilegien ausgestattete Handelsgesellschaft. 1588 hatte England sechs nach ihren Zielgebieten benannte Handelsgesellschaften: Muscovy, Baltic, Levant, Cathay, Moroccan und African. Im Jahre 1600 wurde die East India Company gegründet, 1606 die Virginia Company of London und die Plymouth Company. Die Gesellschaften handelten im Auftrag der Krone. Sie bestanden aus Kaufleuten, Adligen und Regierungsbeamten. Die Handelsgesellschaften waren in der Geschäftsführung selbständig, mußten aber die Erwartungen der staatlichen Obrigkeit erfüllen, den Prinzipien des Merkantilismus dienen, der Marine Material liefern und möglichst die jeweiligen politischen Rivalen schwächen. Handelsgesellschaften waren kein englisches Spezifikum.

Bis 1700 hatten England, Frankreich, Holland, Schweden und Dänemark rund fünfzig solcher Gesellschaften. Vier der dreizehn amerikanischen Urstaaten wurden als Kolonien von europäischen Handelsgesellschaften gegründet: Delaware von einer schwedischen, New York von einer holländischen, Virginia von der Virginia Company of London und Massachusetts von der Massachusetts Bay Company. Die ersten zwölf Siedlungen auf dem amerikanischen Festland waren aus privatwirtschaftlicher Initiative entstanden. Die Krone stellte zwar territoriale Ansprüche, ihr fehlten aber oft Mittel, Personal und ein Verwaltungsapparat für eine gewinnbringende Kultivierung. Sie stellte Einzelpersonen und Firmen Konzessionen aus, sogenannte *charters.* Was der Konzessionär daraus machte, war seine Sache. Aktienbesitzer trieben die Kolonisation voran. Auch mit relativ kleinen Einsätzen, etwa zwölf Pfund, war man beteiligt.

Virginia

Die Kolonisierung unter dem Schirm von Handelsgesellschaften war effektiver als Besiedlungsversuche unter persönlich verliehenen Patenten. Humphrey Gilbert war von Königin Elizabeth mit einem solchen Patent versehen worden und 1578 zu einer ersten Expedition gestartet. Das Patent versprach den Siedlern dieselben Rechte wie freien, in England geborenen Personen. Auf der ersten Reise fiel Gilbert den Spaniern in die Hände, auf der zweiten, 1583, wurde er das Opfer eines Sturms. Das Patent ging auf seinen Halbbruder Walter Raleigh über, der die Küsten des von ihm so benannten Virginia erforschte und ab 1585 versuchte, Roanoke Island, das heute zu North Carolina gehört, zu besiedeln. Auf Roanoke wurde die erste namentlich bekannte weiße Amerikanerin geboren, Virginia Dare, zwei Wochen nach der Landung von Raleighs zweiter Expedition, die aus 117 Personen bestand. Die erste Siedlergruppe kehrte 1586 zurück, die zweite war 1587 verschollen, hinterließ außer einer mysteriösen kroatischen Inschrift auf einem Baum keine Spuren, regte aber die Phantasie vieler amerikanischer Literaten an.[1] Raleigh war schon vorher heimgekehrt.

Handelsgesellschaften wurden jetzt zu Hauptinstrumenten der Kolonisierung. Im Jahr ihrer Gründung erhielten sowohl die Plymouth Company als auch die Virginia Company of London eine Charter, die ihnen ein Gebiet von je hundert Quadratmeilen an den Küsten Virginias zuteilte. Eine der Auflagen bestand darin, hundert Meilen Abstand voneinander zu wahren. Unter der Ägide der Virginia Company gründete John Smith im Mai 1607 mit 105 »Kavalieren« den Ort Jamestown. Ein hoher Prozentsatz der Kolonisten starb in den ersten Jahren an Krankheiten, Auszehrung, bei Unfällen und von Indianerhand. 1616 lebten noch 350 von 1600 Ankömmlingen. Möglich, daß die Kolonie dasselbe Schicksal erlitten hätte wie Roanoke Island, wären da nicht der energische und umsichtige John Smith gewesen sowie John Rolfe, der eine bessere Anbaumethode für Tabak fand, die finanziellen Rückhalt bot. Die Tabakkultur zählte zur ersten landwirtschaftlichen Frontier, so wie etwas später der Reisanbau in den Carolinas und die Subsistenzlandwirtschaft in Neuengland.

Die Kolonie forderte wiederholt Nachschub aus Europa an. Die Disziplin polnischer und deutscher Arbeitskräfte wußte man besonders zu schätzen. Die vertraglich gebundenen Arbeiter wurden unter Trommelklang auf die Felder und in die Kirche geführt. Der Historiker S. E. Morison nennt das frühe Jamestown einen halbmilitärischen Handelsposten. Erst wenn die Arbeiter ihre Vertragszeit erfüllt hatten und aus dem Arbeitskollektiv entlassen wurden, begannen sie wirklich produktive Arbeit zu leisten. Für Feld- und Rodungsarbeiten wurden auch Sträflinge und politische Häftlinge eingesetzt. »Wenn es Ew. Majestät gefallen wollte«, schrieb der Rat der Kolonie 1611 nach England, »alle zum Tode Verurteilten hierher zu verbannen, wäre dies ein kommoder Weg, uns mit Männern auszurüsten, und gar nicht immer von der schlechtesten Sorte, sei es von Geburt, an Geist oder Körper.«[2] Homogen war die Bevölkerung des frühen Virginia nicht. Südlich des James River lebte seit 1618 eine Gruppe radikaler Puritaner, weitere puritanische Siedlungen entstanden im Norfolk County. 1624 löste sich die Virginia Company auf. Die Krone übernahm direkt die Verwaltung der Kolonie.

S. 10/11:

Zeitgenössische Darstellung der Abenteuer von Captain John Smith in den Jahren 1607 und 1609

A Coniurer.
Their
C: S
Their
triumph about him
Their Coniu
C: S
C: Smith bound to a tree to be shott to death 1607.
C: S
How they tooke him prisoner in the Oaze 1607
C: S
C: Smith bindeth a salvage to his arme, fighteth with the King of Pamaunkee and all his company, and slew 3 of them.
Mountaynes forest
OULD
VIR GI NI A
Waldens Oake
Masons bushe
L:D: Lenox rock
Mangoack Richmonds
Howards
Cawruuock
Pananaioc
Stuards reach
Nustoc
Secota
Anadales chase
Setuoc
Purchace
Mecopen
Cotan
Cecils Harbor
Tamasquec
Abigails Ile
Paquinip
feare
Salvage Ile
P. Box
Gordens Ile
Ile Hatton
Pomeiock
P. Vaughan
Abbots
Ile
Greenevills rode
Accor damus
A Scale of
1 2 3 4 5
C: Smith takes the King of Paspahegh prisoner. A°. 1609.
Graven and extracted out of ye generall historye

C.Smith taketh the King of Pamavnkee prisoner 1608

The Countrey wee now call Virginia beginneth at Cape Henry distant from Roanoack 60 miles, where was Sr. Walter Raleigh's plantation: and because the people differ very little from them of Powhatan in any thing, I have inserted those figures in this place because of the conveniency.

King Powhatan comands C.Smith to be slayne, his daughter Pokahontas beggs his life his thankfullness and how he subiected 39 of their kings. reade ye history.

Motive der Kolonisatoren

Unter den Motiven der Kolonisatoren sind in erster Linie wirtschaftliche zu nennen. Die primitivste Vorstellung bestand darin, durch Bodenschätze, sprich: Gold und Silber, schnell reich zu werden. Gilbert und Raleigh hatten mit dieser Verlockung ihre Schiffe überhaupt erst auszurüsten vermocht. Über die zweite Besiedlung Virginias, 1607, schrieb Tocqueville leicht ironisch: »Zu dieser Zeit herrschte in Europa noch der seltsame Wahn, Gold- und Silberminen machten den Reichtum eines Volkes aus.«

Das persönliche Interesse der »gentlemen adventurers« an edlen Metallen traf sich mit dem Staatsinteresse. Spanien war politisch und militärisch auf der Höhe, solange es seine Goldreserven aus Amerika wiederauffüllen konnte. So hörte man es wenigstens in England. Dort sah man in der Kolonisation die Chance, die merkantilistische Theorie nicht bloß propagieren sondern auch praktizieren zu können. Nur Rohstoffe sollten eingeführt, Fertigwaren im Inland hergestellt werden, die wirtschaftliche Autonomie aufgrund einer aktiven Handelsbilanz politische Macht bringen. Ein Zeitgenosse erklärte es 1623 nicht viel anders als die Volkswirte von heute: »Wenn die heimischen Exporte die ausländischen Importe an Wert übertreffen, kommt der Überschuß zwangsläufig in Form von Devisen herein.«[3] Man erwartete sich Öl, Wein, Holz und andere Güter aus eigenen Kolonien und war dann nicht mehr auf den Import aus anderen Ländern angewiesen.

So wie man hoffte, den Reichtum der Kolonien zu importieren, sah man die Möglichkeit, die Armut in die Kolonien zu exportieren. Mit anderen Worten: Die Kolonien konnten dazu dienen, sich des eigenen Proletariats zu entledigen. Die Schicht der Armen hatte sich im 16. Jahrhundert vergrößert. Die Lebenshaltungskosten waren gestiegen, die Inflation ging zum Teil auf die Einfuhr von Edelmetallen zurück. Der Kolonialismus sollte ein Problem lösen, das er selbst geschaffen hatte. Der Rindfleischpreis stieg in der zweiten Hälfte des 16. Jahrhunderts um mindestens das Vierfache. Die soziale Ungleichheit wuchs. Die Armen wurden von der *better sort* zunehmend als lästig empfunden. Man sprach von Übervölkerung. Humphrey Gilbert, Christopher Garleill und Richard Hakluyt traten in fast gleichlautenden Äußerungen für die Abschiebung der Bedürftigen, Bettler, Vagabunden, Diebe und Straßenräuber in die Kolonien ein. Arme, verwahrloste und verwaiste Kinder wurden zwangsweise in die Kolonien transportiert. Hakluyt, Geistlicher aus Oxford und früher Befürworter und Betreiber der Kolonisation, war ein aktiver Anhänger dieser Art von Sozialpolitik. Er sah darin nur Vorteile. Das Mutterland war die Müßiggänger los, den Kolonien war mit dringend benötigten Arbeitskräften gedient. Aus Virginia wurden 1619 hundert Kinder angefordert, weil man mit einem ersten Schub so gute Erfahrungen gemacht hatte; die Korrespondenz der Virginia Company mit dem Bürgermeister von London liest sich wie ein regulärer Geschäftsbrief: »... uns erneut Eure Gunst zu erweisen und uns nächstes Frühjahr mit weiteren einhundert zu beliefern.«[4] Die West India Company bezog 10–15jährige aus niederländischen Armen- und Waisenhäusern. Kinderarbeit galt nicht als soziales Übel. Bis 1627 waren mindestens 1500 Kinder gewaltsam oder durch Täuschung nach Amerika gebracht worden. Eltern verkauften mitunter einige ihrer Kinder, und mancher Geistliche war froh, seine Gemeinde um ein paar Waisen oder Notleidende zu verringern.

Vor diesem Hintergrund sind die respektableren Motive der Kolonisation zu werten: Patriotismus, Nationalprestige, territoriale Expansion zu machtpolitischen Zwecken. Die Kolonisierung begann ab 1580 ins Zentrum politischer Erwägung zu rücken, als Richard Hakluyt mit seinen Schriften *Divers Voyages touching the Discovery of America* (1582) und *A Discourse of Western Planting* (1584) herauskam. Die Konkurrenzsituation mit Spanien verlangte die Gründung von Kolonien oder zumindest global gestreute Stützpunkte. Hakluyt empfahl Königin Elizabeth die Errichtung von Handelsposten und Militärstützpunkten zwischen Florida und Cape Breton, von wo aus man die spanische Flotte attackieren könne. Walter Raleigh schürte den Haß gegen die »ehrgeizigen und blutigen Ansprüche der Spanier, die alle Nationen verschlingen wollen und stattdessen selbst verschlungen werden«, ein Ziel, das man 1588 mit der Auslöschung der Armada fester ins Auge faßte. 1607 berichtete man aus Virginia stolz nach London, die eigene Expedition verhindere, daß die Spanier ihre gierigen Hände »auf diese Gold verheißenden Berge« legen. England solle durch seine Kolonien größer und mächtiger werden, schrieb ein Gentleman, größer und mächtiger »als jedes Königreich, in ganz Europa«.[5] England hatte durch den Protestantismus Selbstbewußtsein gewonnen. Der neue Zug zur nationalen Einheit und die Überwindung feudaler Aufsplitterung verlangte nach Ausdrucksmöglichkeiten.

Auch beim Motiv der Christianisierung der Neuen Welt spielte die spanische Konkurrenz mit herein. Man wollte ein riesiges Missionsfeld nicht kampflos den Spaniern überlassen. »Das Reich Gottes wird größer werden«, hieß es in England, und damit war nicht gemeint, daß spanische Papisten die Seele des roten Mannes bekehrten. Protestantische Kolonisatoren konnten sich im Einklang nicht nur mit der Bibel fühlen, sondern auch mit Calvin, der in seiner *Institutio* die »Eroberung der Welt für Christus« als eine Selbstverständlichkeit begriffen hatte.

Plymouth

Die Perspektive der Kolonisten sah anders aus als die der Kolonisatoren. Am deutlichsten wurde der Unterschied bei der Plymouth Colony, deren Siedler nicht für sondern gegen England in die Kolonien gingen. Sie waren entgegen verbreiteter

Ansicht nicht die ersten Neuengländer. Der erste weiße Mann in Neuengland soll Bartolomew Gosnold geheißen haben. Er war im Mai 1602 nahe dem heutigen New Bedford in Massachusetts gelandet. Die Pilgerväter siedelten auf einem ehemals von Indianern bewohnten Gebiet. Dort hatten die Pocken gehaust, ein ziemlich sicheres Indiz für weiße Präsenz. Die Ankunft der Plymouthleute fiel auf den 9. November 1620, einen Samstag. Weil sie den Sabbat heiligten, unternahmen sie zunächst einmal nichts. Montags machten die Frauen große Wäsche. Der Montag blieb der traditionelle Waschtag in Neuengland. Die Pilger befanden sich, wie viele Auswanderer nach ihnen, auf ihrer *second migration.* Ursprünglich stammten sie aus dem 150 Meilen von London entfernt gelegenen Scrooby. Von

Das Dorf Scrooby in Nottinghamshire – einer der Herkunftsorte der Pilgerväter

dort waren sie ins holländische Leyden gezogen. Im September 1620 brachen sie nach Amerika auf, am 11. November erreichten sie Cape Cod. Die ersten Eindrücke brachten Erleichterung und Enttäuschung zugleich. Erleichterung, weil man wieder festen Boden unter den Füßen spürte, Enttäuschung, weil das neue Land nicht den Erwartungen entsprach: »in bezug auf äußere Gegenstände konnten sie wenig Trost oder Zufriedenheit empfinden«. Niemand verriet Neigung, sich vom Landeplatz zu entfernen, »um aus der Wildnis Ausschau zu halten nach einem besseren Land, um ihrer Hoffnung Nahrung zu geben«, wie der spätere Gouverneur William Bradford berichtete. Merkwürdig auch, daß weder Bradford noch Gouverneur John Winthrop von der Nachbarkolonie ausführlicher auf die transatlantische Überfahrt eingegangen sind.[6] Der Plan, am Hudson River nach einer Siedlungsstätte zu suchen, schlug wegen widriger Winde fehl. Schließlich segelten sie weiter und wählten wegen der guten Hafenlage Plymouth als Standort. Virginia, das ihnen nach der Charter zugewiesen war, hatten sie um einiges verfehlt. Das Gebiet wurde ihnen trotz der Fehllandung zugesprochen. Plymouth war von John Smith so benannt worden. Seine Beschreibung Neuenglands hatten die Pilger vor ihrer Abreise eifrig studiert.

Von den ursprünglichen Separatisten aus Scrooby waren nur noch drei dabei: William Brewster, Frau Brewster und William Bradford. Auf der »Mayflower« befanden sich 149 Personen, 101 Reisende, 48 Offiziere und Mannschaften. Unter den Reisenden waren 65 Erwachsene, 20 Jungen, 11 Mädchen, 9 Diener und 5 Nichtseparatisten. Auf der Überfahrt waren drei oder vier Seeleute und ein Passagier gestorben, den ersten Winter nach der Landung überlebten nicht mehr als die Hälfte.

Die Plymouth Colony wurde durch religiöse, politische und wirtschaftliche Vereinbarungen zusammengehalten. Die Religion war das gemeinsame Movens dieser separatistischen Christengemeinde, deren Oberhaupt, Pastor John Robinson, aus Altersgründen in Leyden zurückgeblieben war. Im Mayflowervertrag wurde der herkömmliche *church covenant* auf bürgerliche Verhältnisse übertragen. Weniger vorsichtige Interpreten meinten sogar, mit diesem Dokument sei eine Art Gesellschaftsvertrag oder eine staatliche Vertragstheorie in die neue Welt gesetzt worden oder gar die Idee der Demokratie.[7] Der Mayflower Compact wurde von 41 Männern unterschrieben, davon stammten 19 aus Leyden, 16 aus London, auch vier Diener und zwei Matrosen gehörten zu den Unterzeichnern.

Der Mayflower Compact wurde 1622 erstmals abgedruckt in der in London anonym erschienenen *Mourt's Relation* und später in Bradfords *History of the Plymouth Plantation 1630–1646,* die 1856 erstmals herausgegeben wurde. Der Vertragstext besagte, man sei zur Beförderung des christlichen Glaubens ausgewandert, zur Ehre von König und Vaterland. Das war die vertraute Topik derartiger Dokumente. Die spezifischen Motive blieben ungenannt. Aber man kennt sie. Bradford zufolge wurde der Vertrag auch deshalb geschlossen, um rebellischen Neigungen zuvorzukommen oder sie zu unterbinden, die schon hörbar waren, noch ehe man von Bord ging, vor allem von denjenigen, die nicht zu den Separatisten zählten. Grund zum Aufruhr gab es wegen Krankheit, Todesfällen, der Nervenbelastung seit dem Antritt der Reise und davor. Keiner hatte seine volle Gesundheit behalten. Eine zusätzliche Bedrohung ergab sich daraus, daß das Schiff nicht wie vorgesehen in Virginia gelandet war. Bei einigen regten sich Zweifel, die ganz opportunistischer Natur gewesen sein können, ob die Charter denn auch für diesen Teil Neuenglands gelte. Bradford meinte, mit eigenen Gesetzen würde man sogar besser fahren als mit der Charter. Rechtlich wirksam war der Vertrag strenggenommen nicht. Dazu hätte er der Bestätigung englischer Behörden bedurft.[8]

Die wirtschaftliche Organisation erzeugte das meiste Kopfzerbrechen. Die Plymouth Colony wurde von einer Aktiengesellschaft finanziert, die der Londoner Kaufmann Thomas Weston mit siebzig Partnern gegründet hatte. Die Gesamteinlagen beliefen sich auf 7000 Pfund, nach heutigem Wert ein Betrag von über einer Million Dollar. Jeder Kolonist brachte mit seiner Person zehn Pfund ein, seine persönliche Aktie. Nahm er noch weitere zehn Pfund in Geld oder Sachwerten mit, sollte er die doppelte Dividende erhalten. Die Aktienbesitzer in England versorgten die Kolonie mit Vorräten, auf die sie einen vierzigprozentigen Risikozuschlag erhoben. Die Ware stellte sich meist als minderwertig heraus. Nach Westons Vorstellungen sollten die Kolonisten für die Firma, nicht für den eigenen Nutzen arbeiten. Eigener Landbesitz war nicht vorgesehen. Bald ergab sich, daß die zur Verfügung stehenden Geldmittel nicht reichten. Miles Standish versuchte 1625 in London Kapital aufzutreiben. Man lieh ihm 150 Pfund zu 50 Prozent. Ein anderer Abgesandter der Kolonie erhielt 200 Pfund zu 30 Prozent. Ein sonst recht bedächtiger Historiker sprach aufgrund der Wucherzinsen geradeheraus von Kredithaien.[9]

Von London aus gesehen waren die Kolonien Kapitalanlagen, und die Kolonisten begriffen sich als Kaufleute, die in London ihre Agenten sitzen hatten. Eine Weile handelte man erfolgreich mit den benachbarten Holländern. Im Lauf der Jahre wurde die finanzielle Belastung schier unerträglich. Ständig gab es Auseinandersetzungen zwischen den Aktionären in London und den Kolonisten in Plymouth, und heute besteht kein Zweifel mehr, daß Bradford und seine Leute von Weston kräftig übers Ohr gehauen worden waren.

Warum war überhaupt der Entschluß gefaßt worden, nach Amerika zu segeln? Die Gruppe stand bereits in Leyden in finanzieller Bedrängnis. Bradford war möglicherweise bankrott und verschuldet. Brewster wurde als Drucker einer aufrührerischen Schrift verfolgt. Die Kriegsbedrohung kann eine Rolle gespielt haben. Die Bücher von John Smith, Raleigh und Hakluyt übten ihren Reiz aus. Es erwies sich als schwierig, die Gruppe in Leyden zusammenzuhalten. Tatsächlich wollten einige aussteigen, weil ihnen Westons Bedingungen zu ungünstig vorkamen. Deswegen mußten, um die Reihen zu füllen, neben »Saints« auch »Strangers« mitgenommen werden.

Bradford war wie gewohnt rechtfertigungsbedürftig, wenn es um das Verlassen Europas ging. Man sei nicht »out of any newfangledness« gegangen, nicht aus einer Laune heraus einem modischen Trend gefolgt, sondern man habe gewichtige und solide Gründe gehabt. Bradford räumte ein, daß vielen der Entschluß schwerfiel, viele die Auswanderung als großes Elend betrachteten und lieber in den Tod gegangen wären. Daraus erklärt sich auch die ausgesprochen gedämpfte Stimmung als man amerikanische Ufer erreicht hatte. In seiner Begründung, warum man letzten Endes doch gegangen war, ähnelte Bradford ganz den Puritanern unter Winthrop, die zehn Jahre später aufbrachen. Der ausschlaggebende Grund, sagte Bradford, war der Wille zur Reform, der Wille, das Joch antichristlicher Knechtschaft abzuschütteln. Die Plymouth-Kolonisten sind ein Beispiel dafür, wie durch Auswanderung der Gruppen- und Familienzusammenhalt garantiert werden sollte. Denn in England würden durch die allgemeine Unmoral Kinder und Jugendliche verdorben, hieß es; sie leisteten sich Extravaganzen und begäben sich in Gefahr, streiften die Zügel ab, verließen ihre Eltern, würden Soldat, führen zur See »and other som worse courses«. Da wollte man lieber den Ozean überqueren, wenn man nur beieinander bliebe. Gegen die Stimmen derjenigen, die zum Dableiben aufforderten, führte man ins Feld, daß vor jeder großen Leistung Gefahren und Hindernisse lägen, daß die Risiken und Schwierigkeiten gewaltig, aber nicht unüberwindbar seien. Schließlich könne man stolz auf die erbrachte Leistung sein, selbst wenn man das Leben dabei einbüßte. Nach über zwanzig Jahren in Amerika, 1643, hatte William Bradford aus der Lust am Risiko eine Tugend gemacht: »Es sind nicht gute und ausgesuchte Speisen, es sind nicht Ruhe, Friede und Erholung, es ist nicht nur der Genuß der Zufriedenheit und der guten Dinge dieser Welt, die die Gesundheit bewahren und das Leben verlängern.«[10] Und er wußte ein biblisches Vorbild für seine Haltung zu benennen: Auch Jakob sei von einem Land in ein anderes gewandert, habe Hunger, Furcht und große Anstrengungen durchgestanden, sei dabei sehr alt geworden und dann sanft entschlafen.

Bis 1691 blieben die Siedlungen in und um Plymouth eine selbständige Kolonie. Dann legte Wilhelm von Oranien Plymouth mit Maine und Massachusetts zu einer Kronkolonie zusammen.

Motive der Kolonisten

Selbst die Lords, sagte man, haben zu wenig Geld. Einige mußten ihre Landsitze verpachten oder verkaufen, um standesgemäß leben zu können. Wer von der politisch-religiösen Entwicklung im England des 16. Jahrhunderts profitierte, das war die *Gentry*, der kleine Landadel. Er war der Nutznießer der Säkularisierung. Der Großvater von John Winthrop, ein Tuchhändler, kaufte 1544 ein unter Heinrich VIII. konfisziertes Kloster der Krone ab und stieg damit zum *Country Gentleman* von Groton auf. Auch die Geistlichkeit stellte sich im allgemeinen nicht schlecht. Der Pastor stand dem Rang nach an zweiter Stelle in der Gemeinde, und für sein Auskommen war durch den Zehnten gesorgt. Die Bauern und Handwerker, die trotz harter Arbeit auf keinen grünen Zweig kommen wollten, hegten stille Vorbehalte gegen den neuen Landadel wie gegen den Klerus. Der Tagelöhner lebte nach heutigem Geld von weniger als fünfhundert Mark im Jahr. Fleisch gab es für ihn nur selten, manchmal ließ der Gentleman verteilen, was von seiner Tafel übrigblieb.[11] Die ärztliche Versorgung war verheerend. Auf 8000 Menschen kam nicht mehr als ein Arzt, die Ärmsten mußten aus Geldmangel auf medizinische Versorgung verzichten.

Es ist bekannt, daß Armut allein keine Auswanderungsgelüste erzeugt. Zu den äußeren Faktoren, die zu einer die Auswanderung fördernden Stimmung beitrugen, gehörte die ungesetzliche Besteuerung, gehörten willkürliche Verhaftungen und Einkerkerungen unter den Stuarts, gehörten die kriminellen Machenschaften bei der Entsendung von Volksvertretern aus entvölkerten Stadtvierteln, den »rotten boroughs«, gehörte die Inflation. Mieten und Pachtzins waren oft durch Gesetz festgelegt, Preise nicht. Aus den Kommunen wurde mehr und mehr Geld herausgepreßt. 1635 verlangte Charles I. die Finanzierung von Kriegsschiffen auch von den Binnenstädten. Dazu kam die religiöse Verfolgung, die besonders in der ersten Hälfte des 17. Jahrhunderts davon abhing, wer gerade auf dem Thron saß. James I. faßte die puritanischen Nonkonformisten hart an. William Ames verließ 1610 Cambridge. John Robinson, in Cambridge erzogen, ging 1608 von Scrooby nach Holland, ehe 1620 ein Teil seiner Gemeinde nach Plymouth abwanderte. Ein Alarmsignal für die Puritaner war die Außerkraftsetzung der antikatholischen Gesetze durch Charles I. 1629 kam es zur Krise, als der König das Parlament auflöste und Erzbischof Laud seine Entschlossenheit zu erkennen gab, den Puritanismus in allen seinen Spielarten auszumerzen. Der Auswanderungsstrom verstärkte sich. Man sprach zwischen 1630 und 1640 sogar von der *Great Migration.* Seit 1633 hatten Schullehrer, die sich nicht zur englischen Staatskirche, zum Anglikanismus, bekannten, keine Chance mehr, ihre Anstellung zu behalten.[12]

Nach dem Sturz von Charles I. wurden unter Cromwell die Verfolger zu den Verfolgten. Vermehrt gingen jetzt Anglikaner nach Amerika, zusammen mit anderen, die den Wirren und der Not des Bürgerkriegs zu entgehen suchten. Mit der Berufung Charles II. auf den englischen Thron fand die puritanische Vorherrschaft ein Ende. Die anglikanische Kirche wurde ab 1660 noch mächtiger, Puritaner wurden zusammen mit Quäkern und Katholiken unterdrückt und entzogen sich diesem Druck erneut durch Auswanderung. Der Auswanderungsentschluß war nicht immer freiwillig. Der *Conventicle Act* (1665) unter Charles II. drohte Erwachsenen, die an religiösen Veranstaltungen mit mehr als fünf Personen teilnahmen, Gefängnisstrafen an. Beim dritten Vergehen erfolgte die Verschiffung nach Übersee. Wer sich weigerte, den *Act of Uniformity* (1662) zu unterschreiben, verlor seine Stellung als Lehrer. Edward Taylor ging deshalb 1668 nach Massachusetts; er wurde der bedeutendste puritanische Dichter.

John Winthrop

Das Beispiel John Winthrops, des späteren Gouverneurs der Massachusetts Bay Colony, eignet sich als Fallstudie für das Zustandekommen des Auswanderungsentschlusses. Winthrops Großvater hatte sich nach der Säkularisierung von Kirchengütern ganz gut gestellt. Sein Vater tat sich, bedingt durch die Inflation, schwerer. Immerhin wurde John 1603 auf das College nach Cambridge geschickt.

John Winthrop (1588–1649), langjähriger Gouverneur der Massachusetts Bay Colony

Das Studentenleben war nicht ohne Reiz, wie wir von ihm wissen, denn die jungen Herren hatten eine Frau, die »on the night tyme« von Zimmer zu Zimmer gereicht wurde. John blieb zwei Jahre in Cambridge. Einen Abschluß machte er nicht, das war unter Gentlemen damals nicht üblich. Mit siebzehn ging er eine Geldheirat ein. Als Beruf übte er den des Pachteintreibers für die Güter seines Vaters aus, der mit dem Pachtzins fast ebensoviel einnahm wie mit der Ernte. Dann studierte er Jura, wurde 1617 Friedensrichter, eine Position, mit der nur einigermaßen bedeutende

Persönlichkeiten betraut wurden. Danach war er beim *Court of Wards* beschäftigt, dessen Aufgabe hauptsächlich darin bestand, begüterte Witwen und Waisen im Namen des Königs um ihr Eigentum zu bringen.

1620 wurde die Textilindustrie von einer Depression erfaßt, die in Winthrops Suffolk, einem Textilzentrum, besonders stark zu spüren war. Winthrop war mit seinem Beruf unzufrieden. Wegen Heirat mußte er sein Land mit drei Söhnen teilen. Einer der Söhne hatte sich zu einem Tunichtgut entwickelt. Jetzt reifte der Gedanke, ob in Neuengland nicht mehr »worldly success« zu erringen sei als im alten England. Winthrop blieb nicht verborgen, daß der Gold- und Silberimport zu Geldentwertung führte, daß die Klassengegensätze sich verschärften, daß Armut, Hunger, Bettel und Diebstahl zunahmen. Er gehörte zu denen, die glaubten, daß England bereits übervölkert sei und seine Ernährungsprobleme nicht mehr lösen könne. »Wir stehen hier und mühen uns um Lebensraum«, sagte er, der 1629 selbst erheblich verschuldet war, »und lassen es währenddessen zu, daß ein ganzer fruchtbarer und für Menschen geeigneter Kontinent brach liegt und unkultiviert bleibt.«

Ein bodenständiger Freund bedrängte ihn, sich Amerika aus dem Kopf zu schlagen, ein Mann seiner Fähigkeiten werde daheim mehr gebraucht als in irgendeiner entfernten Kolonie, die durch Leute »von geringerem Wert und geistigem Format« bestellt werden könne. Winthrop ließ sich nicht umstimmen. Im Jahr vor seinem Abschied fragte er mit Blick auf die sich ausbreitende Armut, warum er »so vielen wandelnden Geistern in Menschengestalt, so vielen Erscheinungen des Elends auf all unseren Straßen« begegnen müsse, wenn man diesem Anblick in Amerika entfliehen könne. Es ist nicht ganz klar, wie schlecht es Winthrop selbst tatsächlich ging. Trotz Schulden war er vermutlich relativ wohlhabend. Er war kein *Leveller,* keiner, der sich radikal für soziale Gerechtigkeit einsetzte, denn er glaubte an eine göttlich gebilligte Verteilung der Güter. Das Ausmaß an schmutziger Armut in seiner Heimat irritierte ihn aber so, daß er den Auswanderungsentschluß faßte. Winthrop hatte schon 1624 »allgemeine Beschwerden, die nach Reform schreien« aufgelistet, aber anscheinend erst 1629 daran gedacht, diese Reform außerhalb des Landes ins Werk zu setzen; Gott würde die Auswanderer aus der nicht reformierbaren »generall callamitie« in England erretten. Und außerdem war er der Meinung, daß die englischen Zustände sehr bald zu einer wahrhaften Katastrophe führen würden: »Ich bin sehr davon überzeugt, daß Gott eine schwere Heimsuchung über dieses Land bringen wird, und zwar sehr rasch.« Winthrop stand mit dieser Meinung nicht allein, viele glaubten, daß Gott sich im Aufbruch befinde und England seine besten Tage gesehen habe. Wenn Gott ging, dann mußte der wahre Gläubige einfach mitgehen. Ein Sohn Winthrops hatte sich bereits auf Barbados angesiedelt.[13]

Gründung der Massachusetts Bay Colony

Englische Geschäftsleute sicherten sich 1628 vom *Council for New England* das Gebiet zwischen dem Merrimac und dem Charles River. Ein Jahr später erteilte Charles I. der *Massachusetts Bay Colony* eine entsprechende Konzession. Noch im selben Jahr errichtete die Gesellschaft unter John Endecott in Salem eine erste Siedlung mit Kirche. Zum Gründungsjahr der Kolonie wurde das Jahr 1630 erhoben, als John Winthrop mit siebenhundert Siedlern auf elf Schiffen samt Flaggschiff »Arabella« in Neuengland eintraf. Bei den Brüdern und Schwestern in Salem wollte man nicht bleiben. Einige machten sich selbständig und setzten sich ab. Winthrop segelte die Küste entlang und hielt von Bord aus nach einem geeigneten Siedlungsplatz Ausschau. Er konnte an den Ufern die Hütten von Europäern erkennen, die dort schon gebaut hatten. Nach einigem Hin und Her wählte man die Halbinsel zwischen Charles River und Mystic River. Dort standen bereits ein Haus und ein paar Wigwams. Einige Monate vorher waren 140 englische Siedler an der Bay gelandet und hatten sich auf der Halbinsel Dorchester südlich von Boston niedergelassen, und bereits 1622 hatte Thomas Weston ein Schiff mit »sixty lusty men« in die Bay geschickt.

Anhand hinterlassener Dokumente ist es möglich, die Gemütsverfassung der puritanischen Siedler in der ersten Zeit nach ihrer Landung zu rekonstruieren. Bei dem Prediger Thomas Shepard etwa, einem Opfer des anglikanischen Puritanergegners Bischof Laud, häufen sich die Redefiguren, die mit Flug und Fliegen zu tun haben. Man war in die Wildnis geflogen, Gott hatte die Herzen der Verfolgten zum Fliegen gebracht, durch viele Gefahren hindurch habe man die Reise auf Adlerschwingen durchgestanden. Im Nachhinein wurde freilich die Leichtigkeit, mit der sich die frühen Kolonisten vom Mutterland trennten, übertrieben dargestellt. Cotton Mather, der in der dritten Generation stand, meinte, die auswandernden Großväter hätten sich fröhlich den Gefahren auf dem Atlantik ausgesetzt und dann ebenso fröhlich die Strapazen des neuenglischen Urwalds auf sich genommen. So glatt ging das nicht. Shepard berichtet, daß manchem beim Abschied das Herz brach, und aus vielen anderen Quellen weiß man, wie verloren und verlassen man sich in der neuen Umgebung fühlte, die als wild, abscheulich, satanisch und ohne Grenzen beschrieben wurde. Die Emigration war damals weniger endgültig begriffen worden als später. Viele pendelten regelrecht zwischen England und Neuengland, andere versuchten, wenigstens auf dem Postweg die Verbindung mit zurückgebliebenen Verwandten aufrechtzuerhalten, gelegentlich bis in die zweite und dritte Generation. Die Puritaner brachten ihr »mental furniture« mit ins Land, so hatte man gesagt, und zu diesem geistigen Mobiliar gehörte ein Stück Seßhaftigkeit. Ein Pastor sehnte sich da nach England zurück. Ein anderer weigerte sich, in eine neue Gemeinde zu ziehen, weil er die Umstände scheute. Die Obrigkeit unterstützte mit einigen Maßnahmen die Bodenständigkeit. So untersagte die koloniale Führung zeitweise, daß neue Häuser gebaut wurden, die weiter als eine halbe Meile vom Meetinghouse entfernt lagen, was natürlich auch ganz praktische Gründe hatte. Winthrop selbst, der Gouverneur, hatte einmal den Weg zu seinem Haus nicht mehr gefunden und die Nacht betend am offenen Feuer verbracht.[14]

Wichtig ist, daß man der Seßhaftigkeit, der Heimatliebe und der verwandtschaftlichen Bindungen zum Trotz nach Amerika ging. John Cotton, der erst später folgte, hatte den Auswanderern in Southampton die Abschiedspredigt nach 2. Samuel 7:10 gehalten: »Und ich will meinem Volk Israel einen Ort setzen und will es pflanzen, daß es daselbst wohne und nicht mehr in die Irre gehe«, oder, wie es im Englischen heißt, »and move no more«. Aber das war nicht mehr als ein frommer Wunsch gewesen.

Kolonisierung und Frontier

Das Wort »frontier« wurde in der Zusammensetzung »frontir towns« wahrscheinlich schon vor 1650 von dem puritanischen Milizhauptmann Edward Johnson gebraucht. Roger Williams schrieb am 15. November 1655 an den *General Court* in Boston: »Unsere Gefährdung (als *frontier people* zu den Barbaren)«, damit meinte er die Indianer, »ist höher als die anderer Kolonien.« 1677 wurden erstmals die Bewohner vom Siedlungszentrum weiter entfernt liegender Gebiete als »the Fronteers« bezeichnet. Auch Samuel Sewall bedient sich in seinem Tagebuch (1697) des Begriffs in dieser Bedeutung. Alle diese Beispiele weisen auf das Entfernte, das Risikoreiche, das Unheimliche hin. Noch 1756 schrieb der junge George Washington: »Gestern Abend kehrte ich von einer langen und mühseligen Patrouille an den Frontiers zurück.« Die Verwendungsweisen deuten bis ins 18. Jahrhundert hinein darauf hin, daß das Wort anfangs im europäischen Sinn gebraucht wurde – als Grenze zu einem fremden oder feindlichen Gebiet, indianisch, spanisch oder französisch. Diese Grenze galt es, mit Forts zu befestigen und zu bewachen. Erst im 19. Jahrhundert kam ein süßlicher Ton dazu: »Es ist wundervoll«, heißt es bei Ralph Waldo Emerson, »wie schnell ein Piano in eine Blockhütte an der Frontier kommt.« Als Bezeichnung für eine Lebensweise oder Lebenshaltung ist der Begriff ab 1887 gesichert, als die konkrete Frontier gerade aufhörte zu bestehen.[15]

Die Frontier als Linie hatte sich in jeder Generation ein Stück nach vorne geschoben. Die Erstgeborenen, und nicht nur die, gingen in ein neues Gebiet »um die Erfahrungen der Eltern zu wiederholen«. Durch beinahe drei Jahrhunderte hindurch prägte die »fortgesetzte Wiederholung« dieses Vorgangs die amerikanische Gesellschaft, denn mit jeder neuen Frontier wurde das kulturelle Erbe verändert, um mit den neuen Bedingungen fertigzuwerden. So will es die amerikanische Mythologie. Ganz so dramatisch war es nicht gewesen, wenngleich es von Anfang an genug Fälle gab, wo es nicht einmal dieselbe Generation miteinander aushielt. Wahr ist, daß ein zentripetal organisiertes Gemeinwesen sich Kräften ausgesetzt sah, die eine wirksame Gegenwehr kaum zuließen. Zum Niedergang des puritanischen Bundes trug bei, daß unbesiedeltes Land auch den Puritaner aus der Gemeinde fortlockte. In Virginia gelang es der Anglikanischen Kirche nicht, den Drang ihrer Gläubigen nach Westen zu zügeln. Und etwa ein Drittel aller Kolonisten im Süden – in Virginia, Maryland und den Carolinas – waren »unchurched«, gehörte also keiner Kirche an.[16]

Zwischen 1630 und 1677 breiteten sich die neuenglischen Siedler über die Küstenebenen und die Flußläufe hinauf aus und ließen die Indianer insular auf höhergelegenen Gebieten hinter sich. Zwei Indianerkriege waren die Folge dieser Expansion. Ab 1635 stieß Thomas Hooker mit seinen Anhängern und zwei weiteren Gruppen auf Indianerpfaden bis zum Connecticut River vor. John Davenport und Theophilus Eaton gründeten 1638 New Haven und erhielten dafür 1668 zusammen mit anderen Siedlungen von Charles II. eine Charter. Roger Williams kehrte wegen religiöser und politischer Differenzen Massachusetts den Rücken, siedelte sich in der Gegend des heutigen Providence (Rhode Island) an, gründete bis 1643 noch die Städte Portsmouth und Warwick und erhielt ein Jahr später vom englischen Parlament das Recht auf Selbstregierung zugesprochen.

Von 1650 bis 1676 wurde der den Appalachen östlich vorgelagerte Piedmont erforscht. Andere Gruppen folgten den Flußläufen in südlicher und westlicher Richtung. Sechshundert acres Land (1 acre = 4047 qm) wurden demjenigen garantiert, der an der Westgrenze der Tidewater Region ein Fort errichtete, also westlich der Punkte, die in den Flüssen von den Gezeiten erreicht werden. Ins Jahr 1663 fiel die Gründung der Kolonie Carolina. Der englische König ließ die von Florida heraufkommenden Spanier zurückdrängen. Die *Carolina Proprietors* nahmen das Gebiet zwischen dem 31. und dem 36. Breitengrad in Beschlag. 1676 flohen die geschlagenen Aufständischen von Bacons Rebellion westwärts und gaben der Besiedlung neue Impulse. Ab 1677 bis 1704 wurden den Indianern weitere Niederlagen zugefügt, die Weißen rückten in die noch freien Gebiete der Ostküste ein und eroberten die höhergelegenen Regionen von Massachusetts und Connecticut.

1690 ließ der General Court von Boston feststellen, wo die momentane Siedlungsgrenze verlief. Es wurde empfohlen, in jede Frontierstadt vierzig Soldaten zu entsenden. Nach 1704 erfolgte eine weitere Ausdehnung nach Norden. New Hampshire und Maine verdankten ihre Entstehung dem Expansionsdrang der Massachusetts Bay Colony und den immer neuen Siedlern, die aus Europa kamen und um die zu dieser Zeit schon kräftig geworben wurde. Bis zur Unabhängigkeit waren in Vermont, New Hampshire und Maine 74 Gemeinden gegründet worden.

Im Süden wurden in einem Grenzkrieg spanische Missionen in Florida und Georgia zerstört, die Spanier nach dem Yamassee-Massaker weiter nach Florida abgedrängt. Georgia wurde 1732 konzessioniert und ab 1733 besiedelt, dem

Konzept nach eine Pufferzone zwischen den älteren Kolonien, vor allem den Carolinas und spanischen, französischen und indianischen Gebieten. »Georgia geriet zum Zufluchtsort für viele Menschen aus vielen Ländern und aus etlichen britischen Gefängnissen.«[17] 1712 hatte Gouverneur Spotwood von Virginia eine Expedition ins Tal des Shenandoah zwischen den Blue Ridge Mountains im Osten und den Alleghenies im Westen unternommen. Ab 1750 kam es zu weiteren Gebietserweiterungen von Virginia und den Carolinas aus.

Im Überblick: Bis 1700 wurden die Atlantikküste und die den Bergzügen vorgelagerten Ebenen besiedelt, bis 1763 die angrenzenden Täler mit einzelnen Vorstößen über die Berge. Um 1860 konnte das Gebiet bis zur »middle border«, dem Einzugsgebiet des Mississippi, als Frontier gelten. Ab 1860 erfolgte verstärkt der Vormarsch über die Great Plains zur bereits von Weißen besiedelten Pazifikküste. Es wäre falsch, die Geschichte der Frontier nur als eine Geschichte des Kampfes, der Mühsal, der Rückschläge und der Enttäuschungen zu sehen. Der Kolonist fand in Amerika, was er in Europa vergeblich gesucht hatte. »An diesen kristallklaren Flüssen und in wohlriechenden Wäldern«, schwelgte ein noch vor 1620 nach Virginia Ausgewanderter, »entgehe ich hohen Kosten, Neid und Hader, Eitelkeit und Seelenqual.«[18]

Religiöse und nationale Gruppen an der frühen Frontier

Die Kolonisierung war nicht nur das Verdienst des englischen Protestantismus. Juden sind wahrscheinlich schon 1621 nach Virginia gekommen. Im Gebiet um die Chesapeake Bay haben sie einige Spuren hinterlassen. Die Dutch West India Company setzte den rührigen Peter Minuit (oder Minnewit) zum Generaldirektor von Neuholland ein. 1626 handelte er den Indianern Manhattan ab, angeblich für Flitterkram im Wert von 60 Gulden, eine Summe, die respektvoll in allen Geschichtsbüchern genannt wird. Minuit führte zwei Schiffe mit schwedischen und finnischen Siedlern in die Nähe des heutigen Wilmington in Delaware. Delaware fiel 1655 an die Holländer unter Peter Stuyvesant, nach 1664 wurde es hauptsächlich von englischen Kolonisten besiedelt, 1682 ging die Charter auf William Penn über. Nach dem Restitutionsedikt von Ferdinand II. im Jahr 1629 hatten Protestanten aus verschiedenen europäischen Ländern Anlaß, eine Auswanderung in Betracht zu ziehen. Das Edikt verfügte eine Einziehung der von protestantischen Fürsten in Besitz genommenen Kirchengüter und schloß Reformierte von der Religionsfreiheit aus. Ungefähr zur selben Zeit kam es jedoch auch zu einer nennenswerten Auswanderung nichtspanischer Katholiken. 1634 begann die Besiedlung von Maryland, das dem römisch-katholischen Lord Baltimore gehörte. Verglichen mit ihrer Lage sind die Auswanderungszahlen englischer Katholiken freilich gering. 1784 gab es erst 40000 Katholiken in den USA, nicht viel mehr als ein Prozent der Bevölkerung. Den König von England als Oberhaupt einer Kirche anzuerkennen, kam für Katholiken natürlich nicht in Frage, also war die Möglichkeit eines Arrangements mit der Staatskirche anders als bei den Puritanern von vornherein ausgeschlossen. Entsprechend hartnäckig wurden sie verfolgt. Als der Heiratshandel, den James I. für seinen Sohn mit Spanien anstrebte, nicht zustandekam, wurden die antikatholischen Gesetze erneut verschärft. Daß die Katholiken trotzdem relativ wenige Amerikafahrer stellten, kann mehrere Gründe haben. Vielleicht hofften sie anfangs noch, Beistand von Frankreich und Spanien zu erhalten. Dann war auch keineswegs sicher, ob sie in den Kolonien die in der Heimat entbehrte Toleranz finden würden. Manchen mag Amerika zu weit von ihrem religiösen Zentrum, von Rom, entfernt gewesen sein. Schließlich ließen katholische Formen der Kindererziehung enge familiäre Bindungen statt Mobilität entstehen.

In Maryland und in Delaware siedelten etwa ab 1675 die Labadisten, eine holländisch-reformierte Sekte, die sich einem christlichen Kommunismus verschrieben hatte. Vereinzelt findet man kleine deutsche Siedlungen, so in Waldoboro (Maine). Der erste urkundlich erwähnte deutsche Zivilist in Kanada – deutschsprachige Soldaten gab es dort seit 1604 – war Hans Bernhard. Er erwarb 1664 Land nahe Quebec.[19] 1681 wurde zwischen dem 40. und 43. Breitengrad die Kolonie Pennsylvania gegründet. William Penn hatte eine Charter erhalten, als Gegenleistung für das Geld, das Charles II. seinem Vater schuldete. Penn und andere Quäker kauften sehr früh weiteres Land in East Jersey und Delaware zu. Penn hat die erste deutsche Auswanderung größeren Ausmaßes veranlaßt. Zweimal bereiste er Deutschland, um gleichgesinnte Siedler anzuwerben; er fand sie vor allem in den pietistischen Mennoniten. Am 6. Oktober 1683 traf eine erste Gruppe Krefelder Mennoniten in Philadelphia ein. Ihr Schiff war die »Concord«, die zu so etwas wie einer deutschen »Mayflower« geworden ist. Unter Franz Pastorius wurde Germantown gegründet.

Jede Chronik der Kolonisierung enthält eine kaum überschaubare Fülle von Rivalitäten zwischen den einzelnen religiösen und nationalen Parteien. Die Franzosen raubten schon 1631 ein Haus der Pilgerväter aus, ein paar Jahre später besetzten sie im Namen des französischen Königs ein Haus in Penobscot. Die Puritaner der Massachusetts Bay Colony rivalisierten mit den Holländern um den Handel am oberen Connecticut River. Holländer versuchten Indianer zu überreden, nicht mit Engländern Handel zu treiben. Die Pilgerväter richteten eine Petition an die englische Krone, mit Frankreich und den Niederlanden Frieden zu halten, damit europäische Händel nicht auf Amerika übertragen würden – ein eitler Wunsch. Später beschlossen Massachusetts und Plymouth, sich gegenseitig mit Männern und Waffen gegen französische Konkurrenten beizustehen. Wer glaubte, es sei genug Platz für alle vorhanden, irrte. Dazu kamen frühe interne Aufstände. In Virginia erhob sich 1676 Nathaniel Bacon gegen den Besitzer der Kolonie. 1689 setzte sich Jacob Leisler aus Frankfurt an die Spitze einer Volkserhebung in der Provinz New York und übernahm zwei Jahre später bis zu seiner Hinrichtung die Herrschaft.

Der Grund, warum sich der Protestantismus letztlich gegenüber den spanischen und französischen Kolonisationsversuchen durchsetzte, wird in der größeren Innovationsbereitschaft, der größeren Flexibilität im Vergleich zum Katholizismus gesehen. Der Protestantismus war in sich vielgestaltig und uneinheitlich und konnte sich dadurch neuen Entwicklungen und Gegebenheiten besser anpassen.[20]

Die Hauptsiedlungsgebiete der einzelnen Glaubensrichtungen sahen so aus: Puritaner in Massachusetts, Maine, New Hampshire und Vermont; Anglikaner in den südlichen Kolonien; Baptisten in Rhode Island, South Carolina und verstreut in Neuengland. Baptisten haben anfangs keine auffällige Rolle gespielt, erst im 18. Jahrhundert waren sie in allen Schichten vertreten. Quäker, Lutheraner, Mährische Brüder siedelten vornehmlich in Pennsylvania, Holländisch-Reformierte in der Provinz New York; Juden in den Städten Newport, New York, Philadelphia und Charleston; Katholiken in Maryland; schottisch-irische Presbyterianer in Virginia und Pennsylvania und in noch keiner Kolonie zugeordneten Frontiergegenden.

Angaben über die Entwicklung der Bevölkerungszahlen bleiben sehr im Ungefähren. 1610 soll es in ganz Nordamerika um die 500 Europäer gegeben haben, was wahrscheinlich zu tief gegriffen ist. Für 1640 wird die Gesamtzahl auf 65 000 Siedler geschätzt, davon 17 000 in Neuengland, wovon 4000 Puritaner gewesen sein sollen. Eine andere Schätzung aus dem Jahr 1640 wies Virginia und Massachusetts mit je 8000 Einwohnern als etwa gleich stark besiedelt aus. In den Jahrzehnten davor ließen sich doppelt so viele Engländer auf den Westindischen Inseln nieder, etwa auf Barbados. In Nordamerika verdreifachte sich die Bevölkerungszahl bis 1689 auf 200 000, ein Fünftel davon in den »Middle Colonies«, die übrigen zu etwa gleichen Teilen in Neuengland und in den Kolonien des Südens. Um die Mitte des 18. Jahrhunderts wurde die Millionengrenze überschritten. Die erste zuverlässige Zahl stammt aus der ersten allgemeinen Volkszählung von 1790. Demnach hatten die neugegründeten Vereinigten Staaten von Amerika 3 925 000 Einwohner. Diese Zahl erhöhte sich künftig alle zehn Jahre um 30 Prozent, nach 1910 um 15 Prozent.

Das »Primum Mobile« der Auswanderer

Das Gros der Auswanderer rekrutierte sich weder aus Aristokraten noch aus *paupers*, sondern war von der damals so genannten *middle sort*. Die besten Köpfe der Auswanderungswilligen aus Norfolk, Essex, Suffolk und anderen Landesteilen agierten gewandt genug, sich Anteile der Handelsgesellschaften zu verschaffen, die mit dem Ziel operierten, Virginia und Neuengland kommerziell auszubeuten. Oft genug wurden sie von den Handelsgesellschaften übervorteilt, was sie aber nur in der früh gefaßten Vorstellung bestärkte, die Company wenigstens teilweise nach Amerika zu verlegen.[21] Wirtschaftliche Erwägungen, soziale Erneuerungswünsche und der Wille zu religiös-geistiger Reformation gingen Hand in Hand.

In einem der Hauptwerke des kolonialen Puritanismus wurde der Auswanderungskomplex einsichtig zusammengefaßt. Cotton Mather schrieb in den *Magnalia Christi Americana* (1702), die Kolonisten hätten den europäischen Übeln den Rücken gekehrt und seien zum amerikanischen Ufer *geflogen,* eine Wortwahl, die nicht ganz nebensächlich ist – »flying from the Depravations of Europe, to the *American Strand*«. Der Puritaner verlangte von Anfang an nach »*purer* administrations«. Er wollte »*mehr* Gleichklang« mit der ursprünglichen Lehre Christi und mit dem Urchristentum, »während andere es mit den reformatorischen Anfängen genug sein lassen wollten«. *Going further* blieb eine Konstante in der amerikanischen Kultur. Einen Platz für ihre Vorstellungen fanden die Puritaner »in the Ends of the Earth«, am Ende der Welt, in den »*Regiones Exterae* of America«. Dort haben sie das Licht zum Leuchten gebracht, dort lebten sie »gleich Fremdlingen in dieser Welt«, weit weg von den Plünderern, Mördern und Banditen der europäischen Geschichte. Soweit Cotton Mather.[22] Etwa zur selben Zeit behauptete Joshua Scottow in seiner *Narrative of Massachusetts Colony* (1694), das *Primum Mobile* der Auswanderer, »the main spring of motion«, sei die Errichtung des Königreichs Gottes gewesen. Wie andere nach ihm zitierte er den kindlichen Reim des Engländers George Herbert:

> Religion stands on Tiptoe in our Land,
> Ready to pass to the American Strand –*

und wie manch anderer unterschlug er die skeptische Beurteilung dieses Vorgangs in den folgenden Zeilen:

> Yet as the Church shall thither westward flie,
> So Sinne shall trace and dog her instantly.**

Das Bestreben der puritanischen Auswanderer bestand darin, »sich ihre Zungen nicht mehr knebeln zu lassen von den Verboten der Prälaten«. Das Motiv Glaubensfreiheit war mehr als eine leere Formel. Wichtig ist aber, den psychologischen Hintergrund dieses Motivs zu erkennen. Die Puritaner wußten schon in England, daß sie sich an den Rand der Kirche hinbewegten, die Überquerung des Ozeans war bloß die konsequente Fortsetzung dieser Bewegung. Man kann von einer sozialen Hypochondrie sprechen, von der Angst sich anzustecken bei den Sündigen; deswegen der Separatismus eines John Robinson, deswegen die Lösung

* Der Glaube steht allhier auf Zehenspitzen,
Um gleich an Amerikas Ufer zu flitzen.

** Doch wie die Kirche gegen Westen flieht,
Die Sünde prompt in ihren Spuren mit ihr zieht.

der Puritaner vom Mutterland, die Trennung der Saints von den Sündern. »Was uns angeht«, erklärten Thomas Shepard und John Allin im Jahr 1648, »so betrachten wir unsere Abreise in diese Gebiete nicht als eine Separierung (im strengen Sinn), sondern als legale Nachfolge oder als himmlischen Übergang von den verderbten zu reineren Kirchen.« Zurück blieben die »dogs and swine«, wie ein weniger höflicher Emigrant meinte. Wer die Gnade hat, sagte John Cotton, der darf auch die Freiheit beanspruchen, »sich aus der Welt in freiwillige Bundesgenossenschaften zurückzuziehen«. Der Abschied galt nicht nur England, er galt der Welt. Ein wiederkehrendes Moment kommt ab hier in die Geschichte hinein, die Pflege eines Stammesmythos – »ein heilig Volk abseits der Welt« –, in dem die Ursprünge des amerikanischen Selbstverständnisses liegen.[23]

II. Kapitel

PURITANISCHE THEOLOGIE

Entstehung in England

Der Bruch mit Rom erfolgte aus höchst privatem Anlaß. Der Papst hatte sich geweigert, die Ehe Heinrich VIII. mit Katharina von Aragón zu annullieren. Heinrich ignorierte die Weigerung, heiratete Anna Boleyn und setzte sich kraft der Suprematsakte von 1534 selbst zum Oberhaupt der Kirche ein. Die Lösung von Rom war aber längst auf anderen Ebenen in Gang gekommen. In dem Jahr, als Heinrich die Klöster schließen ließ, 1536, war Johannes Calvin mit seiner *Institutio*, ein Jahr zuvor Miles Coverdale mit der ersten vollständigen Bibelübersetzung in englischer Sprache herausgekommen.

Der Puritanismus entstand in der zweiten Hälfte des 16. Jahrhunderts als Bewegung innerhalb der jetzt geschaffenen *Church of England.* Er war eine Reformbewegung, keine Sektengründung. Nach dem Bruch mit Rom sollte die Reform der Kirche weiter vorangetrieben, die Kirche zu jener Reinheit geführt werden, wie sie angeblich im ersten Jahrhundert unserer Zeitrechnung in der von Christus selbst eingesetzten Urkirche schon einmal bestanden hatte. Die Entstehungsphase dieser Reformbewegung fiel mit der Regierungszeit Königin Elizabeths 1558–1603 zusammen; ihre Ursprünge reichten noch weiter zurück, hatten antifeudalen, antiklerikalen, sozialrevolutionären Charakter.

John Wycliff unterstützte im 14. Jahrhundert eine parlamentarische Initiative, die darauf abzielte, den Besitz beim Klerus für sündig zu erklären. Die ebenso fromme wie radikale Brüderschaft der Lollarden trug den Gedanken der religiösen Erneuerung bis ins nächste Jahrhundert hinein. Wycliff hatte die Übersetzung der Vulgata in landesübliches Englisch *(vernacular)* vorangetrieben. Indem er das Wort der Bibel über die Autorität einer Kirche stellte, nahm er einen zentralen reformatorischen Grundsatz vorweg. Lauter als andere hatte er die reformatorische Alarmglocke geschlagen, meinte Cotton Mather. Zu Zeiten Heinrichs VIII. wagte sich William Tyndale an eine Übersetzung des Neuen Testaments mit der Absicht, das Evangelium dem Volke in einfacher, verständlicher Form predigen zu können.[1] Zugleich forderte Robert Browne ein bibelgetreues Leben und Ungehorsam gegenüber korrupten Fürsten.

Bei einem *Convocatio*, einer Kirchenversammlung, im Jahr 1562 verlangten Geistliche mehr Kirchenzucht, strikte Einhaltung der Sonntagsruhe, ein Verbot des Kreuzschlagens bei der Taufe und den Verzicht auf Orgelmusik im Gottesdienst. Ihre Beschlüsse wurden 1563 in den *Puritan Articles of Convocation* zusammengefaßt, das vielleicht erste Auftreten des Namens in schriftlicher Form. Ursprünglich war es ein Spitzname. Ein Cotton Mather machte daraus kein Hehl mehr; zu seiner Zeit war daraus ein Ehrenname geworden, der erst später wieder einen derogativen Beiklang angenommen hat.[2]

Ein überzeugter Puritaner war ein Ketzer, schon dem Wortsinn nach. »Ketzer« kommt von »Catharus« und gemahnt an die asketische Sekte der Katharer im 12. Jahrhundert. Καθαρός heißt »rein«. Gereinigt werden sollte die Kirche von Sünde, Unmoral, losen Sitten und vom römisch-katholischen Ritual. Eine Trennung von der englischen Hochkirche war zunächst nicht beabsichtigt. Separatistische Tendenzen fanden sich eher bei den *Independents* in den unteren sozialen Schichten, bei Bauern, Arbeitern und Handwerkern. Die bessergestellten Untertanen in den Städten, im niederen Adel, strebten eine Reinigung der Kirche von innen an. Aus Rücksicht auf ihre katholischen Untertanen mochte Königin Elizabeth die Kirchenreform nicht radikal betreiben.[3] Die Erfolge der puritanischen Bewegung, etwa das Verbot von 1591, am Sonntag Schauspiele aufzuführen, waren Erfolge, die man der Obrigkeit abrang. Und die Obrigkeit ließ die puritanische Fraktion die Grenzen ihrer Macht spüren. 1593 erging ein erstes Gesetz gegen Puritaner, die mehr und mehr als eine Bedrohung der Staatsräson empfunden wurden. Das politische Kalkül mag bei der Disziplinierung des Puritanismus im Vordergrund gestanden haben. Allerdings wurden in dieser Zeit Glaubensfragen, auch wenn es um winzige Details ging, als zentrale Lebensfragen betrachtet.

Um die Ausgangslage zu verdeutlichen: Der Puritaner fand sich zwischen zwei Konfessionen, der katholischen und der reformierten, und er fühlte sich dort nicht wohl. Deshalb war er »restless«, er war »a man in motion«, er wollte aus dem »crooked halting«, dem unehrlichen Stillstand, herauskommen, wie es ein Zeitgenosse formulierte. Dort, wo die anglikanische Kirche haltgemacht hatte beim Reformieren, wollte der Puritaner weitergehen. Der Weg führte weg von Rom zu immer größerer christlicher Reinheit. »Going beyond Wickliff«, hieß eines der Ziele.[4]

1603 wurde James I., der Sohn Maria Stuarts, König. Die Puritaner hofften anfangs, besser unter ihm zu fahren als in den letzten Jahren der Herrschaft Elizabeths. Es schien, als hätte James I. Verständnis für die christlichen Bedürfnisse der Zeit. 1604 gab er eine neue Bibelübersetzung in Auftrag, sie blieb als *King James Version* bis in unsere Tage die grundlegende protestantische Bibel im angelsächsischen Bereich. Im selben Jahr stellte sich heraus, daß der neue König vorhatte, sich nonkonformistischer Strömungen zu entledigen und radikale Reformer aus dem Land zu treiben. Die Kompromißbereitschaft der Puritaner wurde dadurch nicht größer, im Gegenteil. Sie intensivierten ihren Glauben, wurden strenger was Sabbatruhe, Moral oder deren Gefährdung durch das Theater anlangte.

Der Puritanismus kann in seiner Entstehung verstanden werden als Reaktionsbildung gegen die Sitten des 16. Jahrhunderts. Es gab gute Gründe, gegen laxe moralische Standards, gegen Luxus und Extravaganzen, gegen die unmäßige Freßsucht dieser Epoche zu protestieren. Der puritanische Vordenker William Perkins verlangte Askese in »Worten, Speisen, Umgang, Erholung, Aussehen, Gestik«.[5] Andere Engländer teilten den Wunsch nach Wiederherstellung der Moral; die Puritaner waren nur die radikalsten unter ihnen.

Der Puritanismusforscher Perry Miller glaubt, daß neunzig Prozent am englischen Puritanismus überhaupt nicht puritanisch waren, sondern dem Zeitgeist des damaligen England, wenn nicht des damaligen Europa, entsprachen. Es ist kein Zufall, daß in dieser Zeit die Ursprünge des Jansenismus liegen, einer Bewegung, die man den katholischen Puritanismus genannt hat. Der entscheidende Konflikt fand nicht zwischen den Puritanern und dem Rest der Bevölkerung, sondern zwischen dem König und einer zeitweise puritanisch eingestellten Volksvertretung statt. James I. entglitt der Einfluß auf das Parlament. Unter Charles I., seit 1625 Nachfolger seines Vaters, brachte ein puritanisch kontrolliertes Parlament 1628 eine *Petition of Rights* gegen willkürliche Inhaftierungen und gegen Besteuerungen ohne Zustimmung der Volksvertretung ein. Ein Jahr später löste der König das Parlament auf und regierte mit Hilfe des Erzbischofs von Canterbury, William Laud. Laud wurde zum Erzfeind der Puritaner. 1640 etablierte sich das *Long Parliament,* setzte seine gegen König und Minister gerichtete Politik fort: der König habe seine Rechtsautorität nur auf dem Weg über das Parlament auszuüben. Der Widerstand gegen die Krone speiste sich aus verschiedenen Quellen, von der Steuerfrage bis zu den Versuchen Lauds, Schotten und Puritanern anglikanische Riten aufzuzwingen. Es gab Krieg. Charles I. wurde 1649 hingerichtet. Oliver Cromwell übernahm die Herrschaft, wurde 1653 Lord-Protector und drehte den Spieß um: es kam zur Ausweisung, Abwanderung und Flucht von Anglikanern. Cromwell starb 1658, das puritanische Regime brach zusammen, das Parlament berief Charles II. zum König. Unter ihm, dem »Merry Monarch«, erfolgte die anglikanische Restauration. Nonkonformisten wurde die Religionsfreiheit verweigert. Die Machtbalance zwischen König und Parlament blieb labil. Erst mit der *Glorious Revolution* von 1688, der Absetzung von James II. ohne Schwertstreich, wurde die Souveränität des Parlaments errichtet und das Prinzip der Religionsfreiheit – solange die Religion christlich war – verwirklicht. Die soziale Komponente des Konflikts läßt sich anhand der *Levellers* verdeutlichen. John Lilburne und seine Anhänger hatten besonders in den Jahren vor Cromwells Machtergreifung gegen die Souveränität des Königs und der Lords protestiert, gegen den Zehnten, gegen militärische Zwangsverpflichtung, gegen ein Glaubensmonopol und dafür eine Ausweitung des Wahlrechts, eine Besserstellung der Armen, und einen Machtzuwachs für das Unterhaus verlangt.[6]

Puritanismus wird heute fast nur noch auf die in den neuenglischen Kolonien verbreitete Version des Glaubens und der Lebenseinstellung bezogen. Der Historiker Charles Francis Adams nannte den Puritanismus die theologische Eiszeit des Landes, die von der Cambridge-Synode 1637 bis zu einem letzten Aufbäumen während des *Great Awakening* in den 1740er Jahren reichte. Glaubensfragen waren damals zentrale und gleichzeitig strittige Fragen und für große Teile der Bevölkerung von existentieller Bedeutung; ob die Kindstaufe Gott gefällig sei oder nicht, konnte zu einem echten Gewissensproblem werden.

Calvin, Ramus, Ames

Der in Genf tätige Calvin hatte 1536 seine *Institutio christianae religionis* veröffentlicht. Von den Sakramenten verblieben nur Taufe und Abendmahl. Calvin verwarf die Lehre von der Konsubstantiation – *hoc est corpus meum* – zugunsten der Transsubstantiation. Auch dies war eine der damals existentiellen Fragen und so wichtig, daß der Unterschied zur Trennung in Lutherische und Reformierte führte.

Vom Kalvinismus zehrten nicht nur englische und neuenglische Puritaner, sondern auch schottische Presbyterianer, Baptisten, Methodisten, sogar Episcopalians. Die Lehre Calvins läßt sich in fünf Punkten zusammenfassen: die bedingungslose Prädestination zum ewigen Leben und zum ewigen Tod; die Begrenztheit der Sühne, das heißt, die beschränkte Wirkung des Opfertodes Jesu; das menschliche Unvermögen, zur eigenen Erlösung beizutragen; die Unwiderstehlichkeit der Gnade; die Beharrlichkeit der Heiligen, was bedeuten soll, daß die einmal Erwählten unaufhaltsam der Erlösung zustreben.

Die Souveränität Gottes war unendlich, die Abhängigkeit des Menschen absolut. Der Mensch, ursprünglich geheiligt und rein, war seit dem Sündenfall schuldig und verdorben. Das traf auch für Kinder zu. Der Mensch hatte eine »transzendentale Kenntnis« von Gott, war aber durch die Sünde geblendet und konnte Gott authentisch nur aus der Bibel erfahren. Die Bibel war ein übermenschliches Dokument, ihre Autoren standen im Dienste des heiligen Geistes. Zu einer Erlösung von seiner verderbten Existenz führte der Weg nur über den Glauben, nicht über gute Werke. Die jüdische Werkheiligkeit wurde radikal abgelehnt. Der

Kalvinismus stand in direkter Opposition zum Arminianismus. Für Jacobus Arminius, den 1609 gestorbenen holländischen Reformator, war der Mensch frei vor Gott, die Gnade war im Gegensatz zur kalvinistischen Lehre unbegrenzt, nicht wenige, sondern viele waren auserwählt, denn Jesus war für alle gestorben.

Als gute Kalvinisten glaubten die Puritaner an die Prädestination. Aus dem Zustand der Sünde konnten nur solche durch die Erfahrung der Gnade erlöst werden, die vorher dazu bestimmt wurden, und zwar auch solche Menschen, die Gott nie gesucht hatten. Durch verschiedene andere Einflüsse, den Cambridge-Platonismus, durch William Ames, durch die ramistische Logik, die Zuerkennung einer natürlichen Vernunftbegabung unterschied sich jedoch der Puritanismus von der kalvinistischen Orthodoxie. Die puritanische Theologie, lehrte Perry Miller, gründete sich auf die Bibel wie sie in England, nicht wie sie in Genf gelesen wurde. Manche sagen, der Puritanismus leite sich stärker aus dem englischen Geistesleben, von Wycliff, Ames und William Perkins als von Calvin her.

Zum geistigen Gepäck der neuenglischen Puritaner gehörte der Philosoph Pierre de la Ramée oder Petrus Ramus. »The great Peter Ramus«, schrieb Cotton Mather, »has emboldened me.«[7] Harvard war zeitweise von Ramisten beherrscht, und noch in Yale, das später gegründet wurde, war Ramus der meistgelesene Autor. Ramus nahm eine radikale Position gegen den herrschenden Aristotelismus ein. Die scholastische Logik kam ihm zu subtil, umständlich, unnatürlich vor. Mit seinem Angriff auf die scholastische Logik stellte er sich gegen die Weisheit der Kirchenväter und die Katholizität eines Thomas von Aquin. Wer Aristoteles damals des Irrtums zieh, gab zu erkennen, daß er die zeitgenössischen Philosophen und die kirchlichen Theologen für Narren hielt. Statt des aristotelischen Syllogismus wurde bei Ramus das symmetrische Gegensatzpaar, die Dichotomie, zum logischen Werkzeug. Schwarz und weiß, gut und schlecht, Glaubensheiligkeit und Werkheiligkeit – der Verstand entschied, welcher von zwei Gegensätzen der göttlichen Ordnung entsprach, ob die Welt geschaffen oder nicht geschaffen war.

Der puritanische Prediger wählte aus den angebotenen Gegensatzpaaren den göttlich inspirierten Bestandteil aus und brachte ihn der Gemeinde nahe. Die Automatik des Syllogismus, die so leicht zu Trugschlüssen führte, meinte man damit überwunden zu haben. Die richtige Wahl wurde dem Gläubigen von einer inneren Intelligenz diktiert oder von der Bibel, die einfach dazu zwang, die richtige Wahl zu treffen. Der im Glauben regenerierte Mensch konnte die rechte Unterscheidung nach der Konversion um so besser treffen. Es ging nur darum, die Vernunfterkenntnis ständig und nüchtern zu überprüfen statt sich von Leidenschaften und »Enthusiasmus« treiben zu lassen, sich zu »paralogisieren«. Als praktische Folgen ergaben sich der Rigorismus der puritanischen Ethik und die Theologie des Bundes zwischen dem Priester und seiner Gemeinde. Nachdem in der ramistischen Logik jedes Stück sein Gegenstück verlangte, war ein Pastor kein

Pastor mehr, wenn er seine Gemeinde verlor; also konnte keine Priesterkaste entstehen.[8]

Der 1576 in Ipswich (Suffolk) geborene William Ames stammte aus einer puritanischen Kaufmannsfamilie, hatte in Cambridge, der Hochburg der Puritaner, studiert und mußte 1610 nach Holland fliehen, wo er Verbindung mit John Robinsons Separatisten aufnahm, die später nach Plymouth gingen. Als Amesius entwickelte er sich in Holland zu einem der führenden Theologen seiner Zeit. Ein reiner Kalvinist war Ames freilich nicht, weil er die Prädestinationslehre mit Elementen des frühpietistischen holländischen Präzisismus verknüpfte, die Einheit von Dogmatik und Ethik anstrebte, die *vita theologica,* die mit Mitteln des ramistischen Empirismus eine permanente Reflexion des Glaubens und des Gewissens auf sich selbst verlangte. In der *Medulla Sacrae Theologicae* von 1623, einem Handbuch für seine Schüler, entwickelte er die Lehre vom *covenant.* Der Bund guter Werke, dessen sich Adam im Paradies erfreute, wurde nach dem Sündenfall durch Jesu Gnade zum Bund der Gnade. Seine Schrift *De Conscientia* wurde zu einer der Säulen der Glaubensorthodoxie in Harvard und in Yale. Aus der *Medulla* und aus *De Conscientia* bezogen die Studenten bis ins Zeitalter der Aufklärung hinein die Grundsätze ihrer Religion. In Yale wurden die Texte von Amesius ganz bewußt zur Abwehr von Freidenkertum und Deismus herangezogen.[9]

Puritanismus und Anglikanismus

Folgt man Perry Miller, so strebten Anglikanismus wie Puritanismus eine Einheit von Vernunft und Glauben an, von Wissenschaft und Religion, eine Gleichläufigkeit von göttlicher und weltlicher Regierung. Beide, der Anglikaner und der Puritaner, gaben sich patriotisch, wenn es gegen Spanier und Franzosen ging. Beide glaubten an die Sündhaftigkeit des Menschen und meinten, der Mensch sei nur durch die Gnade erlösbar. Für beide wurde das Universum zu jeder Zeit und in allen Einzelheiten von Gott dirigiert. Beide glaubten an die Rechtfertigung aus dem Glauben und nicht durch selbstgeschaffene Werke. Der tiefe Konflikt bestand zwischen Reformierten und Katholiken, nicht zwischen Anglikanern und Puritanern. Ging es hart auf hart, war der Puritaner bereit, die Anglikanische Kirche als eine *true church* anzuerkennen. Anglikanische Predigten wurden im neuenglischen Boston nachgedruckt und zitiert.

Eine Erklärung für die Gemeinsamkeiten liegt darin, daß beide Glaubensrichtungen noch der mittelalterlichen Idee von der Einheit des Wissens anhingen. Das Wissen und die Wissenschaften waren nach einer hierarchischen Wertskala organisiert, am obersten Ende dieser Skala stand der Ruhm Gottes, und man konnte sich auf ihr nur mit Hilfe ausgebildeter Experten bewegen. Amateure waren nicht erwünscht. Eifersüchtig verteidigten anglikanische und puritanische Geistliche ihr in mühsamer Ausbildung erworbenes Expertentum. Wer da vorgab, ohne Vorbildung, durch Intuition oder Erleuchtung zu Gott gelangen zu können, machte sich der Blasphemie schuldig. Zu Gott konnte man nur über die Bibel kommen, und die Bibel war letztlich nur dem sprachlich und humanistisch ausgebildeten Fachmann verständlich. Deswegen stießen die Quäker mit ihrer Doktrin vom inneren Licht bei Puritanern wie bei Anglikanern auf heftigen Widerstand. Der Anglikaner George Hicks zieh Quäker der Gotteslästerung. In Neuengland hielt man sie für gefährliche Verrückte, die man vertreiben, in Ketten legen, notfalls ums Leben bringen mußte.

Der Unterschied zwischen Anglikanern und Puritanern war dreifach: Uneinigkeit über das Ausmaß der kirchlichen Reform, Unterschiede im Offenbarungsglauben und eine unterschiedliche anthropologische Auffassung.

Die Anglikaner meinten, mit der Inthronisation Elizabeths im Jahr 1558 hätte sich die Kirchenreform weitgehend erledigt: »Die Anglikaner waren diejenigen, die meinten, daß die Dinge weit genug gegangen waren. Sie wollten am erreichten Punkt haltmachen und sich konsolidieren.«[10] In der puritanischen Fraktion mag es welche gegeben haben, die damit zufrieden waren, daß man die Kirchen vom katholischen Ritual befreit hatte, daß man nun mehr Predigten und statt der endlosen Gebetslitaneien mehr Stegreifgebete sprechen hörte. Im Charakter ging die puritanische Auffassung jedoch tiefer. Man wollte eben nicht stehenbleiben, glaubte nicht, weit genug gegangen zu sein. Das Ziel lag weiter weg, entweder weiter zurück in der Vergangenheit bei der urchristlichen Kirche oder weiter vorn bei einem neuen Israel in Amerika.

Für Anglikaner und Puritaner offenbarte sich Gott durch die Heilige Schrift. Die Puritaner waren in der Bewertung der Bibel präziser, pedantischer, ihnen erschienen Altes und Neues Testament als vollständiger Gesetzeskörper, der Antworten auf alle Fragen bereithielt, ob sie sich auf die Ethik, die Politik, das Militär bezogen, auf Geld oder Ehe, auf die Bekleidung, das Aussehen oder auf das Problem, ob man Perücken tragen solle oder nicht.

Der dritte Unterschied lag in voneinander abweichenden anthropologischen Konzeptionen. Perry Miller hat hierzu eine lehrreiche Gegenüberstellung vorgenommen. Der Anglikaner Jeremy Taylor schrieb 1660 in seinem *Doctor Dubitantium,* einem Leitfaden für zweifelnde Gemüter von 1400 Seiten Umfang, der Mensch sei vernünftig, ehrlich und bescheiden. Dagegen beobachtete etwa zur selben Zeit der puritanische Vordenker John Cotton, der Mensch habe die vertrackte Eigenschaft, immer wieder in die Sünde zurückzufallen, eine »perverse subtility in inventing ways of backsliding«. Die Puritaner glaubten an die grundsätzliche Verderbtheit des Menschen, die Anglikaner an seine *malleability,* eine fast behaviouristisch anmutende Formbarkeit. Von da aus gesehen ist das Erbe der späteren amerikanischen Gesellschaft eher anglikanisch als puritanisch zu nennen, wenn man an die Konstante des *self-improvement* denkt. Der puritanische Pastor und Dichter Edward Taylor und der anglikanische Pastor und Dichter George Herbert glaubten beide an die Erbsünde. Aber wo der Engländer Harmonie und Ausgleich anklingen ließ, war der Puritaner besessen von der Vorstellung der Erbsünde, »unter der die ganze Schöpfung stöhnt«.[11]

Die Anthropologie der Puritaner

Bei Luther war der Mensch wenigstens noch *simul justus et peccator* (gerecht und sündig in einem); der Kalvinismus gab sich misanthropisch aus Prinzip. Der kalvinistischen Lehre zufolge war der Mensch ursprünglich geheiligt und rein, seit dem Sündenfall war er schuldig und verdorben. Kleine Kinder waren ihrer Natur nach sündig, besonders vor der Taufe. Die Schlechtigkeit des Menschen war allgemein, seine Sündhaftigkeit gleichsam empirisch nachweisbar. Die Gnade erfuhren nur wenige. Puritanische Autoren sprachen wieder und wieder von der *human depravity*. Das Herz des Menschen, sagte Samuel Willard in einer Predigt von 1694, sei voller »perverse and rebellious principles«.[12] Es gibt Interpreten, die glauben, der Puritaner sei durchaus Realist gewesen, wenn er mit dem Bösen im Menschen rechnete. Die Politik, das stand als Prinzip dahinter, konnte den Menschen nicht retten, nur eine grundsätzliche moralische Regeneration; deshalb das rigorose Bestehen auf Selbstdisziplin und Selbstbeherrschung bei sich und bei anderen.

Kinder waren verdammt, sofern sie ungetauft starben. Auch die anglikanische Kirche hielt an dieser Überzeugung lange fest. Als 1712 in Carolina achtzig Kinder von Indianern getötet wurden, hegte ein Anglikaner keine Zweifel, daß sie alle der Verdammnis anheimfielen.

Calvin wäre nicht unbedingt dieser Ansicht gewesen; die Frage ist umstritten. Fest steht, daß Protestanten dazu neigten, Menschen mit oder ohne Taufe als elende Jammergestalten zu betrachten, die so tief gesunken waren, daß ihnen irdische Hilfe nicht mehr zuteil werden konnte. Den Glauben an das Elend des Menschengeschlechts galt es fortwährend wachzuhalten. Charles Chauncy aus Boston gab einem jungen Geistlichen noch im nächsten Jahrhundert den Rat mit auf den Weg: »Predige viel über das Elend des Naturzustands.« Die Schlechtigkeit des Menschen zeigte sich bei den trivialsten Gelegenheiten. Wenn Gläubige im Gottesdienst einnickten, fühlte sich Increase Mather zu dem Kommentar veranlaßt: »Wir können hier festhalten, daß die Natur des Menschen bejammernswert schlecht und verdorben ist.«[13]

Die natürliche Verderbtheit des Menschen wurde ihm mal um mal mit geradezu naturalistischer Drastik vor Augen geführt: »Dein Geist ist ein Hort all der unreinen Meinungen und Ketzereien, die Menschen je von sich gegeben haben;

dein Herz ist ein stinkender Ausguß von Atheismus, Unzucht, Blasphemie, Mord, Hurerei, Ehebruch, Hexerei und Sodomie; so daß, wenn du etwas Gutes in dir hast, es nur ein Tropfen Rosenöl in einer Schale Gift ist.« Die Körperfeindlichkeit ist hier nicht zu verkennen, die Scham gegenüber natürlichen Körperfunktionen. Thomas Shepard verglich den menschlichen Körper mit einer Menstruationsbinde, Erlösung sei nur zu erreichen, wenn man die Seele vom alten Adam abtrennte. Edward Taylor, der bedeutendste puritanische Dichter, meinte in milder Stimmung »Ich bin bloß ein Sack voll Fleisch und Blut« und kam sich in wirklich bußfertigen Lagen wie ein »glasierter Topf voll fauliger Exkremente« vor.[14]

Es läge nahe, von den anthropologischen Grundvorstellungen der Puritaner direkte Schlüsse auf ihre Behandlung von Menschen zu ziehen und auf die doch recht ungleichmäßige Verteilung von Skrupeln. Puritaner konnten sich lange mit dem Gedanken quälen, ob man in der Kirche singen, ob man die Orgel spielen solle oder nicht. Es gab aber keine erkennbaren Zweifel, daß der Vollzug der Todesstrafe durch Erdrücken, durch buchstäbliches Zutodepressen recht und billig war. Nur: andere Religionen, die vielleicht keine Kindsverdammnis kannten, und die den Menschen nicht für einen Topf stinkender Exkremente hielten, hatten diesbezüglich ebensowenig Skrupel.

Wenn der Mensch eine so verderbte Natur hatte, wie konnte er sich dann über sie erheben und eine beispielhafte *City upon a Hill* errichten? Auf diese Frage sind unterschiedliche Antworten gegeben worden. Perry Miller vertrat den Standpunkt, daß das Leben der Puritaner voluntaristisch angelegt war. Der unregenerierte Mensch war wohl verdammt und konnte nichts daran ändern. Der Saint jedoch, der eine Wiedergeburt erlebt, die Gnade erfahren hatte, er war frei, ein tugendhaftes Leben zu führen.[15] Miller ist hier seiner Neigung erlegen, die Puritaner zu rehabilitieren. Einen anderen Weg ging Sacvan Bercovitch: Wenn man die *City upon a Hill* errichten wollte, dann nur über eine drastische Selbstverleugnung. Wegen seines Glaubens an die Verderbtheit der menschlichen Natur neigte der Puritaner dazu, das eigene Ich, das Selbst, in die Nähe von Sünde und Satan zu stellen. Und aus dieser Nachbarschaft konnte man sich nur entfernen, wenn das Ich heruntergespielt, negiert, aufgelöst, wenn eine Selbstverleugnung betrieben wurde, die bis zur »self-nothingness«, zur Selbstentäußerung reichte. Ein mystisches Element spielte hier hinein. Es sind sogar Parallelen zwischen Edward Taylor und Meister Eckhart konstruiert worden. Den Mystikern war es ein wichtiges Ziel, die Eigenliebe und banale weltliche Interessen abzulegen. Bercovitch schloß mit Recht, daß eine Selbstverleugnung so vehementer Art nur das Gegenstück zu einem stark ausgeprägten Subjektivismus war.

Der Puritaner war mit seinem Ich uneins. In einem Gedicht aus dem frühen 17. Jahrhundert hieß es: »I cannot live, with nor without my Self« – eine Haltung, die bis zur Automachie geht, einer Form von »narzißtischem Liebestod«. So gesehen war der Puritaner ein Narziß, einer, der sich übermäßig oder krankhaft mit dem eigenen Ich beschäftigte. Die vorgezeigte Demut war eine Inversion übergroßer Eitelkeit.[16]

Es gibt eine andere Möglichkeit, das anthropologische Grundkonzept der Puritaner zu verstehen: indem man Parallelen zwischen dem Puritanismus und der Psychoanalyse zieht. Beide zeigen Ähnlichkeiten in der Methode, in der Art der Erfahrung, in dem Weg, auf dem der Mensch zu sich selbst kommen soll. In der puritanischen Gemeinde wurde der Pastor gern als Seelenarzt bezeichnet; er half dem ratlosen Gläubigen bei der Suche nach seinem wahren Ich. Er unterstützte die Selbsterforschung, *self-scrutiny*, bevor es zur *conversion*, zur Heilung, kam. Der Mensch hatte eine Phase der *contrition*, der Zerknirschung, durchzumachen. Um diese Zerknirschung zu bewerkstelligen, bedurfte es einer längeren Phase der Meditation. In dieser Phase galt es, zurückzublicken auf den »Stammbaum unserer Lüste«, es galt, Schritt für Schritt die »Schändlichkeit unseres Lebens« zurückzuverfolgen, bis wir »zu dem eigentlichen Nest gelangen, wo sie ausgebrütet und geboren werden«[17] – also zum Ursprung des Traumas. Es ging um mehr als Beichte. Der Priester half dem Gläubigen, seinen Widerstand zu überwinden, in die *self-scrutiny* einzutreten, so wie der Psychoanalytiker den Patienten in die persönliche Vergangenheit führt. Der Puritaner und der Psychoanalytiker kennen das Problem des *backsliding*, das Zurückgleiten ins Trauma oder in die Sünde.

Bibel und natürliche Vernunft

Alles, was geschah, geschah für den Puritaner nach göttlichem Plan. Dem Menschen war es nicht gegeben, zwischen nebensächlichen Vorfällen und bedeutenden Ereignissen zu unterscheiden. Deswegen maß er dem anscheinend Winzigen so viel Bedeutung bei wie dem Epochalen. Denn in beiden zeigte sich Gottes Wille. Um Gottes Willen zu erkennen, brauchte der Mensch die Bibel, weil er seit dem Sündenfall geistig geblendet war. Puritaner betrachteten die Religion als eine komplexe, subtile und hochintellektualistische Angelegenheit, die man weder dem Laien noch dem Schwärmer überlassen durfte. Perry Miller hat den Argwohn der Puritaner gegenüber Emotionen gebührend hervorgehoben. Das *Great Awakening* mit seinen emotionsgeladenen Campmeetings wäre einem echten Puritaner ein Graus gewesen. Auch mit dem Gedanken, Jesus als den ersten Philanthropen zu begreifen, hätte sich ein Puritaner nicht befreunden können; er hätte darin eine Profanierung gesehen. Der Puritaner hielt sich an das Diktum *tolle et lege*, nimm und lies, die Wahrheit steht in der Bibel. Dann aber finden sich Stellen, zum Beispiel bei John Cotton, die von einer natürlichen Vernunft des Menschen sprechen. Auch in der Ethik wurde das Rationale betont. Doch wie vertrug sich die natürliche Vernunft mit einer wörtlichen Interpretation der Bibel? Die Bibel wurde axiomatisch begriffen. Die Bibel war Ausdruck der höchsten Vernunft und konnte niemals in einen Gegensatz zu dem geraten, was der Konvertierte erkannte. In einem gewissen Sinn zwang sie den Heiligen zur rechten Wahl. Die Natur enthielt alles; es kam darauf an, diejenige Wahl zu treffen, die sich mit biblisch-göttlichen Prinzipien deckte. Die Bibel schuf die Maßstäbe der Vernunft. Einfacher wird die Erklärung, wenn man zugibt, daß der Puritanismus auf beides angelegt war, auf gläubig-fundamentalistische, das heißt wörtliche Bibelauslegung, und auf rationale Skepsis. Weshalb sich der Puritanismus bei seiner Auflösung dazu eignete, von fundamentalistischen Methodisten und Baptisten wie von skeptischen Unitariern geplündert zu werden. Die dritte Möglichkeit bestand darin, sich ein rationales Schlupfloch zu suchen. Thomas Hooker »erschienen die Dinge so wie sie waren«. Gott war zornig und absolut, seine Taten und Absichten entzogen sich dem Verständnis des Wiedergeborenen jedoch nicht völlig. Und die wörtliche Auslegung der Bibel ließ dem menschlichen Geist sehr wohl einen Spielraum. Edward Taylor lehnte die alttestamentarisch vorgeschriebene Beschneidung ab, weil die Taufe ein viel besseres Erkennungszeichen sei. John Cotton nahm in seiner vielzitierten Einteilung der Menschheit in Gut und Böse zwar einen Bibeltext zur Grundlage[18], kam von daher aber zu einer ganz eigenartigen und persönlichen Taxonomie.

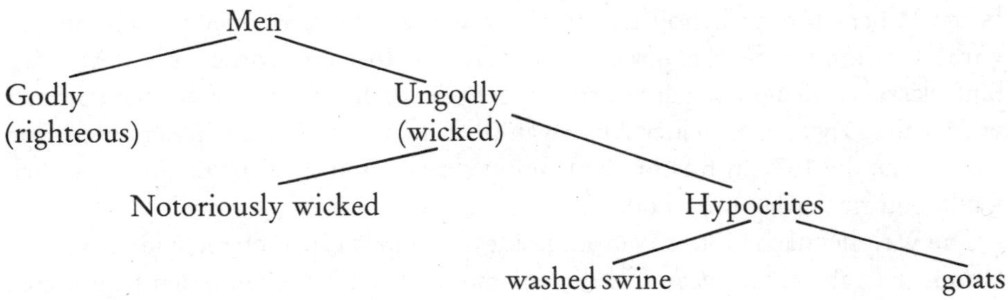

Die Schweine mochten gewaschen sein, doch sie wälzten sich immer wieder im Kot. Die *goats*, die Böcke, gingen anmutig, aber ihr Fleisch schmeckte ranzig, nicht so süß wie das der Schafe. Deswegen würden sie dereinst zur Linken ausgeschieden. Die *hypocrites*, die Heuchler, waren wie geschmolzenes Eisen, das immer wieder hart wurde. Der Heuchler besaß seinen Glauben auf Zeit, baute mehr auf sich als auf Gott, das gereichte ihm zum Verderben. Nur die Heiligen wurden zu Fleisch geschmolzen, ihr Glaube hielt vor, sie waren auf ewig geheiligt. Die Unheiligen waren auf ewig tot, geistig tot, unreformierbar. Wer ihnen geistige Nahrung verabreichen wollte, sagte Edward Taylor, verhielt sich wie ein Kind, das seinem Schaukelpferd Hafer zu fressen gibt.

Vorherbestimmung und Auserwählung

Es gab eine Vorherbestimmung zum ewigen Leben und zum ewigen Tod. Schon vor Erschaffung der Welt, so wußte Calvin, wurden die Heiligen auserwählt; das war eine »in Ewigkeit beschlossene Wahl«. Gott gab seine Gnade auch solchen, die ihn nie gesucht hatten, »who never sought him«, schrieb Thomas Hooker.[19] Das Ergebnis des Entschlusses war den Menschen nicht zugänglich, denn die »Unvollkommenheit unseres Geistes« könnte »eine so große Klarheit nicht ertragen«. Wohl hatte der Mensch eine »transzendentale Kenntnis« von Gott, die Einzelheiten seiner Entschlüsse konnte er jedoch nicht nachvollziehen, weil er von der Sünde geblendet war. Wie vermochte der Mensch unter der Bedingung der Prädestination zu leben? Perry Miller meinte, bei den Puritanern sei das Resultat der Vorherbestimmung nicht Fatalismus, sondern eine innere Entschlossenheit gewesen, die an den vorherbestimmten Sieg, nicht an die vorherbestimmte Niederlage glaubte. Die vorherbestimmte Auserwählung führte beim Saint zur Heilsgewißheit, deshalb konnte er auch selbstbewußt und tatkräftig auftreten. Bei John Cotton finden sich sogar Hinweise darauf, daß der Saint getrost sündigen darf – ähnlich dem *pecca fortiter* bei Luther –, denn die Auserwählung war unwiderruflich.

John Cotton war hier nicht typisch für die puritanische Grundhaltung, und Perry Millers Interpretation ist ins Optimistische verzerrt. Der Glaube an den vorherbestimmten Sieg mag gegenüber Dritten forciert worden sein. Aus den hinterlassenen Zeugnissen der Puritaner geht deutlich hervor, daß den Saint immer wieder tiefe Zweifel an seiner Auserwähltheit quälten.[20] Winthrop berichtete von einer Frau, die 1637 in Boston ihr Kind in einen Brunnen warf, damit sie endlich wußte, ob sie verdammt sei oder nicht.

Die Welt lief nach Gottes Plan ab. Prädestination war jedoch nicht identisch mit Fatum. Es gab *causae secundae,* die der menschlichen Freiheit einen begrenzten Spielraum verschafften, lehrte Calvin. Somit war der Mensch für seine freiwilligen Handlungen verantwortlich. Schließlich war auch Adam aus eigenem Willen gefallen. Alles war vorherbestimmt, doch jeder war gehalten, dieser Vorherbestimmung mit seinem eigenen freien Willen zuzustimmen. Nur so ließ sich erreichen, daß Prädestination nicht zu totaler Lähmung führte. Aber die Vorherbestimmung mit dem eigenen freien Willen zu kombinieren, blieb ein paradoxes Unterfangen.

Mitleid mit dem Schicksal Geschlagener war nicht angezeigt, denn wer eine bestimmte Grenze überschritten hatte, war verloren. Von dort gab es kein Zurück. Um dies sichtbar zu machen, wurde der Sünder markiert, mit einem dauerhaften Mal versehen, einer Entstellung, einer Brandmarkung, einem scharlachroten Buchstaben. Noch heute tendieren Amerikaner dazu, das charakterologische und nicht das situationsbedingte Element bei sozialer Abweichung herauszustellen.[21]

Calvin schätzte, daß etwa jeder Fünfte auserwählt sei, die anderen waren verdammt. Das ist der kalvinistische Ausschließlichkeitsglaube. Gott hatte nach dem Sündenfall mit den Menschen einen Bund geschlossen. Er ließ wissen, was die Bedingungen der Erlösung waren, ohne dadurch das Prinzip der Vorherbestimmung aufzuheben. Es wurde lediglich angedeutet, wer auserwählt sein könnte, wer nicht. Die Auserwählten waren für die Wiedergeburt qualifiziert. Seit dem Sündenfall war der Mensch bei der Geburt geistig tot. Deswegen mußte er neu geboren werden, sich re-generieren. Für die geistige Wiedergeburt waren gefordert Selbstdisziplin, Selbstbeherrschung und Selbstbezwingung. Die Regeneration war nur innerhalb einer Gemeinschaft von Heiligen, einer Kirche möglich. In Neuengland war jeder Siedler gehalten, die Gesetze der Kirche zu achten und die Kirche zu unterstützen, aber nur der Wiedergeborene konnte Kirchenmitglied werden. Die Kirchenmitgliedschaft wurde zuerkannt nach einem *spiritual awakening* und nachdem Geistlicher und Gemeinde die Echtheit dieses geistigen Erwachens geprüft und gebilligt hatten. Der Übergang vom geistigen Tod zum geistigen Leben hieß Konversion. Diese Konversion mußte so bewiesen werden, daß kein vernünftiger Zweifel blieb. In England, bei den Presbyterianern, wurde nur den groben Sündern, nicht aber allen Unregenerierten der Zugang zur Kirche verwehrt. Der Puritanismus in seiner kongregationalistischen Kirchenform war hier wesentlich radikaler. In der Regel konnten sieben Personen eine neue Kirche gründen. Diese Kirche wählte sich ihre Mitglieder selbst aus. Sie wurden einer Prüfung unterzogen, mußten ihr altes Leben beschreiben, den Moment der Bekehrung, die Änderung des Lebensstils. Die Gemeinde urteilte sodann, wer errettet, wer verdammt war. Der Bericht über das alte und neue Leben, die *relation,* war in den meisten puritanisch-neuenglischen Kirchengemeinden obligatorisch. Dort wurde entschieden, ob die Bekehrung glaubwürdig vorgebracht wurde oder nicht. Praktisch war es freilich so, daß ein neues Mitglied nach seinem Verhalten, nicht nach der Erfahrung innerer Gnade beurteilt und aufgenommen wurde. Effektiv genügte es schließlich, wenn man von jemandem wußte, daß er »free from scandal« war. Frauen durften ihre *relation* auch verlesen lassen oder privat vor einem Geistlichen ablegen.[22]

Die Kinder von Erwählten waren fast automatisch ebenfalls erwählt, ein enger Zusammenhang also zwischen Auserwähltsein und Vererbung. Hier lag einer der Gründe für das Zustandekommen des *half-way covenant,* der besagte, daß Kinder bereits wiedergeborener Eltern getauft werden konnten, ohne daß sie eine Konversion durchgemacht und nachgewiesen hatten. Increase Mather, Jonathan Mitchell und andere Puritaner der zweiten Generation drückten diese Praxis 1662 gegen erheblichen Widerstand durch. Die Gründe waren teilweise sehr irdischer Natur: man wollte die Kirchenbänke füllen, die Macht in denselben Familien halten und sich numerisch gegen die wachsende Zahl nichtpuritanischer Siedler in Neuengland behaupten. Viele Historiker und Religionswissenschaftler haben im *half-way covenant* eine Aufweichung puritanischer Strenge und Exklusivität erkannt, den Anfang vom Ende des puritanischen Commonwealth. Tatsächlich näherten sich die Puritaner mit dieser Maßnahme den Presbyterianern. Die

Unterschiede hatten sich abgeschliffen. Zur Fusion kam es zwar nicht, aber in den *Heads of Agreement* (1691) wurde doch eine Vereinbarung über gedeihliche Zusammenarbeit erzielt.

Rechtfertigung aus dem Glauben

Entgegen weitverbreiteter Meinung, die sich größtenteils auf die Weber-These stützen zu können glaubte, war es dem Kalvinisten nicht gegeben, sich göttliche Gnade mit guten Werken zu verdienen. Irdischer Erfolg und spirituelle Erlösung waren zwei grundverschiedene Dinge. Calvin sagte zwar: »Es besteht kein Zweifel, daß gute Werke, die von einem geläuterten Gewissen ausgehen, Gott wohlgefällig sind«; man solle aber nicht durch »eitles Vertrauen auf gute Werke« die alleinige Rechtfertigung durch den Glauben vergessen. Der Kalvinismus war im Gegensatz zu anderen protestantischen Richtungen nicht synergetisch angelegt, das heißt, der Kalvinist konnte wegen der Begrenztheit der Sühne an seinem eigenen Heil nicht entscheidend mitwirken. Nachdem Adam sein Bündnis mit Gott, das auf Werkheiligkeit beruhte, gebrochen hatte, war er auf die Gnade Gottes angewiesen. Die englischen und neuenglischen Puritaner legten großen Wert auf diesen Übergang von einem *covenant of works* zu einem *covenant of grace*. Calvin führte gegen die Werkheiligkeit und gegen die jüdische Gesetzlichkeit das Neue Testament ins Feld. Jesus sprach: »Wer an mich glaubt, wird leben, auch wenn er stirbt« (Joh. 11, 25). Auch bei Luther war die Rechtfertigung durch den Glauben ein zentrales Dogma, wobei er sich auf den Römerbrief (1, 17) berief.

Die Rechtfertigung durch den Glauben stand im Dienst der sozialen Ansprüche der Reformation. Reichtum war kein Kriterium dafür, ob einer den göttlichen Geboten gerecht wurde. Dasselbe traf auf die Armut zu. Samuel Willard ließ da keinen Zweifel aufkommen: »So wenig Reichtümer Zeichen von Gottes *Liebe* sind, so wenig zeigt *Armut* seinen Zorn oder Haß an.« Der Zusammenhang, der in späterer Zeit zwischen Besitz und Gottgefälligkeit hergestellt wurde, ist eine Fälschung der ursprünglich puritanisch-kalvinistischen Theologie. Der Besitz nicht, aber ein wirkungsvolles Amt konnte bei Calvin eine geglückte Konversion anzeigen. Da war das Amt dann gewissermaßen die Realisierung der Auserwählung. In diesem Rahmen ist das Bestehen der Puritaner auf dem *calling* zu sehen, der Berufung jedes Menschen zu einer ihm angemessenen Tätigkeit. Ohne *calling*, sagte John Cotton, war der Mensch ein unsauberes Tier. Es geziemte jedem Menschen, so meinte William Perkins, einer der einflußreichsten Lehrer des englischen und neuenglischen Puritanismus, »mit peinlichster Sorgfalt bei seinem calling zu bleiben«. Dies ist nun gerade *nicht* zu einer großen amerikanischen Idee geworden. Der Begriff eines statischen *calling* wollte nicht auf die Bedingungen passen, die man auf dem neuen Kontinent vorfand.[23]

Kongregationalismus

John Cotton gilt als der Erfinder des Begriffs Kongregationalismus. Jede kongregationalistische Kirche war für sich autonom. Es gab keine hierarchische Struktur innerhalb des Klerus. Die Macht der Bischöfe und Erzbischöfe in der *Established Church* mußte gebrochen, der Episkopalismus entweder eingeschränkt oder abgeschafft werden. Die Antwort auf das Episkopat der anglikanischen Established Church war die *Covenant Church* des puritanischen Kongregationalismus. Jede Kirche ordnete ihre Angelegenheiten selbst, wählte den Pastor selbst; er wurde nicht wie bisher von Bischöfen eingesetzt. Die Gläubigen wirkten in der Gemeinde mit. Der »sacerdotalism« wurde abgelehnt. Auf Synoden glaubte man fürs erste verzichten zu können.[24]

Man nannte dieses System *Federal Theology*, nach dem Bund oder Vertrag, den Gott freiwillig nach dem Sündenfall mit seinen Geschöpfen geschlossen hatte. Unmittelbares Oberhaupt jeder Gemeinde war Christus. Der Unterschied zur katholischen oder anglikanischen Ekklesiologie trat klar hervor. Aber selbst zu einer verwandten Sekte, den Presbyterianern, gab es hier Unterschiede. Für Presbyterianer war die Kirchenmitgliedschaft umfassend, für Kongregationalisten je auf eine bestimmte Gemeinde beschränkt. Bei den Presbyterianern hatten Geistliche und Kirchenälteste die Schlüsselgewalt inne, bei Kongregationalisten lag sie bei den Laienmitgliedern. Der kongregationalistische Pastor hatte jeweils nur das *local calling* seiner unabhängigen Gemeinde, während das *calling* des Pastors im Presbyterianismus nicht von seiner Gemeinde ausging. Der hierarchischen Strenge nach lag das Presbytertum zwischen Episkopat und Kongregationalismus. Kirchenälteste bildeten nach Muster der Urkirche die Verwaltungsspitze. Kirchliche Gerichtshöfe setzten sich aus gleichberechtigten Laien und Geistlichen zusammen.

Der Kongregationalismus unterschied zwischen der *Visible Church* und der *Invisible Church*. Bekehrte Christen bildeten in ihren örtlichen Zusammenschlüssen die *Visible Church*. Sie nahm selbst Mitglieder auf, von deren »spiritual awakening« sie sich hatte überzeugen lassen, und sie schloß Mitglieder aus. Die *Invisible Church* war nach Calvins Vorstellungen ein »über Raum und Zeit erhabener innerweltlicher Organismus«.[25] Er umfaßte alle Auserwählten der Vergangenheit, Gegenwart und Zukunft.

In Neuengland wurde erwartet, daß der Pastor, also der Hirte, nahe bei seiner Gemeinde wohnte und nicht entfernt von ihr wie der katholische Bischof. Auch Calvin hatte das so gewollt. In der kongregationalistischen Gemeinde gab es zwei Geistliche, den Pastor und den Teacher. Der Teacher war eher für Dogma und Gewissen zuständig – Cotton war Teacher –, der Pastor für die praktische Kirchenarbeit. Tatsächlich haben sich die funktionellen Unterschiede aber nach wenigen Jahren verwischt.[26] Pastoren, Kaufleute und Juristen bildeten gemeinhin das Rückgrat einer Gemeinde. Der Kirchenbesuch war – in Massachusetts seit 1634

– obligatorisch. In Virginia fuhren die Siedler anfangs oft auf dem Seeweg zum Gottesdienst, weil es über Land noch keine Wege gab. In Westfield, einer Frontier-Gemeinde hundert Meilen westlich Boston, wurde die Gemeinde noch in den 1670er Jahren mit Trommelschlag zum Kirchgang versammelt. Taufe und Abendmahl waren die einzigen Sakramente, sie besiegelten den Bund mit Gott.[27] Auf die Unabhängigkeit der einzelnen Kongregationen war man eifrig bedacht. John Cotton wollte nicht einmal niedergeschriebene Gebete wie im *Book of Common Prayer* zulassen, mit Ausnahme des Vaterunsers und der Psalter. Auch Jesus hätte keine schriftlich fixierten Gebete hinterlassen, hieß es, und durch ein allgemein benutztes Gebetbuch sah man die Eigenart der Gemeinde bedroht.

Den Puritanern war es von Anfang an um einfache Formen der religiösen Verehrung gegangen. Sie verzichteten auf das Kreuzzeichen und auf das Niederknien beim Abendmahl. Die Tage der Heiligen wurden abgeschafft. Nur der Sabbat war heilig, alles andere mußte als versteckte Heiligenverehrung gelten, einschließlich Weihnachten. Puritaner in Massachusetts und Separatisten in Plymouth feierten Weihnachten nicht, denn sie hielten es für ein von Menschen gemachtes Fest. In England war das Weihnachtsfest 1644 durch Parlamentsbeschluß verboten und erst unter Charles II. wieder eingeführt worden. Strenggläubige Familien in Neuengland haben Weihnachten bis etwa 1875 ignoriert.

Mit der größeren Beteiligung der Kirchenmitglieder am Geschehen war es nicht allzuweit her. Schon nach wenigen Jahren wurde angeordnet, daß die Laien nach der Predigt des Pastors oder der »Lecture« des Teachers keine Fragen mehr stellen sollten. Das Meeting kam auf Geheiß des Pastors zustande, und dort sollte nur reden, wer gefragt wurde. Nach der *Cambridge Platform* von 1648 und der Synode von 1662 ergab sich ein Trend zu Synoden und übergreifenden Versammlungen. Nicht mehr nur die einzelnen Kongregationen sollten »visible« sein, sondern die gesamte Kirche. Eine Art Rekatholisierung zeichnete sich ab, zumindest eine übergreifende Orthodoxie auf Kosten der autonomen Gemeinden.

Von John Cotton zu Cotton Mather

John Cotton war der erste Chefdogmatiker des Puritanismus. »God would not suffer Mr. Cotton to err«, sagte man in der Massachusetts Bay Colony und nicht einmal ironisch. Cotton wachte als Teacher über die Reinheit der Doktrin und über das Gewissen der Gläubigen, tat sich aber auch in der Kunst der Predigt hervor. Die Gemeinde pflegte, sich während seiner Predigten Notizen zu machen.

Wo es ging, vertrat Cotton die orthodoxe Lehre nach Calvin und William Perkins. Er hielt den Bund der Gnade hoch und glaubte, der Mensch könne nichts Entscheidendes für seine Erlösung tun. Aber merkwürdig: gerade er, bei dem sich jedermann Rat in theologischen Streitfragen holte, wich mehrfach von der

Orthodoxie ab. Sein Glaube an das absolute Wort war begrenzt. Die Bibel als Leitfaden war nur gut für solche, die noch nicht genau wußten, ob sie überhaupt erwählt waren. Mit seiner Betonung der ausschließlichen Erlösung aus dem Geist brachte er sich in verdächtige Nähe zu religiösen Abweichlern. Sich nur vom *spirit* leiten zu lassen, galt orthodoxen Puritanern als Gefahr für die Ordnung. Hatte nicht ein Gemeindemitglied behauptet, der Geist habe ihm bedeutet, sich mit einer verheirateten Frau zum Gebet einzuschließen? Und dann sagte John Cotton, man könne durch den Verzicht auf Vernunft zu Gott kommen, indem man sich dumm stellte, ein Narr wurde – eine Auffassung, die völlig der puritanischen Grundhaltung widersprach.

John Cotton (1585–1652), der führende Theologe der ersten Puritanergeneration in Neuengland

Cotton Mather (1663–1728), Geistlicher und Historiker der dritten Puritanergeneration

Zum Erzpuritaner schlechthin ist ein Enkel von John Cotton gemacht worden, der 1662 geborene Cotton Mather, ein neuenglischer Geistlicher der dritten Generation. Sein Vater Increase Mather war Pastor an der Second Church of Boston und zeitweilig Präsident von Harvard. Cotton Mather hatte von jung an einen Sprachfehler, er stotterte, wollte zunächst Arzt werden, wagte sich dann aber doch in den Priesterberuf. Zwei Frauen und mehrere Kinder hat er durch frühen Tod verloren, die dritte Frau wurde geisteskrank. Periodisch wurde er von starken Selbstzweifeln befallen, dann wälzte er sich auf dem Boden und klagte, er sei die schändlichste Kreatur auf Gottes Erde. Er arbeitete rastlos an seinem Fortkommen, publizierte unaufhörlich, führte die Impfung in Boston ein, knüpfte mannigfache Beziehungen zu Europa, korrespondierte mit dem deutschen Protestanten August Hermann Francke, wurde Ehrendoktor der Universität Glasgow und Mitglied der exklusiven Royal Society von London. Er war Sprachgelehrter, Kirchenhistoriker und Dogmatiker, ein Wissensfanatiker und ein Bildungsprotz, der manchmal meinte, alles Wissen der Welt zwischen schweinsledernen Buchrükken vorzufinden.

Cotton Mathers Hauptwerk, die *Magnalia Christi Americana* (1702), hat man mit einiger Berechtigung das Magnum opus der Puritaner in Massachusetts genannt. Die *Magnalia,* das sind Gottes wunderbare Werke in Amerika. Der erste Satz greift einen alten Topos auf: »I Write the *Wonders* of the CHRISTIAN RELIGION, flying from the Depravation of *Europe,* to the *American Strand.*«*[29] Es ist ein fast barockes Buch, in opulentem Stil geschrieben, mit angelesener Bildung überfrachtet. Vieles hat Mather aus allen möglichen Kompendien herauskopiert. Es ist aber auch ein sehr lehrreiches Buch und trotz aller Irrtümer, Ungenauigkeiten und Verzerrungen eine beachtliche historische Quelle. Viele nach Mather haben ihr Bild vom Puritanismus nach den *Magnalia* geformt. Sein Motiv, diese Kirchengeschichte in Angriff zu nehmen, sah Mather darin, die dritte Generation an das Erbe ihrer Vorväter zu erinnern und an die wunderbaren Werke, die ihnen geschenkt worden sind. Ein Motiv lag zweitens darin, den Saints ein Mittel gegen den Satan an die Hand zu geben, der diese wunderbaren Werke immer wieder zu vernichten trachte. Mit anderen Worten: Cotton Mather befürchtete, daß seine Generation unmittelbar von der Gefahr bedroht sei, das protestantische Erbe, die reine Lehre zu verspielen. Diese Angst war nicht neu. Schon nach den ersten Jahren hatten Puritaner ihre Stimme erhoben und geklagt, ihr Ideal stehe vor dem Ruin.

Die Klage war alt, und das Echo auf die *Magnalia* war nicht immer positiv. So mancher fühlte sich von dem zur Schau gestellten Moralismus und der eitlen Stoffhuberei abgestoßen. Der *Boston Courant* rückte 1710 eine Polemik gegen Mather und sein Werk ein. Der Verfasser, John Banister, wurde wegen Verleumdung bestraft, übrigens gegen den Willen seines Opfers.

Auch andere haben sich den *Magnalia* gegenüber distanziert gezeigt, woraus man schließen könnte, daß mit Cotton Mather die Blütezeit des Puritanismus

* Ich schreibe von den Wundern der CHRISTLICHEN RELIGION, die aus der Verderbtheit Europens ans amerikanische Gestade flieht.

überschritten war. Doch solange die Puritaner ihre Jeremiaden anstimmten, und Cotton Mather hat nichts lieber getan, solange hatten sie ihr Ideal noch nicht aufgegeben.[30]

Nach puritanischen Prinzipien zu leben war nicht einfach, und nicht nur wegen der strengen Lebensregeln. Der Gläubige sah sich in ein Kraftfeld widerstrebender Strömungen gestellt, mit denen allen er schwerlich zu Rande kommen konnte. Die Theologie sagte ihm, Menschen seien moralische Krüppel und unwerte Erdenwürmer, und doch war er ein Saint, ein Heiliger. Er war überzeugt, erwählt zu sein, und hegte doch tiefe Zweifel an seiner Erwählung. Er war gehalten, keine Sünden zu begehen, wo es doch hieß, er würde »anyhow« sündigen. Er sollte eine gottgefällige City-upon-a-Hill errichten, und das in einer Welt, die längst dem Verfall geweiht war. Er sollte mit Freuden seinem *calling* nachgehen, in der Welt sein und nicht in mönchischer Abgeschlossenheit, und doch sollte er sein Herz nicht an Irdisches hängen, sondern jenseitsgerichtet leben.[31]

III. Kapitel

POLITIK UND WIRTSCHAFT IN DEN FRÜHEN KOLONIEN

Demokratische Urformen

1609 wurde in Virginia der königliche Rat durch einen Rat der Handelsgesellschaft ersetzt, »um eine solche Regierung dort einzurichten, daß sie dem Volk zum größten Nutz und Frommen gereicht«. Die *Ordinance for Virginia* von 1619 ging noch einen Schritt weiter. Der Gouverneur wurde instruiert, für eine angemessene Volksvertretung zu sorgen. Ab da wählten die Wahlberechtigten aus jedem Distrikt je zwei *burgesses* in eine Versammlung. Der *Assembly* präsidierte ein *Speaker.* Zuerst tagte man in einem Einkammersystem, bald aber bildeten Gouverneur und *Council* eine Art Oberhaus, die *burgesses* als Delegierte eine Art Unterhaus. Das Petitionsrecht gegenüber den Instanzen in London war den Siedlern zugesprochen. Binnen einer Generation nach der Landung in Jamestown hatten die Virginier ihre Rechte institutionell abgesichert.[1] Das *House of Burgesses* kann als die erste repräsentative gesetzgebende Versammlung in Amerika gelten, die auf *self-government* in einer königlichen Kolonie bestand, wenngleich die Volksvertretung längst nicht vom ganzen Volk gewählt worden war.

Unter den *Fundamental Orders* von 1639 wählten sich die Freemen von Connecticut ihre Vertreter selbst. Diese frühe Verfassung galt für die Orte Hartford, Wethersfield und Windsor, wohin unter Thomas Hooker Puritaner abgewandert waren, die sich in der Massachusetts Bay Colony beengt gefühlt hatten. Auch hier mußte sich staatliche Autorität auf die freie Zustimmung der Bürger gründen, theoretisch wenigstens, denn zu Freemen konnten, wie in Massachusetts, meist nur Kirchenmitglieder werden. Roger Williams, im Unfrieden von Massachusetts geschieden und nach Rhode Island abgewandert, legte Wert auf die

Verknüpfung von politischer und religiöser Freiheit. Im *Plantation Agreement* von Providence (1640) wird ausdrücklich das Recht auf Gewissensfreiheit erwähnt. Freiheitliche Maßgaben finden sich in den *Fundamental Constitutions* von Carolina (1669), die von John Locke zumindest mitverfaßt worden sind.

William Penn legte die politischen Vorstellungen für seine Kolonie in *The Frame of the Government* der Provinz Pennsylvania (1682) nieder. Pennsylvania war eine Eigentumskolonie, deren Besitzer William Penn Quäkern und anderen Sekten Platz für ihre heiligen Experimente bot, sich allerdings einige feudale Rechte vorbehielt. Die Volksvertretung agierte weitgehend autonom, den Gouverneur durfte sie freilich nicht selbst benennen.[2] 1701 erließ Penn eine *Charter of Privileges*, in der den Bewohnern Freiheiten und Vorrechte garantiert wurden, die für damalige Verhältnisse ziemlich weit gingen. So wurde festgelegt, daß Angeklagte dieselben Rechte haben wie die Strafverfolger.

Trotz bestimmter Ähnlichkeiten in den politischen Verfassungen sind die kulturellen Unterschiede zwischen den einzelnen Kolonien nicht zu verkennen, und dabei sind nicht einmal die Unterschiede zwischen Nord und Süd, zwischen Neuengland und Virginia gemeint. Als Sarah Kemble Knight, eine Geschäftsfrau aus Boston, auf einer Reise nach New York Connecticut durchquerte, fielen ihr dort seltsame Sitten und Gebräuche auf. In ihrem Reisetagebuch behandelte sie diese Region wie eine ausländische Nation.

Connecticut und Rhode Island gerieten 1670 wegen ihres Grenzverlaufs in Streit. Es kam zu einem kleinen Grenzkrieg mit gegenseitigen Eroberungen und Gefangennahmen. An politische Selbständigkeit gegenüber England wurde zu diesem Zeitpunkt noch nicht gedacht. Die südlichen Kolonien begriffen sich eindeutig als Teil des britischen Empire, nur eben auf amerikanischem Boden. Weiter nördlich war es, von Ausnahmen wie Plymouth abgesehen, nicht viel anders. Als in England 1640 der Bürgerkrieg ausbrach, litten die Engländer in Amerika mit. Die Prediger sorgten sich um das Schicksal des Landes, befürchteten den Ruin von »this our country«.[3]

In der ersten Charter für Massachusetts von 1629 stand zu lesen: »Wir gewähren den Genannten, Gouverneur und Handelsgesellschaft ... daß alle Unsere Untertanen ... welche die besagten Länder bewohnen werden ... dieselben Freiheiten und Rechtsgarantien besitzen und genießen werden wie alle frei geborenen Untertanen in allen Unseren Dominions.« Was hier im Pluralis majestatis ausgedrückt war, mußte in die politische Praxis umgesetzt werden. 1630 wählten die Freemen als Aktienbesitzer der Gesellschaft *Assistants*, die *Assistants* wählten Gouverneur und Vizegouverneur. 1632 wählten der Gouverneur, der Vizegouverneur, die *Assistants* und die *Freemen* den neuen Gouverneur, Vizegouverneur und die neuen *Assistants*. 1634 waren der Freemen zu viele geworden, sie mußten sich auf *Deputies* einigen, die sie im General Court vertraten. Die Bevölkerung in der Kolonie stieg bis 1639 auf über 8000 Einwohner, bis 1654 verdoppelte sich diese

Zahl, 1665 waren es 23 000 und 1673 immerhin 35 000.[4] Selbst wenn nur eine Minderheit davon wahlberechtigt war, konnte man ohne ein Repräsentativsystem nicht mehr auskommen. Der Charter zufolge war der Freeman als Aktienbesitzer mit legislativer Gewalt ausgestattet, von Wahlen war nicht die Rede. In der Praxis aber wurde aus der Handelskompanie ein Commonwealth.

Der *General Court* bestand aus dem Gouverneur, seinem Stellvertreter und sechs *Assistants,* das war der Magistrat, sowie aus den *Freemen* oder deren *Deputies,* je zwei aus jedem Ort. Ab 1644 tagten Magistrat und Deputierte getrennt, nachdem sie sich in einem Streitfall, bei dem es um eine entlaufene Sau ging, böse in die Haare geraten waren. Im Zweikammersystem lag das Hauptgewicht der Macht beim Magistrat. Eine Gewaltenteilung in Legislative, Exekutive und Judikative gab es nicht.

Wahlberechtigte Freemen konnten zunächst nur Kirchenmitglieder werden. Allerdings durften manche »Inhabitants« in Angelegenheiten abstimmen, die sie direkt betrafen, ohne zur Kirche zu gehören[5], nachdem schon in der ersten Generation nur etwa ein Viertel der Bewohner zu den Erwählten gehörten. Bei einer Wahl im Jahr 1655 sah man auch schottische Dienstboten, Personen unter 21 und »Irish negers« mit abstimmen. 1684 wurde die Charter, von der das Regierungssystem ausgegangen war, annulliert. James II. ging 1688 ins Exil. Auf ihn folgten Mary und Wilhelm von Oranien. Massachusetts wurde zusammen mit Plymouth und Maine unter königliche Verwaltung gestellt. Das Wahlrecht hing nun nicht mehr von der Kirchenmitgliedschaft sondern vom Besitzstand ab. Die Krone setzte den Gouverneur ein, der ein Vetorecht gegenüber der Volksversammlung innehatte. Für Protestanten aller Varietäten wurde die Religionsfreiheit eingerichtet. Vom Politisch-Administrativen her hatte damit das Bible Commonwealth der Puritaner aufgehört zu bestehen. Der puritanischen Oligarchie waren Fesseln angelegt worden, die Saints durften sich nicht mehr ihre eigene Regierung wählen.

Die Frage, wie demokratisch es in den Kolonien und besonders in den puritanisch regierten Kolonien zuging, hat amerikanische Geschichtswissenschaftler nachhaltig beschäftigt. Da wurde gesagt, die koloniale Gesellschaft hätte in markanten Zügen das Wesen der demokratischen Theorie bereits in sich getragen, namentlich *compact* und *covenant,* das *joint-stock arrangement* und das Bestehen auf persönlicher Freiheit. Anderswo heißt es, Puritanern wie John Winthrop hätte eine »mixt Aristocratie« vorgeschwebt, worin der Gouverneur das aristokratische, die Deputies das demokratische Element bildeten. Die Deputies wurden gewählt, sie erließen während ihrer Amtszeit bindende Gesetze. Geld- und Adelsprivilegien hatten keinen Einfluß auf die Regierungsgeschäfte. Der Kongregationalismus mit seinen wählbaren Geistlichen, die *freehold tenure,* die Charters und frühe Verfassungsdokumente wie die *Fundamental Orders of Connecticut* wurden ebenfalls als Belege für eine demokratische Grundstruktur herangezogen. Nun kann man die Gewichte aber auch anders verteilen und sagen, nur die Assembly war als

Entsprechung zum Unterhaus ein demokratischer Bestandteil, wogegen der Gouverneur Repräsentant eines Monarchen blieb und sein Council die Analogie zum feudalen Oberhaus bildete. Jedenfalls würde sich heute kaum jemand Tocqueville anschließen, für den der Puritanismus »in vielen Punkten mit den absolutesten demokratischen und republikanischen Lehren« verschmolz. Perry Miller hielt es für falsch, die Puritaner als Vorkämpfer der Demokratie einzustufen. Ihrer Grundeinstellung nach seien sie autokratisch gewesen und hierarchisch orientiert. Parrington schon hatte den Kalvinismus den Erzfeind des demokratischen Liberalismus geheißen. Auserwähltenprinzip und Vorherbestimmung waren eindeutig undemokratisch. Nichtregenerierte, alle Abstufungen von Sündern blieben draußen vor der Tür. Die Heiligen, die Saints, sagte Parrington, ließen sich nicht durch Mehrheitsentscheidungen die Hände binden. In einem System der »ethical stewardship« sei kein Platz für persönlich zugeschriebene Naturrechte gewesen.[6] Die neuere Forschung urteilt ganz ähnlich: Puritaner fürchteten die Demokratie als eine Quelle von Anarchie und Pöbelherrschaft. Die Delegierung der Macht erfolgte absolut, das heißt, die Wähler hatten während der Legislaturperiode kaum Einfluß auf die Gesetzgebung. Außer der Erwählung und der Prädestination war die Verfolgung Andersdenkender, der obligatorische Kirchenbesuch, die Beschränkung des Wahlrechts auf Kirchenmitglieder und die faktische Existenz einer Staatskirche als undemokratisch zu werten.

Plausibel erscheint die Formel, daß das Demokratische am Puritanismus aus der englischen Tradition, nicht aus dem neuenglischen Puritanismus kam. John Cotton hielt ein demokratisches System weder für die Kirche noch für ein weltliches Commonwealth geeignet. Als das Thema zur Sprache kam, reagierte er mit der perplexen und vielzitierten Frage: »If the people be governors, who shall be governed?«[7]

Kirche und Commonwealth

Für Calvin waren Obrigkeit und Geistlichkeit »externa media ad salutem«. Die Kirche stützte den Staat, der Staat stützte die Kirche, und zwar ständig, nicht nur im Notfall wie bei Luther. Eine gegenseitige Unterwerfung gab es nur »in gewissen Belangen«, eine grundsätzliche Unterwerfung des Staates unter die Kirche wäre papistische Tyrannei gewesen. Eine klare Distanzierung von der Theokratie findet sich bei Calvin nicht. Weil aber Staat und Kirche aufeinander angewiesen waren, konnte der Staat nie Knecht der Kirche werden, noch konnte eine Staatskirche oder ein Kirchenstaat entstehen.[8]

In England forderte Thomas Cartwright gegen die Erzbischöfe eine Trennung von Kirche und Staat, radikaler noch Robert Browne und seine *Independents*, die man als Vorläufer der Kongregationalisten betrachtet hat. In der Staatslehre der

Puritaner diente als Ausgangspunkt der Covenant mit Gott. Dieser Covenant hatte zum Inhalt, daß der Mensch, weil er von Gott gut behandelt wird, den Bruch der göttlichen Gesetze ahndet. So jedenfalls stellten sich William Ames und William Perkins in England, in Neuengland Geistliche wie Samuel Willard den Bund zwischen Gott und Mensch vor. Es sollte zwar zwei getrennte Königreiche geben, aber der Staat war aufgerufen, die göttliche Wahrheit zu verteidigen.

In der Massachusetts Bay Colony läßt sich weder eine eindeutige Trennung noch eine totale Vermischung der beiden Domänen feststellen. Ab 1631 durfte keiner Freeman werden, der nicht Kirchenmitglied war. Anfangs waren Town Meetings und Church Meetings so gut wie identisch. Im ersten Jahr (1630) waren von 45 ursprünglich ausgewanderten Familien 42 mit mindestens einem Familienmitglied in der Kirche vertreten. Erst ab 1635 kam ein separater Magistrat ins Amt.[9]

Die Ämtertrennung im politischen und kirchlichen Bereich wurde zur Regel. Unter GouverneurEndecott fungierten Pastor und Teacher noch als Assistants. Bei Winthrop gab es das nicht. Geistliche sollten keine politischen Ämter ausüben. In Plymouth mußte ein Assistent des Gouverneurs sein Amt aufgeben, als er zum Diakon gewählt worden war. Natürlich hatten Geistliche Einfluß auf politische Entscheidungen, aber dieser Einfluß ging keineswegs stets konform mit den Absichten der Regierung. Die Pastoren haben sehr wohl auch gegen den Magistrat opponiert, sich gegen den Magistrat für die Rechte der Freemen eingesetzt, so daß man die Geistlichkeit fast als eine dritte Kraft zwischen Magistrat und Deputies interpretieren kann.[10]

Theoretisch durften die beiden Reiche nicht vermischt werden. Das war die amtliche Haltung in der Kolonie.[11] Tatsächlich gab es jedoch eine Vielzahl gegenseitiger Einflußnahmen. Zwischen 1633 und 1649 fanden mindestens siebzig gemeinsame Sitzungen von Magistrat und Geistlichkeit statt. Und es wogte ein ewiger Streit. Sobald die Pastoren nicht kooperierten, hieß es, sie hätten in weltlichen Geschäften nichts zu suchen. Wiederholt setzte sich der Magistrat gegenüber den Geistlichen durch. Der General Court mußte neuentstehende Gemeinden als *approved churches* erst genehmigen. Er erlegte den Kirchen auf, keine Fremden aufzunehmen, die die Regierung nicht vorher überprüft hatte. Einem mißliebigen Pastor wurde untersagt, in der Kolonie Gottesdienst zu halten. 1639 ordnete der General Court eine Reduzierung von kirchlichen Meetings an Wochentagen an, damit mehr gearbeitet werde. In der *Cambridge Platform* von 1648 machte die Geistlichkeit einen Versuch, sich gegen Einmischungen in das Kirchenregiment zur Wehr zu setzen.

Eine Faustregel lautete: im puritanischen Gemeinwesen sollten kirchliche und zivile Organisationsformen parallel, aber separat sein. Beide Formen beriefen sich auf die Bibel; beide verfolgten eine göttliche Ordnung; beide machten sich den Menschen untertan. Da auch die Gesetze des Staates von Gott stammen, sagte John Cotton, sei es zulässig, daß die Geistlichkeit die Staatsorgane beriet. Als Bibelkundigen fiel den Geistlichen eine natürliche Machtstellung zu. Tatsächlich wurde vieles Gesetz, was John Cotton predigte; aber mit seiner Forderung, den Magistrat auf Lebenszeit zu wählen, setzte er sich beispielsweise nicht durch. Es ist wahr, daß sich die puritanische Kirche in Neuengland stärker in öffentliche Angelegenheiten einmischte als die anglikanische in Virginia. Auch im Süden gab es einen »puritanism« – kleingeschrieben –, der aber politisch nicht entfernt so straff organisiert war wie im Norden.[12] Trotz theokratischer Elemente konnte man jedoch in Massachusetts eher von einem Bible Commonwealth als von einer Theokratie sprechen. Im Gegensatz zu England, um ein letztes Beispiel zu nennen, wurde in Neuengland die Ehe als Zivilangelegenheit behandelt.

Landwirtschaft und Handel

In Holland wollten die englischen Pilgerväter schon deswegen nicht länger ausharren, weil dort der Haupterwerbszweig der Handel war, von dem die Separatisten nichts verstanden. Sie waren an das einfache Landleben gewöhnt »und die unschuldige Ausübung der Landwirtschaft«. So wenigstens stellte es William Bradford dar, wobei zwischen den Zeilen unschwer herauszulesen ist, daß der Handel für ihn eben nicht etwas Unschuldiges war. Von Anfang an stand die Plymouth Colony unter Produktionsdruck. 1623 schrieb Bradford über seine Leute in sein Tagebuch: »Sie begannen darüber nachzudenken, wie sie so viel Korn wie möglich anbauen könnten.« Plymouth war realistisch gesehen eine Handelsniederlassung, die für die Aktionäre in London Profit abzuwerfen hatte. Englische *Merchant-Adventurers* versuchten, sich gegenseitig ihre Anteile abzujagen, um die Kontrolle zu übernehmen. Bradford mußte sich wohl oder übel mit Handelsgeschäften befassen. 1627 kam er auf die Idee, die Macht der Kolonisten zu stärken, indem er Anteile an Personen ausgab, die nicht zu den Separatisten gehörten. Ledige erhielten eine Aktie, Familienvorstände so viele Aktien wie sie Familienmitglieder hatten.

Pelze waren die gefragtesten Artikel, Biber, Otter, Nerz und Fuchs. Aus Bradfords Chronik geht hervor, welche zentrale Rolle der Pelzhandel für das Überleben der Kolonie spielte. Der wichtigste Geschäftspartner auf diesem Sektor waren Indianer, von denen Felle gegen Schmuck, Wolldecken, Schnaps und Munition eingetauscht wurden. Das königliche Verbot, Waffen an Indianer zu verkaufen, wurde nicht zuletzt der Pelze wegen ständig durchbrochen. Um Handelszonen kam es zwischen Massachusetts und Plymouth zu lokalen Rivalitäten, bei denen es auch Tote gab. Wampum war auch unter Weißen als Zahlungsmittel gebräuchlich, dazu der Pine Tree Shilling, gegen Ende des 17. Jahrhunderts Papiergeld und schließlich der Dollar, der den spanischen Peso ablöste. Ein Teil des Handels unter Weißen wurde in Naturalien abgewickelt, egal ob es sich um Felle oder Fisch oder um Sassafras handelte, ein begehrtes Mittel gegen Syphilis. Steuern wurden mitunter in Form von Weizen eingetrieben. Mit Farmprodukten ließen sich selbst Collegegebühren bestreiten. Gehandelt wurde schließlich mit allem. Captain Wollaston vermietete mit Gewinn Dienstboten an Siedler in Virginia. Von dem Engländer George Alsop wissen wir, daß unter den Siedlern in Maryland äußerst gerissene Geschäftsleute waren.[13]

Die Massachusetts Bay Colony konnte von Anfang an auf die ökonomische Geschicklichkeit ihrer Mitglieder rechnen. Winthrop war auf diesem Gebiet sicherlich mit größerer Erfahrung ausgerüstet als sein Nachbar Bradford. Seit 1620 gab es das mit Handelsinteressen befaßte *Council for New England*, bestehend aus Gentlemen und Adligen. 1629 erwarben puritanische Kaufleute als *New England Company* ihre Konzession. Der geniale Kniff von John Winthrop bestand darin, den Tagungsort der Gesellschaft nach Boston zu verlegen, um von dort aus so gut wie autonom agieren zu können. Die Puritaner hielten nichts vom Laissez-faire-Prinzip. Sie verließen sich auf ein von oben gesteuertes Wirtschaftsleben. Die Regulierung trug in der Frühzeit ausgeprägt kooperative Züge. Boston besaß drei Allmenden. Auf zweien wurden verschiedene Getreidesorten angebaut. Eine dritte wurde turnusmäßig als Schaf- und Kuhweide verwendet, damit sich der Boden erholte. Aus landwirtschaftlichen Handbüchern wie Anthony Fitzherberts altehrwürdigem *Boke of Husbandrie* (1523 und neuere Auflagen) holte man sich kompetenten Rat. Neben Gemeindewiesen gab es einen Gemeindestier, in manchen Orten Gemeindekühe, in Salem sogar ein Gemeindepferd. Mit Hunden machte man sich gemeinsam auf die Wolfsjagd. In Connecticut teilten sich die Siedler anfangs gemeinsames Land, errichteten gemeinsame Zäune, kamen ihrer Arbeitsverpflichtung zum Wegebau nach, unterhielten Gemeindeschäfer und Gemeindehirten. Wegen des gemeinsamen Landbesitzes war die kommunale Bindung besonders ausgeprägt.[14]

Von der Bodenqualität her war der neuenglische Bauer im Vergleich zu anderen Regionen benachteiligt. Weizen gedieh nicht sehr gut, eher Roggen, Gerste, Hafer und Buchweizen. Von den Indianern lernte man den Maisanbau. Die Indianer lehrten die ersten Siedler auch, wie man Grindelia anbaut und kocht. Weizen ließ sich in den Gebieten zwischen dem Hudson und dem Potomac besser ziehen. In den Flußtälern von Pennsylvania und später New Jersey, im Tal des Mohawk in New York konnten alle Arten von Getreide angebaut werden. Neuengland war eine Domäne des *freeholders.* In New York und weiter südlich waren die Landpächter stärker verbreitet, die von einem »Lord of the Manor« abhängig waren. Königliche Gouverneure verteilten das Land mitunter nach Gusto an ihre Günstlinge.

Die südlichen Kolonien des 17. Jahrhunderts waren nicht durch Großplantagen charakterisiert. Vor 1640 wurden von Lord Baltimore wohl einige größere Grundstücke bis 30000 acres vergeben, aber bald setzte sich die Erkenntnis durch, daß mit kleineren Anwesen größere Gewinne zu erzielen waren. Und so wurden Virginia und Maryland hauptsächlich in *freeholds* zwischen 50 und 500 acres parzelliert. Dort und in North Carolina wuchs als Besonderheit der Tabak. Widerstände von Krone und Geistlichkeit gegen die Gefährlichkeit dieses Produkts waren bald hinfällig. 1612 züchtete John Rolfe eine besonders ertragreiche Tabakpflanze. Tabak wurde zum Hauptexportartikel, Flachs und Baumwolle gerieten ins Hintertreffen. Gouverneur Edward Digges legte in Virginia eine Seidenraupenzucht an – mit Hilfe armenischer und türkischer Gastarbeiter, die etwas davon verstanden. Schon gegen Ende des Jahrhunderts konnte man kritische Stimmen hören, die sich gegen intensiven, für den Boden ruinösen Mais- und Tabakanbau aussprachen. Die Farmer, hieß es, seien nur an kurzfristigen Profiten orientiert, an »quick cash«.[15]

Das Wirtschaftsgebaren der Puritaner leitete sich her aus ihrem *calling*, ihrer persönlichen Berufung in der Welt. Diesem *calling* galt es, mit Fleiß nachzugehen. Laßt keine Drohnen im Bienenschwarm zu, rief Cotton Mather seiner Gemeinde zu, wer der Muße verfällt, verfällt der Sünde. Der Mensch muß mit seinen Pfunden wuchern, sich um den »sucesse« seiner Berufung sorgen, meinte John Cotton. Der Erwählte war hierbei bevorzugt. Der Verdammte mochte noch so schöne Früchte ernten, im Grunde waren seine Erträge »deade work«. Obwohl die Saints ihrem *calling* mit Fleiß nachgehen sollten, durften sie doch den Reichtum nicht lieben. Ein Puritaner hatte eifrig zu sein, »diligent«, aber nicht habgierig, »covetous«. Die Unterscheidung zwischen beiden Eigenschaften erwies sich in der Praxis als schwierig. Gegen Habgier, argwöhnte Cotton Mather, waren nicht einmal die Erwählten gefeit. Die Versuchung war beträchtlich. Nach den ersten Puritanern kamen Tausende von neuen Siedlern nach Massachusetts, mit denen sich trefflich Handel treiben ließ. Die Neuankömmlinge brauchten Vieh und Getreide, und sie waren bereit zu zahlen. Die Preise gingen nach oben, Fälle von Preistreiberei oder »oppression«, wie man damals sagte, häuften sich. Der *General Court* schritt mehrfach ein. Als jedoch ein Händler wegen überhöhter Preise bestraft wurde, erklärte John Cotton, man solle den Mann wegen seiner falschen Grundsätze ruhig ermahnen, an seinem Christsein ändere dies nichts. Denn, argumentierte er höchst unorthodox, das Geschäftsleben sei ein abgetrennter Bereich: »Wenn du in Christus lebst, darfst du kaufen, als kauftest du nicht und die Welt so gebrauchen, als gebrauchtest du sie nicht.«[16]

Als James Blair sich von Virginia aus an den englischen Attorney General Seymour wandte mit dem Ansinnen, ein College zur Pflege des Seelenheils der Siedler zu gründen, das spätere William & Mary, erhielt er die rüde Antwort: »Damn your souls, make tobacco.« Die wirtschaftliche Konkurrenz zwischen Kolonien und Mutterland wurde zu einem wichtigen Streitpunkt im Jahrzehnt vor der Unabhängigkeit. Die Ursprünge lagen im 17. Jahrhundert. In der neuen Charter für Massachusetts von 1691 ließ sich die Krone alle Bäume reservieren, die am Boden gemessen einen Durchmesser von mehr als 24 inches hatten. Auch in anderen neuenglischen Kolonien sollten solche Stämme der Royal Navy vorbehalten bleiben; die Marine brauchte Segelmasten. Die königlichen Aufseher markierten besonders dicke Bäume mit einem Pfeil. Die Bewohner von Massachusetts, nicht faul, erklärten 1720, ein dicker Baum gehöre dem König – solange er steht; liegt er gefällt am Boden, gehöre er der Kolonie.

Die Ideale einer *City-upon-a-Hill* wurden von der Realität des Wirtschaftslebens und von der persönlichen Disposition der Siedler beeinträchtigt. »Die Menschen suchten ihre eigene Verherrlichung, nicht diejenige Gottes«, urteilte ein Historiker, und dieses Streben nach Selbstvergrößerung stellte sich nicht nur in Umschlagplätzen wie Boston ein, sondern auch in den kleineren Gemeinden draußen auf dem Land. Die Dogmen stimmten mit dem Verhalten immer weniger überein. Im Massachusetts der zweiten Generation entstanden zwei Fraktionen. Die »Weißröcke« wollten den atlantischen Handel vorantreiben, die »Blauröcke« hielten dafür, sich geschäftlich auf Boston und sein Hinterland zu konzentrieren. Ein betagter Bostoner fühlte sich bereits in den 1640er Jahren bemüßigt, seine Brüder im Glauben daran zu erinnern, daß Massachusetts religiöse und nicht kommerzielle Grundlagen habe. Die Kluft zwischen Kirche und Gemeinde tat sich weiter auf. Boston wurde zu einem Handelszentrum. Immer mehr Bewohner gehörten nicht mehr der »First Church« an. Zu den Unterschieden zwischen Heiligen und Verdammten, zwischen Freien und Unfreien gesellten sich neue: zwischen Besitzern und Besitzlosen, zwischen Siegern und Verlierern. 1648 hielt ein Bostoner Bürger in einer Petition den neuen Sachverhalt fest: »Es hat Gott gefallen zu entscheiden, daß unsere Stadt hauptsächlich aus Handel besteht.«[17]

Bercovitch meint, in Europa habe sich der Kapitalismus dialektisch entwickelt, weil er sich mit älteren Denkweisen auseinandersetzen mußte. In Neuengland aber hätte er sich von Anfang an frei entfalten können. Doch auch in Neuengland mußten sich wirtschaftliche Expansion, Kapitalakkumulierung und ungehindertes Profitstreben zuerst einmal über einige theologische Hürden hinwegsetzen. Richard Bushman hat den Übergang vom Puritaner zum Yankee hauptsächlich ins 18. Jahrhundert verlagert[18], aber die Vorstellung, Eigentum habe dem öffentlichen Wohl zu dienen, der Mensch sei nur *Steward,* nur Verwalter seines Besitzes, ging wahrscheinlich schon früher verloren.

Wer frühkapitalistische Prinzipien eng an Calvins Lehren anbinden will, müßte eine Erklärung dafür anbieten, warum heute streng kalvinistische Gruppen wie Baptisten, Methodisten und andere Fundamentalisten überwiegend zur Unterschicht, aufgeklärte und skeptische Sekten wie Unitarier und Episcopalians hauptsächlich zur Oberschicht gehören. Universell gültig ist die These Max Webers von der Geburt des Kapitalismus aus dem Geist des Protestantismus jedenfalls nicht. Natürlich hatte Max Weber keineswegs übersehen, daß es im kalvinistischen Protestantismus keine äußeren Zeichen der Gnade gab. Weil es aber auch nicht möglich war, sich in den katholischen Zyklus von Sünde-Beichte-Buße-Sünde zurückzuziehen, sei der Gläubige auf sich selbst zurückgeworfen gewesen, auf ständige Selbstreflexion und auf eine asketische Haltung, so daß die protestantischen Dogmen letztlich doch den Kapitalismus befördert haben. Die gedanklichen Umwege, die man bei dieser Interpretation beschreiten muß, sind so verschlungen, daß ihr Nutzen zum Verständnis historischer Entwicklungen immer fraglicher geworden ist. Max Weber schrieb selbst ganz klar: »Kein wirklich frommer Puritaner – darauf kommt es an – hätte je durch Pfandwucher, durch Ausnutzung des Irrtums des Gegenparts ..., durch Feilschen und Schachern, durch Beteiligung an politischen oder kolonialen Raubverdiensten erworbenes Geld für gottwohlgefälligen Gewinn halten können.«[19]

Soziale Unterschiede und Gottes Wille

Noch an Bord der »Arabella«, vor der Landung in Neuengland, hatte John Winthrop eine Laienpredigt mit dem Titel »Ein Vorbild für christliche Nächstenliebe« gehalten, seine berühmt gewordene *City-upon-a-Hill*-Rede. Christliche Liebe, predigte Winthrop, solle das Bindemittel in der Gesellschaft sein. »Wir müssen bei dieser Aufgabe wie ein Mann zusammenstehen.« Alles Überflüssige habe der einzelne zu diesem Zweck von sich zu werfen, denn es gelte, ein großes Ziel zu verfolgen: »Wir müssen bedenken, daß wir wie eine Stadt auf einem Hügel sein werden«[20] – im Blickfeld der ganzen Welt.

Die christliche Bruderliebe, in solch schönen Worten postuliert, hatte keine egalitären Züge. Soziale Unterschiede waren für Winthrop und seine Zeitgenossen eine gottgewollte Sache. Ebenfalls noch auf der »Arabella« erklärte der künftige Gouverneur der Massachusetts Bay Colony: »Gott, der Allmächtige, hat in seiner allerheiligsten und klugen Vorsehung über die Befindlichkeit des Menschen entschieden, daß zu allen Zeiten manche reich und manche arm sein müssen, manche mit einem hohen Maß an Macht und Würde, andere niedrig und in Unterwerfung.« Diese Haltung läßt sich durch das ganze Jahrhundert hindurch und natürlich darüber hinaus beobachten. William Hubbard erläuterte 1676 vor dem General Court, es sei kein Zufall, daß manche hoch zu Pferde sitzen, andere zu Fuß reisen. Was würde aus den Schwachen und Furchtsamen werden, gäbe es nicht die Starken und Tapferen, fragte er, und er wußte auch gleich die Antwort: Die Armen und Bedürftigen würden verhungern und erfrieren, wären da nicht die Wohlhabenden, die sie nähren und wärmen. Wenn Gott Arm und Reich gemacht hat, fragte Cotton Mather, wie können die Reichen dann böse sein?[21]

Klassenunterschiede wurden zu dieser Zeit in aller Regel nicht in Frage gestellt. Im kolonialen Neuengland gab es keine sozialen Gleichmacher. »Let there be due bounds set« – John Cotton plädierte für angemessene Schranken zwischen den

Menschen. Nach den Sitzungen des General Court bequemten sich die Deputierten in die King's Arms Taverne, die Assistants nahmen mit einer Weinbudike vorlieb. Die soziale Elite bestand aus Geistlichen, Juristen und Kaufleuten. Viele von ihnen hatten in Cambridge studiert. Das Wort von Edward Johnson, daß die Wohlhabenden im neuen Land nicht schneller vorankommen als die Besitzlosen – »in this Wilderness-worke men of Estates speed no better than others« – kann natürlich nicht ganz von der Hand gewiesen werden. Aber die Elite tat auch manches, ihren Vorsprung zu halten, und dies ganz erfolgreich. Bei der Landverteilung richtete sich die Größe der Parzelle nach dem gesellschaftlichen Rang des Empfängers. Bei der Besteuerung wurden die Wohlhabenden begünstigt, »the richer sort«. Ein Taglöhner zahlte im Massachusetts der 1640er Jahre jährlich den Gegenwert von einem bis drei Tagelöhnen an Steuern, wobei seine Belastung im Lauf der Dekade relativ anstieg, die der Wohlhabenden relativ abnahm.

Vom sozialen und wirtschaftlichen Standpunkt aus gesehen schloß im Puritanismus die christliche Nächstenliebe eine Philosophie der sozialen Stratifizierung nicht aus. So wie die puritanische Führung eine demokratisierte Religion mit Argwohn beäugte, weil dadurch die Einheit von *intellect* und *spirit* verlorenzugehen drohte, so sollte auch im sozialen Bereich die Macht bei den Gebildeten und Besitzenden liegen, die von den Ungebildeten und Besitzlosen Gehorsam fordern konnten. Zu den Heiligen konnte theoretisch jeder zählen, auch schwarzer Sklave oder Indianer. Aber nur die Angehörigen der wirtschaftlichen und politischen Oberschicht waren vollständig in der Kirche vertreten. Die Unregenerierten waren meist Handlanger, Kleinbauern, Wagner, Zimmerer. Umgekehrt war die Kirchenmitgliedschaft eine Grundvoraussetzung für das Ansehen in der Gemeinde. Am besten stellte man sich als Einwohner, Freeman und Kirchenmitglied, danach folgte die Kombination Einwohner und Kirchenmitglied, am Ende rangierte der einfache Einwohner.[22]

Insofern war der neuenglische Puritanismus nicht weniger hierarchisch als etwa der spanische Katholizismus jener Zeit. Womöglich noch schärfer waren die Klassenunterschiede in Virginia, das in den ersten Jahrzehnten zu einem hohen Prozentsatz von Gentlemen besiedelt war, während im Vergleich dazu Neuengland doch eher von der »middle sort« bevölkert wurde.

Zwei schon der Zahl nach beachtliche Gruppen stellten die *servants* und die *indentured servants* dar. Als *servant* wurden alle bezeichnet, die unselbständige Arbeiten verrichteten, nicht nur als Dienstboten im Haushalt, auch in der Landwirtschaft, in Handwerk und Handel. Im ersten Stoßtrupp der Puritaner, der unter John Endecott in Salem landete, war eine beträchtliche Anzahl männlicher Dienstboten. In den Kolonien wurden ihnen mitunter verantwortungsvolle Aufgaben übertragen, zum Beispiel als Verwalter von Gütern, deren Besitzer lieber in England blieben. Servants weißer oder schwarzer Hautfarbe konnten in der Massachusetts Bay Colony gelegentlich sogar die Kirchenmitgliedschaft erwerben, aber das waren anscheinend Einzelfälle. *Indentured servants* – die Bezeichnung rührt von den gezahnten Linien der beiden Vertragshälften her – waren an einen befristeten Vertrag gebundene Dienstboten gewesen. Sie waren größtenteils freiwillig, aber auch unfreiwillig durch Verschleppung oder als Straftäter ins Land gekommen. Für ärmere Einwanderer war die *indenture* ein Weg, die Überfahrtskosten zu bezahlen, die zwischen sechs und acht Pfund pro Person lag. Der Auswanderer verkaufte seine Arbeitskraft an Schiffskapitäne, Agenten von Plantagenbesitzern oder Spekulanten. Die für die Überfahrtskosten zu leistende Arbeit lag zwischen zwei und sieben, meistens bei sieben Jahren. Vermittler dieser Arbeitskräfte zogen mit den Neuankömmlingen oft von einem Ort zum anderen, um sie möglichst günstig an den Mann zu bringen; sie wurden deshalb auch »soul drivers« genannt. Billige Arbeitskräfte waren vor allem, aber nicht nur, in den Eigentumskolonien gefragt, also auf den Ländereien von Lord Baltimore und William Penn. Der *indentured servant* wurde wesentlich schlechter entlohnt als der *hired servant*. Die sechs Pfund Überfahrtskosten, die der *indentured servant* sieben Jahre lang abarbeiten mußte, konnte ein *hired servant* in einem Jahr verdienen.[23] Nach Ableistung seiner Dienstzeit hatte der *indentured servant* vertragsgemäß meist Anspruch auf eine materielle Starthilfe, Kleider, ein Gewehr oder ein Stück Land.

1670 gab es in den Kolonien nach einer Schätzung dreimal so viele weiße, vertraglich gebundene Dienstboten wie schwarze Sklaven. Beispielsweise wurden schottische und irische Gefangene aus Cromwells Schlachten nach Neuengland verschifft. In Maryland fanden *indentured servants* als Lehrer Verwendung. In die mittleren und südlicheren Kolonien sollen mehr als die Hälfte der Siedler als Dienstboten gekommen sein. Seit 1705 durften sich Schwarze, Mulatten, Indianer, Juden und Moslems keine eigenen Dienstboten halten, »außer von ihrer eigenen Hautfarbe«.

George Alsop, der vier Jahre in Maryland abdiente und dann nach England zurückkehrte, hat einen satirisch eingefärbten Erfahrungsbericht über seine Dienstzeit hinterlassen. Er meinte, aufgrund des Frauenmangels hätten es weibliche Dienstboten in Amerika besonders gut getroffen, »denn kaum haben sie das Ufer betreten, werden sie schon ins Brautgemach geleitet«. Nur ist das nicht die ganze Wahrheit. Dienstboten waren meist ledig und mußten ihren Sexualtrieb außerehelich befriedigen. Wer eine Dienstmagd heiraten wollte, mußte sie freikaufen. Die Ballade »The Treppan's Maiden: Or, The Distressed Damsel«, die wahrscheinlich von einer verschleppten Dienstbotin stammt, erzählt von strenger Arbeit, harten Strohlagern und vom Heimweh nach England. Servants wurden beim Kartenspielen gewonnen und verloren. In Maryland ließ ein Herr einen todkranken Diener sein eigenes Grab schaufeln, damit die anderen dabei keine Arbeitszeit verlieren.[24]

Vollkommen rechtlos war die Dienstbotenklasse nicht. Gut die Hälfte ihrer Beschwerden wegen ungerechter Behandlung wurden in Massachusetts positiv beschieden. In Maryland mußte einem Master die Gewalt über einen jugendlichen Dienstboten entzogen werden, weil er ihn mißhandelt hatte. Der Junge war vom Magistrat verwahrlost und mit stinkenden Geschwüren an den Beinen aufgefunden worden. In Salem wurde bekannt, daß ein servant zur Strafe an den Fersen aufgehängt worden war wie ein Stück Schlachtvieh. Der Master wurde ermahnt. 1669 wurde ein Knecht bestraft, der trank, seinen Herrn bedrohte, dessen Eigentum beschädigte, seine Herrin eine Hure nannte und nicht dazu zu bewegen war, seine Pflichten zu erfüllen. Ungehorsame Dienstboten verstießen gegen das fünfte Gebot. Cotton Mather siedelte sie zwischen Menschen und Gegenständen an: »Ihr seid die belebten, separaten, aktiven Werkzeuge anderer Menschen.«[25]

Schon in den ersten Jahren der Massachusetts Bay Colony taten sich besonders unter den dünn gesäten Handwerkern Preistreiber hervor. Geschäftemacher verkauften Alkohol an Dienstboten. Das Ergebnis war, wie der Magistrat feststellen mußte, »viel Unordnung, Trunkenheit und schlechtes Betragen«. Der General Court mußte sich mit Dieben und Ehebrechern befassen, mit Spielern und Quacksalbern, die vorgaben, Skorbut heilen zu können. Armut breitete sich aus. »Unsere Bettler wachsen uns schandbar über den Kopf«, entsetzte sich Cotton Mather um die Wende zum 18. Jahrhundert. In der herrschenden Sozialethik verdienten nur Arbeitsunfähige Nachsicht. »Aber für Arme, die arbeiten können und nicht wollen, besteht die beste Freigebigkeit darin, sie zu zwingen.«[26] Armut war nichts Heiliges.

1441 waren portugiesische Seefahrer bei Kap Blanco in Westafrika auf schwarze Menschen gestoßen. Bis ins 17. Jahrhundert hinein blieb Portugal im Sklavenhandel tätig, obwohl sich sehr früh andere Nationen an diesem Geschäft beteiligt hatten. Das englische »Nigro« stammt aus dem Portugiesischen. Der spätere Kaiser Karl V. erteilte 1509 den Flamen ein Monopol für den Menschenhandel mit den spanischen Kolonien. Schwarze Sklaven sind 1581 im spanischen Florida nachgewiesen worden. Im allgemeinen wird der Beginn der Sklaverei in Nordamerika mit dem Jahr 1619 angesetzt. Dieses Jahr markierte mit der Einsetzung des House of Burgesses ironischerweise auch den Beginn des Repräsentativsystems in Amerika. Ein holländisches Kriegsschiff »with 20 Negars« aus den Westindischen Inseln war vor die virginischen Küsten gekommen und wollte in Jamestown vor Anker gehen. Dies wurde angeblich erst gestattet, nachdem der Kapitän gedroht hatte, seine Sklavenladung über Bord zu werfen.

Die Zahl der Schwarzen in den Kolonien nahm anfänglich nur langsam zu. In Virginia waren es 1671 rund 2000, um die Jahrhundertwende 4000 oder acht Prozent der Bewohner, im Norden vermutlich weniger. Aber schon 1740 hatte sich zumindest im Süden die Proportion gründlich verschoben. South Carolina zählte in diesem Jahr 39000 schwarze und 20000 weiße Einwohner. Das Geschäft mit Schwarzen blühte, und die Royal African Company, die sich im Sklavenhandel engagiert hatte, trug ihren Namen zu Recht: das Königshaus besaß Anteile an dieser Firma. Ziemlich sichere Hinweise deuten darauf hin, daß in den ersten Jahrzehnten zwangsimportierte Afrikaner befristet und nicht lebenslänglich versklavt wurden, nicht unähnlich den *indentured servants.* 1661 wurde die Sklaverei gesetzlich sanktioniert, in Maryland zwei Jahre später.

In Massachusetts klagte John Eliot, die Engländer daheim würden es zulassen, daß Schwarze nur wie Arbeitstiere verwendet werden; für ihre Christianisierung würde nichts getan, die Belehrung der »poor Blackamores« sogar aktiv behindert. Im Alter bot Eliot seinen Nachbarn an, ihre schwarzen Sklaven einmal wöchentlich im Katechismus zu unterweisen. Die Behandlung der Sklaven war von Provinz zu Provinz, von Stadt zu Stadt, von Haushalt zu Haushalt verschieden. Eine Reisende aus Massachusetts beanstandete in Connecticut, die dortigen Bauern würden mit ihren Sklaven zu vertraulich tun, mit ihnen an einem Tisch essen – »und in die Schüssel fährt der schwarze Huf so zwanglos wie die weiße Hand«.[27]

Deutsche Mennoniten unter Franz Pastorius verfaßten 1688 die erste Resolution gegen die Sklaverei. Sie erschien ihnen unchristlich, obwohl die Sklaven schwarz waren, wie es hieß. In Neuengland schrieb der puritanische Richter Samuel Sewall in sein Tagebuch: »Sprach viel von Negern: ich erwähnte das Problem, ob sie nach der Auferstehung weiß sein sollten.« In seiner Schrift *The Selling of Joseph* (1700) hatte Sewall sich gegen Sklaverei und Sklavenhandel ausgesprochen. Ihm wurde prompt erwidert, die Sklaverei entspräche der göttlichen Ordnung, denn Gott habe »unterschiedliche Grade und Kategorien von Menschen« geschaffen und gutgeheißen. Dieses Argument hat bis zum Bürgerkrieg standgehalten und ihn vielleicht sogar überdauert. Auch Sewalls Argumente *gegen* die Sklaverei klingen irgendwie vertraut. Die Schwarzen seien zu verschieden von den Weißen, schrieb er, um je assimiliert werden zu können. Deshalb würden sie, behielte man die Sklaverei bei, im »Body Politic« zu einer Art »exctavasat Blood« heranwachsen, zu Blut außerhalb des Blutkreislaufs. Cotton Mather meinte, man würde den schwarzen Menschen mit der Sklaverei noch einen Gefallen tun: »Wenn ihr frei wärt, würden viele von euch nicht annähernd so gut leben wie jetzt.«[28]

IV. Kapitel

INDIANER UND CHRISTEN

Die Frage, woher die Indianer stammten, war zu Beginn des 16. Jahrhunderts noch ungelöst. Der Kolonisator Humphrey Gilbert meinte, was heute als gesichert gilt, die Indianer seien über die Beringstraße nach Amerika gewandert. Aber es gab andere, wildere Theorien. Im frühen Virginia wurde vermutet, die Monacan sprächen einen walisischen Dialekt. In Neuengland hielt es Thomas Morton nicht für ausgeschlossen, daß die dortigen Indianer Nachfahren der Trojaner seien. Am ausführlichsten wurde im 17. Jahrhundert die Frage diskutiert, ob es sich bei den Indianern um Juden handelte. Jüdische Autoren sind selbst Anhänger dieser These gewesen[1]; im »Simplicissimus« von 1669 kann man davon lesen; später hat Lessing sich mit der Idee befreundet. Als Beweise für diese Theorie dienten dem Indianerforscher James Adair die Ernährungsweise der Indianer, ihr Aussehen, ihr Zeremoniell, die Kriegstechnik, Sprache und Stammesorganisation. Im 19. Jahrhundert gründete Joseph Smith den Mormonenglauben auf die genetische Verbindung zwischen Juden und Indianern.

Die indianische Hautfärbung wurde erst ab 1750 als wesentlich verschieden von der der Weißen betrachtet, und erst im 19. Jahrhundert hat sich die Farbbezeichnung »rot« allgemein durchgesetzt. Anfänglich erschienen den Kolonisten die Indianer von Natur aus noch weiß zu sein, später von Natur aus dunkel. Die häufigste Farbbezeichnung während der Kolonialzeit ist wohl »tawney« gewesen, also lohfarben, gelbbraun oder braungelb.

Auch im Europa des 18. Jahrhunderts wurden Indianer kaum je als rot beschrieben, höchstens noch, wie in Deutschland, als »küpferig«. Der virginische Tabakbauer John Rolfe, der gewissermaßen hautnahe Erfahrungen gesammelt hatte, vermutete, die dunkle Färbung der Indianer rühre von ihren rauchigen Behausungen her, ähnlich wie das Schwarze am Räucherspeck vom Kamin. Der Dichter George Alsop hielt die Indianer von Maryland ebenfalls für weiß von

Geburt an. Ihre zimtfarbene Tönung führte er auf das Färben mit Wurzeln und Rinden zurück. Wer glaubte, daß die Indianer Hebräer sind, wie der puritanische Missionar John Eliot, der glaubte auch, daß sie dieselbe Hautfarbe haben wie die Juden. James Adair hielt die Kupferfarbe für künstlich, lehnte aber andere Thesen

Jagende Indianer, nach einer Darstellung aus dem Jahr 1611

nicht ganz ab. Auf die rote Farbe einigte man sich schließlich unter dem Einfluß des schwedischen Naturforschers Carl von Linné, der für sein anthropologisches Klassifizierungssystem noch eine vierte Farbe brauchte, und so war denn der Europäer *albus,* der Asiate *fuscus,* der Afrikaner *niger* und der amerikanische Indianer *rubescens.*[2]

Die englischen Pilgerväter hatten sich noch in Holland ein Vorverständnis indianischen Wesens angeeignet. Nach dem, was sie gehört hatten, seien Indianer grausam, barbarisch, hinterhältig, rachsüchtig und gnadenlos gegenüber Besiegten. Blutrünstig zögen sie ihren Feinden mit Muscheln die Haut vom Leib, hackten ihnen Körperteile ab, kochten und verzehrten sie im Angesicht noch lebender Opfer. Zu der Zeit gehörten in Europa Folter, Vierteilung und Feuertod zum Instrumentarium der Strafjustiz. Ein paar Tage nach der Landung in Amerika begegnete Bradford und seinen Gefährten der Indianer Squanto. Er sprach Englisch. Die erste seiner Fragen galt Bier.[3] Squanto war nach Spanien verschleppt worden, nach England geflohen und von dort in sein Land zurückgekehrt. Er zeigte den Pilgern, wie man das Land bebaut, spann Intrigen gegen den Stamm der Narragansett, denen er erzählte, die Weißen trügen die Pest in der Tasche, und bekannte sich zum Gott der Engländer. Als er starb, wurde sein Tod als großer Verlust empfunden.

Zum ersten Erntedankfest auf fremdem Boden hatten die Pilger einen Häuptling geladen, der mit neunzig Untertanen erschien. Das Fest ist als dreitägige Freß- und Sauforgie in die nationale Mythologie eingegangen. Die Siedler von Plymouth hatten triftige Gründe, nach außen hin gute Beziehungen zu den Indianern herzustellen, ihrer eigenen Sicherheit wegen und aus schlechtem Gewissen, denn in den ersten Tagen nach ihrer Ankunft hatten sie Indianergräber geplündert. Für William Bradford blieben Indianer auch nach längerer Bekanntschaft »barbarous savages«. Ohne viel Mitleid hat er in seiner Chronik der Kolonie Plymouth festgehalten, wie Indianer an den Pocken zugrundegingen: »Wenn sie auf ihren Matten liegen, brechen die Pockenblasen auf und laufen aus, ihre Haut klebt an den Matten, auf denen sie liegen, so daß sich eine ganze Seite auf einmal abschält, wenn sie sich umdrehen, und sie sind eine einzige blutverkrustete Wunde, schrecklich anzuschauen ...« Von den eigenen Leuten wurde niemand befallen, was Bradford nicht auf körpereigene Abwehrstoffe, sondern auf die wunderbare Güte und Vorsehung Gottes zurückführte. Über die indianischen Heilkünste schrieb ein virginischer Geistlicher voller Anerkennung: »Die Natur ist ihre große Apotheke.« Cotton Mather bestaunte die indianische Sauna. Dem Aufenthalt im *hothouse* folgte die Abkühlung in einem eisigen Bach, »ohne daß es ihnen das geringste Übel täte«.[4] Aber gegen aus Europa eingeschleppte Seuchen half das nicht, auch wenn Mather behauptete, die Benutzer der Sauna genäsen von den Krankheiten, die sie sich geholt hatten – von den Franzosen.

Missionierung

Der ersten Charter von Virginia zufolge war eines der Ziele der Kolonisierung, den Indianern die Frohe Botschaft zu bringen. Es gäbe nichts Lobenswerteres, sagte man sich, als ein wildes Volk von der Barbarei zur »civillitie« zu befördern. Den neuenglischen Puritanern schrieb die Charter von 1629 die Indianerbekehrung sogar als »principal end«, als Hauptzweck vor, nämlich die Eingeborenen des Landes dem einzig wahren Gott und christlichen Erlöser zuzuführen. Über zehn

Jahre lang geschah in der Kolonie Massachusetts in dieser Richtung jedoch nichts. Die Kontakte mit Indianern drehten sich zunächst um kommerzielle und ordnungspolitische Dinge, etwa um die Auslieferung entlaufener Dienstboten. Der offizielle Beginn der Missionsarbeit fiel auf das Jahr 1644, als der Magistrat von Boston anordnete, den Indianern im puritanischen Einzugsbereich Religionsunterricht zu erteilen. Vier Jahre später wurde den Eingeborenen die Ausübung ihrer eigenen Religion verboten, den Schamanen eine Geldstrafe angedroht, wenn sie sich über das Verbot hinwegsetzten.

Die Prädestinationslehre machte die Missionstätigkeit zu einem paradoxen Unterfangen. Warum man die Indianer bekehren sollte, schien nicht einmal den Geistlichen selbst ganz klar zu sein. John Eliot fand schließlich eine Bibelstelle, die sich als Begründung eignete: »Siehe, ich will die Kinder Israel holen aus den Heiden, dahin sie gezogen sind, und will sie allenthalben sammeln und will sie wieder in ihr Land bringen ...« Eliot missionierte von Roxbury aus die Massachusett und gründete 1651 Natick, die erste »Praying Indian Town«, die bis ins 18. Jahrhundert hinein bestand. Roger Williams versuchte sein Glück bei den Narragansett, fand aber wenig Gehör bei diesem starken und eigenständigen Stamm. Als nach mehreren Kriegen von dieser Stärke und Eigenständigkeit nicht mehr viel übriggeblieben war, ließ sich die Missionsarbeit kaum erfolgreicher an, denn jetzt stand der Missionar als einer da, der für die Verwüstungen mitverantwortlich war.[5]

Als erfolgreichste puritanische Indianermissionare galten Thomas Mayhew, Vater und Sohn. 1642 verlegten sie ihre Kirche auf die Insel Martha's Vinyard, mitten in ein Indianergebiet. Auf achtzig Puritaner kamen dreitausend Indianer. Der ältere Mayhew verstand es, sich als der überlegene Führer zu präsentieren, ohne dabei die Regeln der einheimischen Kultur oder den Stolz der Sachems zu verletzen. Mayhew Jr. lernte die Sprache der Wampanoag-Algonquin. Nach fünfzehn Jahren Tätigkeit waren ein paar hundert Indianer zum Christentum übergetreten. Auf den benachbarten Inseln Chappaquiddick und Nantucket entstanden weitere christliche Indianergemeinden mit indianischen Predigern. 1666 absolvierte der erste Indianer Harvard College. Später wurde an das William & Mary College in Virginia eine Indianerschule angegliedert, die freilich nicht viel fruchtete.[6]

Der indianische Konvertit wurde seiner eigenen Kultur entfremdet, von seinen Stammesbrüdern beargwöhnt und von den Weißen nicht voll akzeptiert. Als Natick von weißen Christen übernommen wurde, wies man den wenigen verbleibenden Indianern einen separaten Friedhof zu. In Kriegszeiten war der christliche Glaube keine Garantie gegen die Verfolgung durch Weiße. Gleichwohl meinten Puritaner, die Missionsarbeit zu ihren ersten großen Erfolgen zählen zu dürfen. Man wollte eine Ernte einbringen unter den Heiden, die aus Mangel an Wissen den Teufel als Gott verehrten. Bekehrte Indianer wurden als die ersten Früchte der Besiedlung angesehen, sie rechtfertigten die Auswanderung. »Our poore Indians«

ist eine ständig wiederkehrende Bezeichnung im religiösen Schrifttum. Arm waren die Indianer, weil sie unchristlich waren, deshalb mußte ihnen geholfen werden. Das Siegel der Massachusetts Bay Colony zeigte einen Indianer, von dessen Mund ein Spruchband flattert, auf dem geschrieben steht: COME OVER AND HELP US.[7]

Der Geistliche Thomas Shepard berichtete, daß Indianerführer auf Drängen der Weißen in Concord 29 Regeln zum Alltagsleben aufgestellt hatten. Diese Regeln richteten sich gegen Alkoholgenuß, Vielweiberei, Stehlen und Lügen. Die meisten Verstöße sollten mit Geldstrafen geahndet werden. So besagte Regel Nr. 14, »daß es nicht mehr erlaubt sein soll, sich die Läuse abzupflücken, wie früher, und sie zu essen, und jeder, der dem zuwiderhandelte, soll für jede Laus einen Penny zahlen«.[8] Unzucht kostete laut Regel Nr. 18 fortan zwanzig Shilling, wenn der Übeltäter ein Indianer war; Indianerinnen kamen mit zehn Shilling davon. Auf Glücksspiel standen ebenfalls zehn Shilling Strafe, auf Sodomie und Ehebruch der Tod. Shepard nannte seine 1648 erschienene Schrift *The Cleare Sun-shine of the Gospell Breaking forth upon the Indians in New England.*

Wie reagierten nun jene, die von dieser hellen Sonne nicht beschienen werden wollten? Metacamet oder King Philip, der Sachem der Wampanoag, faßte den Indianerapostel John Eliot beim Mantelknopf und erklärte, das christliche Evangelium interessiere ihn so viel wie dieser Knopf. Increase Mather urteilte aus Enttäuschung, mit seiner Zurückweisung des Christentums habe King Philip den nach ihm benannten Krieg heraufbeschworen. Bis 1674, also nach dreißig Jahren Missionstätigkeit, gab es im puritanischen Einzugsbereich erst 1100 bekehrte Indianer, die in vierzehn Indianersiedlungen lebten, die vorgelagerten Inseln nicht mitgezählt. Jetzt verlegten sich die Puritaner mehr und mehr auf das Argument von den sauren Trauben: die Indianer seien eine gefallene, nicht erlösungsfähige Rasse. Gott habe diese Rasse zumindest vorläufig für andere Zwecke ausersehen, nämlich als Gehilfen des Teufels den Saints das Leben schwerzumachen und die Stärke ihres Glaubens zu prüfen.[9]

Das anthropologische Grundkonzept anderer Europäer unterschied sich nicht wesentlich von dem der Puritaner. Ein holländischer Missionar hielt die Indianer für »unkultiviert und dumm wie Zaunpfähle«, für heimtückische und diabolische Wesen, die ausschließlich dem Teufel huldigten. Ein anderer Holländer wußte zu berichten, daß die Mohawks ihn auslachten, wenn er ihnen Raub, Mord, Trunksucht und Unkeuschheit als unchristlich hinstellte, weil sie eben diese Sünden unter den Weißen in ihrer Umgebung ständig wahrgenommen hatten. Der Missionseifer stand in Neuholland nie so stark im Vordergrund wie in Neuengland oder in Neufrankreich. Die Franzosen brachten die meisten Bekehrungen zuwege, weil der katholische Glaube mit seiner reichen und sichtbaren Symbolik den Indianern attraktiver erschien. Aber alle Kolonialmächte unterliefen ihre eigenen christlichen Proklamationen aus Profitsucht oder zur Durchsetzung ihrer Machtinteressen.

Holländer, Engländer, Schweden und Franzosen verkauften den Indianern Waffen. Peter Stuyvesant, der Gouverneur von Neuholland, brachte sich in den Verdacht, selbst mit Waffen zu handeln, während er andere dafür bestrafte. Auch die Puritaner betrieben ihren Tauschhandel mit Karabinern und Musketen. Aus dem ersten Jahrzehnt der puritanischen Besiedlung stammt der Bericht über einen betrunkenen Indianer, der Selbstmord beging, indem er den Hahn eines Gewehrs mit dem Fuß auslöste. In Neuholland sind Indianer seit den Tagen Henry Hudsons mit Alkohol versorgt worden. Bei den Puritanern bestand anfänglich ein Verbot, Indianer mit Alkohol gefügig zu machen. Später hieß es, man habe kein Recht, ihnen »lawful comfort« in Form von Wein vorzuenthalten, den Gott schließlich für alle Menschen bestimmt habe.[10] Mehr als einmal sind Scharmützel oder sogar kleinere Kriege durch die Mordtat eines alkoholisierten Indianers ausgelöst worden.

Landraub

Die Holländer waren wahrscheinlich die erste Nation, die mit Indianern einen förmlichen Vertrag abschlossen: 1643 mit den Mohawk. In den britischen Kolonien herrschte fast während der gesamten Kolonialzeit die »community diplomacy« vor, eine Politik, die den einzelnen Kommunen die Verhandlungen mit den Stämmen überließ. Erst ab 1754 sollte nach dem Willen der Londoner Regierung indianischer Besitz unveräußerlich sein, es sei denn, er wäre freiwillig den Engländern übermacht worden. Konflikte entstanden unabhängig davon, ob vertragliche Vereinbarungen über Landabtretungen bestanden oder nicht. Weiße Siedler haben Verträge gebrochen, und Indianern fiel es schwer, die Endgültigkeit eines Vertragsabschlusses zu begreifen. Die Landfrage stand hinter fast allen kriegerischen Auseinandersetzungen zwischen Indianern, Franzosen, Engländern, Holländern und Schweden in den nördlichen Teilen des Kontinents, wobei wechselnde, von vielen Unwägbarkeiten beeinflußte Machtbündnisse entstanden. Die Franzosen taten sich am leichtesten, indianische Bündnispartner zu finden, weil es ihnen in erster Linie um den Handel, nicht um indianischen Grund und Boden ging. Freilich sind auch hier über Landfrage und Missionierung zahlreiche Konflikte entstanden.[11]

Drei Jahre nach Ankunft der Puritaner erklärte der Magistrat von Massachusetts, Indianer hätten Anspruch auf das Land, das sie selbst kultiviert haben. Umgekehrt galt dann: unkultiviertes Land gehörte den Weißen.

In den Schriften der britischen Kolonisten stößt man auf Argumente, warum es rechtens sei, den Indianern ihr Land wegzunehmen. Sie hätten keine festen Wohnsitze, stellte John Winthrop fest, und kein Vieh, mit dem der Boden verbessert werde. Deshalb gründe sich der indianische Anspruch auf nicht mehr als ein Naturrecht – »and soe have now other but a Naturell Right so those Countries«. Sofern man ihnen genügend Land zur Subsistenz ließe, gehörte der Rest mit Fug und Recht den Weißen: »We may lawfully take the rest.« Merkwürdig ist auf den ersten Blick, daß aus puritanischer Sicht das Naturrecht als eine mindere Rechtsart eingestuft wurde. Freilich steht diese Ansicht im Einklang mit der puritanischen Theologie, denn der Mensch war im Naturzustand ein minderwertiges Subjekt. Winthrops Argument tauchte in späteren Schriften wiederholt auf. Der Pastor Solomon Stoddard meinte 1722, nachdem die Menschen den göttlichen Auftrag erfüllten, sich die Erde untertan zu machen, hätte man das Land nicht in indianischer Hand lassen können, denn dort wäre es nur von geringem Wert gewesen. Das Land ist weit und leer, sagte sich der Siedler, Indianer gibt es nur wenige, zudem haben sie weder Kunst, Wissenschaft noch die Fähigkeit, das Land zu bestellen, »und sie laufen halt nur übers Gras«. Die Engländer hätten die indianische Bevölkerung stets mit größter Höflichkeit behandelt, versicherte Cotton Mather. Und obwohl die puritanischen Siedler eine Konzession für ihr Gebiet hatten, die Indianer aber nicht, habe man ihnen aus Zuvorkommenheit verschiedene Landstriche abgekauft.[12]

Es ist nicht schwer, hinter der Fülle der Rechtfertigungen ein schlechtes Gewissen zu erkennen. Einer der wenigen, die in der Landfrage wenigstens theoretisch auf seiten der Indianer standen, war Roger Williams. Er meinte, der Anspruch der Krone auf indianisches Gebiet gründe sich auf eine öffentliche Lüge, die Konzession sei ungültig, man solle dem König das Patent zurücksenden, damit die Landklauseln korrigiert werden. Dieser Standpunkt verursachte Kopfschütteln und Nervosität in Boston, man befürchtete einen Widerruf der Charter.

In Virginia hätten der erste Indianeraufstand und die Attacke auf Jamestown (1622) beinahe zur Auslöschung der Siedlung geführt. Häuptling Opechancanough war von John Smith gedemütigt worden und hatte auf Rache gesonnen. Der blutige Aufstand weckte antiindianische Ressentiments. Ein Londoner bezeichnete die Indianer als »Irrtum der Natur« und als »irdischen Kehricht«. Ein Mitglied der Virginia Company kam zu dem Schluß, es sei »more easie«, die Indianer militärisch niederzuwerfen als sie zu zivilisieren. Auch im Süden lautete die Ratio des Landraubs: Amerika ist leer, Indianer sind keine Christen und somit keine ebenbürtigen Verhandlungspartner. Nicht nur die Puritaner legitimierten das Blutvergießen mit theologischen Argumenten. Ein Autor bezog zu Beginn des 18. Jahrhunderts in sein Lob der Carolinas den Umstand ein, dort habe die Hand Gottes die Indianer ausgedünnt – »thinning the Indians to make room for the English«. Wie in Neuengland wurden in South Carolina Skalppreise ausgesetzt. Ein Skalp war bis zu acht Pfund wert, der Gegenwert von einem Pferd und einem Zuchtstier. Engländer und Franzosen scheinen sich auch gegenseitig skalpiert zu haben, obwohl dies bestritten wurde. Sicher ist, daß die Engländer wegen ihrer Schwerter unter Indianern als »Messermänner« bekannt und gefürchtet waren.[13]

Die ersten Indianerkriege

Im Jahr 1637 griffen Neuengländer die zwischen Rhode Island und dem Connecticut River lebenden Pequot an, aus Revanche für getötete Händler und Siedler, wobei Winthrop die Feindseligkeiten nach eigenem Eingeständnis provoziert hatte. Massachusetts verbündete sich zum Zweck der Kriegführung mit der Plymouth-Kolonie. »Wir nehmen an, daß ihr die Pequot und alle anderen Indianer als gemeinsamen Feind betrachtet«, schrieb Winthrop an Bradford. Gemeinsam mit den Narragansett, die alte Rachegelüste hegten, umstellte man das von Pequot bewohnte Fort Mystic, setzte die Hütten in Brand und machte die vor Flammen

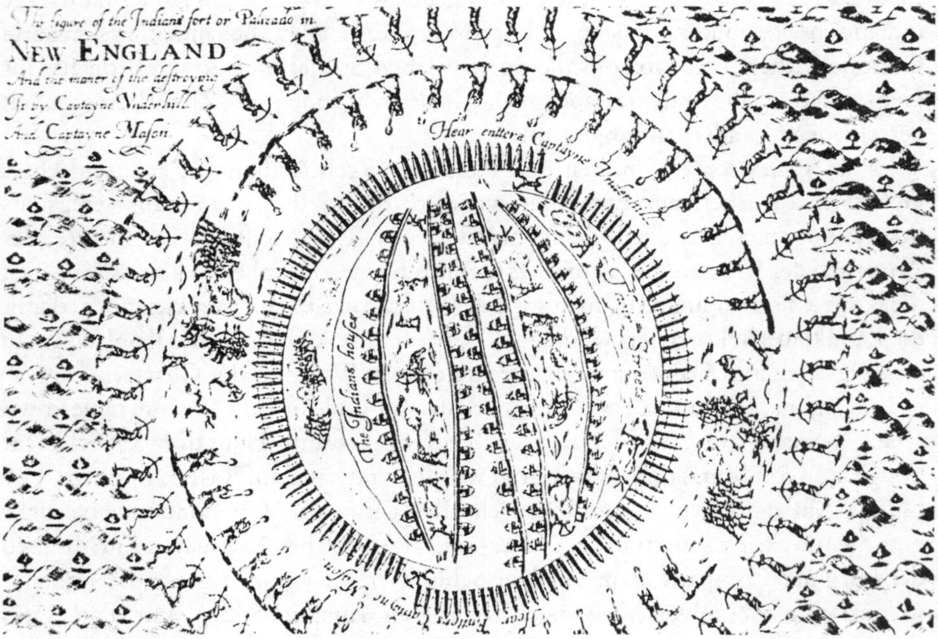

Die Vernichtung einer Pequotsiedlung in schematischer Darstellung (1638)

und Rauch fliehenden Bewohner mit dem Schwert nieder, köpfte die Sachems, band einen Gefangenen mit einem Bein an einen Baum, befestigte ein Seil am anderen Bein und riß ihn in Stücke. Mindestens vierhundert Pequot kamen ums Leben, etwa vier Fünfel des Stammes; von den Engländern starben zwei.

Puritaner und Separatisten betrachteten sich als Soldaten Gottes. Hatte nicht der gelehrte John Cotton gesagt, man vertreibe die Indianer im göttlichen Auftrag, und zwar auch ohne Provokation? Das Massaker hatte etwas über eine Stunde gedauert. Hinterher fühlten sich Winthrops Leute so frisch, daß sie bereitwillig für »such another business« zu haben gewesen wären. Die Leichen lagen so dicht, daß man kaum darüber hinwegsteigen konnte. Die biblische Streitfrage, ob es Recht sei, Frauen und Kinder zu morden, legte der am Massaker beteiligte Captain John Underhill mit einem Hinweis auf die göttliche Offenbarung beiseite: »Wir hatten genügend Erleuchtung durch das Wort Gottes für unser Vorgehen.« Der Überfall auf die Pequot war ein Präventivschlag ohne direkten Anlaß. Weil Indianer als barbarisch und rachsüchtig galten, nichts anderes waren als »Höllenhunde«, »Schlangen« und »elende Schurken«, mußte man sich ihrer rasch entledigen, sollte auf neuenglischem Boden ein neues Paradies unter kalvinistischen Leitgedanken entstehen. Thomas Shepard aus der ersten Puritanergeneration interpretierte das Massaker als »göttliches Gemetzel«. Cotton Mather, der Chronist der dritten Generation, lobte seine Ahnen für ihr Vorgehen, hatten sie doch die Welt von der Last einiger hundert Barbaren befreit.[14]

Puritaner wie Roger Williams drangen auf die Verfolgung entkommener Pequot bis zum letzten Mann. Andere Stämme wurden mit Erfolg dazu gebracht, die abgeschlagenen Häupter der Geflohenen abzuliefern und dafür Kopfpreise in Empfang zu nehmen. Ein letzter Rest von Versprengten ist in einem Sumpf zusammengetrieben worden. Dort fand man sie am Morgen, wie sie eng aneinandergekauert ihr Schicksal erwarteten. Sie wurden aus nächster Nähe zusammengeschossen. Der Stamm der Pequot hatte aufgehört zu existieren. Das Stammesgebiet im Connecticut Valley wurde zum größten Teil von den Engländern annektiert.[15]

Die niederländischen Kolonisten drohten Indianern ebenfalls mit Strafexpeditionen und wiegelten Stämme gegeneinander auf. Auch hier ging es immer wieder um die Auslieferung von Mördern oder um Landstreitigkeiten. Je weiter sich die Siedler ausbreiteten, desto kritischer gestalteten sich die Beziehungen. Weiße trieben ihr Vieh durch indianische Maisfelder und tauschten verwässerten Brandy gegen Felle. Willem Kieft, der Generaldirektor von Neuholland, kam auf die Idee, die Algonquin zu besteuern, weil sie es waren, die die Kosten für den Unterhalt von Soldaten und den Bau von Forts verursachten.

Im Februar 1643 überfielen holländische Soldaten ein Indianerdorf und machten die Einwohner nieder. Daraufhin gingen die Algonquin auf den Kriegspfad. Die Holländer verpflichteten John Underhill, der sich im Krieg gegen die Pequot hervorgetan hatte und der wieder zu seiner bewährten Taktik griff, Wigwams in Brand zu setzen und die Fliehenden abzufangen und zu töten. Indianische Kinder wurden in einen Fluß geworfen, Eltern, die ihnen zu Hilfe eilen wollten, in die Fluten zurückgestoßen. In den Straßen von New Amsterdam spielte man, einem Bericht zufolge, mit abgeschnittenen Indianerköpfen Fußball.

Der Krieg kostete einer unbekannten Zahl von Indianern und zweitausend weißen Siedlern das Leben. Als Kolonie ging Neuholland geschwächt aus dem

Konflikt hervor. Kieft wurde abgelöst und 1647 durch Peter Stuyvesant ersetzt, der zunächst eine Politik des Ausgleichs und der Verständigung betrieb, auf Druck der Bürger und der Muttergesellschaft in Amsterdam im Verlauf seiner Amtszeit aber ebenfalls zu kriegerischen Mitteln der Unterwerfung griff.

Eine Gruppe von holländischen Siedlern war ausgezogen, einigen betrunkenen und randalierenden Indianern eine blutige Lektion zu erteilen. Daraus entstand der erste Krieg gegen die Esopus. Überlebende wurden gefangengenommen und als Sklaven nach Curaçao verschifft, wo Stuyvesant früher Gouverneur gewesen war. In einem zweiten Krieg wollten die Esopus sich für ihre Niederlage rächen. Stuyvesant hob Truppen aus, denen er das Recht zu plündern zubilligte. Soldaten, Kolonisten, schwarze Sklaven und verbündete Indianer zogen erneut gegen die Esopus, die diesmal schonungslos vernichtet werden sollten. 1664 mußten sie um Frieden bitten, nachdem ihr Plan fehlgeschlagen war, sich mit englischen Siedlern zu verbünden, die bei dieser Gelegenheit die Holländer aus Long Island vertreiben wollten. Im selben Jahr ging Neuholland in die Hände der Engländer über. Der tiefere Grund für die beiden Kriege war auch hier die Landfrage. Weiße beherrschten ab jetzt fast uneingeschränkt das Hudsontal.[16]

Roger Williams hatte nach dem Krieg gegen die Pequot dazu geraten, man solle künftig Präventivschläge gegen Indianerstämme sein lassen und kämpfte dann doch als 77jähriger in dem nach dem Indianerhäuptling King Philip benannten Krieg mit. Dieser Krieg war der größte militärische Konflikt in der Geschichte Neuenglands. Er kostete auf die Bevölkerungszahl umgerechnet mehr Menschenleben als jeder andere amerikanische Krieg. Drei- bis fünftausend Indianer und sechshundert Engländer wurden getötet, zwölfhundert Wohnstätten niedergebrannt und achtzigtausend Nutztiere erschlagen. Der *General Court* von Massachusetts hatte 1668 Waffenverkäufe an Indianer erlaubt, die Engländern nicht feindselig gegenüberstanden. Plymouth entschloß sich kurz darauf ebenfalls zur Aufhebung des Waffenembargos, eine Entscheidung, die dem Krieg Vorschub leistete. 1671 kam es zu gewalttätigen Zwischenfällen, die sich vier Jahre später zu einem Krieg auswuchsen. Weiße Kolonisten stellten sich nach den Waffenverkäufen auf den Standpunkt, Indianer hätten Pulver und Blei gehortet, um Engländer anzugreifen, also sei der Krieg ein gerechter, da defensiver Krieg.[17]

Der Krieg gegen King Philip brach die Macht der Indianer im südlichen Teil Neuenglands. Rund fünfzig Jahre nach Ankunft von Separatisten und Puritanern war das Schicksal der Pequot, Massachusett, Pokanet, Wampanoag und Mohegan besiegelt, ebenso der Narragansett, der ehemaligen Verbündeten aus dem Pequotkrieg. 1676 gab es im puritanischen Einzugsbereich keine autonomen Stämme mehr. Gegen Kriegsende waren die einzelnen Stämme untereinander stärker verfeindet als je, wie ein weißer Kriegsbeobachter mit Genugtuung feststellte. Die Weißen setzten ihre Taktik fort, schlafende Indianerdörfer zu überfallen. Alte Männer, Frauen und Kinder sind wahllos niedergemacht worden. Die Zerstörung indianischer Felder und die Vernichtung indianischer Lebensmittelvorräte führte zu einer Hungersnot in den Stammesgemeinschaften. Manche töteten ihre Kinder, um ihnen den Hungertod zu ersparen oder um zu verhindern, daß ihr Schreien den Weißen ihren Standort verriet. Selbst christianisierte Frauen und Kinder sind nicht verschont worden, sofern man sie nicht als »Praying Indians« in ein Lager auf Deer Island im Bostoner Hafen verbrachte, wo sie zwei Jahre über Kriegsende hinaus festgehalten wurden. King Philip ist nach seiner Ergreifung umgebracht worden. Seine Leiche wurde geköpft und gevierteilt.[18]

Für Increase Mather war dieser Krieg eine Strafe Gottes für die Verfehlungen seiner Brüder im Glauben, vor allem für das moralische »backsliding« in der zweiten Puritanergeneration. Deshalb hätten sich die Heiden erhoben und den Kolonisten ihren rechtmäßigen, weil von Gott verliehenen Besitz streitig gemacht. Wer Wein soff, herumhurte, ausländische Mode nachäffte und Perücken trug, durfte nichts anderes erwarten. Außerdem war man nach Mathers Auffassung zu landhungrig gewesen, hatte sich in sträflichem Verlangen nach mehr »elbowroom« Tausende von Morgen Land angeeignet, derer man gar nicht bedurfte.[19]

Samuel Nowell äußerte in seiner Kriegschronik *Abraham in Arms* (1678) keine Zweifel, daß göttliche Vorsehung den Neuengländern die militärische Stärke gegeben hatte, sich der Indianer zu erwehren. Für pazifistisch Gesinnte fehlte ihm das Verständnis. William Hubbard, der amtlich autorisierte Historiker der Puritaner, vertrat in seiner Kriegsgeschichte den Standpunkt, die Bekämpfung der Indianer komme der Ausrottung von Ungeziefer gleich und habe mit herkömmlicher Kriegführung wenig zu tun.[20]

Der Krieg gegen den Indianerhäuptling King Philip war der letzte, den die Neuengländer auf sich alleine gestellt geführt hatten. Danach konnten sie mit der Hilfe des Mutterlandes rechnen, wenn es gegen Indianer und Franzosen ging. Der nach Wilhelm von Oranien, dem englischen König und niederländischen Statthalter benannte King William's War (1689–1697) kostete wahrscheinlich einem Viertel der neuenglischen Frontiersbewohner das Leben und forderte auf indianischer Seite unter den Irokesen besonders viele Opfer. Die Irokesen wurden in diesen Krieg zwischen England und Frankreich hineingezogen, der in Europa als Krieg der Liga von Augsburg in die Geschichte eingegangen ist, in dem aber auch inneramerikanische Konflikte eine Rolle spielten. Engländer hatten den kanadischen Franzosen vorgeworfen, die Irokesen ausrotten zu wollen, um den Handel mit Biberfellen an sich zu ziehen. Englische Siedler rüsteten Irokesen mit Waffen aus, um den Stamm als Puffer zu Franzosen und anderen Indianerstämmen zu gebrauchen. Bei Kriegsausbruch verliefen die Fronten zunächst zwischen Franzosen und Abnaki aus Maine sowie zwischen Engländern und Irokesen. Die Kriegsschauplätze verlagerten sich an die Hudson Bay und ins Innere der Provinz New York. Schenectady wurde zerstört, den Irokesen blutige Niederlagen beigebracht. Der Friede von Ryswick (1697) erwies sich als wenig stabil, für die

Irokesen dauerte der Krieg noch vier Jahre länger. Danach gelang es ihnen, leidlich neutral zu bleiben, trotz ihrer engen Assoziation mit den Engländern, die ihnen den Status englischer Bürger verliehen hatten.[21]

Die Neuengländer waren, seit sie England verlassen hatten, auf militärische Auseinandersetzungen vorbereitet. In einer Abschiedspredigt in Southampton wurden Auswanderer ermahnt, den Bau von Bollwerken nicht zu vergessen. Die Besiedelung der Neuen Welt nahm vielfach den Charakter einer bewaffneten Invasion an. Berufssoldaten wie John Smith und Miles Standish waren daran beteiligt. Unmittelbar nach der Ankunft von Siedlergemeinschaften waren Milizen aufgestellt worden. Siedler waren aufgefordert, gutfunktionierende Waffen parat zu haben. Der Besitz einer Waffe war manchenorts gesetzlich vorgeschrieben.

Fast routinemäßig wurden zu Kriegszeiten Maisfelder der Indianer niedergebrannt, Pferde durch ihre Felder getrieben, Hunde auf ihre Spur gehetzt, die sie aufspüren und manchmal auch zerfleischen sollten. Die Hunde der Indianer mußten auf Captain Underhills Befehl erschlagen werden, damit sie hungerleidenden Kriegsopfern nicht als Braten dienen konnten – ein Beweis dafür, daß man die Exterminierung, nicht die Befriedung im Schilde führte. Weil Indianer schlechte Sklaven abgaben, verkauften die Separatisten von Plymouth und die Puritaner von Boston indianische Kriegsgefangene weiter oder tauschten sie gegen schwarze Sklaven von den Westindischen Inseln ein. Der Indianermissionar John Eliot hielt es für einen gefährlichen Handel, Seelen gegen Geld zu verrechnen, aber der führende Theologe John Cotton war ganz dafür, und so blieb es dabei.[22]

Indianische Krieger konnten an einem *ambush,* einem Hinterhalt, nichts Verwerfliches finden, wohl aber die Weißen, die ihrerseits keine Skrupel zeigten, Indianer im Schlaf zu überfallen. Neuengländer klagten über die unkonventionelle indianische Kriegführung, haben aber selbst Dutzende von Kriegsgefangenen erschossen. Und die oft beklagte indianische Treulosigkeit muß man vor dem Hintergrund sehen, daß ein Mann wie Stuyvesant um die Freundschaft eines Stammes warb und gleichzeitig versuchte, eine holländisch-englische Allianz gegen diesen Stamm auf die Beine zu bringen.[23]

Die materiellen Grundlagen der Vernichtungsfeldzüge gegen Indianer waren die Landfrage, der demographische Druck und die machtpolitischen Auseinandersetzungen der Europäer auf amerikanischem Boden. Der »Peach War« von 1655 ist wahrscheinlich nicht deswegen ausgebrochen, weil eine Indianerin einen Pfirsich gestohlen und der holländische Gartenbesitzer sie dafür getötet hat, sondern weil Stuyvesant in diesem Jahr ausgerückt war, das schwedische Delaware zu erobern, und die Schweden zur Ablenkung einen Indianerstamm gegen die Holländer aufstachelten.[24]

Zwei Kulturen

Der ideelle Hintergrund der Kriege war, besonders bei den neuenglischen Puritanern, die Angst vor der Akkulturation, die Angst, so zu werden wie die Wilden. Auch aus diesem Grund sind Indianer eliminiert, ins Ausland verschleppt und später in Reservate getrieben worden.

Indianische und puritanische Lebensformen waren in grundsätzlichen Dingen antithetisch. Den Puritanern ging es darum, den Nachwuchs sozialer Disziplin zu unterwerfen, um ihm das von Natur aus Böse auszutreiben. Indianer dagegen schickten ihre pubertierenden Söhne in die Natur hinaus, von wo sie erst nach dem Stimmbruch als Männer zurückkamen.[25] Mancher weiße Kolonist zeigte Bewunderung für die körperlichen Vorzüge dieser »tall big boned men«. Weiße Beobachter, die um das Jahr 1600 Indianern beim Fußballspiel oder einer Art Lacrosse zusahen, entzückte die »swift footmanshippe« der Spieler. Man respektierte die Schärfe ihres Auges, die Feinheit ihres Gehörs, ihre Ausdauer, ihre Freigebigkeit und die praktische Intelligenz, die sie an den Tag legten. Im selben Atemzug fast kam dem Weißen der Indianer aber faul und verschlagen vor, rachsüchtig, diebisch, verlogen und feig. John Smith berichtete, daß Indianer lachen und scherzen, war aber sehr wohl auf der Hut und schloß nicht aus, daß der Frohsinn nur gepflegt wurde, um üble Absichten zu kaschieren.[26]

Der Weiße las in den Indianer Eigenschaften hinein, die das eigene Tun rechtfertigen sollten. Je weniger der Indianer als akute Bedrohung wirkte, desto positiver konnte man ihn einschätzen. Sobald er sich seiner Haut wehrte, wurde er mit Attributen wie »savage« und »treacherous« belegt. Der Vergleich mit der Tierwelt war ganz selbstverständlich und wurde sogar umgedreht. Sarah Kemble Knight sprach einmal von einem »indianerhaften Tier«. In Neuengland und in den südlichen Kolonien war man gleichermaßen zur Ausrottung bereit. Cotton Mather begrüßte es sehr, daß die Indianer, die das Gebiet der Pilgerväter besiedelt hatten, durch Seuchen so gut wie vernichtet, die Wälder von diesen »verderblichen Kreaturen« praktisch gesäubert waren, so daß es Platz gab für »besseres Wachstum«. In Virginia tobte der aufsässige Nathaniel Bacon, er würde lieber im Wald verfaulen als sich davon abhalten zu lassen, die Heiden zu bekriegen.[27]

In Whitechapel wurde im Jahr 1609 einer Gruppe von Virginia-Auswanderern zum Abschied eine Predigt gehalten, in der die Reisenden dringend aufgefordert wurden, ihre Finger von indianischen Frauen zu lassen. Koloniale Führer forderten auch deshalb Frauennachschub aus Europa an, um den Drang zu unterlaufen, sich mit Indianerinnen einzulassen. Auf Dauer ließ sich der Verkehr zwischen den Rassen jedoch nicht regeln. Der Anführer der Weston Colony in Neuengland hielt sich mehrere Indianerfrauen, wie Nachbar Bradford zu seinem Leidwesen erfahren hatte. Ein striktes Eheverbot gab es bis zum Ende des 17. Jahrhunderts nicht, oder es ließ sich nicht durchsetzen. Koloniale Gerichtshöfe haben beispielsweise weißen

Männern die Ehe mit ihren indianischen Dienstmägden gestattet. In französisch beherrschten Gebieten wurden gemischtrassige Ehen von der katholischen Kirche zwar nicht amtlich sanktioniert, man duldete sie aber stillschweigend unter der Rubrik »mariages naturels«. Im holländischen New York hielt sich der Siedler William Johnson nach dem Tod seiner deutschen Ehefrau mehrere Mätressen, deren schönste die Schwester des Indianerführers Joseph Brant gewesen sein soll. In Neuengland haben weiße Männer regelmäßig Indianerfrauen geheiratet. Wenn eine Engländerin aber einem Indianer »carnal knowledge« gewährt hatte, war sie einer Bestrafung sicher. Die Silhouette eines Indianers wurde aus rotem Tuch ausgeschnitten, auf den Ärmel genäht, das Zeichen mußte sie ein Jahr lang tragen.[28]

William Byrd hielt Indianermädchen grundsätzlich für schmutzig, fettig und übelriechend – und befürwortete trotzdem die Ehe zwischen weißen Männern aus der Unterschicht und Indianerinnen, bedauerte nur, daß dies nicht öfter geschah. Denn dadurch ließe sich etwas für die religiöse Konversion der Indianer tun und gleichzeitig ein versöhnlicher Ausgleich für das den Indianern weggenommene Land erzielen. Anscheinend spielte es für ihn keine Rolle, daß es in Virginia seit 1691 ein Gesetz gab, das jeden mit der Verbannung bedrohte, der Indianer, Schwarze oder Mulatten heiratete. Das Ausmaß der Rassenmischung ist lange unterschätzt worden. Indianerfrauen trafen sich auf Labrador mit englischen Fischern, Micmac in Maine und New Brunswick mit Franzosen, in ganz Kanada nahmen französische Händler und Waldläufer intimen Kontakt mit Indianerinnen auf. Für ihre Nachkommen existierte ein eigener Begriff, die *métis*. Aus Carolina berichtete ein Reisender: »Der englische Händler ist selten ohne Indianerfrau als Bettgenossin.«[29]

Captain John Smith soll von einem Indianermädchen gerettet worden sein, der Tochter des Häuptlings Powhatan, der sich eben anschickte, Smith mit Keulen erschlagen zu lassen. Möglich, daß die Hinrichtung inszeniert war. Smith erzählte in seiner *True Relation* (1608) wohl von seiner Gefangenschaft, von seiner Rettung aber erst in den *New England Trials* (1622). In der Zwischenzeit, 1609, hatte Richard Hakluyt die Geschichte eines Spaniers veröffentlicht, der in Florida von einer Häuptlingstochter errettet wurde. Smith kann diese Geschichte und andere verwandte Episoden aus den *Gesta Romanorum* gekannt haben. Auch aus dem Mittelalter ist der Topos vertraut: die Tochter des obersten Heiden befreit den gefangenen Christen, der sie anschließend bekehrt.[30] Pocahontas, der angebliche Rettungsengel des John Smith, ist jedenfalls zu einer legendären Gestalt in der amerikanischen Geschichte geworden, zu einem Mythos, der in Dutzenden von Schulbüchern wiedergegeben wurde. Über ihren Charakter ist kaum etwas in Erfahrung zu bringen. Ein kolonialer Autor nannte sie hübsch, aber liederlich. Sicher ist, daß sie sich zwischen der indianischen und der englischen Welt bewegte,

Porträt der »Indianerprinzessin« Pocahontas, 1616, ein Jahr vor ihrem Tod ▶

MATOAKA ALS REBECCA FILIA POTENTISS · PRINC · POWHATANI IMP · VIRGINIÆ.
Ætatis suæ 21. Ao. 1616.
Matoaks als Rebecka daughter to the mighty Prince Powhatan Emperour of Attanoughkomouck als virginia converted and baptized in the Christian faith, and wife to the wor.ll Mr. Joh Rolff.

sich im Fort aufhielt, als Überbringerin von Geschenken eingesetzt wurde, als Vermittlerin bei Streitigkeiten. 1612, als Sechzehnjährige, heiratete sie einen Indianer namens Kocoum. Einmal wurde sie als Geisel genommen, um von ihrem Vater gefangengesetzte Kolonisten freizupressen. Powhatan vermachte seine Tochter, die man mittlerweile im christlichen Glauben unterwiesen hatte, schließlich ganz der Kolonie, um seine Freundschaft unter Beweis zu stellen. Nach einem Jahr in der Kolonie wurde sie mit John Rolfe bekannt, dem Tabakbauer, der seine Frau auf der Überfahrt verloren hatte. Den Kalvinisten Rolfe plagten Skrupel, ein »fremdes Weib« zu nehmen. Er fürchtete göttliche Mißbilligung, hieß es doch im 10. Kapitel von Esra, man solle nicht außerhalb seiner Rasse heiraten. Das Volk der Pocahontas war verflucht, seine Umgangsformen barbarisch, ungezügelte Fleischeslust erzeugte in John Rolfe ein schlechtes Gewissen, das er schließlich mit der Lektüre von Calvins *Institutio* zu dämpfen vermochte: eine ungläubige Frau kann durch einen gläubigen Mann erlöst werden, dem weißen Gott wird eine neue Christin zugeführt. Nun war er bereit, denn seine Fleischeslust, sagte er in einer eigenen Rechtfertigungsschrift, hätte er auch mit Engländerinnen befriedigen können. 1614 wurde geheiratet, zwei Jahre später reisten John und Pocahontas Rolfe mit Sohn Thomas nach England, wo es ein Wiedersehen mit John Smith gab. Pocahontas starb kurz nach Antritt der Rückreise. Thomas Rolfe heiratete eine Engländerin. Einer der Nachfahren aus dieser Verbindung war John Randolph, bei dessen Tod es bereits Hunderte von Amerikanern gegeben haben soll, die Pocahontas als ihre Ahnin angeben konnten. Eine neuere Schätzung spricht von zwei Millionen Nachkommen. Der Mythos von »unser aller Mutter«, von einer amerikanischen Demeter sättigte das Bedürfnis nach dem Feudalen, dem Edlen, befriedigte den Wunsch, etwas Besonderes zu sein.[31]

Die damaligen Puritaner hätten mit diesem Mythos nicht viel anzufangen gewußt. Bei ihnen war die Angst vor einer Indianisierung, die Angst, so zu werden wie die Indianer, ein wiederkehrendes Thema. Cotton Mather machte kulturelle Kontakte mit der indianischen Bevölkerung für die Probleme, wenn nicht den Niedergang des puritanischen Gemeinwesens mitverantwortlich. Der durchschnittliche Kolonist war unfähig, Indianer in anderen Kategorien als den eigenen zu sehen. Ihm erschien das komplizierte indianische Verwandtschaftssystem als Kernfamilie plus ein paar Nebenfrauen, die Exogamie als Hurerei und Unzucht, als *uncleanesse,* die ein auf Reinheit bedachter Heiliger keinesfalls gutheißen konnte. Cotton Mather klagte über die Nacktheit der Indianer, »where Nature calls for secrecy«.[32] John Eliot, ein Feind des Müßiggangs, wollte Indianer auf das Prinzip *nulla dies sine linea* verpflichten. Er übersetzte die zweibändige *Dialektik* des Petrus Ramus für den Gebrauch der Indianer, offenbar um sie gegen Aristoteles und gegen die scholastische Logik zu wappnen.

Die indianische Kultur war vom Teufel inspiriert, dies glaubten auch anglikanische Engländer in Virginia, Maryland und den Carolinas, dies glaubten Holländer,

Franzosen und Spanier. Puritanische Geistliche interpretierten die indianische Religion als eine Form des Hexenkults. Der Geist Hobbamock repräsentierte den obersten Teufel, die *powwows* die Hexen und ihre Helfer, Kobolde und Dämonen. Shamanen konnten ein Gebiet so verzaubern, daß sich nicht darauf siedeln ließ, daß englischen Hunden das Bellen verging oder weißen Soldaten die tötende Hand gelähmt war. Aber nicht einmal im Bereich des Dämonischen durfte der Indianer siegreich sein. Letztlich wurde der indianische Teufel doch schwächer eingeschätzt als der Teufel der Erwählten. Der objektive Platzvorteil, den die Indianer hatten – schließlich waren sie *zuerst* da –, wurde mit einem theologischen Argument unterlaufen. William Stoughton predigte den Seinen, sie seien immerhin die ersten in Amerika, die unter einem Covenant geboren waren.[33]

Gerade diejenigen Neuengländer sympathisierten mit Indianern, die aus dem Covenant ausgebrochen waren. Thomas Morton, der Bonvivant von Merrymount, pries den angenehmen Charakter der Indianer und ihre Liebe zu den Engländern. Der exzentrische Samuel Gorton siedelte sich nach seiner Vertreibung auf Indianergebiet an. Anne Hutchinson fühlte sich in der Verbannung zu Indianern bei Neu Amsterdam hingezogen und hegte schwärmerische Pläne, mit ihnen eins zu werden. Der ewige Dissident Roger Williams schließlich hielt die sogenannten Barbaren zeitweise für menschlicher als seine christlichen Brüder. Die puritanische Orthodoxie dagegen weigerte sich, wesentlichen Elementen der indianischen Kultur näherzutreten. Der puritanische Historiker William Hubbard, der die Geschichte Neuenglands bis 1680 aufgezeichnet hatte, meinte, es sei wegen des teuflischen Charakters der indianischen Religion nicht wert, ein Wort darüber zu verlieren. Noch in den Werken Perry Millers über den Geist des kolonialen Neuengland wurde die Existenz von Indianern fast vollständig ausgeklammert.[34]

V. Kapitel

DIE KOLONIALE FAMILIE

Wie in England, so herrschte auch in den britischen Kolonien die Kernfamilie vor, die nicht so groß war, wie man lange angenommen hat. Der enorme Kinderreichtum, der früher behauptet wurde, mit zehn bis zwölf Kindern als Regel und zwanzig bis fünfundzwanzig als keineswegs seltene Ausnahme, ist als übertrieben erkannt worden. Neuere demographische Studien, von der Gemeindeebene hochgerechnet, sprechen von vier bis sieben überlebenden Kindern in der typischen kolonialen Familie. Selten lebten zwei verheiratete Paare derselben Sippe unter einem Dach. Die Großfamilie war kein Charakteristikum der kolonialen Gesellschaft. Das Heiratsalter lag ebenfalls höher, als man bisher gemeint hat. Strukturell gesehen hatte die koloniale Familie vielleicht sogar mehr Ähnlichkeiten als Verschiedenheiten mit einer modernen amerikanischen Familie.[1]

Unverkennbar sind die Ähnlichkeiten zwischen den Kolonien, zwischen Plymouth und Massachusetts zum Beispiel. Die Pilgerväter waren vielleicht etwas flexibler, was die Rolle der Frau anbetraf, bedingt durch die Jahre in Holland, das damals in dieser Beziehung weiter fortgeschritten war als England. Unter den holländischen Siedlern in New York gab es keine Primogenitur. Söhne und Töchter erbten gleich. Eine Reihe von Holländerinnen erwarben sich als tatkräftige Kaufleute den Respekt der Männer und genossen im privaten Bereich mehr Gleichheit als neuenglische Frauen.

Hochzeit und Ehe

Umstritten ist, wie unabhängig eine heiratslustige Person bei der Partnerwahl war. Manche sagen, die Eltern hätten ein gewichtiges Wort mitzureden gehabt, andere meinen, junge Frauen hätten sich oft mit Erfolg gegen die Heiratsvorstellungen ihrer Eltern durchgesetzt.[2] Reguliert wurde zweifelsohne die Unterschicht. Dienstboten durften nur mit Erlaubnis von Master oder Mistress heiraten. Wer in North Carolina eine Ehe zwischen unbefugten Servants schloß, konnte bestraft werden. In solchen Fällen mußten die Dienstboten ein Jahr nachdienen. Durch die Erschwerung von Eheschließungen entstand Promiskuität.

In Plymouth und in Massachusetts kannte man die Einrichtung des *pre-contract*. Liebespaare, die nicht gleich heiraten konnten oder wollten, schlossen einen Vorvertrag, um den Aufschub gesellschaftsfähig zu machen. Es ist nicht ganz klar, ob dies eine Art Probeehe oder eine keusche Vorbereitungszeit auf das Eheleben war. Immerhin war die Strafe für vorehelichen Geschlechtsverkehr unter den Bedingungen dieser »half-way marriages« um die Hälfte niedriger als sonst, also etwa 25 Shilling statt 50 Shilling.[3] Das Paar erklärte vor zwei Zeugen seine Heiratsabsicht. Wer den Vorvertrag brach, mußte mit Zivilklagen seitens der Eltern rechnen.

Ein eigenartiger Brauch bei der Werbung um die Braut war das *bundling*. Mann und Frau legten sich unter eine Decke ins Bett, um sich dort zu erklären. Vermutlich war diese Sitte aus Holland importiert worden, in England war sie unbekannt. In Häusern, die nur aus einem Raum bestanden, war es vielleicht die einzige Möglichkeit zu einem privaten Austausch. In Massachusetts und Maine ist der Brauch noch bis ins 19. Jahrhundert hinein nachzuweisen, in Pennsylvania angeblich bis 1845. »Mißbrauch« konnte theoretisch ausgeschlossen werden, weil die Decken an drei Seiten und durch die Mitte festgenäht waren. Ein anglikanischer Geistlicher meinte augenzwinkernd, in Neuengland sei ein Sofa im Sommer gefährlicher als ein Bett im Winter. Der Spätpuritaner Jonathan Edwards allerdings legte gegen diesen Brauch von der Kanzel herunter Verwahrung ein, bringe er doch Unzucht ins Land.[4]

Die Ehe war kein Sakrament sondern ein Zivilvertrag, bei dessen Abschluß ein Pfarrer nichts zu suchen hatte. Bei den Separatisten von Plymouth erklärte sich diese Haltung aus dem niederländischen Einfluß, bei den Puritanern aus dem Affekt gegen Rom. Der *Civil Marriage Act* (1653) unter Cromwell war ein Protest gegen das *Rituale Romanum* und gegen die Union von Staat und Kirche. Cromwell wollte nicht einmal Ringe erlauben. Kirchliche Trauungen gab es in Boston erst ab 1686, in Rhode Island nicht vor 1733. Hochzeiten waren in Neuengland eine fröhliche, wenn nicht übermütige Angelegenheit. Man kämpfte um das Strumpfband der Braut oder stahl die Braut selbst aus dem Schlafzimmer. Oft wurden die Brautleute von Freunden zu Bett gebracht, in der Kammer trank man auf ihr Wohl und sprach noch ein Gebet.

Die Gemeinden waren auf Bevölkerungszuwachs bedacht und hatten nichts gegen frühe, rasche und wiederholte Heiraten. Ehelosigkeit war verpönt. Spinsters, alte Jungfern, wurden verspottet, Junggesellen extra besteuert, Witwen prompt wieder umworben. In Maryland mußte eine Witwe ihr Land hergeben, wenn sie sieben Jahre nach dem Erbfall nicht wieder verheiratet war. Ein reicher Kaufmann aus Boston war dreimal verheiratet, seine dritte Frau bereits dreimal davor. Deren dritter Mann hatte insgesamt drei Frauen gehabt, sein Vater vier, darunter drei Witwen. In Virginia gab es Männer, die sechsmal verheiratet waren. Eine Reihe von Frauen brachte es auf vier Ehen. Die niedrige Lebenserwartung, bedingt durch Krankheiten wie Malaria, durch Kindbettfieber und gewaltsamen Tod, begünstigte mehrfache Eheschließungen. Die Trauerzeit nach dem unzeitigen Tod eines Gatten konnte sehr kurz sein. In einem Beileidsschreiben an einen Gouverneur von South Carolina hieß es: »Mit Bedauern höre ich vom Tod Eurer lieben Frau und wünsche Euch Erfolg bei der (holländischen) Witwe, die Ihr im Sinn habt.«[5] In einem Fall soll das Fleisch vom Leichenschmaus als kalter Braten auf der Hochzeitstafel gestanden haben.

Geldheiraten waren nicht unbekannt. Ehemänner verklagten ihre Schwiegerväter, wenn sie nicht rechtzeitig mit der Mitgift herausrückten. Es gab Frühehen, im Durchschnitt lag aber das Heiratsalter für Mann und Frau bei über 20 Jahren.

Frauenmangel war ein ernstes soziales Problem. Frauen wurden schon deshalb gesucht, um das Gemeinwesen zu konsolidieren. 1619 beschloß das Direktorium der Virginia Company, »a fitt hundreth« aus England anzufordern, um die Männer seßhafter zu machen. Für jede der hundert Frauen sollte der Gegenwert der Überfahrtskosten in Tabak entrichtet werden. Im Jahr darauf kamen neunzig Frauen auf zwei Schiffen nach Virginia. Ihrer harrten am Anlegeplatz in Jamestown über 400 Freier im Feiertagsgewand. Obwohl in der Werbung der Kolonisatoren Amerika als Paradies für Frauen hingestellt wurde, konnten manche offenbar nur mit List oder Gewalt auf die Schiffe gebracht werden. Ludwig XIV. schickte 1706 zwanzig junge Frauen nach Louisiana, die sich bitter über den Mais als menschliches Nahrungsmittel und andere ungewohnte Dinge beklagten. Ihr Protest ist als *Petticoat Rebellion* in die Geschichte eingegangen. 1721 folgten achtzig weitere junge Mädchen, die aus Erziehungsanstalten stammten. In England bat ein Ehemann das Gericht, seine wegen Diebstahls zum Tode verurteilte Frau zum Transport nach Virginia zu begnadigen. Eine Nichte von Daniel Defoe floh aus einer unglücklichen Ehe nach Amerika, wurde noch auf dem Schiff als *indentured servant* angeheuert und heiratete später den Sohn ihres Dienstherrn. Trotz zahlreicher Transporte blieb der Männerüberschuß lange Zeit bestehen. Bis zum Ende des 17. Jahrhunderts gab es schätzungsweise dreimal mehr männliche als weibliche Kolonisten. Eine Ortschaft in den südlichen Kolonien meldete stolz, dort gebe es nur 700 Männer mehr als Frauen. Ein Schweizer Auswanderer schrieb aus South Carolina nach Hause, in seiner Gruppe seien alle dreizehn ledige Frauen wegen des günstigen Verhältnisses zwischen Angebot und Nachfrage gut verheiratet worden, was im alten Land nicht möglich gewesen wäre.[6]

Frauenimporte wurden als stabilisierender Faktor begriffen. Vielleicht lag darin eine Ursache für das spätere Ungleichgewicht in den geschlechtlichen Beziehungen. Daß die Kolonien nicht, wie in der Propagandaliteratur versprochen, der ideale Platz für die Frau unter fünfzig war, davon zeugen schon die Inserate in den kolonialen Zeitungen, in denen nach entlaufenen Frauen gefahndet wurde. Ein düsteres Kapitel ist das *wife-trading*, bei dem Männer ihre Frauen an andere Männer verkauft haben sollen.[7]

Nach neuenglischen Gesetzen durfte bei Strafe niemand seinen in Europa zurückgelassenen Ehepartner für länger als zwei Jahre allein lassen. Daraus entstanden Schwierigkeiten, weil viele Ehefrauen erst überredet werden mußten oder sich generell weigerten, nachzukommen. In Massachusetts wurde 1647 ein Gesetz erlassen, wonach Einwanderer, die sich in den Kolonien verheirateten, obwohl sie im alten Land noch eine Frau sitzen hatten, das nächste Schiff nach England nehmen mußten.

Die Frau hatte bestimmte Rechte in den Kolonien. In Plymouth und Massachusetts war es im Gegensatz zu vielen europäischen Ländern dem Mann unter Strafandrohung verboten, die Frau zu schlagen – oder umgekehrt. Die Einhaltung dieses Gesetzes wurde überwacht. Die Unterordnung der Frau wurde hingegen als die Erfüllung eines göttlichen Gebots angesehen. Aus den Worten von John Cotton sprach unsägliche Herablassung, wenn er sagte: »Frauen sind Geschöpfe, ohne die der Mann nicht angenehm leben kann: für sie gilt, was man gewöhnlich von Regierungen sagt, daß schlechte besser sind als gar keine.« Das war das puritanische Echo auf Paulus, der gemeint hatte, es sei besser zu heiraten als zu brennen. Cottons Forderung, »angemessene Grenzen« zwischen den Klassen zu ziehen, galt auch für den Abstand zwischen den Geschlechtern. Die Ehefrau hatte weniger Rechte als die ledige Frau oder die Witwe. Ein alter common-law-Grundsatz lautete: »Husband and wife are one, and that one the husband.« Die Ehefrau war keine rechtsfähige Person. In Gerichtsentscheidungen stand immer wieder zu lesen: »The wife is dead in law.«[8]

Der Mann war gesetzlich autorisiert, als der Überlegene aufzutreten. Die Unterlegenheit der Frau war biblisch sanktioniert und wurde für konstitutionell bedingt gehalten. Als die Frau von Gouverneur Winthrop geistig erkrankte, schrieb die Gemeinde dies dem Umstand zu, daß sie sich nicht auf ihren Haushalt beschränkt, sondern sich in Männergeschäfte eingemischt und damit ihre *vocatio*, ihre Berufung überschritten hatte. Winthrop selbst führte die Geisteskrankheit einer anderen Frau darauf zurück, daß sie sich mit Lesen und Schreiben abgegeben hatte. Sie wäre besser gefahren, diese Tätigkeiten Männern zu überlassen, »whose minds are stronger«, und sich auf ihr eigenes *calling* zu beschränken. Die Schulgesetze im frühen Massachusetts bezogen sich in erster Linie auf Knaben, Mädchen durften nur im Sommer zur Schule gehen.

Nach der biblisch-gesetzlichen Norm war die Frau dem Manne untertan. In der gesellschaftlichen Wirklichkeit kann man von einer absoluten männlichen Vorherrschaft jedoch nicht sprechen. In der Schrift *Talitha Cumi* bezog Samuel Sewall

Frauen in die Auferstehung ein und konterte andersdenkenden Theologen mit dem Argument, »wenn man warten wollte, bis alle Dogmen unter einen Hut gebracht sind, würden weder Männer noch Frauen je zum Himmel fahren«. Wohl war der Puritaner darauf bedacht, der Frau nicht zu viel Spielraum zu lassen; man mußte sie beobachten und sich vor ihr hüten. Unter dieser Voraussetzung freilich war Harmonie möglich, und wir finden in puritanischen Ehen Ansätze zur Gegenseitigkeit in der Zuneigung und im täglichen Umgang miteinander. Mochte Margaret Winthrop Briefe an ihren Mann mit »your faythful and obedient Wife« unterschreiben, aus der Gesamtheit des Briefwechsels ergab sich eine auf gegenseitiger Achtung beruhende Beziehung.[9]

Der strenge Cotton Mather nahm gegenüber Frauen eine für damalige Verhältnisse liberale Haltung ein. Seine *Ornaments for the Daughters of Zion* (1692) waren eine Art Handbuch für das weibliche Geschlecht aller Altersstufen und in allen Lebenslagen. Mather grenzte sich klar von Autoren ab, die die Frau herabgewürdigt und ihr abgesprochen hatten, ein vernunftbegabtes Wesen zu sein. Stattdessen führte er antike Frauengestalten ins Feld, die sehr gebildet waren, etwa die Tochter des Pythagoras, die einen Kommentar zum Werk ihres Vaters geschrieben hatte. Mather erklärte, den Töchtern Zions stünde es wohl an, etwas von Musik und Sprache zu verstehen, von Arithmetik, Buchführung »and such business matters«. Es ist eine Tatsache, daß Frauen in den Kolonien oftmals die Berufe ihrer verstorbenen Männer oder Väter ausgeübt haben als Kaufleute, Lehrer, Hufschmiede, Jäger, Wirte, Silber- oder Waffenschmiede, Schuster, Barbiere oder Metzger. Bis zum Ende der Kolonialzeit zählte man elf Frauen, die Druckmaschinen – meist zur Herstellung von Zeitungen – besaßen.[10]

Die Verhältnisse an den ersten Frontiers verlangten ein Maß an Gleichheit bei nur gemeinsam zu lösenden Aufgaben. Das galt für Neuengland, das galt für die südlichen Kolonien. Das verlogene Kavalierstum, die *chivalry* war eine spätere Erscheinung. Auch im Süden konnten Frauen, wenn auch nicht unbedingt Ehefrauen, einen Grad von Unabhängigkeit erlangen und mehr als nur Arbeitstier, Hausfrau oder Dame sein. In Virginia richtete nach *Bacon's Rebellion* die Frau eines Aufständischen eine Petition an Gouverneur Berkeley, nicht ihren Mann, sondern sie selbst hinzurichten, denn er hätte sich dem Aufstand nur auf ihr Betreiben hin angeschlossen. Die Beweisgründe müssen nicht so spektakulär sein. Lord Baltimore lockte Siedler mit dem Versprechen auf hundert Acker Land nach Maryland. Wer verheiratet war, erhielt die doppelte Fläche, Kinder wurden mit kleineren Parzellen abgegolten, weibliche Haushaltsvorstände gleichbehandelt.

Man kann schließlich auf einige herausragende Frauengestalten verweisen, die Dichterin Anne Bradstreet oder die Geschäftsfrau Sarah Kemble Knight, die auf eigene Faust von Boston nach New York reiste. Das Schicksal von Anne Hutchinson oder den als Hexen verfolgten Frauen zeigt freilich, daß die weibliche Domäne noch eng umschrieben war.

Sexualität

»Puritanismus ist die bohrende Angst, daß irgendjemand, irgendwo glücklich sein könnte«, hatte H. L. Mencken gesagt. Die Gleichsetzung von Puritanismus mit freudloser Strenge ist zu einem beinahe universellen Stereotyp geworden. Ein besorgter Kulturpsychologe beliebte zu formulieren, die puritanische Unterdrükkung der Triebe hätte im modernen Amerika zum »erregtesten Wühlen in den Untiefen der Geschlechtlichkeit« geführt.[11]

Die Assoziation von Puritanismus mit Askese kam nicht von ungefähr. Das puritanisch kontrollierte Parlament in England verbot 1644 den Maibaum, weil man annahm, daß um ihn herum unziemliche Leidenschaften entstünden. Man hat englische Manifestationen der Sexualfeindlichkeit mit der herrschenden Wirtschaftslage in Zusammenhang gebracht. In einer defizitären Wirtschaftsepoche müßte Kapital akkumuliert und deshalb auch mit der Triebenergie sparsam umgegangen werden. In Neuengland wurden Junggesellen mit Argwohn betrachtet: sie durften nur bei bestimmten Familien leben. Constables, Nachtwächter und *tithing men* wachten in den neuenglischen Ortschaften über die Moral der Gemeindemitglieder und deren Besucher. Einer Witwe wurde verboten, ihren Schwiegersohn besuchsweise zu beherbergen. Affekt- und Triebkontrolle waren sicherlich Merkmale der puritanischen Gesellschaft. Ein guter Puritaner hielt seine Gefühle sogar in Liebesbriefen im Zaum. Aldous Huxley hatte nicht ganz unrecht, als er sagte, die Puritaner trügen das Feigenblatt sogar über dem Mund.[12]

Eindeutig war die Geschichte freilich nicht. 1942 stellte der Historiker Edmund Morgan bis dahin Geglaubtes auf den Kopf; er sagte: Die Puritaner bestanden auf dem sexuellen Charakter der Ehe und hielten die Sexualität des Menschen für eine Selbstverständlichkeit. Ein Puritaner fühlte sich beleidigt, wenn ihm vorgeworfen wurde, er sei seiner Frau zu lange ferngeblieben. Sexualvergehen standen im puritanischen Gemeinwesen deshalb im Vordergrund, weil es so viele davon gab. Übertretungen der Sexualmoral waren so häufig, behauptete Morgan, daß die Strenge des Gesetzes gar nicht jedesmal angewendet werden konnte.[13]

Gaben sich die Puritaner sexualfeindlich, weil sie in Wirklichkeit »oversexed« waren? Haben Sie deshalb versucht, das Sexuelle ostentativ zu ignorieren? Bei Cotton Mather wurde die Angst vor dem Weib und vor dem eigenen Trieb ganz deutlich. Strikt sprach er sich gegen das Schminken aus, die Frau solle weder Brust noch Rücken zeigen, sonst riskiere sie es, im Manne ein »Foul Fire« zu entzünden. Vor aufreizenden Träumen gelobte Mather auf der Hut zu sein. Er litt an seinem eigenen Verlangen und ließ sich aus Scham über Selbstbefleckung nach dem Tod seiner ersten Frau schier zum Selbstmord treiben.

Ob Cotton Mather in diesen Dingen repräsentativ war, ist mit Recht bezweifelt worden. Ein Historiker betonte, die Puritaner seien der Sexualität vergleichsweise normal gegenübergestanden und hätten ganz praktisch darüber gedacht. Morgan konnte auf diesem Gebiet weder blinden Eifer noch die engstirnige Heuchelei entdecken, die man Puritanern gemeinhin nachsagte. »Die Puritaner wußten mit Sex besser umzugehen als die meisten Generationen nach ihnen«, urteilte ein dritter Historiker. Gelegentlich stößt man auf kühne Offenheit. Die puritanische Dichterin Anne Bradstreet, mit 16 Jahren Ehefrau, sprach ihre Kinder als Wesen an, die der Hitze männlicher Leidenschaft entsprungen waren.

Wer puritanisch sagt, meint oft genug viktorianisch. Uneheliche Kinder wurden in der puritanischen Gesellschaft nicht als Katastrophe betrachtet. In Plymouth durfte eine Dienstbotin wegen eines unehelichen Kindes nicht ohne weiteres aus dem Haus gewiesen werden. Außerehelicher und vorehelicher Geschlechtsverkehr war verboten, aber in mindestens einem Fall wurden Eltern vor Gericht zitiert und befragt, warum sie die Heirat ihrer Kinder über Gebühr hinausgezögert hätten. Außerhalb des puritanischen Einflußbereichs ergibt sich ohnehin ein freizügigeres Bild. Im kolonialen Maryland hatten mindestens ein Drittel aller späteren Ehepaare vorher intime Beziehungen zueinander aufgenommen.[14]

Scheidung

Luther hielt es für besser, wenn böse und haltlose Personen sich scheiden ließen, als in Zwietracht nebeneinander fortzuleben. Calvin erkannte Ehebruch und böswilliges Verlassen als Scheidungsgründe an. Im alten England hob die *Reformatio Legum Ecclesiasticarum* (1552) die Trennung von Tisch und Bett zugunsten einer absoluten Scheidung auf. Der schuldlose Partner durfte wieder heiraten. Das Konzil von Trient (1563) bekräftigte den katholischen Standpunkt gegen Lutheraner und Kalvinisten und beharrte auf der Unauflöslichkeit der Ehe. Unter Protestanten setzte sich indessen größere Freizügigkeit durch. William Perkins machte in *Christian Oeconomie* (1590) vier Scheidungsgründe namhaft: Verlassen, böswillige Machenschaften, langdauernde Abwesenheit und Ehebruch. Einige Separatisten wollten sich in Anlehnung an das Alte Testament auf die »private« Scheidung zurückziehen, während der Puritaner John Milton in *The Doctrine and Discipline of Divorce* (1643) einen recht breiten Katalog anzubieten hatte, der von der Gegensätzlichkeit der Temperamente über die Störung des ehelichen Friedens bis zur Impotenz reichte; es liege keinesfalls im Willen Gottes, Liebe und Haß auf Dauer miteinander zu paaren.[15]

In der Plymouth-Kolonie wurde die bürgerliche Scheidung als selbstverständliches Korrelat zur bürgerlichen Ehe angesehen. Auch in Massachusetts betonte man den zivilen Charakter. Zwischen 1639 und 1692 wurden vor Bostons *Assistants* und *Deputies* mindestens vierzig Scheidungsanträge positiv beschieden. Als Scheidungsgründe waren zugelassen: boshaftes Verlassen, Ehebruch, Grausamkeit und Impotenz. In diesen Fällen war eine Ehe nach puritanischer Auffassung unvollständig und deshalb auflösbar. Blieb ein Partner länger als sieben Jahre verschollen, durfte wieder geheiratet werden. Diese Frist wurde später auf drei Jahre verkürzt.[16]

Demnach war die Auflösung einer Ehe in Neuengland leichter zu bewerkstelligen als in England. Bei den Anglikanern Virginias gestaltete sich eine Scheidung schwieriger als in Boston und auch die Provinz New York gab sich puritanischer als die Puritaner. In Connecticut ahmten Weiße eine indianische Praxis nach und akzeptierten eine mündliche Erklärung als vollzogene Scheidung.[17]

Kindererziehung

Ein bissiger Kritiker meinte, man könne aus der historischen Fachliteratur mehr über den kolonialen Flachsanbau in Erfahrung bringen als über koloniale Kindererziehung.[18] Wenn man bedenkt, daß etwa die Plymouth-Kolonie zu einem Drittel aus Kindern und Jugendlichen bestand, kann man tatsächlich von einem Übereifer der Historiker nicht sprechen.

Im allgemeinen darf man davon ausgehen, daß sich Puritaner und Separatisten in Sachen Kindererziehung nicht allzusehr voneinander unterschieden und beide nicht von den Bewohnern der mittleren und südlichen Kolonien. Unterschiede gab es wohl, und auf unlösbare Fragen stößt man bald. Dem Puritaner John Cotton erschien Holland aus englischer Ferne zu freizügig; um den Kindern nicht zu schaden, habe man Neuengland vorgezogen. Dagegen lehnte der Separatistenführer William Bradford das Schulmeisterliche in Holland ab und meinte, in Neuengland dürfe man zärtlicher zu den Kindern sein.

Das grundlegende Element in der puritanischen oder überhaupt in der kolonialen Kindererziehung war der Glaube an die Kindsverdammnis. Ein Kind kam grundsätzlich geistig tot zur Welt und mußte erst wiedergeboren werden, um das Heil zu gewinnen. Diese Ansicht herrschte auch im puritanischen England vor. Zwei englische Geistliche schrieben 1621 in einem Familienratgeber, das Kind in der Wiege habe »a reat heart«, ein Herz, das Böses im Schilde führt – damit müßten Eltern und Erzieher rechnen. Der sonst so milde John Robinson erklärte kategorisch, die Sturheit und der Trotz des kindlichen Gemüts seien »von Anfang an zu brechen und niederzuschlagen«. John Cotton bläute den Kindern ihre verderbte Natur, ihre »innate depravity«, per Katechismus ein. Mit wenigen Ausnahmen war Kindern die Konversion versagt, denn sie besaßen nicht das nötige Vorwissen, die Gnade zu erfahren. Cotton Mather predigte: »Wisset ihr nicht, daß ihr Kinder des Todes und die Kinder der Hölle und die Kinder des Zorns seid, von Natur aus?« Wenn sie es nicht wußten, sie lernten es. Jonathan Edwards hielt Kinder für giftige Schlangen, für junge Vipern, sogar »unendlich hassenswerter als Schlangen«. In einer Predigt für Kinder brachte er Kindsverdammnis und Jüngstes Gericht eng zusammen: »Wie schrecklich wird es sein, miteinander im Elend zu stecken. Dann werdet ihr nicht mehr zusammen spielen, sondern da werdet ihr zusammen verdammt sein und da wird sein Heulen und Wehklagen und Zähneklappern.« Das Kind war gehalten, eine ständige Selbstbefragung durchzuführen, ob es nicht in Sünde befangen sei. Eine dieser Fragen hieß: »Wagst du es, am Tag des Herrn auf- und abzurennen?«[19]

John Cottons Kinderkatechismus *Milk for Babes* ist 1646 erschienen. Die dort angebotene Milch war bitter. Den Kindern wurde in Frage-und-Antwort-Folgen hauptsächlich eines klargemacht: daß sie seit Adam mit der Erbsünde behaftet seien und daß sie ob ihrer »verderbten Natur« immer wieder in die Sünde zurückfallen würden. Das am meisten verbreitete Lesebuch war der *New England Primer.* Er enthielt unter anderem 24 Reime zum Erlernen des Alphabets. Schon der erste Buchstabe wurde mit der Erbsünde erklärt:

In Adam's Fall
We sinned All*

Dann ging es weiter über die Vergänglichkeit des Lebens

As runs the Glass
Man's Life doth pass**

bis zum Z, das ebenfalls der Bibel entnommen war:

Zaccheus he
Did climb the tree
His Lord to see***

Der *New England Primer* ist etwa 1690 entstanden und wurde bis ins 19. Jahrhundert hinein stets neu aufgelegt. Das Buch war schauerlich illustriert. Das größte Bild zeigte die Verbrennung eines protestantischen Märtyrers mit Frau und neun Kindern.[20] Der Tenor anderer Kinderbücher lautete, daß Kinder nicht zu jung zum Sterben seien, »they are not too little to go to Hell«. Dem Kind wurde permanent ein schlechtes Gewissen eingeimpft und kein Zweifel daran gelassen, daß bei Fehlverhalten die Strafe auf dem Fuße folge.[21]

Im Alter von 12 bis 16 Monaten wurde das Kind abrupt entwöhnt. Zu diesem Zweck strich die Mutter die Brustwarze mit Galle, Senf oder bitterem Wermut ein. Nach dem Abstillen begann die Erziehungsarbeit, die Brechung des Willens, die Erzeugung von Scham, die Unterdrückung von Zuneigung, die Erziehung zur Distanz. Schon in England war *denial of affection* ein erzieherisches Postulat gewesen. Die Väter vor allem sollten sich ihren Kindern möglichst fernhalten, beide Eltern dem Kind nicht ein Zuviel an Liebe entgegenbringen. Unter keinen Umständen durfte es verhätschelt werden. In den Kolonien setzte sich diese

* Durch Adams Sündenfall wurden wir alle zu Sündern.
** Wie das Stundenglas verrinnt des Menschen Leben.
*** Zacchäus stieg auf einen Baum, den Herrn zu sehen.

Haltung fort. Die Zuwendung war zu dosieren, die Eltern mußten zu ihren Kindern einen angemessenen Abstand einhalten, *due distance* war gefragt, um der drohenden Unterminierung elterlicher Autorität zu begegnen. Nicht zu nett und zärtlich sollten die Eltern sein, erklärte Benjamin Wadworth, sie sollten den Kindern sogar das Leben möglichst sauer machen. Es galt zu vermeiden, daß die Bindungen zwischen Eltern und Kind zu eng wurden, schon wegen der hohen Wahrscheinlichkeit, daß das Kind früh starb.[22] *Due distance* wurde in diesen Fällen zum Schutzmechanismus für die Eltern.

Kinder wurden emotionell unterstimuliert. Eine Tochter entschuldigte sich bei ihrem Vater, daß sie in einem Brief ihren Gefühlen freien Lauf gelassen hätte. Kinder wurden früh und regelmäßig außer Haus gegeben. Die Praxis des *putting-out* ist auch aus England bekannt, ohne daß man mit Sicherheit sagen könnte, was der Sinn dieser Maßnahme war. Einmal wurde der Grund in der Konstruktion kolonialer Häuser gesehen, die neugierigen Kinderaugen vom Dachgebälk aus Einblick in alle Zimmer bot. Als plausiblere Erklärung bietet sich an, daß Kinder in andere Haushalte gegeben wurden, damit sie nicht durch elterliche Zuneigung verwöhnt wurden. Samuel Sewalls Tochter kam mit 13 Jahren zu einer Familie an einen anderen Ort. Sie wehrte sich, sie weinte, bat bleiben zu dürfen. Vater Sewall ließ unerklärt, warum er darauf bestand, eine wirtschaftliche Notwendigkeit gab es jedenfalls nicht. Man kann annehmen, daß die Eltern Angst hatten, ihre Kinder daheim zu verwöhnen.[23]

Früh entwöhnt, absichtlich mit wenig Elternliebe bedacht, auf Distanz gehalten, außer Haus gegeben – so erlebte das Kind Trennungsangst. Nicht einmal die Vereinigung mit den Eltern im Jenseits war garantiert. Increase Mather malte den Kindern in seiner Gemeinde eine schreckliche Möglichkeit aus: am Jüngsten Tag werden die Väter zur Rechten, die Kinder zur Linken ausgesondert.[24]

Kinderarbeit war in der Kolonialzeit eine Selbstverständlichkeit. Ab sechs Jahren wirkte das Kind in der Produktionseinheit Familie mit.[25] Arme, schwererziehbare, verwaiste und ledige Kinder unterlagen dem *binding-out,* der Unterbringung als Dienstboten in einem Haushalt. Die Grenzen zwischen Dienstbotendasein und Lehrlingsdasein waren fließend. Entlaufene Lehrlinge und Dienstboten mußten ihren Herren zurückgebracht werden. In allen Kolonien übte die Obrigkeit das unbestrittene Recht aus, bei Erziehungsproblemen korrektiv einzugreifen. In Connecticut konnten ab 1642 Kinder, die gegen ihre Eltern rebellierten, in Erziehungsanstalten gebracht werden. Eine öffentliche Auspeitschung drohte dem, der seine Eltern nicht ehrte, in Massachusetts stand auf die Übertretung des vierten Gebots theoretisch sogar die Todesstrafe. Der *tithing man* entfernte Kinder aus Familien, die in der Erziehung versagten oder in denen nicht der rechte Glaube herrschte. In New York, in Virginia gab es ähnliche Verordnungen. Das Prinzip *in loco parentis* etablierte sich früh. Die Mährischen Brüder in North Carolina gaben schwererziehbare Kinder als *indentured servants* in andere Gemeinden fort.

Englische Gentlemen schickten ihre »Taugenichtse« in die Bay Colony, auf daß sie dort unter puritanischem Regiment gebessert würden.

Eine Art Knigge für Kinder wurde 1715 in den Kolonien nachgedruckt: »Make a bow when you come home«, so fängt es dort an, und das Kind sollte sich auch in Richtung Eltern verbeugen, wenn es im Hause an ihnen vorbeiging. Vater und Mutter waren mit Sir und Madam anzureden. Befanden sie sich im Gespräch, durften sie höchstens flüsternd unterbrochen werden. Das wohlerzogene Kind nahm selbst unverdienten Tadel widerspruchslos hin und erzählte nichts, was unglaubwürdig klingen konnte, mochte es auch wahr sein. Betraten Besucher das Haus, zog sich das Kind mit einer Verbeugung zurück. Ebenso rigoros sahen die Verhaltensvorschriften für den gesitteten Lehrling aus. Er durfte nicht zu nahe an die Personen herantreten, mit denen er redete; den Meister nicht korrigieren, auch wenn der irrte; dem Meister nicht nachhelfen, wenn er ein Wort nicht fand und dessen alte Stories fröhlich als neue begrüßen.[26]

Kinder zu schlagen war biblisch abgesichert. »Wer die Rute schont, verdirbt das Kind«, lautete eine vielgehörte Maxime. Mit einer »sanften Rute«, schrieb John Eliot 1678, trieb die Mutter dem Kind den Teufel aus und zertrennte das Band, das es ans Verderben fesselte. Es ist behauptet worden, die milderen Puritaner hätten den Stock gebraucht, um Schuldgefühle der Kinder aufzulösen, während die evangelistischen Glaubensbrüder zuschlugen, um den kindlichen Willen zu brechen, wobei zu hoffen bleibt, daß das Kind den Unterschied auch merkte.[27] Im *New England Primer* hieß es unmißverständlich, faule und dumme Schüler seien körperlich zu züchtigen, und Cotton Mather sagte lapidar »Better whipt, than damn'd«, lieber Schläge als ewige Verdammnis. Aber er war nicht der Prototyp des strafenden Vaters. Schläge wollte er nur an den »Refractory Fool« austeilen, an das unbelehrbare Kind.[28]

Die Frage ist hier wie anderswo, bis zu welchem Grad schriftlich niedergelegte Normen mit dem tatsächlichen Verhalten übereinstimmten. Wie ernst haben die Eltern das Verbot der Verwöhnung, die Erziehung zur Distanz genommen? Die historische Evidenz hierzu ist naturgemäß mager. Die Namensgebung hat hingegen eine bestimmte Aussagekraft. Frühe Auswanderer legten ihre irdischen Erfahrungen und ihre überirdischen Hoffnungen in die Namen der Kinder hinein. Auf der »Mayflower« wurde ein Oceanus Hopkins geboren, ein anderes Kind erhielt den Namen Seaborn. Weitere sprechende Namen waren Experience, Preserved, Desire, Unite, Supply, Rich Grace, More Mercy, Relieve, Reform, Love, Hopestill, Peregrine, Waitstill, Humility und Strange.[29]

Aus der materiellen Kultur wissen wir, daß auch die Puritaner ihre Kinder mit eigenen Gegenständen bedachten, mit Kindermöbeln, kleinen Deckchen, einer besonderen Kleidung zur Taufe. Kinder als Erwachsene *en miniature* – das Konzept von Ariès trifft für Amerika nicht zu. Erbarmen mit Kindern ließ sich trotz ihrer von den Theologen behaupteten angeborenen Schlechtigkeit nicht verhehlen. (In den ersten fünfzig Jahren wurde in der Bay Colony wahrscheinlich kein Säugling ausgesetzt.[30]) Der gestrenge Michael Wigglesworth, ein Spezialist in der Erzeugung von Angst, dessen *Day of Doom* (1662) zu den meistgelesenen Büchern in den Kolonien gehörte, wollte den Kindern am Jüngsten Tag wenigstens den »easiest room in hell« zuweisen. Die Wissenschaft hat sich Gedanken darüber gemacht, was Wigglesworth bewog, entgegen der kalvinistischen Orthodoxie der Kindsverdammnis und der Prädestination mit Kindern so milde zu verfahren. Nach langer Suche ist man in der Scholastik fündig geworden; dort war der *limbus infantium* bekannt, der gnädige Strafen vorsah.[31] Die einfachere Erklärung jedoch heißt, daß sich selbst der strenggläubige Puritaner von besseren Empfindungen gegenüber Kindern leiten ließ.

Unbestritten bleibt, daß Puritaner und andere Kolonisten die Seele des Kindes und seine Bedürfnisse noch weniger kannten als wir. Dieser Vorwurf wäre freilich ihren Zeitgenossen in anderen Ländern ebenso zu machen. Die puritanische Kindererziehung auf der Basis der modernen Entwicklungspsychologie zu verurteilen, hat keinen Sinn. Bei intensiver Prüfung findet man sogar bei Puritanern Anklänge an die Moderne. John Cotton sprach an einer Stelle nicht von der absoluten Brechung des Willens, sondern von der Formbarkeit kleiner Kinder: je jünger, desto formbarer. Es ist sogar behauptet worden, nur die »evangelistischen« Puritaner hätten ihre Kinder mit der Härte erzogen, die man sprichwörtlich mit dem Attribut »puritanisch« belegte. Die anderen, die Gemäßigten oder die »genteels« in den oberen Schichten, hätten »indulgence«, Nachsicht zum Hauptmerkmal ihres Erziehungsstils erhoben und ihren Kindern Gelegenheit gegeben, Selbstachtung, Selbstliebe und Selbstvertrauen zu erwerben.[32]

Das *swaddling*, das Wickeln oder Einschnüren der Kinder, wurde in den Kolonien wahrscheinlich weniger geübt als in England. *Swaddling* sollte das Kind vor Kälte schützen, vor Selbstbeschädigung, Selbstbefriedigung, und es sollte ihm gerade Gliedmaßen bescheren. Wenn Kolonisten darauf verzichteten, hatte das etwas mit ihrem Freiheitsbedürfnis zu tun? Dem wurde entgegengehalten, daß in den puritanischen Kolonien die mentale Kontrolle stärker im Vordergrund stand, die Kinder waren »swaddled in Calvinism«, wie eine einprägsame Formulierung lautete.[33] Dann wieder haben wir die Erziehung zur Distanz, die dem Prinzip der mentalen Kontrolle, zumindest von den Eltern her gesehen, zu widersprechen schien. Höchstens könnte man unter diesem Aspekt von einer Kontrolle durch die ganze Gemeinde, durch die religiöse Kultur sprechen.

Ein Forscher leitete von der repressiven Erziehung eine obsessiv-kompulsive Disposition der Puritaner her, scheiterte aber darin, die ebenfalls nachweisbare puritanische Todessehnsucht damit zu erklären. Richtig ist, daß der herrschende Erziehungsstil nicht unangetastet blieb.

Aus dem Kinderbuchvers

What pity such a pretty maid
As I should go to hell*

war der Protest gegen die Kindsverdammnis unschwer herauszuhören. Dienstboten im Jugendalter protestierten gegen ihre Herren, Jugendliche profanierten die Sonntagsruhe, Kinder leisteten schon in den ersten Jahrzehnten der Kolonisation Widerstand gegen ihre Eltern. Dem elterlichen Haushalt, der häuslichen Gemeinschaft wurde nicht die Treue gehalten. Diesbezügliche Ermahnungen der Eltern – die selbst ihre Geburts- und Heimatorte aufgegeben hatten – klangen hohl und unglaubwürdig. Im 17. Jahrhundert war die Frontier nirgendwo weit weg, schrieben Oscar und Mary Handlin, und sie »lockte die Söhne so wie der Ozean die Väter gelockt hatte«. Kernfamilie und Frontierbedingungen ließen den nahtlosen Übergang zwischen Familie und Gesellschaft verlorengehen. Vor allem die Söhne wurden von den Eltern indirekt dazu ermutigt, sich aus der vertrauten Umgebung zu entfernen, sie wurden erzieherisch darauf vorbereitet, »to go, not to stay«. Familienbindungen waren auf das Befristete angelegt, und je lockerer die elterlichen Kontrollen wurden, desto eher konnte einer seinen eigenen Weg suchen, meinten die Handlins ein wenig naiv.[34] Das andere Extrem ließ nämlich denselben Schluß zu: je strikter die Kontrolle, desto größer die Versuchung, sich ihr zu entziehen.

* Wie schade, daß ein hübsches Kind
wie ich soll fahr'n zur Höll.

VI. Kapitel

WISSENSCHAFT UND RELIGION

Puritaner strebten eine Einheit von *intellect* und *spirit* an. Die Macht und das Recht lagen zunächst nicht nur in den Händen der Besitzenden, sondern auch der Gebildeten, die von den Ungebildeten Gehorsam forderten. Pastor und Teacher traten als religiöse und als intellektuelle Führer auf. Die meisten der ausgewanderten Geistlichen waren gebildeter als der durchschnittliche Amtsbruder daheim in England.[1]

Wissen und religiöser Eifer *(zeal)* müssen sich ergänzen, sagte John Cotton. Religiöser Eifer ohne Wissen ist wie ein nicht eingedämmtes Feuer, Dummheit die Mutter der Ketzerei. In den Predigten wurden hohe Ansprüche an die Gemeinde gestellt, keine Zugeständnisse an die Bedingungen der Wildnis oder an den Bildungsgrad der Gemeindemitglieder gemacht. Thomas Hookes erklärte seiner Kongregation, ein gewisses Maß an Wissen sei eine Voraussetzung für die Erlösung. Das Volk hörte den Geistlichen zwei oder drei Stunden lang zu, während diese ihm verzwickte theologische und metaphysische Streitfragen auseinandersetzten. Zeitgenössische Besucher der Kolonien berichteten, der einfache Puritaner habe damals fundierte Kenntnisse in systematischer Theologie besessen. Selbst abends am Küchentisch wurden ausgefeilte Diskussionen über Vorherbestimmung, Kindsverdammnis und den Unterschied zwischen Glaubens- und Werkheiligkeit geführt. Erziehung sollte permanent sein. Cotton Mather machte es sich zur Gewohnheit, eine lehrreiche oder erzieherische Sentenz fallen zu lassen, sobald er Kinder in seiner Nähe gewahr wurde. Die Bildungsbeflissenheit hatte theologische Wurzeln. Solange ein Kind in seiner »natürlichen Dummheit« verharrte, konnte es nicht errettet werden. Und so wurde der Puritaner von Kindesbeinen an mit »unbarmherziger Fürsorglichkeit« dem Wissen zugeführt.[2]

Die erste Generation hatte Angst vor einem Kulturverlust, wenn die Kulturträger sterben. Man hatte Häuser und Gotteshäuser gebaut, die Ernährungsgrundlage geschaffen, eine Regierung eingerichtet, nun gelte es, die Gelehrsamkeit zu befördern, das Wissen der Nachkommenschaft zu erhalten und zu überliefern. Das Schlimmste wäre eine analphabetische Geistlichkeit, sagte John Eliot in der vielleicht meistzitierten Passage puritanischen Schrifttums, »when our present Ministers shall lie in the Dust«. In kolonialen Testamenten wurde oftmals verfügt, das Erbe für die Erziehung der Kinder zu verwenden. Im *Massachusetts School Law* von 1647 wurde angeordnet, daß Orte ab 50 Familien eine Schule haben müssen, in der Kindern Lesen und Schreiben beigebracht wird. Die Lehrer sollten »by way of supply« ernährt werden, mit Naturalien also. In Ortschaften ab 100 Familien war eine *Grammar School* einzurichten, eine Lateinschule mit einem Lehrer, der die Schüler zur Hochschulreife zu führen imstande war. Der Impuls, das Bildungsniveau zu halten oder zu heben, fand sich auch außerhalb des puritanischen Einflußbereichs. In New Jersey wurden die Townships 1693 ermächtigt, Steuern zur Unterstützung der *public schools* einzutreiben. In Pennsylvania war Eltern unter Strafandrohung aufgetragen, ihre Kinder Lesen lernen zu lassen; dort gab es frühe Versuche zur Verstaatlichung der Schulen. Die Erziehungsmaßnahmen mußten alle Kolonisten erreichen, selbst »die wildesten unter ihnen«, schrieb bereits 1622 ein kolonialer Autor und fügte treuherzig hinzu »seien es Iren oder Indianer«.[3]

Die Menschen von der Heiligen Schrift abzuhalten, sei eines der Hauptziele des Satans, hieß es im Schulgesetz von Massachusetts. Der Unterricht begann um sechs Uhr morgens, manchmal um sieben. Der Schüler füllte Blei in Gänsefedern, zog seine eigenen Linien aufs Papier und hatte ein Stück Weißbrot zum Radieren zur Hand. Das erste Lesebuch war das *Hornbook* mit dem Alphabet. Es hieß wohl so, weil die Seiten mit einer Hornschicht überzogen waren, um sie vor Abnutzung durch Kinderhand zu schützen. Im zweiten Lesebuch, dem »abce«, standen kleine Verse und im dritten, dem »Primer«, Gebete und erbauliche Geschichten. In den *New England Primer* wurden *Hornbook* und »abce« inkorporiert. Auf *Reading* und *Writing School* folgte die *Grammar School.* Dieser Schultyp war in England konzipiert worden, um mehr »civility« unter die Leute zu bringen, und zwar auch in »rauheren Gegenden, namentlich in Irland, Wales, Virginia«.[4] In Neuengland wurden in die *Grammar School* ausschließlich Knaben aufgenommen und nur solche, von denen man erwarten konnte, daß sie Latein und Griechisch würden bewältigen können, denn dort wurden die Klassiker gelehrt.

In Virginia, Maryland und in den Carolinas herrschten Privatschulen vor. Ein Jahr Privatschule kostete in Virginia vor 1644 ungefähr so viel wie zwei Paar Schuhe. Diese Schulen wurden von Bürgern gemeinsam finanziert. Auf Großplantagen stieß man später auf die *Tutorial School* mit einem privat angestellten Lehrer. Die Streuung der Farmen und Plantagen erschwerte die Organisation eines Schulsystems, die Assemblies verschleppten Anträge auf die Errichtung öffentlicher Schulen. Typisch für den Chesapeake sind die *Old Field Schools* auf ausgelaugten Tabakfeldern, wo die Frau des Pfarrers oder des Grundherrn Schule hielt. In Germantown richtete Pastorius, ein »Bauer mit Latein«, eine Abendschule ein.

Mädchen wurden meist nur im Sommer zur Schule geschickt, und auf die Lateinschule gar nicht. Noch gegen Ende des Jahrhunderts meinte ein John Locke, eine private Erziehung sei die für Mädchen einzig denkbare Erziehung. Die Dichterin Anne Bradstreet wußte genau, daß sie mit ihrer Tätigkeit gegen das weibliche Rollenverständnis der Zeit verstieß, ließ sich davon aber nicht abschrekken und weigerte sich, die Schreibfeder mit der Nähnadel zu vertauschen.

Harvard war Männersache. 1636, sechs Jahre nach Ankunft der Puritaner, wurde dieses College vom *General Court* von Massachusetts autorisiert, zwei Jahre später erhielt die Einrichtung den Namen ihres Hauptmäzens John Harvard, der die Hälfte seines Vermögens gegeben hatte, um die Gründung zu ermöglichen.[5] Kleinere Spender und das Commonwealth finanzierten den Rest. Harvard war nicht die erste Universität in Amerika. Bereits 1551 war in Mexiko eine Hochschule errichtet worden, eine andere vorher schon, 1538, auf dem Gebiet der jetzigen Dominikanischen Republik. Ein Jahr vor Harvard hatte in Quebec das *Collège des Jésuites* aufgemacht.

Zulassungsvoraussetzung für Harvard war Latein und Griechisch. Ein Studienanfänger mußte einen lateinischen Klassiker lesen, lateinische Gedichte und Prosa frei vortragen, griechische Vokabeln beugen und konjugieren können. Die Studenten lebten in Schlafhäusern. Vor allem jüngere Studenten wurden noch geschlagen. Der Unterricht begann morgens um acht. Im ersten Jahr standen Logik, Physik, griechische Grammatik und Hebräisch auf dem Stundenplan, im zweiten Ethik, Politik, griechische Poetik, Botanik, Chaldäisch und Aramäisch. Eines der vorrangigen Ausbildungsziele bestand darin, die Bibel in den Ursprachen lesen zu können. Die ersten Harvardstudenten übersetzten Stellen aus dem Alten Testament vom Hebräischen ins Griechische. Im dritten Jahr kam Syrisch hinzu, Arithmetik, Geometrie, später noch Astronomie, und immerzu Bibelkunde, Katechetik und Rhetorik. Die von den Lehrstühlen Harvards und auch Yales bis ins 18. Jahrhundert vertretene Lehre läßt sich als eine Kombination aus protestantischer Theologie und antiker Morallehre beschreiben. »Liberali liberaliter instituendi« sei das Bildungsziel Harvards, erklärte der Tutor William Brattle 1689, was frei übersetzt heißt, daß Gentlemen auch als solche erzogen werden sollen. In der Logik stützte man sich auf die Dichotomien des Petrus Ramus.

Trotz des Gewichts auf den alten Sprachen konnten Studenten sich nicht lateinisch miteinander unterhalten. Latein ist in Amerika nie Umgangssprache geworden. Hochgespannte Ideale und nüchterne Praxis scheinen ein Stück weit auseinandergelegen zu haben. Eine Gruppe von Holländern, die im Jahr 1680 ins neuenglische Cambridge kam, suchte erwartungsvoll das College auf. Man fand ein paar Studenten vor, die herumsaßen und rauchten. Einen Professor gäbe es zur Zeit keinen, aus Geldmangel, sagten die Studiker, und das College habe nicht mehr als zehn oder zwölf Immatrikulierte. Lateinisch sprach keiner, die Verständigung war schwierig.[6]

1642 machte der erste Harvardjahrgang Examen. 1656 wurde der Universität ein *Indian College* angegliedert. Der erste Präsident, Harry Dunster, wollte Indianer ursprünglich in deren eigener Sprache unterrichten lassen, was auf den Widerstand der Bostoner Gemeinde stieß. Deshalb erfolgte die Unterweisung in Englisch, Latein und Griechisch. Auch am College zu Henrico in Virginia sollten die Urbewohner mit Latein und Griechisch aus der Barbarei herausgeführt werden. In Harvard mußte ein Indianer, der seinen Bachelor of Arts wollte, in antiken Sprachen dichten können. Die Zahl der Absolventen blieb ungenannt, aber der Name des ersten Indianers, der Harvard absolvierte, ist überliefert: Caleb Chaesahteaumuk; er stammte aus Martha's Vineyard und stellte bei seiner Prüfung 1665 unter Beweis, daß er Englisch, Latein und Griechisch lesen und schreiben und eine bewegende Abschiedsrede halten konnte. Ein Jahr nach seinem Examen starb er. Harvards *Indian College* wurde wahrscheinlich noch vor 1670 in eine Druckerei umgewidmet und noch vor der Wende zum 18. Jahrhundert abgerissen.

Amerikanische Indianer haben in der Kolonialzeit Briefe, Predigten und Tagebücher in englischer Sprache geschrieben und zum Teil auch veröffentlicht. Die Kenntnis des Englischen kam Indianern bei verschiedenen Gelegenheiten zupaß. Ein Indianer, der im Schuldgefängnis einsaß, richtete 1678 eine Petition in englischer Sprache an den König von England. Etwa zur selben Zeit schrieben Indianer, die einige Siedlerfrauen entführt hatten, darunter eine Mrs. Rowlandson, eine Art Erpresserbrief an die Angehörigen. Den Frauen ginge es gut, hieß es da, ein Kind sei allerdings gestorben. Es folgte die Forderung: »Brother Rowland, prey send thre pound of tobacco for me.«[7]

Pläne für ein College in Virginia hatte 1618 schon James I. gehegt; sie wurden durch den Bankrott der Virginia Company 1624 hinfällig. 1693 kam es mit dem *William & Mary College* zur zweiten Universitätsgründung in den britischen Kolonien. Die Gründung erfolgte entgegen dem Widerstand des britischen Kronanwalts Seymour, der die Notwendigkeit einer Hochschule für die Kolonisten partout nicht einsehen wollte. William & Mary wurde zur Ausbildungsstätte virginischer Artistokraten. Die ersten Absolventen wurden 1699 entlassen. Die südlichen Kolonien haben sich in der Erziehung zwar enger an britische Vorbilder gehalten als Neuengland.[8] Trotzdem sind gerade von William & Mary eine Reihe prominenter Rebellen gegen britische Zustände und das Königshaus abgegangen.

Als dritte Universität der britischen Kolonien wurde 1701 Yale in Connecticut gegründet. Yale diente den wohlhabenden Ständen New Havens als höhere Bildungsstätte und sollte ein Gegengewicht gegen Harvard darstellen, dessen wachsender »Liberalisierung« einige Herren nicht mehr tatenlos zusehen wollten.

In Neuenglands erster Generation kam ein Akademiker auf vierzig Familien. Allerdings kehrten viele von ihnen nach England zurück, vor allem solche, die dort vorher schon prestigeträchtige Positionen innegehabt hatten, die sie nach 1640 wieder einnehmen sollten. Für sie war Amerika nur ein befristetes Asyl gewesen. Es blieb, wer sich gut verheiratet hatte und gesellschaftlichen Aufstieg erwarten konnte, es kehrte heim, wer sich in England guter Beziehungen erfreute. Harvardstudenten, die im 17. Jahrhundert an englischen Universitäten weiterstudierten, neigten ebenfalls dazu, in England Fuß zu fassen und nicht mehr in die Kolonien zurückzukehren.[9]

Die Abhängigkeit von England in Bildungsfragen haben Kolonisten wie Thomas Lechford und John Winthrop als bedauerlich und lästig empfunden. Die Schulgesetze wurden von zahlreichen Townships in Massachusetts schamlos mißachtet. In Virginia konnten um 1650 nur die Hälfte der Männer ihren Namen schreiben, ähnlich stand es in Maryland. Die Orthographie hatte man zwar im 17. Jahrhundert nicht so streng gehandhabt wie heutzutage, doch selbst wenn man das in Rechnung stellt, stößt man auf haarsträubende Schreibweisen.[10]

Neuengland hat nach Meinung eines Fachhistorikers nichts hinterlassen, was man zur Klassik zählen könnte, immerhin aber drei bedeutende Einrichtungen geschaffen: die kongregationalistische Kirchenform, das College und die Public School. Die Qualität der Bildungseinrichtungen allerdings war bis ins 18. Jahrhundert hinein international nicht konkurrenzfähig. Einem deutschen Hebraisten, der in Harvard lehren wollte, wurde ehrlicherweise davon abgeraten, sich unter sein Niveau zu begeben.[11] Gebildete Puritaner wie Cotton Mather haben von Zeit zu Zeit unter der intellektuellen Dürre Neuenglands gelitten. Wer sich bei der Ankunft als »scholar« gefühlt hatte, fühlte sich bald abgeschnitten vom europäischen Geistesleben.

Naturwissenschaft und Aberglaube

John Banister erfaßte und beschrieb Fauna und Flora Virginias. Der Geistliche John Clayton sammelte dreihundert indianische Heilkräuter. Um 1620 glaubte man in den südlichen Kolonien, Vieh und Pferde wüchsen dort größer heran als in Europa. Manche meinten, auf demselben Breitengrad rund um den Globus fände man die gleichen Pflanzen. Botanik und Zoologie waren noch stark vom Aberglauben bestimmt, das gilt für Cotton Mather in seinen *Wonders of the Invisible World* (1693) oder für andere Autoren, die »Natural History« schrieben. In Harvard dachten Lehrer und Schüler gemeinsam über die Frage nach, ob sich ein Schatten bewegt, ob der Sternenhimmel aus Feuer ist oder ob sich aus Steinen Gold gewinnen läßt.

In England und in den Kolonien des 17. Jahrhunderts war die Ansicht, daß manche Wespenarten aus faulem Obst entstehen, durchaus gesellschaftsfähig, ebenso, daß der Salamander feuerresistent ist und der Hase alljährlich sein

Geschlecht ändert. Das Hinterteil von Biber und Otter wurde den Fischen zugezählt. Tauben werden auf einem anderen Planeten geboren, versicherte Cotton Mather, und in Harvard war zu hören, daß Vögel auf dem Mond überwintern, doch hierzu gab es abweichende Lehrmeinungen. Holländische Siedler um Albany wollten beobachtet haben, daß Schwalben in Felslöchern über den Winter kommen, wogegen die Schweden in Delaware, einem Bericht von Per Kalm zufolge, noch bis 1800 davon ausgingen, daß die Überwinterung der Schwalben auf dem Meeresboden stattfindet. Edward Eggleston schrieb, zu jener Zeit seien naturwissenschaftliche Theorien eben nicht ob ihres wissenschaftlichen sondern ihres poetischen Gehalts geglaubt worden.[12]

Die neue astronomische Wissenschaft wurde in Neuengland schnell akzeptiert. John Winthrop Jr., der nebenbei Chemie betrieb, ließ Fernrohre importieren. Auch andere Puritaner zeigten sich aufgeschlossen gegenüber Kosmologie und Astrologie. Wohl blieb das 17. Jahrhundert geozentrisch orientiert, doch eine gewisse Toleranz gegenüber neuen Systemen ließ sich erkennen. Pfarrer John Davenport aus dem puritanischen New Haven sagte 1659 mit einigem Gleichmut über einen Havardgelehrten, der das kopernikanische System dargestellt hatte, man solle ihn ruhig gewähren lassen. Als William Harvey in Europa seine Theorie des Blutkreislaufs vorstellte, wurde er für verrückt gehalten. Doch in Harvard wurde seine Theorie 1660 in einer Magisterarbeit vertreten, wenngleich bis zum Ende des Jahrhunderts nicht jedermann daran glauben wollte.[13]

1683 konstituierte sich in Boston eine wissenschaftliche Gesellschaft ähnlich der Royal Society in London. Freilich hielt sich die naturwissenschaftliche Aufklärung in Grenzen. Naturkatastrophen, Kometen, der Tod eines Kindes wurden nach wie vor als direkter Wille Gottes interpretiert. Die Beziehung zwischen Rechtgläubigkeit und wissenschaftlicher Erkenntnis schilderte Increase Mather in einer *Kometographia* (1683). Die Verantwortung für die Erklärung der Welt lag weiterhin bei der Geistlichkeit. 1679 fand in Boston eine Synode statt, auf der geklärt werden sollte, warum Neuengland in so großem Maße von indianischen Überfällen, Schiffbrüchen und Epidemien heimgesucht wurde. Der gläubige Siedler neigte dazu, Unbilden der Natur als Antwort auf eigenes Fehlverhalten zu interpretieren. Außergewöhnliche Ereignisse wie Erdbeben wurden rasch als moralische Lektion begriffen, ohne sich mit möglichen physikalischen Ursachen lange abzugeben.[14] Eine ungnädige Natur und ein ungnädiger Gott, das war ein und dasselbe, eine Periode der Trockenheit die Folge sündhaften Lebens. Michael Wigglesworth gab ganz Neuengland die Schuld: »So muß denn Eure Weltlichkeit bestraft werden.« In England dachte man da nicht viel anders. Als der Sohn eines Edelmanns mit einem Hundsgesicht auf die Welt kam, glaubte der Vater, dies sei die Strafe dafür, daß er am Sonntag zur Jagd gegangen war. Nach der Explosion eines Schiffes im Hafen von Boston sah man feurige Gestalten übers Wasser laufen; das konnten nur Teufel sein. 1654 landete ein Schiff in Maryland, das zwei Monate lang durch Sturm gelaufen war, bis man eine alte Frau als Hexe entlarven konnte. Sie wurde »out of hand« gehängt und samt ihren Habseligkeiten über Bord geworfen. In England kannte man den Brauch, Hexen schwimmen zu lassen. Einer vermeintlichen Hexe wurden Zehen und Daumen kreuzweise aneinandergebunden, dann warf man sie ins Wasser, um zu sehen, ob sie schwimmt. In Amerika läßt sich eine Entwicklung von der abergläubisch bestimmten Unmenschlichkeit zum »practical joke« erkennen. Da sieht man dann den Kopf eines Mannes im Wasser schwimmen und dahinter zieht ein weißer Katzenschwanz durch die Fluten. Amerikanische Teufel, schrieb Eggleston, entwickelten einen ganz undiabolischen Sinn für Humor. Samuel Sewall vermerkt augenzwinkernd in seinem Tagebuch, daß die Häuser von Geistlichen überproportional vom Blitz getroffen würden.[15]

In der ersten Zeit wurden Amputationen ohne antiseptische Mittel und ohne Narkose durchgeführt. Eine gewisse Betäubung erzielte man durch Alkoholisierung des Patienten. Medizinische Versorgung war den Umständen gemäß eine Sache für Laien. John Smith berichtet, er habe selbst oft genug den Arzt gespielt und zum Beispiel die schweren Brandwunden eines Indianers behandelt. Hebammen hatten ebenfalls medizinische Kenntnisse, und einige Frauen schufen sich als Doktorinnen in Virginia und Massachusetts ein berufliches Reservat. In seinen *Ornaments for the Daughters of Zion* (1691) schrieb Cotton Mather, die »chirurgery« sei ein der Frau angemessenes Studium. Mather veranlaßte nach einer Windpockenepidemie im Jahr 1721 zusammen mit dem Arzt Dr. Zabiel Boylston vorbeugende Impfungen. Auf die Impfstellen wurden zur Heilung warme Kohlblätter gelegt.[16]

Traditionell war in England die Berührung durch den König als heilsam angesehen. Diese Kur stand Kolonisten nicht mehr ohne weiteres offen. In Massachusetts kam ein Mann, der an Magengeschwüren litt, beim Gouverneur um Genehmigung ein, Geld zu sammeln, damit er nach England reisen konnte, um dort des »royal touch« teilhaftig zu werden.[17]

Die Heilkunde der Zeit ging von der Voraussetzung aus, daß alle Dinge ihre »Signatur« hatten: Form und Beschaffenheit eines Objekts sagten etwas über seine Wirksamkeit aus. So war die Baumrinde gut gegen Falten und nierenförmige Bohnen gut gegen Nierenleiden. Nach dem medizinischen Erkenntnisniveau zu Beginn des 17. Jahrhunderts bestand der Körper aus Feuer, Wasser, Luft und Erde. Diese Elemente ließen sich auf achtzigtausendfache Weise miteinander mischen. Aderlaß war verbreitet, auch bei Kleinkindern und Greisen, um üble »humors« abzuleiten. Winthrop stellte einen psychosomatischen Bezug her: diejenigen Siedler, die Heimweh nach England haben, werden am ehesten von Skorbut befallen und sterben. Krankheit und Seuchen standen für die Zeitgenossen in engem Zusammenhang mit dem Wort Gottes oder dessen Übertretung. Epidemien wurden auf Volkszählungen zurückgeführt, denn Volkszählungen waren nicht im Sinne der Bibel. Der Gouverneur von New York wußte das Problem zu umgehen, indem er 1712 die Freemen, die nicht der Miliz angehörten, sowie Frauen und Kinder separat zählte, die Angehörigen der Miliz addierte und die unfreien *Bondsmen* wahrscheinlich aus den Steuerlisten erfaßte. Noch nach der Revolution wurde eine Gelbfieberepidemie in Pennsylvania mit der ersten amtlichen Volkszählung der USA in Verbindung gebracht.[18]

Buchkultur und Geschichtsschreibung

Ein Bewohner von Jamestown nahm sich 1619 vor, »mich um meine eigenen Sachen zu kümmern und neben meiner Feder immer ein paar gute Bücher parat zu haben, da sie einem in der Einsamkeit die beste und erlesenste Gesellschaft leisten«. Viele führten ihr Lesematerial im Gepäck mit, als sie von Europa herüberkamen. John Winthrop nannte um 1640 über tausend Bücher sein eigen. Der erste Buchladen machte in Boston 1642 auf, und bis zur Jahrhundertwende gab es mindestens sieben Buchhändler am Ort. Aber ehe das 17. Jahrhundert zu Ende ging, klagte ein Autor: »An zu vielen Orten werden Punchbowle und Tabakbar als bessere Gesellschaft erachtet, denn eine gute Bücherei.«[19]

Die Kolonisten lasen an erster Stelle theologische Werke, Calvin, Ramus, William Ames, gefolgt von historischen, biographischen und religionsgeschichtlichen Werken wie Camdens *Britannia,* Raleighs *History of the World* oder Burnets *History of the Reformation.* Die *Acts and Monuments* des John Foxe, das sogenannte *Book of Martyrs,* hielt den Antikatholizismus aufrecht. Shakespeare, der seine großen Dramen erst nach dem Tod von Elizabeth geschrieben hatte, wurde fast vollständig ignoriert. Shakespeare nahm stärker Notiz von den Kolonisten als die Kolonisten von ihm. Als das Flaggschiff einer virginischen Expedition vor Bermuda unterging, ließ Shakespeare sich davon zu dem Schauspiel *The Tempest* inspirieren (1609/10). Für das ganze 17. Jahrhundert ist in den Kolonien nur ein einsames Shakespeare-Exemplar nachzuweisen, eine Macbeth-Ausgabe von 1673, die 1699 in Virginia in einem Nachlaßverzeichnis auftauchte.[20]

Englische Buchhändler belieferten die Kolonien mit Lesestoff. Einige der Bestellisten sind erhalten geblieben. Aus London wurden erwiesenermaßen vulgärmedizinische, erotische und pornographische Werke nach Neuengland verschifft. Begehrte Titel waren *The Crafty Whore* oder *Venus in the Cloister.* Das antiklerikale Element in vielen dieser Schriften kann als Entschuldigung für naheliegendere Interessen gedient haben. Das »erste amerikanische Buch in englischer Sprache« kam 1588 heraus, *A brief and true report of the new found land of Virginia* von Thomas Hariot, einem Gelehrten aus Oxford, der an der Expedition nach Roanoke Island teilgenommen hatte und nun seine Beobachtungen der Öffentlichkeit unterbreitete. In Jamestown arbeitete 1622 der Dichter

George Sandys an einer vielgerühmten Übersetzung von Ovids Metamorphosen. Als erstes Buch mit original englischer Dichtung, die in Amerika geschrieben wurde, gelten die *Quodlibets* (1628) des Robert Hayman. Um dieselbe Zeit allerdings verfaßte Thomas Morton, der den Mount Wollaston zum Mißvergnügen der Pilgerväter in Merry Mount umgetauft hatte, bukolische Verse, die er zur Empörung von William Bradford an einen Maibaum heftete.[21]

Das nach der Bibel verbreitetste und meistgelesene Buch kann das lange Gedicht *The Day of Doom* (1662) des Geistlichen Michael Wigglesworth gewesen sein. Es erlebte zahlreiche Auflagen, wurde unter anderem auch auf »Broadsides« gedruckt und ist bis ins 19. Jahrhundert hinein auswendig gelernt worden. 1640 wurde von John Eliot, Richard Mather und Thomas Weld das *Bay Psalm Book* zusammengestellt. Es enthielt die Psalter in englischem Versmaß, ab 1698 wurden die Texte mit Noten versehen. Das *Psalm Book* ist im kolonialen Amerika siebzigmal neu aufgelegt worden. Es ist das erste in Amerika gedruckte Buch; von den 1700 Exemplaren der Originalausgabe sind noch elf erhalten.

Breiten Raum in der Buchproduktion nahmen die in Buchform ausgetragenen Kontroversen politischer und theologischer Art ein: die Auseinandersetzung zwischen John Childe und Edward Winslow über Grundsätze der neuenglischen *polity* oder der Disput zwischen Thomas Thorowgood und Hamon L'Estrange, ob die Indianer Juden seien, oder der Streit zwischen George Fox und Roger Williams um die religiösen Vorstellungen der Quäker oder die Fehde zwischen John Cotton und Roger Williams wegen Nuancen der Gewissensfreiheit.[22]

Rund achtzig Prozent aller Buchveröffentlichungen stammten von Geistlichen. John Davenport hatte sich 1630 einen Anteil an der Massachusetts Bay Company gesichert, 1637 ging er selbst nach Neuengland und kehrte bereits ein Jahr später Boston den Rücken, um zusammen mit Theophilus Eaton die New Haven Colony zu gründen. Er unternahm den ersten Versuch, die Grundsätze der neuenglischen Kirchenlehre zu systematisieren (*An Answer of the Elders,* 1643). Seine Schriften hatten doktrinären Charakter und verteidigten die oligarchische Struktur des Kirchenregiments. Richard Mather, der Stammvater der neuenglischen Mather-Dynastie, war 1635 in Massachusetts eingetroffen, nachdem man ihm in England sein geistliches Amt entzogen hatte. In *Church-Government and Church-Covenant discussed* (1643) beschrieb er den Kongregationalismus. Richard Mather gilt als der Hauptverfasser der grundlegenden *Cambridge Platform* von 1648. Der 1662 eingeführte »half-way covenant« geht mit auf seine Initiative zurück.

Als unverzichtbar zum Verständnis der Praxis des neuenglischen Kongregationalismus wurde der posthum erschienene *Survey of the Summe of Church Discipline* (1648) von Thomas Hooker hervorgehoben. Hooker, Pastor der Kirche zu Hartford in Connecticut, legte besonderen Wert auf den »skill«, dessen es bedurfte, Kirchenpolitik zu treiben, und er erläuterte die mystische Qualität der »invisible church«, die sich der Sinneswahrnehmung entzog. Überragend war der

Einfluß von John Cotton (*The Way of the Churches of Christ in New England*, 1645; *Milk for Babes*, 1646; *The Way of Congregational Churches Cleared*, 1648). Weniger einflußreich und weniger angesehen als Theologe war John Eliot. Sein Feld war die Missionsarbeit. Er kompilierte einen *Indian Primer* (1669) zum Gebrauch für die Ureinwohner. In der Praxis erschien er milder und toleranter als viele seiner Glaubensbrüder, aber in seinen Büchern vertrat er eine recht harte und fundamentalistische Orthodoxie. Der Kulturhistoriker V. L. Parrington meinte, aus Eliots *The Christian Commonwealth* (1659) springe einem die nackte Theokratie so kompromißlos entgegen wie nirgendwo sonst.

Was die orthodoxe Lehre war, sollte in Hunderten von Schriften geklärt werden und blieb am Ende doch offen. Unstrittig blieb der Primat der Bibel, deren Wahrheit der Mensch mit Hilfe göttlicher Vernunft zu erkennen vermag. Die mit Vernunft gelesene Heilige Schrift stellte alle anderen Bücher in den Schatten. Der kongregationalistische Geistliche John Norton, Verfasser von *The Orthodox Evangelist* (1654), sagte lapidar: »Wir können Calvins Autorität mit Vernunft entgegentreten.«[23]

Die frühen Siedler sind ihre eigenen Historiker gewesen. John Smith lieferte mit seiner *True Relation* (1608) einen Bericht über die erste permanente Siedlung in Britisch-Amerika[24]. *A Map of Virginia* (1612) gab Auskunft über die Beschaffenheit des Landes und das Leben der Indianer. In der *Generale Historie of Virginia, New-England, and the Summer Islands* (1624) wiederholte und erweiterte er seine Schilderungen und fügte eine detaillierte Karte bei. In seiner *History of Plymouth Plantation* für die Jahre 1620 bis 1646 legte William Bradford Zeugnis ab von den Motiven und Vorstellungen der Pilgerväter, vom englischen Hintergrund der separatistischen Bewegung, von den wirtschaftlichen Schwierigkeiten, den Beziehungen zu anderen Kolonien und zur indianischen Bevölkerung, von internen Zwistigkeiten und dem Alltagsleben in der kolonialen Frühzeit. Bradfords Werk wurde 1856 erstmals veröffentlicht.

In Massachusetts führte John Winthrop von 1630 bis zu seinem Tod ein genaues Tagebuch. Dieses *Journal* war bis zur Veröffentlichung im Jahr 1790 nur als Manuskript zugänglich. Winthrop führte Buch über die Ereignisse in der Kolonie, über private und öffentliche Geschehnisse, seien es Vorgänge in seiner Familie, die Verbannung von Roger Williams oder der Kampf gegen den Arminianismus. Kleine und große Ereignisse wurden mit gleicher Sorgfalt aufgezeichnet, denn alles, was geschah, war Ausdruck des göttlichen Willens, insofern repräsentierte Winthrop die puritanische Geschichtsauffassung recht gut.

Als der neuenglischen Puritaner erster Historiker im eigentlichen Sinn gilt Edward Johnson. Seine *History of New England* (1653) ist besser unter dem Titel *Wonder-Working Providence* bekannt. Der große Anspruch, den Amerika fürderhin stellte, ist bei ihm schon deutlich zu erkennen: »Wisset, daß dies der Ort ist, da der Herr einen neuen Himmel und eine neue Erde schaffen wird.«[25]

Cotton Mathers *Magnalia Christi Americana* (1702) trug den Untertitel *The Ecclesiastical History of New-England* und erstreckte sich über die Jahre 1620 bis 1698. Mather hat darin die Pioniergeschichte der kongregationalistischen Kirche festgehalten samt den Biographien bedeutender Puritaner, angereichert mit Wundererzählungen und durchsetzt mit den typischen Jeremiaden, den klagseligen Einlassungen über die Schlechtigkeit des Menschen, die Sündhaftigkeit der Zeit und das bevorstehende Ende der Welt. Mather war ein äußerst gebildeter Mann, der sich gern in alten Schriften verlor, der aber ebenso temperamentvoll, frech und sarkastisch sein konnte. Sein Vater Increase Mather war seit 1685 Präsident von Harvard. Der Sohn konnte nicht sein Nachfolger werden, sympathisierte deshalb mit Yale und leitete seine Produktivität in andere Richtungen. Insgesamt hat er 500 Schriften veröffentlicht. Manchmal erinnert er an die Sottise des Cervantes, wonach es Autoren gibt, »die Bücher schreiben und unter die Leute werfen, als wären es Fastnachtskrapfen«. Die *Magnalia* gelten als Mathers bedeutendstes Werk. Allerdings hat er als historischer Schriftsteller nie das Niveau spanischer Kollegen der Zeit erreicht, eines Carlos de Sigüenza oder eines Pedro Peralta.

Das Tagebuch von Samuel Sewall reicht von 1674–1729 mit einer wahrscheinlich durch Manuskriptverlust verursachten Lücke zwischen 1677–1685. Sewall war Kaufmann, Drucker, Magistrat und Richter. Ungezählte Historiker haben aus dieser persönlichen Chronik geschöpft, die Aufschluß gibt über triviale Dinge des Alltags, über Sewalls Eß- und Trinkgewohnheiten, seine Finanzen und seine vergeblichen Versuche, an vermögende Witwen heranzukommen. Das *Diary* enthält aber auch wertvolle Kommentare über berühmte Zeitgenossen und philosophisch-theologische Betrachtungen zur geistigen Stimmung der Zeit. In den südlichen Kolonien stößt man wesentlich seltener auf persönliche Enthüllungen dieser Art.[26]

Der Grund, warum Puritaner so eifrig der Geschichtsschreibung frönten, lag wohl darin, daß sie der festen Überzeugung waren, in einer ganz besonderen Zeit zu leben. Geschichte wurde von ihnen zwar begriffen als eine Wiederkehr des ewig Gleichen. Trotzdem hoben sich ihrer Meinung nach einige Zeitalter von anderen ab, und zwar solche, in denen Gott seine Macht deutlicher zeigte als in anderen. Also lag es nahe, diese bedeutenden Ereignisse schriftlich festzuhalten.

Ein eigenes Genre ist die koloniale *promotional literature.* Reiseberichte, geographische Beschreibungen, Balladen und gezielte Pamphlete verfolgten den Zweck, Siedler in die Kolonien zu locken. In einer »news ballad« aus dem Jahre 1610 hieß es:

Let England know our willingnesse
for that our work is good,
Wee hope to plant a Nation,
Where none before hath stood.

Das oben zitierte Buch von Thomas Hariot aus dem Jahre 1588 kann zur *promotional literature* gerechnet werden, ebenso Schriften von John Smith, der in seiner *Description of New England* (1616) auf die natürlichen Reserven des Landes verwies, um Siedler anzuziehen. Francis Higginson, ein Teacher der ersten Puritanergeneration in Salem, sang ein Loblied auf das neuenglische Klima: Die extrem klare und trockene Luft sei gut gegen Erkältungen, Melancholie, Phlegma und Rheumatismus.[27] Higginson, 44 Jahre alt, erlag im Erscheinungsjahr seines Buches einem Fieber.

William Penn hatte zur Besiedlung seiner Eigentumskolonie wahrhafte Reklametexte entworfen, in denen er alles pries, von der würzigen Luft über die Schiffbarkeit der Flüsse bis zur Höhe der Löhne. Gottfried Duden und andere haben im Deutschland des 19. Jahrhunderts diese Tradition fortgeführt, allerdings auch eine Gegenliteratur auf den Plan gerufen, in der die Neue Welt nicht in den schillerndsten, sondern in den scheußlichsten Farben gemalt wurde.

Die erste Druckpresse in Massachusetts wurde 1639 aufgestellt, in Maryland 1685, in Virginia 1730. Stephen Daye produzierte 1639 in Cambridge die erste Druckschrift, eine »Broadside« mit dem Titel »Oath of a Free-man«. 1640 druckte er das *Bay Psalm Book*. Ganz Nordamerika blieb im 17. Jahrhundert ohne Zeitung, sieht man von dem 1690 erstmals von Benjamin Harris herausgegebenen Blatt *Publick Occurences, both Foreign and Domestic* ab, das von den Behörden prompt unterdrückt wurde. Als eine Art Nachrichtenmedium fungierten höchstens noch die Almanache, deren erster, der *Danforth Almanac,* seit 1646 erschien. Die Erscheinungsweise war jährlich, der Beginn lag im März.

Die Qualität der puritanischen oder überhaupt der kolonialen Buchproduktion wurde im 20. Jahrhundert eher skeptisch beurteilt. Charles Francis Adams fand in den Schriften der Puritaner kaum etwas von literarischem Wert. Später meinte Samuel Eliot Morison, das Neuengland des 17. Jahrhunderts habe keine »lasting books« hinterlassen. Das Schrifttum dieser Zeit erweckte das Interesse der Historiker, von zeitloser Qualität ist es nicht. In die Weltliteratur werden vielleicht nur ein paar Gedichte von Edward Taylor eingehen.

VII. Kapitel

ÄSTHETISCHE ANFÄNGE

Sprache und Sprachstil

Die englische Sprache mußte erheblich erweitert und verändert werden, um in einer neuen Umwelt gebrauchsfähig zu bleiben. Kolonisierung und Handelsimperialismus haben zur Entwicklung eines modernen Englisch beigetragen. Ein Indianerhäuptling konnte in der Muttersprache nur als *king* bezeichnet werden, die Abstufungen gingen verloren. Und so übernahmen die Kolonisten diverse indianische Rangstufen wie *werowance, sachem* oder *sagamore.* Neue Objekte, neue Tätigkeiten, neue Erfahrungen verlangten nach sprachlicher Umsetzung, für die das Inselenglisch nur bedingt tauglich war. Unbekannte Objekte in der Natur konnten einmal durch bloße Beschreibung sprachlich identifiziert werden: *bluebird, mockingbird, catbird, black bear, flying squirrel, canvas-back duck.* Eine andere Möglichkeit bestand darin, sich bei der Namensgebung an Bekanntes anzulehnen. Auf diese Weise wurde aus dem *bison* ein *buffalo,* aus dem *puma* ein *panther,* aus dem Mais das *Indian corn,* woher sich wohl der *Indian summer* herleitete, die Zeit der Maisernte. *Turkey,* ein Synonym für fremd oder heidnisch, ist zur Bezeichnung für den Truthahn geworden.[1]

Die agglutinierende Sprache der Indianer eignete sich kaum für eine unversehrte Übernahme durch Europäer. Einzelne Wörter mußten drastisch gekürzt werden. So entstand *hominy* aus *ustatahamen; chinkapin* aus *chechinquamen; wampum* oder *peak* aus *wampumpeak.* Halb verwundert, halb belustigt hat Cotton Mather von einigen überlangen Vokabeln der Indianersprache Notiz genommen wie zum Beispiel *nunmachtekodtantamoonganunnonash* oder *kummogkodonattoottummooetiteaongannunnonash.*[2]

Einflüsse aus afrikanischen Sprachen sind spärlich geblieben. Dagegen wurde in lateinischer Sprache mehr gedichtet und geschrieben als lange Zeit angenommen.[3]

Einen »plain style« forderten die Puritaner; in Stilfragen wollten sie asketisch sein. Die barocke Kunst der katholischen Gegenreformation erschien ihnen als ein Auftrumpfen mit Pomp, wo Wahrheit und Gerechtigkeit schon lange abhanden gekommen waren. Historiker und Geistliche, beide oft in Personalunion, strebten einen klaren, durchsichtigen Stil an und keine »bemühte Putzigkeit im Ausdruck«, wie einer von ihnen verächtlich sagte. Wie in der Liturgie, im Gottesdienst, in den religiösen Verehrungsformen wollte man auch im literarischen Stil zu einfachen, reinen Formen ohne Schwulst und Schnörkel zurückkehren. So frugal wie die Lebensweise hatte idealerweise die Schreibweise auszufallen. Der englische Theologe William Ames erklärte in einem auch in Harvard und Yale vielbenutzten Lehrbuch: »Ich glaube nicht, daß ich mit zwei Worten sagen sollte, was man mit einem sagen kann.«[4]

John Cotton hielt in England noch kunstvolle Predigten, in Neuengland wurde sein Predigtstil »plain, honest« und enthielt nichts Blumiges mehr. Lateinische Zitate im Übermaß waren verpönt. Vorrangig war die Ordnung der natürlichen Dinge, so wie sie als Spiegelung göttlichen Geistes tatsächlich in der Welt existierten. Physische Schönheit freilich konnte den Menschen von der göttlichen Wahrheit ablenken. Auf ein Gefühl für das Erhabene in der Natur stößt man in der kolonialen Literatur nur selten. Auch ein John Smith nannte die Wildnis nur »ungeschlacht« und vermochte ihr kaum Reize abzugewinnen.[5]

Als Vorbild diente Puritanern der biblische Stil. Metaphern und Vergleiche wurden funktional aufgefaßt, sie sollten Hörer und Leser für Gottes Wort gewinnen. Eine hohe Kunst gab es im Puritanismus deshalb nicht, meinte ein späterer Interpret, weil mit Ausnahme des Abendmahls ein Symbolismus in der Religion verboten war. Puritaner lehnten die Dichtkunst nicht in Bausch und Bogen ab, sahen aber die Gefahr der Verführung durch ihre Zauberkraft. Deshalb durfte Poesie niemals *zu schön* sein. Gottes Werke bedurften nicht menschlicher Verschönerungsarbeiten. »God's altar needs not our pollishings«, hieß es im Vorwort zum *Bay Psalm Book*. Das konnte eine Ausrede für die recht hölzernen Verse gewesen sein, aber wahrscheinlich war es mehr als das, denn man begegnet in den zeitgenössischen Quellen einer Reihe gleichläufiger Äußerungen. Dichten ja, aber mit der gebotenen Zurückhaltung; Cotton Mather wandte sich an Theologiestudenten mit den Worten: »... probiert nur ab und zu Eure jungen Flügel aus ... seht zu, ob sie zum Fliegen taugen«, denn ein Leben ganz ohne Poesie konnte auch er sich nicht vorstellen.[6]

Die neuere Forschung ist der Ansicht, mit dem unermüdlich vorgebrachten Zitat »God's altar needs not our pollishings« habe man zu viel hergemacht; durch diese Ermahnung sei der Gebrauch von Bildern und Metaphern keineswegs unterbunden worden. Gerade in »God's altar« ist bereits ein Symbol enthalten. Es sei nicht wahr, daß der Puritaner blind gegenüber allen ästhetischen Genüssen war. Cotton Mather war sich bewußt, daß er sein Werk *Magnalia* mit allerlei Verzierungen ausgestattet, mit edlen Blumen geschmückt hatte, mit Bildern, die dem Schriftsteller ganz unvermeidlich aus der Feder fließen. Die nichtreligiöse Literatur machte zunehmend von gewagten und witzigen Vergleichen Gebrauch. »Zu Pferd warf er einen Schatten, der einem Globus auf einem Zaunpfahl ähnelte«, spottete Sarah Kemble Knight, die reisende Geschäftsfrau aus Boston. Nach der Wiederentdekkung des Dichters Edward Taylor war die These von der Metaphernfeindlichkeit der Puritaner überhaupt nicht mehr zu halten. Taylor sah Zeichen, Analogien, Bilder und Abbilder göttlichen Wesens in der Natur. Literaturwissenschaftler sprechen heute bei Taylor ganz beiläufig vom »Staubkörnchenbild«. Mather hat seine *Magnalia* mit Parallelen und Analogien überfrachtet, um zu zeigen, wie sich aus geschichtlichen Tatsachen eine Allegorie formierte, aus der sich die wunderbaren Werke in Neuengland als in Erfüllung gegangene Prophezeiungen ableiten ließen.[7]

Wie aber vertrug sich die Forderung nach einem »plain style« mit der Dichte der Allegorien in Predigten und Schriften? Im Anschluß an Ramus sollte die Rhetorik keine selbständige Disziplin sein, sondern den Regeln der Logik folgen. Trotzdem war dem Puritaner bewußt, daß der Mensch durch wohlgesetzte Worte zu beeinflussen ist und mit rhetorischen Mitteln dazu gebracht werden kann, gegen seine Natur zu handeln. Es wäre übertrieben zu sagen, daß Puritaner sich im Schein von schönen Worten verloren, aber immerhin haben sie gelegentlich mit Worten gespielt. Pastor John Robinson nannte Dr. William Ames respektlos Dr. Amiss, weil er sich gegen den Separatismus der Pilgerväter ausgesprochen hatte. Cotton Mather verspottete die »Anie-mad-versions« derjenigen Autoren, deren Ansichten er mißbilligte.[8]

Dichtung

Die drei Großen der kolonialen Dichtkunst waren Anne Bradstreet, Michael Wigglesworth und Edward Taylor, allesamt Puritaner. Bradstreets *The Tenth Muse lately sprung up in America* (1650) hat man den ersten bedeutenden Gedichtband in Amerika genannt. In ihrem Gedicht »The Flesh and the Spirit« ist das Fleisch der »nicht wiedergeborene Teil« des Menschen, dem sich der Geist stark überlegen fühlt:

(I) reach at things that are too high,
Beyond thy dull capacity ...
Mine Eye doth pierce the heavens, and see
What is invisible to thee ...
The City where I hope to dwell,
There's none on Earth can parallel ...*

* Ich greife nach Dingen, die zu hoch sind / Sie liegen jenseits deiner geistigen Stumpfheit ... / Meine Augen durchdringen den Himmel, und sehen / Was für dich unsichtbar ist ... / Die Stadt, in der ich wohnen möchte, / Hat auf Erden nicht ihresgleichen ...

Die Abkehr vom Irdischen, die Forderung, den Blick dem Jenseits zuzuwenden, wurde zum konstanten Thema in der puritanischen Dichtung. Auch Wigglesworth reimte einen »Dialogue between the Flesh and the Spirit« zusammen. So unsympathisch die menschenverachtende Grundhaltung in seinem *Day of Doom* (1662) auf

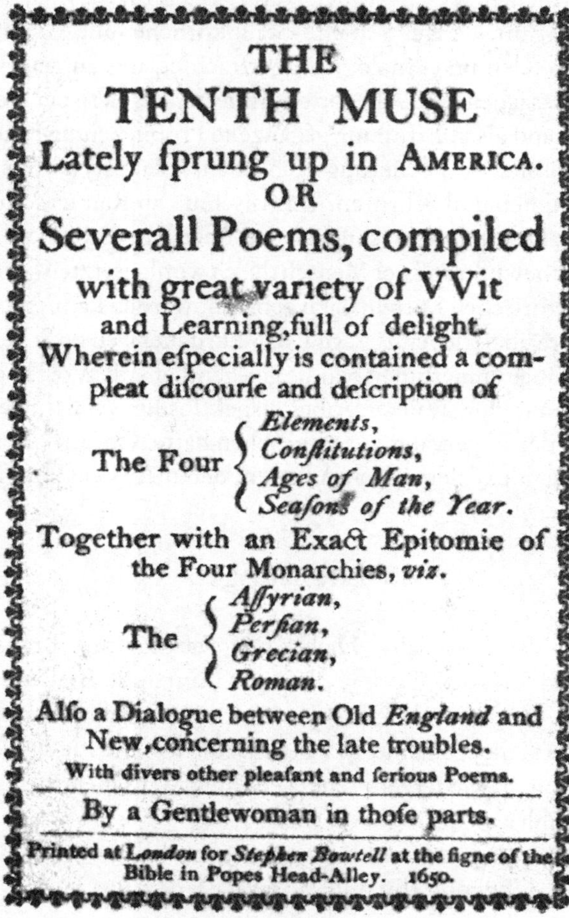

THE
TENTH MUSE
Lately ſprung up in AMERICA.
OR
Severall Poems, compiled
with great variety of VVit
and Learning, full of delight.
Wherein eſpecially is contained a compleat diſcourſe and deſcription of

The Four { *Elements*, *Conſtitutions*, *Ages of Man*, *Seaſons of the Year*.

Together with an Exact Epitomie of the Four Monarchies, *viz.*

The { *Aſſyrian*, *Perſian*, *Grecian*, *Roman*.

Alſo a Dialogue between Old *England* and New, concerning the late troubles.
With divers other pleaſant and ſerious Poems.

By a Gentlewoman in thoſe parts.

Printed at *London* for *Stephen Bowtell* at the ſigne of the Bible in Popes Head-Alley. 1650.

Titelseite eines Gedichtbands aus dem Jahr 1650, den die puritanische Dichterin Anne Bradstreet anonym als »Gentlewoman« veröffentlichte

den modernen Leser wirkt, es wurden doch wichtige Prinzipien der puritanisch-kalvinistischen Dogmatik in Verse gekleidet. Am Jüngsten Tag, drohte der Dichter, würde es den Nichterwählten an den Kragen gehen, den »Heuchlern« und den »Raffgierigen«. Im »Song of Emptiness« erhob er die typische Klage gegen die Hingabe an weltliche Güter:

> And what are Riches to be doted on?
> Uncertain, fickle, and ensnaring things ...
> Ah foolish Man! that sets his heart upon
> Such empty Shadows ...*

Für Wigglesworth war der Mensch »a rolling stone«, ein Schatten von Etwas, besser ein Nichts.

Die Gedichte von Edward Taylor lagerten lange Zeit in der Yale Library und sind erst 1936 der Öffentlichkeit zugänglich gemacht worden. Einige seiner Predigten hat man gar erst 1977 entdeckt. Er zählt heute zu den erstrangigen amerikanischen Dichtern. Seine Bilder sind sogar besonders kühn: »who in this Bowling Alley bowld the Sun?« – wenn die Welt eine Kegelbahn ist, wer hat dann die Sonnenkugel auf ihre Bahn gebracht? Er verwendete gemischte Metaphern und reicherte seine religiösen Themen mit einer starken Alltagsmetaphorik an. Jesus wurde als der »sugar cake« des Himmels vorgestellt oder als Advokat des Menschen vor Gott, der die Grundsätze des *common law* perfekt beherrschte.

In seiner 49. Meditation bat Taylor den Herrn, er möge das verhärtete Menschenherz der Wahrheit öffnen – »Drill through my metall heart a hole« –, und meinte, als Dichter ganz von göttlicher Inspiration abhängig zu sein. Gelegentlich gelang es ihm, aus seiner in Schlechtigkeit befangenen Existenz auszubrechen. Dann fühlte er sich eins mit Gott, verspürte seine Gnade und geriet in eine freudige Ekstase, die nicht in das gewohnte Bild puritanischer Frostigkeit paßt.[9]

Der inspirierte Edward Taylor war eine Ausnahmeerscheinung im kolonialen Nordamerika, aber auch er konnte in seiner literarischen Qualität mit spanischen Dichtern der Zeit wie Bernardo de Valbuena nicht mithalten. Anne Bradstreet erreichte nur ein mittleres Niveau, und das *Bay Psalm Book* ist mit seinen hinkenden Strophen ein besonders abschreckender Beleg für den Mangel an literarischer Qualität.

Die Poesie des Südens im 17. Jahrhundert hält nicht einmal einen Vergleich mit den puritanischen Dichtern aus, weder nach Qualität noch nach Umfang. Dort war die Dichtung eng an englische Vorbilder angelehnt, so eng, daß keine Unterschiede zwischen englischen und amerikanischen Dichtern erkennbar wurden. Erst im 18. Jahrhundert entwickelte sich als Unterscheidungsmerkmal ein humoristischer, launischer, fast satirischer Ton. Eine satirische Prosa gab es im Süden schon im 17. Jahrhundert. Der Humor richtete sich gegen puritanische Siedlungen in Virginia und Maryland und gegen Puritaner in England. George Alsop und John Cotton of Queen's Creek konnten sich auf dem Feld der Satire durchaus mit Nathaniel Ward

---

* Und wozu sollte man in Reichtümer vernarrt sein? / Sich verstricken in unsicheres und wandelbares Zeug ... / Ein Narr, wer sein Herz / An solche leeren Schatten hängt ...

und anderen Autoren im britischen Amerika messen. Alsop legte recht aggressive und mitunter skatologische Züge an den Tag.[10] Charakteristisch für den Süden waren die Balladen, die mit teils tragischer, teils fröhlicher Kunde aus den Kolonien nach England gebracht wurden, zum Beispiel die *Newes from Virginia* des Richard Rich, die schon 1610 in England gedruckt wurden; eine Ballade über das Massaker in Virginia von 1622; die Klage eines Strafgefangenen, der in die Kolonien abgeschoben wurde. Eine Romanliteratur gab es in den britischen Kolonien des 17. Jahrhunderts noch nicht.[11]

Theater

Theater war bei den Puritanern verboten und von jeher ein Streitpunkt mit Anglikanern. Als ein puritanisch gesinnter englischer Autor ein Buch gegen Schauspiele herausbrachte, wurde er von der Star Chamber, der damaligen Zensurbehörde, hart zur Rechenschaft gezogen. Man belegte ihn mit einer hohen Geldstrafe, verurteilte ihn zu »lebenslänglich«, drückte ihm ein Brandmal auf die Stirn, schlitzte ihm die Nase auf und schnitt ihm die Ohren ab.[12] Er hatte sich nämlich der Majestätsbeleidigung schuldig gemacht, weil Königin Elizabeth kurz vorher in einem Schauspiel mitgewirkt hatte.

Die neuenglischen Puritaner votierten gegen das Theater, weil sie nicht dulden wollten, daß Unterhaltung zum Beruf wurde und ein Schauspieler seinen Lebensunterhalt ihrer Ansicht nach aus unproduktiver Arbeit bestritt. Auf einer tieferen Ebene resultierte die Ablehnung aus der Angst vor den eigenen Leidenschaften, die auf der Bühne geweckt werden könnten. »Romanzen und Dramenbücher stacheln nur die Fleischeslust an«, warnte Samuel Willard. Puritaner erkannten sich im Schauspiel wieder und versuchten, mit einem Verbot des Theaters Selbsterkenntnis zu unterbinden.[13]

Die Kolonisten im Süden hatten diese Skrupel nicht. Dort bestand reges Interesse für die Bühne, wenngleich das Theaterspielen im 17. Jahrhundert auf einige Laienspielgruppen beschränkt blieb und es weder berufsmäßige Schauspieler noch Dramatiker gab. Von Shakespeare wurde erst im nächsten Jahrhundert Notiz genommen. Das galt für die gesamten britischen Kolonien in Nordamerika. »Ye Beare and Ye Club« soll das erste Stück gewesen sein, das in Amerika in englischer Sprache aufgeführt wurde (1665). Die Schauspieler wurden vor Gericht gebracht, von der Anklage der »licentiousness« jedoch freigesprochen.[14]

Musik

»Ein fingerfertiger Fiedler zu sein«, schrieb der altenglische Puritaner Owen Feltman, »ist schon fast eine Schande. Es deutet darauf hin, daß er sich um keine bessere Beschäftigung bemüht und viel Zeit mit etwas Unnützem vergeudet habe ... Und verweichlicht in der Tat den Geist. Danach zu trachten, ziemt eher der Frau als dem Manne und eher der Kurtisane als der ehrbaren Frau.« Für die Ablehnung der Musik durch Puritaner lassen sich eine Reihe von Belegen zitieren, doch hat man insgesamt in der Geschichtsschreibung diese Ablehnung überschätzt.

Formen der sakralen und der profanen Musik wurden von englischen wie von neuenglischen Puritanern gepflegt und keineswegs als wertlos und überflüssig empfunden. Bei Hochzeiten ist fleißig musiziert und getanzt worden. Bei einer Hochzeit in New London (Connecticut) zählte man 92 jigs, 52 Kontertänze, 45 Menuette und 17 hornpipes. Spätestens ab 1716 wurde in Boston das Tanzen gelehrt. Der Organist der King's Chapel verdiente sich mit Tanzunterricht ein Zubrot. Ein so gestrenger puritanischer Herr wie Increase Mather bequemte sich zu der Ansicht, »daß Tanzen oder Springen ein natürlicher Ausdruck der Freude ist«, freilich nur unter Partnern gleichen Geschlechts, alles andere sei »äußerst ungesetzlich« und in Neuengland nicht tragbar.

Wo getanzt wurde, da wurde auch musiziert. Ob die puritanische Musik schön war, ist eine andere Frage. Die Psalter sind in der Anfangszeit Zeile für Zeile gelesen und dann erst gesungen worden, wobei dem individuellen Gehör der Gläubigen sehr viel Spielraum eingeräumt wurde. Cotton Mather wollte, daß nach Noten gesungen und der allgemeinen Kakophonie ein Ende gesetzt wird. Vor der Wende zum 18. Jahrhundert versuchte die neuenglische Geistlichkeit, den improvisierten durch notierten Gesang zu ersetzen. Die Ausgabe des *Bay Psalm Book* von 1698 wurde um dreizehn Melodien erweitert, auf daß die Gemeinde schöner singen möge, »ohne oben zu quäken und unten zu brummen«. Die Gemeindemitglieder setzten dem Ansinnen Widerstand entgegen, und die Pastoren mußten das Argument auffahren, Singen nach Noten entspräche Gottes Willen und seiner Vorstellung von Ordnung.[15]

Malerei, Baukunst, Kunsthandwerk

Etwa vierhundert Gemälde sind aus dem kolonialen Amerika erhalten; man kann aber nicht sagen, welche davon tatsächlich in Amerika gemalt worden sind. Bilder aus den südlichen Kolonien haben weder einen ausgeprägten Charakter noch ausgeprägte Merkmale. Vor 1726 gab es in Virginia keinen klar identifizierbaren Maler. Die beliebtesten Sujets vom 16. bis zum 18. Jahrhundert waren Ansichten von Häusern und Städten, häufig in Landkarten gesetzt, sowie – seit den Bildern von John White aus den 1580er Jahren – Indianer. Die überlieferten Porträts europäischer Siedler hoben oft vom europäischen Hintergrund des Porträtierten ab, betonten seine vornehme Herkunft, ließen aber auch etwas von seinem Erfolg in der Neuen Welt durchblicken.[16]

Die ersten Häuserbauer der Plymouth-Kolonie hatten keine Angleichung an die Natur im Sinn. Wir stehen vor einem radikalen Bruch zwischen Artefakt und natürlicher Umgebung. Die Natur wurde antagonistisch begriffen, es gab keinen Grund, ihr Reverenz zu erweisen. In der Ausstattung der Häuser ließ man sich von praktischen Gesichtspunkten leiten: doppelte Fußböden, zur Wärmedämmung manchmal mit Sand aufgefüllt; das Klappbett an der Wand, um Platz zu sparen; das Kinderbett, das man unters Bett der Eltern schieben konnte. Im Süden wurden die ersten Behausungen aus *wattle-and-daub* gebaut, aus mit Lehm verschmierten Weidenruten. *Log cabins* (Blockhütten) kamen erst spät im 17. Jahrhundert mit skandinavischen Siedlern. In Maryland bezogen die ersten Siedler von 1634 Häuser, die ihnen gastfreundliche Indianer zur Verfügung gestellt hatten. Sie konnten den Bau ihrer eigenen Häuser mit mehr Bedacht und auf soliderer Grundlage angehen als ihre Nachbarn in Virginia. Indianische Einflüsse in der Bauweise lassen sich leicht nachweisen, bei der palisadenartigen Struktur der Forts oder bei den einfachen Behausungen aus in die Erde gerammten Stämmen. Im Baustil des alten New York zeigte sich der holländische Einfluß.

Das wahrscheinlich älteste noch erhaltene Haus Neuenglands steht in Dedham (Massachusetts). Es wurde 1636 von Jonathan Fairbanks begonnen. Die älteste amerikanische Kirche »in continuous existence« ist das Old Ship Meeting House in Higham (Massachusetts), das aus dem Jahr 1681 stammt. Die Profanbauten im Süden waren im 17. Jahrhundert meist im Tudor-Jakobinischen Stil gehalten. 1940 wurden in Maryland Reste des alten »Governor's Castle« ausgegraben. Mit Hilfe von Plänen und Dokumenten gelang eine zeichnerische Rekonstruktion. Die Fundamente des Amtssitzes von Sir William Berkeley in Greenspring bei Jamestown wurden in den 1950er Jahren freigelegt. Der Bau war etwa 1646 errichtet worden. Die Ausgrabungen in Jamestown sind noch im Gange. Kirchen aus dem 17. Jahrhundert existieren in Virginia und Maryland nur noch wenige. Gut erhalten ist St. Luke, erbaut zwischen 1632 und 1682 in Smithfield (Virginia).

Durch die kulturelle Dominanz Neuenglands und des Südostens wird man leicht dazu verführt, die architektonischen Leistungen in anderen nordamerikanischen Regionen zu vernachlässigen. Das älteste für Weiße gedachte Bauwerk auf dem heutigen Staatsgebiet der USA stand in Santa Fé (Neumexiko): der zwischen 1609 und 1614 erbaute Gouverneurspalast. Im selben Staat finden wir heute San Estéban, erbaut 1644 in Ácoma – dort spielt Willa Cathers *Death Comes For the Archbishop* –, und San José in Laguna, 1699 begonnen und mit älteren Wandgemälden geschmückt, die indianische Mythologie und christlichen Symbolismus ver-

Der 1681 gestorbene Puritaner John Foster hatte sich testamentarisch einen »schönen Grabstein« erbeten

knüpfen. In St. Augustine (Florida) wurde 1672 mit dem Bau des monumentalen Castillo de San Marco begonnen.

Im protestantisch beherrschten Kolonialamerika fällt als entscheidendes Merkmal die Ablehnung des Extravaganten auf. Noch in der vorrevolutionären Zeit spielte der Affekt gegen die Extravaganz im Lebensstil des englischen Adels und der einheimischen Gentry eine Rolle beim Streben nach politischer Unabhängigkeit. Keine Frage, daß auch der puritanisch gesinnte Kolonist sich beim Bau von Häusern und Möbeln, bei der Herstellung von Werkzeugen, Hausgeräten und Grabsteinen ästhetisch ausdrückte. Aber das Ausgefallene, das Überladene, der Pomp, die aufgesetzte Verzierung war verpönt. Den Hausbau und die Dorfgestaltung der Puritaner empfand ein Experte für frühe amerikanische Geschichte »als unbewußte Schönheit, die aus geordneter Einfachheit wächst«. Diese geordnete Einfachheit erkennt man ab 1650 im angloflämischen Stil der Möbelschreinerei, so wie sie in Amerika gehandhabt wurde. Die flämischen Vorbilder waren bereits von englischen Kunsthandwerkern abgewandelt worden. In Amerika fand nochmals eine Veränderung statt, und zwar in Richtung einer größeren Vereinfachung der Linienführung; Oberflächen wurden glatter, Verzierungen fielen weg. Die Architektur und die Gebrauchskunst der puritanischen Epoche hat in diesem Jahrhundert eine Aufwertung erfahren. Möbel, Haushaltsgeräte aus Holz und aus Zinn sind zu begehrten Sammelobjekten geworden, ebenso die *quilts,* die aus Stoffresten zusammengestückelten Bettdecken der Pilgerfrauen.[17]

VIII. Kapitel

ALLTAGSLEBEN IN DEN KOLONIEN

Mit buchhalterischer Genauigkeit schrieb Samuel Sewall in sein Tagebuch, wer ihm das Haar geschnitten oder daß er seinem Bruder einen Shilling geliehen hatte oder wie das Wetter am 24. Oktober 1701 war (regnerisch). Er vermerkte Geburten in seiner Familie, hielt fest, wer ihm, wann und unter welchen Umständen Besuch abgestattet hatte und legte Zeugnis ab von dem schlechten Gewissen, das seine Beteiligung an den Hexenprozessen bei ihm hinterlassen hatte.

Sewall war ein religiös bestimmter Mann, der sogar beim Hühnerfüttern über die Gnade Gottes nachdachte. Wie seine Glaubensbrüder und Zeitgenossen hatte er Zweifel, ob man wirklich die City-upon-a-Hill geschaffen habe oder noch schaffen könne. Eine Reihe von Historikern war der Ansicht, Sewall habe bereits nüchterner gedacht als die erste Puritanergeneration und nannte ihn den ersten Yankee, der die Unmöglichkeit, ein gottgefälliges Leben zu führen, teils mit persönlicher Eitelkeit, teils mit Humor kompensierte.[1]

Die Fähigkeit, sich mit Humor über kleine Begebenheiten des Alltags hinwegzusetzen, war einem John Winthrop noch nicht gegeben. Als Mäuse von einem zusammengebundenen Exemplar des griechischen Testaments, der Psalter und des *Book of Common Prayer* nur das letztere benagten, sah Winthrop darin ein bedeutsames Zeichen, denn nichts geschah ohne den Willen Gottes. Eine Frau im Boston des Jahres 1641 besaß wertvolles Leintuch, das sie sehr pflegte. Eine unachtsame Dienstmagd brannte Löcher in dieses Leintuch; auch dies ein Akt der Vorsehung, urteilte Winthrop in seinem *Journal;* denn der Vorfall lenkte die Besitzerin von der Hingabe an »worldly comforts« ab, und nicht nur das, er bereitete sie auf das Schicksal ihres Mannes vor, der wenig später eines gewaltsamen Todes sterben sollte. Das ist der Unterschied zwischen Winthrops *Journal* und Sewalls *Diary*, zwischen der ersten und der dritten Generation: Sewalls Gott war nicht mehr ganz so allmächtig wie zuvor, er war geschrumpft, und Sewall hatte weniger Skrupel, sich an irdischen Errungenschaften zu erfreuen als seine Vorgänger.[2]

Der Saint lief nie in Sack und Asche – in Bradfords Nachlaß fanden sich farbenfrohe Festkleider –, aber er hatte etwas gegen »exotische Gewänder«, die den »angeborenen Liebreiz« der Frauen nur verunstalteten. Deswegen wollte ein puritanischer Mann wie Nathaniel Ward nichts von den modischen »French Cages« wissen, mit denen sich die Engländerinnen der Zeit zu schmücken trachteten[3]. Der Bostoner Magistrat empörte sich im ersten Jahrzehnt über neue Moden und kostbaren Schmuck und konferierte mit den Kirchenältesten, wie man des im ganzen Land Platz greifenden modischen Luxus Herr werden könne. »Aber wenig wurde dagegen getan«, stellte Gouverneur Winthrop resigniert fest, »denn diverse Ehefrauen von Gemeindeältesten etc. waren an der allgemeinen Unordnung gewissermaßen beteiligt.« Der General Court verwahrte sich dagegen, daß Personen niedrigen Standes, Mann oder Frau, sich mit Gold- oder Silberlitzen, mit Knöpfen und spitzen Verzierungen am Knie ausrüsteten, sich lange Stiefel anzogen, was nur den Gentlemen zustand, daß Frauen aus der unteren Schicht Hauben aus Seide oder Tiffany trugen und sich mit Schals und anderen Galanteriewaren behängten, was doch denen vorbehalten war, die mehr Vermögen besaßen oder eine höhere Bildung.[4] Die englischen Sumtuargesetze zur Regulierung des Problems, wer sich womit herausputzen darf, sind in Massachusetts 1651 aufgegriffen worden und mußten 1662 und 1675 verschärft werden.

1675 wurde den Männern von Massachusetts per Erlaß das Tragen langer Haare verboten, Frauen durften ihr Haar nicht mehr offen tragen. Schon 1649 war in Boston eine Gesellschaft gegründet worden, »die sich vornahm, den weltlichen Luxus langer Haare abzuschaffen«. In der Bibel stand schließlich: »Oder lehrt euch auch nicht die Natur, daß es einem Manne eine Unehre ist, so er das Haar lang wachsen läßt.« Trotzdem traten Langhaarige auf. Pastor Solomon Stoddard erinnerte seine Glaubensbrüder daran, daß die Mode langer Haare »utterly Unlawful« sei. Für Perücken brachte Stoddard nur Verständnis auf, sofern der Natur nachgeholfen, also eine Glatze verdeckt werden sollte, nicht aber, wenn Perücken unnötig getragen wurden, das sei Geldverschwendung.[5]

Hunger war ein zentrales Problem in der Anfangszeit der Kolonien. Bradford war bekannt, daß spanische Kolonisten sich von Hunden, Kröten und Leichen ernährt hatten. Während der ersten Jahre der Virginia Colony war der Hunger so groß, daß ein Mann seine Frau aß.[6] In der Weston Colony wurde aus Not von den Indianern gestohlen. Auch besserbeleumundete Kolonisten haben Indianerdörfer geplündert, und sei es nur, um ihren Hunger zu stillen. In Plymouth lebte zwei bis drei Monate nach der Ankunft nur noch die Hälfte der Siedler. Auch die halbe Schiffsbesatzung starb vor Antritt der Rückreise. Oft gab es zwei bis drei Tote am Tag. Die Todesursachen waren Mangelkrankheiten, Lungenentzündung, Tuberkulose und Skorbut. Im April 1621, ein halbes Jahr nach Gründung von Plymouth, lebten von 102 Siedlern noch 56. Bradford herrschte als Gouverneur über 19 Männer. Seine Frau hat sich vermutlich das Leben genommen. Von den verheirateten Paaren blieben nur drei komplett. Die Kolonie konnte man auch als eine Gemeinschaft aktiver Witwen und Witwer sehen, die sich, so es ging, bald wieder verheirateten.

Das Hauptnahrungsmittel sollten in Plymouth ursprünglich Fische sein. Ein Boot war ständig unterwegs, es wurde schichtweise bemannt. Felder wurden mit Fischen gedüngt, mit dem Fisch als Speise wollte man einem biblisch-apostolischen Vorbild folgen. Es blieb nicht dabei. Von den Indianern wurde der Mais und die Kartoffel übernommen. In Virginia schaute man den Indianern eine merkwürdige aber praktische Art der Fleischzubereitung ab. Die Indianer legten das Fleisch beim Braten auf Stöcke über glühende Kohlen und nannten diese Technik »Barbacuing«. Ein Engländer in Virginia vermißte Hammelfleisch, beurteilte den Speisezettel aber im Ganzen positiv. Lobend äußerte sich ein Holländer, der als Gast bei einem Bostoner Goldschmied weilte: »... obwohl seine Frau Engländerin war, war sie eine ganz gute Hausfrau.«[7]

Man hat behauptet, die amerikanische Küche kranke seit der Kolonialzeit daran, daß sie sich von der englischen nicht unabhängig erklären wollte; es habe einen ethnischen, aber keinen kulinarischen *melting pot* gegeben. Das stimmt so nicht, denn erstens haben außerenglische Einwanderer wenigstens Teile ihrer Kochkunst bewahrt, zweitens sind von den Indianern eine ganze Reihe von Lebensmitteln übernommen worden, wie etwa Mais, Kürbis, Squash, das »rye and Injun bread« (Brot aus Mais und Roggen), die Jerusalemartischocken oder Bohnen, und schließlich haben die Sklavenbesitzer afrikanische Pflanzen wie die Erdnuß, Okra, Sesam, die *cowpea* oder *blackeyed pea*, die Wassermelone oder die Wurzel Eddo verwertet, die von Sklaven entweder am Körper mitgebracht oder im Handel mit Jamaica und anderen Zwischenhändlern erworben wurden. Man muß aber zugeben, daß erst 1796 das erste amerikanische Kochbuch erschien, bis dahin hatte es bloß Reprints englischer Kochbücher gegeben.[8]

In der Plymouth-Kolonie wurde fleißig Wein und Bier getrunken. Bradford hat einen holländischen Gouverneur erlebt, der so betrunken war, daß er die Welt nicht mehr kannte. John Winthrop pflanzte Trauben in seinem Garten oder versuchte es wenigstens, um sich und seine Gäste mit Wein versorgen zu können. Sein Sohn, Gouverneur von Connecticut, und Roger Williams tranken Met miteinander. In Virginia wurde schon 1620 mit der Herstellung von künstlichem Wein experimentiert. Die Virginier waren obendrein stolz auf den Wein, den sie aus wilden Trauben kelterten. Er war ihrer Ansicht nach »full as good« wie der französische oder britische.[9]

Die frühen Puritaner waren keine Abstinenzler. Increase Mather hielt Alkohol für eine Gabe Gottes. Rum, Gin und Brandy, maßvoll getrunken, wurden als gesund und nahrhaft betrachtet. Allerdings sah man sich genötigt, in Neuengland und in Pennsylvania das Zuprosten zu untersagen, weil das zum Übermaß animierte, außerdem dadurch Religiöses und Profanes unzulässig miteinander vermischt wurde. Um 1650 existierten in Boston fünf Inns mit einer Lizenz für Speisen, Bier, Wein und Schnaps, dazu zwei Tavernen und acht Pubs mit billigem Essen und Bier für die »unteren Ränge«. Increase Mather mußte 1675 feststellen, daß die Kolonisten mehr trinken als die Engländer, und sein Sohn Cotton betrachtete *Ale-Houses* als *Hell-Houses.*[10]

James I. hatte 1618 ein Dekret herausgegeben, das puritanischer Nüchternheit entgegenwirken wollte. Britische Untertanen sollten sich wieder, wie früher auch, am Sonntag amüsieren dürfen. Wenn Puritanern oder Präzisionisten dies nicht behagte, schrieb James I. in dieser »Declaration to his Subjects concerning lawful Sports«, kurz »Book of Sports« genannt, wenn sie sich nicht anpassen wollten an englische Bräuche, dann sollten sie doch lieber das Land verlassen. Das uralte Spiel Football, das man einst mit Kuhblasen oder gar mit Totenschädeln gespielt hatte, ist von James I. wieder legalisiert worden. Puritanern war das *Book of Sports* ein Dorn im Auge. Der in diesem Punkt freizügige Großinquisitor Erzbischof Laud gab den Erlaß 1633 neu heraus; er mußte von allen Kanzeln verlesen werden. Noch die dritte neuenglische Puritanergeneration hat sich darüber geärgert[11].

Sport war Luxus, vor allem sonntags, Luxus war böse und unsozial. Der puritanische Vordenker William Perkins hatte sich in scharfer Form gegen die Vergnügungssucht der Aristokratie ausgesprochen. Dazu kam eine ganz private Amüsierangst, der Glaube, den Zorn Gottes auf sich zu ziehen, wenn man nur ein paar Stunden etwas anderes tat als arbeiten oder beten. Ebensowenig wie andere Güter sollte der Puritaner auch seine Zeit nicht verschwenden. Deswegen gönnte sich Increase Mather täglich nur sieben Stunden Schlaf. Deswegen handelte sich ein Geistlicher einen Tadel der Mathers ein: er hatte auf einem Eroberungszug nach Port Royal die Zeit mit Kartenspielen totgeschlagen. An Weihnachten wollte Bradford seine Leute zu wichtigen Arbeiten einteilen. Einige verweigerten sich. Sie machten ihr Gewissen geltend. Als Bradford sie aber im Lauf des Tages auf der Straße bei Sport und Spiel antraf, nahm er ihnen erbost die Sportgeräte weg.[12]

Der Begriff Sport unterschied sich damals von modernen Vorstellungen. *Bull baiting* und *bear baiting* war eine anerkannte Sportart im England des 16. Jahrhunderts. Bullen und Bären wurden von Hunden gehetzt und zerrissen. In Amerika setzte man Hunde auf gefangene Wölfe an oder schleifte sie, an ein wildes Pferd gebunden, zu Tode. Hahnenkämpfe waren in Maryland und Virginia während der gesamten Kolonialzeit eine beliebte Ablenkung.[13] In Massachusetts wurde 1641 ein Gesetz gegen das Quälen von Haustieren erlassen.

In den Werken des Puritanismusexperten Perry Miller kam das Stichwort »Humor« überhaupt nicht vor; das Stereotyp vom düsteren, mahnenden, klagenden Neuengländer hat seinen wahren Kern. In den südlichen Kolonien aber entstand früh eine satirische Tradition, die eine gewisse Leichtigkeit verriet. In den

Hinterlassenschaften der Puritaner findet sich wenig davon, und über den mündlichen Umgang miteinander wissen wir kaum etwas. Die Schriften jedenfalls zeigen, daß Puritaner »ill at ease« waren, wenn Heiterkeit oder Gelächter aufkamen. Kleine Mißgeschicke des Alltags, ein Stolpern, ein Ausrutschen, zeugten vom Zorn Gottes, nicht von der menschlichen Komödie. Ein Anonymus wagte 1640 eine Parodie auf die kongregationalistische Covenanttheologie und die Lehre von der Vorherbestimmung; aber das war ein Einzelfall.[14] Wenn der Puritaner Humor zeigte, dann im Dienste der Theologie und nicht gegen sie. Nathaniel Ward, Pastor in Aggawam (Ipswich), schrieb sein satirisches Gedicht *The Simple Cobbler of Aggawam* (1636), um Abweichler und Lasche zur Ordnung zu rufen und zu konsolidieren. Die Massachusetts Bay Colony erließ 1712 ein Gesetz gegen profane Lieder, Parodien auf Predigten und andere unseriöse Produkte der Phantasie. Selbst Samuel Sewall wies ein paar Jahre später zwei Männer zurecht, weil sie Leute in den April geschickt hatten. Dies, sagte Sewall, sei eine Verschwendung der göttlichen Gabe Zeit.[15]

Den Pilgervätern von Plymouth sagte man einen gewissen Humor nach, wenn auch grimmiger Natur.[16] Für die Hanswurstiaden eines Thomas Morton konnten sie freilich gar kein Verständnis aufbringen. Es scheint so, als ob man im frühen Neuengland durch Humor die göttliche Ordnung gestört sah. Eine reiche Folklore konnte unter diesen Voraussetzungen nicht entstehen, nach Volkshelden braucht man gar nicht erst zu suchen. Am ehesten ist noch der brutal-draufgängerische Miles Standish zu einer sagenumwobenen Gestalt geworden. Aber schon der Versuch Cotton Mathers, John Winthrop als einen *Nehemiah Americanus* aufzubauen, hat eher kulturpsychologische als folkloristische Bedeutung.

Hinrichtungen waren eine willkommene Abwechslung im kolonialen Alltag. Man reiste von weit her an, um bei dieser Gelegenheit gleich Freunde und Bekannte zu besuchen oder wie Samuel Sewall nebenbei ein paar Briefe zu befördern. Um die Old North Church zu Boston drängten sich 1686 fünftausend Menschen, die die Predigt vor einer Hinrichtung hören wollten. Als das Chorgebälk verdächtig zu ächzen anfing, mußte die Veranstaltung in eine andere Kirche verlegt werden.[17]

Die Gemeinden wurden von verheerenden Bränden heimgesucht, aber noch in der dritten Generation dachte niemand in Boston daran, eine Feuerwehr zu organisieren. Unglücks- und Todesfälle waren so alltäglich, daß sie mit Gleichmut hingenommen wurden. Bradford kommentierte den Tod durch Gewalt so lapidar wie Wilhelm Busch: »... die Indianer kamen an Bord und schlugen Stone auf den Kopf, als er in seiner Kabine lag; das war sein Ende.« Lakonisch reagierte Samuel Sewall auf eine Hochzeit, die abgesagt wurde, weil der Bräutigam plötzlich gestorben war: »Kein Hochzeiter, keine Hochzeit.« Sewalls Gemüt war so konstruiert, daß er sich nach dem Begräbnis seiner Mutter vor sein Tagebuch setzen und hineinschreiben konnte: »twas a very pleasant Comfortable day.«[18]

IX. Kapitel

KOLONIALE RECHTSPRECHUNG

Strafjustiz

Die südlichen Kolonien lehnten sich in ihrem Rechtssystem enger an England an als die Neuengländer. Das gilt für *Dale's Laws,* die in Virginia von 1612 bis 1619 in Kraft waren, wie für die spätere Rechtsprechung.[1] Dagegen fußte die in der Massachusetts Bay Colony ausgeübte Justiz eindeutig auf biblischer Grundlage. Auch die *Hartford Orders* von Connecticut wurden 1650 aus der Heiligen Schrift geschöpft. Rund ein Dutzend Gesetze waren fast wörtlich dem zweiten, dritten und fünften Buch Mose entnommen. Auf die Anbetung falscher Götter, Gotteslästerung, Hexerei, Ehebruch und Unzucht stand die Todesstrafe. Es ist nicht bekannt, wie viele Todesurteile in der Kolonialzeit ausgesprochen oder vollstreckt wurden. Puritaner und Separatisten fühlten sich durch das Alte Testament und durch das unnachsichtige Verhalten Calvins in Sachen Servetus zur Strenge in der Strafgerichtsbarkeit ermutigt. Tatsächlich scheint es jedoch weniger Hinrichtungen gegeben zu haben, als dies nach dem Gesetz möglich gewesen wäre. Genauere Angaben sind schwierig, Bradfords Notizbuch über Gesetze und Bestimmungen ist verlorengegangen. Dem Experten George Dow zufolge waren die Gesetze von Massachusetts bereits liberaler als ihre Entsprechungen in England. Dort waren Ohrenabschneiden, Nasenaufschlitzen, Vierteilung gebräuchlich, wogegen Kapitalverbrechen in Neuengland mit Erhängen, Verbrennen oder Erdrücken gesühnt wurden. Die Verstümmelung von Nasen und Ohren, das Durchbohren von Zungen war dem Gesetz nach allerdings auch in Massachusetts vorgesehen, und zwar bis 1813.

Wenn die Puritaner weniger hart straften als die Richter in vergleichbaren Gesellschaften, bleibt die Frage, warum sie in der Geschichte als sprichwörtlich unnachgiebig und grausam gelten. Ein jüngerer Historiker meinte, weil sie den

Prozeß der Rechtsprechung so mechanisch, so kalt ablaufen ließen, weil sie ihre Gesetze ernster nahmen als menschliche Entscheidungen. Das Gesetz war für Puritaner ein unvergängliches Prinzip der Schöpfung. Menschliche Bedingtheiten spielten dabei keine Rolle. Wer gegen das Gesetz verstieß, verstieß gegen die göttliche Ordnung. Ein Jugendlicher wurde 1674 wegen Selbstbefriedigung und Sodomie hingerichtet. Ganz bei Verstand scheint er nicht gewesen zu sein, denn er beging seine Taten in aller Öffentlichkeit und voller Stolz auf das Vollbrachte. Einen Grund zur Milde sah die puritanische Gerichtsbarkeit darin nicht.[2]

Während der ersten zehn Jahre der Besiedlung wurde in Boston die Justiz vom *Court of Assistants* verwaltet, ab 1641 trat auf Drängen der Freemen ein »Body of Liberties« in Kraft, der bis 1692 und zum Teil darüber hinaus gültig blieb. Zusätzlich wurde nach dem *Code of Law* (1648) geurteilt, den der ehemalige Pastor Nathaniel Ward verfaßt hatte. Insgesamt gab es etwa einhundert zivil- und strafrechtliche Gesetze in der Bay Colony. Verteidiger waren dort und vor anderen Gerichtshöfen nicht zugelassen.[3]

Ein erklecklicher Teil der Gerichtsverfahren drehte sich um den Sabbat. Die christlichen Sekten maßen der strikten Einhaltung der Sonntagsruhe einen hohen Wert bei. Michael Wigglesworth, der Verfasser des *Day of Doom,* quälte sich mit dem Gedanken, ob er am Sabbat die im Wind schlagende Stalltür eines Nachbarn schließen durfte oder nicht, und kam nach langen Überlegungen zu einem negativen Ergebnis. In Plymouth wurde 1650 jede Zusammenkunft in Privathäusern am Sabbat gesetzlich untersagt. In Boston kam 1656 ein Schiffskapitän für zwei Stunden in den Zwangsstock, weil er nach dreijähriger Abwesenheit seine Frau unter der Tür, also öffentlich geküßt hatte – am Sabbat. Glimpflich kam eine Frau davon, die am heiligen Tag Erbsen geerntet hatte, weil ihr Mann, der von einer Ausfahrt auf See zurückgekehrt war, sich einfach Erbsen gewünscht hatte; sie wurde nur ermahnt. In Virginia wie in Neuengland war es am Tag des Herrn bei Strafe verboten, Handel zu treiben, weit zu gehen, zu reisen gar oder zu spielen. Wer in Boston am Sabbat zur Jagd ging, wurde ausgepeitscht, das gleiche geschah mit dem, der an diesem Tag »strong water« zu sich nahm. Die Strafandrohungen hierfür standen manchmal bloß auf dem Papier, sie wurden aber auch vollzogen. Virginische Gesetze schrieben Bürgern den Kirchenbesuch zwingend vor. Nach den gestrengen *Dale's Laws* in den ersten Jahren Virginias war das dreimalige Schwänzen des Gottesdienstes, der am Sabbat morgens und abends stattfand, ein todeswürdiges Verbrechen, wenigstens theoretisch. Das Reise-, Arbeits- und Amüsierverbot war auch in anderen Kolonien gesetzlich festgeschrieben. Augenzeugen berichteten, daß noch um 1830 in Philadelphia am Sonntag Ketten über die Straßen gespannt wurden, damit keiner darauf fahren oder reiten konnte.[4]

Es war eine Straftat, während der Predigt oder überhaupt in der Kirche zu schlafen. Wer die Gesetze brach, wurde von der Kanzel herunter verdammt. Übeltäter mußten sich mit einem Stück Papier, auf dem die Art ihres Vergehens vermerkt war, an der Kirchentür postieren. Die Zurschaustellung und Kenntlichmachung des Täters war ein wiederkehrendes Muster: der Pranger, das rote D für Trinker, die Brandmale auf Hand und Wange, die Klammer in der Zunge des Lügners. Wer fluchte oder falsch schwor, wer um eine andere Frau herumschlich, wurde öffentlich gezüchtigt. Einmal wurde ein Assistant bestraft, weil er vorschriftswidrig ohne Beisein eines zweiten Assistant eine Auspeitschung vorgenommen hatte. In Plymouth und anderswo war das Spießrutenlaufen bekannt.

Blue Laws waren Gesetze, die sich auf die Einhaltung der allgemeinen Moral und der Sexualmoral bezogen. Die Herkunft des Wortes ist unbekannt, vielleicht leitete es sich von blau gebundenen Gesetzestexten her. Anfänglich bezog sich der Begriff speziell auf Gesetze in der Kolonie New Haven: ein Kind wurde in Ketten gelegt, weil es seinen Eltern nicht gehorchte, ein unverheiratetes Paar mit einer Geldstrafe belegt, weil es sich geküßt hatte. Die Sumtuargesetze zählten zu dieser Kategorie, die wie in England bestimmte soziale Schichten bestimmten Kleidungsvorschriften unterwarfen. In Massachusetts sollten ab 1651 Personen mit weniger als 200 Pfund Vermögen auf teure Stoffe und Schmuck verzichten. *Blue Laws* waren eine interkoloniale, keine spezifisch puritanische Erscheinung. Der Kirchenbesuch war in Massachusetts per Gesetz vorgeschrieben, ebenso in Virginia, und das schärfste derartige Gesetz wurde noch 1762 in Georgia verabschiedet. In Maryland wurde 1704 ein Gesetz erlassen, das einen Mann dazu zwingen konnte, sich von einer der Kirche mißliebigen Frau zu trennen. Gehorchte er nicht, konnte er ausgepeitscht werden, bis das Blut floß. Nach der Revolution wurden viele *Blue Laws* zum »dead letter«, das heißt zu nicht mehr vollzogenen Gesetzen. Der Geist dieser Maßnahmen hat länger überlebt; den »Blue law spirit« und seine oft kuriosen Relikte findet man zuhauf noch im 20. Jahrhundert. In Kalifornien darf am Sonntag nicht geboxt, in Pennsylvania dürfen keine Fahrräder, wohl aber Dreiräder verkauft werden, in Massachusetts darf man sonntags keine Muscheln suchen, Austern schon.[5]

Die kolonialen Gerichtshöfe verfügten über ein breites Instrumentarium zum Vollzug von Körperstrafen: Brandeisen; Zwangsstöcke für Hände und Füße; der Pranger für Kopf und Hände; ein Pfahl für Auspeitschungen von Männern und Frauen; ein »ducking stool«, worin besonders klatschsüchtige Frauen in Wasser getaucht wurden, eine Praxis, die auch im frühen Virginia bekannt war. In Neuengland wurde einer Frau, die über Magistrat und Geistlichkeit gelästert hatte, die Zunge für eine halbe Stunde in einen gespaltenen Stock geklemmt.[6]

Brandstifter wurden verbrannt, eine Strafe, die vor allem schwarze Dienstboten traf. 1648 wurde in Boston die erste Hexe exekutiert, 1660 mußten auf der Boston Commons vier Quäker ihr Leben lassen, 1672 begann man mit der Hinrichtung von Seeräubern. In den 1680er Jahren wurde ein Mann hingerichtet, der einem anderen einen Bratenspieß in den Leib gerammt hatte. Ein des Mordes Verdächtiger mußte mit dem Zeigefinger der linken Hand den »ordeal of touch« ausführen. Fing der Leichnam wieder zu bluten an, lag ein Schuldbeweis vor. Exekutionen waren – wie bereits erwähnt – ein öffentliches Schauspiel, ein Festtag. Unter den zum Galgen Verurteilten wurde ein Karren weggezogen. Vornehmere Verbrecher hatten in Maryland das Recht, geköpft zu werden. Die erste Hinrichtung in der Plymouth Colony fand 1630 statt. John Billington, ein Passagier der Mayflower, wurde von einer großen und einer kleinen Jury des Mordes für schuldig befunden und von William Bradford zum Tode verurteilt »that ... the land be purged of blood« – wer Menschenblut vergoß, dessen Blut sollte von Menschen vergossen werden.[7] Theoretisch galt das auch, wenn Indianer die Opfer waren.

Samuel Willard beschwerte sich um 1700 über scheinheilige und maßlose Kirchenmitglieder, die am Sabbat zum Abendmahl gingen und an Wochentagen dem Alkohol zusprachen, die sich als Saints ausgaben und sich doch in schlechter Gesellschaft aufhielten und die Bordelle frequentierten. Ein öffentliches Haus gab es in Boston spätestens seit Mitte der 1650er Jahre. Der historische Entlastungsversuch, in Hafenstädten hätte es halt immer schon Puffs und Spelunken gegeben, kann nicht überzeugen. In allen Kolonien, an den Küsten und im Hinterland, war die Aufrechterhaltung der Sexualmoral ein konstantes und schwieriges Problem. Manchmal traf den Sünder nur eine Exkommunizierung, wie den Mann, der in der Bay Colony bei »uncleane Dallyances« mit seiner Magd ertappt worden war. Ein anderer, der ein neunjähriges Kind mißbraucht hatte, lief beinahe zehn Jahre mit einem Hanfseil um den Hals herum.[8] Fachhistoriker vermuten, die Sexualmoral im puritanischen Neuengland sei nicht höher gewesen als im Europa des frühen 20. Jahrhunderts, freilich höher als im Europa der damaligen Zeit. Ein quantifizierender Vergleich ist schwer möglich und vielleicht müßig. Sicher ist, daß die Obrigkeit in allen Kolonien sich fortgesetzt mit der Abweichung von der sexuellen Norm auseinanderzusetzen hatte.

Trunkenheit und Unzucht wurden oft in einem Atemzug genannt. Bradford berichtete aus dem Jahr 1642, daß sich nunmehr nicht mehr bloß die Unkeuschheit zwischen Unverheirateten breitmache, die würde ja bereits hart genug bestraft, sondern auch Ehebruch, gleichgeschlechtliche Liebe und Unzucht mit Tieren. Ein 16- oder 17jähriger Junge mußte mit ansehen, wie seine Opfer, nämlich ein Pferd, eine Kuh, zwei Ziegen, fünf Schafe, zwei Kälber und ein Truthahn den mosaischen Vorschriften gemäß geschlachtet und in eine Höhle geworfen wurden, ehe man ihn selbst hinrichtete.[9] Homosexuelle wurden in Plymouth ausgepeitscht, mit glühenden Eisen gebrannt und in die Verbannung geschickt.

Frauen, die eine Fehlgeburt zur Welt brachten, gerieten in den Verdacht der Unzucht. Wenn ein Kind eher als sieben Monate nach der Heirat geboren wurde, mußte dieser Umstand gebeichtet werden. Die Strafen waren verschieden. In einem beurkundeten Fall von 1683 blieb es bei einer Ermahnung, ein andermal wurde der Vater ausgepeitscht, die Mutter mußte angebunden zusehen. In Plymouth peitschte man die Geliebte eines Exekutierten zweimal nur deswegen aus, weil sie ein Kind von ihm erwartete.[10]

In den südlichen Kolonien wurde nach unehelichen Geburten meistens die Frau ausgepeitscht, nicht der Mann. Beide Partner bekamen die Peitsche zu spüren, wenn sie unverheiratet zusammenlebten. Frauen konnten mitunter von ausschließlich weiblichen Geschworenen abgeurteilt werden. Daß in den südlichen Kolonien die Sexualmoral loser war als in Neuengland, und zwar quer durch alle Schichten, war behauptet worden, ist aber kaum zu beweisen. Eine Magd, die ein lediges Kind bekam, mußte nachdienen. Die Dienstzeitverlängerung betrug 1715 in North Carolina zwei Jahre. War der Master der Vater des Bastards, wie man damals sagte, wurde die Mutter für zwei Jahre anderswohin verkauft, der Erlös fiel an die Gemeinde.

Nach allem was man weiß, wurden Frauen für Unzucht härter bestraft als Männer. Dreißig Hiebe auf den nackten Rücken waren eine gebräuchliche Sühne. Auf dem Marktplatz von Boston konnte man Frauen mit einem Schild stehen sehen, auf dem das Vergehen angegeben war: »Hier stehe ich für mein ehebrecherisches und hurenhaftes Betragen.« Unkeuschheit wurde auch deshalb so streng verfolgt, weil die Gemeinde die Fürsorgekosten für uneheliche Kinder scheute. Dazu kam das Motiv, diejenigen Personen unter Kontrolle zu halten, die sich in Amerika Freiheiten herausnehmen wollten, die sie in Europa nie besessen hatten.[11]

In Neuengland – außer in Plymouth und Rhode Island – stand auf Ehebruch die Todesstrafe, egal ob der Ehebruch mit verheirateten oder mit verlobten Frauen begangen worden war. Das entsprach dem Gesetz Mose. Die Gerichte scheinen aber in der Praxis milder geurteilt zu haben. Einem Forscher sind nur zwei Exekutionen wegen Ehebruchs bekanntgeworden, in einem aktenkundigen Fall war die Ehebrecherin gleichzeitig des Mordes überführt worden. Plymouth führte 1639 als Sühne für Ehebruch den durch Hawthorne berühmt gewordenen *Scarlet Letter* ein; andere Kolonien haben diese Maßnahme kopiert. Die aus Stoff ausgeschnittenen Buchstaben AD, später nur A für *Adulteress* (Ehebrecherin), wurden gut sichtbar auf die Kleidung aufgenäht. Für Inzest war ein großes I vorgesehen. Verurteilte, die ohne ihren Buchstaben angetroffen wurden, erhielten das Mal mit einem heißen Eisen auf die Stirn gebrannt oder wurden zumindest ausgepeitscht. In Connecticut wurde der Buchstabe sofort eingebrannt. Die Strafe galt für beide Ehebrecher.[12]

Ehebruch mit Indianern war eine der Fragen, mit denen sich die Gläubigen auseinandersetzen mußten, ohne eine fertige Antwort in der Bibel zu finden. Ein Virginier wurde ausgepeitscht, weil er mit einer Schwarzen geschlafen hatte – »defiling his body by lying with a negro«.[13] In Virginia wurden 1691 rassische Mischehen verboten. Wer eine Indianerin oder eine Schwarze heiratete, mußte mit seiner Deportierung rechnen. John Rolfe und Pocahontas waren ein Vorbild nur noch in der Legende.

Hexenwahn

Der Teufel finde dort die meisten Opfer, wo am meisten Dummheit und Barbarentum herrschen, in den »wild partes of the world«, in Lappland etwa oder Amerika. Diese Ansicht tat James I. in seiner *Daemonologie* aus dem Jahr 1597 kund.[14] James war ein Gegner der Puritaner, teilte aber den Hexenglauben mit ihnen. Die meisten englischen Denker der Zeit, John Locke nicht ausgenommen, glaubten an Zauberei in irgendeiner Form. Hexenglaube war demnach nichts speziell Puritanisches; Katholiken und Anglikaner zeigten sich gleichermaßen anfällig.[15] Nur stützte sich jede Denomination auf ihre eigenen Autoritäten. Bei den Puritanern war dies in erster Linie William Perkins und sein »Discourse on the damned Art of Witchcraft« (1608). Cotton Mather berief sich noch fast hundert Jahre später bei der Rechtfertigung der Hexenprozesse von Salem auf Perkins.

Die großangelegte Hexenverfolgung von Salem der Jahre 1690 bis 1692 hatte ihren Anfang bei der neunjährigen Tochter und der elfjährigen Nichte eines Geistlichen namens Parris genommen. Die beiden Mädchen hatten von zwei westindischen Sklaven abergläubische Geschichten gehört – nach anderer Version hatten sie lediglich ein abergläubisches Buch von Cotton Mather gelesen – und bezichtigten nun diese Sklaven der Magie; sie seien von ihnen oder ihren »spectres« gezwickt worden. Die Parris-Kinder fanden Nachahmer, der Hexenwahn zog Kreise. Man las in der einschlägigen Literatur nach, hielt Predigten zum Thema, ordnete allgemeine Fasten zur Abwehr des Satans und seiner Gespielinnen an. Die Gemeinde suchte nach Indizien und nach Schuldigen. Sklavinnen, die Peitschenspuren von früheren Herren auf dem Rücken trugen, galten als vom Teufel gezeichnet. Kinder, die in einem Fall den Katechismus von John Cotton nicht zu lesen vermochten, aber das *Oxford Jest Book* oder gar Bücher von Katholiken oder Quäkern, konnten nur behext sein; ihre Mutter wurde aufgehängt.[16] Es kam zu Beschuldigungen und Gegenbeschuldigungen. Wer andere belastete, entlastete sich selbst. Wer ein Geständnis ablegte, fand Gelegenheit, andere zu beschuldigen. Die Opfer nützten ihre Macht weidlich aus und bezichtigten Menschen der Hexerei, die sie nie zuvor gesehen hatten. Rund 200 Personen wurden angeklagt, 150 eingesperrt. Am Ende der Hysterie standen Salems Hexenprozesse vom Juni bis September 1692. Neunzehn Personen und zwei Hunde wurden aufgehängt, ein Mann zu Tode gepreßt.

Erst als Stützen der Gesellschaft angeschuldigt wurden, darunter der Präsident von Harvard, die Frau des Gouverneurs und die Frau eines Prozeßbeisitzers, ließ man es genug sein. Ein Mann aus Boston drohte seinen Verleumdern Schadenersatzklagen an. Einfache Leute begannen, an der Schuld der Gehenkten zu zweifeln. Samuel Sewall bereute seine Beisitzertätigkeit bei Gericht. Der Reverend Parris, der die Hysterie ausgelöst hatte, wurde aus Salem vertrieben. Thomas Brattle erklärte im Oktober 1692, Hexenverbrennungen paßten nicht »in ein Land, das so voller Licht wie Neuengland ist«.[17]

Historiker haben sich intensiv bemüht, Erklärungen für das relativ späte Auftreten des Hexenwahns und der Massenhinrichtungen in Salem zu finden. Eine wichtige historische Quelle hierzu ist Cotton Mathers Schrift *The Wonders of the Invisible World* (1693). Wahrscheinlich stand Mather den Hexenprozessen anfangs kritisch gegenüber, ließ sich aber überreden, ein der Obrigkeit genehmes Buch über die Vorgänge abzufassen. Gegnern wie Robert Calef (*More Wonders of the Invisible World*, 1700) hat er dadurch Gelegenheit gegeben, ihn zum obersten Hexenjäger zu erklären.

Am 22. September 1692 wurden die letzten acht Hexen zum Tod durch Erhängen verurteilt. Am 15. Oktober erschien Mathers Buch. Er hatte sich die Sitzungsprotokolle kommen lassen, weil er nach eigenen Angaben nicht bei einem einzigen der Prozesse selbst anwesend war. Fünf von zwanzig Todesurteilen hat Mather ausgewählt und einer näheren Betrachtung unterzogen. Anfangs mahnte er sich selbst zur Vorsicht: »Der beste Mensch, der je gelebt hat, ist eine Hexe genannt worden«, womit Jesus gemeint war. Kein Zweifel aber, daß Mather wie seine Zeitgenossen anfällig für Hexenaberglauben war. Er kannte seinen Perkins, John Miltons *Paradise Lost* stand in seiner Bibliothek, ein vielgelesenes Buch auch in Neuengland. Mather berichtete, daß erst kürzlich in England zerstrittenen Nachbarn ein Rabe erschienen sei, der vom Wipfel eines Baumes sehr vernehmlich gerufen hatte, den Brief des Paulus an die Kolosser zu lesen. Als Mrs. Mather von einem behinderten Kind entbunden wurde, führte er dies auf eine diabolische Vision zurück. Von bestimmten Formen des Aberglaubens distanzierte er sich. Die Besprechung von Krankheiten hielt er für gottlos. Aber an der Präsenz des Satans hegte er nicht den leisesten Zweifel. Stürme waren wahrscheinlich vom Teufel verursacht, auch Erdbeben.

Mathers Land, Neuengland, wurde vom Teufel sogar ganz besonders geplagt. Denn die Neuengländer siedelten auf einem Gebiet, das bis dahin der Teufel allein und unangefochten regiert hatte. Christliche Siedler irritierten den Satan, er sann auf Abhilfe. Die tollen Hunde der Hölle schlossen einen Bund mit den Hexen, um die Kolonie methodisch zu zerstören, die Kolonisten zu vertreiben, das Christentum auszurotten. Mather ging davon aus, daß je nach Aufgabe besonders beauftragte und qualifizierte Teufel zum Einsatz kamen. Die neuenglische Spezies identifizierte er als kleinen schwarzen Mann. Die Hexen, die mit dem Teufel im Bund standen, waren mit besonderen Eigenschaften ausgestattet, um ihr Ziel zu erreichen. Der Teufel hatte sie ein Buch unterschreiben lassen und ihnen »spectres« verliehen. Zur Entlarvung der Hexen, die sich hinter ihren »spectres« verschanzten, gab es ganz bestimmte Methoden. Mather lieferte, gestützt auf William Perkins, einige erkennungsdienstliche Hinweise: Tod nach Verfluchung; Unglück nach Drohung oder Streit; Geständnis nach Verhör; Aussage zweier unbescholtener Zeugen; Verwandtschaft, Bekanntschaft, Nachbarschaft mit bereits überführten Hexen. Aus eigenem Antrieb fügte Mather drei weitere Rezepte hinzu: Hexen erkennt man daran, daß sie nicht weinen können oder sich beim Verhör in Widersprüche verwickeln oder dieselben Gesten und Bewegungen machen wie andere Hexen.[18]

Mather mag bei den Prozessen nicht anwesend gewesen sein, an der Wahrheitsfindung hat er sich sozusagen in der Phase der Vorermittlungen beteiligt. Er stellte jugendlichen Behexten Fangfragen und schlug ihnen, zu welchen Zwecken immer, auf Bauch, Brust und ins Gesicht. In den *Wonders of the Invisible World* schilderte Cotton Mather auf jeweils zehn Seiten einige der Gerichtsverfahren. Am 2. Juni 1692 wurde Bridget Bishop der Prozeß gemacht, einer Waschfrau, die allein schon durch Indizien schwer belastet wurde. Sie besaß ein Buch der Hölle und eine *rag doll*, eine Puppe aus Lumpen und Schweineborsten, wie Hexen sie gerne bei sich trugen. Das »spectre«, die Silhouette der Bishop, so hieß es, habe mehrere Zeugen gezwickt oder gebissen. Der Kernpunkt der Anklage berief sich auf ein Kind, das weinte oder schrie, sobald es der Frau Bishop nur ansichtig wurde. Nach jedem ihrer Besuche wurde es kränker, bekam Anfälle, verfiel in Schwachsinn, mußte verhext sein. Susanne Martin, abgeurteilt im Juni 1692, soll zwei Stunden auf einem Belastungszeugen gelegen haben. Nach vollbrachter Tat fanden sich im Schnee lediglich zwei Fußabdrücke, ergo hatte sie sich im Fluge vom Tatort entfernt. Gegen den Geistlichen George Borroughs traten ein halbes Dutzend Verhexte auf, dazu acht verräterische Hexen aus seinem eigenen Zirkel. Eine Zeugin berichtete, wie ein kleiner, schwarzhaariger Mann zu ihr gekommen sei, sich als Borroughs vorgestellt habe und sie auf ein Buch verpflichten wollte. Auf ihrer Haut wurde ein Beißmal festgestellt, das mit dem Gebißabdruck des Angeklagten übereinstimmte. Borroughs wurde ferner vorgeworfen, bereits zwei Ehefrauen verschlissen und damit geprahlt zu haben, ein hinter dem Schloß gefaßtes Gewehr ausgestreckt halten zu können, letzteres mit Hilfe eines Indianers. Der Teufel, so wurde gefolgert, hatte Ähnlichkeit mit einem Indianer.[19] Mather war mitschuldig am Tod von Borroughs. Am Richtplatz hielt er eine Rede, um die Menge in Schach zu halten, die die Freilassung des Angeklagten verlangte, dessen Hauptvergehen wohl darin bestanden hatte, nicht an die Hexerei zu glauben.

Neben der Rekonstruktion von Einzelheiten sind Historiker und Kulturwissenschaftler vor allem den tieferen Ursachen des Hexenwahns nachgegangen. Für Charles Francis Adams war Salem nicht bloß eine peinliche Episode, sondern die natürliche Folge einer anthropologischen Grundhaltung, die fortwährend die Schlechtigkeit des Menschen predigte. Das war nicht schlecht gedacht. Cotton Mather hatte die Ansicht vertreten, zu seiner Zeit habe sich die Sündhaftigkeit des

Kriminalstrafen für Kolonistinnen, dargestellt nach zeitgenössischen Drucken ▶

Trial by water to see whether a woman be a witch.

A ducking stool for babbling women.

Whipping at the cart tail.

The pillory for perjurers and petty thieves.

On the gallows.

Burning at the stake.

Menschen in einem nie gekannten Ausmaß erhöht.[20] Apokalyptische Ängste riefen ein kollektives Strafbedürfnis hervor, das sich zum Vollzug stellvertretende Opfer suchte.

Perry Millers Interpretation stand in der Nähe einer Apologie. Die Verfolgung von Hexen sei damals als etwas Rationales angesehen worden, denn die Gesten der Hexen zeitigten einen direkten Effekt, den man glaubte beobachten zu können wie naturwissenschaftliche Vorgänge. Eine dritte Deutung ging von politischen Veränderungen der Zeit aus. 1679 hatte der König angeordnet, die anglikanische Kirche in Massachusetts zuzulassen. 1686 wurde die Charter widerrufen, ein königlicher Gouverneur eingesetzt. Ein Gefühl der grundlegenden Veränderung, des Scheiterns, des Untergangs machte sich unter den Saints breit. Die Widerrufung der Charter erzeugte bei Leuten wie Cotton Mather die Angst, daß nun auch Ungläubige das Wahlrecht erhielten, die Sünde in Neuengland vermehrt einzog, das heilige Unternehmen durch einen Verwaltungsakt beendigt würde.[21]

An einer sozialpsychologischen Erklärung versuchte sich John Demos. Ihm war aufgefallen, daß als Hexen vorwiegend Frauen mittleren Alters beschuldigt wurden. Die Opfer waren dagegen meist junge Mädchen, die aus kulturellen Gründen feindselige Gefühle nicht gegen ihre eigenen Mütter richten durften, bei unerträglichen Spannungen auch nicht den Haushalt verlassen konnten wie ihre Brüder. Deshalb übertrugen sie Aggressionen auf Frauen, die etwa das gleiche Alter wie ihre Mütter hatten und die in der Gemeinde bereits als schwierig verschrien waren. Eine spezifischere Art von Übertragung glauben zwei andere Historiker in mindestens einem Fall ausgemacht zu haben. Thomas Putnam, ein Einwohner von Salem, wollte seine bei einer Erbgeschichte bevorzugte Stiefmutter treffen und bezichtigte Frauen aus ihrer Generation der Hexerei. In eine ganz andere Richtung zielte die Pilzerklärung, wonach ein Roggenpilz bei den Befallenen Halluzinationen ausgelöst hatte.[22]

All diese Thesen und Theorien sind kaum überprüfbar. Man weiß aber: In Virginia hat es während der gesamten Kolonialzeit nicht eine Hinrichtung wegen Hexerei gegeben und in den übrigen südlichen Kolonien nur ein oder zwei zweifelhafte Fälle, keinesfalls jedoch eine Hysterie neuenglischen Zuschnitts.[23] Das legt die Vermutung nahe, der Hexenwahn habe doch etwas mit der Eigenart des Puritanismus zu tun gehabt.

X. Kapitel

RELIGIÖSE DISSIDENTEN

Auch wenn in der Geschichtsschreibung oft genug genau das Gegenteil von dem formuliert worden ist, was bis dahin als herrschende Meinung gelten durfte, so ist dennoch bislang niemand auf die Idee gekommen, die Neuengländer des 17. Jahrhunderts als tolerant zu bezeichnen. Dies wäre in der Tat ein schwieriges Unterfangen. Als ein amerikanischer Schüler die Frage beantworten sollte: »Warum kamen so viele Christen nach Amerika herüber?«, antwortete er geradeheraus: »Um Gott auf ihre Weise zu dienen und andere ebenfalls dazu zu zwingen.«

Wer nicht für mich ist, ist gegen mich. Puritaner zitierten das Wort Gottes, wenn es um Fragen der Toleranz ging. »Es ist kein Platz unter seinen Heerscharen für Toleratoristen«, erklärte Edward Johnson kategorisch. John Cotton verfaßte eine wütende Schmähschrift gegen Brownisten, Antinomier, Arminianer und andere Dissidenten. Als Anabaptisten ihre puritanischen Mitbürger um Duldung baten, stießen sie auf ungläubiges Staunen. Denn ein eingefleischter Puritaner war unumstößlich davon überzeugt, die richtige Religion gewählt und die Reform nicht aus Zufall durchgeführt zu haben. In den puritanischen Gemeinden gab es kaum Skrupel, religiöse und soziale Abweichung durch die Ausübung von Druck und durch strafrechtliche Maßnahmen zu unterbinden. *Coercion* war göttlicher Wille. Notfalls traf den Dissidenten die Verbannung oder die Todesstrafe. Der Nonkonformist wollte keine neuen Nonkonformisten dulden, der Separatist keine weiteren Separatisten. Die Sektierer in Plymouth gingen gegen separate Gruppenbildungen mit Härte und mit Perfidie vor. Als zwei Männer namens Oldham und Lyford damit begannen, Anhänger um sich zu scharen und Grüppchen zu bilden, hielt Bradford das für pervers. Ihre Briefe nach England wurden abgefangen. Lyford hatte sich offenbar darüber beschwert, daß nur Kirchenmitglieder als volle Menschen behandelt wurden und darüber nach England berichtet. Außerdem war bekannt geworden, daß er sonntags konspirative anglikanische Gottesdienste abhielt. Beide Männer wurden ausgewiesen. Sie kamen zurück, zeigten Reue, fielen aber bald wieder in Ungnade. Lyfords Vorleben wurde ausgegraben, in Irland soll er ein Mädchen vor der Ehe »befleckt« haben. Göttliche Vorsehung, schrieb Bradford, habe diesen Umstand den Pilgervätern zur Kenntnis gebracht; der Verschwörer wurde damit unter Druck gesetzt.[1]

Einen schwunghaften Handel mit Pelzen gegen Waffen und Alkohol betrieb Thomas Morton. Daß er das königliche Waffenembargo gegen Indianer brach, hätte man ihm noch verzeihen können, nicht aber, daß er ein lustiges Dasein führte, soff und sang, am Mount Wollaston einen Maibaum errichtete und seine Genossen aufforderte, seine Lebenslust zu teilen, zu trinken, fröhlich zu sein und sich Hymens Freuden zu ergeben.

Für Bradford war die Gesellschaft unter dem Maibaum am Merrymount – das heutige Mount Quincy in Massachusetts – eine Schule des Atheismus und Morton ein »Lord of Misrule«. 1628 entsandte er Häscher unter Miles Standish, um den wohl einzigen Libertin des kolonialen Neuengland zu ergreifen und auszupeitschen. Thomas Morton hat sich über die humorlosen Pilgerväter weidlich lustig gemacht. In seinem Buch *New English Canaan,* 1637 wohlweislich in Amsterdam erschienen und heute eine Rarität, verspottete er seine Verfolger, denen er einmal im Dunkeln entwischt sein will, so daß sie mit den Köpfen zusammenstießen wie Hammel und sich vor Wut die Haare ausreißen wollten, »aber es war so kurz, daß sie keinen Halt fanden«.

Morton war nicht der objektivste Berichterstatter über seine zehn Jahre in Neuengland, aber immerhin ein Außenseiter, der nicht die Rücksichten eines Sektenmitglieds nehmen mußte. Er glaubte, die Separatisten hätten ihn aus Neid verfolgt, weil er mit Indianern gut auskam und weil das Geschäft mit Biberfellen florierte. Auf weite Strecken ist sein Buch eine scharfe Anklage gegen die Politik der Pilgerväter. Von der amerikanischen Geschichtsschreibung wurden diese Anklagen gerne als Satire hingestellt, auf daß der Mythos von der »Mayflower« nicht beschädigt werde. Morton berichtete, ein Siedler sei von Separatisten verschleppt, terrorisiert und ohne Ausrüstung auf einer Insel ausgesetzt worden, wo er umgekommen wäre, hätten Indianer ihn nicht gerettet. Der Massachusetts-Indianer zeige mehr Menschlichkeit und Erbarmen, meinte Morton, als die Christen, die einmal einem bankrotten Händler die letzten Habseligkeiten wegnahmen und ihn für verrückt erklärten. Aus der Religion werde eine »great shew« gemacht, aber hinter den Predigten der Frommen stünde keine echte Nächstenliebe.[2]

Roger Williams

In Geschichtsbüchern zur Kolonialzeit wird ein Mann als unerschrockener Verteidiger des Toleranzgedankens und Gegner der puritanischen Orthodoxie gepriesen: Roger Williams. Daß Williams in Massachusetts »seltene Meinungen« entwickelte und diese Meinungen in die Tat umsetzte, war auch Bradford im benachbarten Plymouth zu Ohren gekommen. Die Nachwelt hat Williams zu einem Apostel religiöser Toleranz erhoben, vor allem auf der Grundlage seiner Schrift *The Bloudy Tenent* (1644), worin geschrieben steht, auch Heiden, Juden oder Türken sei freie Religionsausübung zu gestatten.[3] John Cotton entgegnete in *The Bloudy Tenent, Washed* (1647), »turbulent and pestilent persons«, die den öffentlichen Frieden stören, sei Toleranz zu verweigern, was Williams wiederum zu einer Entgegnungsschrift mit dem Titel *The Bloudy Tenent yet more Bloudy* (1652) herausforderte.

Roger Williams schien die moderne, aufgeklärte Position zu vertreten. Tritt man der Begründung seiner Toleranzidee näher, wird man eines Besseren belehrt. Er war nämlich der Ansicht, es sei ganz zwecklos, sich mit Heiden zu befassen, denn diese lebten in einem Naturzustand, also unregeneriert, seelisch tot und überhaupt nicht zu beeinflussen. Die Prädestination ließ eine Einflußnahme nicht zu, und zwar weder in der einen noch in der anderen Richtung. Heiden konnten nicht christianisiert, Christen von Heiden nicht in die Sünde hinabgezogen werden. Bis hierher war Roger Williams vom rechtgläubigen Puritanismus gar nicht so weit entfernt. Nur, er trat für eine radikale Trennung zwischen den Angelegenheiten der Wiedergeborenen und der Unregenerierten ein. Als der Magistrat anordnete, auch Unregenerierte hätten einen Eid auf die Obrigkeit abzulegen, war Williams dagegen. Der Eid sei heilig, die Wiedergeborenen würden sich bei einer Einbeziehung von Unregenerierten beschmutzen. Beide Gruppen sollten nicht einmal gemeinsam beten.

Dagegen war Cotton der Meinung, man könne auch »natural men« dazu überreden, auf dem Pfad der Tugend zu wandeln, ihre Sünden begingen sie nicht aus dem Gewissen heraus, sondern aus Unkenntnis. Die Obrigkeit mußte Irrende und Blinde ermahnen, notfalls bestrafen. Hatte nicht Calvin gelehrt, daß jeder für seine eigenen Sünden verantwortlich war? Williams hielt das für absurd. Die Obrigkeit vertrete notgedrungen Heilige und Unheilige und habe deshalb tunlichst von religiösen Dingen die Finger zu lassen.[4] In Fragen der Religion habe der Magistrat keine Autorität, könne zum Beispiel nicht auf der Einhaltung des Sabbats bestehen. Verstöße gegen die erste Tafel der Zehn Gebote könne der Staat nicht ahnden. Auf der ersten Gesetzestafel standen nach damaliger Auffassung die Gebote, nur einen Gott zu haben, sich kein Bild von ihm zu machen, seinen Namen nicht zu mißbrauchen und den Feiertag zu heiligen. Williams wollte somit dem Magistrat wichtige Kompetenzen nehmen und versteifte sich auf seine Ansicht: »Erzwungene Anbetung stinkt in Gottes Nasenlöchern.«

Aus Salem hatte er ein Angebot vorliegen, dortselbst Geistlicher zu werden. In Boston wurde man aktiv, manipulierte Briefe, drohte den Bewohnern von Salem mit Landentzug. Williams wurde wieder entlassen, obendrein waren seine Vorstellungen vom Sabbat auch in Salem nicht ganz geheuer. Der General Court in Boston beschloß, ihn nach England zu deportieren. Ehe es dazu kam, zog er an die Narrangansett Bay, gründete 1636 mit Providence (Rhode Island) sein eigenes Gemeinwesen, später wurde er Baptist, dann Seeker.

Roger Williams war ein exemplarischer Fall von geistiger und geographischer Wanderung. Zwischen die Fronten geraten, hatte er sich eine Weile in Plymouth aufgehalten, war aber »etwas abrupt« wieder verschwunden, wie Bradford leicht konsterniert feststellte. Seiner Verbannung hat Williams positive Seiten abgewonnen: „Verbannung ist in diesem Land nicht so sehr eine Beschränkung als eine Erweiterung«, denn an jedem neuen Ort fanden sich größere Wahlmöglichkeiten, als an dem, den man gerade hinter sich gelassen hatte. »Es hat dem Allmächtigen gefallen«, schrieb er rückblickend, »mich auf Adlerschwingen durch große Mühen, große Gefahren und große Leiden zu tragen«.[5]

Eine Säkularisierung strebte er nicht an, mit den zeitgenössischen Levellers in England hatte er nichts gemein. Privatbesitz mußte sich bei Williams am Ideal des Gentleman orientieren. Das Wahlsystem in Providence gab jedem Familienoberhaupt eine Stimme, politische Rechte genoß nur der Hausvater, nicht Weib oder Gesinde. Die Frauen von Salem hatte er davon überzeugt, gemäß der Bibel Schleier zu tragen. Radikal war er insofern, als er der Obrigkeit absprach, das Leben der Seele zu regieren. In Providence freilich, wo er selbst die Obrigkeit war, ist von diesem Grundsatz wenig übriggeblieben; er führte ein strenges Regiment. Am Ende hat er seine toleranzträchtigen Ideen praktisch widerrufen. Es stimme zwar, daß jedermann Gewissensfreiheit habe, daß Papisten und Protestanten, Juden und Türken ihre eigene Art von Religion ausüben könnten; wer sich aber in ein Gemeinwesen begebe, müsse sich dem dort herrschenden Glauben anschließen und das Oberhaupt der Gemeinde habe für Ruhe, Ordnung und Nüchternheit zu sorgen.

Thomas Hooker, der gegen Roger Williams aufgetreten war, entschloß sich ein Jahr später, 1636, selbst zum Exodus. 1633 war er nach Massachusetts gekommen, Pastor und Teacher in Newtown geworden, ein eminenter Kopf, dessen posthum erschienener *Survey of the Summe of Church Discipline* (1648) zu den eindrucksvollsten puritanischen Texten zählt. Es hatte Streit mit John Endecott gegeben, und auch John Winthrop war er in die Quere gekommen, weil Hookers Vorstellung einer »freien Zustimmung des Volkes« Winthrop zu weit ging. Warum er sich knapp drei Jahre nach seiner Ankunft aus der Bay Colony davonmachte, kann nicht mehr ganz aufgeklärt werden. Die Geschichtsschreiber sprechen von gefühlsmäßigen, politischen und intellektuellen Gründen. Hooker gründete Hartford am Connecticut River, dazu die Ortschaften Windsor und Wetherfield und legte in den *Fundamental Orders* von Connecticut seine politischen Vorstellungen nieder.[6]

Möglich, daß Hooker die Gründe für seinen Exodus absichtlich verschleierte. Wahrscheinlich ist jedoch, daß er spezifische Motive gar nicht anzugeben wußte. Eine »Neigung ihres Geistes« machten er und seine Kompagnons geltend, als habe es sich um einen Drang gehandelt, dem man nicht widerstehen konnte. Auch über ein Abwanderungsverbot hätten sie sich letzten Endes hinweggesetzt.

Anne Hutchinson

Zu einer ernsthaften Krise wuchs sich ein Jahr später die Auseinandersetzung um eine Frau aus, die man die erste starke Tochter Amerikas genannt hat oder eine amerikanische Isebel, nach dem Bibelvers in der Offenbarung: »Aber ich habe wider dich, daß du lässest das Weib Isebel, die da spricht, sie sei eine Prophetin, lehren und verführen meine Knechte, Hurerei zu treiben und Götzenopfer zu essen.« Anne Hutchinson hat keine eigenen Zeugnisse hinterlassen; man muß sich bei der Schilderung ihres Falles an die Aussagen anderer halten.

Von ihren Gegnern wurde sie als hochmütig und aufbrausend geschildert, aber auch als intelligent, energisch und mutiger als Männer. Anne Hutchinson war 1634 nach Boston gekommen. Vier Jahre später wurde sie aus der Kolonie verbannt. Die Vorgänge um ihre Person und um ihren Schwager John Wheelwright sind als die »Antinomische Krise« in die Geschichte des Puritanismus eingegangen. Ein Antinomier war jemand, der sich gegen das göttliche Gesetz stellte. Der Gesetzesbruch von Anne Hutchinson bestand einmal darin, in ihrem Haus eigene Meetings abzuhalten. Anne Hutchinson war als Hebamme mit einer ganzen Reihe von Gemeindemitgliedern näher bekanntgeworden. Wöchentlich versammelten sich sechzig bis achtzig Personen bei ihr. Dies allein hätte genügt, die Obrigkeit zum Einschreiten zu bewegen. Der Magistrat bewertete die »Mistris Hutchinson« als »dux femina facti«, als weibliches Oberhaupt einer Splittergruppe. Zudem wußte man von Spitzeln, daß bei den Meetings ketzerische Meinungen fielen, die vom religiösen in den politischen Bereich hinüberreichten. Hutchinson behauptete, sie könne auf direktem Wege mit Gott in Verbindung treten. Damit war sie als »Enthusiast« abgestempelt, und der Affront nicht nur gegen die Geistlichkeit sondern auch gegen das Wort Gottes war geschaffen. Wer glaubte, zur göttlichen Wahrheit nicht durch gelehrte Argumente, durch heilige Bücher und Ableitungen logischer Art vordringen zu können, sondern durch göttliche Weisungen von innen, durch Inspiration, der glaubte nicht richtig, denn er verstieß gegen die Gesetze der Bibel, der Vernunft, der Kirche und der Massachusetts Bay Colony. Gott gab nach orthodoxer Auffassung keine persönlichen Instruktionen mehr. Die Zeit der Offenbarungen war vorbei. Selbst die Pfarrer, sagte Calvin, hatten ihre Autorität ausschließlich aus der Bibel zu beziehen. »Sollten sie sich jedoch irgendwann einmal von diesem Wort abkehren, um eigenen Hirngespinsten zu folgen, so dürfen sie nicht mehr als Pfarrer gelten. Sie sind dann vielmehr reißende Wölfe, die man jagen muß!«[7] So geschah es mit Pfarrer Wheelwright, der aus der Kolonie verbannt wurde, noch ehe man seiner Schwägerin Anne Hutchinson den Prozeß machte.

Hutchinsons zweites Vergehen war die Behauptung, die puritanischen Geistlichen seien mit Ausnahme eben ihres Schwagers und John Cottons keine echten Saints, denn sie predigten einen *covenant of works* und nicht einen *covenant of grace*, mit anderen Worten, sie stellten irdischen Erfolg über die Gnade. Ein Mann namens Greensmyth erhielt wegen derselben Behauptung eine Geldstrafe von 40 Pfund. Anne Hutchinson kam nicht so billig davon. Im November 1637 wurde sie mit den gegen sie erhobenen Vorwürfen konfrontiert. Ob es um Gewissensfragen gehe, fragte Hutchinson. Es gehe nicht um ihr Gewissen, sagte der Magistrat, sondern um die von ihr angesetzten Meetings, die außerhalb des Gesetzes lägen.

Hutchinson: »Welches Gesetz wurde durch sie verletzt? Das Gesetz Gottes?«

Magistrat: »Ja, das fünfte Gebot, das uns aufträgt, Vater und Mutter zu ehren.«

Damit waren die Väter des Commonwealth gemeint. Anne Hutchinson setzte sich mit einer Bibelstelle zur Wehr, in der es hieß, die Älteren sollen die Jüngeren unterweisen. Der Magistrat erwiderte, diese Regel bezöge sich nicht auf Frauen. Hutchinson versetzte, Frauen dürften sehr wohl Frauen unterweisen. Nein, sagte das Gericht, das Schweigegebot für Frauen sei generell.

Hutchinson: »So Gott mir die Gabe der Prophetie verleiht, darf ich sie nutzen.«

Der Magistrat erklärte, es reiche aus, wenn sie diese Gabe ihren Kindern zugutekommen lasse. Die Angeklagte erlitt an diesem Punkt einen Schwächeanfall. Man erlaubte ihr, sich hinzusetzen. Am Ende wurde sie mit Verbannung bestraft und dem Marshall überstellt.[8]

Anne Hutchinson war nicht auf den Mund gefallen. Zeitgenossen bescheinigten ihr »eine sehr flinke Zunge«. Als Gouverneur Winthrop ihr beweisen wollte, daß Frauen keine Meetings abhalten dürften – »not fitting for your sex« –, antwortete sie ihm mit Bibelzitaten, die das Gegenteil aussagen, und als Winthrop nicht nachgeben wollte, fragte sie zurück: »Muß ich erst zeigen, daß mein Name drinsteht?« Auf die Frage, woher sie denn wisse, ihre Inspiration von Gott und nicht vom Satan zu beziehen, erwiderte sie schlagfertig: »Woher wußte Abraham, daß es die Stimme Gottes war, als er ihm befahl, seinen Sohn zu opfern?«

Zum Widerruf war sie nicht bereit, obwohl man ihr während des Verfahrens eine Brücke gebaut hatte. Kaum war sie in einem Punkt entlastet – *covenant of works* – brachte sie selbst ohne Notwendigkeit eine neue Häresie ins Spiel, die direkte Offenbarung. Ihr Mentor John Cotton, der mit seiner Lehre von der natürlichen Vernunft selbst in der Nähe des »Enthusiasmus« stand, ließ sie am Ende fallen. Eine Rettung hätte es für sie wohl kaum gegeben, denn obendrein war sie noch Mortalistin und glaubte an ein Absterben der Seele mit dem Körper. Im Hintergrund der Krise waren Eifersüchteleien unter der Geistlichkeit zu erkennen. Der erste Pastor John Wilson sah sich einer wachsenden Opposition gegenüber, Cotton war beliebter, galt als der bessere Prediger. Womöglich ging das Gespann Winthrop/Wilson gegen Anne Hutchinson vor, um John Cotton in die Schranken zu verweisen. Winthrop hatte ohnehin ein eigenes machtpolitisches Motiv. Dreimal war er als Gouverneur nicht wiedergewählt worden. Ein Neuankömmling, Henry Vane, war an seine Stelle getreten; er nahm an den ominösen Meetings im Hause Hutchinson teil. An die Macht zurückgekehrt, wollte Winthrop reinen Tisch machen. Die Gemeinde versuchte, Fremdlinge in den Griff zu bekommen. Ab jetzt durfte niemand länger als drei Wochen ohne Erlaubnis des Magistrats in den Kolonien weilen. Die Angst vor einem Volksaufstand klang durch. Schwager Wheelwright hatte sich gefährlich kämpferisch in Szene gesetzt: »Wir müssen unsere Lenden gürten und bereit sein zum Kampf.« Antinomier störten im Gottesdienst Pastor Wilson mit Zwischenrufen und Fragen und verließen das Meetinghaus während der Predigt. Schwester Hutchinson, meinte einer ihrer Anhänger provozierend, predige das Evangelium wesentlich besser als die Schwarzröcke von der »Ninniversity« (etwa: Dummiversität). Nach dem Prozeß mußten 59 Bostoner ihre Waffen abliefern.[9]

Hutchinson wurde zweifach beklagt: in einem kirchlichen Verfahren, das mit Exkommunizierung endete, und in einem weltlichen, das ihr die Verbannung brachte. Im zweiten Verfahren ergriff John Cotton Partei gegen die Angeklagte und unterstellte ihr, in ihren Meetings werde schmutziger Fleischeslust gefrönt. Noch sei sie ihrem Gatten nicht untreu geworden, aber dies könne nicht mehr lange ausbleiben. Ankläger und Richter in einer Person war John Winthrop, der sich weidlich über den Gemütszustand der Angeklagten wunderte, denn nach der Exkommunizierung schien sich ihre Stimmung deutlich zu heben. Hutchinson hat den Bruch mit ihrer Gemeinde wie unter einem inneren Zwang herbeigeführt und sich geweigert, durch eine vom Gericht geöffnete Hintertür zu schlüpfen. Persönlichkeitsfaktoren, die in ihrer Kindheit und ihrem Verhältnis zu ihrem Vater begründet lagen, haben wohl eine Rolle gespielt, auch die Tatsache, daß sie mit einem rechten Schwächling verheiratet war. In der Verbannung beteiligte sie sich aktiv an der Gründung von Portsmouth, erging sich aber auch in mystischen Todesgedanken. Fünf Jahre nach dem Urteil wurde sie von Indianern umgebracht.[10]

Quäker und andere

Auffällig hoch war die Zahl der Frauen, die mit der Obrigkeit Streit bekamen: Sarah Keayne, die aus der Kirche ausgeschlossen wurde; die Baptistin Catherine Scott; eine ehemalige Anhängerin von Anne Hutchinson, Mary Dyer, die man als Quäkerin hinrichtete.

In den Augen der Massachusetts-Puritaner waren Quäker gefährliche Enthusiasten, die den Primat des Wortes zugunsten von Leidenschaften und Gefühlen leugneten. Die *Religious Society of Friends* war 1647 von George Fox in England gegründet worden. Die zentrale Doktrin des »Inward Light«, die Behauptung, daß Gott in jedem Menschen wohne, wurde nicht nur von Puritanern als Gotteslästerung empfunden. Der anglikanische Dean of Worcester, George Hicks, bezeichnete Quäker als »Blasphemers of the Holy Ghoast«. Für den Neuengländer John Norton waren sie Verrückte, die man in Fesseln legen mußte, wenn sie anders nicht zu bändigen waren. Und das geschah auch.

1656 kamen die ersten Missionare der Quäker nach Neuengland und nach Virginia. In Virginia wurde wenige Jahre später »An Act for Suppressing Quakers« (1660) verabschiedet, Quäker mit Körper- oder Gefängnisstrafen belegt oder auch des Landes verwiesen. Die ersten beiden Quäkerinnen in Boston hatte man gleich bei der Ankunft festgenommen und auf Teufelsmerkmale untersucht. Bücher, die sie bei sich führten, wurden verbrannt. Das erste puritanische Quäkergesetz von 1657 sah vor, Quäker beim ersten Vergehen ein Ohr, beim zweiten das andere abzuschneiden. Quäkerinnen wurden ausgepeitscht. Beim dritten Mal sollte die Zunge mit einem heißen Eisen durchbohrt werden, ehe der oder die Beschuldigte auf eigene Kosten aus der Kolonie befördert wurde. Dieses Gesetz wurde im selben Jahr verschärft: ein Quäker, der nicht freiwillig verschwand oder aus der Verbannung zurückkehrte, wurde mit dem Tode bestraft. Ähnlich ging man in Connecticut vor.

Worin die Vergehen bestanden, war nicht ganz klar. Von der »Inner-Light«-Doktrin war in den Protokollen kaum die Rede, aber von privaten Gottesdiensten. Außerdem wurde Quäkern vorgeworfen, daß sie lange Haare trugen, sich mit »thee« und »thou« anredeten, vor dem Magistrat die Hüte nicht abnahmen und mit alledem gegen das Gebot verstießen, Vater und Mutter, nämlich die staatliche Obrigkeit zu ehren. Eine Quäkerin lief nackt durch die Straßen von Salem. Auch Cotton Mather wußte von solch frühen »Streakers« in der Quäkergemeinde zu berichten.[11]

Die Quäker haben die gegen sie gerichteten Gesetze herausgefordert und sind mit einem fast selbstmörderischen Hang nach Boston gegangen, obwohl sie in anderen Gebieten keine Bestrafung zu gewärtigen hatten. Mary Dyer kehrte aus der Verbannung zurück und verlangte praktisch, daß sie gehenkt wurde. Möglich, daß die Puritaner gezwungen werden sollten, von der Todesstrafe abzulassen, was diesfalls gelungen ist. Denn als nach den Hinrichtungen auf der Bostoner Commons von 1660 die Provokationen nicht aufhörten und nicht jeder Provokateur an den Galgen gebracht werden konnte, erließ der General Court ein neues Gesetz, den *Vagabond Act:* Quäker wurden halbnackt an einen Wagen gebunden und aus dem Ort gepeitscht. Ein Augenzeuge meinte: »Sie scheinen geduldig zu leiden und sogar eine Art Vergnügen dabei zu empfinden.«[12] Einige weigerten sich anscheinend, ins tolerantere Rhode Island zu gehen, andere fanden dort ein

Refugium. Der Gründer der Sekte, George Fox, bereiste 1672 als Missionar die Kolonien. William Penn begann 1681 sein »Holy Experiment«.

Bis zur vorrevolutionären Zeit waren die Quäker zu einer dominierenden Kraft in der Provinz Pennsylvania geworden. Warum sie in der Frühzeit von Puritanern so blutig verfolgt wurden, bleibt rätselhaft, es sei denn, man verlegt sich auf die Psychologie der kleinen Differenzen. Denn ähnlich waren sich die beiden Gruppen sehr. Auch die Quäker lehnten die kirchliche Ehe ab, das wäre für sie wie für Puritaner ein Rückfall in die verpönte Priesterherrschaft gewesen. Das »Inner Light« widersprach zwar dem kalvinistischen Grundglauben, aber es gab Puritaner, John Cotton war einer, die dieser Doktrin recht nahe kamen. Theologische und politische Motive gingen bei der Unterdrückung von Dissidenten Hand in Hand. Innere Erleuchtung hätte bedeutet, daß von den Erleuchteten ständig neue Offenbarungen behauptet werden, die Geistlichkeit entmachtet, die Religion vulgarisiert und der sozialen Anarchie Vorschub geleistet wurde. Eine innere Erleuchtung umging die Bibel. Irrtümer der Antinomier wurden stereotyp mit der Formel »This is Contrary to the Scriptures« widerlegt. Egal, ob Antinomier oder Quäker, Familisten oder Remonstranten – sie sorgten für öffentliche Unruhe und schwächten die Stellung der Pastoren.[13]

Als ein notorischer Unruhestifter galt den Puritanern Samuel Gorton, der eine Sonderform des »Enthusiasmus« vertrat. Gorton war 1637 in dem irrtümlichen Glauben nach Boston gekommen, dort herrsche Toleranz, nachdem er in England angeeckt war. In Boston wurde er bald eingesperrt und danach verbannt. Er zog weiter nach Plymouth, wo er ebenfalls bestraft und wahrscheinlich ebenfalls ausgewiesen wurde. Seine nächste Station war Aquidneck in Rhode Island. Dort peitschte man ihn öffentlich aus. Nach einem Aufenthalt in Providence, wo man ihn nolens volens gewähren ließ, nahm er hintereinander zwei Wohnsitze im Indianergebiet, doch gab es bald Streit um die Rechtmäßigkeit seines Landerwerbs. 1643 wurde er vor den Bostoner Magistrat zitiert, von Soldaten eingefangen, mit einigen Anhängern wegen Blasphemie und als Feind des Volkes Gottes zu Zwangsarbeit verurteilt. Nach seiner Entlassung im folgenden Jahr ging er nach England, ließ sich dort mit einem Zertifikat ausstatten, das der Obrigkeit in Massachusetts auferlegte, ihn in Frieden zu lassen. Er siedelte in Shawomet, das er in Warwick umbenannte. In seiner Lehre leugnete er die Trinität, die reale Existenz von Himmel, Hölle und von Hexen, er griff die seiner Ansicht nach käufliche Geistlichkeit an und wollte, daß jeder sein eigener Pfarrer war. Seine Anhänger, die Gortonisten, bestanden als Sekte noch etwa hundert Jahre.[14]

1644 verfügte der General Court von Massachusetts die Verbannung aller Baptisten. Von allen protestantischen Sekten waren eigentlich nur die Presbyterianer willkommen. Schottische Auswanderungswillige hatten angefragt, ob sie in Neuengland ihren Glauben frei ausüben könnten und ein klares Ja erhalten. Anglikaner und Lutheraner gingen den Puritanern möglichst aus dem Wege, ebenso natürlich Katholiken. Der *Maryland Toleration Act* von 1699 räumte allen christlichen Sekten Religionsfreiheit ein, in New Jersey war die Gewissensfreiheit seit 1665 festgeschrieben, ebenso in der Charter für South Carolina (1669), und Pennsylvania stand wenigstens theoretisch allen offen, die an Gott glaubten. Der englische König persönlich mahnte die Puritaner in den 1660er Jahren wiederholt an, die Glaubens- und Gewissensfreiheit in ihrer Kolonie zu garantieren.[15]

In Maryland wurden um diese Zeit Juden geduldet. Dort ist aus dem Jahr 1669 die Ehe zwischen einem jüdischen Arzt und einer christlichen Frau verbürgt. Sephardische Juden haben sich bis zur Revolution stark mit Christen vermischt, wahrscheinlich weil es kaum jüdische Frauen gab. Sepharden, 1497 aus Portugal vertrieben, kamen über England, die Karibik, vor allem aber über Brasilien in die nordamerikanischen Kolonien, manche auch direkt von der iberischen Halbinsel. Aschkenasim aus Deutschland, Polen, Holland und London wanderten erst später zu. In New Amsterdam spielte sich die erste antisemitische Affäre auf nordamerikanischem Gebiet ab. Peter Stuyvesant hatte 1654 versucht, Juden aus seiner Provinz mit dem Argument fernzuhalten, sie verlangten Wucherzinsen und übervorteilten christliche Handelspartner. Die West Indian Company ging mit dieser Maßnahme aber nicht konform. Stuyvesants Erlaß wurde kassiert. Juden durften nicht ausgeschlossen werden, allerdings wurde ihnen untersagt, öffentliche Ämter zu bekleiden, in der Miliz zu dienen oder sich im Einzelhandel zu betätigen. Außerdem mußten sie höhere Steuern entrichten[16].

Der Hauptfeind der Puritaner waren und blieben die Katholiken. Nichts sollte mehr an sie erinnern. So ließen Puritaner das »Saint« vor Ortsbezeichnungen weg. Bei einer Sitzung des General Court in Boston riß John Endecott wütend das Kreuz aus dem Emblem des Königs, weil es ein heidnisch-katholisches Symbol war. Einer der größten Scharfmacher, der Geistliche Nathaniel Ward, attackierte in den 1640er Jahren irisch-katholische Rebellen mit Worten, die nicht gerade von christlicher Nächstenliebe zeugten: »Verflucht sei ..., wer nicht sein Schwert besoffen macht mit Irenblut.« Für einen Großbrand in London machte der feinsinnige Edward Taylor in einem Gedicht die Katholiken verantwortlich, und als ein Geistlicher von Indianern nach Quebec entführt wurde, beklagte er sein Schicksal, in ein »Popish Country« verbracht worden zu sein.[17]

Die Abwanderung von Dissidenten, die der puritanischen Rechtsprechung zu entgehen trachteten, ist eine Konstante in der Kolonialgeschichte des 17. Jahrhunderts gewesen. Nathaniel Ward stellte sich naiv, schließlich hätten Familisten, Antinomier, Baptisten und andere Enthusiasten die Freiheit, »sich von uns fernzuhalten«. Am Ende der Epoche verstand es Cotton Mather ebenso kühn wie scheinheilig, der im Streit erfolgten Abwanderung eine positive Seite abzugewinnen: durch die vielen kleinen Kontroversen hätte sich die Kirche Gottes vergrößert.[18] Das war im Effekt nahe bei der Wahrheit, denn die Abgewanderten gründeten neue Gemeinden. Ein Verdienst der Orthodoxen in Boston war dies freilich nicht.

XI. Kapitel

DAS »PLUS ULTRA« AM ENDE DER WELT – DIE ANFÄNGE DES AMERIKANISMUS

Das ganze 17. Jahrhundert hindurch ließ sich eine soziale Desintegration beobachten, die nicht nur materielle Ursachen hatte. Die Bewohner der Massachusetts Bay Colony kamen aus verschiedenen englischen Regionen, aus Lincolnshire, Essex und London. Regionale Rivalitäten setzten sich in der Kolonie fort und wurden dort zwischen Charleston und Boston oder zwischen Boston und dem Essex County ausgetragen. In Plymouth waren die Nachbarn untereinander in »constant bickering« – einem ständigen Hickhack – befangen. Englische Besucher und Reisende haben wiederholt berichtet, wie zerstritten die Kolonisten unter sich waren. Die »contention«, der Wetteifer oder der Streit, wurde spätestens in der zweiten Generation zu einem auffälligen Merkmal, und die Siedler sahen sich in zahllose Streitigkeiten über alle möglichen Fragen verwickelt. Increase Mather stellte in seiner Predigt »The Day of Trouble is Near« (1674) als Hauptkennzeichen des Verfalls die Zwistigkeiten unter den Kolonisten heraus. Weltweit häuften sich die Anzeichen für das Nahen des Weltuntergangs; im eigenen Land erschien der King Philip's War (1675) als sicheres Indiz. Increase Mathers Sohn Cotton rechnete mit der Apokalypse für das Jahr 1692 oder 1697 und meinte, es sei hohe Zeit, daß seine Brüder aufhören, aufeinander einzuhacken, »ein in sich geteiltes Haus kann nicht stehen«.[1] Die Wirkung solcher Ermahnungen und Jeremiaden ist zweifelhaft. Kolonisten erwiesen sich mehr und mehr als »sermon-proof«, als immun gegen Predigten.

Über die Gründe für den Niedergang des Puritanismus sind in der Geschichtsschreibung die verschiedensten Vermutungen angestellt worden. Manche sagen, die Puritaner hätten zu wenig Missionseifer an den Tag gelegt und zu sehr auf ihren eigenen Nachwuchs vertraut. Demnach hätten sich die Puritaner zu einer Art

Stammeskultur entwickelt, die alles ausschloß, was ihr nicht eigentümlich war. Am Ende seien sie ihrem eigenen Abwehrmechanismus gegen eine unerwartet heterogene Gesellschaft zum Opfer gefallen, in der ein isolierter Stamm nicht überleben konnte. Das ist höchstens die halbe Wahrheit. Denn es gab Gegenbeispiele, wie isolierte Gruppen in Amerika langfristig überlebt haben. Wichtiger für die weitere Entwicklung war das Gegenstück zur sozialen Konzentration, die soziale Dispersion. In Plymouth unternahmen Siedler noch vor 1630 Vorstöße nach Duxbury und nach Cape Cod. 1640 tauchte der Plan auf, Plymouth ganz aufzugeben und woanders neu anzufangen. Die Führung der Kolonie sah sich außerstande, die einsetzende Tendenz zur Abwanderung dauerhaft zu stoppen. Der Magnetismus, den freies Land auf Siedler ausübte, war übermächtig. Zum anderen waren Siedler zum Abwandern disponiert, zumindest gab es einen Konflikt zwischen Bleiben und Gehen, und dieser Konflikt läßt sich seit den Anfängen Neuenglands nachweisen.[2]

Im Juni 1630 waren Winthrop und seine Leute in Massachusetts gelandet. Im September hatten sie sich bereits auf sieben Gemeinden verteilt, außer Boston waren das Charleston, Roxbury, Watertown, Dorchester, Medford und Sangus. Noch blieb die Abwanderung unter Kontrolle. Niemand durfte sich in den sieben Gemeinden ohne Erlaubnis des Magistrats niederlassen. 1636 kam ein Verbot heraus, weiter als eine halbe Meile vom Meeting House entfernt zu siedeln. Trotzdem entwickelte sich der Hang, die Gemeinde oder überhaupt die Halbinsel hinter sich zu lassen. Als die wirtschaftliche Lage 1640 kritisch wurde, wollte Thomas Hooker nicht einsehen, warum ein Mensch ausharren sollte, bis ihm das Dach auf den Kopf fiel. Ab 1642 ergab sich eine regelrechte Flucht aus der Kolonie, wie Winthrop mit Mißvergnügen in sein Tagebuch schrieb. Bei vielen hätten wirtschaftliche Engpässe eine »unstete Gemütsverfassung« erzeugt und den Glauben, in der Kolonie nicht existieren zu können; »und demgemäß begannen sie davonzueilen.« Sie setzten sich auf die Westindischen Inseln ab, nach Long Island, oder gingen zurück nach England. Winthrop machte kein Hehl aus seiner Meinung, daß diese Abwanderung etwas Irrationales an sich hatte, denn viele gerieten genau in das Elend, aus dem sie zu fliehen wähnten. Die Abwanderungswilligen ließen sich von derlei Vorhaltungen nicht abschrecken, »und suchten mit allen Mitteln nach einer offenen Tür, um hinauszukommen«. Wir stehen somit bereits in der ersten Kolonistengeneration vor dem Phänomen der *second migration,* der Fortsetzung der transatlantischen Migration auf dem Kontinent. Durch die Abwanderung aus England waren Familienbande zerrissen, andere soziale Bindungen abgetrennt worden. Dieser Prozeß ging weiter. Die Väter verließen ihre alten Berufe, die Söhne verließen die Väter, die Dienstboten hatten alles andere im Sinn, als ein Leben lang treu in einem Haushalt zu dienen. »Jeder für sich«, klagte ein standfester Puritaner bereits 1657, »wenig Sorge um das öffentliche oder gemeine Wohl«.[3] Eine Gruppe von Puritanern setzte sich 1695 aus Dorchester in Massachusetts ab und gründete Dorchester in South Carolina.

John Winthrop sprach gern von Kommunalität und vom Gemeinschaftsgeist. Seine eigenen Söhne waren über die ganze Welt verstreut. In seinem Tagebuch mußte er durchgängig von Eifersüchteleien im Magistrat, von Eigennutz und Meuterei, von mißbrauchter Freiheit berichten. Das Ideal von der verschworenen Gemeinschaft in einer City-upon-a-Hill bröckelte und machte einem anderen Paradigma Platz, der »amerikanischen Tradition, die befleckte Gesellschaft zu erlösen, indem man sich in die Einsamkeit zurückzieht«.[4] Vielleicht hat John Winthrop nie wörtlich an die Verwirklichung eines idealen Gemeinwesens geglaubt, vielleicht hat er mit seiner Vision nur versucht, die rauhe Wirklichkeit korrektiv zu beeinflussen.[5] Umgekehrt waren aber die zentrifugalen Kräfte in seinem Gemeinwesen stärker als er ahnen konnte. Die schrittweise Eroberung des Profanen an einem geheiligten Ort und zu einer geheiligten Zeit – nur in Amerika können Eschatologie und Chauvinismus als Verbündete auftreten.[6] Die Bewohner des puritanischen Boston begriffen ihre Stadt als Rom, Quebec sahen sie als Karthago, das zu erobern war, die verhaßten Papisten galt es zu vertreiben. Im Puritanismus liegen die Ursprünge des Amerikanismus.

Die Angleichung der kalvinistischen Lehre an die Bedingungen der Neuen Welt bereitete den Beginn eines Zeitalters vor, das von Ralph Waldo Emerson den Namen »Zeitalter der ersten Person Singular« erhielt. Es bedurfte dieser Angleichung, denn puritanische Theologie und Lebenshaltung geben eine direkte Ableitung von Vereinzelung oder Individualismus nicht her. »Gesellschaft ist in allen menschlichen Belangen besser als Einsamkeit«, hatte John Cotton gesagt. Hinter dieser Äußerung stand die protestantische Ablehnung von Einzelgängern und Eremiten, die in der Einsamkeit nach menschlicher Vollkommenheit suchten. Der kalvinistische Puritanismus zielte gerade mit einem seiner Hauptdogmen, der Konversion, Schritt für Schritt darauf ab, durch die Erkenntnis der eigenen Sündhaftigkeit und die Wahrnehmung göttlichen Zorns in einen Zustand der Verzweiflung zu geraten, in diesem Zustand die Gnade zu erfahren und nach einer Wiedergeburt eine Natur neuer Qualität anzunehmen. Nach der Wiedergeburt sollte der Mensch frei sein von Selbstliebe, Eigenstolz und Egoismus. In wissenschaftliche Begriffe übersetzt, geht die Konversion so vonstatten: Die Person internalisiert das Über-Ich als Gnade, überträgt die Selbstliebe auf Christus und auf Mitmenschen und lenkt die Aggression gegen das Über-Ich auf das eigene Ich um. Die Folge dieses psychodynamischen Prozesses für die Gruppenpersönlichkeit ist ein starkes Über-Ich, das in der puritanischen Gesellschaft seinen Ausdruck findet in der Betonung von Moralismus und Legalismus; einem schwachen Ich, das sich zur Umwelt demütig verhält; der Verpflichtung auf Kommunalismus und die Unterwerfung unter den Gruppenzwang; Obrigkeitsgläubigkeit und Selbsterniedrigung.[7] Von der Mechanik der religiösen Praxis her läßt sich eine individualistische Lebenshaltung also mitnichten ableiten. Wichtige Elemente der puritanischen Theologie und Stichproben aus persönlichen Dokumenten weisen eher auf starke als auf schwache Objekt- oder Sozialbeziehungen hin.

Im ersten Band von Perry Millers Werk über Neuenglands Ideenwelt, der den Titel *The Seventeenth Century* trägt, wird die statische Struktur puritanischen Denkens vorgeführt. Im zweiten Band dann, *From Colony to Province,* widmet Miller sich der Kinetik der Gemeinden, die aus den Realitäten der neuenglischen Geschichte erwuchs, »Bewegung als Resultat unausgewogener Kräfte«. Die Bewegung entsprang dem Auswanderungsentschluß von Personen, denen in den Augen von John Milton nur die Weite des Ozeans »und die wilden Einöden von *America*« blieben, um ihr Leben nach eigenen Vorstellungen zu gestalten. Das Pilgerdasein war die Bestimmung der Gruppe und wurde zur Bestimmung jedes einzelnen. »Für jeden puritanischen Heiligen hatte das Vordringen in die Wildnis ein inneres und privates Ziel. Es war eine Reise der Seele zu Gott, die Pilgerfahrt des Gläubigen durch die Wildnis der Welt zur Erlösung. In diesem Sinn war das puritanische Wagnis vor allem eine Sache persönlicher Selbstvergewisserung.« Die Vision von einer Neuen Welt, so wie sie von den Puritanern als Gruppe unterhalten wurde, schloß eine Stärkung des Individualismus nicht aus.[8]

Irdische Grenzen spielten da keine Rolle mehr: »Es wird ein Plus Ultra geben am Ende der Welt«, formulierte Pfarrer Samuel Lee in seiner Schrift *The Joy of Faith* (1687). Wer sein Herz an irdische Güter hängte, konnte ein als Pilgerfahrt begriffenes Leben nicht durchstehen. »Kein Vertrauen darf man setzen in die Dinge dieser Welt, keine Zuversicht an materielle Vorrichtungen knüpfen.« Cotton Mather hatte für die Reliquien des katholischen Glaubens, für die Zähne der heiligen Apollonia, die gegen Zahnweh helfen sollten, nur Sarkasmus übrig. Objekte störten auf der Wanderschaft, der Weg mußte frei sein. »Hier ist ein Volk«, rühmte sich Edward Johnson vor dem Herrn, »das nicht nur betet, sondern für Dich kämpft, auf daß der große Block aus dem Weg geschafft wird.« Die Absicht der Objektbeseitigung fand sich auch bei John Ball und anderen englischen Reformatoren, aber in Neuengland konnte weggeräumt werden, was in England als Hindernis liegen blieb. Hinter der Theologie wird ein elementares Bedürfnis erkennbar, die Bereitschaft zum Objektverzicht. Menschliche Verderbtheit sollte im puritanischen Glauben durch Trennung überwunden werden, Trennung vom Ich, von der Welt, von der Menschheit. Im Vergleich zu den Engländern wurden die Kolonisten als Antwort auf ihre Umgebung »schlagfertig und unstet«, der »go« eines neuen Landes drang in ihr Leben, die Beziehungen zu Personen und Menschen schwächten sich ab. Sie waren bloß noch Spuren im Sand, meinte Thomas Hooker ohne Bedauern.[9]

Cotton Mather versuchte John Winthrop als einen amerikanischen Nehemia aufzubauen. Nehemia ist ein Musterbeispiel für den sich ständig wiederholenden Exodus in den Geschichten des Alten Testaments: Noah, Abraham, die Flucht der Hebräer aus Ägypten. Die ersten Christen ließen das heidnische Rom hinter sich, die Puritaner suchten das römische und das anglikanische Joch abzuschütteln. Der *Nehemiah Americanus* in der Gestalt von John Winthrop sollte zum Leitbild der amerikanischen Erfahrung werden. Winthrop, der Erbauer eines neuen Jerusalem, stand auf verlorenem Posten, wenn seine Brüder ihre Abwanderungswünsche anmeldeten. Hilflos mußte William Bradford dem Expansionsdrang seiner Leute zusehen, die die Grundstücke um sich herum immer größer machten: »Dadurch verstreuten sie sich schnell über die ganze Bucht, und der Ort, in dem sie bis dahin kompakt gelebt hatten, dünnte sich aus und wirkte in kurzer Zeit fast verlassen.« Die »fissiparen Tendenzen« der ersten Kolonisten, also die Neigung, sich durch Teilung zu vermehren, ließ sich bei fast beliebigen Anlässen in die Tat umsetzen. Bewohner von Sudbury konnten sich 1655 mit dem Vorschlag einer großzügigeren Landverteilung nicht durchsetzen, worauf sie in acht Meilen Entfernung den Ort Marlborough gründeten. Cotton Mather verglich die Kolonie mit einem übervölkerten Bienenstock, dessen Immen alsbald ins ganze Land ausschwärmten.[10]

Die Ursachen für innere und äußere Rastlosigkeit können in der Kindheit liegen. Aus den Viten der Separatisten und ausgewanderten Puritaner ergeben sich starke Anzeichen für Entwicklungsstörungen. So war der Vater von Thomas Dudley, zeitweilig Gouverneur der Massachusetts Bay Colony, gefallen; Dudley wuchs als Waise im Haus des Earl of Northampton auf. Simon Bradstreet wurde mit 14 Jahren in die Familie des Earl of Lincoln aufgenommen, nachdem sein Vater gestorben war. Theophilus Eaton verlor früh den Vater, dann die Mutter, und mußte für seine Geschwister sorgen. Der Vater von Thomas Shepard zog in eine andere englische Stadt um, in eine aktivere Gemeinde; Shepard wurde beim Ausbruch der Pest als jüngstes Kind zu den Großeltern geschickt, die sich wenig um ihn kümmerten. Seine Mutter war seelisch gestört, sie starb, als Thomas vier Jahre alt war. Die Stiefmutter stachelte den Vater gegen den Sohn auf. Er studierte in Cambridge und erfuhr die Konversion nach einem schweren Alkoholrausch. John Cotton kam mit 13 Jahren aufs College. Sein Vater scheint sich nicht viel mit ihm abgegeben zu haben.[11]

Trennungsangst kann überwunden oder gemildert werden, indem fortgesetzt neue Trennungen gesucht und vollzogen werden. William Bradford erklärte seinen Separatismus mit den emphatischen Worten: »Jawohl, ich bin nicht nur bereit, mich für diese Sache von jedem Ding auf dieser Welt zu trennen, das mir lieb ist, ich bin Gott auch dankbar dafür, daß er mir die Kraft dazu gegeben hat ...« Bradford, als Kind verwaist, wurde von seinen Großeltern, dann von einem Onkel erzogen. Die Distanzierung von der eigenen Kindheit und den leiblichen Eltern ist ein wiederkehrendes Muster unter den Kolonisten des 17. Jahrhunderts. »Wir hatten unsere irdischen Väter«, erklärte Samuel Willard, »aber sie sind nicht Gegenstand unserer religiösen Gebete.« Für Willard wie für viele seiner Glaubensbrüder war Gott, das Transzendente, allein »an happyfying object«, ein beseligendes Objekt.[12]

Zwischen Ausgewanderten und Seßhaften tat sich eine seelische Kluft auf. Edward Johnson, 1598 in Canterbury geboren, seit 1630 in Boston, ab 1636 in Charleston, 1640 Mitbegründer des Ortes Woburn, wiederholte ironisch die

Bedenken und Vorhaltungen der in England Zurückgebliebenen: »Was, Du willst Dich nicht zufriedengeben mit Deinem hohen Jahreseinkommen, das bei aller Vernunft Dir und den Deinen doch mehr Vorteile bringt als diese ganze felsige Wildnis, in die Du Dich begeben willst, Dein Leben zu riskieren?« Die Soldaten Christi ließen sich nicht mit einem regelmäßigen Einkommen ruhigstellen, sie wollten in der Wildnis dem Herrn einen Weg bereiten und sich selbst zum »very wonder of this Age« entwickeln. Wirkliche Probleme entstanden nur, wenn man sich nicht bewegte. Sektierer wurden dadurch auf den Plan gerufen, beobachtete Johnson, wenn die Neueingewanderten eine Weile stille standen und sich anstarrten wie Schafe, die der Wolf erschreckt hat. »Wenn sie aber zur Ruhe kamen, taten sie wieder übel vor dir«, heißt es im Buch Nehemia.[13]

Wenn es je eine Gesellschaft gegeben hat, die glaubte, in einer ganz besonderen Zeit zu leben, dann war es die puritanische. Der Chronozentrismus der Puritaner drückte sich vor allem in der Erwartung einer dramatischen Änderung im historischen Ablauf aus. In Europa war die Eschatologie ein formales theologisches Konzept, ein faszinierendes Studienobjekt. Die Neuengländer dagegen meinten, an der Apokalypse des Kosmos unmittelbar teilzuhaben. In ihren Augen gab es untrügliche Anzeichen für das bevorstehende Ende *dieser* Welt.[14]

Eine wichtige Rolle spielten hierbei die Indianer. In Ecuador war ein Reisender auf Ureinwohner gestoßen, die in seinen Ohren aus dem zweiten Buch Mose zitierten. Anderswo hatte man von beschnittenen Indianern gehört. Nach herrschender Meinung waren die Indianer Juden. Und Vorbedingung für die Wiederkehr Christi war die Heimkehr der Juden. So lautete denn die Schlußfolgerung des Indianermissionars John Eliot, die Indianer würden bald nach Judäa heimkehren und die christliche Indianergemeinde Natick als eine der ersten ins Millennium eingehen. Thomas Shepard erwartete den baldigen Zusammenbruch des Türkenreichs, der Weg nach Zion war frei. Anne Bradstreet sah den Tag nahen, an dem Juden und Christen wieder gemeinsam beteten.

Das besondere am apokalyptischen Radikalismus in den Kolonien war im Vergleich zu England neben der Einbeziehung der Indianer ein neuer, optimistischer Ton. Vor dem allerjüngsten Tag brach eine Zeit des Segens an, konstruktive Arbeit konnte in der Wildnis geleistet werden, eine Bastion gegen den Teufel geschaffen, die Parusie geziemend vorbereitet werden. John Cottons Vision von 1640 war ein tausendjähriges Reich mit bekehrten Juden und einem göttlich regierten Gemeinwesen ab 1655, danach erst die endgültige Auferstehung.

In der zweiten Puritanergeneration ließ der millennaristische Drang nach, und kurz vor der Wende zum 18. Jahrhundert sprach Samuel Sewall nur noch eingeschränkt von *Phaenomena quaedam Apocalyptica.* Hinter der Jeremiade verbarg sich Optimismus. Wo in Europa über den Lauf der Welt geklagt wurde, war in Massachusetts durchgängig von der Mission eines auserwählten Volkes die Rede. Seit Winthrop unterhielt man die Meinung, der »general destruction« von

Europa gerade noch entgangen zu sein. Der Vorstoß in die Wildnis verlief nicht im Kreis von Aufstieg und Fall, er war getragen vom Fortschritts- und Eroberungsgedanken, von Vorwärtsdrang und linearer Bewegung.[15]

Der virginische Gouverneur Berkeley soll bereits 1649 eine Expedition nach dem Westen geplant haben. John Lederer, ein deutschstämmiger Arzt, erforschte um 1670 die Blue Ridge Mountains und suchte nach einem Weg zum chinesischen Meer. Insgesamt jedoch war das *pushing West* in den südlichen Kolonien weniger stark ausgeprägt als in Neuengland oder in den mittleren Kolonien. Besonders die Virginier hielten sich etwas darauf zugute, einen Hort der Bodenständigkeit und des wahren Britentums zu repräsentieren, während sich anderswo Dissidenten, Quäker, Katholiken, Unstete, Flüchtlinge, Freibeuter und Piraten breitmachten. Virginia, so hieß es selbstgefällig, würde »weder zu hoch aufsteigen noch zu tief absinken«. Auch der Süden war sozial mobil. Aber die soziale Mobilität beeinträchtigte den Familiensinn nicht. Die Familie war Organisationseinheit und Antriebsfaktor. In einem Bericht aus dem ersten Siedlungsjahr an die Virginia Company in London hieß es, man wolle geordnet und kontrolliert vorgehen, »wir raten nicht dazu, einen Pfeil abzuschießen, um einen zweiten zu suchen, sondern sie beide zu finden«. Von einer City-upon-a-Hill wollte man nichts wissen. Der Kolonist im Süden führte nicht ständig das Wort vom auserwählten Volk im Munde. Es war weniger jenseitsorientiert, sein Paradies sollte ein ganz irdisches Paradies sein, ein fruchtbarer Garten, keine Utopie für höhere Zwecke.[16] Den Süden charakterisierte eine »devotion to area«, wie sie das puritanische Neuengland nie kannte und die mittleren Kolonien wie Pennsylvania schon gar nicht.[17]

XII. Kapitel

SOZIALE VERÄNDERUNGEN IM 18. JAHRHUNDERT

Soziale Schichtung

Die britischen Kolonien hatten 1763, am Ende des Siebenjährigen Krieges, etwa zwei Millionen Einwohner, frei oder unfrei. Allein zwischen 1750 und 1776, dem Jahr der Unabhängigkeit, hat sich die Einwohnerzahl verdoppelt. Die Zuwachsraten sind im Vergleich zu Europa enorm. Von 1700 bis 1770 nahm die Bevölkerung von England und Wales um 23 Prozent zu, in Schottland um 67 Prozent, in Irland um 73 Prozent, in Nordamerika um 800 Prozent.[1] Die Zunahme erklärt sich in erster Linie aus der Einwanderung. Grundstücksspekulanten suchten energisch nach Neueinwanderern, die ihre Ländereien als Pächter besiedeln und ihre Ansprüche damit sichern sollten. Den Kaufleuten war an einer Vergrößerung des Binnenmarktes gelegen und ungeniert ertönte der Ruf nach billigen Arbeitskräften.

Das stärkste Kontingent stellten die Engländer. 1790 waren ungefähr 60 Prozent der Weißen englischer Herkunft. Als zweite wichtige Gruppe sind die presbyterianischen Scotch-Irish oder Ulsterschotten zu nennen, die sich ab 1611 in den sechs nördlichen Grafschaften von Ulster niedergelassen und besonders zwischen 1714 und 1720 nach Amerika abwanderten. Deutsche waren schon während und nach dem dreißigjährigen Krieg und im Gefolge der Kriege Ludwigs XIV. ausgewandert. Zu Beginn des 18. Jahrhunderts kamen Bauern und Handwerker aus Süddeutschland, aus dem Rheintal und aus den deutschsprachigen Kantonen der Schweiz. Die Werbekampagne von William Penn hatte ihre Wirkung getan. Vor Ausbruch der Revolution lebten 200000 Deutschstämmige in den britischen Kolonien, mehr als die Hälfte davon in Pennsylvania. Ihrer großen Zahl wegen sind in Amerika deutsche Einwanderer der Bequemlichkeit halber unter der

Bezeichnung Pfälzer (Palatines) zusammengefaßt worden, egal ob sie vom Bodensee oder vom Niederrhein stammten. Spuren einer pfälzisch-schwäbischen Mundart haben sich unter den »Pennsylvania Dutch« lange gehalten. Nicht bei allen waren europäische Einwanderer willkommen. Benjamin Franklin machte sich besonders gegen die Zuwanderung aus deutschen Ländern stark. Die »Palatine Boors« waren ihm zu unenglisch, und im übrigen vertrat er die Ansicht, die koloniale Bevölkerung würde sich auf natürliche Weise ausreichend vermehren.[2]

1732 gingen lutherische Bauern aus dem Salzburger Land, aus Wagrain, Werfen, Bischofshofen, St. Johann im Pongau, St. Veit und Gastein vor allem nach South Carolina. Den Salzburger Exulanten folgte 1734 die schlesische Sekte der Schwenckfelder. 1741 gründete Zinzendorf die Herrnhuter Niederlassung Bethlehem. Hugenottische Familien wie Delano, Devereux oder Faneuil machten sich in Amerika ansässig. Holländer gingen weiterhin ins ehemalige New Netherland, das schon 1664 in den Besitz der Engländer übergegangen war.

Die Peuplierung wurde zu einem nicht mehr genau feststellbaren Prozentsatz mit unfreiwilligen Emigranten vorangetrieben. Dies sind neben afrikanischen Sklaven und gekidnapten Kindern vor allem Sträflinge aus englischen Gefängnissen. 1717 verabschiedete das englische Parlament ein Gesetz, wonach bestimmte Kategorien von Verbrechern für sieben Jahre und mehr deportiert werden durften. Bis zum Ausbruch der Revolution wurden auf diese Weise einer Schätzung zufolge 40000 Sträflinge in die nordamerikanischen Kolonien verbracht, wobei der Hauptanteil auf Maryland entfiel. Schon vorher sind zuweilen Straftäter begnadigt worden, wenn sie versprachen, England zu verlassen. In Amerika hat man sie der Klasse der »Servants« zugeschlagen.

Die Stadt New York hatte vor der Revolution 18000, Boston 20000, Philadelphia 25000 Einwohner. 90 bis 95 Prozent der Bevölkerung lebten auf dem Lande. Die »agrarische« Mehrheit hat sich lange gehalten, erst ab 1920 lebten mehr als die Hälfte der Amerikaner in Städten.

Britische Besucher monierten in den vorrevolutionären Kolonien eine »äußerst widerliche Gleichheit«. Es gab führende Kolonisten, die dies, ins Positive gewendet, genauso sahen: »Amerika ist ein Land weder der sehr Reichen noch der sehr Armen, sondern eines, in dem ein allgemeines glückliches Mittelmaß vorherrscht.« Die soziale Wirklichkeit sah anders aus. In Maryland verfügten die obersten 10 Prozent der Einwohner über 50 Prozent, die obersten 25 Prozent über 75 Prozent des Vermögens. Für die unteren 60 Prozent der Bevölkerung blieben ganze acht Prozent. Eine »happy mediocrity« läßt sich mit Zahlen aus dem Boston der 1760er Jahre noch weniger untermauern. Dort verfügten 10 Prozent der Einwohner über knapp zwei Drittel des steuerpflichtigen Vermögens. Jeder dritte Bostoner Bürger hatte keinerlei steuerpflichtigen Besitz. Die Kolonie Virginia zeigte eine durchbildete Klassenstruktur mit einer Gentry von etwa zehn Prozent der Bevölkerung, darunter die Yeomen, dann mit etwa 30 Prozent die Weißen ohne Landbesitz und 40 Prozent Sklaven.[3]

In der vorrevolutionären Gesellschaft gehörten gut ein Drittel der Bevölkerung der Unterschicht an. Angehörige der Unterschicht konnten in die Mittelschicht aufsteigen, aber selten höher. Für Weiße gab es in der Regel Chancen, ein kleiner Farmer zu werden. Die Farmer konnten ein gewisses Prestige für sich beanspruchen. In den Volksvertretungen waren sie freilich unterrepräsentiert. Dies gilt vor allem für die Subsistenzfarmer im Gegensatz zu den großen *commercial farmers*,

Bostoner Handwerker und Farmer; Darstellung aus dem Jahr 1766

die zu einem guten Teil vom Agrarexport lebten. An der Frontier hielten sich die Klassengegensätze in Grenzen. Auch in einigen anderen Gebieten – Long Island oder New Jersey – gab es kaum Armut. Allerdings schufen Primogenitur und Fideikommiß in einigen Kolonien eine Landaristokratie mit stabilem Erbrecht. Eine Bestandsaufnahme aus dem Jahr 1787 zeigt, daß von den hundert wohlhabendsten Virginiern vier Fünftel ihren Wohlstand ererbt, nur zehn ihn selbst erworben hatten. Die starke horizontale Mobilität erzeugte sehr wohl ein Maß an vertikaler Mobilität. Der Trend verlief in Richtung größerer sozialer Ungleichheit und stärkerer Klassenunterschiede.[4]

Obwohl nicht mehr als ein Zehntel der Bevölkerung in den Städten lebte, übten die Stadtbewohner einen unverhältnismäßig großen Einfluß auf die kolonialen Angelegenheiten aus. Die Städte waren die Zentren des Wohlstands, des Handels, der Presse. In den Städten unterhielten die finanziell und politisch potenten Familien zumindest ein Stadthaus. In der Provinz New York ließen sich die Landlords eigene Kirchenstühle an den Seiten des Kirchenschiffs reservieren; das einfache Volk saß in der Mitte. In Virginia betrat der Landadel geschlossen die Kirche, und zwar erst nach Beginn des Gottesdienstes. Die Gentlemen verlangten Respekt von den weniger Privilegierten, verbaten sich unerwünschte Fragen und hielten sich das gemeine Volk mit sarkastischen Bemerkungen vom Leib. Die ungleiche Vermögensverteilung bedingte einen unterschiedlichen Lebensstil, und je weniger Prestige sich aus Titeln ableiten ließ, desto wichtiger wurden materielle, sichtbare Unterscheidungsmerkmale.[5] Die Statusprobleme der Reichen überlagerten die Existenzprobleme der Armen. Ein Bürger von Philadelphia urteilte 1767 über die Beziehungen zwischen Arm und Reich seiner Stadt, die eine Hälfte der Bürger kümmere es nicht, wie die andere Hälfte lebe.

Daß Amerika das feudale Stadium ausgelassen habe, ist ein Mythos. Der europäische Feudalismus wurde mit Änderungen transplantiert. Als schottischen Landpächtern das Weiterverpachten verboten wurde, gingen sie samt ihren Unterpächtern nach Amerika: »Wir werden einen Clan nach Amerika bringen und wenn er dort ist, muß er für uns arbeiten oder hungern.«[6] Nach den Bestimmungen eines typischen Pachtvertrags in der Provinz New York erhielt ein Pächter 75 bis 100 acres Land, zwei davon mußte er roden pro Jahr und 100 Obstbäume pflanzen, dem Landlord 18 bushel Weizen und vier fette Hennen abliefern und zwei Tage im Jahr für ihn arbeiten. Eine andere gebräuchliche Form des Pachtzinses war der Zehnte.

Die Handwerksmeister waren mehr an der Arbeitskraft interessiert als an der Ausbildung von Lehrlingen. Anders als in Europa gab es keine Gilden oder sonstige Kontrollinstanzen. Jugendliche wurden wie Wirtschaftsgüter per Inserat gehandelt, Sklaven, Dienstboten und »indentured servants« zum materiellen Besitz gerechnet. Den Tod eines Sklaven bezifferte der Plantagenbesitzer George Washington in seinen Büchern jeweils als Verlust. Begnadigte Sträflinge, darunter junge Mädchen aus England, schliefen auf dem Boden, erhielten vorwiegend Mais als Nahrung und wurden aus reiner Selbstverständlichkeit geschlagen. Wenn anerkannte Wissenschaftler die koloniale Gesellschaft als »the freest society in the world« bezeichnen[7], klingt das wie Hohn und ist doch nichts weiter als kulturelle Blindheit, die dem Mythos vom Amerika ohne feudalistische Phase entspringt.

Interne Konflikte

Auf Mythen beruht die Vorstellung, die Armen hätten sich mit ihrem Los abgefunden, die Heiligkeit privaten Besitzes geachtet, den Reichen die Freude an ihren Besitzungen gegönnt und dies deswegen, weil es allen gemeinsam um politische nicht um wirtschaftliche Macht ging. Das Gegenteil liegt offen zutage. Wenn der Besitz so weit gestreut und der soziale Friede so leicht zu erhalten gewesen wäre, dann hätten sich nicht *land rioters* in den nördlichen Kolonien zu dem hinreißen lassen, was man heute Gewalt gegen Sachen nennt. Organisierte weiße Farmer versetzten als North Carolina *Regulators* fünf Jahre lang, von 1766 bis 1771, die Kolonie in Aufruhr. In den Counties Orange, Anson und Rowan schlossen sich mindestens achtzig Prozent der Steuerpflichtigen dem Aufstand an. Neuenglische Pächter beantragten in den 1750er Jahren das Besitzrecht für gepachtetes Land, worauf der Lord of the Manor ihre Vertreibung in Gang setzte. Die Pächter wehrten sich mit Waffengewalt. »Ein Vagabundenpack«, nannte ein Grundbesitzer seine Pächter, »die auf der Flucht sind vor ihren Gläubigern und sich in den Bergen zusammengetan haben und meine flachen Grundstücke wollen, um drauf zu siedeln.«[8] Im nächsten Jahrzehnt verweigerten zweitausend bewaffnete Pächter in New York die Zahlung der Pacht und befreiten ihre Gefangenen aus dem Gefängnis von Poughkeepsie. In East Florida revoltierten 1768 griechische und italienische Siedler und Dienstboten; ihr Anführer wurde hingerichtet. Im New Yorker Dutchess County entstanden zwischen den armen Kleinpächtern und den im Luxus lebenden Gutsherren eine Reihe kleiner Aufstände. Einer der Anführer wurde, um ein dreifaches Exempel zu statuieren, erhängt, ertränkt und gevierteilt.

Schon 1743 hatte sich der spätere Loyalist Cadwallader Colden in einer *Address to the Freeholders* gegen die Reichen ausgesprochen, die ihre Güter auf nicht gerade ehrliche Weise anhäuften und keinen Sinn fürs Gemeinwohl zeigten. Der Wanderprediger James Davenport forderte die einfachen Leute von Boston auf, gegen die überkommene Macht der Besitzenden aufzustehen. Die Oberschicht witterte bei den Führern einer religiösen Erweckungsbewegung soziale Gleichmacherei und Anarchie. Das Wort Demokrat war ein gebräuchliches Schimpfwort. Über die Ulsterschotten von Pennsylvania hieß es, sie seien die »gotteslästerlichsten Demokraten diesseits der Hölle«. Die Unterschicht erkannte die Ausbeuter nicht in den fernen englischen Kolonialbeamten, sondern in der einheimischen kolonialen Elite. Die kleinen Pächter setzten in ihrem Kampf um größere soziale Gerechtigkeit manchmal auf den Beistand der Krone und der britischen Armee, ähnlich wie sich Sklaven auf den Plantagen vom englischen König die Freiheit erhofften.[9]

Klar geschiedene Interessensphären gab es nicht, aber ein kompliziert angelegtes Spannungsfeld mit gegensätzlichen Interessen von Großgrundbesitzern und Handelsaristokraten, von Herren und Pächtern, von wahlberechtigten Freisassen und

Freisassen mit weniger als vierzig Pfund Vermögen, die nicht wählen durften. Der neue Typus »Yankee« trug seine Konflikte nicht mit sich selbst aus, wie vielleicht noch der Puritaner, sondern mit anderen. In England empfahl Samuel Johnson, den Kolonien die Charters zu entziehen und sie unter die unmittelbare Hoheit des Königs zu stellen. Denn aus den kolonialen Verfassungen und aus dem kongregationalistischen Prinzip erwuchsen nur Streitigkeiten, Abspaltungen, ewige Debatten, Zwist und Parteilichkeit. Die Prinzipien der sozialen Ordnung hatten sich seit dem 17. Jahrhundert geändert. Das Eigeninteresse wurde nicht mehr gleichsam verschämt und unter der Hand, es wurde unverblümter ins Spiel gebracht. Der Vorsitzende des New Yorker Dutchess Committee of Safety plädierte unter dem Eindruck der Pächteraufstände dafür, zunächst einmal die inneren Feinde zu bekämpfen. Wo die Wachsamkeit nachließ, wurden Schlüsselpositionen rasch besetzt. In Pennsylvania zogen Deutsche und Iren ins Parlament ein und beschnitten die Machtbefugnisse der alteingesessenen Elite. Die Stützen der Gesellschaft beklagten das Erstarken von »nobodies«, von »unimportant persons« wie zum Beispiel Zimmerleuten, Schustern und Hufschmieden.[10]

Sklaverei und Freiheit

Die Wende zum 18. Jahrhundert brachte einen Aufschwung des Sklavenhandels. England durchbrach das holländische Monopol in Afrika. Ab 1698 wurde auch solchen Kaufleuten der Sklavenmarkt eröffnet, die keiner der autorisierten Handelsgesellschaften angehörten. In den nächsten zehn Jahren wurde eine Viertelmillion schwarzer Zwangsarbeiter auf die Westindischen Inseln und in die Kolonien auf dem Festland verschleppt. Englische Schmuggler ignorierten das Recht der französischen Guinea-Compagnie, jährlich 4000 Schwarze ins spanische Amerika zu liefern. 1713 räumte Spanien den Engländern in einem »Asiento« das Exklusivrecht ein, für die nächsten dreißig Jahre die spanisch-amerikanischen Besitzungen mit Sklavenarbeitern zu beliefern. Englische und neuenglische Reeder beteiligten sich mit großer Energie an diesem Geschäft. Zwischen 1680 und 1786 wurden etwa zwei Millionen schwarze Sklaven nach Amerika transportiert.[11]

Nach einer Schätzung lebten 1760 knapp 400000 Schwarze auf dem nordamerikanischen Festland, ein Viertel davon nördlich von Maryland, drei Viertel in den südlichen Kolonien. South Carolina hatte zu diesem Zeitpunkt bereits doppelt so viele schwarze wie weiße Einwohner. Bis zur Revolution erhöhte sich die Zahl auf rund eine halbe Million (Virginia 200000; South Carolina 100000; Maryland und North Carolina je 70000; New York 25000; New Jersey 10000; Pennsylvania und Connecticut je 6000; Massachusetts 5000; Rhode Island 4000). In Virginia südlich des James River kamen vier, in South Carolina 7–13, in manchen Regionen 40 Sklaven auf einen weißen Steuerzahler. Der Kaufpreis für eine Sklavenfamilie lag im Schnitt bei 36 Pfund, die Kosten für den Unterhalt bei 3–6 Pfund pro Sklave, der jährliche Profit schwankte zwischen 10 und 100 Pfund. Schwarze Sklaven waren den Indianern als Handwerker, Hufschmiede und in der Landwirtschaft willkommen. Bis zum Ende des Jahrhunderts hatten sich die Indianer des Südostens in demselben Maße an die schwarze Sklaverei gewöhnt wie ihre weißen Nachbarn. Die Arbeitsfron wurde verbreitet im *gang system* abgeleistet, manchenorts war auch das *task system* eingeführt. Hier war eine bestimmte Tagesleistung vorge-

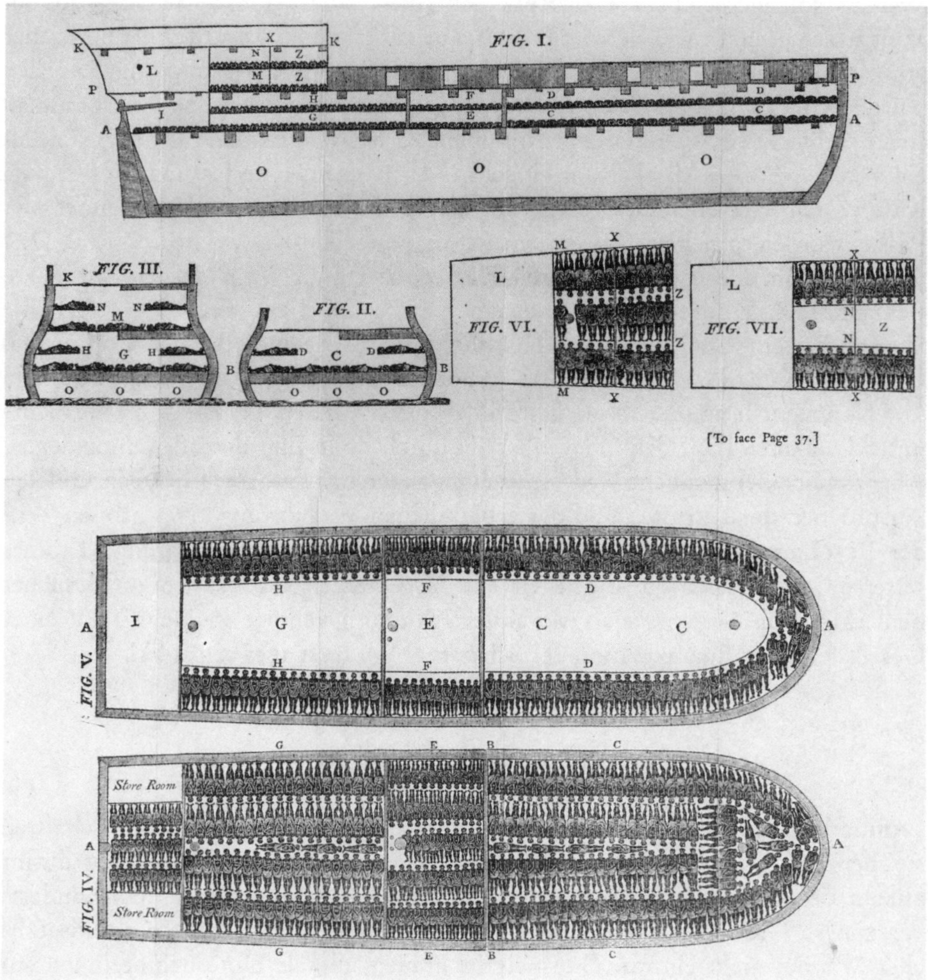

Die schematischen Darstellungen des englischen Sklaventransportschiffs »Brookes« (um 1770) zeigen die qualvolle Enge auf der Überfahrt

schrieben – etwa ¼ acre Land für den Reisanbau vorzubereiten –, nach deren Erfüllung ein Sklave über die Restzeit selbst verfügen konnte.[12]

John Locke wußte im *Second Treatise* das System zu verteidigen. Wer sein Leben an sich verwirkt hatte, sollte sich glücklich schätzen, wenigstens als Sklave weiterleben zu dürfen. Den Sklavenhaltern kam diese Argumentation zupaß. Ihrer Ansicht nach würde eine Abschaffung des Sklavereisystems die koloniale Wirtschaft im Nu ruinieren. Der Virginier Hugh Jones meinte 1724, die Schwarzen hätten es in Amerika immer noch besser getroffen als in ihrer afrikanischen Heimat. Der Freiheitskämpfer Patrick Henry war für die Beibehaltung des Systems, solange sich keine Gelegenheit bot, dieses »beklagenswerte Übel« aus der Welt zu schaffen. Er war sich der Inkonsequenz bewußt und wurde hin und wieder von Schuldgefühlen geplagt. Ein Loyalist aus Boston erklärte spitz, die Rebellen würden von unveräußerlichen Rechten reden und zweitausend Sklaven besitzen. Jefferson versuchte sich mit dem Argument zu wehren, England habe wiederholt ein Veto gegen eine Abschaffung eingelegt. Als Autor der Verfassung von Virginia hatte er den Sklavenhandel als ein von Georg III. ererbtes Übel bezeichnet; der Passus wurde gestrichen. Das Parlament von Massachusetts wollte 1771 und 1774 den Sklavenhandel verbieten lassen, das scheiterte am Veto des Gouverneurs. Benjamin Rush bezeichnete in seinem Essay »On Slave-Keeping« (1773) die Sklaven als ein Übel, das die menschliche Natur degradiert. Der Continental Congress nahm Sklaven in die Liste verbotener Importgüter auf, in Rhode Island und Connecticut wurden importierte Sklaven freigelassen, Pennsylvania versuchte unter Quäkereinfluß, den Sklavenhandel durch hohe Einfuhrzölle lahmzulegen. Aber es blieb der peinliche Widerspruch zwischen den naturrechtlich begründeten Ansprüchen der Patrioten und der erbärmlichen Versklavung eines großen Teils der Bevölkerung. Der Hauptverfasser der Unabhängigkeitserklärung, Thomas Jefferson, besaß Sklaven, die regelrecht ausgemergelt waren, wie ein Besucher bemerkte. Sein Gegenspieler Alexander Hamilton gehörte in New York einer Gesellschaft zur Emanzipation der Schwarzen an, hielt aber selbst Sklaven.[13]

Geschlechterrollen

Frontierbedingungen modifizierten die absolute männliche Dominanz, schafften sie aber nicht ab. Die funktionelle Unabhängigkeit der Frau, die Bedeutung, die ihr zukam oder beigemessen wurde, hat sich bis zur Mitte des 18. Jahrhunderts vergrößert. Gleichzeitig bestehen aber wenig Zweifel daran, daß ein grundsätzlicher Wandel nicht eintrat. Die meisten Frauen, die als Unternehmerinnen auf eigenen Füßen standen, führten als Witwen das Geschäft ihres Mannes fort. Selbstversorgende Frauen waren typischerweise Wirtinnen, Ladenbesitzerinnen oder Lehrerinnen. Wenn es Unterschiede zu Europa gab, dann waren sie graduell.

Die Frauen der Oberschicht trugen womöglich mehr wirtschaftliche Verantwortung als in England. Der Herrin auf einer Plantage war ein größeres Maß an Pflichten zugewiesen. In den unteren Schichten wurden Frauen vielleicht besser behandelt als in Europa, arbeiteten weniger im Freien und waren besser gekleidet als Europäerinnen.[14]

Dies änderte nichts an den funktionellen Schranken, die zwischen Mann und Frau aufgerichtet waren und an denen im Verlauf des Jahrhunderts fleißig weitergebaut wurde. Vermeintliche Naturgesetze und Naturrechte, von denen man vor der Revolution so gerne redete, kamen dabei dem männlichen Vormachtstreben zupaß. Im öffentlichen Leben, so erklärte Benjamin Franklin 1722 in den »Dogood Papers«, ist der Mann der Frau von Natur aus überlegen. Benjamin Rush, auf anderen Gebieten einer der fortschrittlichsten Geister seiner Zeit, erläuterte einer jungen Frau vor ihrer Hochzeit: »Die Unterordnung Eures Geschlechts unter das unsere erzwingen Natur, Vernunft und Offenbarung ...« Nach Jeffersons Meinung sollten Frauen sich von politischen Geschäften fernhalten, denn sie lenkten durch ihre bloße Anwesenheit die Männer ab. In einem Brief an eine Bekannte schrieb er: »Der Damen zarte Brüste wurden nicht für politische Beben geformt.« Im öffentlichen Umgang miteinander war Distanz gefordert, Frauen sollten sich nicht »auf promiske Weise« Männern zugesellen. Die Angst vor der Körperlichkeit der Frau tritt zutage. Um die Jahrhundertmitte wurde noch unter Frontierbedingungen im Shenandoahtal ein Heilbad mit warmen Quellen erschlossen. Zeigten sich weibliche Badegäste, ertönte auf einer Trompete ein Alarmsignal, worauf sich die Männer diskret zurückzogen und den Damen das Terrain überließen.[15]

Frauen und Männer wurden in ihrem Verhalten nach wie vor und vielleicht sogar stärker als im 17. Jahrhundert mit zwei Ellen gemessen. George Washington riet einer Nichte, sie solle, wenn sie schon kein Vermögen habe, fleißig, sparsam und unterwürfig sein. Rousseau hatte im *Emile* (1762) die untergeordnete Stellung der Sophie bekräftigt. Aus dem Naturgesetz sei ablesbar, daß der Mann der Frau nicht so gefallen müsse wie die Frau dem Mann. Deshalb habe die Frau ihr Leben so einzurichten, daß sie dem Mann das Leben leicht und angenehm machen kann. In England erschien dem Dr. Samuel Johnson die Untreue der Frau verbrecherischer zu sein als die des Mannes, weil durch ihre Fehltritte der Nachwuchs durcheinandergerate. In den französischen Besitzungen am Golf, in Mobile und in New Orleans, wurden der Unmoral bezichtigte Frauen auf ein Holzpferd gesetzt und von Soldaten ausgepeitscht.[16]

Geschlechtlich begründete Unterschiede wurden in der Erziehung eingehalten. »Ein Pferd, das ausschlägt, und eine Frau, die Latein kann, finden kein gutes Ende«, erfuhren die Leser eines volkstümlichen New Yorker Almanachs auf das Jahr 1763. Auch stand es einer Frau gut an, ein paar Fehler in die englische Rechtschreibung einfließen zu lassen.[17] Selten haben sich Frauen aktiv gegen die ihnen zugeschriebene oder zugewiesene Rolle zur Wehr setzen können. Im Chester County der Provinz New York bildeten Frauen einmal einen Gerichtshof, um einen Mann festzusetzen und zu verurteilen, der seine Frau über Gebühr mißhandelt hatte. Das ad hoc und ausschließlich weiblich besetzte Gericht befand den Angeklagten für schuldig. Er wurde dreimal unter Wasser getaucht, anschließend stutzte man ihm Haupt- und Barthaar.[18]

Thomas Paine wandte sich in seinen »Reflections on Unhappy Marriages« (1775) gegen die Institutionen der christlichen Ehe, gegen die Geldheiraten, die Schnell- und Frühehen, die im ersten Feuer der Leidenschaft geschlossen und hernach nur noch aus Phlegma oder aus materiellen Erwägungen heraus aufrechterhalten werden. Die Verlängerung einer Verbindung über die Phase der Leidenschaft hinaus sei »offene Prostitution, auch wenn sie durch den Buchstaben des Gesetzes abgemildert wird«. Paine bewunderte die »heidnische Spontaneität« an Indianern, die konjugales Glück ohne großes Zeremoniell genießen und auch ohne Zeremoniell wieder voneinander lassen. Er zitierte einen Indianer, der meinte, die christliche Ehe könne Gottes Wohlgefallen nicht finden, wo doch nicht eine von hundert Ehen glücklich zu nennen sei.

Der unbekannte Autor des »Occasional Letter on the Female Sex«, sah die indianische Kultur weniger romantisch. Der Mann habe die Frau zu allen Zeiten und in allen Ländern unterdrückt, in Asien, bei den alten Griechen und auch bei den Indianern, die ihre Frauen ausbeuten wie die Spartaner ihre Heloten. Die moderne Frau allerdings beginne nun, wie bescheiden auch immer, ihre Rechte einzuklagen.

Einige Frauen nahmen im privaten Umgang miteinander kein Blatt vor den Mund, wenn es um die Beurteilung der Potenz oder Impotenz eines Mannsbilds ging. »Ich hätte meinen alten Großvater heiraten sollen«, schrieb eine Ehefrau resigniert.[19] Die Männer ließen sich darüber in ihrem Imponiergehabe nicht stören. Der Arzt Dr. Alexander Hamilton begegnete auf einer seiner Reisen im Jahr 1744 einem Mann mit ungewöhnlich hoher Stimme. Bei Tische wurden Zweifel an seiner Männlichkeit laut, worauf er anbot, »ein Paar erstklassiger Gegenbeweise« vorzulegen. In der satirischen Dichtung *The Sotweed Factor* (1708) beschrieb Ebenezer Cook einen Gegenstand mit den Worten:

> ... in Length scarce longer than one's Finger
> Or that for which the Ladies linger.*

Die für das ungebildete Volk gedachten Jahresalmanache, neben der Bibel oft das einzige Buch im Haus, legten manchmal eine erstaunliche Freizügigkeit an den Tag.

> Dick on the Hay doth tumble Nell,
> Whereby her belly comes to swell.[20]**

* ... der Länge nach kaum größer als ein Finger / oder das, wonach die Damen schmachten.
** Dick legt Nell im Heu aufs Kreuz, / worauf das Bäuchlein ihr anschwillt.

Der *Poor Richard's Almanach* auf das Jahr 1739 erklärte den Lesern, wie die Astrologen das Wetter so genau vorhersagen können. Regengüsse, heißt eines der Beispiele, sind zu erwarten, sobald VIRGO den Kopf wendet »als wollte sie sehen, ob sie jemand beobachtet; dann hockt sie sich vorsichtig hin und schaut mit den Händen auf den Knien eine Weile sehnsüchtig nach vorn ...« Der Astrologe berechnet Zeit und Entfernung, und bald wird es einen schönen Aprilregen geben.[21] Aus einem Gedicht im *Hutchins Almanac* von 1763 spricht – humoristisch verbrämt – die Verachtung, die den Frauen entgegengebracht wird:

I've lost my Mistress, Horse and Wife;
But when I think on human life,
I'm glad it is no worse.
My wife was ugly, and a scold;
My Mistress was grown lean and old;
I'm sorry for my Horse.[22*]

Männer der Unterschicht waren vom Frauenmangel besonders betroffen, die Bessergestellten konnten sich leichter versorgen. Ein Offizier namens Hog holte sich um 1760 einen »indentured servant« ins Camp und entschädigte den protestierenden Besitzer. Die Oberschicht ging bei der Partnerwahl mit einer gewissen Nonchalance zu Werk. Ein Nachbar fragte bei George Washington an, ob er eine vermögende Witwe heiraten solle, die so breit sei wie hoch und wöchentlich zwei- bis dreimal betrunken. Ein Verwandter des späteren Präsidenten hatte es im Alter von 47 Jahren bereits auf fünf Ehefrauen gebracht.

Es ist nicht leicht, den Grundcharakter ehelichen Zusammenlebens in den Kolonien zu verallgemeinern. Von den deutschstämmigen Einwanderern heißt es, sie hätten den häuslichen Frauentyp nach Amerika gebracht und die deutschen Männer seien gute Hausmänner gewesen. Es gibt allerdings Reiseberichte, in denen der Deutschamerikaner als Säufer und Faulenzer geschildert wird. Bei den Mährischen Brüdern wurden Paare gelegentlich durch das Los bestimmt, wenn sich nicht abschätzen ließ, welche Kombination die bessere ist. Das behauptete wenigstens Benjamin Franklin[23], der als Vater mindestens eines unehelichen Kindes recht eigentümliche Vorstellungen von Liebe und Ehe entwickelt hatte. Einem jungen Mann setzte er auseinander, die Ehe sei das richtige Gegenmittel gegen »hitzige Anwandlungen«, fügte aber hinzu: Wer brenne, aber nicht heiraten wolle, der solle sich wenigstens eine Geliebte nehmen, eine möglichst alte, denn die seien so dankbar.

Um 1720 stand in Boston ein Bordell direkt neben einer Kirche, dem Old South Meetinghouse. Die Madame war bei der Kundschaft mit dem ehrenvollen Bei-

* Ich habe Geliebte, Pferd und Weib verloren, / doch wenn ich des Menschen Leben bedenke, / bin ich froh, daß es nicht schlimmer kam. / Mein Weib war eine rechte Beißzange, / meine Geliebte ist alt und klapprig geworden; / Leid tut's mir um mein Pferd.

namen »the little Prude of Pleasure« versehen worden. Der britische General Howe nahm sich eine Mätresse aus guter Bostoner Familie, die man als »Sultana of the British army« kannte. Loyalistisch gesinnte Frauen tranken nicht nur aus Protest ihren Tee, sie ließen sich zur Stärkung der Kampfmoral mit britischen Offizieren ein. Thomas Paine hielt die New Yorker Huren samt und sonders für königstreu.[24]

In North Carolina dagegen lehnten die Damen der Oberschicht angeblich jeden Freier ab, der sich nicht auf der Seite der Rebellen zum Militärdienst gemeldet hatte. Der Beitrag der Amerikanerin zum Revolutionsgeschehen bestand in mehr als der von Betsy Ross genähten Flagge, eine Geschichte, die wahrscheinlich erfunden ist.[25] Die Poetin Mercy Warren betätigte sich als politische Pamphletistin. Peggy Shippen hat schon kurz nach der Heirat ihren Mann Benedict Arnold dazu bewogen, zu den Loyalisten überzulaufen. Eine nicht minder interessante Version des cherchez-la-femme offerierte John Adams in einem Brief an seine Frau Abigail. Alle amerikanischen Patrioten könnten sich glücklich preisen, daß General Howe nicht mit einer großen, motivierenden Frau verheiratet war; sonst hätten die Briten Philadelphia längst genommen.

Abigail und John Adams sind als exemplarisch für die Mann-Frau-Beziehung im 18. Jahrhundert bezeichnet worden. John glaubte im Gegensatz zu altmodischeren Zeitgenossen an die Bildungsfähigkeit der Frau, teils weil er von den Fähigkeiten seiner Abigail wußte, teils weil er in Frankreich gebildeten und brillanten Frauen begegnet war. Eine volle Emanzipation hatte er freilich nicht im Sinn. Er riet seiner Tochter, Französisch zu lernen, riet ihr aber auch, ihre Lateinkenntnisse nicht publik werden zu lassen. Nach der herrschenden und schwer ausrottbaren Meinung hatte die Frau nicht klüger zu sein als der Mann. War sie es *doch,* war sie noch klüger, wenn sie es nicht merken ließ. Abigail Adams durchschaute den halbherzigen Aufklärungswillen ihres Mannes und warf ihm vor, allen Menschen Frieden und Freiheit zu verkünden, gleichzeitig aber die absolute Macht über die Ehefrauen behalten zu wollen. John Adams beantwortete derlei Vorwürfe mit einem vertrauten Argument: In Wirklichkeit hielten die Frauen die Macht in Händen, die Männer seien die Herren lediglich dem Namen nach.[26]

Gemeinschaftsleben

1691 wurde ein regulärer Postverkehr zwischen den Provinzen Massachusetts, New York und Pennsylvania eingerichtet. Von einem einigermaßen zuverlässig funktionierenden Netz von Postkutschen und Postschiffen kann man etwa ab 1750

Abigail Adams (1744–1818), frühe Vorkämpferin für die Gleichheit zwischen den Geschlechtern ▶

sprechen. Unter der Leitung von Benjamin Franklin aus Pennsylvania und William Hunter aus Virginia, die 1753 zu stellvertretenden Postmasters General ernannt wurden, kam es zu einer Reorganisation, Ausdehnung und Verbesserung des Postsystems.

Eine Reise von New York nach Boston dauerte sieben Tage. Mühsamer und zeitraubender war das Vorwärtskommen an der Frontier. Durchgangsstation für Frontiersleute waren die Forts. Dorthin zog man sich zurück zum Schutz vor den Indianern oder um seine Ausrüstung zu vervollständigen. Die Forts waren meist überfüllt. Es gab dort keine Bewegungsfreiheit, kein Privatleben, der Umgang der Bewohner miteinander war von Mißtrauen, das soziale Klima von Nervosität bestimmt. Die unhygienischen Zustände förderten Infektionskrankheiten. Windpocken, Tbc, und Skorbut traten auf, Rheuma und Arthritis. Schlangenbisse waren gefürchtet und wurden oft mit Magie behandelt. Quacksalber nutzten beim Auftreten von Bronchitis, Diphterie und Lungenentzündung den Aberglauben der Pioniere aus. In den Almanachen fürs Volk wurde »Locker's Universal Pill« angepriesen, die von Gelbsucht und Skorbut über Bauchweh, Wurmbefall, Kolik und Steine praktisch alles zu heilen versprach.[27] Die Zahnbürste kam ab 1718 in Gebrauch. George Washington versuchte, seine kaputten Zähne mit allerlei Patentzahnbürsten und Tinkturen zu retten. Das »Do-It-Yourself-Prinzip« ist jetzt schon nachweisbar. In den Kolonien kursierte ein Buch mit dem Titel *Every Man His Own Lawyer.*

Man findet an der Frontier erschreckende Beispiele für Rücksichtslosigkeit gegenüber anderen und gegenüber der Natur. In Kentucky erlegten ein paar Jäger an die achttausend Eichhörnchen. Bei einer Expedition fällten die Männer von William Byrd einfach Bäume, wenn sie an Walnüsse herankommen wollten.[28] Man findet aber auch genügend Beispiele für praktische Zusammenarbeit im Pionieralltag. In vielen Pioniergemeinden lieh man sich die Werkzeuge (das waren vor allem die Axt, das Breitbeil, die Krummaxt, das Zugmesser und der Hohlbohrer) gegenseitig aus oder fertigte sie an Ort und Stelle überhaupt erst an, ebenso Hausmöbel, Pflugteile, manchmal sogar Gewehre.

In Wettkämpfen sportlicher Natur suchte man den »better man«, bei Wettrennen und Ringkämpfen, beim Schwimmen, Jagen, Zielschießen, beim Messer- und Beilwerfen und beim Pferderennen. Hahnenkämpfe waren sehr beliebt. Aus England wurden Gesellschaftsspiele herübergebracht, Frog in the Middle Pond, Farmer in the Dell oder Marching Around the Levee. In den südlichen Kolonien wurde getanzt, am liebsten die *jig;* den Virginiern sagte man nach, ihr Motto hieße »dance or die«.[29] Die Musiker konnten ihre Stücke meist auswendig herspielen: Sugar in the Gourd, Barbara Ellen oder Froggy Went A'Courtin'.

»Eat to live, and not live to eat«, lautete eine der Volksweisheiten im *Poor Richard's Almanach.* Der junge Franklin hat seine Kollegen in der Druckerei als »great guzzlers of beer« charakterisiert, die Bier schon zum Frühstück, zusammen mit Brot und Käse, konsumierten. Auf den Farmen bildeten sich regionale Unterschiede in den Eßgewohnheiten heraus, Unterschiede zwischen Nord und Süd, zwischen Küste und Hinterland und zwischen den ethnischen Einwanderungsgruppen. Die Iren hatten Kartoffeln und Graupen, die Engländer Bohnen, die Holländer in New York *oleykoek*, die Pennsylvania-Dutch Schmierkäse.[30] Der Kaffeeverbrauch überholte den Teeverbrauch. Das war eine gegen England gerichtete, profranzösische Änderung im Konsum. Dabei war der Tee zu Anfang des Jahrhunderts vielen noch fremd gewesen. Manche schütteten das Wasser weg und versuchten, die gekochten Blätter zu essen. Die Hinwendung zur französischen Küche war als eine Art Dank an den Verbündeten im Krieg zu verstehen. Auch Brillat-Savarin hat in Amerika gewirkt und amerikanischen Köchen die Kunst des Fondues beigebracht. In der historisch gewordenen Fraunces Tavern wurde nach französischen Rezepten gekocht. In der City Tavern von Philadelphia, 1773 eröffnet, speisten Delegierte des Continental Congress. John Adams hat die Küche gelobt als »die feinste in Amerika«. Zu den Gerichten zählten westindischer Pfeffertopf und Schweinebraten mit getrockneten Äpfeln auf Reis.[31] Die Taverne war nicht nur ein Ort, wo man aß, trank und übernachtete, sie konnte auch Spielhaus, Postamt, Bücherei, Museum, Abendschule, Verkehrsstation, Theater und politisches Versammlungslokal sein. Die Geschichtsschreibung hat sich mit der kolonialen Taverne sogar als »Wiege der amerikanischen Revolution« befaßt.

XIII. Kapitel

DER KONKURRENZKAMPF MIT ENGLAND

Politische Rechte

Um die Mitte des Jahrhunderts gab es drei verschiedene Arten von Kolonien. In den drei Eigentumskolonien Pennsylvania, Delaware und Maryland nominierte der Eigentümer unter Aufsicht der Krone den Gouverneur. Die acht Kronkolonien, nämlich Georgia, die beiden Carolinas, Virginia, New Jersey, New York, Massachusetts und New Hampshire wurden durch einen vom König ernannten Gouverneur verwaltet. In den beiden *Corporate Colonies* Rhode Island und Connecticut wählten sich die Freemen ihren Gouverneur selbst, so wie dies auch bis 1691 in Massachusetts der Fall gewesen war.

Bis 1763 hielten sich Krone und Kolonien an eine Art Kompromiß bei der Verteilung politischer Macht. Der König und das Parlament in London beschlossen über Krieg und Frieden und regulierten den Überseehandel. Den Kolonien stand es zu, Steuern zu erheben und einzutreiben, Gehälter festzusetzen und Ämter zu vergeben, Offizierspatente zu verleihen und Truppen auszuheben, Schulen, Kirchen und die Landvergabe zu beaufsichtigen, Anleihen aufzunehmen und Handel mit den Indianern zu treiben. Diese Kompetenzverteilung blieb bis zum Ende des French-and-Indian-War im großen und ganzen intakt.

Bereits im ersten Jahrzehnt des 18. Jahrhunderts gab es konkrete Pläne, die Franzosen aus Amerika zu vertreiben. Cotton Mather und andere Bostoner Notabeln stellten sich hinter dieses Vorhaben. Eine kleine Armee von Freiwilligen zog gen Montreal und an den Lorenzstrom. Die Neuengländer zeigten sich zu diesem Zeitpunkt raubgieriger als ihre Landsleute in England. John Adams stellte seine Eroberungsphantasien schon ganz in den Dienst der amerikanischen Sache: »... wenn wir die gallischen Unruhestifter vertreiben, wird unser Volk den genauesten Berechnungen zufolge binnen eines Jahrhunderts zahlreicher sein als

England selbst.«[1] Der Sitz des Empire, meinte der damals zwanzigjährige Adams, würde sich dann nach Amerika verlagern.

Ein Jahr später, im August 1756, brach der Siebenjährige Krieg aus. Man hat diesen Krieg, der über eine Million Menschen das Leben kostete, den ersten Weltkrieg genannt. England und Preußen standen gegen Frankreich, Österreich, Schweden, Rußland und Sachsen. Es wurde gekämpft im Atlantik, im Mittelmeer, in der Karibik, im Indischen Ozean und im Pazifik. Die Auseinandersetzungen zwischen Engländern und Franzosen in Nordamerika waren mehr als nur ein Korrelat zu den Vorgängen in Europa. Ein Schuß in Amerika, sagte Voltaire, setzte Europa in Flammen. Er meinte die Affäre Jumonville; George Washington hatte im Übereifer einen Franzosen mit diplomatischem Status erschossen, der gerade dabei war, den Engländern Verhandlungen anzubieten.

John Maylem, ein Poet aus Rhode Island, schürte mit seinem Gedicht »Gallic Perfidy« (1758) den Franzosenhaß. Diejenigen, die den Krieg selbst führen sollten, waren weniger begeistert. Frontiersleute weigerten sich, ihre Familien in einer Umgebung ständig wechselnder Allianzen zwischen Engländern, Indianern und Franzosen allein zu lassen. Die Miliz mußte mit falschen Versprechungen oder mit Zwang zum Dienst gepreßt werden. Bei einer Schlacht wurden Fußsoldaten von berittenen virginischen Offizieren mit der Flachseite des Schwerts in den Kampf und in den Tod getrieben.

Nach dem Frieden von Paris (1763) war Frankreich keine konkurrenzfähige Macht mehr in Amerika. Dafür verschärften sich jetzt die Konflikte zwischen dem englischen Mutterland und den Kolonien, die mit dem Ende des Spanischen Erbfolgekrieges und dem Frieden von Utrecht (1713) von der Politik des Gleichgewichts profitiert und sich der Mehrung des eigenen Wohlstands gewidmet hatten. Ein Kolonist war bis dahin gewöhnt, daß interne Angelegenheiten von der kolonialen Selbstverwaltung, externe von der Krone entschieden wurden. Trotzdem war eine Kontrolle durch das Mutterland immer zu spüren: durch den Gouverneur, die Admiralität, den Zoll, den Bischof von London. Der Board of Trade of Plantations, 1660 gegründet, 1696 organisatorisch gestrafft, wachte über den Handelsverkehr, aber auch über soziale, politische und religiöse Entwicklungen. Interne Gesetze bedurften der Billigung der englischen Behörde, externe Gesetze engten den handelspolitischen Spielraum ein. Die Frage war nur, wer diese Gesetze vollziehen sollte. Die Kolonisten nicht. Sie übten sich mehr in der Umgehung als in der Einhaltung der Vorschriften. Die Gouverneure und ihre Apparate waren überfordert. Die Fernsteuerung aus London hatte Grenzen.

Den Kolonien war von Anfang an ein Maß an Selbstverwaltung zugestanden worden. Virginias Charter von 1609 ersetzte den königlichen Rat durch einen Rat der Handelsgesellschaft und stattete den Schatzmeister der Kolonie mit besonderen Machtbefugnissen aus. Die Charter von 1612 garantierte noch größere Unabhängigkeit, und die *Ordinance for Virginia* von 1621 brachte den Siedlern die gesetzliche Möglichkeit, sich selbst zu repräsentieren. Der *Mayflower Compact* vom 11. November 1620 war zwar keine Verfassung, sondern lediglich die Ausweitung des herkömmlichen »church covenant« auf bürgerliche Verhältnisse. Aber diese Übereinkunft mit den Unterschriften der Pilgerväter sah die Verabschiedung von »just and equal laws« vor und kann als Beginn der staatlichen Vertragstheorie in Amerika interpretiert werden.[2] Die *Fundamental Orders of Connecticut* sind als die erste geschriebene Verfassung der modernen Demokratie bezeichnet worden. Das mag übertrieben sein, immerhin ermächtigte sie die Einwohner von Hartford und Wetherfield, ihre Angelegenheiten selbst zu regeln. Ähnliches galt für Roger Williams' *Plantation Agreement at Providence* von 1640. Die Charter of Liberties von Pennsylvania, erlassen 1701 von William Penn, schuf eine weitgehend autonome Regierung mit schriftlich fixierten Rechten und Privilegien der Bürger. Nach zwei Generationen waren den Kolonisten eigene Gesetzgebungskompetenzen zur Selbstverständlichkeit geworden. 1678 erklärte der General Court von Massachusetts dem britischen Kronanwalt recht kühl: »... the lawes of England are bounded within the fower seas, and do not reach America«, die britischen Gesetze reichten also nicht über die Brandung vor Englands Küsten hinaus.

Das House of Burgesses in Jamestown funktionierte ab 1619 als gewählte Volksvertretung. Die Assemblies in anderen Kolonien wachten eifersüchtig über das Prinzip der lokalen Selbstverwaltung. Die Freeholders kannten und forderten ihre Rechte. Neue Siedlungen an der Frontier wurden von Personen errichtet, die bereits anderswo politische Erfahrungen gesammelt hatten und politische Organisationsformen auf neue Umgebungen übertragen wollten. Die Tradition des *Mayflower Compact* als einer ersten Siedlerübereinkunft unter kolonialen Bedingungen wiederholte sich im 17. und 18. Jahrhundert bis zur Unabhängigkeit.

Meinungsverschiedenheiten zwischen der Krone und den Kolonisten waren fast an der Tagesordnung. Im Parlament von Pennsylvania wurde eine Gesetzesvorlage abgelehnt, weil sie zu englandfreundlich, in England, weil sie zu »demokratisch« war. In Massachusetts erklärte der britische Gouverneur Bernard, die kolonialen Regierungen seien nur ermächtigt »by-laws«, Ausführungsbestimmungen, zu erlassen. Gouverneure waren unbeliebt, egal, ob sie aus England abgeordnet waren oder aus den eigenen Reihen stammten. Die Abgeordneten in den kolonialen Volksversammlungen verstanden es, die Macht der Gouverneure mit legalen und illegalen Mitteln, mit parlamentarischen Manövern und Anträgen zur Geschäftsordnung zu unterlaufen.[3]

Die Kolonisten wollten sich nicht mit der Tatsache abfinden, daß 1689 die Souveränität des Königs von der Souveränität des Parlaments abgelöst worden war. Nach dieser Änderung in der Machtverteilung verschärfte sich zunehmend der Konflikt zwischen dem Mutterland und den kolonialen Volksvertretungen, zumindest wurde von den kolonialen Führern der Übergang als gravierend eingeschätzt. Benjamin Franklin and John Adams stellten sich zeitweise auf den Standpunkt, die Charters stammten vom König, zeitlich gesehen also noch vor dem Machtzuwachs des Parlaments, ergo stünden die Kolonien außerhalb parlamentarischer Kontrolle. Erst als derlei Argumente nicht mehr verfingen, pochte man in den Kolonien verstärkt auf die Naturrechte und die Rechte aller Engländer.

Thomas Hutchinson als Gouverneur von Massachusetts glaubte nicht, daß sich die »Rights of Englishmen« automatisch auf die Kolonisten übertrügen. Schließlich sei man dreitausend Meilen vom Mutterland entfernt. Den Kolonisten fiel es leicht, diesen geographisch bestimmten Beweisgrund mit den alten Charters zu kontern. Dem patriotisch gesinnten Geistlichen John White muß es wie Hohn geklungen haben, als ihn Gouverneur Dudley vor Gericht belehrte: »Glaubt nicht, daß Euch die Gesetze Englands bis ans Ende der Welt folgen.«[4] Dabei lag Dudley mit seiner Belehrung gar nicht so weit daneben. Denn auf Autonomie bedachte Kolonisten wollten sich ja gerade der legislativen Kontrolle Englands entziehen. Nur: die »Rights of Englishmen« sollten bei aller Distanzierung unberührt bleiben. Das ist der entscheidende Punkt: Die Kolonien wollten gleichzeitig innerhalb und außerhalb des englischen Gesetzesrahmens stehen. Die »Rights of Englishmen« gründen sich auf die Magna Charta aus dem Jahr 1215 und die *Habeas-Corpus-Akte* mit ihren *trial by jury, due process of law, no taxation without representation*, und das auf einen *redress of grievances* zielende Petitionsrecht.

Die Kolonisten versuchten, ihre Rechte nicht nur einzeln, sondern auch im geschlossenen Verband einzufordern und zu schützen. Es gab drei wichtige organisatorische Vorstufen zur Union: die *New England Confederation* (1643–1684), *Penn's Plan of Union* (1697), den *Albany Plan of Union* (1754). Im Rahmen der New England Confederation berieten Vertreter aus der Massachusetts Bay, aus Connecticut, Plymouth und New Haven über die Beilegung ihrer Grenzstreitigkeiten. Der lose Zusammenschluß sollte außerdem ein Schutzbündnis sein gegen Franzosen, Holländer und Indianer. William Penn plante, je zwei Vertreter aus jeder Kolonie in eine Versammlung zu entsenden, um sich vor »public enemies« zu schützen, den Handel zu regulieren und der Krone insgesamt nützlichere Dienste zu erweisen. Der Albany Plan war das Werk Franklins. Elf Kolonien sollten je nach Bevölkerungszahl ein »Grand Council« mit 48 Delegierten beschicken und einmal jährlich tagen. Als Vorbild diente der britische Board of Trade. Von Unabhängigkeit war noch nicht die Rede.

Die Frage, in welchem Umfang die Bewohner der Kolonien intern an politischen Entscheidungen teilnehmen durften, läßt sich nur schwer beantworten. Die Schätzungen über den Prozentsatz der Wahlberechtigten im Jahrzehnt vor der Unabhängigkeit schwanken zwischen zwei Prozent in Connecticut bis zu 56 Prozent in Boston, wobei diese Zahl sich nur auf Männer weißer Hautfarbe bezieht, so daß auch hier nicht mehr als 10 Prozent der Gesamtbevölkerung oder etwa 1500 Ortseinwohner wahlberechtigt waren.[5] In New York und in anderen Provinzen mußte ein Wähler mindestens 40 Pfund Vermögen nachweisen. Juden und Katholiken waren in protestantisch bestimmten Kolonien ohne Wahlrecht. Frauen durften nur in wenigen Einzelfällen wählen. In New York bestand die Einrichtung des »plural voting«: mehrere Besitztümer in verschiedenen Städten und Bezirken berechtigten zu mehrfacher Stimmabgabe. Wo es keine verdeckten Stimmkarten gab, konnten Pächter von Grundbesitzern unter Druck gesetzt werden.

Die gewählten Repräsentanten des Volkes vertraten unter diesen Umständen nur sehr limitierte Interessen. Die Mitglieder des House of Burgesses mußten von 1720 bis zur Unabhängigkeit die meisten der folgenden Eigenschaften erfüllen, wollten sie für Virginia in parlamentarischen Schlüsselpositionen Macht ausüben: Wohlhabenheit, Plantagenbesitz, Sklavenbesitz, britische Herkunft, Verwandtschaft mit einer alteingesessenen Familie, Collegebesuch, Erfahrung in der Lokalpolitik. Auch in den anderen Kolonien repräsentierten die Volksvertreter mehrheitlich lediglich die Oberschicht.[6]

Wirtschaftlicher Spielraum

Seit Beginn des 18. Jahrhunderts wurde verstärkt das Landesinnere als Siedlungs- und Wirtschaftsraum erschlossen. An der kolonialen Frontier des »Old West«, östlich der Alleghenies, siedelten vornehmlich deutsche und schottisch-irische Neuankömmlinge. Bis 1770 waren über 200000 Deutsche und knapp 400000 Ulsterschotten nach Amerika gekommen. Das bevorzugte Siedlungsgebiet der Deutschen war Pennsylvania, die Scotch Irish hatten sich um Pittsburgh konzentriert und stießen von dort aus in höhergelegene Gebiete Virginias vor oder ans linke Ufer des Shenandoah. Die Old West war außerdem ein Auffanggebiet für solche, die aus den verschiedensten Gründen mit den Verhältnissen in den älteren Gemeinden unzufrieden waren.[7] Westlich der Alleghenies lebte vor der Revolution nur ein sehr geringer Prozentsatz der Kolonistenbevölkerung. Aber selbst dort regte sich der Wunsch nach politischer Selbständigkeit.

Den Handelsstatistiken zufolge gehörten die Kolonien zu den wohlhabendsten Gebieten der Welt. Die Anhänger einer bestimmten historischen Schule vertreten heute die Ansicht, daß der Merkantilismus ein protektionistisches Wirtschaftssystem darstellte, dessen Hauptnutznießer die Kolonisten gewesen seien.[8] Eine Variante dieser Auffassung läuft unter Edmund Burkes Begriff »Salutary Neglect«, der wohltuenden Vernachlässigung. Zumindest den Kapitalinvestitionen nach hat England sich stärker um die Westindischen Inseln als um seine Kolonien auf dem nordamerikanischen Kontinent bemüht. Dort wurden zehn Millionen Pfund investiert, auf den West Indies sechzig Millionen Pfund.

Die These vom »Salutary Neglect« wird weniger glaubhaft, wenn man an die 29 Handelsgesetze denkt, die Englands Kolonialpolitiker zwischen dem *Navigation Act* (1660) und dem *Stamp Act* (1765) erließen. Der erste *Navigation Act* sollte ein Instrument des britischen Merkantilismus werden und holländischen Konkurrenten in Virginia und auf den Westindischen Inseln die Profite kürzen. Nach diesem Gesetz waren Import und Export mit britischen Schiffen abzuwickeln. Kaufleute mußten Bürger oder wenigstens Bewohner von Gebieten sein, die der Krone gehörten. Der Kapitän eines Handelsschiffes und drei Viertel der Besatzung hatten Briten zu sein. Fischfang war nur mit britischen Schiffen erlaubt. Die Ladung durfte ausschließlich in britischen Häfen gelöscht werden. Ein zweiter *Navigation Act* (1696) zielte auf die Einhaltung des ersten ab. Zöllner und Kontrollbeamte im Landesinneren wurden mit mehr Befugnissen ausgestattet. Die Ausrede, man habe wegen widriger Winde oder aus Proviantmangel ausländische Häfen angelaufen, sollte nicht mehr gelten. 1701 hatte England gegenüber den Kolonien erstmals eine aktive Handelsbilanz. Der *Woolen Act* (1699) untersagte den Export von Wolle aus den Kolonien, der *Hat Act* (1732) den Export von Biberhüten. Ein kolonialer Hutmacher durfte nicht mehr als zwei Lehrlinge beschäftigen. Der *Molasses Act* (1733) legte eine Einfuhrsteuer auf Zucker, Zuckermelasse und Rum aus nichtbritischen Gebieten, insbesondere aus den französischen Gebieten Westindiens. Dort war der Boden fruchtbarer, weniger ausgelaugt, die Franzosen unterboten den englischen Zucker bis zu 40 Prozent. Englische Kaufleute fürchteten um ihre Interessen auf den britischen Inseln Westindiens. Die kolonialen Schnapsbrennereien umgingen das Gesetz mit Schmuggel. Rum war, mit Wasser vermischt, das Getränk der kleinen Leute. Rum war ein gefragter Tauschartikel im Pelzhandel mit den Indianern und im afrikanischen Sklavenhandel.[9] England wollte hier keine Konkurrenz dulden.

Die meisten Kolonien leisteten sich einen Agenten, der in London ihre Interessen vertrat und dort versuchte, die Gesetzgebung im Sinne seiner Auftraggeber zu beeinflussen. Um 1750 verschlechterten sich die Beziehungen zwischen den Pflanzern und den Kommissionshändlern auf der Insel. Die Besitzer der großen Lagerhäuser in Glasgow gingen zu einem neuartigen Kreditsystem über, errichteten und betrieben auf eigene Rechnung Verkaufsstellen in den südlichen Kolonien, nahmen Tabak gegen Waren in Zahlung und vergrößerten die Kreditabhängigkeit der Kolonisten.[10] Der *Iron Act* (1750) untersagte die Eisenverarbeitung oder erschwerte sie zumindest; Konkurrenz seitens der Kolonisten sollte eingedämmt werden. Verschiedene Parlamentsstatuten trugen weiterhin dazu bei, das Gefühl der Bevormundung zu nähren, etwa das Verbot, mastengerechte Bäume ohne britische Erlaubnis zu fällen. Die *Writs of Assistance* (1761) waren Durchsuchungsbefehle für Zöllner und andere königliche Beamte. Damit wollte die Krone den Schmuggel und den schwunghaften Handel mit Englands Feinden unterbinden, zumal in Kriegszeiten. England wollte nicht länger dulden, daß

Kolonisten während des Siebenjährigen Krieges einen regen Tauschhandel mit den Franzosen auf Cape Breton Island und anderswo führten, dem Feind Proviant und Ausrüstung lieferten. James Otis wandte sich in einer scharfen Rede gegen diese Durchsuchungsmaßnahmen, die in Begleitung eines bewaffneten Polizeidieners durchgeführt werden durften. Bald würden auch Privathäuser nicht mehr vor willkürlichem Eindringen geschützt sein. John Adams hat diese Rede aus Notizen rekonstruiert und ihre Bedeutung für die kolonialen Unabhängigkeitsbestrebungen hervorgehoben: »Then and there, the child Independence was born.«[11]

Die neuere Geschichtsschreibung hat versucht, die tatsächliche wirtschaftliche Belastung der Kolonien rechnerisch zu ermitteln. Bei Ausbruch der Revolution war nicht weniger als ein Drittel der englischen Flotte in den Kolonien gebaut worden. Die Schiffahrtsklauseln in den *Navigation Acts* hatten sich stimulierend auf den kolonialen Schiffsbau ausgewirkt und den Wohlstand der Kolonisten befördert. Der *Hat Act* habe Hutmachern zur wirtschaftlichen Selbständigkeit verholfen. Die Löhne in den nordamerikanischen Kolonien waren höher als anderswo auf der Welt, und wenn wirtschaftliche Gründe in Frage kamen, dann höchstens als Neid des Mutterlandes auf kolonialen Wohlstand, nicht aber im Sinne von Unterdrückung und Ausbeutung. Handelsgesetze seien zur Organisation des Empire unabdinglich gewesen. Sie waren nicht einseitig angelegt. Den Bewohnern des südwestlichen Englands war der Anbau von Tabak untersagt, um den amerikanischen Kolonien keine Konkurrenz zu machen. Die finanzielle Belastung der Kolonisten war niedriger als die der Engländer im Mutterland, errechnete Gipson. Eine andere Kalkulation kommt zu dem Ergebnis, es hätte pro Kopf und pro Jahr eine steuerliche Mehrbelastung von einem Dollar und vierundzwanzig Cents ausgemacht, wenn man Amerikaner statt Engländer war.[12]

Manche halten denn die ökonomische Interpretation für eine Anomalie, für eine behaviouristische Verirrung, die wenig mit der historischen Wahrheit zu tun hat. So leicht ist die Sache aber nicht abgetan. Denn unabhängig davon, ob die englische Handelspolitik den Kolonisten schadete oder nützte, glaubten koloniale Kaufleute und Pflanzer, unter eigener Regie besser zu fahren. Es ging nicht um das objektive »genug«, sondern um den subjektiv empfundenen Wunsch nach »mehr«. Der wirtschaftliche Druck war nicht übermäßig stark, er wurde nur nach 1763 stärker empfunden. »Bis dahin hatte der Schuh nie gedrückt, weil er nicht zugebunden war; als dann aber der Versuch gemacht wurde, ihn zuzuschnüren, war der Fuß gewachsen und man brauchte einen anderen und größeren Schuh.« Die Kolonisten waren kulturell so eigenständig geworden, daß selbst bescheidene wirtschaftliche Zwänge als unzumutbar empfunden wurden. Sie pochten auf ihr neues Selbstbewußtsein. Allein die Tatsache, daß sie sich zur Auswanderung entschlossen hatten, hob sie ihrer Meinung nach vorteilhaft von ihren Landsleuten im Mutterland ab. Auf Dauer wollten sie nicht »die Sklaven ihrer weniger abenteuerlustigen Mitbürger«, nicht die Untertanen von Untertanen sein.[13]

Siedlungsraum und Indianerland

Der Pflanzer Robert Beverley aus Virginia machte zu Beginn des 18. Jahrhunderts kein Hehl aus seiner Sympathie für die Lebensweise der Indianer. In seiner *History and Present State of Virginia* (1705) schilderte er nicht ohne Neid den geringen Arbeitsaufwand, den Indianer betreiben. Die Weißen, sagte er, hätten diesen Lebensstil entscheidend beeinträchtigt und ihnen mehr Schaden zugefügt als Nutzen gebracht. Chateaubriand schilderte am Ende des Jahrhunderts in seinen romantischen Erzählungen Atala, René und Les Natchez die Indianer als edler und sensibler als die zivilisierten Weißen. Daneben steht das Bild vom blutrünstigen, rachgierigen, undurchschaubaren und schmerzunempfindlichen Wilden: »Er singt, wann man ihn quält, er lacht, wann man ihm droht ...« Wie vor ihm die neuenglischen Puritaner, verzweifelte John Wesley an der Missionierung der Indianer, weil sie doch zu sehr wie Tiere wären.[14]

Christian Gottlieb Priber aus Deutschland wollte unter Indianern eine platonische Republik gründen. Man steckte ihn in Georgia ins Gefängnis, wo er starb. Ein schottischer Gentleman, Sir Alexander Cuming, verfiel um 1730 auf die nicht gerade alltägliche Idee, 300000 jüdische Familien in den Cherokee Mountains anzusiedeln. Dem Grafen Zinzendorf schwebte um diese Zeit eine »civitas Indiana-Germania« vor. David Zeisberger aus Mähren befaßte sich mit den »Verbalbiegungen der Chippewayer«. Dem Dolmetscher, meist »linguister« genannt, kam eine wichtige Funktion beim Abschluß von Indianerverträgen zu. Der bekannteste war der deutsche Conrad Weiser. Die Doppelzüngigkeit der Weißen im Umgang mit Indianern läßt sich am Beispiel Benjamin Franklins zeigen, der behauptete, Indianer den Engländern vorzuziehen: »Verglichen mit diesen Leuten ist jeder Indianer ein Gentleman«. Dann aber war er bereit, bei der Ausrottung dieser Gentlemen mitzuwirken. Und wenn die Ausrottung im Plan der göttlichen Vorsehung liegen würde, dann könnte der Rum das geeignete Mittel dazu gewesen sein.

Die europäischen Kriege des 18. Jahrhunderts hatten ihre Pendants in den nordamerikanischen Kolonien. Indianer gingen dabei wechselnde Bündnisse mit den kriegführenden Nationen ein. Auf einen Indianerskalp waren zeitweise fünf englische Pfund Belohnung ausgesetzt.[15] Im Zuge eines nach Queen Ann benannten Krieges (1702–1713), der amerikanischen Variante des Spanischen Erbfolgekrieges, zerstörten Franzosen und Indianer englische Siedlungen. Die zahllosen *Frontier Raids* hatten mit dem europäischen Konflikt kaum noch zu tun, die militärischen Aktionen verselbständigten sich, Indianer nahmen ihre eigenen Interessen wahr. Die Tuscarora suchten sich in dem nach ihnen benannten Krieg (1711–1712) gegen die expandierenden Siedler in Carolina zur Wehr zu setzen, unterlagen, wurden nach Norden abgedrängt und 1722 als sechste Nation in die Konföderation der Irokesen aufgenommen. Für die Bewohner von Carolina war der Weg nach Westen frei. Die Yamassee bekriegten sich ab 1715 mit weißen Siedlern, wurden geschlagen, kehrten nach Florida zurück, wo sie später von den Creek aufgerieben wurden. Im King George's War (1744–1748), der Parallele zum Österreichischen Erbfolgekrieg, wurden die Irokesen in Kanada auf Kriegspfad gegen die Franzosen gebracht. Es gibt keinen Indianerstamm, der von diesen Kriegen profitiert hätte.

Die French and Indian Wars (King William's War; Queen Ann's War; King George's War und der eigentliche French and Indian War) spiegeln den dynastischen Konflikt zwischen England und Frankreich in der Zeit von 1689 bis 1763 wider. Der letzte French and Indian War (1754–1763) hatte mit dem Siebenjährigen Krieg zu tun, begann aber zwei Jahre vor diesem. Die Niederlage von Montcalm gegen Wolfe bei Quebec (1759) ließ kaum noch Zweifel an der endgültigen Dominanz der Briten. Im Frieden von Paris (1763) traten Frankreich und Spanien ihre Ansprüche auf dem Festland an England ab. Die Indianer wurden nicht gefragt. Der Indianerführer Pontiac wollte sich mit dem Friedensschluß nicht abfinden, mobilisierte indianische Streitkräfte gegen die Briten, belagerte Detroit und zerstörte Pioniersiedlungen auf einer Länge von tausend Meilen zwischen Niagara und Virginia. Sein Befreiungskrieg ist als *Pontiac's Conspiracy* in die Geschichte eingegangen. Die Briten behielten die Oberhand, Pontiac wurde begnadigt und später von einem Indianer erschlagen. Ein ehemaliger Gegner hat ihm in Blankversen ein Denkmal als edlem Kriegshelden gesetzt.[16]

Bis zum Kriegsausbruch hatte die britische Regierung den Handel und die Vertragsabschlüsse mit den Indianern den einzelnen Kolonien und ihren Gouverneuren überlassen. 1755 wurde das *Indian Department* der Armee unterstellt und umorganisiert. Einer nördlichen und einer südlichen Domäne stand jeweils ein Superintendent vor. 1761 zog die Krone das Recht an sich, indianisches Land zu kaufen. Den Indianern wurde von London aus der Schutz ihrer Gebiete zugesagt, sofern sie sich nicht mit Franzosen verbündeten. Eine königliche Proklamation sicherte ihnen nach dem Frieden von Paris das Land westlich der Appalachen bis zum Mississippi zu, eine Maßnahme, die von kolonialen Siedlern und noch mehr von den Landspekulanten als schreiendes Unrecht empfunden wurde und bei vielen patriotische Gefühle überhaupt erst weckte. Die Zuständigkeit der Superintendenten ist bald wieder unterlaufen worden. Indianer wurden mit infizierten Decken aus Pockenhospitälern beliefert, eine frühe Form bakteriologischer Kriegführung.

Die *Proclamation Line* erschwerte den Ausgleich landwirtschaftlicher Verluste mit Gewinnen aus der Bodenspekulation. Die Ausgabe von Papiergeld zur Minderung der Schuldenlast wurde von der britischen Regierung unterdrückt oder verboten. Franklin sah darin einen wichtigen Grund für die wachsenden Spannungen zwischen Kolonien und Mutterland. Mit der Proclamation Line konnte die Frontier nicht nachhaltig befriedet werden. Eine wirksame Kontrolle von Grenzüberschreitungen war unmöglich. Der Handel mit den Indianern – Rum gegen Pelze – wurde fortgesetzt, die Rechte der Indianer nach wie vor mißbraucht, das Blutvergießen nahm kein Ende. Die Landspekulanten dachten nicht daran, ihre Geometer zurückzurufen und drangen in westliche Gebiete vor, lange ehe die eigentlichen Frontiersmen dort aufkreuzten.[17] Insgesamt glaubten die Kolonisten, nach dem Krieg wirtschaftlich schlechter dazustehen als davor. Die Armee vergab keine Aufträge mehr, England hatte die Schraube angezogen, nicht einmal ein Feind war mehr da, mit dem man hätte gewinnträchtigen Handel treiben können.

Der Revolutionskrieg wurde auch um das Land der Indianer geführt. In der Unabhängigkeitserklärung mußte Georg III. den Vorwurf hinnehmen, er habe den »gnadenlosen indianischen Wilden« gegen weiße Pioniere aufgehetzt. Gnadenlose Wilde waren freilich als Verbündete gegen England gut genug. General Washington wandte sich an die Passamaquoddy von Maine und legte ihnen nahe, sich am Krieg gegen »unseren Feind«, den britischen König, zu beteiligen, anderenfalls es ihnen so ergehen könnte wie den Cherokee, deren Hütten und deren Getreide man vernichtete, weil sie sich auf die Seite der Loyalisten gestellt hatten. Zumindest scheint es den Revolutionären gelungen zu sein, die größeren Indianerstämme zur Neutralität zu bewegen. Privat war George Washington davon überzeugt, daß Indianer reißende Wölfe in Menschengestalt sind. Der zweifelhafte Ehrenname »Caunotaucarius«, Zerstörer der Dörfer, war von seinem Urgroßvater, der sich als Eroberer von Indianerdörfern hervorgetan hatte, auf ihn gekommen.[18]

XIV. Kapitel

ERZIEHUNG ZUR UNABHÄNGIGKEIT

In der Kindererziehung des 18. Jahrhunderts bahnt sich ein Übergang von der eingeredeten inneren Schlechtigkeit zur Formbarkeit des Kindes an. Harte Strafen wurden nach wie vor exerziert, Schläge verabreicht, Kinder zum Beten in Schränke gesperrt, kleine Mädchen an ein Brett gebunden, damit sie sich gerade halten. William Byrd brüstete sich damit, einem Bettnässer zu erzieherischen Zwecken eine »pint of piss« eingeflößt zu haben. Insgesamt zeigte sich in der Erziehung jedoch die Tendenz, größere Nachgiebigkeit walten zu lassen und dem Kind mehr Autonomie einzuräumen. Ein Erziehungsratgeber aus dem Jahr 1737 empfahl mittlere Strenge.[1] Aufs ganze gesehen verlagerte sich das Gewicht auf größere Unabhängigkeit von den Eltern.

Für die Eigenart, familiäre Bindungen als etwas Temporäres zu betrachten, ergeben sich mehr und mehr Indizien. Vor allem die Söhne sollten lernen, daß das elterliche Zuhause kein Ziel- sondern ein Startpunkt war. Das *putting-out* spielte bei diesem Lernprozeß eine wichtige Rolle. Kinder wurden weiterhin sehr früh und für längere Dauer zur Amme, zu Verwandten, zum Lehrherrn oder schlicht in andere Familien, jedenfalls außer Haus gegeben. Dreijährige verbrachten oft den ganzen Tag in der Schule. Der zeitgenössische Beobachter Per Kalm glaubte, das Motiv für diese Praxis in dem Wunsch der Eltern zu erkennen, ihre Kinder loszuwerden. Idealer interpretiert sollte die Entfernung aus dem Elternhaus den Reifungsprozeß beschleunigen und zu früher Selbständigkeit erziehen. Das galt besonders für Jungen. Im 18. Jahrhundert formte sich der amerikanische Brauch, den Schulort möglichst weit vom Heimatort zu wählen. Eine extreme, aber für die Oberschicht nicht untypische Erziehung zur Distanz ließen John und Abigail Adams ihrem Sohn John Quincy Adams angedeihen, der den größten Teil seiner Jugend an einer englischen Schule verbrachte. Zwischen dem 12. und dem 20. Geburtstag war er nicht länger als ein knappes Jahr mit seiner Familie zusammen.

Die Eltern hämmerten ihm ein, die Gestaltung seiner Zukunft sei ganz allein seine Sache.[2]

Die Bindungen an andere Menschen sollten keinesfalls zu eng werden. »Gib anderen Kindern nicht die Hand«, ermahnte ein New Yorker Vater seinen Sohn. Davy Crockett wurde als Zwölfjähriger von seinem Vater als Dienstbote verdingt und blieb danach sein Leben lang auf Wanderschaft. »Was noch vor der Revolution

Das Titelblatt des »Pennsylvania Magazine« von 1775 zeigt eine allegorische Freiheitsfigur

als typisch amerikanischer Individualismus, Optimismus und Unternehmungsgeist Anerkennung fand«, schrieb der Historiker Bernard Bailyn, »resultierte auch aus einem Erziehungsprozeß, der die Person isolierte, um sie wegzutreiben von der bloßen Hinnahme einer vorgeschriebenen sozialen Rolle und ihr Mißtrauen zu nähren gegenüber der Obrigkeit«. Die fortgesetzte Mobilität, besonders unter Frontierbedingungen, erzeugte instabile Verhältnisse. Die Zusammenhänge zwischen Familie und Gemeinde lösten sich auf. Der einzelne sah die Gesellschaft eher »von außen als von innen; von einer ungefestigten Position, die nicht organisch oder unveränderlich sicher war.«[3]

Es gab einige Versuche, Kinder dauerhafter ans Haus zu binden. Deutsche Sekten haben sich da hervorgetan. Verstreut im Land findet man Inseln der Ruhe, in denen Kinder vor der Außenwelt abgeschirmt werden sollten. »Aber der Sog des freien Raumes zog die Jungen sogar aus solch geschützten Enklaven fort.« Die südlichen Kolonien legten mehr Wert auf genealogische Kontinuität, doch auch hier lockte die Frontier, und die Söhne konnten die »perspektivenlose Behaglichkeit auf der väterlichen Veranda« nicht mehr ertragen. In Europa zählte der Wanderlustige zu den Außenseitern, er war als Zigeuner, Vagabund oder Bettelmann verschrien. In Amerika wurde die Abweichung zur Norm, schrieb das Historikerpaar Oscar und Mary Handlin. Der neueren Sozialforschung zufolge kamen in Amerika traditionelle Familienstrukturen ins Wanken, noch ehe gegen Ende des 18. Jahrhunderts ein Rückgang der Geburtenrate einsetzte.[4]

In den Orten Bethesda und Ebenezer der Provinz Georgia wurden gegen Ende der 1740er Jahre Waisenhäuser nach dem Vorbild der Anstalten von August Herman Francke errichtet, das erste staatliche Waisenhaus wurde 1790 in Charleston (South Carolina) eröffnet. Das schwere Los der eltern- und heimatlosen Kinder konnten diese Einrichtungen kaum mildern. Unehelich geborene Kinder waren laut common law *nullius filius* und nicht erbberechtigt. Straffällig gewordene Kinder traf die Härte des Gesetzes. Kinder galten nach dem common law zwar als *doli incapax*, als unfähig, Schaden zu verursachen, solange sie noch nicht vierzehn Jahre alt waren. Stellte sich aber im Verfahren heraus, daß sie zwischen Gut und Böse zu unterscheiden vermochten, konnten sie zu den schwersten Strafen verurteilt werden. 1722 wurde in den Kolonien ein Junge gehängt, der fortgesetzt Diebstähle begangen hatte. Man brachte ihn dazu, sich selbst oder dem Teufel, nicht seinen Eltern oder der Umwelt die Schuld zu geben. Vor seiner Hinrichtung sagte er, er hätte seine Eltern entehrt, indem er ins Ausland gegangen war. In Wirklichkeit war er nicht freiwillig in die Kolonien gegangen, sondern von seinem Vater nach Amerika verkauft worden.[5]

Die Institutionalisierung der Erziehung ist mit ein Verdienst der Puritaner gewesen. Auch in anderen Kolonien sollte die Erziehung früh in geordnete Bahnen geleitet werden. William Penn legte den Eltern bei Strafe auf, ihre Kinder das Lesen lernen zu lassen. Der Satz, »children must be kept at their books«, war fast so etwas wie ein Axiom innerhalb der kolonialen Lesekultur. Jonathan Edwards begann mit sechs Jahren, Latein zu lernen. William Byrd hielt sich aus alter Gewohnheit in den alten Sprachen firm. In einem seiner Tagebucheinträge heißt es: »Ich stand gegen 5 Uhr auf und las zwei Kapitel auf Hebräisch und 200 Verse im Homer.«[6] Doch bereits Benjamin Franklin äußerte in seinen »Proposals to the Education of Youth in Pennsilvania« (1749) Skepsis, was den Nutzen fremder Sprachen anlangt.

Im 17. Jahrhundert war es bei zwei Collegegründungen geblieben: Harvard (1636) in Massachusetts und William & Mary (1693) in Virginia. Dessen Sponsor und Präsident James Blair hatte sich letztlich gegen britischen Widerstand durchsetzen können. William & Mary wurde zu einer wichtigen Ausbildungsstätte für Aristokraten, die eine Rolle bei der Vorbereitung der Revolution spielten. 1701 folgte Yale als Gegengewicht gegen die vermeintliche Liberalisierung Harvards. Mit der Philadelphia Academy von 1740, der späteren University of Pennsylvania, wurde die erste nicht konfessionell bestimmte Hochschule ins Leben gerufen, die sich die Erziehung zu politischen und sozialen Führungsrollen vorgenommen hatte. 1746 wurde das presbyterianische College of New Jersey (Princeton) eröffnet, 1754 das anglikanische King's College (Columbia) in New York, 1764 das baptistische Rhode Island College (Brown University), 1766 Queen's College oder Rutgers (New Jersey), eine Hochburg der Holländisch-Reformierten. Dartmouth in New Hampshire (1769) war die letzte Collegegründung vor der Revolution. Es war aus einer seit 1755 bestehenden Indianerschule hervorgegangen.

Die europäische Aufklärung wurde nicht ohne Widerstand ins Land gelassen. Um 1730 sollten die Schriften von Wolleb und William Ames die als Bedrohung empfundenen Lehren von Descartes, John Locke und Newton abwehren. Vor allem die *Medulla Theologiae* von Ames eignete sich nach Meinung der Orthodoxen als Bollwerk gegen Freidenkertum und Deismus. In Yale entschieden Präsident und Fellows per Abstimmung, die Studenten mit Hilfe des Katechismus und der Medulla vor gefährlichen neuen Ideen in Schutz zu nehmen.[7] Die Fürsorge der Universitäten erstreckte sich nicht nur auf den akademischen Teil des studentischen Lebens. Am New Yorker King's College war im Winter um 21 Uhr, im Sommer um 22 Uhr Zapfenstreich; wer danach eintraf, wurde dem Präsidenten gemeldet. Die Colleges zogen Studenten aus anderen Kolonien an und förderten somit kolonienübergreifende Tendenzen.

Autoren vor dem 17. Jahrhundert waren nur den besterzogenen Kolonisten wie John Adams, Dickinson oder Wilson bekannt. Aus dem 17. Jahrhundert las man Francis Bacon, Prynne, John Milton, Harrington, aus dem 18. Jahrhundert vor allem Hoadly, Blackstone, Robertson und Bolingbroke. Außerdem hat sich der gebildete Kolonist mit Pufendorf, Vattel, Montesquieu, Burlamaqui und Beccaria beschäftigt, mit den Ideen Rousseaus und denen der Physiokraten. Der Geistliche Jonathan Mayhew las zum Privatvergnügen Voltaire. Eifrig zitierten mit England unzufriedene Amerikaner aus *Cato's Letters* (1720–1723) von John Trenchard und Thomas Gordon. John Lockes »Essay on Human Understanding« (1690) wurde angeblich häufiger gelesen als seine »Treatises«. Lockes Einfluß auf das revolutionäre Geschehen ist insgesamt überschätzt worden. Vielleicht stand er am Schluß nur noch als eine Art Symbol für die *Rights of Englishmen*. Edward Coke ist von den Kolonisten wesentlich öfter zitiert worden als John Locke. Coke, der Rivale von Francis Bacon, bestand auf den Prinzipien des Common Law gegenüber dem königlichen Prärogativ und hatte bis dahin die englischen Freiheitsrechte – »a man's house is his castle« – am ausführlichsten formuliert. Bis zu Blackstone, dessen *Commentaries on the Laws of England* 1765 erschienen, das Jahr des *Stamp Act*, war Coke die juristische Autorität schlechthin. »Wer immer seine Schriften beherrscht«, schwärmte John Adams, »beherrscht die Gesetze Englands«. Blackstone, der Oxfordprofessor, eignete sich besonders dafür, den Primat des Parlaments zu begründen: »What the Parliament doth, no authority upon earth can undo.«[8]

An den *Inns of Court,* der großen Rechtsakademie in London, lernten eine Reihe amerikanischer Patrioten als Studenten mit juristischen Argumenten umzugehen, die sie später gegen das Mutterland ins Feld führten. In London befand sich mit der Royal Society die Schiedsstelle für wissenschaftlichen Fortschritt. William Byrd brachte dorthin Knochen von Bären und Raccoons, dort hielt er einen Vortrag über einen albinotischen Neger.[9] 1743 beförderte Benjamin Franklin die geistige Unabhängigkeit, indem er die Bildung einer *American Philosophical Society* vorschlug: Die erste Plackerei bei der Besiedlung neuer Kolonien sei ziemlich vorbei und es gebe viele, die Muße hätten, sich den Künsten und Wissenschaften zu widmen.

Wissenschaftler verließen sich mehr auf empirische, mit eigenen Augen gesehene Beobachtungen. Isaac Greenwood hielt 1734 in Boston astronomische Vorlesungen, David Rittenhouse verfolgte in seinem Observatorium die Bewegungen des Sonnensystems. Edward Bromfield experimentierte mit selbst hergestellten optischen Linsen. Wage zu wissen hieß auch: wage zu sehen. John Winthrop, ein Abkömmling des großen Gouverneurs, verpflichtete sich als Professor für Mathematik und Naturphilosophie in Harvard der neuen Exaktheit. Cadwallader Colden aus New York korrespondierte mit Linnaeus und interessierte sich gleichermaßen für Botanik, Astronomie, Naturgeschichte und Naturphilosophie. Schon 1718 war in Philadelphia von John Bartram der erste Botanische Garten eröffnet worden. Die Umwelt sollte so systematischer erforscht, registriert und gedeutet werden.

Jared Eliot legte in den *Essays on Field-Husbandry in New-England* (1748) seine nach jahrzehntelangem Experimentieren gewonnenen Erkenntnisse aus der Landwirtschaft vor. In Philadelphia experimentierte James Logan mit Mais. Die Ideen der Physiokraten, vor allem die von Du Pont de Nemours, sind in den Kolonien bald bekannt geworden. Daß nur die Landwirtschaft produktiv, die Industrie aber steril ist, und daß die mechanische Bewirtschaftung von Großgrundbesitz eine ideale Zukunft garantierte, traf sich mit Vorstellungen der Kolonisten, die nie einer vereinfachten Dichotomie – hie Maschine, hie Paradiesgarten – angehangen haben. Das »Wage zu wissen« wurde ein Prinzip, das sich in immer mehr Bereichen durchsetzte. Benjamin Rush aus Philadelphia wurde 1769 zum ersten amerikanischen Professor für Chemie ernannt und gilt heute als Pionier der amerikanischen Medizin und Psychiatrie.

Denkt man an Franklin, Jefferson, Madison, John Adams und Hamilton, so zeigte die koloniale Elite ein geistiges Niveau, das zumindest im politischen Sektor seither nicht mehr erreicht worden ist. Die verfassunggebende Versammlung von 1787 – mehr als die Hälfte der Delegierten hatten ein College besucht – ist der erste amerikanische Brain Trust genannt worden.[10] Daß die Erziehung Zwergobst lieferte, wie Lichtenberg dies für Deutschland beklagte, konnte man bestimmt nicht sagen. John Adams war nicht nur Jurist und politischer Theoretiker, sondern kannte sich auch bei den Klassikern aus. Josiah Quincy trieb Geschichte und Agronomie. Albert Gallatin war in der Wirtschaftstheorie ebenso zu Hause wie in der Ethnologie. Jefferson schließlich hätte sich guten Gewissens als Archäologe, Ethnologe, Agronom, Jurist, Musikwissenschaftler oder klassischer Gelehrter bezeichnen können.

XV. Kapitel

RELIGION UND DAS ORAKEL DER VERNUNFT

Der Primat der Religion war keine Selbstverständlichkeit mehr. Pastoren machten die neue Erfahrung, mit Herablassung behandelt zu werden, mitunter wurden sie sogar das Ziel von Spott und Verachtung. Jonathan Edwards mußte sich vor versammelter Gemeinde sagen lassen, seine Frau würde auf kürzerem Wege ins Himmelreich eingehen als er selbst. Das soziale Klima erlaubte freiere Umgangstöne. Die Hälfte der Witze und Anekdoten in den als Volkslektüre geschätzten Almanachen beschäftigten sich mit Sex, und zwar in der unter Bauern üblichen naturalistischen Weise.[1]

Der orthodoxe Fundamentalismus geriet ins Wanken. Es gab zwar immer noch Männer, die einen Vollbart trugen, weil das mosaische Gesetz das Stutzen der Barthaare untersagte. Benjamin Franklin hatte einen Arbeitskollegen, der sich strikt an dieses Gebot hielt. Der Wanderprediger John Davenport forderte seine Zuhörer auf, ihre Perücken, ihre modischen Gewänder und ihre weltlichen Bücher zu verbrennen, was sie denn auch taten. Das *Great Awakening* in den 1740er Jahren sollte das an die Vernunft verlorene Terrain dem Glauben zurückgewinnen. In Deutschland revoltierten Pietisten gegen die Scholastik Luthers und Calvins. Die »Separatisten, Sonderlinge, Eigenbrötler« der Herrnhuter Brüdergemeinde in Mähren verteilten sich in der Karibik, in Grönland und in Pennsylvania. Der rastlose Graf Zinzendorf, der geistige Kopf der Moravier, schwärmte von einem Gemeinwesen, in dem ehemals Leibeigene zu »immedialen Herren« werden. Die Kinder soll man »gehen lassen und was von ihnen lernen«, schrieb Zinzendorf, der mit vier Jahren seinen Vater verloren hatte, bei einer Großmutter aufgewachsen war, einen ununterdrückbaren Reisetrieb entwickelte und homoerotischen Beziehungen das Wort redete. Die Sektenmitglieder im pennsylvanischen Bethlehem sollten sich »ausleben«, es gab dort in der Anfangszeit keine festen Ämter und Verpflichtungen, keine schriftlichen Anweisungen und Satzungen. »Alles ist Bewegung!«, staunte ein Beobachter. Zinzendorf konnte sich nicht genug darin tun, die idealen Zustände in Bethlehem zu preisen: »Mir ist in meinem Leben noch kein Systema vorgekommen, das so gar von allen vinculis [Bindungen] entblößt wäre, wodurch weltliche Gesellschaften zusammengehalten werden, als unsere hiesige Brüderökonomie.«[2]

In England traten John und Charles Wesley und George Whitefield gegen skeptizistische und rationalistische Strömungen auf. Whitefield bereiste die Kolonien, um die Erweckungsbewegung in Amerika zu fördern. In Georgia las er eine Schrift von Jonathan Edwards, worin dieser berichtete, wie er in seiner Gemeinde Northampton in Massachusetts seit 1734 zahlreiche Seelen durch eindringliche Predigten der Bekehrung zugeführt hatte. Whitefield zeigte sich beeindruckt, und Edwards gilt heute als Kopf der Wiedererweckungsbewegung, obgleich diese Einschätzung näherer Betrachtung nicht standhält.

Jonathan Edwards stammte aus einer leidgeprüften Familie. Ein Großonkel hatte seine Schwester mit der Axt erschlagen, eine Großtante ihren Sohn ermordet, ein weiterer Onkel sich das Leben genommen. Edwards war ein frühreifes, einzelgängerisches Kind, das sich gern auf geheime Plätze in den Wäldern Connecticuts zurückzog, ein Mensch, der sich schwertat, engere persönliche Beziehungen herzustellen. Mit zwölf Jahren bezog er die Universität Yale, schrieb und veröffentlichte einen seltsamen Aufsatz über Spinnen, Insekten, die ihn faszinierten, »wie sie davonsteigen in die Luft«. Eine Zeitlang glaubte er, in Amerika würde das Millenium beginnen, aber von dieser Vorstellung ist er rasch wieder abgerückt. Jenseitsgerichtete Erwartungen wurden zu einer Konstante in seiner Entwicklung. Der erwachsene Edwards sehnte sich nach der Zeit, wenn die Seele nicht mehr im Körper wohnen wird.[3]

Edwards hat als Pastor und religiöser Schriftsteller die Kirche von liberalisierenden Einflüssen freimachen wollen. Die menschenfreundliche Anthropologie des Arminianismus, Arianismus und Sozianismus blieb ihm fremd. Indirekt hat er auch die Pietisten bekämpft, die näher bei der Mystik standen und individuellen Urteilen in religiösen Fragen mehr Raum gaben, als ein Orthodoxer es für gut halten konnte. In seinem religionspsychologischen Hauptwerk *A Treatise Concerning Religious Affections* (1746) bestand Edwards nach orthodoxer puritanischer Manier auf der Erbsünde und einer inneren Wandlung, ehe eine Wiedergeburt erfolgen konnte. Den *halfway covenant* verwarf er, und die Tatsache, daß sein Großvater und Pfarrbruder Solomon Stoddard den Kirchenzugang noch weiter erleichtert hatte, konnte er nicht gutheißen. Die Gemeinde setzte Edwards' starrer Kirchenpolitik Widerstand entgegen und entließ ihn. Im nachhinein ist er zu einer der Hauptfiguren des *Great Awakening* gemacht worden, wo er doch nur einzelne Techniken dieser Erweckungsbewegung übernommen hat, den eindringlichen Predigtstil etwa, in dem die Gemeindemitglieder auf ihre Sündhaftigkeit zurückgeworfen wurden, aber das war nur eine Anamorphose des Puritanismus' alter Art.

Die besten Prediger des Revivalismus kamen von den neuen Colleges, aus Rutgers, Dartmouth, aus dem »Log College«, das der Presbyterianer William Tennent gegründet hatte und aus dem das College of New Jersey, das spätere Princeton, hervorging. Edwards wurde dort für drei Monate, bis zu seinem Tod, Präsident. Die strengen Formalisten unter den Predigern wurden »Old Lights« genannt, die »New Lights« und die Laienprediger mit humanitären Bestrebungen und egalitären Ideen waren bei den Orthodoxen als »Enthusiasten« verschrien, ein Wort, das damals so negativ klang wie »Fanatiker« heute. Beiden ging es um die Rechtfertigung aus dem Glauben, die New Lights pochten sogar ganz entschieden auf dieses Dogma. Beide sahen sich von den politischen und sozialen Strömungen der Zeit in die Defensive gedrängt. Beiden Gruppen lag an einer Restauration der Ordnung und der öffentlichen Moral. »Wie kommt es wohl«, fragte einer der New Lights im Jahre 1750, »daß Schwelgerei und Völlerei, Fiedeln und Tanzen, böse, profane und schmutzige Unterhaltungen so sehr geduldet und nicht mehr von den Regierenden dieses Landes unterdrückt werden?«[4]

Die revivalistischen Gottesdienste zogen die weniger Gescheiten an, die Isolierten, die Neurotischen, diejenigen, denen nach hypnotischen Zuständen verlangte oder solche, die aus dörflicher Langeweile ausbrechen wollten. Wie so oft wurde dem Teil der Bevölkerung die größte Sündhaftigkeit eingeredet, der zum Sündigen am wenigsten Gelegenheit hatte. Frauen entledigten sich ihrer Kleider, versuchten sich die Haare auszureißen, Kinder zogen nach dem Gottesdienst schreiend durch die Straßen, Hüften zuckten, Knie wurden weich – neutrale Beobachter haben uns eine Fülle massenhysterischer Indizien überliefert. Ein raffinierter Prediger vermochte seine Zuhörer fast beliebig zu konditionieren, auf den Inhalt seiner Predigt kam es nicht mehr so sehr an. »Manchmal legte er eine gewaltige Betonung auf kleine, unbedeutende Wörter und trug einen unwichtigen Satz mit einer gewaltigen Energie vor, als würde die ungeheuerlichste Wahrheit aufgezeigt«, schrieb angewidert Charles Chauncy, der Pastor der Ersten Kirche Bostons.[5]

Chauncy hatte in seinen *Seasonable Thoughts on the State of Religion in New England* (1743) Stellung bezogen gegen das *Great Awakening* und die Auswüchse des Revivalismus. Die gefühlsbetonten Prediger der Zeit rückte er in die Nähe der Antinomier des 17. Jahrhunderts. Ein orthodoxer Kalvinist blieb aber auch Chauncy nicht, er bewegte sich auf den Arminianismus zu: Gottes Gewalt war mit der Freiheit des Menschen vereinbar. Die Gottesvorstellung der Puritaner ließ sich nicht so leicht restaurieren.

»Man pensionierte Gott«, schrieb auf Europa bezogen Alfred Weber, »der das 17. Jahrhundert so gewaltig in Unruhe gebracht und in seine Kriege hineingetrieben hatte«. Pensioniert wurde Gott in den Kolonien gerade nicht, aber er erhielt ein anderes Gesicht. Isaac Newtons mechanistische Interpretation des Kosmos löste die theologische ab. John Locke bot mit der tabula rasa eine neue Erklärung der menschlichen Natur an. Die Gebildeteren unter den Kolonisten betrieben ein Aggiornamento ihres Glaubens aufgrund philosophischer und naturwissenschaftlicher Erkenntnisse. Die Vernunft sollte das Orakel sein; der Philosoph Ethan Allen wollte sich mit einer Gesellschaft, die »priestridden« ist, nicht mehr abfinden. Der Deismus wurde zur geheimen Modereligion.

Deismus bezeichnet eine Gottesauffassung, in der »die Gottheit in eine Ferne gerückt wird, aus der sie keine aktuellen Beziehungen zu Welt und Menschen hat«. Gott ist der Urheber der Welt, aber den Lauf der Welt hat er nicht nachträglich mit Wundern und Offenbarungen korrigiert.[6] In Amerika kam der Deismus zum Tragen, als er in England bereits außer Mode gekommen war. Manche waren vorsichtig und ließen ihre deistische Überzeugung nicht an die Öffentlichkeit dringen. Wer sich John Lelands *Deistical Writers* (1754) bestellte, bat seinen Buchhändler um Diskretion. Bis zur Unabhängigkeit blieb der Deismus auf einen engen aristokratischen Kreis in den wenigen größeren Städten beschränkt.[7] John Adams hat später seinen Ausflug in den Deismus als Jugendeselei abgetan und ist in den Schoß des Christentums zurückgekehrt.

Deistisches Gedankengut kam über englische Autoren und über Voltaire und Montesquieu, die sich in den 1720er Jahren in England aufgehalten hatten, nach Amerika. Ethan Allens *Reason the Only Oracle of Man* (1784), vielleicht das erste antichristliche Buch eines Amerikaners überhaupt, orientierte sich schon im Titel an des Engländers Charles Blount *Oracle of Reason* (1693) und lehnte sich auf engste Weise an ein Manuskript des Freidenkers Thomas Young an. Allen wandte sich gegen die Erbsünde, für ihn eine Schimäre, gegen die Dreifaltigkeit und gegen den Absolutismus des Alten Testaments. Er räumte ein, daß manche Offenbarungen göttlichen Ursprungs gewesen sein könnten, der menschlichen Vernunft sei es aber gegeben, sie von fabrizierten, priesterlichen Offenbarungen zu unterscheiden.[8]

Von zwanzig der sechsundfünfzig Unterzeichner der Unabhängigkeitserklärung ist die religiöse Anschauung bekannt. Von diesen zwanzig waren drei Deisten – Jefferson, Franklin, Hopkins –, zwei tendierten zum Deismus – John Adams und George Wythe –, vier dachten liberal, wenn auch nicht deistisch – Robert Paine, Josiah Bartlett, Benjamin Rush und Matthew Thornton – und elf ließen sich als orthodox einstufen. Unter den Revolutionsführern sind ferner Willie Jones, Edmund Randolph und Thomas Paine Deisten gewesen, während George Washington, James Madison und George Mason sich öffentlich lieber bedeckt hielten. Orthodox glaubten die politisch radikalen Samuel Adams und Patrick Henry.

Thomas Jefferson war ein theoretischer, ein vorsichtiger Deist. Das Christentum schätzte er immerhin als das beste Moralsystem, das je ersonnen worden war, nur hatten es falsche Propheten aus persönlichem Interesse und zum Schaden des nichtdenkenden Teils der Menschheit korrumpiert. Franklin war kalvinistisch erzogen und ging sonntags in die presbyterianische Kirche, wenn auch recht lustlos. Er gehörte zu denen, die von religiöser Polemik und dogmatischen Spitzfindigkeiten mehr und mehr gelangweilt wurden und die der Frage Transsubstantiation oder Konsubstantiation, Kindstaufe oder Erwachsenentaufe ziemlich gleichgültig gegenüberstanden. Franklin wollte, ohne auf theologische Feinheiten achten zu müssen, erbaut werden, er wollte sittliche und staatsbürgerliche Grundsätze vertreten wissen wie Genügsamkeit, Fleiß, Gerechtigkeit und Aufrichtigkeit. Als sich der Evangelist George Whitefield im Namen Christi bei Franklin für erwiesene Gastfreundschaft bedankte, konterte der Gastgeber, die Bewirtung sei Whitefields, nicht Christi willen erfolgt. Franklin war schon vor seinem Weggang aus Boston zum Deisten geworden, und zwar auf einem Umweg. In einem religiösen Pamphlet überzeugten ihn die zur Abschreckung zitierten deistischen Behauptungen mehr als deren Widerlegungen. Der alte Franklin beharrte auf der in seiner Jugend erworbenen Überzeugung und den in seiner »Dissertation on Liberty and Necessity, Pleasure and Pain« niedergelegten freidenkerischen Axiomen. Der 84jährige blieb kritisch, auch wenn er, wie Jefferson, das Christentum als moralische Instanz zu würdigen wußte.[9]

Thomas Paine hatte bereits 1776 eine Schrift gegen das Alte Testament geplant, auf Anraten Franklins aber davon Abstand genommen. In *The Age of Reason* (1794) holte er das Versäumte nach. Die alten Propheten, schrieb Paine, seien nichts anderes gewesen als Dichter. Die wundersame Schöpfungsgeschichte konnte er nicht glauben, die Geschichte von Eva, der Schlange und dem Apfel kam ihm absurd vor, und mit der christlichen Arithmetik, daß drei einer sind und einer drei, wollte er sich nicht befreunden. »Mein eigener Geist ist meine eigene Kirche«, erklärte Paine. Den Deismus nannte er die einzige nicht von Menschen erfundene Religion.

Die patriotischen Aristokraten Virginias waren fast ohne Ausnahme Deisten oder Skeptiker.[10] John Randolph of Roanoke freute sich über jeden Sieg des Halbmonds über das Kreuz. Deismus und Antiklerikalismus gingen Hand in Hand. Charles Lee, General unter Washington, wollte nicht auf einem Friedhof begraben werden. Der Revolutionär Willie Jones aus North Carolina verbat sich die Gegenwart eines Priesters am Grab.

Breiten Anklang in der Bevölkerung hat der Deismus nicht gefunden. Deisten, sofern sie ihre Überzeugung offen vertraten, mußten mit Opposition rechnen. Als sich Pennsylvania kurz nach der Unabhängigkeit eine Verfassung gab, wurde über den Widerstand Franklins und jüdischen Protest hinweg eine Klausel aufgenommen, die jedem Abgeordneten die Erklärung abverlangte, an die göttliche Inspiration der Bibel zu glauben, und zwar des Alten und des Neuen Testaments. Jefferson wurde wegen vermeintlicher Gottlosigkeit vom kongregationalistischen Klerus stark angegriffen.

Vor der Unabhängigkeit gab es knapp dreitausend verschiedene religiöse Gruppierungen, davon 658 kongregationalistische, 543 presbyterianische, 498 baptistische, 480 anglikanische, 295 Quäkergemeinden, 261 reformierte, 151 lutherische und 50 katholische.[11] Überall in Amerika entstanden kleine und kleinste Sekten. Theodor Frelinghuysen, ursprünglich der holländisch-reformierten Kirche angehörend, propagierte als Pietist eine »innere Religion, eine mystische Verbindung zwischen Gott und Mensch«. Der deutsche Mystiker Johann Konrad Beissel, erst Pietist, dann Dunker, gründete 1732 Ephrata bei Lancaster (Pennsylvania), eine der vielen millenaristischen Enklaven. Juden, die bis dahin ziemlich unbehelligt in Orten wie Newport, New York, Philadelphia und Charleston gelebt hatten, bekamen ernstzunehmende antisemitische Aktionen zu spüren. Aus Georgia wurden sie 1734 vertrieben. Rhode Island verweigerte ihnen 1762 die Bürgerrechte.

John Carrol wurde 1784 als Oberhaupt der katholischen Kirche mit 40000 Gläubigen eingesetzt. Während der gesamten Kolonialzeit hatte es kein Nachlassen des antikatholischen Affekts gegeben. In den Geschichten der Volksalmanache saß der böse Feind allemal in Rom. Ab 1770 wurde die Nonne im Sprachgebrauch zur Hure und die *nunnery* eine Bezeichnung für ein Bordell. Ein prominenter Prediger, Jonathan Mayhew, machte sich 1754 dafür stark, die römisch-katholischen Franzosen aus dem Land zu treiben, denn sie seien nichts anderes als eine Herde »fauler Mönche und Jesuiten und Exorzisten und Inquisitoren«.[12]

Jonathan Mayhew wurde 1747 in Boston ordiniert. Er war der erste Arminianer auf einer neuenglischen Kanzel. Mit dem alttestamentarischen Gottesbegriff der Puritaner konnte er nicht viel anfangen. Der Bostoner Kirchenverband schloß den Abweichler aus. Als erklärter Gegner von Jonathan Edwards und George Whitefield nannte Mayhew die Prediger des Revivalismus »aufgeklärte Idioten«, die Wahrheit und Inspiration zu barem Unsinn verdrehten. Wer das Volk zur emotionellen Konversion bringen wolle, so lästerte er, ziehe ihm eins mit dem Stock über den Schädel, was weiter nichts schade, denn den orthodoxen Glauben könne ohnehin nur einer akzeptieren, der nicht ganz bei Trost sei. Mit seinem unorthodoxen Lehrgebäude, der Leugnung der Dreifaltigkeit und der Trennung von Staat und Kirche bereitete Mayhew den Boden für den säkularisierten Liberalismus. Seine Version des Arminianismus war nicht mehr weit entfernt von aufgeklärter Vernunft und von naturrechtlichen Vorstellungen. 1748 sprach er von den Naturrechten als absolut unveräußerlichen Gütern. Einige seiner Predigten waren unverhüllte Aufforderungen zum zivilen Ungehorsam: »Alle Anordnungen, die dem erklärten Willen des obersten Gesetzgebers im Himmel und auf Erden zuwiderlaufen, sind null und nichtig: Und deshalb ist ihre Nichtbefolgung eine Pflicht und kein Verbrechen.« Die königliche Order, den Geburtstag Charles I. gebührend zu feiern, verweigerte er strikt. Mayhew verkehrte mit James Otis und John Adams und teilte deren Freiheitsvorstellungen. In seinem letzten Lebensjahr hielt er eine triumphierende Predigt über die erzwungene Rücknahme des *Stamp Act.*[13]

1772 wurde die Schrift eines Geistlichen neu aufgelegt, der schon zwei Generationen vor Mayhew die Freiheit der Kolonisten quasi naturrechtlich begründet hatte. John Wise, Sohn eines *indentured servant,* Harvard-Absolvent, Pastor in Ipswich, war mit beachtlichen Körperkräften und einer Art von Zivilcourage ausgestattet, die ihn 1686 ins Gefängnis brachte, weil er gegen eine königliche Steuer opponiert hatte. Er setzte sich erfolgreich gegen Versuche der Mather-Dynastie zur Wehr, dem Kongregationalismus eine zentralistische Struktur zu verpassen. In seiner *Vindication of the Government of New England Churches* (1717) nahm sich Wise ausdrücklich den »Baron Puffendorff« zum Vorbild und leitete aus Pufendorfs *De Jure Naturae et Gentium* das antifeudale Prinzip ab, daß alle Menschen frei geboren sind. Wise hat sich beim Zustandekommen dieses Gedankens den tatsächlichen Geburtsvorgang zum Modell genommen. Alle Menschen, edel oder niedrig, kommen ohne Pomp zur Welt, und im Tod werden sie erneut gleich. Man hat gesagt, bei John Wise fänden sich – bis auf das Recht auf Revolution – sämtliche Grundgedanken der Unabhängigkeitserklärung, nämlich der Gleichheitsgedanke, die Grundrechte Leben, Freiheit und Besitz, die Volkssouveränität, die Vertragstheorie und der *pursuit of happiness,* den jede Regierung zu schützen habe,[14] und dies zu einem Zeitpunkt, als Franklin elf Jahre alt und Jefferson noch nicht geboren war.

In Virginia artikulierten Prediger ihren Protest gegen die englische Hochkirche und gegen die beherrschende Stellung der Gentlemen. In Boston startete Charles Chauncy einen Angriff gegen die anglikanische Hierarchie. Auf der Gegenseite mußte sich der anglikanische und obrigkeitstreue Jonathan Boucher, Hauslehrer bei Washingtons, zwei Pistolen auf die Kanzel legen, nachdem er von patriotischen Bürgern bedroht worden war.[15] Nur wäre es zu einfach, die Anglikaner den Loyalisten, die Nachfolger der Puritaner den Rebellen zurechnen zu wollen. Es gab mehr als zwei Fronten und mehr als ein Motiv, sich auf die eine oder andere Seite zu schlagen. Die Kongregationalisten waren in ihren Kolonien selbst zu einem religiösen Establishment geworden, das Widerstand hervorrief. Kalvinismus und urdemokratische Vorstellungen vertrugen sich in der Praxis schlechter, als man nach den Schriften von John Wise oder Jonathan Mayhew hätte annehmen können. *Ethical Stewardship* und Naturrecht wollten nicht recht zusammenpassen. Die Baptisten von Massachusetts setzten einen Steuerboykott in Gang. Der Baptistenführer Isaac Backus warf der politischen Elite vor, sie würde sich über ungerechte Steuern der Krone ereifern, selbst aber ungerechte Steuern erheben. Backus war bereit, wie später Thoreau, lieber ins Gefängnis zu gehen als unmoralische Steuern zu zahlen. Wenn Baptisten loyalistisch wurden, dann, weil sie sich von England Schutz vor kongregationalistischer Willkür und Verfolgung erhofften. Das Beispiel der Baptisten zeigt, daß von einer loyalistisch orientierten Gruppe sehr wohl egalitäre Impulse ausgehen konnten.[16]

XVI. Kapitel

ZEITUNG, PAMPHLET, POLEMIK

Vor der Revolution konnten etwa die Hälfte der Männer und ein Viertel der Frauen lesen. Das verbreitetste Anfängerlesebuch stammte von Thomas Dilworth und hieß *A New Guide to the English Tongue.* Büchereien und Wanderbüchereien kamen auf. Eine öffentliche Bibliothek im New York der 1770er Jahre nannte 2000 Werke ihr eigen. Ortsansässige Benutzer durften je ein Buch entleihen, auswärtige deren zwei oder drei. Die wichtigste Volkslektüre war der Almanach. Mit 50000–60000 Exemplaren pro Jahrgang lag der Almanach von Nathaniel Ames der Auflage nach an der Spitze. Der heute berühmtere *Poor Richard's Almanac* von Benjamin Franklin erreichte nur 10000 Exemplare. Der Almanach war Kalender und Unterhaltungslektüre in einem und diente den Kolonisten auf dem Lande unter anderem dazu, Sonntage und Werktage auseinanderzuhalten.[1]

Nach einer Zählung existierten im Jahr vor der Unabhängigkeit 30 verschiedene Zeitungen, einer anderen Zählung nach 37. Zehn Jahre davor, 1765, soll es noch 43 Zeitungen gegeben haben, darunter drei deutschsprachige. Davidson rechnet mit etwa 40 Zeitungen in der vorrevolutionären Zeit, eine auf 60000 Einwohner. Alle Zeitungen waren damals Wochenblätter. Die wöchentliche Auflage schwankte zwischen 300 und 2000 Exemplaren.

1704 war mit dem *Boston News Letter* die erste reguläre Zeitung herausgekommen. Dieses Blatt – vierseitig, zweispaltig, kleinformatig und obrigkeitshörig – enthielt hauptsächlich aus Europa übermittelte Nachrichten sowie Kleinanzeigen, etwa über Versteigerungen, und die Termine ein- und auslaufender Schiffe. 1719 folgten die *Boston Gazette* und in Philadelphia der *American Weekly Mercury*, etwas später der *New England Courant*, herausgegeben von James Franklin, einem Bruder von Benjamin Franklin. Manche meinten beim Erscheinen des Courant, dies sei schon eine Zeitung zu viel. Im Süden wurde 1727 von William Parks die

Maryland Gazette gegründet, die unter anderem die satirischen Grobheiten von Ebenezer Cook veröffentlichte.

Eine Besonderheit der kolonialen Zeitungen stellten die *Broadsides* dar, einseitige Beilagen aus aktuellem Anlaß, die etwa auf das Boston Massacre oder den Widerruf des *Stamp Act* Bezug nahmen. Man konnte diese Beilagen herausnehmen, weitergeben, als Plakat an einen Baum heften oder an den Dorfkrug oder nachts ans Rathaus. Die Broadsides vergrößerten den Leserkreis über die tatsächliche Auflage hinaus.

Ab der Jahrhundertmitte entstanden die ersten Zeitschriften. Benjamin Franklin unternahm mit der Gründung des *General Magazine and Historical Chronicle for all the British Plantations in America* (1741) den Versuch eines kolonienübergreifenden Periodikums. Es hielt sich sechs Monate lang, nicht viel länger als das zur selben Zeit von Andrew Bradford, ebenfalls in Philadelphia, herausgegebene *American Magazine.* Zeitungen waren nicht nur auf ihre Erscheinungsorte beschränkt, die Zeitungen Bostons las man auch in New York und Charleston. Nach der Unabhängigkeit wurden Zeitungen und Zeitschriften von der Post kostenlos befördert, um den politischen Zusammenhalt der Einzelstaaten zu fördern und ihr kulturelles Zusammenwachsen zu erleichtern.

Die kolonialen Volksvertretungen schritten härter gegen frei geäußerte Meinungen ein als die Common-law-Gerichte in England. Die Vorzensur wurde in England früher abgeschafft als in Amerika. Und Zeitungsherausgeber waren in den Kolonien länger von einer amtlichen Lizenzerteilung abhängig als im Mutterland.

Johann Peter Zenger figuriert in der populären Pressegeschichte als die Person, die den Amerikanern ein für allemal das Recht auf Pressefreiheit erstritt.[2] Zenger ist 1697 in der Rheinpfalz geboren, kam 1719 nach Amerika und lernte in New York das Druckereihandwerk. Fehlerfreies Englisch hat der Einwanderer nicht mehr gelernt. 1733 startete er mit dem *New York Weekly Journal* als Konkurrenzunternehmen gegen die regierungstreue *New York Gazette.* Das Journal attackierte in anonymen Artikeln korrupte Politiker, vor allem den New Yorker Gouverneur William Cosby. Dieser konnte im Journal über sich lesen, daß er ein Nero sei und von einem Idioten nur graduell zu unterscheiden[3]; auch daß er sich an Brandy, Salatöl und anderen Produkten bereichert hatte. Einige Zeitungsnummern sind auf Cosbys Anordnung verbrannt worden – von einem schwarzen Sklaven des Sheriffs, nachdem sich der Magistrat geweigert hatte, den etatmäßigen Henker für diese Aufgabe abzustellen. Zenger wurde im November 1734 verhaftet. Er weigerte sich, die Namen seiner Autoren preiszugeben. Als besonders anstößig waren die Beiträge eines James Alexander empfunden worden. Die Anklage lautete auf Majestätsbeleidigung. Nach englischem Recht war Majestätsbeleidigung unabhängig vom Wahrheitsgehalt ein Straftatbestand. Es galt sogar der Grundsatz: »Je größer die Wahrheit, desto größer die Beleidigung.« Zwei Anwälte Zengers, darunter James Alexander, wurden zu Beginn des Verfahrens wegen Mißachtung des Gerichts ausgeschlossen. Der dritte Verteidiger versuchte sein Glück mit einem Trick. In der Anklageschrift war von einer »falschen, böswilligen, verräterischen und anstößigen Verunglimpfung« die Rede. Wenn die Beleidigung falsch war, also nicht auf Tatsachen gründete, wog nach dem oben zitierten Grundsatz das Vergehen nicht so schwer. Der Richter folgte dem Verteidiger nicht, wohl aber die Geschworenen; sie sprachen Zenger frei.

Zenger gilt seither als Held der Pressefreiheit. Modernere Interpreten sehen die Sache nüchterner. Der Prozeß hatte wohl mit Pressefreiheit zu tun, der zentrale Impuls war jedoch eher der Protest des Mittelstandes, der Handwerker, gegen die Privilegien der Führungsschicht. Trotzdem hat der Fall Zenger seine historische Bedeutung. Anklagen wegen Majestätsbeleidigung und Landesverrat stießen nach dem Freispruch Zengers auf wachsende Ablehnung der Kolonisten, und ein gedruckter Bericht über das Gerichtsverfahren wurde bis 1791 vierzehnmal aufgelegt.[4]

Zwischen 1760 und 1783 erschienen nicht weniger als 1500 Pamphlete und Traktate.[5] Sie konzentrierten sich auf die Frage, welche Rechte die Kolonien gegenüber dem Mutterland besäßen. 1764 kam James Otis, der durch sein leidenschaftliches Plädoyer gegen die Durchsuchungsbefehle der Krone bekanntgeworden war, mit seinen *Rights of the British Colonies Asserted and Proved* heraus. Später versuchte sich Otis gegen den *Stamp Act* zur Wehr zu setzen und wurde einmal wegen seiner aggressiven Zeitungsartikel von einem Zollbeamten verprügelt. Auf koloniale Rechte und amerikanische Eigenart pochte John Dickinson in den *Letters from a Farmer in Pennsylvania* (1768), eine Schrift, die ein weites Echo fand. Sogar George Washington, nicht gerade ein Büchernarr, besaß ein Exemplar. Stephen Hopkins, Gouverneur von Rhode Island und neben Jefferson und Franklin einer der bekanntesten Deisten, trat in *The Rights of Colonies Examined* (1765) als Apologet der Naturrechte auf.

Naturrecht ist eine Sammelbezeichnung für sittlich und rechtlich, ewig und überall und unabhängig von der Aufnahme in menschliche Rechtssatzung gültige Rechtsnormen. Solche Rechtsnormen brachten amerikanische Kolonisten bei ihrer Auseinandersetzung mit dem Mutterland immer wieder ins Spiel. Sie konnten sich dabei auf eine eigene Tradition berufen. In Winthrops *Journal* erschien häufig das »law of God«. Für John Cotton wie für John Eliot oder Roger Williams gab es ein göttliches Gesetz, das über dem common law stand. Thomas Hooker bestand in seinen *Fundamental Orders of Connecticut* (1639) auf einer absoluten Norm, die für alle Regierungen bindend sein sollte. Die Bibel selbst eignete sich als Quelle, wenn es um die Propagierung fundamentaler Rechte ging. Man habe Gott mehr zu gehorchen als den Menschen, hatte Paulus den Römern geschrieben. John Milton, der Puritaner, rechtfertigte in *Killing no Murder* (1637) den Tyrannenmord.

Hugo Grotius' und Samuel Pufendorfs Naturrechtslehren wurden in den Kolonien über Blackstone und John Wise bekannt. Sir William Blackstone sprach in seinen *Commentaries on the Laws of England* von unveränderlichen Rechten göttlichen Ursprungs. Göttlichen Ursprungs war gleichermaßen die Vernunft, die den Menschen den Zweck solcher Gesetze erkennen ließ. Edward Coke hatte in den *Institutes of the Laws of England* vor dem Hintergrund dreier übergeordneter Rechtsarten, dem common law, dem Naturrecht und dem göttlichen Gesetz, die *Magna Charta* wiederbelebt, die *Rights of Englishmen* aufgefrischt, als da sind *habeas corpus, due process,* Petitionsrecht, *redress of grievances, grand jury.* Coke lieferte Rechtskommentare, die mit unschuldiger Miene in den politischen Kampf eingebracht werden konnten. Er wurde von den Pamphletisten noch häufiger zitiert als John Locke.

Bei John Locke bedeutet Natur*recht,* daß alle Menschen die natürliche Freiheit haben, »innerhalb der Grenzen des Naturgesetzes mit ihrer Person und ihrem Besitz nach eigenem Gutdünken zu verfahren«. Das Natur*gesetz* ist die Stimme Gottes, die von allen vernünftigen Wesen erkannt werden kann und folglich identisch mit dem Gesetz der Vernunft ist. Lockes *Two Treatises Concerning Government* (1690) sind eine Interpretation ex post der britischen Parlamentspolitik während der Glorious Revolution von 1688, die dem katholischen James II. den Thron kostete. James hatte versucht, durch eine Indulgenzerklärung Katholiken und Dissidenten in öffentliche Ämter zu befördern, um auf diese Weise die unumschränkte Macht des Monarchen zu dokumentieren. Daran ist er gescheitert. John Locke wußte im nachhinein die Erklärung: Sobald unveräußerliche Rechte wie Leben, Freiheit und Besitz tangiert würden, sei es das Recht der Untertanen, den Vertrag mit der Regierung aufzukündigen. Denn der Mensch im Naturzustand sei frei, gleich und unabhängig, ergo könne niemand der politischen Macht eines anderen unterworfen werden, ohne zuvor seine eigene Zustimmung gegeben zu haben – »without his own consent«. Diese Passage im 95. Paragraphen der zweiten Abhandlung erwies sich als verwendungsträchtig für Kolonisten, die mit der Kabinettspolitik in London unzufrieden waren. Ob die Argumentationsführung schlüssig war oder nicht, spielte keine Rolle. Locke bezeichnete zum Beispiel die Legislative als die oberste Gewalt und sprach ihr im selben Satz bloß Treuhandbefugnisse für bestimmte Zwecke zu.

Kritiker des Naturrechts bemängeln seine begriffliche Unklarheit, seine Ungeschichtlichkeit oder seine Grenzenlosigkeit.[6] Vom juristischen Standpunkt lassen sich konkrete Rechtsnormen aus dem Naturrecht kaum ableiten, es ist begrifflich nicht faßbar. Den Kolonisten kam diese Eigenschaft zupaß. Sie rekurrierten aufs Naturrecht, als der Appell an die Statuten des Parlaments nicht mehr fruchtete, als der König nicht gegen das Parlament, das Parlament nicht gegen den König zu Hilfe gerufen werden konnte. Mit dem Naturrecht ließ sich beweisen, daß die Kolonien sich schon im 17. Jahrhundert vom Mutterland getrennt hatten, die alten Charters mehr Rechtskraft hatten als neue Parlamentsgesetze, das Steuerrecht bei den kolonialen Volksvertretungen lag und stehende Heere auf neuenglischem

Boden nicht statthaft waren. Der Virginier Richard Bland erklärte in seiner *Enquiry into the Rights of the British Colonies* (1766), unzufriedene britische Untertanen hätten als Auswanderer von einem Naturrecht Gebrauch gemacht; dieses Naturrecht habe sich quasi selbsttätig fortentwickelt.[7]

Einflußreiche Kaufleute wie John Hancock hatten nichts dagegen, wenn die Diskussion um die Naturrechte der Kolonisten zwischendurch wieder einschlief, solange nur das Geschäft blühte.[8] Gern griff man aber auf übergeordnete Prinzipien zurück, wenn neue Parlamentsgesetze verabschiedet wurden, die kolonialen Interessen zuwiderliefen. Dann berief man sich erneut auf die *leges legum*, die unveränderlichen Gesetze der Natur.

Europas »enervierende Opulenz« habe die Kolonien noch nicht erreicht, schrieben selbstbewußte Amerikaner wie David Ramsay.[9] In Amerikas unberührter Wildnis sei der natürliche Sitz der Freiheit, und von einer Kolonistengeneration zur anderen habe sich die Liebe zum Mutterland nach und nach abgeschwächt und abgenutzt. Aus den Worten Jeffersons spricht amerikanischer Stolz, wenn er sagt, die Engländer seien in ihrem Land aus »chance«, die Amerikaner in den Kolonien aus »choice«.

Der Protest gegen die englische »Extravaganz« wird lauter. Die Kolonisten des 18. Jahrhunderts griffen die puritanische Vorstellung von England als einem Ort des Luxus, der Ausschweifung und der Korruption auf – die ganze Insel ein Sündenpfuhl. Ebenezer Turell berichtete 1735, wie die Moral eines in England reisenden Kolonisten von zwei lebenslustigen Damen ernsthaft bedroht wurde. Franklin schrieb an den Loyalisten Joseph Galloway, ohne ihn freilich überzeugen zu können, England sei ein »old rotten state«, viel weniger tugendhaft als das aufsteigende Amerika.[10] Früher war England für Franklin das Traumland gewesen, jetzt sah er alle Schichten von »extreme corruption« beherrscht. Das England nach dem *Stamp Act* war nicht mehr das Old England ihrer Erinnerung, die Kolonisten träumten von einem Land, wie sie es verlassen oder wie sie es sich nach ihrer Abreise verklärt zurechtgelegt hatten, das England Cromwells oder das England der Glorious Revolution. Unmittelbar vor der Unabhängigkeit erschien den amerikanischen Patrioten das Mutterland als Hure, als biblisch-anrüchige Isebel, als »alte abgetakelte Prostituierte«, als Räuberin und Mörderin. Philip Freneau verspottete Georg III. mit seinen fünfzehn Kindern:

His reign shall be famous for multiplication,
The sire and king of a whelp generation;
But such is the will and the purpose of Fate,
For each child he begets he shall forfeit a state.*

* Seine Regierungszeit wird berühmt werden für Vermehrung im großen Stil / als Erzeuger und König einer Generation junger Hunde. / Aber so steht es geschrieben im Buche des Schicksals, / daß er für jedes gezeugte Kind einen Staat einbüßen soll.

St. John de Crèvecœur meinte, auf amerikanischem Boden sei ein »new man« entstanden, der die alten Vorurteile hinter sich gelassen habe, neue Ideen lebe, ein anderes Verhalten an den Tag lege, nicht mehr servil sei und keinen Mangel leide. Die Distanzierung von Europa ist um so bemerkenswerter, als Crèvecœur die Revolution für ein Unglück und etwas ganz Unnötiges hielt, denn das Ziel einer neuen vollkommenen Gesellschaft sei bereits erreicht. Niemand mehr in Amerika müsse für Fürstenhäuser schuften, hungern und bluten.[11]

In England mehrten sich die affektgeladenen Äußerungen gegen die Bewohner der Kolonien. Sie wurden von manchen Engländern für sozial minderwertig gehalten, »eine Rasse feiger Memmen, entsprungen unseren Bastarden, unseren Schwindlern und unseren Sträflingen«, ein unmanierliches, grobes und schmutziges Volk, belastet mit dem Erbgut der Armen und Kriminellen. Schon um 1700 charakterisierte der englische Dichter Ned Ward nach einem Besuch in den Kolonien die Puritaner als »Heilige ohne Religion, Händler ohne Ehrlichkeit, Christen ohne Treue, Nachbarn ohne Freundschaft, treulose Freunde, unversöhnliche Feinde und reiche Leute ohne Geld«. Koloniale Soldaten bezeichnete man als »banditti«. Der Britengeneral Forbes nannte die virginischen Milizoffiziere »eine ganz schlimme Sammlung verkrachter Schankwirte, abgehalfterter Jockeys und Pelzhändler«. General Wolfe, der »Held von Quebec«, sagte, die Amerikaner seien »die schmutzigsten, verächtlichsten, feigen Hunde, die man sich vorstellen kann«. In vornehmen englischen Kreisen machte man sich über die Kleidung, die Sprache und die Manieren der Siedler lustig. Möglich, daß Engländer auf den Wohlstand kolonialer Händler und Pflanzer neidisch waren.[12] Überlagert wurde dieses Motiv von dem Gefühl, die Kolonisten hätten sich britischer Fürsorge nicht würdig erwiesen und zeigten sich undankbar. Dankbarkeit, meinte Samuel Johnson, stünde den Kolonisten schon wegen ihrer niedrigen Herkunft wohl an: »Die Amerikaner, Sir, sind ein Volk von Sträflingen und sollten für alles dankbar sein, was wir ihnen zugestehen, außer aufgehängt zu werden.«

Aus britischer Sicht hatte man den Kolonisten stets viel Spielraum gelassen, das Reich war »lenissime administratum«, befand Edward Bentham[13], der sich nun um so mehr über die Arroganz der Kolonisten empörte. Washington hielt er für einen zweiten Cromwell, den Plebs für undankbar und von falschen Propheten aufgestachelt. Ein deutscher Landsknecht konnte sich nicht genug darin tun, den Wohlstand der Amerikaner hervorzuheben. Die Kleider der Damen seien oft feiner als die deutscher adeliger Fräulein. Das freche Pack habe aus reinem Übermut einen Krieg angefangen: »Nichts als die Pracht, Überfluß und Wollust hat die Leute zur Rebellion gebracht.«[14]

Hinter der Polemik stand mehr als nur der aktuelle Konflikt. Das europäische Bild von Amerika im 18. Jahrhundert wurde von drei Naturhistorikern geprägt, von Georges Buffon, dem Abbé Raynal und dem Deutschen Corneille de Pauw. Der Grundton ist einfach zu beschreiben: Die amerikanische Natur ist der

Die englische Karikatur aus dem Jahr 1774 verspottet die freiheitshungrigen Bürger von Boston, die mit leeren Versprechungen gefüttert werden

europäischen weit unterlegen; das gilt für Pflanze, Tier und Mensch. So wurde die Neue Welt mit Neugierde, aber auch mit Herablassung betrachtet, der Eurozentrismus fast zum wissenschaftlichen Prinzip erhoben. Europa schloß sich stärker als bisher an die anderen alten Kontinente Afrika und Asien an. Die Entdeckung Amerikas hatte auch in den Augen Montesquieus einen engeren Zusammenschluß zwischen Europa, Afrika und Asien bewirkt. Die Erkenntnisse Buffons wurden von der aufgeklärten Lesewelt aufgegriffen und weiterverbreitet. Voltaire machte sich gebührend lustig über amerikanische »Löwen«, die nicht einmal Mähnen hatten, Schweine, die den Nabel auf dem Rücken trugen, unbehaarte Eingeborene und feige Raubtiere.[15]

Der Abbé Guillaume Raynal war einer der vielgelesenen Popularisierer und Verballhorner der Thesen Buffons. Was den Abbé sehr beschäftigte, war die berichtete Indifferenz der Indianer gegenüber dem weiblichen Geschlecht. Daraus zog er einen weitgespannten Schluß. Wo Buffon von Tieren und Eingeborenen gesprochen hatte, bezog Raynal den weißen Einwanderer mit ein. Erwachsene Amerikaner wurden seiner Meinung nach von der Natur nicht vollständig ausgestattet, sie glichen kindlichen, vorpubertären Europäern. Die Menschen der westlichen Hemisphäre zeichneten sich durch eine bestimmte Art von Impotenz aus. Der Kontinent war neu, als entsprechend unreif betrachtete man seine Bewohner. Raynal zweifelte daran, ob die Amerikaner noch heranreifen können; sie seien krank; die Krankheit sei ihnen ins Gesicht geschrieben; aus Unreife würde Degeneriertheit. Davon könne man sich nicht erholen. Der Grund, den Raynal und andere für die Degenerationsthese ins Feld führten, war die große Luftfeuchtigkeit in der Neuen Welt. Sie lasse die Amerikaner weder wachsen noch reifen; Amerikaner seien überfällige Kinder oder hinfällige Greise, je nachdem, und zu Kultur und Zivilisation, zu Kunst oder Wissenschaft würden sie kaum etwas beitragen können.

Ganz klar vertrat Corneille de Pauw in seinen *Recherches Philosophiques sur les Américains* (1768) den Standpunkt, daß die Amerikaner minderwertig im Sinne von degeneriert, nicht etwa bloß unausgereift und unvollkommen seien; der Degenerationsprozeß schreitet fort. De Pauw pickte sich aus Buffon alles heraus, was gegen Amerika sprach. Amerikanische Hunde bellten nicht, und die Menschen seien noch mehr heruntergekommen als die Tiere, schwächer, instinktloser, weniger sensibel und dümmer als Europäer, faul, nicht entwicklungsfähig und mit idiotischen Kindern vergleichbar. Manche trügen kubische Köpfe. Schuld an der Fehlentwicklung seien das Klima und etliche Naturkatastrophen. In Amerika, so schrieb de Pauw, sei man gerade erst von den Felsen heruntergeklettert, wohin man sich vor den Unbilden der Natur geflüchtet habe.

Die Saat war ausgestreut. Der schottische Geistliche William Robertson erklärte in seiner *History of America* (1777), die amerikanischen Tiere, selbst Puma und Jaguar, seien träge, feige, furchtsam; Vögel sängen nicht; Indianer seien apathisch, frigide, kindlich, haarlos, verspielt und tränken Alkohol. Robertson glaubte, auf wissenschaftlicher Grundlage zu arbeiten. Er hatte Fragebogen ausgearbeitet und an Amerika-Reisende, Missionare und Bewohner der Kolonien verschickt.

Auch Kant hat sich stark von de Pauw beeinflussen lassen. In den *Beobachtungen über das Gefühl des Schönen und Erhabenen* (1764) hält er die indianischen Stämme noch für stark, ehrenhaft, stolz und freiheitlich. Etwa zehn Jahre später, in der Abhandlung *Von den verschiedenen Racen der Menschen* (1775) schwankt er zwischen Unreife- und Degenerationsthese. Jetzt sind die Indianer »eine noch nicht völlig eingeartete (oder halb ausgeartete) hunnische Rasse«, ohne Temperament und Leidenschaft, antriebsschwach, faul, wortkarg, zivilisationsunfähig. Bei dieser Meinung bleibt er und fügt später noch hinzu, Indianer könnten nicht hart arbeiten, seien kulturlos, unfähig, ein Ziel zu verfolgen, und sie stünden tiefer als die Neger.

Kolonien und Mutterland hatten sich, ganz abgesehen von konkreten Streitpunkten, politisch, gesellschaftlich, kulturell auseinandergelebt. In der politischen Identifikation haben sich die Kolonisten von 1735 bis zur Unabhängigkeit graduell aber kontinuierlich von »britisch« auf »amerikanisch« umgestellt.[16] England erschien mehr und mehr als ein Land, das sich gegenüber Neuerem verschloß, das im Formellen, Konventionellen, Künstlichen erstarrte, nachdem die revolutionäre Kraft von 1689 verpufft war. Armut blieb Armut, niemand machte sich ernsthaft daran, gegen Trunksucht, Gewalt und Unzucht in den Elendsvierteln britischer Städte etwas zu tun. Die Besitzrechte rangierten vor den Menschenrechten.[17] Die koloniale Gesellschaft bewegte sich, nahm sich wenigstens vor, feudale Vorrechte auszumerzen und all das, was unter Frontierbedingungen nicht zu passen schien. John Adams meinte, die Revolution hätte bereits 1620 begonnen und sei immer schon in den »minds and hearts of the people« gegenwärtig gewesen. Selbst in der Sprache zeigten sich Unterschiede. Der aus Schottland stammende Geistliche John Witherspoon ließ sich eine Wortschöpfung einfallen, den »Amerikanismus«, um die seiner Ansicht nach unschöne amerikanische Sprache zu charakterisieren.[18]

Claude van Tyne hat die kulturellen Unterschiede zum Mutterland am Vorabend der Revolution summiert: Die Kolonisten hatten aufgehört, an den göttlichen Ursprung des Königs zu glauben. Die Sektenvielfalt erlaubte keine Staatskirche. Allein die geographische Distanz hatte den britischen Machtanspruch gemindert. An der Frontier war kein Platz für Bequemlichkeit oder Beschaulichkeit; die Blockhütte hatte das Cottage ersetzt. Die »troubles und perplexities« Europas glaubte man gegen Ruhe, Reinheit und Offenheit eingetauscht zu haben. Der wirtschaftliche Schwerpunkt lag auf der Landwirtschaft, nicht auf Handel und Fabrikation. Der Bevölkerungsschwerpunkt lag eindeutig auf dem Land. Die Vermögensunterschiede waren kleiner, die Sitten weniger korrupt, extravagant, luxuriös, die Frauen tugendsamer, Eß- und Trinkgewohnheiten maßvoller. Sport- und Spielleidenschaft waren unter Kontrolle, der Sonntag wurde geheiligt. Für das

Musische blieb wenig Zeit. Das Bildungsniveau war außer im politischen und staatsrechtlichen Bereich niedriger. Die ethnische Zusammensetzung war anders, zwei Fünftel der Bevölkerung kamen nicht aus England. In der Sprache hatten sich Neologismen breitgemacht, die man in England nicht kannte. Schließlich nennt van Tyne noch spezifische Ausprägungen des Humors, der Groteske und der Phantasie[19]. Seine Bilanz ist sicher zu grob ausgefallen. Entscheidend ist freilich nicht, ob diese Unterschiede so bestanden, sondern ob sie von den Kolonisten so oder ähnlich empfunden wurden.

XVII. Kapitel

DIE VERSCHÄRFUNG DER KOLONIALGESETZGEBUNG

Während des Siebenjährigen Krieges waren in England und unter kolonialen Gouverneuren Stimmen laut geworden, die nach einer direkten Besteuerung der Kolonisten verlangten, um die Kriegskosten auszugleichen. Die Bewohner der Kolonien, hieß es, hätten militärischen Schutz stets wie selbstverständlich in Anspruch genommen, ohne selbst Gegenleistungen zu erbringen. Die Einkünfte aus den *Navigation Acts* reichten nicht mehr. Eine Reihe von Kolonialwaren, die *enumerated articles,* durften nur auf englischen Schiffen transportiert, nur in England oder in den nordamerikanischen Kolonien verkauft werden: Tabak (seit 1621), Reis, westindische Melasse, Schiffsausrüstung (1705), Indigo, bestimmte Holzarten, Kupfer, Felle (1722). Dieses Entrepôt-Prinzip brachte kolonialen Geschäftsleuten und Plantagenbesitzern Vorteile, weil dadurch ihren Waren auf dem englischen Markt eine Art Monopol eingeräumt wurde. In England lief das Gerücht um, die Kolonisten seien sehr wohlhabend.

Die Kriege gegen Frankreich hatten Geld verschlungen – der King William's War (Krieg der Liga von Augsburg 1689–1697), Queen Ann's War (Spanischer Erbfolgekrieg 1701–1713), King George's War (Österreichischer Erbfolgekrieg 1744–1748), der French and Indian War (Siebenjähriger Krieg 1755–1763) und die kleineren, nie endenwollenden Scharmützel an der Frontier. Großbritannien hatte 1763 eine Staatsschuld von 148 Millionen Pfund. Eine größere Beteiligung der Kolonien an den Kosten oder höhere Profite aus den Kolonien waren nach dem Frieden von Paris (1763) die Ziele der britischen Kabinette unter Grenville (1763–1765), Rockingham (1765–1766), Grafton-Pitt (1766–1770) und North (1770–1782). Die *Proclamation Line* von 1763 verdeutlichte, daß England mit einer Politik des *Salutary Neglect,* einer heilsamen Vernachlässigung, nicht mehr viel im

Sinn hatte. In London wurde sehr wohl wahrgenommen, daß es in den Kolonien gärte. Drei Grundpositionen wollte man keinesfalls aufgeben: den Anspruch auf territoriale Vergrößerung sowie die Ausschaltung Frankreichs, das merkantilistische Wirtschaftssystem und die Bewahrung des Eroberten.[1] Grenville war es leid, 7000 Kronen zum Betreiben der Zolleinrichtungen auszugeben und nur 1000 Kronen an Zöllen einzunehmen. Im *Sugar Act* (1764) wurden zwar die Zölle für spanische und französische Zuckermelasse um die Hälfte gesenkt, aber nur, um den Schmuggel weniger reizvoll zu machen. Die Maßnahme betraf besonders neuenglische Schmuggler, denen weder Reis noch Tabak als Tauschgüter zur Verfügung standen. Im selben Jahr wurde dem virginischen House of Burgesses untersagt, Papiergeld herstellen zu lassen, was die Schuldenrückzahlung erschwerte. Eisen, Holz und Kakao kamen auf die Liste der *enumerated articles.*

Stamp Act

Vor allem der *Stamp Act* (1765) sollte den britischen Haushalt aus den roten Zahlen bringen. Auf jedes Stück Papier oder Pergament wurde eine Gebühr erhoben. Zeugnisse, Collegediplome, Frachtpapiere, Schanklizenzen, Spielkarten, Pamphlete, Zeitungsanzeigen, Almanache durften nur noch auf Papier gedruckt oder geschrieben werden, auf dem eine Steuermarke klebte. England verschiffte bündelweise gebührenpflichtiges Papier in die Kolonien. Der Wert der Steuermarken lag zwischen einem halben Penny und zehn Pfund. England hatte jetzt erstmals eine direkte, »innere« Steuer erhoben, statt der bis dahin üblichen »äußeren« Steuern in Form von Ein- und Ausfuhrzöllen. Für die Kolonisten markierte der *Stamp Act* den Beginn einer bedrohlichen Entwicklung. Die Steuer tangierte das Kulturleben. Keine Zeitung durfte auf gebührenfreiem Papier erscheinen, keine Gerichtsverhandlung, kein Examen mehr stattfinden, kein Schiff auslaufen ohne vorherige Entrichtung der Papiersteuer.[2] Damit brachte die Krone einflußreiche Kolonisten gegen sich auf, Verleger und Autoren, Kaufleute, Reeder und Rechtsanwälte.

Vielleicht hätten die Kolonisten die Steuer mit dem üblichen Protestgemurmel geschluckt, wäre sie von ihren eigenen Legislativen erhoben worden. Daß in England seit 1694 eine ähnliche – und höhere – Steuer existierte, spielte da keine Rolle. Der Rechtsanwalt und Farmer John Dickinson führte die allgemeine Geldknappheit ins Feld: selbst Großgrundbesitzer könnten aus Mangel an Bargeld ihre Schulden nicht mehr bezahlen. Es schien immer mehr darum zu gehen, von britischen Einfuhren unabhängig zu werden. Ein bloßer Boykott konnte auf lange Frist keine Autonomie bringen. Die Wirtschaft mußte auf eigenen Füßen stehen

Der Protest der amerikanischen Kolonisten gegen den »Stamp Act« von 1765 ▶
(und nicht 1764!); Kupferstich von Daniel Chodowiecki

Die Americaner wiedersetzen sich der Stempel-Acte, und verbrennen das aus England nach America gesandte Stempel-Papier zu Boston. im August 1764.

können. Die *New York Society for the Promotion of Arts, Agriculture and Oeconomy* vergab ab 1765 Prämien für heimische Produkte.

Zwei Monate nachdem der *Stamp Act* Gesetzeskraft erlangt hatte, verabschiedete das House of Burgesses auf Betreiben von Patrick Henry die *Virginia Stamp Act Resolutions.* Man sei zwar Seiner Majestät loyal ergeben, hieß es dort, aber nur die eigene, gewählte Volksvertretung vermöge zu entscheiden, »welche Steuern das Volk zu verkraften vermag«. Jede Person, die das alleinige Recht auf Selbstbesteuerung in Zweifel ziehe, solle fortan als Feind der Kolonie betrachtet werden. Im Herbst trafen sich auf Initiative von James Otis die Delegierten aus neun Kolonien in New York und einigten sich auf eine gemeinsame Resolution. 1. Es gehört zu den Rechten aller Engländer, nur mit ihrer Zustimmung besteuert zu werden. 2. Im britischen Parlament sind die Kolonisten nicht vertreten, aus »lokalen Gegebenheiten« heraus könnten sie das auch nicht sein. 3. Das Steuerrecht liegt bei den kolonialen Volksvertretungen. 4. Der *Stamp Act* unterminiert die Rechte der Kolonisten.[3]

Als die ersten Papierladungen eintrafen, flaggten die Schiffe im Hafen von Boston auf halbmast. Erboste Kolonisten brachen ins Zollhaus ein und taten sich am Wein gütlich. Krawallmacher unter Führung des Schusters Ebenezer Mackintosh zerstörten das Haus des damaligen Vizegouverneurs Hutchinson. Benjamin Franklin, der sich mit dem *Stamp Act* gerne abgefunden hätte, warnte seine Mitbürger. Die Rebellen seien verrückt, ihre Führer blind. Aber der Mob regte sich, die Politik wurde vom Saal auf die Straße verlegt. Britische Beamte, besonders die Steuermarkenverteiler, wurden reihenweise und mit großem Ritual *in effigie* gehenkt und verbrannt.

England mußte den *Stamp Act* ein Jahr nach Inkrafttreten widerrufen. Einmal war das Risiko eines Bürgerkriegs zu groß geworden, zum anderen verursachte das koloniale Embargo gegen britische Importe einen Verlust von 200 000 Pfund. Gleichzeitig mit dem Widerruf wurde mit dem *Declaratory Act* (1766) ein Gesetz erlassen, das die Autonomie des britischen Parlaments gegenüber den Kolonien »in welchen Belangen auch immer« bestätigte. In den Kolonien übersah man die Bedeutung dieses Gesetzes. Aus Begeisterung über den Widerruf des *Stamp Act* gelobten die New Yorker, Georg III. und William Pitt ein Denkmal zu setzen.

Der *Townshend Revenue Act* (1767) kehrte zu »externen« Steuern in Form von Einfuhrzöllen auf Papier, Glas, Farbe und Tee zurück. Aber auch das war nicht mehr genehm. John Dickinson erklärte in den »Letters from a Farmer in Pennsylvania« (1767/68), das Gesetz sei ebenso ungerecht wie unenglisch. Er forderte seine Mitbürger zum Protest auf, notfalls zu Boykott und Gewalt, hoffte aber immer noch auf Versöhnung, denn: »Wir sind nur Teil eines Ganzen.« Kaufleute begannen wieder damit, englische Waren zu boykottieren und Steuergesetze verstärkt durch Schmuggel zu umgehen. Ein Zollbeamter war befugt, einen Konstabler beizuziehen, um koloniale Lagerhäuser desto gründlicher nach unverzollten Gütern untersuchen zu können. Bei Widerstand durften Türen, Kisten und Kästen aufgebrochen werden. Das Gesetz bekräftigte die *Writs of Assistance*, eine Vorschrift, die James Otis schon 1761 für »ungültig« erklärt hatte. Anfang März 1770 wurde die Schildwache vor dem Bostoner Zollamt mit Schneebällen beworfen. Auf die Schneebälle folgten Steine. Die Wache schoß zurück, es gab fünf Tote. In Boston sprach man von einem Massaker. Einige Wochen später wurde der *Townshend Act* kassiert.

Den Teezoll ließ man stehen, das Parlament wollte sein Gesicht wahren. Der Teezoll war der Höhe nach eine Bagatellsteuer, der verzollte Tee durch Ausschaltung des Zwischenhandels billiger als der geschmuggelte, der bis dahin neunzig Prozent des Umsatzes ausgemacht hatte.[4] Aber der Teezoll wurde, wie es ein Wortspiel will, zum *Tee Deum* der Freiheitskämpfer. Sie sahen in dieser Maßnahme nur einen hinterlistigen Weg, der East India Company auf Kosten der Kolonien aus ihren Schulden herauszuhelfen. Die *Boston Evening Post* behauptete, vom Tee bekäme man Fieber, Wassersucht und Rheuma. Der Connecticut *Courant* sah Flöhe in den Teeblättern nisten. Die »Sons of Liberty« von New York erließen eine »Resolution on Tea«. Das Teemonopol der East India Company werde künstlich mit Steuern aufrechterhalten. Nur Feinde der Kolonien würden importierten Tee trinken.

Intolerable Acts

Es war nicht leicht, in einer Zeit florierender Geschäfte Unfrieden zu stiften und zum Aufstand zu blasen. Aber da wurde die Boston Tea Party inszeniert. Am 16. Dezember 1773 enterten als Mohawks verkleidete Freiheitssöhne ein Schiff der East India Company und stürzten ein paar hundert Kisten Tee ins Hafenbecken. Aus dem Symbol war ein Schaden von 15000 Pfund Sterling geworden. England beging den politischen Fehler, auf die Provokation zu reagieren.

Der Hafen von Boston wurde geschlossen, die Charter von Massachusetts widerrufen, Town Meetings verboten. Gesetzesbrecher konnten nach England überstellt werden, damit sie nicht, wie der Schuster Mackintosh, unbehelligt blieben. Ein neues Gesetz zur zwangsweisen Einquartierung von britischen Soldaten ging bis in die Details der Versorgung. Unteroffiziere und Mannschaften hatten Anspruch auf Kerzen, Essig, Salz, auf Bier und Most bis zu zweieinhalb Litern pro Tag. Die Amerikaner sprachen von *Intolerable Acts* (1773). Ab jetzt ging es nicht mehr um Steuern, Zölle, Tee oder Melasse, es ging um die Macht. Die Kolonisten solidarisierten sich, schickten Geld und Lebensmittel ins blockierte Boston. Britische Soldaten sahen sich wachsender Gehässigkeit ausgesetzt. Nicht, daß sie je besonders beliebt gewesen wären. Sie suchten durch Arbeit nach Dienstschluß ihren Sold aufzubessern und unterboten Löhne. Vor dem Boston-

Massaker hatte ein Seilmacher einem um Arbeit nachfragenden Soldaten geantwortet: »Go and clean my shithouse.«

Der *Quebec Act* verlegte die Grenze der Provinz Quebec bis zum Ohio. Sollte das Papsttum sich ausbreiten in Amerika? Die Karikatur einer kolonialen Zeitschrift zeigte vier Bischöfe, die vergnügt auf dem *Quebec Act* herumtanzten, der Teufel schaute derweil Georg III. über die Schulter.[5] Der religiöse Protest war nur vorgeschoben. In Wirklichkeit wurde der *Quebec Act* als ein Schlag gegen koloniale Bodenspekulanten empfunden. Der Westen wurde geschlossen. Die Plantagenwirtschaft in Maryland und Virginia geriet ins Wanken. Tabak wurde in England bei sinkender Nachfrage unter Herstellungspreis verkauft; Preise für Sklaven und Dienstboten waren gestiegen. Wie sollte der Pflanzer seinen Lebensstil halten, wenn nicht mit Spekulieren? Im selben Jahr erklärte die Krone, die Landzuteilung an Veteranen aus dem French-and-Indian War gelte nur für reguläre britische Truppen, nicht für koloniale Regimenter. Man rief zu Fasten und Gebeten auf. Das House of Burgesses wurde vom Gouverneur aufgelöst, es hatte zu laut gegen die *Intolerable Acts* protestiert. Die Abgeordneten trafen sich in einer Taverne und erhoben die Forderung nach einem interkolonialen Kongreß.

Der politische Einfluß Nordamerikas war hinter seiner wirtschaftlichen Bedeutung zurückgeblieben.[6] Liberale Briten hatten Verständnis für diese Lage und wollten den Kolonisten das Recht der Vertretung im Parlament erkämpfen. Lord Camden erklärte im Oberhaus, *taxation* und *representation* seien von Gott zusammengefügt worden, kein britisches Parlament könne sie scheiden.[7] John Dickinson nannte die Besteuerung ohne Zustimmung des Volkes die schlimmste Form der Sklaverei. Nur, im britischen Parlament wollten die Kolonisten gar nicht vertreten sein. Die Wege waren zu weit, die Reise zu kostspielig und zeitraubend, Abgeordnete erhielten keine Entschädigung, in London wäre man zudem majorisiert worden. Vor allem hätten sie durch diesen Schritt die Zuständigkeiten und Befugnisse der kolonialen Volksversammlungen gemindert. Da sie weder *taxation* noch *representation* wollten, mußten sie konsequenterweise früher oder später die Unabhängigkeit wählen.

Englische Tories rieten zur Härte. Man brauche den aufmuckenden Kolonien nur den britischen Schutz zu entziehen, schon konnten sie von kleinen Staaten wie Genua oder Schweden überrannt werden. Die Whigs waren anderer Ansicht. Edmund Burke hatte schon 1755 im Unterhaus einige kulturelle Besonderheiten der Kolonisten hervorgehoben, ihre Freiheitsliebe, ihre gute, an Blackstone geschulte Kenntnis der Rechte und ihre Fähigkeit, Entwicklungen vorauszusehen. Man könne die Kolonisten wegen ihrer Rauhbeinigkeit verlachen, erklärte Burke kurz vor Ausbruch des Krieges, werde es aber noch erleben, daß Amerika sich als ebenbürtiger Partner erweise.[8]

Die Amerikaner forderten dieselben Besitz- und Handelsrechte wie die Whigs im England des 17. Jahrhunderts, dieselbe Achtung vor den Charters, die

Mäßigung der Steuerbelastung. Das verdiente Sympathie. Die amerikanische Sache war die Sache der Freiheit, die Sache der englischen »Constitution« im allgemeinsten Sinn seit der *Magna Charta*, die Sache des »Whiggism«. Nur mit einem konnten sich die Whigs nicht befreunden: daß die Amerikaner die Autorität des britischen Parlaments antasteten. Man hatte dem König nicht die Parlamentssouveränität abgerungen, um sie nun wegen einiger Steuerfragen wieder dreinzugeben. Hatte nicht gerade Blackstone gesagt, den die Kolonisten sonst so gerne zitierten, »what Parliament doth no power on earth can undo«? In den Kolonien hörte man es anders. Dort berief man sich auf übergeordnete Gesetze oder auf die Zeit vor dem parlamentarischen Machtzuwachs. In England wie in Amerika regte sich Widerstand gegen Tyrannei und willkürliche Entscheidungen. England vertraute auf das souveräne Parlament zur Abwendung von Mißbrauch. In Amerika mündete dieselbe Grundhaltung in die Maxime »that government is best that governs least«.[9]

Nach dem Widerruf der *Townshend Acts* hatten sich die großen Merchants von den Radikalen gelöst. Die Boykottmaßnahmen bröckelten ab. Erst nach der Boston Tea Party kam die Revolution wieder in Schwung. »Die Kaufleute fangen an, den Kadavergeruch eines lukrativen Krieges zu wittern«, vermutete Edmund Burke. Bis zu welchem Ausmaß die revolutionäre Partei von den »plain people« getragen wurde, ist nicht klar. Patrioten wie James Otis, John Dickinson oder John Adams fürchteten den »Mob« und seine Gewalttätigkeit. Aber ohne Gewalt durch die Massen hätten sich die Ereignisse wohl kaum bis zur Erklärung der Unabhängigkeit zugespitzt. Der Elite blieb, wollte sie das Heft in der Hand behalten, nichts anderes als die Flucht nach vorn. John Adams klagte, die halbe Bevölkerung sei verschuldet, es bestünde große Gefahr, daß die Macht auf die Schuldner übergeht, und wozu habe man sich dann so große Mühe gegeben. Das war die Ironie: die Elite unterwanderte die radikalen Elemente, um am Zug zu bleiben.[10]

Beim ersten Continental Congress im September 1774 behielten die Radikalen noch die Oberhand. Samuel Adams hatte dazu eingeladen und den radikalen Delegierten aus zwölf Kolonien – es fehlte Georgia – eine Mehrheit verschafft. Man beschloß Import- und Exportsperren und einen Konsumboykott gegen englische Waren. Ein Antrag des Loyalisten Joseph Galloway, auf die Erklärung der Unabhängigkeit unter allen Umständen zu verzichten, wurde mit einer Stimme Mehrheit abgelehnt.

Ab Mai 1775 tagte der zweite Continental Congress. Inzwischen waren bei Lexington und Concord die ersten Schüsse gefallen. Die 55 Mitglieder, gewählt von den kolonialen Revolutionsausschüssen, strebten einen Dominionstatus an. Die Krone sollte weiterhin über Krieg und Frieden beschließen, den internationalen Handel regulieren dürfen, wenn nur das Parlament sich aus den Angelegenheiten der Kolonien heraushielte. Bis zur Unabhängigkeit vergingen noch vierzehn Monate.

Unabhängigkeitserklärung

Am 4. Juli 1776 erklärten dreizehn von insgesamt dreißig britischen Kolonien in Amerika ihre Unabhängigkeit vom Mutterland. Quebec hatte sich unter dem Einfluß der katholischen Kirche nicht zur Teilnahme bewegen lassen. Im Juni 1776 hatte der Continental Congress aufgrund einer Resolution von Richard Lee aus

Thomas Jefferson (1743–1826), der Hauptverfasser der Unabhängigkeitserklärung

Virginia seine Mitglieder Jefferson, Franklin, John Adams, Roger Sherman und John Livingston beauftragt, eine Unabhängigkeitserklärung zu entwerfen. Ein erster Entwurf erreichte neun Ja-Stimmen, bei der Schlußabstimmung war nur noch New York dagegen. Damit war die Erklärung formell angenommen.

Im ersten Teil der Unabhängigkeitserklärung standen die seit der Jahrhundertwende gängigen naturrechtlichen Argumente von der grundsätzlichen Gleichheit der Menschen, das Prinzip von der Staatsgewalt des Volkes und die Idee des freiwilligen Staatsvertrags. Der zweite Teil war eine Beschwerdeliste gegen die englische Regierung und Georg III. Von den 27 *grievances* oder Beschwerdepunkten bezog sich ein einziger auf wirtschaftliche Mißstände. Das hatte seinen Grund. Die Unabhängigkeitserklärung war ein Dokument, das in erster Linie auf den Effekt im Ausland hin konzipiert war, eine Rechtfertigung ex post für eine Revolution, die längst im Gange war, ähnlich den *Treatises* John Lockes *nach* der englischen Revolution von 1688.[11] Ob die naturrechtlichen Prinzipien stimmig waren, erschien den Verfassern weniger wichtig als die Begründung von Handlungen, die anderwärts als unmoralisch oder kriminell gegolten hätten. Nach der Annahme der Erklärung war eine klare Scheidung in Rebellen und Loyalisten möglich.

Loyalisten

Whigs und Tories, Königstreue und Patrioten, Radikale und ergebene Untertanen zitierten dieselben Autoren zur Rechtfertigung ihrer politischen Philosophie. Die Tories hielten sich als Erben der Glorious Revolution und als Anhänger der Ideen von John Locke für die eigentlichen Whigs. Engländer und Amerikaner fanden bei Edward Coke und William Blackstone die juristischen Belegstellen für ihre Ansichten. Wer in Amerika die Unabhängigkeit anstrebte, interpretiert Coke als einen Befürworter des »limited government«. Englische Tories und amerikanische Loyalisten lasen aus Coke den Vorrang des Parlaments heraus. Der Oxfordjurist Blackstone hatte in seinen *Commentaries* in Anlehnung an Coke die britischen Parlamentsgesetze eindeutig für absolut, die Autorität des Parlaments für umfassend und übergreifend erklärt. Gouverneur Bernard von Massachusetts konnte sich ohne weiteres auf Blackstone stützen, wenn er den kolonialen Volksvertretungen lediglich das Recht zusprach, Ausführungsbestimmungen zu den Gesetzen des Mutterlandes zu erlassen und nichts sonst. Dagegen mußte der Kolonist James Otis in seiner Protestrede gegen die *Writs of Assistance* allerlei Windungen in seine Argumentation einbauen, um darzutun, daß diese Maßnahme ein höheres Gesetz verletze.[12]

Bis wenige Jahre vor der Unabhängigkeit war die koloniale Elite loyal in dem Sinn, daß sie keine Zweifel an der Integrität des britischen Empire aufkommen ließ. So zerstritten die Kolonisten untereinander waren, die Mehrheit hielt die Meinungsverschiedenheiten mit der Krone fast bis zuletzt für temporär oder hielt sich zumindest lange genug bedeckt, um nicht wegen Hochverrats angeklagt zu werden. Jonathan Mayhew predigte die Befolgung des *Stamp Acts.* John Adams wußte als Verteidiger im Prozeß um das Bostoner Massaker, daß unter den Geschworenen die Königstreuen den Ausschlag gaben, die wegen geschäftlicher Verbindungen mit England gar nicht unabhängig urteilen wollten.

Es ist schwer zu sagen, wer am Ende loyal blieb, wer offen für die Aufständischen Partei nahm. Es lassen sich keine klaren Linien nach Status, Einkommen, Herkunft, Region, Konfession oder Alter ziehen. Angestellte der Krone blieben loyal, aber auch da gibt es Ausnahmen. Anglikaner, Quäker, Pietisten stellten sich tendenziell auf die Seite der Krone, ohne daß man sie insgesamt als Tories einstufen könnte. Deutschamerikaner sympathisierten aus genealogischen Gründen mit Georg III. In Teilen von Massachusetts wurden gerade Mitglieder der ältesten und angesehensten Familien zu Whigs, während sich die »plain people« von North Carolina zu hartnäckigen Loyalisten entwickelten und die ehemaligen Unterdrükker der »Regulators« für die Whigs stimmten. In der Provinz New York wählten die ausgebeuteten Pächter die Gegenpartei ihrer Herren. War der Landlord loyalistisch, hielten es die Pächter mit den Rebellen und umgekehrt. An der Frontier blieb die Zahl der Aufständischen gering. Man hat den Einfluß des freiheitlichen Geistes an der Siedlungsgrenze etwas überschätzt. Die Pioniere verhielten sich, wenn es ging, neutral. Zumindest verspürten sie keine große Neigung, die »silberbestrumpften Söhne der Freiheit und ihren rattenhaften Pöbel von der Hafenmole« zu unterstützen. Der Kolonialhistoriker S. E. Morison meinte, die Rebellen seien in erster Linie aus der gebildeten Mittelschicht gekommen, die sich zu Terrorzwecken des Proletariats bediente.

Die psychologisch orientierte Geschichtsschreibung ist bei diesem Problem noch nicht viel weiter gekommen; die bisherigen Ergebnisse widersprechen sich eklatant. Einmal wurde behauptet, die Loyalisten seien von Kind auf an ein autoritäres Regime gewöhnt worden, während sich die Rebellen, verständnisvoll und permissiv erzogen, von den arbiträren Ansprüchen der britischen Krone zurückgestoßen fühlten. Einer anderen Interpretation zufolge hatten gerade die Königstreuen besonders nachgiebige Eltern und somit keinen Grund, sich gegen die staatliche Obrigkeit aufzulehnen. Die Rebellen aber hätten an unterdrückten Haßgefühlen gegen strenge Eltern gelitten, denen sie im politischen Kampf gegen England Luft verschaffen konnten.[13] Unbestritten ist, daß die vorrevolutionäre Rhetorik auf beiden Seiten mit Vater- und Mutterbildern befrachtet ist. »Sollen wir zu den Waffen greifen und Krieg gegen unsere Eltern führen?«, empörte sich der Loyalist Daniel Leonard. Rebellen wie Thomas Jefferson wurden nicht müde, Georg III. als bösen Stiefvater, England als Rabenmutter hinzustellen.

Für überzeugte Tories entbehrten die Klagen und Beschwerden der Whigs einer realen Grundlage oder einer Basis, die eine Revolution gerechtfertigt hätte. Ihrer Meinung nach strebten die Revolutionäre eine politische Absurdität an, ein *imperium in imperio.* Loyal gesinnte Bürger in Worcester (Massachusetts) führten die Unabhängigkeitsbestrebungen auf die Machenschaften einer kleinen, böswilligen, unangepaßten Minderheit zurück, die den Tumult um des Tumults willen suchte. Die beiden Fraktionen mögen einige politische Ziele gemeinsam gehabt haben, in den Methoden glaubten sie sich radikal voneinander zu unterscheiden.

Der Loyalist Joseph Galloway teilte die Ansicht, daß Amerika Grund habe, sich zu beschweren, nicht aber die vorgesehene Art, wie die Mißstände abgestellt werden sollten. Einen Grund, die Verbindung mit Großbritannien radikal zu lösen, sah Galloway nicht. Und die Angriffe gegen die Politik Georg III. waren in seinen Augen nur ein Vorwand der Rebellen. In Wirklichkeit hätten sich revolutionäre Tendenzen bereits aus den Charters für Massachusetts, Rhode Island und Connecticut entwickelt, die den Freemen zu viel Macht einräumten und der »mixed monarchy« keine Chance ließen. Unbegrenzte Freiheit sei den Menschen dort zur zweiten Natur geworden. Kongregationalisten im Norden, Presbyterianer im Süden und Schmuggler im ganzen Land seien nicht mehr fähig oder willens, die Vorteile der britischen Kolonialpolitik zu erkennen, etwa daß das Monopol für die East India Company einem ehrlichen Kolonisten nur von Nutzen sein könne. Galloways Vorschlag, die Kolonien sollten mit England eine Union bilden, wurde vom Continental Congress nicht nur abgelehnt, sondern auch gleich aus dem Protokoll getilgt. Loyalisten assoziierten Demokratie mit *mob rule,* die Vorstellung, daß alle Menschen gleich geschaffen sind, kam ihnen noch unheimlicher vor als manchen der Gründungsväter. Der Revolutionsgegner Crèvecœur witterte hinter der Rhetorik der Republikaner persönliche Motive und verachtete all diejenigen, die von Freiheit plappern und nicht wissen, was das ist. Jonathan Boucher verteidigte von der Kanzel aus den Status quo und blieb auch nach der Revolution bei seiner Auffassung, daß die Monarchie göttlichen Ursprungs sei.[14] Lord Dunmore versuchte Indianerstämme an der Frontier gegen amerikanische Rebellen in Virginia zu mobilisieren, ein Plan, der von Washington vereitelt wurde.

Crèvecœur wurde in New York ein paar Monate eingesperrt, seine Farm niedergebrannt, er und viele andere Loyalisten mußten das Land verlassen, so der als Benjamin Thompson in Massachusetts geborene Graf Rumford. Die *Pennsylvania Gazette* verspottete Joseph Galloway als Joe Gallop-away. Loyalistische Vermögen wurden konfisziert, aufgeteilt und nach dem Krieg oft nicht mehr zurückgegeben. Das Schicksal der Loyalisten ist von den amerikanischen Geschichtsschreibern bis in unser Jahrhundert hinein ignoriert oder verdrängt worden. Erst 1912 hat ein Historiker mehr Mut vor der Vergangenheit gezeigt: »... die große loyalistische Fraktion in diesem Land, die an einigen Orten die Mehrheit stellte, ist so vernichtend geschlagen, zur Strecke gebracht, terrorisiert, aus dem Land getrieben, auf Kanada und verschiedene britische Besitzungen verstreut worden, daß sie, um einen vulgären Ausdruck zu gebrauchen, nie mehr das Maul aufmachte.«[15] Man muß allerdings hinzufügen, daß eine ganze Reihe vermögender Loyalisten nach Kriegsende aus dem Exil zurückkehrte, ihr Land wieder in Besitz nahm und so tun konnte, als ob nichts gewesen wäre.

XVIII. Kapitel

REVOLUTIONÄRE

Wer sich zu den Rebellen schlug, wer königstreu blieb, das ist mit den herkömmlichen soziopolitischen Variablen schwer zu umschreiben. Amerikanische Historiker gefielen sich lange in der Vorstellung, daß der »Mob«, der »rabble« oder Pöbel, mit dem Aufstand gegen England nichts zu tun gehabt und daß auch die wohlhabende Aristokratie Zurückhaltung geübt hätte. Die revolutionäre Partei wäre in großem Umfang von den Durchschnittskolonisten, dem einfachen, aber gebildeten Mittelstand getragen worden. Inzwischen weiß man, daß die Oberschicht – Großkaufleute im Norden, Plantagenbesitzer im Süden – entscheidenden Anteil am Revolutionsgeschehen hatten und daß die Reichen den Mob für ihre Zwecke einzusetzen wußten. Die Merchants gingen eine brüchige Allianz mit den Radikalen ein, um ihre merkantilen Interessen gegenüber England zu wahren und die wirtschaftliche Vorherrschaft der East India Company zu brechen. Die »Sons of Liberty« bezahlten den Mob, darunter Arbeitslose, damit sie Zollbeamte und andere königliche Funktionäre terrorisierten. Aber als der Mob außer Kontrolle zu geraten drohte, als die Zeichen auf Unabhängigkeit standen, setzte das Kapital seine Hoffnung wieder auf britische Autorität.[1]

Es gab Radikale, denen nicht verborgen blieb, daß sie von scheinradikalen Merchants benutzt wurden. Sie warfen den Großhändlern vor, sich während der Indianerkriege bereichert und zur Verarmung der Bevölkerung beigetragen zu haben. Die Masse der Amerikaner, so hörte man aus dem Lager dieser Radikalen, würde bald so dastehen wie die Armen in Bengalen. Die reichen Whigs seien in Wirklichkeit nichts anderes als verkappte Tories. Man protestierte gegen Wahlbeschränkungen auf der Basis von Vermögensnachweisen. Die Handwerker beklagten ihr niedriges Einkommen; ein mit seinen Händen arbeitender Mensch sei in Amerika nicht besser dran »als ein Jude oder ein Türke«. Bei der Geldaristokra-

Benjamin Franklin (1706–1790)

Samuel Adams (1722–1803)

George Washington (1732–1799)

Thomas Paine (1737–1809)

tie erzeugten derlei Sentiments Unbehagen. Sie fürchtete die demokratische Miliz in Neuengland, die militanten »Minutemen« waren in konservativeren Kreisen als subversiv und gefährlich verschrien.[2]

Welche ethnischen Gruppen stärker zu der einen oder anderen Fraktion tendierten, muß unbestimmt bleiben. Dasselbe gilt für die Konfessionen. Mit einiger Sicherheit kann man einen Altersunterschied ausmachen: die antibritischen Kolonisten waren jünger als die Loyalisten. Auch die Revolutionsführer sind relativ jung gewesen. Im Stichjahr 1776 waren John Adams und Paul Revere 41, Patrick Henry 40, Dickinson und Washington 44, Jefferson erst 33. James Otis allerdings schon 51 und Samuel Adams 54. Einem Vergleich mit führenden französischen Revolutionären halten die Amerikaner allerdings nicht stand; die Franzosen waren in der Regel jünger.

Die späteren Gründungsväter sind Bourbonen und Jakobiner in einem gewesen. Wichtig war, sich im rechten Moment auf die richtige, die Siegerseite geschlagen zu haben und an der Eindeutigkeit seiner Entscheidung nachträglich keine Zweifel zu dulden.

Benjamin Franklin

Der angebliche »Lehrmeister der amerikanischen Revolution« war sich gar nicht sicher, welchem Lager er seine Dienste anbieten sollte. Erst spät hat er auf die Frage nach dem Stand der amerikanischen Freiheitskämpfe mit einem eindeutigen »Ça ira!« geantwortet. John Adams, der Franklin nicht ausstehen konnte, hielt ihn für einen »überklugen, eitlen Lavierer«. In der neueren Forschung wird nicht mehr ausgeschlossen, daß Franklin in der vorrevolutionären Zeit als Spion für den britischen Geheimdienst tätig war. Zu Beginn des letzten French-and-Indian War betrachtete er die amerikanischen Kolonien als eine bloße Gebietserweiterung für Großbritannien,[3] bei Kriegsende sah er in England immer noch das Traumland, knapp zehn Jahre später das schrecklichste aller Länder. Seine Aussage, er habe »seit langem« die Meinung vertreten, die künftige Grandeur des britischen Weltreichs läge in Amerika,[4] ist stark übertrieben. Beiträge zur Revolution lieferte er gern in satirischer Form. Sein »Edict by the King of Prussia« (1773) sprach England dem preußischen Staat zu, weil es von Sachsen besiedelt worden war.

Franklin wurde als fünfzehntes Kind eines Bostoner Seifensieders geboren. Mit zehn verließ er die Schule, half seinem Vater, mit zwölf wollte er zur See fahren, wurde aber statt dessen in die Obhut seines Bruders gegeben, der eine Druckerei betrieb. Mit fünfzehn las er Plutarch, Xenophon und John Locke, mit siebzehn zog es ihn nach Philadelphia, dann nach England, 1722 kehrte er nach Amerika zurück. 1733 begann er, systematisch Sprachen zu lernen, las und schrieb Französisch, probierte Italienisch, Spanisch und Deutsch, warf sich dann wieder aufs Lateinische. Als Schriftsteller, Drucker und Herausgeber von Almanachen machte er sich einen Namen unter den Kolonisten. 1751 wurde er Mitglied der Volksversammlung von Pennsylvania, 1754 wirkte er entscheidend beim *Albany Plan of Union* mit. 1754 und 1764 ging er als kolonialer Agent nach London, wo er für die Kolonisten dieselben Rechte forderte wie für alle anderen britischen Untertanen. Wegen seiner Verwicklung in die Affäre »Hutchinson Letters« (Thomas Hutchinson hatte in nicht geheimzuhaltenden Briefen eine Reduzierung kolonialer Freiheiten gefordert) entließ ihn 1772 der Gouverneur als stellvertretenden Postminister. Ab da wurde Franklins Einsatz für die Revolution deutlicher. Er saß im Continental Congress und im Ausschuß, der zur Unabhängigkeit riet. Der Kongreß schickte ihn 1776 nach Paris, um die Franzosen als Verbündete zu gewinnen. Daß Frankreich die USA schon 1778 anerkannte, ist mit sein Verdienst. Zusammen mit John Jay und John Adams unterzeichnete er 1783 den Vertrag von Paris, der den Unabhängigkeitskrieg beendete. Auch die Verfassung von 1787 trägt seine Unterschrift.

Franklin war von seinen Eltern kalvinistisch erzogen worden. Er kannte, schätzte und verwertete Cotton Mathers Schrift *Bonifacius* (1710), die unter dem Titel *Essays to Do Good* oftmals nachgedruckt worden ist. In seinen *Do-Good-Papers,* die er als Siebzehnjähriger im *New England Courant* veröffentlichte, hat er sich aber schon von den Untertänigkeitslehren puritanischer Prediger entfernt. Es ginge nicht an, hieß es dort, die Frau ungebildet zu lassen und ihr hinterher Dummheit vorzuwerfen. Er war gefesselt von deistischem Gedankengut, ging zu frommen Schwärmern und zu Proselytenmachern wie George Whitefield auf ironische Distanz und mokierte sich darüber, daß ein vor ihm ins Jenseits abberufener Freund trotz gegenteiligen Versprechens nie mehr von sich habe hören lassen. Nominell blieb er Presbyterianer. Die Predigten seines Gemeindepfarrers waren für ihn »entweder polemische Argumente oder Erklärungen der eigentümlichen Lehren unserer Sekte und für mich insgesamt sehr trocken, uninteressant und unerbaulich, weil dadurch nicht ein einziger sittlicher Grundsatz eingeprägt und geltend gemacht wurde, und sie eher darauf abzielten, uns zu Presbyterianern als zu guten Bürgern zu machen«.[5]

Sittliche Grundsätze hat Franklin selbst unter die Leute gebracht, und zwar so ausgiebig und erfolgreich, daß Melville ihn später einen Plato für den Hausgebrauch nannte. Lesefrüchte aus Dryden, Pope, Swift, La Rochefoucauld oder Rabelais und eigene Beobachtungen hat Franklin zu Maximen verarbeitet und dem *Poor Richard's Almanach* einverleibt, den er zwischen 1732 und 1757 herausgab. Der Almanach erreichte jährlich eine Auflage von 10000 Exemplaren und erschien in drei regionalen Ausgaben für Neuengland, die mittleren Kolonien und den Süden. Richard Saunders, »Dick« oder »Poor Richard« eben, ist mit seinen hausgemachten Weisheiten zu einer vertrauten Figur in den kolonialen Familien geworden. Die trockenen, mitunter hanebüchenen, gelegentlich zynischen Sprüche signalisieren den Übergang zum Yankeetum.

Jetzt, da ich ein Schaf und eine Kuh habe,
wünscht mir jedermann einen guten Morgen.

*

Die ausgesuchteste Narrheit besteht aus
zu fein gesponnener Klugheit.

*

Verlorene Zeit wird nie mehr gefunden.

Wer glaubt im Recht zu sein, soll sich auf den Weg machen und nicht mehr innehalten, sagte Franklin. Muße war für ihn eine Zeit, in der man etwas Nützliches anstellen konnte. Auf sich selbst sollte man bauen bei seinen Unternehmungen, und nicht zu sehr seinen Dienstboten, seinen Nachbarn oder seinen Freunden trauen: »Liebe deinen Nachbarn, aber laß deine Hecke stehn.«

In den letzten Ausgaben des Almanachs wurde der Moralismus dringlicher, ein quietistischer Ton schlich sich ein, als wollte Franklin anderen den Erfolg nicht gönnen, den er selbst gefunden hatte. Er, der den Drang zum Erfolg zum persönlichen Prinzip erhoben hatte, riet seinen Mitbürgern zur Seßhaftigkeit, denn eine unstete Familie könne ebensowenig gedeihen wie ein oftmals verpflanzter Baum.

Franklins Ratschläge für Reichtum und Glück sind unter dem Titel *The Way to Wealth* mehrmals nachgedruckt worden – in Auszügen. Moralisch zweifelhafte Maximen, wie etwa »Nothing but money is sweeter than honey«, ließ man unter den Tisch fallen.

Max Weber glaubte, in Franklins Lebensphilosophie das asketische Arbeitsethos des Protestanten erkennen zu können, aber das Bestehen auf Mäßigkeit, Genügsamkeit, Sparsamkeit und Ordnung war auf die Dauer zu penetrant, um glaubwürdig zu bleiben. Der Fleißige gönnte sich lange Phasen der Faulheit. Der Demütige prahlte damit, vor fünf Königen gestanden und mit einem von ihnen sogar gespeist zu haben. Der Keusche ging eine Common-law-Ehe mit der Tochter seiner Zimmerwirtin ein. Sein *Letter to the Academy of Brussels* wurde für obszön erklärt.[6] Franklins Interpreten meinen, er wäre voller Widersprüche gewesen. Vielleicht sind sie nur von falschen Prämissen ausgegangen. Denn an eine seiner Maximen hat Franklin anscheinend selbst geglaubt: »Die Glocke ruft andere zur Kirche, schert sich aber selbst nie um die Predigt.«

Franklin ist in die Geschichte eingegangen als einer, der dem Himmel den Blitz und den Tyrannen das Szepter entriß. Außer dem Blitzableiter erfand er die bifokalen Franklinbrillen, einen besonderen Ofen, eine Uhr, eine Bibliotheksleiter, vielleicht sogar den Schaukelstuhl. Er organisierte den Polizeidienst, die Straßenreinigung und Straßenbeleuchtung von Philadelphia. Er experimentierte mit einer Frühform der Elektroschocktherapie und gründete die Academy for the Education of Youth, die nachmalige University of Pennsylvania. Er beeinflußte die Pädagogik Salzmanns und wurde in Göttingen zum Mitglied der Königlichen Gesellschaft der Wissenschaften ernannt. David Hume hätte diesen »weisen Mann« am liebsten in England behalten.[7] Goethe schätzte ihn als Politiker, als Menschenerzieher und Naturforscher. Herder stützte die »Briefe zur Beförderung der Humanität« auf seinen Lieblingsschriftsteller Benjamin Franklin. Voltaire, mit dem Franklin 1778 in Paris mehrfach zusammengetroffen war, segnete einen seiner Enkel. In Frankreich entstand ein Franklinkult. Er, der den Franzosen sechzig Millionen Dollar zu Kriegszwecken abgepreßt hatte, verkörperte den praktisch Klugen, den geistig agilen, naturnahen Typ einer neuen Ära, der sich mit Pelzmütze und ohne Haarpuder als eine Art wiedergeborener Sokrates durch die Salons zu bewegen wußte. Sein Bild erschien auf Münzen, Schnupftabakdosen und Nachtgeschirren. Die Zeitungen erwiesen »Franklin dem Quäker« ihre Reverenz, eine Sekte, mit der ihn eine intime Feindschaft verband. Der Amerikaner erschien als der natürliche Mensch à la Rousseau, gerade Franklin, der beim Anblick von Bäumen zuerst überlegte, wie lange es dauern würde, sie umzuhauen und der scharfen Alkohol für ein göttliches Mittel zur Ausrottung der Indianer hielt.

Thomas Jefferson

Das Prädikat des am meisten geachteten Amerikaners seiner Zeit konnte Franklin nicht einmal von Jefferson streitig gemacht werden. Thomas Jefferson stammte aus der Familie eines virginischen Pflanzeraristokraten, besuchte standesgemäß das William & Mary College, übte ohne Lust und größere Erfolge den Rechtsanwaltsberuf aus und trat 1769 dem House of Burgesses bei, der Volksvertretung Virginias. Eben dreißig geworden, stellte er in einem *Summary View of the Rights of British Colonies* (1774) die Autorität des Parlaments in London in Frage. Als Mitglied des Continental Congress verfaßte er zusammen mit John Dickinson eine »Declaration of the Causes and Necessity of Taking up Arms«, ein Jahr später entstand unter seiner Federführung die Unabhängigkeitserklärung. Während des Krieges harrte er in Virginia aus und wollte sich nach der englischen Invasion seines Heimatstaats als Gouverneur oder überhaupt vom politischen Leben zurückziehen. Nach dem Frieden von Paris, den er mit aushandelte, wurde er Botschafter in Frankreich, Außenminister, Vizepräsident und schließlich Präsident, Jefferson, der täglich bis zu fünfzehn Stunden las, hat sich als Pädagoge, Historiker, Naturwissenschaftler, Linguist, Erfinder und als Architekt hervorgetan. Bei der

Aufzählung seiner Errungenschaften fallen nur seine Leistungen in der Rhetorik und in der Ökonomie ab. Er war ein schlechter Redner, und er hat es nie geschafft, aus seinen Ländereien um Monticello einen Profit herauszuwirtschaften.

Jefferson war vierzehn Jahre alt, als sein Vater starb. Der Verlust hat ihn um so mehr getroffen, als die Beziehung zu seiner Mutter allem Anschein nach von gegenseitiger Ablehnung geprägt war. In Tausenden von Dokumenten, die er hinterlassen hat – 25 000 Briefe von anderen, 18 000 Kopien eigener Briefe – wird die Mutter lediglich zweimal erwähnt, beide Male lakonisch. Die Abneigung gegen die Mutter und stille Vorwürfe gegen den früh verstorbenen Vater können aus Jefferson den Rebellen gegen Georg III. gemacht haben. Die Anschuldigungen in der Unabhängigkeitserklärung gegen den englischen König – du betrügst uns, du hörst uns nicht zu, du gabst uns nichts, du bestrafst die Braven – lesen sich wie die Klagen eines vernachlässigten Kindes.[8]

Samuel Adams

Der militante Praktiker unter den Patrioten war Samuel Adams. Er wurde Politiker, nachdem er bei verschiedenen privaten Unternehmungen, als Rechtsanwalt und im Geschäftsleben gescheitert war. Zusammen mit Thomas Paine entspricht er am ehesten dem Bild, das man sich gerne von Berufsrevolutionären macht. Seit dem *Sugar Act* und dem *Stamp Act* hat er gegen die britische Gesetzgebung opponiert, die Unzufriedenheit mit England wachgehalten, seine beachtlichen propagandistischen Fähigkeiten spielen lassen (*Appeal to the World,* 1769) und mit der Taktik der Gewalt gegen Sachen eine entscheidende Provokation geschaffen. Den »moving spirit« der Revolution nennen ihn die Historiker oder »Amerikas ersten Apparatschik«. In seinem »Circular Letter« (1768) trat er für Selbstbesteuerung und bürgerliche Freiheiten ein. »Welche Freiheit kann es schon geben, wo Eigentum ungefragt fortgenommen wird?«, fragte er, dessen Vater durch das britische Verbot der Massachusetts Land Bank ruiniert worden war. Die fortgesetzte Verletzung der *Rights of Englishmen* ließ für Adams 1774 nur noch eine Lösung zu: die radikale Trennung vom Mutterland, die Unabhängigkeit der Kolonien. Als Harvard-Absolvent mißtraute er den Farmern. Nicht die Frontier sollte das Land in die Revolution führen, sondern Boston, aus dem er ein christliches Sparta machen wollte. Wenn er ausging, verlangte er Brot und Milch, das entsprach römischer Einfachheit und kam seinen Magengeschwüren entgegen. Zu Hause warteten die Frau, zwei Kinder und eine Sklavin.[9]

Thomas Paine

In England ist Thomas Paine zweimal als Steuereintreiber entlassen worden, zweimal scheiterte er in der Ehe. Nachdem er einen Tabakladen und andere Geschäfte in den Bankrott geführt hatte, suchte er mit Franklins Hilfe 1774 in Amerika einen neuen Anfang. In Philadelphia frequentierte er Bibliotheken und Tavernen. Der Brandy war nie weit, wenn Paine sich ans Schreiben machte. Mit dem im Januar 1776 veröffentlichten *Common Sense* gelang ihm ein Pamphlet, das bis heute zitiert wird, wenn es um den Einfluß des geschriebenen Worts auf politisches Handeln geht. An der aufwiegelnden Wirkung von *Common Sense* gibt es kaum einen Zweifel. In dieser Schrift, die während der Revolutionsjahre auch in einer deutschen Ausgabe kursierte, wurde Georg III. als hartherziger, übellauniger Pharao vorgestellt, als französischer Bastard, der mit bewaffneten Banditen die Macht in England an sich gerissen hatte, ohne die Einwohner zu fragen, ob es ihnen auch recht sei.

Ein freies Amerika, sagte Paine, würde sich von europäischen Bindungen freizuhalten haben, ein Rat, der von den späteren Präsidenten Washington und Jefferson fast wörtlich wiederholt wurde. Im selben Gedankengang und ganz typisch formulierte Paine die globale Mission der Amerikaner: »We have it in our power to begin the world over again«, eine bemerkenswerte Äußerung für jemanden, der glaubte, daß Regierungen genau wie Kleidung nur verlorene Unschuld bemäntelten. Während des Krieges verfaßte Thomas Paine eine Serie von Pamphleten zur Hebung der Kampfmoral. General Washington ließ den Text seinen Truppen vorlesen, um Desertionswillige umzustimmen.[10]

George Washington

Sein Ansehen verdanke George Washington dem Umstand, daß er immer schön den Mund gehalten habe, lästerte John Adams, sein Nachfolger im Präsidentenamt. Im Alter von elf Jahren hat er seinen Vater verloren und nach dem 14. oder 15. Lebensjahr keine Schule mehr besucht. Bei seinem Stiefbruder, der ihn väterlich betreute, fand er Halt. Die Beziehungen zu seiner Mutter blieben gespannt und waren nicht gerade von gegenseitigem Vertrauen getragen. Gab er ihr Geld, trug er den Betrag als Debit in seine Bücher ein. Wenn er ihr den Pachtzins zahlte, hielt er den Namen eines Zeugen schriftlich fest.[11] An der Mehrung seiner Güter war ihm zeitlebens gelegen. Eine Geldheirat brachte mehr Land, mehr Geld, mehr Sklaven. Die Schwarzen auf seiner Plantage trugen Namen wie Hercules, Nathan, Parisboy, Doll oder Sambo.

Während des Siebenjährigen Krieges war es das erklärte Bestreben des virginischen Offiziers Washington, »dem besten aller Könige willfährigen Gehorsam zu erweisen«. Bei seinem ersten Feldzug handelte er sich eine empfindliche Niederlage ein. Als Folge des ebenso tollkühnen wie törichten Unternehmens wandten sich indianische Verbündete von den Briten ab und liefen zu den Franzosen über. »In englischen Militärkreisen«, schrieb Biograph James Flexner im Jahr 1965, »wurde Washingtons Name zu einem Synonym für die seit langem vermutete Inkompetenz von Kolonialoffizieren«. 1758 eroberte er Fort Duquesne, das allerdings geräumt war. Seine Versuche, ins britische Establishment zu gelangen oder wenigstens mit britischen Militärs gleichgestellt zu werden, schlugen fehl. Die Britengeneräle düpierten ihn, wollten von Anbiederungsversuchen nichts wissen. Nach fünfjährigem Dienst als Berufsoffizier reichte er im Januar 1759 seinen Abschied ein, lange bevor der Krieg zu Ende war. Den Kolonien fühlte er sich jetzt stärker verpflichtet als den britischen Interessen. Er pachtete die Farm der Witwe seines Stiefbruders, stockte seinen Sklavenbestand auf und verdreifachte seinen Grundbesitz binnen zehn Jahren.[12] Am Ohio ging ein schönes Stück Land etwas außerhalb der Legalität in seine Hände über. Private Geschäfte rangierten vor öffentlichen Angelegenheiten. Als Abgeordneter im virginischen Parlament war er nur selten zu sehen. Seine Gesetzesinitiativen zur Reinhaltung von Brunnen durch Kontrolle der Schweinezucht haben keine politische Furore gemacht. Siebzehn Jahre nach dem Ausscheiden aus dem Militärdienst wurde er zum kommandierenden General der Revolutionstruppen ernannt.

XIX. Kapitel

DER UNABHÄNGIGKEITSKRIEG

»Mit gepaukster Aufmerksamkeit« beobachtete Friedrich der Große die Vorgänge in Amerika seit dem 4. Juli 1776. Für eine »guerre ridicule« hielt er den Kampf um die Unabhängigkeit, einen Krieg, den England bei einer klügeren Politik wohl hätte vermeiden können. Amerikanische Abgesandte, die in Europa Hilfe gegen England suchten, wurden »mit Complimenten« abgewiesen. Bereits im Sommer 1776 war versucht worden, Preußen zu Waffenverkäufen, später auch zu einem Handelsvertrag zu bewegen. Friedrich zeigte sich widerwillig, vorsichtig, skeptisch. »Was den Handel mit Amerika anlangt, so ist dabei ein bißchen viel zu hazardieren«, schrieb er am 9. August 1776.[1] Wenigstens nach außen gab er sich den Anschein der Neutralität. Deutsches Blut sollte möglichst nicht zugunsten ausländischer Interessen vergossen werden. Zwar hatte er grundsätzlich nichts dagegen, daß hessische Soldaten an England verkauft wurden, aber sie durften preußisches Gebiet nicht durchqueren – wenigstens nicht bis 1778.

Deutsche Söldner

»Die Hessen« – das ist ein Sammelname für die knapp dreißigtausend an England vermieteten und in Amerika eingesetzten deutschen Soldaten aus Hessen, Braunschweig, Ansbach, Waldeck und Anhalt-Zerbst. Die deutschen Landesfürsten mußten nicht lange gebeten werden, ihre Untertanen gewinnträchtig aufzubieten. Der Erbprinz von Hessen-Kassel, wo der Soldatenhandel alte Tradition hatte, legte sein Angebot Georg III. direkt vor: »Belebt von den Gefühlen, welche meine unterwürfige Achtung und unerschütterliche Anhänglichkeit an Ihre Person mir vorschreibt, flehe ich Ew. Majestät an, geneigt gestatten zu wollen, daß ich diesen Augenblick, da Sie deutsche Truppen zu wünschen scheinen, wage, Ihnen ohne die mindeste Bedingung mein Infanterie-Regiment zur Verfügung zu stellen, alle bereit, mit mir Leben und Blut für Ihren Dienst zu opfern ...«[2] Ein Landesherr wurde für jeden gefallenen Soldaten mit dreißig Kronen entschädigt. Drei Verwundete zählten so viel wie ein Toter. Braunschweig lieferte junge, alte und schwache Soldaten. Man stellte die Gebrechlichen in die Mitte der Formation, um die Engländer bei der Musterung zu täuschen. Württemberg und Bayern wollten das Geschäft auch machen, aber die Truppen des Herzogs Karl Eugen und des Kurfürsten Max Joseph waren nun doch zu minderwertig, um in Betracht zu kommen.

Es gab Engländer, die den Handel mißbilligten. Lord Irnham sagte im Unterhaus, es sei staatsrechtlich verboten, deutsche Soldaten für eine außereuropäische Sache abzukommandieren. Die Fürsten hätten dem Kaiser Gehorsam zu leisten und dürften ihr Land nicht auf diese Weise entvölkern.[3] Der Abgeordnete Hartley verwies auf deutsche Siedlungen in Georgia, Westflorida, Pennsylvania, am Mohawk und am Connecticut River und warnte vor einem Brudermord. In Deutschland ging der Protest gegen den Schacher in ein Volkslied über:

Jucheisa nach Amerika,
Dir Deutschland gute Nacht!
Ihr Hessen präsentiert's Gewehr,
Der Landgraf kommt zur Wacht.

Ade, Herr Landgraf Friederich,
Du zahlst uns Schnaps und Bier!
Schießt Arme man und Bein uns ab,
So zahlt sie England Dir.

Ihr lausigen Rebellen ihr,
Gebt vor uns Hessen acht!
Jucheisa nach Amerika,
Dir Deutschland gute Nacht!

Der deutsche Dichter Johann Gottfried Seume war als Neunzehnjähriger auf einem Fußmarsch nach Hessen hineingeraten, wurde von hessischen Werbern gefaßt, auf die Feste Ziegenhain und dann nach Amerika verschleppt. Zunächst nahm er sein Schicksal ziemlich gleichgültig hin. Später hat er ernsthaft darüber reflektiert:

Daß der Deutsche nur in Horden lebt,
Und daß dummheitstrunken diese Horden
Um die Wette sich für Fremde morden,
Daß die mildre Menschheit weint und bebt.

Professor Schlözer hatte dies von Göttingen aus noch ganz anders gesehen:

Auf! Auf! Ihr Britten auf! Ihr Hessen frischen Muth!
Marschirt nur hurtig vor; des Königs Sach steht gut.

Deutschen Deserteuren wurde von den Amerikanern ein Stück Land versprochen. Der praktische Benjamin Franklin schlug vor, den Desertionsaufruf als Einwickelpapier für Tabak unter die Leute zu bringen. Nur etwa die Hälfte der vermieteten Soldaten sind in die deutschen Kleinstaaten zurückgekehrt. Die anderen fielen oder siedelten sich in Amerika an.

Auf britischer Seite kämpften deutsche Offiziere wie Wilhelm von Knyphausen und Baron von Riedesel. An sie, die Verlierer, erinnert sich die Geschichtsschreibung weniger gern als an die Sieger auf amerikanischer Seite, an die deutschstämmigen Nicholas Herkimer oder an Johann Peter Mühlenberg, den pennsylvanischen Pastor und General, den die hessischen Söldner fürchteten wie den Leibhaftigen. Aus Preußen kamen der Baron de Kalbe (vulgo Johann Kalb), der in Magdeburg geborene Baron Steuben und der Baron Woedtke, der unter Friedrich dem Großen als Major gedient hatte. Kalb hatte sich den Adelstitel selbst verliehen; aus dem Infanterieleutnant Steuben ist sehr rasch ein General geworden. Zu dem Zeitpunkt, als er von Franklin nach Amerika empfohlen wurde, war Steubens Karriere in eine Sackgasse geraten. Er konnte nicht Englisch, stapelte hoch, was Rang, Erfahrung und Vermögen anging. In Valley Forge, dem Winterquartier Washingtons, wurde er Truppenausbilder, verfaßte eine Dienstvorschrift für Infanteristen und war mit seinem Avancement ganz zufrieden. »Ich bin nunmero der fünfte General im Rang«, schrieb er stolz nach Hause.[4]

Mit den preußischen Offizieren, mit Claude Saint-Simon und dem Marquis des LaFayette, mit den Polen Thaddäus Kosciusko und Casimir Pulaski und mit anderen Ausländern hatte sich eine Art polyglotter »George Washington Brigade« formiert, bemerkte ein bissiger Kritiker, deren Mitglieder fast ständig in internen Querelen befangen waren. »Sie zausen einander wie Mastiffs«, mokierte sich John Adams, »und grabschen nach Rang und Sold wie Affen nach Nüssen«[5]. Als wichtiges Anliegen lagen ihnen ihre Nachkriegspensionen am Herzen.

Durch Niederlagen zum Sieg

Taktisch und strategisch war kein großer Unterschied zwischen europäischen und amerikanischen Truppen zu erkennen. Höchstens haben sich die Amerikaner dadurch unterschieden, daß sie bessere Schützen waren und als geübte Jäger und Indianertöter gezielter schossen, statt wie die Europäer mechanisch in die allgemeine Richtung zu halten, in der die Feinde standen.[6]

Es gab eine etablierte Miliztradition in den Kolonien. Die Volksversammlung in Virginia hatte angeordnet, daß Männer bewaffnet zur Kirche erscheinen, damit sie nach dem Gottesdienst üben können. In Neuengland spielte die Miliz eine Rolle bei der Vertreibung der Indianer, und im Süden war sie auch als Bürgerwehr gegen etwaige Sklavenaufstände gedacht. Folgerichtig blieben Indianer und Schwarze, aber auch weiße Dienstboten und Arme vom Milizdienst ausgeschlossen. Dieses Bild änderte sich zu Kriegszeiten. Im Siebenjährigen Krieg wurden nicht die

Milizsoldaten an die Front geschickt, sondern solche Männer, die keinem geregelten Erwerb nachgingen – also gerade diejenigen, die man sonst bei der Miliz nicht haben wollte. Deshalb waren die Briten überrascht, daß ihnen bei Lexington und Concord plötzlich kampfesmutige Amerikaner entgegentraten und nicht heruntergekommene, in den Dienst gepreßte Landser.[7]

Anfangserfolge stärkten das Vertrauen, daß die Miliz mit den Briten fertigwerden würde. Die Schlacht von Bunker Hill, die eigentlich um Breed's Hill geführt wurde, ging nur knapp verloren und tat dem Enthusiasmus der Rebellen keinen Abbruch. Washington wußte freilich aus den Indianerkriegen, wie schwierig der Umgang mit Milizsoldaten werden konnte, deshalb sollten reguläre Truppen die Hauptkampflinien halten, während die Miliz an der Peripherie eingesetzt wurde.

Die Briten hatten nominell 48 000 Soldaten unter Waffen, davon 30 000 deutsche Fremdenlegionäre. Washington, der im ersten Kriegsjahr über 19 000 einsatzfähige Männer verfügte, führte zwischen 1775 und 1778 sieben Schlachten und eine Belagerung. Danach legte er eine mehrjährige Kampfpause ein. Zwischen den Kampfhandlungen fand er Zeit, im nördlichen Teil von New York ein Stück Land zu erwerben. »Der Krieg war ein Treffen zwischen schwerfälligen Kämpfern; ein Preiskampf, in dem beide Gladiatoren langsam und stumpf wirkten. Eine in die Länge gezogene und träge Angelegenheit. Die Kontrahenten schmollten in ihrer Ecke und erhoben sich ab und zu, um für eine Weile in einer traurigen Wildheit miteinander zu raufen.«[8]

Verniedlichende Geschichtsbücher haben über die Erbarmungslosigkeit des Revolutionskrieges hinweggetäuscht. Die Unabhängigkeit wurde nicht in einem Elfenbeinturm erstritten, in den menschliches Leid keinen Einlaß fand, wie man es später gern haben wollte.[9] Keiner hätte das behauptet, der den Brand von Norfolk, die Plünderung von Richmond, die Verwüstung von New London in Connecticut gesehen, die vielen kleinen Scharmützel in New York, große Schlachten wie bei Yorktown oder meuternde Truppen in New Jersey erlebt hatte.

Die Kriegsbegeisterung ließ rasch nach. Thomas Paine klagte den »Sommersoldaten« und den »Sonnenscheinpatrioten« an, ohne viel Gehör zu finden. Ende 1775 wollten sich nur 4000 Mann weiterverpflichten. Die Desertionsrate stieg. Wer sich verpflichtete, erhielt eine Geldprämie, trotzdem wurde die angestrebte Truppenstärke nicht erreicht. In Maryland wurden Nichtseßhafte für neun Monate zum Dienst herangezogen. Dienstboten und Sklaven, Deserteure und Loyalisten sind zwangsverpflichtet worden. Frauen begleiteten den Troß regulärer Truppen; sie kamen im allgemeinen aus den ärmeren Schichten als Köchinnen und Wäscherinnen, zur Pflege der Verwundeten und zur Bestattung der Toten. Washington

»Die Mutter Großbritannien sieht dreyzehn Kinder ihr entweichen«; ▶
Darstellung aus dem Jahr 1782

Omne nimium vertitur in vitium
Ex lite civili publicum oritur bellum.
Des Historischen Bilder-Saals Siebenzehnder Theil.

führte Klage, daß die Staaten ihre Quote nicht erfüllten. Wer es sich leisten konnte, stellte einen Ersatzmann oder zahlte eine Strafe, statt selbst zu dienen. Bessere Leute gaben sich loyalistisch, sobald die Briten eine Stadt besetzten, und patriotisch, sobald Rebellen einrückten.

Georg III. hatte vom Militärischen und Logistischen her gesehen nicht unrecht, als er die amerikanische Sache »eine verzweifelte Verschwörung« nannte. George Washington litt mit seinen angeschlagenen Regimentern im Winterquartier Valley Forge vor allem deswegen, weil die Bevölkerung kriegsmüde war und den Beutel zuhielt.[10] Der Kommiß entwickelte seine eigenen Gesetze. Fünfhundert warme Mäntel konnten nicht ausgegeben werden, weil nur gelbe statt der befohlenen weißen Uniformknöpfe zur Verfügung standen. Der Continental Congress sah sich genötigt, eine Lotterie zu veranstalten, um die dringendsten Kriegskosten bestreiten zu können. Washington wandte sich an die Volksvertreter mit der Bitte, bei der Bestrafung von Soldaten über die geltende Norm von 39 Schlägen hinausgehen zu dürfen. Trotzdem waren Disziplin und Kampfeswille zeitweise so erlahmt, daß er fliehende Soldaten mit gezücktem Schwert ins Gefecht zurückjagen mußte. Militärhistoriker haben sich im nachhinein gewundert, daß die Amerikaner, die kaum eine Schlacht gewannen, den Krieg gewonnen haben.

Durch die Verträge mit Frankreich (1778) ergab sich neuer Schwung, die französischen Truppenkontingente erwiesen sich als effektiv. Bei den einheimischen Truppen sank die Desertionsrate – in einer Stichprobe – von 42 auf 10 Prozent. Die Schlacht von Yorktown brachte durch einen Fehler von General Cornwallis und mit Unterstützung von fast 8000 Franzosen den 5700 regulären Truppen und über 3000 Milizionären den Sieg.

Der Krieg war grausam, und die kämpfenden Einheiten zeigten sich nie wählerisch in ihren Mitteln. Dörfer wurden niedergebrannt, Ernten vernichtet, Indianersiedlungen reihenweise zerstört, Indianern die Haut abgezogen für die Stiefelschäfte der Offiziere. Ausplünderung, Mord und die Tötung von Gefangenen gerieten zur Alltäglichkeit. Die seelischen Wunden ließen sich mit der Unterzeichnung eines Friedensvertrags (1783) nicht aus der Welt schaffen. Die Kriegspsychose saß tief. Noch 1798, nach einer diplomatischen Intrige, glaubten viele Amerikaner, eine französische Invasion stünde unmittelbar bevor.[11]

Das Erbe der Revolution

Carl Becker hat sich erstmals mit der These vorgewagt, die Revolution sei nicht nur ein Kampf um politische Selbständigkeit gewesen, die »home rule«, sondern auch um die Frage, »who shall rule at home?« Andere sahen die Bedingungen einer sozialen Revolution erfüllt, sofern diese definiert wird als die Verlagerung der Macht von einer kleinen Elite auf eine breitere Schicht oder von einem Teil der

Bevölkerung auf einen anderen. Dieser Ansicht nach wollten die Machtlosen nicht mehr länger auf den ihnen zugewiesenen Plätzen verharren.[12]

Heute weiß man, daß es zwischen Rebellen und Loyalisten keine klar geschiedenen sozialen Grenzen gab, daß Unterprivilegierte sich je nach den Umständen auf die eine oder andere Seite schlugen. Der Begriff »interne Revolution« ist damit noch nicht hinfällig, selbst wenn er ein wenig zu grandios erscheint. Die koloniale Elite wollte die ordnungsgemäße Übertragung von Macht und Loyalität von einer Instanz auf eine andere, die von der ersten nicht wesentlich verschieden war. Selbst linksgerichtete Historiker haben die Ansicht vertreten, daß niemand in den Kolonien die bestehende Ordnung in Frage stellte. Für marxistisch beeinflußte Historiker war der Aspekt der internen Revolution sekundär, in erster Linie ging es um die nationale Unabhängigkeit.[13]

Die Ansicht, in Amerika wie in Frankreich und Rußland sei die Revolution von den unterprivilegierten Klassen inszeniert worden und im Ansatz sogar radikaler gewesen als in Frankreich, ist Außenseitermeinung geblieben. Im allgemeinen wird auf einen konservativen Charakter erkannt. Selbst nach den Schüssen von Lexington habe man nicht mehr verlangt als den Status eines Dominions sowie die Rücknahme wirtschaftlicher Beschränkungen. Der Radikalismus eines Thomas Paine war eher atypisch. Anders als in Frankreich oder Rußland blieb die Revolution in Amerika »als soziale Revolution gewissermaßen unvollendet«, es fehlte ihr »der Sieg der Extremisten über die Gemäßigten«.[14] Ob diese Schlußfolgerung richtig ist, müssen die Ergebnisse der Revolution zeigen.

Die Jahre nach der Revolution brachten neben der Bereicherung der Kriegsgewinnler einen Aufschwung der Manufaktur, die Aufteilung großer Landgüter, eine Revision der Erbgesetze, größere religiöse Toleranz und mäßige strafrechtliche Reformen. Königliche Privilegien entfielen, die Zahlung von Pachtzinsen an Feudalherrn, an die Krone und an die Besitzer der Eigentumskolonien wurde eingestellt, der König, die Penns und Baltimores büßten beträchtliche Summen ein. Die Episkopalians revidierten ihr Gebetbuch und ließen Bittgebete für das Königshaus wegfallen. Nach Aufhebung der *Proclamation Line* konnte das Land westlich der Alleghenies wieder besiedelt werden, den Pelzhändlern und Landspekulanten waren keine Fesseln mehr angelegt. Die Primogenitur wurde, wenn kein Testament da war, hinfällig, ebenso der Fideikommiß. Güter der Loyalisten waren während des Krieges konfisziert und neu aufgeteilt worden. Mächtige Familien verloren ihren Einfluß. Nach einer Schätzung sind drei Viertel der wirtschaftlichen und politischen Elite entmachtet worden. Die Macht verlagerte sich von den Gentlemen auf tiefere soziale Ränge, zumindest konnte deren Votum, wollte man Politik machen, nicht mehr ganz außer acht gelassen werden. Das Wahlrecht wurde ausgedehnt, in zwei Staaten erstreckte es sich auf alle Steuerzahler.[15] Der Continental Congress machte den Dollar im Juli 1785 zur Währung des Landes.

Nach den Bedingungen des Friedensschlusses mußten konfiszierte loyalistische Güter zurückgegeben oder die Eigentümer entschädigt werden. Die wenigsten Staaten hielten sich daran, nur Pennsylvania zahlte an die Erben William Penns 650000 Dollar. Andere gingen leer aus, wieder andere ließen sich politisch eines besseren belehren, kehrten aus dem Exil zurück und bekleideten bald öffentliche Ämter, wie Cadwallader Colden, der Bürgermeister von New York wurde.

Die Staaten, die noch keine Verfassung hatten, gaben sich jetzt eine. Rhode Island und Connecticut strichen einfach die Hinweise auf den königlichen Prärogativ aus ihren Charters. New Hampshire, New Jersey, South Carolina und Virginia hatten schon vor der förmlichen Erklärung der Unabhängigkeit Verfassungen verabschiedet, und in nicht weniger als acht Staaten konnte sich der Bürger auf eine »Bill of Rights« berufen, noch ehe das berühmtere Dokument auf Bundesebene in Kraft trat. Auf Betreiben Jeffersons wurde 1786 in Virginia die Trennung von Staat und Kirche vollzogen, New Hampshire (1817) und Connecticut (1818) folgten, während man sich in Massachusetts damit bis 1833 Zeit ließ. In vielen Staaten blieb der Erfolg im öffentlichen Leben an religiöse Vorbedingungen geknüpft, die Vergabe von Ämtern war abhängig von einer formellen Erklärung des Bewerbers, Christ zu sein. Das Strafrecht wurde abgemildert, vor allem was Kapitalverbrechen anging. In New York hatte es vor der Revolution noch sechzehn todeswürdige Verbrechen gegeben. Virginia reduzierte die Anzahl der mit der Todesstrafe bedrohten Straftaten auf zwei: Mord und Landesverrat. Andere Staaten zogen nach. Aber in Massachusetts konnten Raub, Notzucht und Sodomie einen Täter weiterhin das Leben kosten. Im Strafvollzug, in den Gefängnissen und Schuldgefängnissen, kam es zu keiner echten Reform.

Nach der Aufhebung der Primogenitur wurden Söhne und Töchter bei der Vererbung von Landbesitz gleichgestellt – außer in New Jersey und North Carolina. Uneheliche Kinder durften nun wenigstens ihre Mutter beerben, was nach dem *Common Law* nicht möglich gewesen war. Das Scheidungsrecht sollte liberalisiert werden. Bereits vor der Revolution waren in den Volksversammlungen von Pennsylvania, New Jersey und New Hampshire personenbezogene Scheidungsdekrete *(private divorce bills)* erlassen worden, die von den britischen Behörden wieder annulliert wurden, eine für die Beteiligten nach mehrjähriger Trennung irritierende Situation.[16] Ein anonymer Autor schrieb jetzt in einem *Essay on Marriage* (1788), eine Erleichterung der Scheidung würde die Selbstmordraten senken, die Unzucht eindämmen und die Zahl der alten Jungfern mindern.

Zur Revolutionszeit gab es rund eine halbe Million Sklaven in Nordamerika. Briten entführten entgegen den Friedensschlußbedingungen und über den Protest Jeffersons hinweg schwarze Männer und Frauen und verkauften sie auf den Westindischen Inseln. 1775 wurde die erste amerikanische *Antislavery Society* gegründet, 1785 folgte in New York die Gründung der *Manumission Society,* 1808 wurde die Sklaveneinfuhr im Einklang mit der Verfassung verboten. Die Jahresversammlung der Quäker von 1784 legte sich darauf fest, sklavenbesitzende Mitglieder auszuschließen. Die Sklavenbesitzer unter den Gründungsvätern, Jefferson oder Patrick Henry, wurden wohl gelegentlich von Gewissenskonflikten geplagt. Doch der Abolitionismus war in der nachrevolutionären Zeit keine starke gesellschaftliche Kraft, ein gleichberechtigtes Nebeneinander von Schwarz und Weiß erschien den meisten unvorstellbar. Es ist sogar behauptet worden, die Revolution hätte die Institution der Sklaverei verlängert.[17]

Der britische *Quebec Act* (1774) hatte den Kolonisten den Zugang zu den Gebieten westlich der Alleghenies versperrt. In der *Land Ordinance* von 1784 wurde dieses Gebiet nun den USA zugesprochen. Der Kongress teilte auf Initiative Jeffersons die Region in Territorien ein, die auf Antrag in die Union aufgenommen werden konnten. Die *Land Ordinance* von 1785 parzellierte das Land nordöstlich des Ohio in *townships* zu je sechs Quadratmeilen. Aus jenen Tagen stammt die rechteckige Form vieler amerikanischer Staaten. Die Landparzellen für die Siedler maßen 640 acres, erst unter Jackson wurden sie verkleinert. Die *Northwest Ordinance* (1787) kam auf Betreiben des Lobbyisten Manasseh Cutler zustande. Er wollte der Ohio Company nicht weniger als fünf Millionen acres sichern. Nach dem Gesetz sollte der Nordwesten einmal drei bis fünf Staaten umfassen, den vorläufigen territorialen Regierungen wurde aufgetragen, die öffentliche Erziehung zu fördern, die religiöse Freiheit zu garantieren und die Sklaverei zu verbieten.

Mit den *Land Ordinances* wurde die territoriale Ausbreitung der dreizehn Urstaaten und die Enteignung von Indianerland vorbereitet. Ohne ihre Zustimmung sollte den Indianern kein Land weggenommen werden, hieß es in der *Northwest Ordinance*. Das war Theorie. Der Kriegsminister Henry Knox versuchte, mit einem Beauftragten Spaniens einen Geheimvertrag auszuhandeln, demzufolge das Gebiet der Creeks unter amerikanische Souveränität fallen sollte. An der Frontier wurden dunkle Geschäfte zwischen Spaniern und Amerikanern zulasten der Indianer abgewickelt. Eine Eroberungsexpedition im Ohio-Gebiet durch General Harmar gegen indianische Dörfer blieb erfolglos. George Washington und Henry Knox erreichten beim Kongreß eine Truppenaufstockung, setzten neue Feldzüge gegen Indianer an, 1794 wurden sie in der Schlacht von Fallen Timbers vernichtend geschlagen. Man hatte ohnehin den Standpunkt vertreten, der Sieg über England impliziere den Sieg über die Indianer. Die Briten räumten nach Unterzeichnung des *Jay Treaty* (1794) ihre Militärstützpunkte im Westen, der Sieger von Fallen Timbers, General Anthony Wayne, handelte den Indianern am Ohio im *Treaty von Greenville* (1795) weite Gebiete ab und sicherte den USA das Vorkaufsrecht auf weitere. Nach der Konstitution stand dem Kongreß nur die Abwicklung des Handels mit den Indianern zu, praktisch und unter Berufung auf die »implied powers« griff er in alle indianischen Angelegenheiten ein. Private Abmachungen zwischen weißen Siedlern und Indianern wurden verboten. Die

Regierung richtete das *Indian Factory System* (1795–1822) ein, die Versorgung von Indianern mit Lebensmitteln und Gebrauchsgütern, nach außen ein Zeichen des guten Willens, im Effekt ein Schritt in Richtung Entmündigung.

Nach dem Krieg fielen Handels-, Produktions- und Währungsbeschränkungen. 1784 stellte die »Empress of China« erste Handelskontakte mit China her, fünf Jahre später nahmen vierzehn amerikanische Schiffe in Kanton Tee und Seide an Bord. Jefferson versuchte in Paris, den Handel mit Europa in Gang zu bringen, um der wirtschaftlichen Abhängigkeit von England zu entgehen, das aber doch den größten Teil des Handels mit seinen ehemaligen Kolonien zurückgewinnen konnte. Der Süden erholte sich mit seinen Exportgütern Tabak, Indigo und Reis schneller vom Krieg als der Norden. Der neuenglische Handelsverkehr mit den Westindischen Inseln und der Walfischfang waren fast zum Erliegen gekommen.[18] In Preußen zeigte sich Friedrich der Große an Handelsbeziehungen mit dem neuen Staat interessiert. John Adams verhandelte in Den Haag mit dem deutschen Gesandten Thulemeier. Im September 1785 unterzeichneten die beiden gemeinsam mit Jefferson und Franklin den deutsch-amerikanischen Freundschafts- und Schiffahrtsvertrag, der als Meilenstein in der Entwicklung des Völkerrechts angesehen wird. In Artikel 10 verpflichtete sich die amerikanische Seite, die deutsche Sorge um eine Auswanderung von Untertanen zu respektieren. Die zentrale Maxime bezog sich auf den Seehandel: frei Schiff, frei Gut. Die Ächtung der Seekaperei wurde anvisiert, eine humane Behandlung von Kriegsgefangenen vereinbart. Für George Washington läutete der Abschluß eine neue Ära der Diplomatie ein. Aber die beiden vertraglich befreundeten Staaten pflegten in den nächsten Jahren nur spärliche Kontakte. John Quincy Adams wurde 1797 Gesandter in Berlin. Washington propagierte währenddessen eine isolationistische Politik, und Preußen war nicht an einer Vertiefung der Beziehungen oder gar an einer unter der Hand angebotenen Allianz gegen Frankreich interessiert. 1799, im Todesjahr Washingtons, wurde der Vertrag revidiert und seiner wichtigsten Elemente entkleidet.

Die immateriellen Auswirkungen der Revolution auf die kollektive Mentalität der Amerikaner hat Thomas Paine in einem Brief an den französischen Abbé Raynal formuliert. Jeder Winkel des Gehirns sei nun gesäubert von den Spinnweben und Staubkörnern der Vergangenheit. »Wir sehen mit anderen Augen; wir hören mit anderen Ohren; und wir denken andere Gedanken als früher.« Freigelassene Sklaven legten ihre alten Namen Caesar, Pompeius und Cato ab und nahmen neue an. Frontiersleute pochten auf ihre Freiheitsrechte und drohten mit Sezession, falls man versuchen sollte, sie ans Gängelband zu nehmen.[19] Die revolutionäre Erfahrung verstärkte oder bestätigte die angloamerikanische Tradition des Experimentierens, der methodischen Vielfalt, und ließ den Ruf nach frei gegebener Zustimmung lauter werden. Staatliche Autorität ohne gesetzliche Abdeckung wurde suspekt.

Die Erben der Revolution konnten sich auf kodifizierte, unveräußerliche, scheinbar unwandelbare Rechte berufen. Das Besondere in Amerika war aber gerade die Wandelbarkeit, die erstaunliche Plastizität dieses Kodex wie auch der vermeintlichen Ursachen der Revolution. Einmal wird die konservative Natur der Revolution, dann wieder ihr umwälzender Charakter betont. Einmal heißt es, die bestehende Ordnung wurde lediglich realisiert, allenfalls leicht transformiert, dann wieder steht der radikal-demokratische Ansatz im Vordergrund. Die jeweilige Interpretation hängt ab von den Zeitumständen und von der persönlichen Ausrichtung des Interpreten. Bei seiner ersten Amtseinsetzung leitete Abraham Lincoln aus der Revolution ahnungslos das Recht auf weitere Revolutionen ab. Von den Südstaaten allerdings wollte er kurz darauf nicht beim Wort genommen werden, ebensowenig wie er voraussehen konnte, daß sich später radikale Sozialisten und Gewerkschaftler wie Daniel DeLeon der zitierten Passage bemächtigten.

Andererseits ließen sich naturrechtliche Vorstellungen in der Blütezeit des Sozialdarwinismus zur Verteidigung kapitalistischer Praktiken und des Status quo gebrauchen. Hatte nicht John Locke im *Second Treatise* verkündet, niemand könne ohne eigene Zustimmung um seinen Besitz gebracht werden? Und wer hätte diese Zustimmung schon geben wollen? Die Grundlagen Amerikas wurden von den Teutonen gelegt, befand ein Historiker in den 1870er Jahren, von Sachsen, Engländern und Normannen, die germanische Rasse allein habe romanischen Einflüssen die Stirn geboten und auf politische Selbstverwaltung gedrungen. Warum sollte man jetzt den Forderungen der proletarischen Einwanderer aus allen Teilen Europas nachgeben? Englandfreundliche Historiker spielten vor dem Ersten Weltkrieg den revolutionären Konflikt mit England herunter und betonten, was man im Vergleich zu den Deutschen an den Engländern habe. Die reformistisch angelegten Historiker im Umfeld des Progressive Movement sahen in der Revolution eine soziale Bewegung mit dem Ziel einer egalitär ausgerichteten Demokratie. Die Konsensushistoriker der 1950er Jahre widersprachen: die Revolution habe am sozialen Status kaum gerüttelt. Eine Kompromißformel wurde angeboten: Die Revolution sei zwar nicht in den Ursprüngen, aber im Ergebnis demokratisch gewesen.[20]

Das Erbe der Amerikanischen Revolution eignete sich für politische Anliegen fast jeder Art. Schwarze, Frauen, Indianer, Alternative, Kommunisten, Geschäftsleute, konservative und radikale Publizisten, Wissenschaftler und Politiker haben Argumente speziell für *ihre* Sache in der Geschichte der Revolution gesucht und gefunden. Die polnische Minderheit hat ihren Casimir Pulaski, den »Vater der amerikanischen Kavallerie«. Die Schwarzen reklamierten Crispus Attucks als einen der ihren, der beim Boston-Massaker ums Leben gekommen sein soll. Die deutsch-amerikanische Steuben-Gesellschaft glaubte, die wahre Revolution fortzusetzen, indem sie für den Vietnamkrieg eintrat. Andere lasen aus der Unabhängigkeitserklärung eine Warnung an ausländische Diktatoren und an das heimische Establishment heraus.[21]

Amerikanische Historiker haben sich nie leicht getan, den Ansprüchen der Wahrheit gegenüber mythischen Geschichtsvorstellungen zu ihrem Recht zu verhelfen. Die Mythenbildung hatte unmittelbar nach Kriegsende eingesetzt. In dem Jahr, als Joel Barlow sein Land Amerika als »empire of reason« besang, 1787, wurde in Philadelphia eine Frau als Hexe gelyncht. Der Amateurhistoriker Mason Weems verglich seine Landsleute mit den freien und scheuen Vögeln in den amerikanischen Wäldern, die es nicht dulden wollten, von fremder Hand berührt zu werden. Der Historiker George Bancroft schrieb über das vorrevolutionäre Amerika wie über ein Naturparadies, in dem Vernunft, Frieden, Schönheit und Gewaltlosigkeit herrschten. Als Georg III. sich in direkten Widerspruch zu Gottes Willen begab, mußten die Kolonisten handeln, aber selbst ihre Revolution führten sie mit »wohltuender Gelassenheit« durch, bis am Ende eine Armee erfahrener Soldaten vor den aufständischen Kleinbauern kapitulierte.[22]

Die Literatur zum Revolutionsgeschehen war von mäßiger Qualität, patriotisch durchsetzt und orientiert an britischen Vorbildern. Das gilt für die Werke Philip Freneaus, es gilt für Charles Brockden Browns *Osmond* (1799) und H. H. Brackenridges *Modern Chivalry* (1792–1815), die den Kriegshelden George Washington in die Handlung einweben. Es gilt sogar für John Trumbulls satirisches Epos *M'Fingal* (1775/76). James Fenimore Cooper gewinnt erstmals Distanz mit *The Spy* (1821), eine Geschichte, in der Scheinpatrioten und Scheinloyalisten ihr Unwesen treiben, aber es bleibt am Ende beim Abenteuerroman. In *Wyandotté* (1843) verarbeitete er interne Spannungen beim Revolutionsausbruch. Eine Kombination von Patriotismus und Poesie strebte Ralph Waldo Emerson mit seiner »Concord Hymn« an:

Here once the embattled farmers stood
And fired the shot heard round the world.*

Herman Melvilles von Bitterkeit und Zynismus geprägtes Werk *Israel Potter* (1855) schildert den Undank des Vaterlandes, den ein Kriegsveteran erntet, ehe er in Armut stirbt, ein Meisterwerk ist es nicht, ebensowenig wie verschiedene Eulogen auf revolutionäre Helden, von Longfellows Ballade »The Midnight Ride of Paul Revere« (1863) bis zu dem Drama *Nathan Hale* (1898) von Clyde Fitch. Die klassischen Autoren der amerikanischen Literatur haben »ihre« Revolution nie zu einem zentralen Thema gemacht.[23] Ein diskutabler Roman über die Zeit um 1776 ist erst S. Weir Mitchell mit *Hugh Wynn, Free Quaker* (1897) gelungen.

Nach der Unabhängigkeit blieb der Vorbehalt gegen die »new men« bestehen, die Aversion gegen die aufstrebenden »lower orders«. Der Loyalist Crèvecœur reagierte im 12. Brief seiner *Letters from an American Farmer* (1782) fast hysterisch auf die Revolutionsereignisse. Der »new man«, meinte Crèvecœur, diese gelun-

* Hier standen einst die schwer bedrängten Farmer und feuerten den Schuß ab, der auf der ganzen Welt zu hören war.

gene Metamorphose des älteren europäischen Typs sei durch den Umsturz zugrundegegangen. Wo vorher Ruhe und Gelassenheit waren, regiere jetzt die Konfrontation. Lieber wollte Crèvecœur unter Indianern leben oder in Sibirien als im nachrevolutionären Amerika, das sich seiner Visionen nicht wert erwiesen habe.

Zweifel am Naturrecht wurden laut. Im Naturzustand wäre der zivilisierte Mensch schlechter dran als der Wilde, denn sein gesamtes Eigentum verdanke er gesellschaftlichen Errungenschaften.[24] Thomas Paine hatte die Problematik der Naturrechtslehre zu überwinden gesucht, indem er Besitzrechte nur dann als unveräußerlich betrachtete, wenn der Besitz durch Eigenarbeit erworben und dem Handwerker der Vorrang vor dem Kaufmann eingeräumt wurde. Aber Paines bibelfeindliches Werk *The Age of Reason* stieß nach der Revolution auf Haß und Ablehnung.[25] Timothy Dwight, Präsident der Universität Yale, setzte sich gegen Paines Rationalismus zur Wehr. In Harvard wurde den Studenten lieber eine *Apology for the Bible* zur Lektüre empfohlen. Eine Auflage von *Reason the Only Oracle of Man* fiel einem Brandanschlag zum Opfer, und wenn es nicht Brandstiftung war, dann doch ein Zeichen Gottes, sagte sich der Fromme.

Es hat an Versuchen nicht gefehlt, die Helden der Revolution zu entmythologisieren. In der biographischen Literatur ist George Washington vielfach angegriffen oder auf menschliche Dimensionen reduziert worden. Man hat den doppelgesichtigen Benjamin Franklin entlarvt und den Opportunismus eines La Fayette oder eines John Adams peinlich genau skelettiert. Revolutionär gestimmte Geister der Gegenwart halten sich für zu »sophisticated«, um an Washington noch glauben zu können.[26]

Die Amerikaner haben kein eindeutiges Verhältnis zu ihrer Revolution. Ehrfürchtig betrachten Besucher in der Bundeshauptstadt das Original der Unabhängigkeitserklärung, in Boston die Knöpfe vom Rock des Schmugglerkönigs John Hancock oder einen Quilt aus den Kleidern der weniger bedeutenden Martha Washington. Gleichzeitig erweckt der Gedanke an Revolution einen merkwürdigen Argwohn, der weniger auf das Schuldgefühl zurückgeht, das Mutterland verraten zu haben, als auf das Bewußtsein, jetzt und für alle Zeiten das beste System der Welt geschaffen zu haben. Jede andere Vorstellung muß als Landesverrat wirken. Virginier der Oberschicht betrachten heute Patrick Henry, einen ihrer landesverräterischen Ahnen, mit gemischten Gefühlen. »Give me liberty or give me death«, dies kann ihre Parole nicht sein. Philadelphia, die Stadt der Verfassungsgebenden Versammlung, lehnte während des Zweiten Weltkriegs die Aufstellung eines Denkmals für Thomas Paine ab; es würde viele Bürger stören. Paine, »ein englischer Radikaler, der Amerika nie richtig verstanden hat«, sei es wert, ignoriert zu werden, erklärte 1974 ein neokonservativer Wissenschaftler.[27]

Die Erben der Revolution haben sich ihre Tradition je nach Bedarf zurechtgestutzt. Aber diese Technik hat Grenzen. Bestimmte historische Vermächtnisse müssen passiv hingenommen werden, und besonders wirksam sind solche Überlieferungen, die gleichsam aus der Kindheit der Nation stammen. Die Doktrin von der Gültigkeit des »aufgeklärten Selbstinteresses« wurde nirgendwo so ernstgenommen wie in den USA, auch wenn die Alltagserfahrung tausendfach dagegensprach.[28] Die in Bündnisse verstrickten USA lassen alljährlich im Kongreß die Abschiedsrede ihres ersten Präsidenten verlesen, der seine Landsleute dringend vor »permanent alliances, with any portion of the foreign world« warnte. Das ist mehr als ein leeres Ritual. Unabhängigkeit und Separatismus sollen anerkannte Ziele bleiben. Hier schneiden sich die puritanisch-koloniale und die revolutionäre Tradition. Nach der Trennung von England konnte Amerika die Eroberung eines Kontinents auf eigene Faust fortsetzen[29] und sich die Parole des anglikanischen Bischofs George Berkeley aus dem Jahr 1723 ganz zu eigen machen: »Westward the course of Empire takes its way.«

XX. Kapitel

DIE VERFASSUNG

Der *Continental Congress* beauftragte einen dreizehnköpfigen Ausschuß, eine »Liga der Freundschaft« zwischen den dreizehn gerade unabhängig gewordenen Staaten auszuarbeiten. Das Resultat ihrer Beratungen, die *Articles of Confederation*, waren zwischen 1781 und 1789 geltendes Verfassungsrecht des Landes. Jeder Staat entsandte demnach zwei bis sieben Mitglieder in den *Confederate Congress*, hatte aber nur eine Stimme. Kanada wurde eingeladen, sich dem Bund anzuschließen, reagierte aber nicht. Der Kongreß war ermächtigt, sich Geld zu leihen, die Währung zu regulieren, ein Postsystem zu errichten, mit den Indianern zu verhandeln und Streitigkeiten zwischen den ehemaligen Kolonien zu schlichten. Die Souveränität der Einzelstaaten blieb weitgehend erhalten. Die Mitglieder der Radical Committees hatten sich in ihre Staaten zurückgezogen und wollten die dem Mutterland abgetrotzte Macht nun auch ausüben. Die Konföderationsartikel waren so gesehen der konstitutionelle Ausdruck der Unabhängigkeitserklärung. Der Kongreß durfte weder Steuern erheben noch den Handel regulieren und die Konföderationsartikel enthielten keine Klauseln, die sich geeignet hätten, im Sinne einer starken Zentralregierung ausgelegt zu werden. Selbst für die bescheidenen Kompetenzen, die dem Kongreß in alleiniger Regie zustanden – die Postgewalt oder die Kontrolle von Maßen und Gewichten – fehlte ein Verwaltungsapparat, der gesetzliche Bestimmungen hätte vollziehen können. Kongreßmitglieder durften innerhalb eines Zeitraums von jeweils sechs Jahren nicht länger als drei Jahre dienen und konnten von den Einzelstaaten jederzeit abberufen werden. Unter radikalem Einfluß nahm die erste Union amerikanischer Staaten eine ausgeprägt föderalistische Gestalt an.[1]

Aus gruppeninternen Interessenkonflikten in den Einzelstaaten gingen die Radikalen mit politischen Niederlagen und geschwächt hervor; ihr Zusammenhalt ging verloren. Der republikanische Staatenbund erwies sich immer weniger als funktionstüchtig. Mißstände ließen sich nicht ausräumen, wo eine qualifizierte Mehrheit der Staaten nicht zustandekam. Es gab keine Exekutive, die auf den Vollzug von Gesetzen hätte achten und Eifersüchteleien zwischen den Staaten hätte beilegen können. Dem Kongreß fehlten die finanziellen Mittel zur Deckung der laufenden Kosten und zur Tilgung der Staatsschuld. Die Einzelstaaten kamen ihren Verpflichtungen nicht nach und weigerten sich, Verfassungszusätze zu ratifizieren, die zur Eintreibung von Zöllen eingebracht worden waren. Als Daniel Shays Anfang 1787 in Massachusetts einen Aufstand anzettelte, der Kongreß sich außerstande sah, helfend einzuspringen und die Angst vor sozialen Unruhen wuchs, wurden die Rufe nach einer stärkeren Bundesregierung lauter. Wohl hatte ein Jefferson gesagt, ein kleiner Aufstand ab und zu sei eine gute Sache, nur hielt die Rhetorik der Wirklichkeit nicht stand. Schließlich wollte man von englischen Tories und der Weltöffentlichkeit nicht zu hören bekommen, die Amerikaner seien unfähig, sich selbst zu regieren.

In Europa fiel es schwer zu glauben, daß in Amerika der innere Friede gefährdet sei und die Amerikaner eine andere Verfassung bräuchten. Ein englischer Schiffskapitän hatte im April 1787 die Nachricht mitgebracht, es herrsche Ruhe in den »dreizehn Provinzen«; ein Aufstand des Bauernführers Shays sei niedergeschlagen worden; einen neuen Bürgerkrieg habe niemand zu befürchten. Aus der Nähe sah das anders aus. Shays war in Rhode Island Asyl angeboten worden, ausgerechnet in jenem Staat, dessen Parlament von Leuten kontrolliert wurde, die sich vorgenommen hatten, ihre Schulden nicht zu bezahlen. Benachbarte Staaten waren in Gelddingen untereinander zerstritten. New York wollte den Geflügel- und Gemüseimport aus New Jersey unterbinden und erhob Einfuhrzölle. New Jersey antwortete mit Gegenzöllen. Pennsylvania und Connecticut hatten sich in Grenzstreitigkeiten verstrickt, die fast zu einem Krieg führten. Die Beziehungen zwischen den Staaten neu zu regeln, schien dringend geboten.

Verfassungsgebende Versammlung

Unter dem Vorsitz von George Washington beriet in Philadelphia eine Verfassungsgebende Versammlung ab Mai 1787 in geheimer Sitzung, wie aus den Konföderationsartikeln ein funktionierendes Regierungsinstrument zu machen sei. Die 55 Delegierten waren Kaufleute, Pflanzer und Rechtsanwälte, keiner gehörte dem Stand der Kleinbauern und Handwerker an. Die besitzende, konservative Klasse entschädigte sich mit der Verfassung für manche Niederlage, die sie vor dem Krieg durch die Radikalen erlitten hatte. Der Unterschied zwischen Arm und Reich kam bei den langwierigen Debatten immer wieder zur Sprache, die Angst vor dem Pöbel diktierte die Warnungen vor demokratischen Zuständen. Für Alexander Hamilton aus New York gab es zwei Arten von Leuten, »the few and

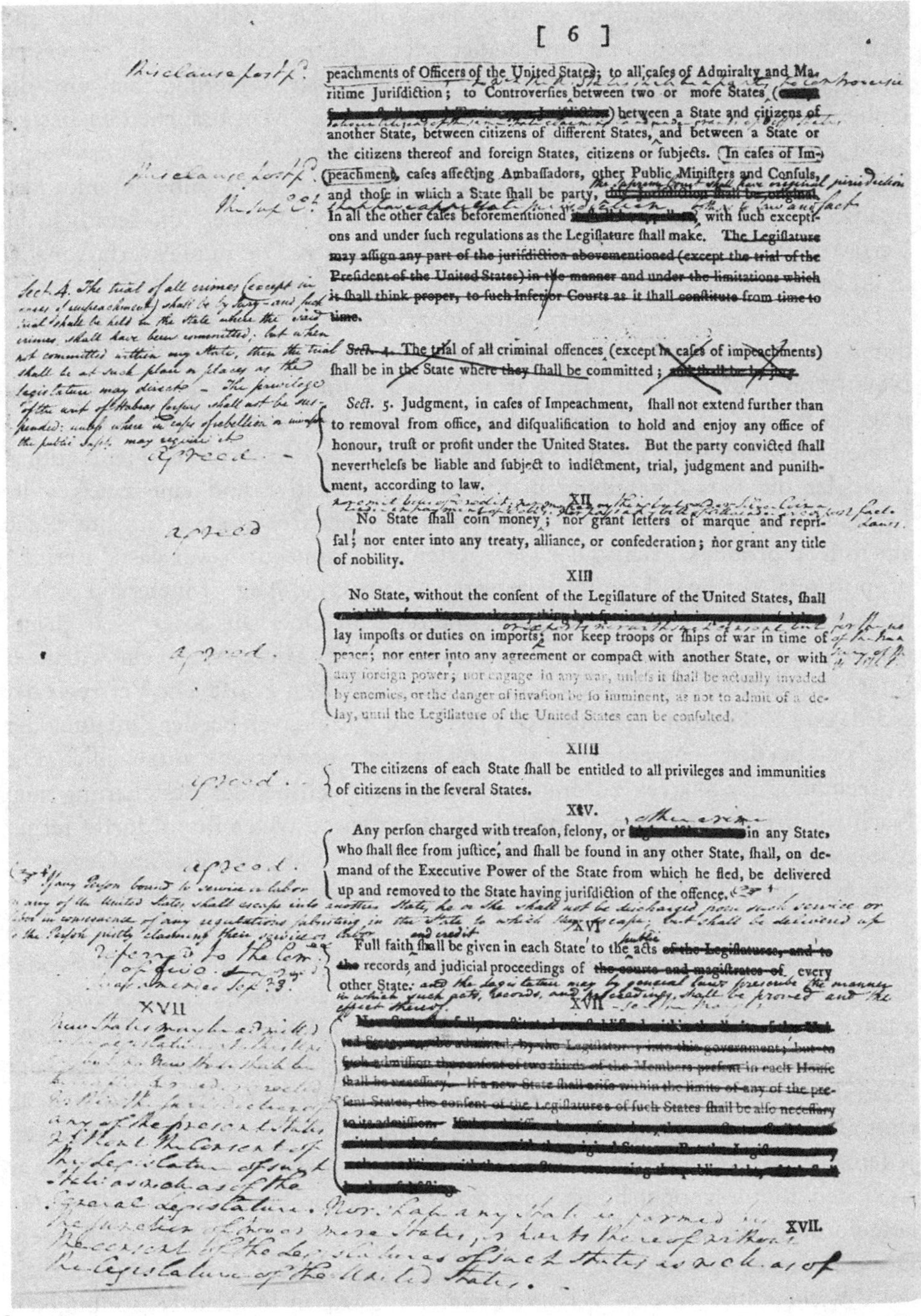

[6]

peachments of Officers of the United States; to all cases of Admiralty and Maritime Jurisdiction; to Controversies between two or more States [redacted] between a State and citizens of another State, between citizens of different States, and between a State or the citizens thereof and foreign States, citizens or subjects. In cases of Impeachment, cases affecting Ambassadors, other Public Ministers and Consuls, and those in which a State shall be party, [redacted] In all the other cases beforementioned [redacted], with such exceptions and under such regulations as the Legislature shall make. ~~The Legislature may assign any part of the jurisdiction abovementioned (except the trial of the President of the United States) in the manner and under the limitations which it shall think proper, to such Inferior Courts as it shall constitute from time to time.~~

~~Sect. 4.~~ The trial of all criminal offences (except in cases of impeachments) shall be in the State where they shall be committed; [redacted]

Sect. 5. Judgment, in cases of Impeachment, shall not extend further than to removal from office, and disqualification to hold and enjoy any office of honour, trust or profit under the United States. But the party convicted shall nevertheless be liable and subject to indictment, trial, judgment and punishment, according to law.

XII

No State shall coin money; nor grant letters of marque and reprisal; nor enter into any treaty, alliance, or confederation; nor grant any title of nobility.

XIII

No State, without the consent of the Legislature of the United States, shall [redacted] lay imposts or duties on imports; nor keep troops or ships of war in time of peace; nor enter into any agreement or compact with another State, or with any foreign power; nor engage in any war, unless it shall be actually invaded by enemies, or the danger of invasion be so imminent, as not to admit of a delay, until the Legislature of the United States can be consulted.

XIIII

The citizens of each State shall be entitled to all privileges and immunities of citizens in the several States.

XV.

Any person charged with treason, felony, or [redacted] in any State, who shall flee from justice, and shall be found in any other State, shall, on demand of the Executive Power of the State from which he fled, be delivered up and removed to the State having jurisdiction of the offence.

XVI

Full faith shall be given in each State to the acts ~~of the Legislatures, and to the~~ records and judicial proceedings of ~~the courts and magistrates of~~ every other State.

XVII

[redacted]

XVII.

Entwurf der Verfassung mit handschriftlichen Korrekturen George Washingtons

the many«, die Wohlhabenden und das Volk. »Das Volk ist unruhig und wankelmütig; es urteilt und entscheidet selten richtig. Gebt deshalb der ersten Klasse einen eindeutigen, permanenten Anteil an der Regierung. Sie wird die Unbeständigkeit der zweiten unter Kontrolle halten.« Man brauche den Besitzlosen nur das Stimmrecht zu geben, unkte Gouverneur Morris aus Pennsylvania, und sie würden es an zahlungskräftige Reiche verkaufen. Zu Wahlbeschränkungen finanzieller oder religiöser Art mochten sich die 39 Männer, die letztlich die Verfassung unterzeichneten, freilich nicht durchringen. Die Bundesverfassung ist in diesem Punkt liberaler als die Einzelstaatsverfassungen.[2]

Der »permanente Anteil« der Besitzenden, den Hamilton gefordert hatte, sollte durch die Teilung der Legislative in zwei Kammern garantiert werden. Nach dem New Jersey- oder Federal Plan war nur eine Kammer vorgesehen gewesen, und jeder Staat sollte nur eine Stimme haben. Dieser Plan fiel durch, man adoptierte aus Diplomatie den Begriff Federal Plan, hielt sich aber an den Virginia- oder National Plan, der die Gewaltenteilung in Exekutive, Judikative und eine zweigeteilte Legislative und damit die strukturelle Grundlage der *Constitution* brachte. Nach einem Kompromißvorschlag der Delegierten aus Connecticut war das Unterhaus proportional zur Bevölkerung zu besetzen – damals ein Abgeordneter auf 30000, heute auf rund 500000 Einwohner –, während im Oberhaus jeder Staat gleich, nämlich mit je zwei Senatoren vertreten sein sollte. Hiermit war ein wichtiger Interessenkonflikt zwischen großen und kleinen Staaten gelöst. Die Vertreter der Nord- und Südstaaten verständigten sich darauf, die Sklaven bei der Zuteilung der Sitze und bei der Steuererhebung als »drei Fünftel einer Person« mitzuzählen. Die Anrechnung der Sklaven zu drei Fünfteln wirkte sich bei der Besteuerung zum Nachteil, bei Wahlen zum Vorteil der Südstaaten aus. Der Bund durfte ferner *Navigation Acts* erlassen, was gut für den Norden war, der sich im Gegenzug verpflichtete, den Sklavenhandel zwanzig Jahre lang unangetastet zu lassen.[3]

Die Verfassungsgebende Versammlung hatte nicht mehr im Sinn gehabt, schrieb James Madison, als die bisherigen Machtbefugnisse des Kongresses zu stärken oder umsetzbar zu machen. Im Endeffekt kam aber doch ein von den Konföderationsartikeln in entscheidenden Punkten abweichendes Dokument heraus. Die Verfassung wurde zum »Supreme law of the Land«. Die juristische Gewalt der Zentralregierung erstreckte sich auf alle Rechtsfälle. Die Einzelstaaten konnten ab jetzt nicht mehr unbedingt straflos den Maßnahmen des Bundes zuwiderhandeln. Jeder Staatsbeamte mußte einen Eid auf die Verfassung schwören. Jeder Bürger war auch den Bundesgerichtshöfen unterworfen, und die Staatsgerichtshöfe waren aufgefordert, die Verfassung, auf lange Sicht auch deren Zusätze, anzuerkennen. Der Gesetzgebungsprozeß ließ sich in den meisten Fällen mit einfachen Mehrheiten abwickeln und für eine Verfassungsänderung war nicht mehr Einstimmigkeit sondern eine Zweidrittelmehrheit beider Häuser oder eine Dreiviertelmehrheit aller Einzelstaaten vonnöten.

Legislative, Exekutive, Judikative

Der Korpus der Verfassung besteht aus sieben Artikeln. Der erste behandelt den Kongreß als Legislative, der zweite den Präsidenten als Exekutive, der dritte den Obersten Bundesgerichtshof als Judikative. Der vierte Artikel regelt das Rechtsverhältnis zwischen Bund und Staaten und den Staaten untereinander, der fünfte Verfassungsänderungen, der sechste den Supremat der Bundesgesetzgebung und der siebente den Modus der Ratifizierung.

Die Sätze 1–18 im achten Abschnitt des ersten Artikels zählen die »enumerated powers« auf, die konkreten Befugnisse des Kongresses. Er durfte demnach Steuern erheben, den Außenhandel regulieren, Kriege erklären, Geld drucken, Patente vergeben und so fort. Die Steuergewalt wurde dem Kongreß übertragen, um Schulden abzutragen, Verteidigungsausgaben zu bestreiten und für das »general welfare«, das allgemeine Wohlergehen der Vereinigten Staaten zu sorgen. Mit der Steuergewalt hat sich der Bund später Bereiche erschlossen, die ihn eigentlich nichts angingen. Steuern auf Narkotika, abgesägte Schrotflinten oder Spielhöllen wurden weniger des Steuerertrags als der gesellschaftlichen Kontrolle wegen erhoben. Die »general welfare clause«, die bereits in der Präambel zur Verfassung vorkommt, diente als Rechtfertigung. Zur Erweiterung ursprünglicher Kompetenzen eigneten sich außerdem die »commerce clause« und die »elastic clause«. Nach der Handelsklausel hatte der Bund das Recht, den Handelsverkehr mit dem Ausland, zwischen den Einzelstaaten und mit Indianern zu regulieren. »Commerce« umgreift Kauf und Verkauf, Verkehr, Transport und Kommunikation. Im Schutz der »commerce clause« wurde der Verkauf von Lotterielosen über Staatsgrenzen untersagt, der Export von Alkohol in »trockene« Staaten verboten, Streiks unterbunden, Güter- und Eilzüge im Interesse der Sonntagsruhe gestoppt, rassistische Unternehmer zur Raison gebracht.

In Satz 18 heißt es, der Kongreß dürfe zudem Gesetze verabschieden, die »necessary and proper« sind, die explizit zugestandenen Befugnisse zu verwirklichen. Man nennt diese Maßgabe die »necessary-and-proper clause« oder »elastic clause«. Aus ihr leiten sich die »implied powers« der Legislative ab. Jefferson nutzte diese Klausel, als er Louisiana kaufte, die Federal Reserve Bank verdankt ihr ihre Existenz.[4] Die »elastic clause« hat mit dazu beigetragen, die Verfassung ohne Verfassungsänderung an unvorhersehbare Umstände und neue Entwicklungen anzupassen. Schließlich gibt es außer den *enumerated* und den *implied powers* noch die *inherited powers,* die sich aus der britischen Parlamentstradition herleiten. Dazu gehört das Recht, Untersuchungen durchzuführen, Vorladungen unter Strafandrohung auszusprechen oder gewählten Parlamentskollegen ihren Sitz zu verweigern, Rechte, die im Verfassungstext ebenfalls nicht auftauchen.

Im neunten Abschnitt des ersten Artikels werden die »Negativbefugnisse« der Legislative aufgezählt. Niemand darf ohne richterlichen Vorführbefehl *(writ of habeas corpus)* verhaftet, niemand durch Parlamentsbeschluß verurteilt werden *(bill of attainder).* Der Kongreß darf kein Gesetz ex post facto erlassen, keine Exportsteuern erheben – worüber man schon im Bürgerkrieg bei Baumwolle und Tabak hinwegsah –, keine Adelstitel verleihen. Amtsträger sollten ohne Erlaubnis des Kongresses von ausländischen Potentaten keine Geschenke annehmen dürfen.

Hamilton, der unter Washington gerne eine Art Premierminister gewesen wäre, hatte starke Vorbehalte gegen die neue Verfassung. Sie war ihm nicht aristokratisch genug, der Senat hätte seiner Ansicht nach auf Lebenszeit und nicht auf sechs Jahre gewählt werden müssen. Das Grundgesetz, das seit zweihundert Jahren die USA regiert, erschien ihm als »schwaches und wertloses Zeug«.

Während der Verfassungsgebenden Versammlung sprach man wieder von der Monarchie.[5] Das antidemokratische Sentiment fand Ausdruck im Wahlmodus. Der Präsident – und fürs erste auch die Senatoren – sollte indirekt, über ein »electoral college« oder Wahlmännergremium gewählt werden. Die Zahl der Wahlmänner eines Staates richtete sich nach der Zahl der Vertreter dieses Staates im Kongreß. Hatte ein Staat drei Abgeordnete und zwei Senatoren, standen ihm fünf Wahlmänner zu. Bei Washingtons erster Wahl waren 69 Wahlmänner aufgeboten, momentan sind es 538, entsprechend der Zahl der Abgeordneten, Senatoren und Vertreter aus dem Regierungsbezirk. Gewählt ist, wer die Hälfte der Wahlmännerstimmen plus eine auf sich vereinigt. Von einem Wahlmann wird erwartet, daß er für den Bewerber stimmt, mit dem er auf dem Wahlschein steht. Verpflichtet ist er von der Verfassung her nicht, allerdings machen über ein Dutzend Bundesstaaten sein Votum obligatorisch.

Der Kongreß legte den ersten und alle künftigen Wahltage unter der neuen Verfassung auf den ersten Dienstag nach dem ersten Montag im November. Der Präsident, dessen Amtszeit vier Jahre dauern sollte, mußte im Lande geboren sein, weil man nicht wollte, daß unversehens ein Ausländer über die Armee gebietet. Er konnte Botschafter und Minister ernennen. Um Vetternwirtschaft zu verhindern und eingedenk der unseligen Verbindung zwischen Georg III. und dem Unterhaus, sollten die Minister nicht im Kongreß sitzen. 1789 wurden das Kriegsministerium, das Schatz- und Justizministerium und das Außenministerium besetzt, das es als älteste Bundesbehörde schon seit 1781 gegeben hatte. Ein Postminister (1794) und ein Marineminister (1798) wurden bald ernannt.

Die Kompetenzen des Präsidenten nach Artikel II der Verfassung waren sehr viel weniger spezifisch beschrieben als die der Legislative. Aber auch dieser Artikel enthielt eine dehnbare Klausel, die Maßgabe, der Präsident habe dafür zu sorgen, »daß die Gesetze gewissenhaft vollzogen werden«. Bis heute währt der Streit, wie die impliziten Befugnisse des Präsidenten auszusehen haben. Zwei Interpretationen ließ der Verfassungstext zu: das Volk wird in erster Linie von der Legislative repräsentiert oder von der Exekutive verkörpert. Historisch genommen hat sich eher die zweite Auslegung durchgesetzt.[6]

Der amerikanische Präsident ist Staatsoberhaupt mit allen Repräsentationspflichten, die das staatliche Zeremoniell verlangt. Er ist als Regierungschef mit der Macht ausgestattet, einige tausend Spitzenbeamte zu ernennen oder abzulösen. Der Oberste Gerichtshof hat dem Präsidenten in Gestalt von Franklin Roosevelt bestätigt, Chefdiplomat des Landes zu sein. Der Präsident ist Oberbefehlshaber der Streitkräfte in Krieg und Frieden, er ernennt die Stabschefs, den Verteidigungsminister und die Mitglieder des Sicherheitsrates. Die Exekutive ist ferner zu einer wichtigen legislativen Instanz geworden. Von ihr gehen so zahlreiche gesetzgeberische Initiativen aus, daß man das Weiße Haus die dritte Kammer des Kongresses genannt hat.

Der *Esprit de Lois* war der meistzitierte Text in der Verfassungsgebenden Versammlung. Mit der Staatsauffassung Montesquieus stand »ein regulatives System gegenseitiger Kontrolle der Regierungsorgane« zur Verfügung. Die Instanzen der Regierung waren beauftragt, sich mit »checks and balances« gegenseitig im Zaum zu halten.[7] Und so hat das Repräsentantenhaus ein Vetorecht gegenüber dem Senat, der Senat gegenüber dem Repräsentantenhaus und der Präsident gegenüber dem Kongreß. Verträge der Exekutive mit ausländischen Staaten bedürfen der Zustimmung des Senats. Außer dem Vizepräsidenten darf niemand der Legislative angehören, der im Dienst der Exekutive steht.

Die dritte konstitutionelle Kraft im System der »checks and balances« ist der Supreme Court als oberste Rechtsinstanz. Die Judikative kann der Exekutive wie der Legislative die Zustimmung zu Gesetzen und Verträgen verweigern. Umgekehrt darf die Legislative kriminelle Beamte aus der Judikative entfernen, Staatsanklage gegen den Präsidenten erheben, während der Präsident durch den Supreme Court bestätigte Urteile per Begnadigungsrecht außer Kraft setzen kann. Das Mißtrauen gegen Kompetenzüberschreitungen einzelner Regierungszweige war bei den Verfassungsgebern größer als die Angst vor einer Blockierung des Regierungsapparats durch zu vielfältige Kontrollen und Gegenkontrollen. Die zusätzliche Kontrollfunktion von Parteien ist dabei von den Gründungsvätern noch nicht einmal einkalkuliert worden. Parlament und Kongreß haben verfassungsrechtliche Hindernisse durch das Pochen auf »implied powers« zu umgehen gewußt. Allerdings hat der Supreme Court in Verfassungsklagen auch so etwas wie »implied prohibitions« festgeschrieben. Zum Beispiel wurde der Legislative 1922 höchstrichterlich untersagt, mit der Steuergewalt die Abschaffung der Kinderarbeit voranzutreiben.

Die Aufteilung in Bundesrechte und Staatenrechte laut Artikel IV stellt allein durch die breiten Interpretationsmöglichkeiten einen Kontrollmechanismus her. »Hinsichtlich der Kompetenzverteilung zwischen Bund und Einzelstaaten ergeht sich die Verfassungsurkunde von Philadelphia ... in einer Sprache, die an Unklarheit und Doppeldeutigkeit schwerlich hätte überboten werden können.«[8] Die Staatenrechte gelten als angestammt, inhärent, die Rechte des Bundes als abgeleitet, delegiert. Von Anfang an haben sich Bundesregierung und Einzelstaaten um die Definition ihrer Rechte gestritten.

Den Einzelstaaten kam schon die Präambel der Verfassung nicht ganz geheuer vor, in der es heißt »We, the people« anstelle von »We, the States«. Einige meinten, die Delegierten hätten ihre Befugnisse überschritten, indem sie eine neue Verfassung aufsetzten anstatt nur die Konföderationsartikel zu novellieren. Sie fürchteten, die Staaten würden angesichts der Machtfülle der Bundesregierung zu abhängigen Provinzen degradiert werden. Manche äußerten Bedenken gegen die mögliche Wiederwahl des Präsidenten, sahen geheime Verhandlungen der Besitzaristokratie oder gar die Bildung einer Monarchie voraus. Präsident und Senat waren ihnen zu mächtig, die Amtszeit der Senatoren zu lang, die Zahl der Abgeordneten zu klein, Besitzrechte stärker berücksichtigt als Bürgerrechte. Wer schützte die Person vor Übergriffen der Staatsmacht? Eine Garantie ihrer Rechte erschien den Gegnern der Verfassung unabdinglich, und sie verlangten eine schriftliche Fixierung dieser Rechte, als das Ratifizierungsverfahren in Gang kam.

Mit den *Federalist Papers* (1787/88) wollten James Madison, Alexander Hamilton und John Jay den Einwänden begegnen, die von den Einzelstaaten gegen die *Constitution* vorgebracht worden waren. Den »Federalists«, denen, die am stärksten für die Ratifizierung eintraten, gelang es, die Akademiker, Finanziers, Geschäftsleute und Zeitungsmacher hinter sich zu bringen. Hamilton verhieß, die Verfassung schütze vor den »Übergriffen, die der demokratische Geist auf das Eigentum vorhat«. Die Bibel des Republikanismus, wie man die *Federalist Papers* nannte, propagierte die Notwendigkeit eines Souveräns in einem geeinten Staatswesen, den Vorrang der Gerechtigkeit vor dem Willen der Mehrheit und die Bannung eines *imperium in imperio* durch die Betonung von *states' rights.* Die Gründungsväter waren argwöhnisch geworden gegenüber demokratischen Praktiken – Abberufung, Volksabstimmung, Ämterrotation –, die während des Unabhängigkeitskriegs aufgekommen waren. Madison warnte im *Federalist Nr. 10,* seinem politischen Credo, vor einer Fraktions- und Parteienbildung, in der Emotionen und Spezialinteressen zu Lasten der Bürger gehen. Die *Federalist Papers* gelten heute als eines der klassischen Dokumente politischer Philosophie, das im Niveau beträchtlich über den Debatten der Verfassungsgebenden Versammlung selbst steht. Der »Federalism« amerikanischer Art ist im Gegensatz zu unserem Föderalismus das Kürzel für den Zentralstaat, der sich geistesgeschichtlich auf Althusius zurückführen und staatsgeschichtlich aus Familienverbänden, Gilden, Orts- und Regionalgemeinschaften herleiten läßt.[9] Gewichtige Einwände gegen die *Federalist Papers* brachte Richard H. Lee aus Virginia in seinen *Letters of the Federal Farmer to the Republican* (1787/88) vor: er vermißte in dem neuen Dokument die Rechte der Einzelstaaten. Andere Antifederalists schrieben unter Pseudonymen wie »Peep«, »Old Whig« oder »Defecator« gegen die Ratifizierung an. Eine – unvollständige – Sammlung verfassungsfeindlicher Artikel aus jener Zeit umfaßt über 1800 Seiten. Eines der Argumente konnten die Verfassungsgegner Montesquieu entnehmen: republikanische Verfassungen funktionierten nur in kleinen, homogenen Staaten.

In Delegiertenversammlungen wurde in den Staaten über die Verfassung entschieden. Nachdem in allen Staaten außer New York Wahlbeschränkungen bestanden, konnten sich nur die Freeholders an der Wahl der Delegierten beteiligen, einer Schätzung zufolge nicht mehr als 160000 Bürger oder fünf Prozent der Bevölkerung. Wirtschaftliche oder regionale Kriterien spielten kaum eine Rolle, auch wohlhabende Bürger erwiesen sich als Gegner der Verfassung; am ehesten verfängt noch die Altersvariable. Ältere Bürger neigten zur Ablehnung. Der Einfluß der *Federalist Papers* darf nicht überschätzt werden, dazu waren die Argumente fast zu gelehrt.[10] Die Ausstrahlung des Kriegshelden George Washington, des ebenso populären Benjamin Franklin und ein paar kräftige Wahlmanipulationen haben hier eine größere Wirkung getan. Delaware stimmte sofort und einstimmig zu; der Kompromiß zugunsten kleiner Staaten machte sich bezahlt. In Pennsylvania sorgten die kommerziellen Interessen für eine deutliche Mehrheit. New Jersey und Georgia legten ein einstimmiges Votum ab, in Connecticut kam eine große Mehrheit zustande. In Massachusetts waren die Handwerker und Farmer dagegen, Samuel Adams war erst dagegen, dann dafür, Hancock gab sich neutral. Das Abstimmungsergebnis lautete recht knapp auf 187 zu 168, nachdem man einige Verfassungszusätze zum Schutz der *States' Rights* vorgeschlagen hatte. Es folgten Maryland und South Carolina, und als New Hampshire sich mit 57 zu 47 Stimmen am 21. 6. 1788 zur Annahme durchgerungen hatte, erlangte das Dokument Rechtskraft, zu der die Zustimmung von neun Staaten erforderlich war. Die Voten von Virginia und New York trafen später ein, North Carolina und Rhode Island überlegten noch, als der erste Präsident am 30. April 1789 in sein neues Amt eingeführt wurde.

Verfassungszusätze

Die Einzelstaaten brachten hundert Verfassungszusätze (»amendments«) ein, zwölf wurden dem ersten Kongreß vorgelegt, zehn wurden angenommen. Sie traten 1791 in Kraft. Die Gegner einer *Bill of Rights* hielten eine ausdrückliche Aufzählung von Bürgerrechten für überflüssig. In ihren Augen existierten diese Rechte ohnehin, eine Kodifizierung würde nur die Staatsmacht unnötig erweitern. Nach Ansicht der Befürworter neigten Regierungen sui generis dazu, ihre Machtfülle auszudehnen, deshalb sei eine konkrete Definition staatlicher Machtbeschränkung angezeigt. Diese Linie setzte sich durch. James Madison trieb das Gesetzeswerk mit diplomatischem Geschick voran und modellierte es sprachlich wie inhaltlich nach der *Virginia Declaration of Rights* (1776) von George Mason.

Amendment I behandelt die Religions-, Rede-, Presse-, Versammlungsfreiheit und das Petitionsrecht; die *Amendments II* bis *VII* die individuellen Besitzrechte und die Rechte von Angeklagten; die *Amendments IX* und *X* belassen alle Rechte, die dem Bund nicht ausdrücklich delegiert wurden, bei den Einzelstaaten oder bei den Bürgern. Die ersten zehn Verfassungszusätze formierten sich zur »Original Bill of Rights«. Die *Amendments XI* und *XII* korrigierten 1798 und 1804 nachträglich einige Defekte.

I. Die Sprache des ersten *Amendments* wirkt kategorisch. Der Kongreß darf »kein Gesetz« verabschieden, heißt es dort, das die bürgerlich-demokratischen Grundfreiheiten tangiert. Diese Freiheiten gelten in den USA als »preferred freedoms«, ihnen wird ein höherer kultureller Wert beigemessen. Doch so eindeutig die Sprache auch klingt, in der Rechtsprechung mußten stets langwierige Debatten geführt, zahlreiche juristische »Tests« oder andere *Amendments* herangezogen und Präjudizfälle zitiert werden, um die dort gemeinten Freiheiten korrekt definieren zu können. Die Founding Fathers hatten anscheinend nicht die Absicht, mit dem ersten *Amendment* einschlägige Grundsätze des common law außer Kraft zu setzen. Außerdem lag es nicht in der ursprünglichen Absicht des Kongresses, die *Bill of Rights* bindend für die Einzelstaaten zu machen.

II. Das Recht der Bürger, Waffen zu besitzen und zu tragen, steht nach wie vor in der aktuellen Diskussion. Die eine Seite bringt vor, dieses Recht sei gekoppelt gewesen mit der Notwendigkeit, eine Miliz, eine Bürgerwehr zu unterhalten, das kollektive Recht auf Bewaffnung also. Die andere Seite versteht darunter einen Rechtsanspruch einzelner Bürger. Der Text selbst läßt beide Deutungen zu. Aus den politischen Debatten der Zeit und aus einer Urfassung dieses Zusatzes scheint hervorzugehen, daß die Volksvertreter tatsächlich im Sinn hatten, jedem amerikanischen Mann zwischen 18 und 45 Jahren das Tragen von Waffen zu gestatten.[12]

III. Die Unabhängigkeitserklärung hatte Georg III. ins Visier genommen, weil er Truppen bei der Zivilbevölkerung einquartierte. Die unfreiwillige Beherbergung von Soldaten sollte es künftig nicht mehr geben dürfen.

IV. James Otis war 1761 gegen die englischen »Writs of Assistance« aufgestanden. »Unreasonable searches and seizures« waren jetzt verboten. Als »unreasonable« gilt heute beinahe jede Durchsuchung ohne richterlichen Durchsuchungsbefehl.

V. Eines Schwerverbrechens Verdächtigte haben Anspruch auf eine *Grand Jury*, ein großes Geschworenengericht, das bis zu 24 Personen umfassen kann. Die *Grand Jury* entscheidet, ob Anklage erhoben wird oder nicht. Das Hauptverfahren sieht eine kleinere *trial jury* vor. Das Verbot der *double jeopardy* besagt, daß niemand wegen derselben Straftat zweimal vor der gleichen Gerichtsebene zur Verantwortung gezogen werden darf *(ne bis in idem).*

Jeder Bürger hat Anspruch auf einen *due process of law.* Ein ordentliches Rechtsverfahren ist nach einem Urteil des Supreme Court von 1855 dann erfüllt, wenn die verfassungsmäßigen Rechte garantiert und alle in Amerika adoptierten britischen Rechtselemente unversehrt bleiben. *Due process of law* ist nicht identisch mit *fair trial.* Eine Anhörung vor dem Kongreß oder vor der Steuerbehörde kann ebenfalls die Forderung nach *due process* erfüllen.

VI. Angeklagte haben das Recht auf einen »speedy and public trial«, sie müssen mit Belastungszeugen persönlich konfrontiert werden. Walter Raleigh war unter James I. aufgrund einer schriftlichen Zeugenaussage verurteilt worden, die obendrein inzwischen widerrufen worden war.

VII. Bei Rechtsfällen, die unter das common law fallen und vor einem Bundesgericht verhandelt werden, hat der Beklagte Anspruch auf ein Geschworenengericht. Auf die Wahrnehmung dieses Rechts wird heute in der Praxis meist verzichtet.

VIII. Mit dem Verbot von »cruel and unusual punishment« zielte der Gesetzgeber auf die Abschaffung der Folter, vom Rädern bis zu den Daumenschrauben. Die moderne Diskussion dreht sich um die Frage, ob die Todesstrafe eine grausame und ungewöhnliche Bestrafung darstellt.

IX. Die Aufzählung von Rechten in der Verfassung ist nicht erschöpfend; es gibt andere, die stillschweigend bei den Bürgern liegen.

X. Alle Rechte, die der Zentralregierung nicht ausdrücklich übertragen wurden, bleiben den Bürgern und den Einzelstaaten vorbehalten.

XI. (1798) In der ersten Verfassungsänderung nahm der Bund freiwillig eine Kompetenzbeschränkung hin. Er wollte fortan mit den Forderungen des Bürgers eines Staates gegen einen anderen Staat nichts mehr zu tun haben.

XII. (1804) Die Gründungsväter hatten nicht mit dem Entstehen von politischen Parteien gerechnet. Einzelheiten der Wahl des Präsidenten und des Vizepräsidenten mußten neu geregelt werden.

Konservative und liberale Elemente

Die Verfassung in ihrer ursprünglichen Form trug den Bedenken derjenigen Rechnung, die Vorbehalte gegen die Demokratie hegten. Nur das House of Representatives wurde direkt vom Volk gewählt, sofern es nach den Wahlbeschränkungen der Einzelstaaten überhaupt wahlberechtigt war. Von der zweiten Kammer sprach man habituell als dem »conservative Senate«. Auch die Französische Verfassung von 1795 wollte mit dem »Senat Conservateur« ein retardierendes Moment in die revolutionäre Bewegung eingebaut wissen. In den USA war die Verfassung bis zu einem gewissen Grad eine Rekonstruktion vorrevolutionärer politischer Werte. Allerdings dürfen hierüber die liberalen Elemente nicht verkannt werden. Die neue Verfassung sah keine religiöse Ämterqualifikation vor, keine Adelstitel, und sie definierte den Tatbestand des Hochverrats recht eng, ein Umstand, der im 18. Jahrhundert als »äußerst liberal« einzustufen ist.[13] Gesetze ex post wurden verboten, richterliche Haftbefehle zwingend vorgeschrieben.

Frauen erhielten keine neuen Rechte. Weiterhin galt das *common law,* wonach eine verheiratete Frau sich dem Manne unterzuordnen hatte und ohne ihn nicht geschäftsfähig war.

In Zeiten sozialer Reformen wurde die Verfassung als ein überwiegend konservatives Dokument bewertet. Schließlich hatte in der Verfassungsgebenden Versammlung die besitzende Klasse das Sagen gehabt: Landspekulanten wie Hamilton, Mason und Washington, Großkaufleute und Reeder wie Morris und Langdon, Geldverleiher wie Dickinson und Franklin, Sklavenhalter wie Randolph und die beiden Pinckneys. Spezialinteressen wirtschaftlicher Art, so urteilte der Historiker Charles Beard, nicht abstrakten freiheitlichen Interessen verdanke die Verfassung ihre Existenz. Die Delegierten suchten ihr Eigentum zu schützen und wehrten sich erfolgreich gegen die Gefährdung ihres Besitzstandes durch demokratische Einflüsse. Die Mehrheit der Delegierten war persönlich am Ausgang der Verfassungsdebatte interessiert und hat persönlich von der Verabschiedung profitiert.[14] Die Rhetorik war nur ein Deckmantel für handfeste Eigeninteressen. Innerhalb der besitzenden Klasse haben die Besitzer von beweglichem, investierbarem Kapital – die Gläubiger der öffentlichen Hand etwa – einen politischen Sieg über die Aristokratie der Landbesitzer davongetragen.

Charles Beard konnte freilich nicht schlüssig beweisen, warum Anti-Federalists trotz identischer Interessen gegen die Verfassung stimmten. Andere Historiker sahen Pro und Contra eher zwischen sklavenhaltenden und anderen Delegierten verlaufen oder zwischen Republikanern aus Virginia und New England auf der einen Seite und Nationalisten aus South Carolina, Pennsylvania und New York auf der anderen. Der Sklavenbesitz als Kriterium hat seine Mängel. Laut Verfassung war ein Sklave zu drei Fünftel als Person zählbar. So wirkte die Besteuerung von Sklaven nach dieser Formel abschreckend, die Bemessung der Abgeordnetenzahl nach derselben Formel als Anreiz. Eher könnte man die *Constitution* als einen Kompromiß zwischen den Wohlhabenden in den Städten und den Wohlhabenden auf dem Land bezeichnen.[15]

Die Verfassung trug den traditionellen »Rights of Englishmen« Rechnung. Trotzdem gibt es entscheidende Unterschiede zur britischen Staatsverfassung. Das System der »checks and balances« ist stärker ausgeprägt, dafür ist die Exekutive, einmal im Amt, von der Legislative weniger leicht wieder abzusetzen. Europäische Regierungen kennen die strikte Funktionsteilung zwischen Exekutive und Parlament nicht, in den USA ist der Bestand der Exekutive nicht an die Übereinstimmung mit einer Parlamentsmehrheit gebunden. Ein weiterer Unterschied liegt in der Handhabung des Föderalismus. Das Prinzip des dualen oder kooperativen Föderalismus sollte die Macht der Zentralregierung gegenüber den Einzelstaaten in Schranken halten. Das Prinzip des *»limited government«* hat freilich zu starken

Regierungsbehinderungen geführt, die Arbeit der Bundespolizei erschwert, eine allgemeine Krankenversicherung verhindert, ein ungerechtes Fürsorgesystem entstehen lassen und absurde Zustände in der Bürgerrechtssprechung erzeugt. Der Bund mußte sich seine Kompetenzen im Verlauf der Geschichte erst holen und immer wieder auf die Einsicht der Judikative hoffen, daß mit über zweihundert Jahre alten gesetzlichen Vorstellungen ein moderner Staat nicht regiert werden kann. Der Bund sollte grundsätzlich für »allgemeine« Belange wie die Außenpolitik, die einzelstaatlichen und lokalen Ebenen für »besondere« Bereiche wie Erziehung und Gesundheit zuständig sein. Die Unterscheidung in »general« und »particular« ist heute kaum noch möglich, eine Differenzierung der Merkmale dieser beiden Domänen nicht herzustellen. Der Bund wendet sich unter Umgehung der Staatsregierungen oft direkt an die Kommunen, die Kompetenzen vermischen sich. Konnte man das politische System der USA einmal mit einer dreischichtigen Torte vergleichen – Bund, Länder und Gemeinden in unserer Terminologie – ist heute ein Marmorkuchen daraus geworden.[16]

Die Verfassung ist jetzt eher ein Zankapfel als ein Dokument der Einigung oder eine Quelle verläßlichen Rates. »The Constitution of the United States was established to ensure domestic *hostility*«, hatte Mark Twain über die als Verfassungsauftrag niedergelegte »domestic tranquillity« gespottet. Für George Bernard Shaw war die amerikanische Verfassung eher eine »Charter of Anarchism« als eine seriöse Staatsurkunde. Nur hat eben ihre Elastizität wesentlich zum Fortbestand der Vereinigten Staaten beigetragen. Der Naturrechtler Emmerich de Vattel (1785) wollte geschriebene staatliche Verfassungen von der Legislative unangetastet und unantastbar wissen. Hätten die Gründungsväter sich daran orientiert, die Vielfalt der Interessen hätte auf einem so weitläufigen Territorium wie dem der USA kaum zum Ausgleich gebracht werden können. »Die Verfassung ist«, sagte Alexander Hamilton, »ein System, das schwerlich stillstehen kann und das rückwärtsgehen wird, wenn es nicht vorwärtsgebracht werden kann.«[17]

XXI. Kapitel

NATIONALES SELBSTBEWUSSTSEIN

Gründerjahre

Die USA hatten um 1800 rund fünf Millionen Einwohner, darunter eine Million Schwarze. Die Weißen lebten zu zwei Dritteln im Einzugsbereich des Atlantik. Die Mehrzahl war im Lande geboren, gegen Ende des 18. Jahrhunderts war die Einwanderung recht dünn gewesen. Die größten Städte, Philadelphia und New York, hatten 75000 Einwohner. Die Bevölkerungsstruktur war nach wie vor agrarisch, 95 Prozent lebten von der Landwirtschaft. Über die Alleghenies führten ein paar unsichere Straßen, von Philadelphia nach Pittsburgh, vom Potomac zum Monongahela und von Virginia über den Cumberland Gap nach Kentucky. Westlich der Pässe lebten etwa eine halbe Million Menschen. Die Postkutsche zwischen Boston und New York brauchte bei einem Stundenmittel von vier Meilen drei Tage, etwa ebenso lange benötigte ein Reisender auf dem Wasserweg. Wenn Thomas Jefferson von Monticello aus zum Regieren nach Washington reiste, mußte er auf der hundert Meilen langen Strecke mehrere Flüsse überqueren, von denen die meisten weder Brücke noch Fähre hatten. Philadelphia verfügte über gepflasterte Straßen und funktionierende Wasserleitungen und konnte den Ruf der bestbeleuchteten Stadt des Landes in Anspruch nehmen. In New York dagegen wälzten sich die Schweine im Straßenkot, und am Wasserspeicher konnte man Badelustige und Waschfrauen sehen.[1]

In Neuengland, außer in Boston, war das Theater noch verpönt. Der Walzer galt als unsittlich, getanzt wurde das Menuett. Der propere Neuengländer schickte einmal wöchentlich seine Perücke zum Friseur, um beim sonntäglichen Kirchgang bestehen zu können. Pferderennen und Kartenspielen waren verboten. Die Virginier mußten sich vorhalten lassen, mit Hahnenkämpfen, Boxkämpfen, Ringkämpfen die Moral zu untergraben. Europäische Reisende notierten als besonders primitive Barbarei den *rough-and-tumble-fight*, bei dem die Kontrahenten würgend, kratzend und beißend aufeinander losgingen. Ebensowenig wollte den Europäern die eintönige Kost in den Gasthäusern und die unhygienischen, beengten Verhältnisse in den Herbergen gefallen. Mais und gesalzenes Schweinefleisch gab es oft schon zum Frühstück, Fisch, Eier, Kaffee, dazu Whiskey und Wasser. In der Schicht der *mechanics* oder Handwerker hatten sich viele an den »noon toddy« gewöhnt, mit einem kräftigen Schluck Alkohol stimmten sich Zimmerleute, Seiler, Drucker und Erdarbeiter am frühen Vormittag auf die Mühen des Tages ein. Um 1810 liegen die Anfänge der Temperenzlerbewegung.

Henry Adams hat die Ideale der Gründerzeit in überschwenglichen Tönen gepriesen: Das junge Land sei gesund, der neue amerikanische Mensch habe kein Quentchen Fett zuviel am Leib. Mit jedem Schwung der Axt oder der Hacke konnte der Einwanderer zum Kapitalisten und seine Kinder zu Gentlemen werden. »Die Aussicht auf Wohlstand bewegte die Massen am stärksten«, schrieb Adams, derweil Europa im Sterben lag. Europa starb an seinen Klassenunterschieden, an der ewigen Wiederholung des Gleichen, an der »fixity of residence«, an der Festlegung von Wohnort und Schicksal schon bei der Geburt. Staat und Kirche hielten persönliche Initiative nieder. Mit Europas träger Masse ließ sich Amerika trotz aller Unzulänglichkeiten nicht vergleichen.[2]

Die soziale Wirklichkeit zählte nicht, es zählte die Vision. Amerika war das Land, in dem nach verbreiteter Vorstellung die aufklärerischen Ideen des 18. Jahrhunderts »wie in einem Vakuum weiterwachsen« konnten.[3] Charles Brockden Brown aus Philadelphia, ein für damalige Verhältnisse radikaler Demokrat, forderte in seinem Dialog *Alcuin* (1797) die Gleichberechtigung der Frau, propagierte in *Wieland: or the Transformation* (1798) den Vorrang der Vernunft vor dem Aberglauben und legte in die Gestalt des *Arthur Mervyn* (1799) seine politischen Gerechtigkeitsideale hinein. Joel Barlow appellierte in der *Columbiad* (1807) an Amerika und die Welt, mit gutem Willen die Übel Krieg, Sklaverei und Monarchie für immer auszurotten: und sich zu einer Art Völkerbund zusammenzuschließen.

Washington Irvings Figur Rip Van Winkle, der die Revolution verschlafen hatte, mußte feststellen, daß nun statt Georg III. Bilder von George Washington die Wände schmückten. Die neue Nation, mit Symbolen nicht gerade reich gesegnet, verherrlichte ihre Gründungsväter und schuf sich mit dem »Uncle Sam« – der Name taucht 1813 erstmals gedruckt auf – eine Art kollektives Vorbild. Jeweils am 4. Juli kulminierte der Überschwang in patriotischen Reden. Je höher ein Redner seine Ziele steckte, je dichter die Superlative, desto größer die Wirkung auf das Publikum. Die Seele des Menschen auf amerikanischem Boden, schwärmte einer von ihnen – und tausendfach ist es wiederholt worden –, die Seele des Amerikaners sei »voll der edelsten Anschauungen, und seine Ideale richten sich auf die erhabensten Objekte«.[4]

Der Astronom David Rittenhouse hatte im Jahr vor der Unabhängigkeit seine Sehnsucht nach einer radikalen Trennung von Europa in eine phantasievolle Rede gekleidet: »Ich würde mir wünschen – eitler Wunsch! –, daß die Natur immerwährende Schranken aufrichtet zwischen der alten und der neuen Welt, und daß eine Reise nach Europa so undurchführbar wird wie eine zum Mond. Ich muß gestehen, daß wir durch unsere Verbindungen mit Europa ganz überraschende, fast hätte ich gesagt unnatürliche Fortschritte auf dem Weg zum Ruhm gemacht haben; aber diese Verbindungen werden aller Wahrscheinlichkeit nach auch unseren vorzeitigen Fall herbeiführen.«[5]

Zwei Generationen später, im Oktober 1823, schrieb der alte Thomas Jefferson an Präsident James Monroe: »Unsere erste und grundlegendste Maxime sollte sein, uns niemals in europäische Streitigkeiten zu verstricken. Unsere zweite, es niemals zu dulden, daß Europa sich in Angelegenheiten diesseits des Atlantiks einmischt.«[6] Damit hatte er dem Präsidenten die Stichworte zur Monroe-Doktrin gegeben, die wenige Wochen später, am 2. Dezember 1823, verkündet wurde.

Die Gründerväter hatten sich nach der Revolution vorgenommen, den europäischen Ländern den Rücken zu kehren oder zumindest Europa mit der gleichen Distanziertheit zu betrachten wie China. Dies galt mit einer Ausnahme – Frankreichs. Besonders die *Antifederalists* um Jefferson gaben sich beim Ausbruch der Französischen Revolution einer schwärmerischen Frankophilie hin, sie benannten Straßen um, setzten Shakespeare vom Spielplan ab und redeten sich gegenseitig mit Citizen und Citizeness an. Jefferson, seit je davon überzeugt, daß die Kraft der »raison« den Errungenschaften der »experience« überlegen war, hielt die Revolution in Frankreich für die »heiligste Sache« der Menschheit, blieb aber nüchtern genug, um darauf zu achten, nicht in einen französischen Krieg gegen England und Spanien hineingezogen zu werden. Die *Federalists* um Hamilton dagegen, dem Jefferson unterstellte, er würde Politik und Sitten der Engländer nachäffen, sie sahen Gefahren heraufziehen, ungelenkte Demokratie, Traditionsverlust, Pöbelherrschaft. Als der Citoyen Edmond Genêt, seit 1793 Botschafter der französischen Republik in den USA, in amerikanischen Jakobinerclubs um Sympathien warb, wurde er des Landes verwiesen. Im Gegenzug verlangte Robespierre die Entlassung des amerikanischen Botschafters in Paris. Wie leicht man in außenpolitische Händel verwickelt werden konnte, bewies die XYZ-Affäre des Jahres 1797. Unterhändler Talleyrands hatten von ihren amerikanischen Verhandlungspartnern Bestechungsgelder gefordert. Präsident John Adams ließ die Verhandlungen abbrechen, Entschuldigungen wurden zurückgewiesen, gereizte Federalists riefen nach Krieg.

Jefferson hatte als Außenminister fünf bis sieben Angestellte, Finanzminister Alexander Hamilton, sein großer Gegenspieler, deren siebzig. Die Federalists waren unter dem dominierenden Einfluß Hamiltons für eine den Zentralismus fördernde Bundesgesetzgebung, wozu sie die Verfassung möglichst weit auslegen mußten. Die Antifederalists, mit Jefferson als Galionsfigur, bestanden auf den Rechten der Einzelstaaten und wollten die Verfassung möglichst eng interpretiert wissen. Jefferson nannte seine Parteigänger Republikaner, um die anderen damit als Monarchisten oder »Monokraten« abzustempeln. Hamiltons Federalists woll-

Alexander Hamilton (1755–1804) war als erster Finanzminister seines Landes die treibende Kraft hinter der einsetzenden Industrialisierung der USA

ten mit ihrem Parteinamen zum Ausdruck bringen, daß sie im Gegensatz zu den Antifederalists treue Verfechter der Union und ihrer Verfassungsgrundlage waren. Beide Seiten waren überzeugt davon, den Geist und die Absicht der Verfassung am besten verstanden zu haben. Die Federalist Party wurde 1812 abgelöst von den National Republicans oder Whigs. Die Whig Party ist 1852 zur Republikanischen Partei umgebildet worden. Mit John Frémont stellte sie ihren ersten Präsidentschaftskandidaten auf. Die ursprünglichen Republicans um Jefferson konstituierten sich unter Andrew Jackson zu den Democratic Republicans, aus denen in verkürzter Namensgebung die Democratic Party hervorging. Die heutige Partei der Demokraten trat also das Erbe der historischen Republikaner an, die heutigen Republikaner sind Nachfolger der Federalists.

Die damalige Parteienspaltung ging einmal auf den Interessenkonflikt zwischen dem agrarischen, sklavenhaltenden Süden und dem merkantilen, auf Industrialisierung gerichteten Norden und der Hafenstädte zurück. Die regionale Erklärung hat freilich ihre Grenzen, denn südstaatliche Antifederalists schlossen eine Allianz mit gleichgesinnten Nordstaatlern, die aus verschiedenen Gründen unzufrieden waren mit der Politik der Federalists. Das historische Bündnis zwischen Jeffersons Partei im Süden und den demokratischen Parteimaschinen in den Städten des Nordens, deren erste und mächtigste die »Sons of St. Tammany« in New York waren, ist bis in die 1960er Jahre hinein immer wieder beschworen worden. Die Konkurrenz zwischen Federalists und Antifederalists in der Gründerzeit, nicht die Propagierung des *common man* unter Andrew Jackson, hat für hohe Wahlbeteiligungen gesorgt und die amerikanischen Bürger an zentrale demokratische Prinzipien gewöhnt.

Der Aristokrat Jefferson wandte sich gegen die Privilegien des Erstgeburtsrechts ebenso wie gegen neomonarchistische Strömungen. Der Sklavenhalter sprach sich gegen die Sklaverei aus. Der Staatsrechtler wollte dem Staat nur ein Minimum an Rechten gewähren. Der Präsident lehnte es – anders als seine beiden Vorgänger George Washington und John Adams – ab, Reden vor dem Kongreß zu halten; das schmeckte ihm zu sehr nach Monarchie. Als »Mr. Jefferson« lud er zum Dinner im Weißen Haus, Besucher empfing er gelegentlich in Morgenmantel und Hausschlappen.

Jefferson kannte wie andere Gentlemen aus Virginia die Schriften französischer Aufklärungsphilosophen und Wirtschaftstheoretiker. Die Physiokraten Quesnay oder Condorcet hielten die landwirtschaftliche Arbeit im Gegensatz zur Tätigkeit von Fabrikanten und Zwischenhändlern für die einzig produktive Form der Arbeit. Die südstaatliche Landaristokratie bediente sich physiokratischer Argumente, um zu zeigen, »daß Land die einzige Quelle des Wohlstands darstellte, daß Handel und Finanz Parasiten waren«.[7] Im Idealfall kam ein Agrarstaat ganz ohne Handel und Seefahrt aus. Jefferson hegte ein tiefes Mißtrauen gegen Industriearbeiter und städtisches Proletariat; sie gefährdeten seiner Ansicht nach Tugend und Freiheit. Die Staatsform, die ihm vorschwebte, war eine Nation unabhängiger, bildungsbeflissener Bauern, kultiviert und kultivierend, tugendhaft, freiheitlich und mit einer starken Bindung an den Boden ausgestattet, den sie bestellten. In den *Notes on the State of Virginia,* geschrieben 1781/82, betonte er, die amerikanische Wirtschaft müsse agrarisch bleiben. Die Bauern waren die Erwählten der Erde, meinte er im Gegensatz zu Hamilton, »let our work-shops remain in Europe«. Später, als während der napoleonischen Kriege der Schiffsverkehr beeinträchtigt wurde, merkte er, daß Amerika eigene Manufakturen brauchte. Im übrigen betrieb er zum Schuldenabbau auf seiner Plantage eine kleine Fabrik, in der Sklaven täglich bis zu zehntausend Nägel herstellten.[8]

Jefferson war gerecht in vielen Sätteln – als Architekt und Erfinder, als Zoologe und Botaniker, als Philosoph, Schriftsteller und Deist. Nur auf einem Gebiet konnte er mit seinem Kontrahenten Hamilton nicht mithalten – dem Finanzwesen. So setzte denn Hamilton mit einem *Report on the Public Credit* (1790) durch, daß der Bund die öffentlichen Schulden der Einzelstaaten übernahm, obwohl in der Verfassung die Grundlage für diese Maßnahme fehlte oder erst mühsam konstruiert werden mußte. Jefferson konnte sich auf die Verfassung berufen, als er die Gründung einer Bundesbank ablehnte, wie Hamilton sie in seinem *Report on the National Bank* (1790) angeregt hatte. Der Bundeshaushalt, meinte Jefferson, ließe sich bequem über die Staatsbank in Philadelphia abwickeln. Wieder gab Hamilton einer »loose construction«, einer freien Auslegung der Verfassung, den Vorzug, wieder setzte er sich durch. Das »Hamilton System« verfestigte die Abhängigkeit der Einzelstaaten vom Bund. Es förderte die wirtschaftlichen Interessen des Handels, der Reedereien und der Banken des Nordens zu Lasten einzelstaatlicher Autonomie und einer agrarischen Grundstruktur.

Hamilton war als uneheliches Kind eines schottischen Kaufmanns auf den Westindischen Inseln geboren und am King's College in New York erzogen worden. Als Redner und Machtpolitiker war er Jefferson überlegen, in der Gunst George Washingtons lief er ihm den Rang ab und entwickelte sich zur beherrschenden Figur des ersten Kabinetts. Er bewerkstelligte den Rückzug der Briten aus dem Nordwesten, annullierte die Ansprüche der Spanier im Südwesten und belebte mit der Verteilung von öffentlichem Land die Nachkriegswirtschaft. Die Schuldenabtretung sanierte die Finanzen der Einzelstaaten, über die Bundesbank ließ sich das Produktionskapital erhöhen und ein Kreditsystem aufbauen. Hamiltons *Report on Manufactures* (1791), der wichtigste seiner Berichte an den Kongreß, verpflichtete die USA auf den Primat der industriellen Produktion. Eine aktive Schutzzollpolitik begünstigte Amerikas »infant industries« im Wettbewerb mit dem Ausland. In der Historikerperspektive war Jeffersons Agrarstaat bis vor kurzem nur eine sentimentale Erinnerung, weltfremd wie der Morgenthau-Plan. Die damaligen Zeitgenossen jedoch hielten es für keineswegs ausgemacht, wie sich das Gemeinwesen entwickeln sollte, und heute kann man wieder darüber streiten, wie eine »more perfect Union« hätte aussehen können.

Die beiden großen politischen Gruppierungen hatten gewissermaßen ihre eigenen Hauspoeten. Auf der Seite der Federalists standen die *Hartford* oder *Connecticut Wits*. Die Universität Yale war ihr geistiges Zentrum, der Kampf gegen den Egalitarismus ihr gemeinsames Ziel. Als neuenglische Kalvinisten sahen sie sich als natürliche Feinde irischer Demokraten. Timothy Dwight, der Präsident von Yale, sein Bruder Theodore Dwight, John Trumbull, Joel Barlow, Richard Alsop oder Lemuel Hopkins mochten bei allem Patriotismus ihre elitäre Gesinnung nicht verleugnen. Royall Tyler schrieb in *The Algerine Captive* (1797), eine Satire auf die amerikanische Gesellschaft aus der Perspektive eines Federalists und teilte Seitenhiebe gegen die Anhänger Jeffersons aus. In der Kulturkritik wurden die Hartford Wits als Poetaster eingestuft, als fortschrittsfeindliche Antijakobiner, die ihre kleine neuenglische Welt so bewahren wollten, wie sie sie kannten.[9] Auf der anderen Seite engagierte sich Philip Freneau mit vollen Segeln für Jeffersons demokratische Ideen. In seiner *National Gazette* schrieb er gegen alle Formen der Tyrannei, die neue Finanzaristokratie nicht ausgenommen. Für George Washington war er nur »that rascal Freneau«, andere nannten ihn einen kläffenden Köter oder einen Brandstifter. Hamilton fühlte sich bemüßigt, eine Gegenzeitschrift zu finanzieren, die *Gazette of the United States*.

Die Polarisierung ging nicht einmal an der Mode vorbei. Die Frauen der Republikaner kleideten sich à la mode française, die der Federalists à la mode anglaise. Ganze Tavernen bekannten sich zu dem einen oder dem anderen politischen Lager. Duelle wurden wiederbelebt. Der spätere Präsident Jackson streckte um diese Zeit seinen ersten Mann im Zweikampf nieder. Der älteste Sohn Hamiltons starb nach einem Duell. Sein Vater wollte sich mit James Monroe duellieren, was mit Mühe und durch die Intervention von Aaron Burr verhindert wurde. Einige Jahre später allerdings verlangte es Burr selbst nach Satisfaktion – von Hamilton, den er für eine Wahlschlappe verantwortlich machte. Die beiden trafen sich an einem damals für solche Zwecke recht frequentierten Ort in Weehawken auf dem Westufer des Hudson. Hamiltons Sekundant durfte nach Losentscheid das Kommando geben, der »letzte Glücksfall« im Leben des großen Finanzmanns, wie der zynische Henry Adams anmerkte. Einige Jahre nach Hamiltons Tod wurde eine *Anti-duelling-society* gegründet.

Jefferson wurde das Opfer eines Rufmords, als einige interessierte Federalists mit ein paar gefälschten Briefen beweisen wollten, daß er mit der Unabhängigkeitserklärung nichts zu tun hatte.[10] Feinde hatte Jefferson auch in der kongregationalistischen Geistlichkeit, die ihn zum Atheisten und Franzosenfreund erklärten und die mit seinem Plädoyer für den *common man* nicht viel anzufangen wußten. Demokraten oder Republikaner – noch waren die Begriffe austauschbar – wurden als Volksverführer angesehen, die man sich besser vom Leibe hielt: »Der Demokrat gehörte keiner Kaste an; er war nicht respektierlich, er war ein Jakobiner – und derlei Typen hatten keinen Zutritt zum Hause eines Federalists.«[11] Wie viele seiner Parteigänger in der Federalist Party hegte Hamilton einen starken demokratischen Vorbehalt. Das Wahlrecht mußte für seine Begriffe an den Besitz gekoppelt bleiben, Vorwahlen sollten den unberechenbaren Volkswillen im Zaum halten. Ein Demokrat war ein gefährlicher Schwärmer. Überliefert sind Hamiltons Worte bei einem Dinner in New York, als er erbost auf den Tisch schlug und rief: »Ihr Volk, Sir – Ihr Volk ist eine große Bestie.«

»Freiheit und Grobheit sind überall Geschwisterkinder«, war später aus Europa zu hören. In den amerikanischen Gründerjahren fragte sich der Gentleman angesichts der *new men,* ob er denn keinen Respekt mehr verdiene, und kam zu der

Überzeugung, daß Demokratie etwas Unbequemes sei. Machten die *lower orders* den *better sort of people* nicht ihren Besitz streitig? Wo war die altrömische Tugend der *gravitas* geblieben? Besonders nach Shays' Rebellion (1786/87) verstärkte sich das antidemokratische Sentiment. Daniel Shays hatte in Massachusetts aus wirtschaftlicher Not einen Aufstand angezettelt, der militärisch niedergeschlagen werden mußte. Noah Webster wollte nach der Krise lieber eine »limited monarchy« einführen, als sich mit der Ignoranz der Masse auseinanderzusetzen; zumindest wäre das Wahlalter auf 45 Jahre hinaufzusetzen. Die Demokratie bedrohe Moral und Vaterlandsliebe, befand General Henry Knox, und ein Armeeoffizier rang sich ein Jahr nach dem Aufstand zu der Erkenntnis durch: »Eine Philosophie, die die Gleichheit der Menschlichkeit lehrt und die Würde der menschlichen Natur, basiert auf Eitelkeit und richtet sich ausschließlich an sie ... es steckt unendlich mehr Wahrheit in der entgegengesetzten Doktrin, daß die Vielen für die Wenigen da sind und daß uns die Rute besser regiert als die Vernunft.« Fisher Ames, der führende Rhetoriker der neuenglischen Federalists, riet ebenfalls zur Härte: »Viele würden lieber rebellieren als ins Bergwerk gehen; aber sie würden lieber nicht rebellieren, als gehängt werden.« Nur wo der Besitz geschützt ist, gebe es Freiheit, lautete die Grundmaxime der Federalists. John Locke ließ sich trefflich gebrauchen, Hamiltons System gegen die agrarischen Physiokraten zu verteidigen. Ames gab zu bedenken, daß Amerika schon »zu demokratisch für die Freiheit« sei. Aus Neuenglands Cabot-Dynastie verlautete, Demokratie sei nichts anderes als die »Regierung der Ärgsten«. Das Einkammersystem im pennsylvanischen Parlament, das populistische Züge trug, wurde als Verfassung des armen Mannes verspottet. Die Französische Revolution habe die Demokratie diskreditiert, urteilte John Jay, einer der Autoren der Federalist Papers. Angst vor der »gallischen Manie« machte sich breit. Die Herde habe begonnen, auf den Hinterbeinen zu laufen, formulierte der Royalist Uriah Tracy und stellte sein Gegenrezept vor: »Das Volk muß reduziert werden auf den Zustand harter Arbeit und Ignoranz, dann kann es sicher regiert werden.«[12] Der Präsident schickte Miliztruppen gegen die Aufständischen der Whiskey Rebellion (1794) vor, die sich besonders in den Appalachen aus Protest gegen eine Alkoholsteuer erhoben und peinliche Vergleiche mit dem Stamp Act gezogen hatten.

Auf längere Sicht blieb den Federalists nichts anderes übrig, als sich mit der aufkeimenden Demokratie zu arrangieren und wenigstens nach außen hin ein Bekenntnis zum *common man* abzulegen, damit sie überhaupt zu Mehrheiten in den Volksvertretungen kamen. Eine Folge des Arrangements war allerdings, wie C. Wright Mills festgestellt hat, daß sich immer mehr Angehörige der Wirtschaftselite aus der Politik zurückzogen, auf öffentliche Ämter verzichteten, ihre Söhne anwiesen, desgleichen zu tun, und Macht lieber auf indirekte Weise ausübten. Das Mißtrauen gegen Politiker, entstanden in der antidemokratischen Phase der Gründerzeit, hat sich in den USA bis heute erhalten.[13]

Während der Amtszeit von John Adams wurden die vier *Alien and Sedition Acts* (1798) erlassen. Drei davon richteten sich gegen Einwanderer, der vierte gegen Kritiker der Regierung. Der *Naturalization Act* verlängerte die Einbürgerungsfrist von fünf auf vierzehn Jahre. Unter dem *Alien Enemies Act* konnten Ausländer zu Kriegszeiten interniert werden. Der *Alien Friends Act* ermöglichte Deportation oder Inhaftierung von Ausländern, die unter dem Verdacht des Landesverrats oder »geheimer Umtriebe« standen. Die *Alien Acts* erklären sich aus den Differenzen der Federalists mit Frankreich und aus einer allgemeinen ausländerfeindlichen Stimmung. Ein Bostoner Bürger verbat sich die Zuwanderung von »Horden wilder Iren« und diffamierte den aus der Schweiz stammenden Republikaner Albert Gallatin als Habenichts, der nur mit einem Hemd auf dem Rücken nach Amerika gekommen sei. Gegen unabhängige Politiker wie Gallatin richteten sich die *Alien Acts,* die allerdings formal nie angewandt wurden. Freilich haben sie eine Reihe von Ausländern dazu veranlaßt, das Land zu verlassen oder sich zu verstecken. Mehrfach und streng vollzogen wurde dagegen der *Sedition Act,* ein Maulkorb für die republikanische Presse. Das Gesetz drohte jedem eine Haft- oder Geldstrafe an, der »eine falsche, anstößige und böswillige Schrift ... gegen die Regierung« in Umlauf brachte. Der Wahrheitsbeweis für eine Behauptung mußte vom Angeklagten erbracht und von einem Zeugen bestätigt werden. Die zehn unter diesem Gesetz Verurteilten waren sämtlich Mitglieder der Partei Jeffersons. Als Rechtsgrundlage diente nach dem *common law* der Straftatbestand des *seditious libel,* der vormaligen Majestätsbeleidigung. Wer sich auf die eben verabschiedete *Bill of Rights* berufen wollte, mußte sich von den Richtern sagen lassen, das erste Amendment verbiete lediglich eine Vorzensur. Hinter der Gesetzgebung stand die Angst vor den kritischen Attacken der Republikaner und den Einflüssen der Französischen Revolution; einige der republikanisch gesinnten Redakteure waren keine amerikanischen Staatsbürger. Der aus England stammende Pamphletist und spätere Chemieprofessor Thomas Cooper wurde für seine Kritik an Präsident Adams eingesperrt. Eingesperrt wurde auch der Journalist James Callender, ein Parteigänger Jeffersons. Er hatte in *The Prospect Before Us* (1801) Washington der Treulosigkeit geziehen und John Adams einen schlechten Präsidenten gescholten: »So wählt denn zwischen Adams, Krieg und Bettelei, oder Jefferson, Frieden und Sachverstand.«[14]

Jefferson meldete Protest gegen die Beschränkung der Freiheit an, kurz darauf Madison. In Virginia stellte man sich auf den Standpunkt, der Staat habe das Recht, seine Autorität zwischen den Bund und den Bürger zu schieben. Als Nachfolger von Adams ließ Jefferson die Inhaftierten frei, darunter einen Delinquenten, der wegen des frommen Wunsches »peace and retirement to the President« ins Gefängnis gekommen war. Nur geriet Jefferson jetzt selbst in Versuchung, seine publizistischen Gegner unter den Federalists mundtot zu machen. Er bezichtigte gegnerische Presseorgane der Lüge, der Zügellosigkeit und befreundete sich mit dem Gedanken, kritische Journalisten vor Gericht zu ziehen.[15]

Daß Jefferson als Präsident seine Staatsphilosophie nicht durchsetzen konnte, daß Zentralismus und Industrialisierung weiter an Boden gewannen, lag an verschiedenen Dingen, an den »midnight appointments« seines Vorgängers, an den Weichenstellungen Hamiltons, an globalen Entwicklungen – es lag aber auch an ihm. Beim Kauf des Louisiana-Territoriums hat er zentralistische Rechte voll ausgeschöpft, manche sagen, er habe die Verfassung gedehnt, bis sie ächzte. Thomas Jeffersons politische Philosophie gründete sich auf überschaubare, autarke Formen. Als Präsident bewerkstelligte er mit dem *Louisiana Purchase* (1803) den gewaltigsten Gebietszuwachs der USA überhaupt. Das riesige Louisiana-Territorium umfaßte mit rund 800 000 Quadratmeilen eine erheblich größere Fläche als die damaligen Vereinigten Staaten. Das Gebiet war von spanischen in französische Hände übergegangen. Napoleon verkaufte es aus Geldnot und vermeintlich strategischen Erwägungen für vier Cent pro acre an den amerikanischen Staat. Ob der Kauf verfassungsrechtlich einwandfrei war, erschien zweifelhaft. Virginische Republikaner hielten die Transaktion für verfassungswidrig, denn der Präsident hätte nur Kompetenzen, die ihm ausdrücklich zugeschrieben waren. Jefferson stand nicht an, sich zur Rechtfertigung einige Argumente aus dem Lager seines Gegners Hamilton zu holen. Unter der bequemen Formel der *implied powers* durfte der Präsident auch Dinge tun, die nicht ausdrücklich im Verfassungstext standen. Die Gebietserweiterung, glaubte er, war eine wichtige Voraussetzung zur Verewigung eines amerikanischen Agrarstaates. Damit rief er Feinde auf den Plan. Neuenglische Federalists vertraten die Ansicht, durch den Kauf seien sie nicht mehr an die Union gebunden, denn nun sei die Machtbalance zwischen den Regionen aufgehoben, die man bei der Verfassungsgebenden Versammlung in Philadelphia mit Kompromissen so mühsam hergestellt hatte. Senator Timothy Pickering aus Massachusetts und andere Unzufriedene planten sogar eine *Northern Confederacy*.

Nicht zu verkennen beim Sieg der Prinzipien Hamiltons ist die Rolle des lange dienenden Obersten Bundesrichters John Marshall. Der *Judiciary Act* (1789) hatte die Struktur des Supreme Court und der Bundesgerichte, die in der Verfassung nur vage angesprochen war, fester umrissen. Marshall etablierte nun das Prinzip des »judicial review«, die Überprüfung von Exekutive und Legislative durch die dritte Gewalt im Staat. Es sei eine verfassungskonforme Pflicht des Supreme Court, so Marshall, zu erklären, was das Gesetz ist. So wenig belesen er war, so wenig er von Geschichte, Wirtschaft und politischer Theorie verstand, so dürftig seine Detailkenntnisse in den Rechtswissenschaften waren – Marshall kannte seinen Edward Coke: das Recht ist nicht absolut abhängig vom Willen der Mehrheit. Mit diesem Grundsatz konnte der Oberste Bundesrichter Jeffersons Politik unterlaufen, auf individuelle Besitzrechte pochen, den Zentralstaat stärken, die Rechte der Einzelstaaten schwächen und die Gesetze des Bundes für »supreme« erklären. Das Verfahren Marbury vs. Madison (1803) zementierte den »judicial review« und stellte Bundesrecht über Staatsrecht. In McCulloch vs. Maryland (1819) wurde dieser Grundsatz bekräftigt. Der Staat Maryland durfte Banknoten der Vereinigten Staaten nicht besteuern.[16]

John Marshall förderte mit seinen Rechtsentscheidungen Industrie und Handel zum Nachteil der Kleinagrarier und Sklavenhalter.[17] Als die beiden besten Köpfe der Antifederalists, Jefferson und Madison, 1817 der »American Association for the Encouragement of Domestic Manufactures« beitraten, wurde klar, daß die Reise in Richtung Industriestaat ging. Der Berufspolitiker Henry Clay setzte mit dem »American System« Hamiltonsche Vorstellungen fort. Technische Verbesserungen der Infrastruktur und hohe Schutzzölle orientierten sich vornehmlich an den Interessen des Nordostens und des Mittelwestens. John Quincy Adams, der sechste Präsident, machte sich dieses Programm zu eigen und stärkte damit die Federalists, die sich zur National Republican Party zusammengefunden hatten. Hamiltons Einfluß läßt sich noch bei Friedrich List ausmachen, der hohen Schutzzöllen das Wort redete, um junge Industrien zu fördern. Erst danach sollte ein Freihandelssystem entstehen. Hamilton hat die Zeichen gesetzt für den seltsamen Kompromiß im Wirtschaftsleben des 19. Jahrhunderts und darüber hinaus: staatlicher Protektionismus für die Unternehmer, freier Wettbewerb für die Arbeiter.[18]

Zwischen 1790 und 1810 wurden jährlich etwa 80 Patente angemeldet, 1830 waren es über 500, 1860 schließlich an die 5000. Neue Erfindungen, die Verbesserung der technischen Ausrüstung und die Konstruktion von Maschinen beförderten die Industrialisierung und den Übergang zu einer großflächigen, technisierten Landwirtschaft. Oliver Evans aus Delaware erfand 1783 eine automatische Mühle. Das Getreide wurde mit Hilfe eines prototypischen Förderbandes gesäubert, zu Mehl gemahlen und gebeutelt. John Fitch erhielt 1791 ein Patent für sein Dampfboot. Samuel Slater brachte seine Kenntnisse der Baumwollverarbeitung heimlich nach Amerika, womit ein englisches Monopol gebrochen wurde. Seine Frau entwickelte den Baumwollnähfaden. Eli Whitneys »cotton gin« machte die Baumwollherstellung erst profitabel und potenzierte die Exportziffern. Der Dampfwebstuhl von Francis Cabot Lowell und Paul Moody ermöglichte es, unter einem Dach zu spinnen und zu weben. Cyrus McCormick stellte 1834 in Chicago eine automatische Erntemaschine vor. Elias Howe erfand, Isaac Singer verbesserte die Nähmaschine. Frederick Geissenhainer verschmolz Eisenerz mit Anthrazit. William Kelly aus Kentucky kam selbständig auf das Bessemer-Verfahren. An der Spitze der heimischen Erzeugnisse im frühen 19. Jahrhundert standen Textilien, es folgten Eisen, Mehl, Holz, Ackerbaugeräte, Möbel, Eisenbahnschienen, Lokomotiven, Leder, Seide, Kerzen, Malz und Schnaps.[19]

Adam Smith hob in *Wealth of Nations* (1776) den wirtschaftlichen Wert amerikanischer Kinder hervor. Auch Alexander Hamilton hegt keine Zweifel an der industriellen Nützlichkeit von Kinderhänden. Textilarbeiterinnen im Kindesalter, fand George Washington, hätten es mit ihrer zehnstündigen Akkordarbeit ganz gut getroffen. Der Ausdruck »infant industries« nahm in der Gründerzeit der amerikanischen Republik eine kaum jemandem peinliche Doppelbedeutung an.

Der Krieg von 1812

Der Revolutionskrieg war noch nicht vergessen. Selbst proamerikanische und gegen einen neuen Konflikt eingestellte Briten räumten ein, daß sie im Herzen den Amerikanern nie verziehen hatten, ihre Unabhängigkeit vom Mutterland erstritten zu haben. England und seine ehemaligen Kolonien blieben auch nach dem Waffenstillstand Handelsrivalen. Nachdem der Krieg zwischen Engländern und Franzosen im Jahr 1803 wiederaufgeflammt war, suchte Großbritannien das napoleonische Frankreich mit Handelsrestriktionen zu schädigen, die auch die USA trafen. Umgekehrt profitierten die Amerikaner von den europäischen Kriegen; der Export von Zucker, Kaffee und anderen Konsumgütern stieg beträchtlich an.[20] Drei Ursachen hatte der Krieg von 1812: der Streit um den Zugang zu den Weltmärkten, die Auseinandersetzungen an der kanadischen Grenze und das »impressment«, die Zwangsverpflichtung, amerikanischer Matrosen.

Das britische Empire hatte zu Beginn des 19. Jahrhunderts 150000 Seeleute unter Vertrag und wollte es nicht leiden, daß Matrosen, die im Krieg gegen Frankreich gebraucht wurden, bei der amerikanischen Handelsflotte anheuerten, weil sie dort bessere Bedingungen erwarteten. »Once an Englishman, always an Englishman«, lautete die Regel. 1807 sollte die amerikanische »Chesapeake« nach britischen Deserteuren durchsucht werden. Auf die Weigerung des Kapitäns wurde das Schiff unter Beschuß genommen, es gab drei Tote. Die amerikanische Öffentlichkeit verlangte Krieg. Auch England hätte lieber einen Krieg mit Amerika in Kauf genommen, als eine Niederlage durch Napoleon zu riskieren. Es lag vor allem an Präsident Jefferson, daß es zu diesem Zeitpunkt zu keiner Kriegserklärung kam. Das »impressment« blieb ein ständiges Irritans, das eine Einigung über konkurrierende Handelsinteressen schwieriger machte.[21]

Engländer neideten den Amerikanern besonders den schwunghaften Handel, den sie auf den Westindischen Inseln trieben, und die damit verbundenen Cargo-Geschäfte. Aus englischer Perspektive hatten sich amerikanische Kaufleute seit dem Beginn des Krieges mit Frankreich angestammter britischer Märkte bemächtigt. Aus amerikanischer Sicht erlegte Großbritannien den neutralen Staaten Handelsbeschränkungen auf, trieb aber selbst Handel mit Frankreich.[22]

Durch *Orders-in-Council,* also durch Kabinettsbeschlüsse, untersagte die britische Regierung neutralen Staaten den Handel zwischen Häfen, die in feindlicher Hand waren. Dies kam einer Blockade aller Märkte gleich, zu denen England keinen Zugang hatte. Hinter der Maßnahme standen vor allem Großbritanniens westindische Handelsinteressen. Während der Kontinentalsperre durften zwischen 1806 und 1813 britische Waren nicht auf den europäischen Kontinent exportiert werden. Wenn der Handel mit der Karibik nun hauptsächlich auf amerikanischen Schiffen abgewickelt wurde, bestand die Gefahr, daß England den europäischen Markt ganz verlieren und neben den wirtschaftlichen Erträgen auch politische Macht einbüßen würde. Proamerikanische Engländer hielten die Klagen der Kaufleute für übertrieben: Sie träten vor dem Parlament wie Bettler auf, lebten aber in Wirklichkeit wie Fürsten.[23]

Präsident Jefferson war der Ansicht, wie andere Amerikaner auch, die Engländer trieben es mit der Vorherrschaft auf See, die man im *Jay Treaty* (1794) ja anerkannt hatte, doch etwas arg. Trotzdem gelang es ihm, die Kriegsgefahr zunächst zu bannen, indem er den Kongreß veranlaßte, den Zwischenfall mit der »Chesapeake« und die Restriktionen der *Orders-in-Council* mit einem *Embargo Act* (1807) zu beantworten. Amerikanischen Schiffen wurde verboten, ausländische Häfen anzulaufen. Dies war ein schwerer Schlag für den Außenhandel der USA. Wer vom Transatlantikgeschäft lebte, vermochte kein Verständnis für Jeffersons Handelspolitik aufzubringen. Im Süden verwahrte sich die exportabhängige Wirtschaft gegen diese Maßnahme, an der Ostküste beschwerten sich die Reeder, daß ihre Schiffe ungenutzt auf Dock lagen oder im Wasser verrotteten. Eine Zeitung in Massachusetts protestierte in Versen:

> Our ships all in motion once whitened the Ocean,
> They sailed and returned with a cargo;
> Now doomed to decay, they have fallen aprey
> To Jefferson – worms – and embargo.*

Durch die *Orders-in-Council* und den *Embargo Act* war zwischen England und den USA ein Patt entstanden. Wirtschaftlich konnte England den Handelsverlust mit neuen Märkten, besonders in Südamerika, leichter wettmachen. Dagegen wurden die Amerikaner von einer perfiden Idee Napoleons noch zusätzlich getroffen. Er ordnete nämlich die Beschlagnahme amerikanischer Schiffe an, die in europäischen Häfen ankerten. Da sie die USA wegen des Embargos nicht verlassen dürften, argumentierte Napoleon, müsse es sich in Wirklichkeit um britische Schiffe handeln. Zwei Jahre nach seinem Inkrafttreten mußte das Embargo widerrufen werden, für Jefferson eine eindeutige politische Niederlage. Wenige Tage bevor sein Amtsnachfolger James Madison ins Weiße Haus einzog, schloß der Kongreß im *Non-Intercourse Act* (1809) nur noch England und Frankreich vom Überseehandel aus.

* Einst waren all unsere Schiffe in Bewegung und haben den Ozean weiß erstrahlen lassen / sie sind gesegelt und mit einer Fracht zurückgekehrt; / Jetzt sind sie dem Untergang geweiht, eine Beute Jeffersons, der Würmer und des Embargos.

Beifall fand die auf den Schutz maritimer Handelsinteressen gerichtete Politik an der westlichen Frontier. Die Amerikaner würden für die Behauptung ihres »national charector« kämpfen, kündigte Andrew Jackson in seiner persönlichen Schreibweise an. Dazu sei es nötig, gegen das »impressment« vorzugehen und

Eine Polemik aus den Gründerjahren: Briten wird vorgeworfen, Indianern für amerikanische Skalps Prämien zu zahlen

England, »the mistress of the Ocean«, in die Schranken zu weisen. Die Frontierbewohner hatten noch andere Gründe, einem Krieg gegen England das Wort zu reden. Amerikanische Siedler drangen unaufhaltsam in das Gebiet zwischen dem Ohio und dem Mississippi ein. Nach der Beschießung der »Chesapeake« befürchtete Kanada eine amerikanische Invasion. Weil die Seemacht England mit ein paar Fregatten nicht zu besiegen war, mußte man damit rechnen, daß ein Krieg in und um Kanada ausgetragen werden würde. Hier war England am leichtesten zu schlagen. Jefferson hatte im Juli 1807 gedroht: »Falls England uns nicht die verlangte Genugtuung verschafft, werden wir Kanada einnehmen, das der Union beitreten möchte.« Die Vorstellung, den Kanadiern Freiheit und Zivilisation zu bringen, spukte in vielen amerikanischen Köpfen. England machte sich bereit, den

Amerikanern zuvorzukommen und die Indianer für den Kriegsfall auf die eigene Seite zu bringen. Die Indianer wiederum wandten sich, von amerikanischen Siedlern hart bedrängt, den Engländern als natürlichen Verbündeten zu. Die Schlacht von Tippecanoe (1811) hatte dazu beigetragen, amerikanische Frontiersleute von der Notwendigkeit eines Krieges zu überzeugen. »Ich denke, ein kleiner Aderlaß wird dem System Erleichterung verschaffen«, schrieb ein Mann aus Tennessee an Andrew Jackson. Die Spannungen an der Frontier spielten eine Rolle bei der Verursachung des Krieges, ausschlaggebend waren sie nicht. Die Territorien Indiana, Michigan, Illinois und die Staaten Kentucky, Tennessee und Ohio waren im Kongreß gar nicht oder nur schwach vertreten. Die entscheidenden Stimmen für die Kriegserklärung kamen aus anderen Regionen.[24]

Am Rande kam auch der Besitzergreifung von Ost- und Westflorida eine gewisse Bedeutung zu. Die beiden Teile gehörten nach amerikanischer Auffassung zum Louisiana-Territorium, die mit England verbündeten Spanier sahen es anders. Im Kriegsfall hätte man nun die spanischen Gebiete besetzen können, ein attraktiver Gedanke für die südstaatlichen Agrarinteressen. Jefferson hatte bereits eine Strategie parat und rechnete mit zahlreichen Freiwilligen gegen Spanien. Zur entscheidenden Kriegsursache wurde der Anspruch auf Florida nicht; es ergaben sich andere Möglichkeiten, des Gebiets habhaft zu werden.[25]

Die Beziehungen zwischen Großbritannien und den USA verschlechterten sich, nachdem sich die amerikanische »President« und die englische »Little Belt« im Mai 1811 ein Gefecht geliefert hatten, bei dem es Tote und Verwundete gab. Zwei Monate vorher war ein neuer *Non-Intercourse Act* (März 1811) rasch durch den Kongreß geleitet worden, weil England sich unverändert weigerte, die *Orders-in-Council* aufzuheben. Anders als beim *Embargo Act* wirkten sich die amerikanischen Kampfmaßnahmen jetzt spürbar auf die englische Wirtschaft aus, die mitten in einer Rezession steckte. Die britische Regierung versuchte ihre Position mit dem Argument zu verteidigen, bei einem Widerruf der *Orders-in-Council* würden sich die USA zur größten Seefahrernation der Welt aufschwingen. Aber auf öffentlichen Druck wurden die unpopulären Maßnahmen am 23. Juni 1812 kassiert, der wichtigste Kriegsgrund war damit entfallen, der Krieg allerdings schon erklärt.

Madison hatte am 1. Juni 1812 den Kongreß um die Kriegserklärung gebeten. Zur Begründung führte er das »impressment« an, die Seeblockade und – wie in der Unabhängigkeitserklärung – die Bedrohung durch die von England aufgestachelten Indianer. Das Repräsentantenhaus votierte mit 79:49 Stimmen für den Krieg. Dagegen stimmten vor allem die Abgeordneten der nördlichen Atlantikstaaten. Der Senat stimmte mit 19:13 dafür und forderte den Präsidenten nach der Kriegserklärung auf, einen Tag allgemeinen Fastens und Betens anzusetzen.[26]

Die engagiertesten Befürworter des Krieges, von John Randolph despektierlich »War Hawks« (Kriegsfalken) genannt, waren »Revolutionäre der zweiten Generation« wie Henry Clay, Andrew Jackson und John Calhoun. Nach dem Scheitern des Embargos hatte Clay sich auf den Standpunkt gestellt, wo wirtschaftliche Sanktionen versagten, müsse »Widerstand mit dem Schwert« geleistet werden.

Ein Abgeordneter aus New Jersey hielt den Kriegsfalken vor, sie würden für das Recht, Tabak, Baumwolle und andere Produktionsüberschüsse exportieren zu dürfen, in den Krieg ziehen – ein Argument, das von den Kriegswilligen ebenfalls verwendet wurde, nur eben ohne den kritischen Unterton.[27] Neuengländer sprachen von »Mr. Madison's War«, versorgten ganz unpatriotisch britische Truppen mit Proviant und dachten an Sezession. William Ellery Channing predigte in Boston für den Frieden. In New York riefen die »Friends of Liberty, Peace and Commerce« zu einer Massendemonstration gegen den Krieg auf. Die Legislative von Massachusetts weigerte sich, Kriegshelden zu ehren. Dies stünde einem moralischen und religiösen Volk nicht an.

Die Amerikaner waren schlecht gerüstet. Detroit fiel an die Briten. Der Feldzug gegen Kanada geriet ins Stocken, als sich amerikanische Soldaten dagegen sperrten, das Gebiet der USA zu verlassen. Erst im folgenden Jahr gelang es, nach Toronto, damals York, einzudringen und die Stadt in Brand zu stecken. Die Engländer revanchierten sich in Washington und zündeten das Weiße Haus und das Capitol an.

Zu Weihnachten 1814 wurde in Ghent vereinbart, den status quo ante bellum wiederherzustellen. Kanada blieb den Amerikanern verschlossen. Weiterhin verwundbar waren die spanischen Besitzungen im Süden. Andrew Jackson, der nach Kriegsschluß noch die Schlacht von New Orleans (1815) gewonnen hatte, marschierte 1817 unter einem Vorwand in Florida ein und hängte zwei angebliche britische Agenten auf. Sicherheitsgründe seien für die Invasion maßgeblich gewesen, verlautete aus Washington, Engländer hätten Indianer zu Unruhen angestiftet. Spanien wurde unter Druck gesetzt, die USA kauften Florida für fünf Millionen Dollar.

Anhänger der These vom »begrenzten Krieg« behaupten, daß die Amerikaner seit der Kolonialzeit und mindestens bis zur Monroe-Doktrin Kriege zur Erreichung eines bestimmten Zieles führten. So war das Ziel des Revolutionskriegs die Unabhängigkeit, Expansionsbestrebungen kamen erst im Verlauf des Krieges auf. Analog sei der Krieg von 1812 ein »limited war« gewesen, weil er dazu dienen sollte, die angloamerikanischen Streitpunkte auszuräumen und den Vorkriegszustand wiederherzustellen. Dem widerspricht die bereits *vor* dem Krieg vielfach bekundete Absicht auf Gebietserweiterung. Sie trat während des Krieges nur noch deutlicher hervor. Wenn die Briten den Ozean beherrschen, sagte ein Kongreßabgeordneter, dann müsse Kanada den Amerikanern gehören: »Ich bin nicht dafür, in Quebec oder sonstwo innezuhalten, sondern ich würde ihnen den ganzen Kontinent abnehmen, ohne lange zu fragen.«[28]

Die Ära Jackson

Andrew Jackson wurde 1767 an der Frontier von South Carolina geboren. Sein Vater, ein nordirischer Einwanderer, starb kurz vor Andrews Geburt. Seine beiden Brüder überlebten den Revolutionskrieg nicht, er selbst geriet als Kind während des Krieges in britische Gefangenschaft. Mit 14 Jahren war er Vollwaise. Nach einem mißglückten Jurastudium versuchte er als Baumwollpflanzer und Bodenspekulant sein Glück. Bei der Vertreibung der Creek-Indianer aus Georgia und Alabama und im Krieg von 1812 erwarb er sich militärische Meriten. Als Sieger der Schlacht von New Orleans und als Eroberer Floridas avancierte er unter dem Ehrennamen »Old Hickory« zum nationalen Heros, zum Epitom des Selfmademan und unbesiegbaren Frontierhelden, der die besten amerikanischen Tugenden repräsentierte. Gerne erzählten sich seine Anhänger, wie der kleine Andrew sich lieber schlagen ließ, als die Stiefel eines britischen Offiziers zu wichsen.

Jackson diente als Abgeordneter und Senator von Tennessee in Washington, wurde der erste Gouverneur des Territoriums Florida und bewarb sich 1824 um die Präsidentschaft. Jefferson hielt ihn für höchst ungeeignet und gefährlich, doch vier Jahre später wurde Jackson mit den Stimmen der Wahlmänner aus den südlichen und westlichen Staaten ins Weiße Haus gewählt. Die politische Aristokratie in Neuengland und Virginia betrachtete seine Wahl als Unglück. Ein notorischer Duellant, der zu allem Überfluß eine geschiedene Frau geheiratet hatte, war Präsident geworden. John Quincy Adams, sein unterlegener Konkurrent, lehnte es ab, zur Ehrendoktorverleihung für Jackson an der Universität Harvard zu erscheinen; der Geehrte könne kaum seinen eigenen Namen richtig schreiben.

Das war nur gelinde übertrieben. Jacksons Version des »national charector« hat damals wie heute zur Belustigung beigetragen. Die Partei der Whigs ordnete den Demokraten den Esel als satirisches Symbol zu, um damit Jacksons Dummheit anzuzeigen. Ämterpatronage, das *spoils system,* gilt als eines der Kennzeichen der »Jacksonian Democracy«. Öffentliche Ämter wurden, zum Mißvergnügen der politischen Gegner, nicht mehr unbedingt nach Kompetenz, sondern nach Loyalität verteilt. Im Weißen Haus umgab Jackson sich mit einem informellen Beraterstab, dem *kitchen cabinet.*

Im politischen Alltag machten sich »demokratische« Sitten breit. Der *stump speech,* die improvisierte Rede auf einem Baumstumpf oder einer umgestülpten Kiste, wurde Teil der politischen Folklore. In den Parteien formierten sich innere Zirkel der Macht und der Manipulation. Bei Wahlen wurden Betrunkene und neueingewanderte Greenhorns gegen Geld und Versprechungen an die Urnen getrieben, eine Praxis, die man ohne weiteres der etablierten Aristokratie hätte abschauen können. Demokratie à la Jackson wurde nachhaltig mit Vulgarität und Respektlosigkeit gleichgesetzt. Ungläubig schrieb die spätere Frau des demokratischen Politikers Jefferson Davis: »Du wirst es nicht glauben, er zeigt gute Manieren und Kultur, und doch ist er ein Demokrat!«[29]

Die alte Aristokratie mochte Grund haben, den Stil von Jacksons Anhängern zu bemäkeln, mit der politischen Richtung konnte sie sich einverstanden erklären. Der Pulk der Wahlberechtigten stimmte nicht gegen die bessere Gesellschaft, sondern gegen Minderheiten, die als Bedrohung eigener Rechte oder Chancen empfunden wurden. Katholiken, Mormonen, Schwarze, die ersten Abolitionisten gerieten ins Visier. Jackson suchte die Verbreitung von Propagandamaterial der *Anti-Slavery Society* zu unterbinden. Das Gleichheitsideal, das mit der »Jacksonian Democracy« verknüpft wird, strebte nicht nach einer Entmachtung der Privilegierten. Vielmehr wollte die Basis sichergestellt wissen, daß ihre Aufstiegsmöglichkeiten gewahrt blieben. Samuel Morison hält diese Richtungsverschiebung in der sozialen Stoßkraft für einen wichtigen Unterschied zwischen Europa und Amerika.[30] Mehr Gleichheit für den durchschnittlichen Weißen war das Ziel, nicht weniger Vorrechte für den Aristokraten. Diese Einstellung ging zu Lasten anderer Gruppen. Indianer wurden zu keiner Zeit so rigoros entrechtet wie in der Ära Jackson. Jacksons Indianerpolitik kann nicht allein aus Sicherheitsbedürfnis und dem Wunsch nach mehr Siedlungsraum erklärt werden; sie trägt irrationale Züge. Die Mitleidslosigkeit und der Jähzorn Jacksons, seine Gewalttätigkeit, seine Lust am Risiko, die bis zur Todessehnsucht ging, diese Eigenschaften lassen auf eine tief eingegrabene Trennungsangst schließen.[31] Jackson hat sich von Armut und Elend nicht irritieren lassen, die Sklaverei bereitete ihm keine innere Pein. Nicht einmal der *common man,* dessen politische Befreiung er doch eingeleitet haben soll, lag ihm allzusehr am Herzen. Er lebte nach dem »Gentleman's Code«, wie seine zahlreichen Duelle beweisen.

Während der Ära Jackson entstand ein neuer Hang zu offiziellen Titeln. Politiker wurden nicht mehr mit dem einfachen republikanischen Mister, sondern mit Judge, Colonel oder Senator angeredet. Wenn Gleichheit Aufstieg bedeutete, mußte es Unterschiede geben: »Einer ist so gut wie der andere – und ein verdammtes Stück besser.«[32] Die Ungleichheit in der Gleichheit und der Pferdefuß dabei ist von W. S. Gilbert trefflich parodiert worden: »When everybody's somebody, nobody's anybody.«[33]

Zwischen 1824 und 1828 verdoppelte sich die Wahlbeteiligung. Man hat dies mit der Beseitigung von Wahlschranken, dem demokratischen Einfluß der Frontier oder mit Jacksons persönlicher Anziehungskraft erklärt. Allerdings waren die wichtigsten Wahlhindernisse schon vorher gefallen, im Osten gingen mehr Bürger zum Wählen als im Westen, und Jacksons blasser Nachfolger Martin van Buren zog mehr Stimmen als der charismatische Frontierheld. Bei einigen Wahlen vor 1824 war die Beteiligung höher als zur Jacksonzeit.[34] Der demokratische Aufschwung läßt sich am besten damit erklären, daß der Präsidentschaftswahlkampf nach dem Abdanken der neuenglischen und der virginischen Dynastien wieder spannend geworden war. Die Wähler verlangte es nach einer kämpferischen Politik, die Demokratie sollte eine Arena sein.[35] Diese Voraussetzung war unter Jackson gegeben. Wer aber nun für und wer gegen Jackson stimmte, das ist eine kaum zu beantwortende Frage.

Politologen und Historiker wissen heute noch nicht genau, auf welcher sozialen Basis Jacksons politische Macht fußte. Die Pioniere, die »Backwoodsmen«, die Frontiersleute allein hätten zahlenmäßig nicht ausgereicht, so viel scheint sicher; Jackson brauchte die Stimmen der sklavenhaltenden Staaten. Arthur Schlesinger vertrat 1945 mit seiner »Urban Labor-These« die Ansicht, Jackson habe am meisten für die *working-men* an der Ostküste getan, sei von diesen am meisten geschätzt und gewählt worden. Der Wirtschaftshistoriker Joseph Dorfman war ganz anderer Meinung: Man dürfe das Wort *working-man* nicht als *laborer* mißverstehen; *Working-man* sei zu Jacksons Zeit jeder genannt worden, der einer nützlichen Tätigkeit nachging; in Wahrheit sei Jacksons Politik weder auf den Frontiersman des Westens, noch auf den Farmer im Süden, noch auf den Arbeiter an der Ostküste gemünzt gewesen, sondern auf die Klasse der aufsteigenden Entrepreneurs im ganzen Land, auf die *businessmen*, auf den erwartungsfrohen Kapitalisten, der bessere Geschäftsbedingungen verlangte. Schließlich trieb ein Historiker den Revisionismus auf die Spitze: Der *common man* habe die Whigs und nicht Jacksons Demokraten gewählt.[36]

Seinen Ruf als Advokat des kleinen Mannes verdankte Jackson seinem Kampf gegen die *Second Bank of the United States*, einer Privatbank in Philadelphia, die unter ihrem Direktor Nicholas Biddle mit unverzinsten Regierungseinlagen eine Schlüsselposition auf dem Kapitalmarkt einnahm, nachdem sie ihr Operationsgebiet nach und nach auch auf die Süd- und Weststaaten ausgedehnt hatte. Jackson setzte der Monopolstellung dieser Bank beim Tausch von Papierwährung gegen Gold und bei der Kreditvergabe ein Ende, indem er ein Veto gegen die von Biddle beantragte Erneuerung der Charter einlegte. Bundesgelder wurden auf kleinere Landesbanken verteilt, von denen erwartet wurde, daß sie mit regionalen Investitionsbedürfnissen besser vertraut waren. »Es ist bedauerlich«, sagte Jackson 1832 in seiner Vetobotschaft an den Kongreß, »daß die Reichen und Mächtigen die Gesetze der Regierung zu oft im Eigeninteresse beugen.« Eine privilegierte Bank würde die Reichen reicher und die Mächtigen mächtiger machen. Die Gegner der Dezentralisation sprachen von Jacksons *pet banks*, seinen Lieblingsbanken, die er pflegte wie Schoßtiere. Biddles Bankhaus fallierte nach wenigen Jahren. Dem Bankrott verdankte Wallstreet ihren konkurrenzlosen Aufstieg. Die antimonopolistische Absicht hatte sich in ihr Gegenteil verkehrt.

Vor Jacksons erster Wahl zum Präsidenten hatte Bundesrichter John Marshall gewarnt: »Sollte Jackson gewählt werden, so hat sich die Regierungsverwaltung für meine Begriffe praktisch aufgelöst.«[37] Die ersten Historikergenerationen nach Jacksons Amtszeit haben sich diesem abwertenden Urteil angeschlossen: Seine

Ignoranz und Inkompetenz habe den Niedergang der Elite gebracht und den Aufstieg der Armen und Dummen begünstigt. Jackson galt als Verkörperung der unwissenden Massen, deren Engstirnigkeit, Unbildung und Intoleranz er teilte. Kanadische Zeitschriften kritisierten und ironisierten um 1850 die »rudeness« und »boorishness«, die mit Jackson Einzug in den USA gehalten habe. Mit ihm begann die Republik zu degenerieren, urteilte Henry Adams. Jackson habe den Verfassungsbruch, die Gesetzlosigkeit und eine dauerhafte Demoralisierung ins politische Leben gebracht, sagte Carl Schurz. Noch lange war zu lesen, Jackson habe mit der Ächtung des Gegners, mit Intrigen und Taschenspielertricks Politik betrieben.[38] Erste positive Urteile tauchten in den 1880er Jahren auf. Schließlich habe Jackson, hieß es jetzt, bei allen Fehlern nichts anderes repräsentiert als das Streben der kleinen Leute nach mehr Gerechtigkeit. Der Frontierhistoriker Frederick Jackson Turner schrieb dem ersten amerikanischen Präsidenten aus einem Staat westlich der Appalachen politische und geistige Qualitäten zu. Und Jacksons falsche Rechtschreibung sei in ihrer Direktheit ganz modern gewesen. Die progressivistischen Historiker nach Turner übernahmen den positiven Grundton. Mag er ungebildet gewesen sein, rauhbeinig und gelegentlich brutal, so war er doch ein echter Demokrat. Vernon Parrington ordnete ihn bei den guten Liberalen der Jeffersonschen Agrartradition ein. Charles Beard erkannte in der Bewegung hinter Jackson eine Arbeiter-und-Bauern-Partei mit fortschrittlichen Zielen.

Die Palette ist komplett. Im historischen Urteil war Andrew Jackson ein Dummkopf, ein politischer Taschenspieler, ein fortschrittlicher Hinterwäldler, ein sklavenhaltender Südstaatler, ein Liberaler, ein Champion der Arbeiter in den Städten der Ostküste, ein Selfmademan neuen Stils, ein Freund der kleinen, der mittleren, der aufsteigenden Kapitalisten. Die Historiker faßten Jackson an wie die Blinden den Elefanten – um sich hinterher zu streiten, welcher Körperteil der charakteristische sei.

Tocquevilles Amerika

Der Mythos von Amerika als einem Land der Gleichheit stammt aus der Jacksonzeit. Ein Europäer vor allem hat bei seiner Entstehung mitgewirkt. Alexis de Tocqueville hielt sich während der zweiten Amtsperiode Jacksons zehn Monate in den USA auf, um im Auftrag der französischen Regierung das amerikanische Gefängnissystem zu studieren und auf seine Nachahmungswürdigkeit hin zu überprüfen.

Tocqueville war es, der den Amerikanern »eine feurige, unersättliche, unbesiegbare Leidenschaft« für die Gleichheit bescheinigte.[39] Sein zweibändiges Werk *De la Démocratie en Amérique* (1835) samt zweier Ergänzungsbände (1840) ist bis dato die einflußreichste europäische Amerika-Deutung. Tocqueville hat unser Amerika-Bild, aber auch das Bild der Amerikaner von sich selbst geprägt. Im ersten Band beschrieb er die demokratische, im zweiten die bürgerliche Gesellschaftsordnung. Je länger er schrieb, je mehr er sich von seiner zentralen These mitreißen ließ, daß die Amerikaner die Gleichheit stärker liebten als die Freiheit, desto weniger behandelte er ein reales Land.

Stil und Denkweise sind cartesianisch. Der deduktive Schluß ist wichtiger als die empirischen Bestandteile der Erkenntnis. In der Konklusion des ersten Bandes heißt es: »Nun möchte ich (alle Einzelergebnisse) unter einem einzigen Gesichtspunkt zusammenfassen. Was ich sagen werde, wird weniger im einzelnen beschrieben, aber sicherer sein. Ich werde weniger deutlich jedes Ding erkennen; um so gewisser werde ich das Allgemeine *(les faits generaux)* erfassen.« Auf die Eleganz der deduktiven Methode verweist Tocqueville nicht ohne Stolz. Bemerkungen über die amerikanische Sprache, »die glaubwürdige Leute wiederholt vor mir äußerten, veranlaßten auch mich, über diese Sache nachzudenken, und meine Überlegungen führten mich auf dem Wege über die Theorie zum selben Punkt, zu dem sie durch Erfahrung gelangt waren.« In den Amerikanern erkannte er Geistesverwandte, die sich hauptsächlich auf die Vernunft verließen: »Amerika ist also eines der Länder in der Welt, in dem man die Lehren von Descartes am wenigsten kennt und am besten befolgt.«[40]

Amerika erschien ihm als ideales Feld zur Beobachtung politischer und sozialer Phänomene. Erstens gehe dort die Entwicklung natürlich und ruhig vonstatten; zweitens seien die Amerikaner ein homogenes Volk, sowohl ethnisch wie linguistisch; drittens wolle dieses Volk geschlossen einer Idee zum Sieg verhelfen, der Idee von Freiheit und Gleichheit. Die Gleichheit sei die neuere Idee, die Freiheit sei von den Engländern schon in die Kolonien mitgebracht worden. Franz Schnabel merkte in seiner *Deutschen Geschichte im 19. Jahrhundert* (1949) hierzu kritisch an: »Tocqueville schuf ... die liberale Legende der amerikanischen Geschichte, das Lob der ›Pilgerväter‹ von 1620, dieser angeblichen Apostel der Gewissensfreiheit und Demokratie, während es sich in Wahrheit bei den ersten puritanischen Siedlern um eine Oligarchie gehandelt hatte – mit grausamer Härte gegen alle Enterbten und mit rücksichtsloser Knebelung aller freien Meinung.«[41]

Der amerikanischen Leidenschaft für die Gleichheit, »une passion ardente, insatiable, éternelle, invincible«, werden alle anderen Werte untergeordnet. Die Amerikaner würden lieber die Knechtschaft ertragen als die Ungleichheit, sind sie doch als Gleiche geboren, die einer demokratischen Revolution gar nicht erst bedurften, um die Demokratie bei sich einzuführen. Weil das Kolonialjoch erst kürzlich abgeschüttelt wurde, aus Tocquevilles Perspektive vor fünfzig Jahren, gebe es so gut wie keine Reichen: »Die Reichen ... sind dünn gesät und machtlos; sie besitzen keine Vorrechte, die die Aufmerksamkeit auf sich ziehen ...« Es gebe auch keine Besitzlosen: Da jeder einen Besitz zu verteidigen habe, achte er die Eigentumsrechte des anderen. In der Bildung herrsche unter der Gleichheitsbedingung »un certain niveau mitoyen«, ein gewisses Mittelmaß, dem sich die einen durch Aufstieg, die anderen durch Abstieg angenähert hätten. Wer trotzdem eine überdurchschnittliche Bildung habe, setze sein Wissen zum Wohl der Allgemeinheit ein und lasse andere daran teilhaben. Die Demokratisierung des Wissens, freiheitliche Institutionen, Zeitungen und Vereine drängten den Individualismus zurück, der für Tocqueville eine bedrohliche Kraft ist, die nationales Fühlen untergrabe und soziale Anarchie schaffe. Hier spricht der Europäer. Die amerikanische Ideologie verknüpft mit Individualismus die Begriffe Selbstbestimmung und Menschenwürde, nicht Selbstsucht und Eigennutz. Für europäische Sozialisten war der Individualismus der Inbegriff einer entwurzelten Gesellschaft, für den Amerikaner ist er Vorbedingung allgemeinen Fortschritts.[42]

Die Gleichheit wecke eine »unmäßige Liebe zu materiellen Genüssen«. Nackter Materialismus werde jedoch durch den Einfluß der Religion verhindert. Das Christentum habe sich, obwohl die Amerikaner das Übersinnliche angeblich ablehnen, eine große Macht über den amerikanischen Geist bewahrt. Amerika lasse sich aus dem Geist der Freiheit und aus dem Geist der Religion erklären. Einen Glaubenshaß finde man nicht, die Sekten hielten sich gegenseitig die Waage. Wo jeder gleich ist, gebe es keine Armen, deren Not von einer machthungrigen Priesterschaft ausgeschlachtet werden könnte.[43] Die Kirchen übten keine direkte politische Macht aus. Tugend sei nicht erhaben, sondern praktisch und nützlich.

»In Amerika ist die Demokratie ihren eigenen Triebkräften überlassen. Sie bewegt sich natürlich und frei.« Die Reichen, so es sie gibt, störten die demokratische Entfaltung nicht. Sie priesen in der Öffentlichkeit und zum Schein die republikanische Verfassung, hielten sich aber im übrigen von politischen Geschäften fern. Bedeutende Männer gingen nicht in die Regierung: je höher das Staatsamt, desto geringer die Bezahlung. Staatsbeamte verträten keine besonderen Klasseninteressen mehr. Die Qualität amerikanischer Staatsmänner, sagt Tocqueville mit einem Blick auf Jackson und sein Kabinett, habe sich in der letzten Generation verschlechtert.[44] Je weniger aristokratisch der Souverän, desto stärker die Zentralisierung der Regierung. Die Verwaltung freilich sei dezentralisiert, und das sei gut so, denn eine zentralisierte Verwaltung könne wohl die gesellschaftlichen Ressourcen gescheiter verteilen, würde dabei aber den Bürgergeist schwächen, ein entscheidender politischer Nachteil. So aber brauche man in Amerika wenig Polizei, denn die Bürger wirkten aktiv bei der Aufdeckung von Verbrechen mit. Schulen, Kirchen und Straßen würden nach lokalen Bedürfnissen gebaut.

Zwei Hauptgefahren sieht Tocqueville für die freie und natürliche Entwicklung der Demokratie. Erstens die Tyrannei der Mehrheit, die dann entstehe, wenn sich die Gesetzgebung ausschließlich nach dem Willen der Wählerschaft richtet; die *tyrannie de la majorité* als Einengung der Freiheit des Denkens. Freie Meinungsäußerung wäre nur begrenzt erlaubt. Tocqueville verfällt an diesem Punkt in eine recht düstere Beurteilung amerikanischer Zustände: »Ich kenne kein Land, in dem im allgemeinen weniger geistige Unabhängigkeit und weniger wahre Freiheit herrscht als in Amerika.« Die Allmacht der Mehrheit könne die Minderheiten sogar einmal dazu zwingen, zur Gewalt zu greifen. Dann entstünde Anarchie, die Freiheit wäre dahin. Die zweite Gefahr sieht er im Machtzuwachs der Legislative, die dazu neige, die Befugnisse der anderen Regierungszweige zu usurpieren. Die Tyrannei der Gesetzgeber werde allerdings einmal, Tocqueville schließt sich hier einer Vision Jeffersons an, von der Tyrannei der Exekutive abgelöst werden. Ein Gegengewicht gegen die Tyrannei der Mehrheit und der Gesetzgeber erkennt Tocqueville in den Minderheiten, die sich zusammenschließen, um »die moralische Herrschaft der Mehrheit zu schwächen«.[45]

Die wenigen kritischen Punkte tun Tocquevilles Amerika-Begeisterung keinen Abbruch. Manchmal schlägt er Töne an, als wollte er sich vor der reizbaren Vaterlandsliebe, dem *patriotisme irritable* der Amerikaner in acht nehmen, die einem Ausländer sogar eine Bemerkung über das schlechte Wetter verübeln. Vorrangig für Tocqueville war die Konsistenz seines Gedankengebäudes. Nicht der amerikanischen Gesellschaft galt es gerecht zu werden, sondern einen großen Entwurf zu schaffen für die Umwandlung der französischen Staatsverfassung. Solange die Ableitung aus dem Primat der Gleichheitsidee stimmte, rangierte die Übereinstimmung mit der Wirklichkeit an zweiter Stelle.

Die neuere Sozialgeschichtsschreibung hat die Ära Jackson ganz anders charakterisiert und Tocquevilles Gesellschaftsbild in vielen, wenn nicht in den meisten, Punkten widerlegt. Amerika war zu keiner Zeit ein ethnisch, linguistisch, religiös oder ökonomisch homogenes Land. Johann Jacob Astor war fast so reich wie die europäischen Rothschilds, und als Selfmademan war er ganz untypisch. In den großen Städten kamen nur zwei Prozent der Reichen aus der Unterschicht, nur sechs Prozent aus der Mittelschicht. In New York besaß 1828 ein Prozent der Bevölkerung 29 Prozent des Privatvermögens. Ein substantielles Erbe war die wichtigste Voraussetzung für wirtschaftlichen Erfolg, kumulative Ungleichheit die Regel, das heißt, die Privilegierung im Vermögensbereich setzte sich in anderen Bereichen fort.[46] Daß Tocquevilles Verzerrungen so gläubig hingenommen wurden, ist eines der folgenreichsten Phänomene in den Beziehungen zwischen Europa und Amerika gewesen.

Monroe-Doktrin und Manifest Destiny

Weil die Amerikaner keine Nachbarn haben, meinte Tocqueville, bräuchten sie vor großen Kriegen, Finanzkrisen und Eroberungen keine Angst zu haben. Nachbarn gab es schon, nur mußten die sich eher vor Eroberungen der Amerikaner fürchten als umgekehrt. Die erste große Finanzkrise kam 1837. Und das ganze Jahrhundert hindurch waren die USA in Kriege und militärische Aktionen verwickelt. Dabei hatte Tocqueville überhaupt nichts gegen Krieg, denn »der Krieg verleiht fast immer dem Denken eines Volkes Größe und erhebt sein Gemüt«. Nur konnte er sich die USA in einem Krieg nicht vorstellen. Amerika, weit und breit ohne Feinde, hatte nicht mehr als sechstausend Soldaten unter Waffen stehen, mehr schienen wegen der isolierten Lage nicht angezeigt. Die Flotte zählte nur ein paar Schiffe, die auf den Weltmeeren keine Rolle spielten. Der Präsident war den Umständen entsprechend schwach und im internationalen Machtgefüge ohne nennenswerten Einfluß. Einmal würden die USA zusammen mit Rußland die beiden Weltmächte ausmachen, lautete die zu diesem Zeitpunkt gar nicht mehr so kühne Prognose, aber bis dahin übten die Amerikaner vor allem einen sittlichen Einfluß auf die Völker der Neuen Welt aus: »C'est d'eux que part la lumière«[47] – es sind die Amerikaner, von denen das Licht herkommt.

Die Geschichte der Beziehungen zwischen Nord- und Südamerika im 19. Jahrhundert ist eine Geschichte fast ununterbrochener Interventionen der USA auf dem lateinamerikanischen Halbkontinent. Aaron Burr wollte zu Beginn des Jahrhunderts Mexiko den Spaniern abnehmen. Jefferson streckte 1809 seine Fühler nach Kuba aus, zwei Jahre später folgte ein weiterer Versuch, die Insel zu annektieren. Ab 1813 wurde der Norden Mexikos kolonisiert, das heutige Texas. Ab 1822 begann man damit, den Spaniern Puerto Rico streitig zu machen. Jackson scheiterte mit texanischen Annektionsplänen. Die »Lexington« zerstörte in einem »klassischen Piratenstück«, wie es in einem argentinischen Lehrbuch heißt, Puerto Soledad auf den Malwinen.[48] Argentinien blieb nicht nur ohne Entschädigung, 1833 wurde eine Seeblockade gegen das Land verhängt. Nach der Schlacht zwischen Texas und Mexiko um Fort Alamo (1836), bei der Davy Crockett fiel, zeichnete sich ein mexikanisch-amerikanischer Krieg ab. Seit 1844 mischten sich die USA in die Angelegenheiten der Dominikanischen Republik, kaum daß diese unabhängig geworden war. 1845 wurde Texas annektiert, Uruguay belagert, zwei Jahre später landeten Soldaten der USA in Nicaragua und besetzten Veracruz in Mexiko. Am Ende hatten sich die USA die Hälfte des mexikanischen Reichs einverleibt und ihre Festlandsdomäne mit Texas, Kalifornien, Nevada, Utah, Colorado, Arizona und Neumexiko um mindestens ein Drittel vergrößert. Der Abenteurer William Walker warf sich 1856 mit Billigung der Bundesregierung zum Herrscher Nicaraguas auf, ehe er auf Betreiben von Cornelius Vanderbilt, der um seine Besitzungen fürchtete, ein Jahr später wieder entmachtet wurde. In den nächsten Jahrzehnten haben die USA immer wieder versucht, sich Kuba und die Dominikanische Republik einzuverleiben. Sie griffen mehrfach in Nicaragua ein, bedrohten Uruguay, riefen Kolumbien zur Ordnung, besetzten Haitii, schickten einen Schlachtkreuzer nach Chile, beschossen San Juan auf Puerto Rico. Dem texanischen Schlachtruf »Remember the Alamo« folgte im Spanisch-Amerikanischen Krieg »To hell with Spain, remember the Maine«, nachdem das Schlachtschiff »Maine« im Hafen von Havanna in die Luft geflogen war. Die Interventionen in anderen Ländern wurden fortgesetzt, in Haitii, in der Dominikanischen Republik, in Kolumbien, von dem sich unter amerikanischem Druck Panama abspaltete, in Kuba, in Honduras, in Nicaragua. 1891 erhoben sich Chilenen gegen aggressive nordamerikanische Geschäftemacher. Festzuhalten ist: Der Spanisch-Amerikanische Krieg markierte keinen Wendepunkt in der Außen- und Militärpolitik Washingtons. Die USA sind nicht 1898 »in die Geschichte zurückgekehrt«, wie ein beliebter Euphemismus lautet. Imperialistische Gelüste sind in der amerikanischen Republik seit ihrer Gründung eine starke Kraft gewesen.

Die Monroe-Doktrin von 1823, in der man die Handschrift Jeffersons erkennt, entstammte der jährlichen Botschaft von Präsident James Monroe an den Kongreß. Sie bestand aus zwei Teilen. Der erste Teil wandte sich gegen weitere europäische Kolonisierungsversuche in Amerika und war vor allem an die Adresse des russischen Zaren gerichtet, der an der Nordwestküste interessiert war. Im zweiten Teil wurden Europas Großmächte davor gewarnt, sich in die Politik der neugegründeten lateinamerikanischen Republiken einzumischen. Dieses Monopol wollten die USA selbst ausüben. Gegner der eigenen expansiven Politik setzten ihre Karriere auf's Spiel. Henry Clay, einer der Falken des Krieges von 1812, der Erfinder des »American System« mit hohen Schutzzöllen und inneren Strukturverbesserungen, büßte seine Chancen auf die Präsidentschaft ein, nachdem er sich zu einer antiexpansionistischen Haltung durchgerungen hatte. Präsident Martin Van Buren wurde 1844 hauptsächlich deswegen nicht wiedergewählt, weil er mit seiner Weigerung, Texas zu annektieren, die Expansion im Süden blockierte.

Die amtliche Monroe-Doktrin fand ihre Ergänzung in der informellen Doktrin des *Manifest Destiny*, der offenkundigen Bestimmung der Amerikaner, sich bis zum Pazifik auszudehnen und ein angloamerikanisches Supremat auf dem Kontinent zu errichten. In Umlauf gebracht hatte den Begriff »Manifest Destiny« der Journalist John O'Sullivan im Juli 1845 in einer Zeitschrift, die die Bezeichnung *Democratic Review* im Titel führte. Die offenkundige Bestimmung diente als Ratio bei der Eroberung von Texas (1845) und als Argument gegen Großbritannien bei der Einverleibung von Oregon (1859). Die territoriale Ausdehnung, so wollte es die Ideologie, war unvermeidlich, und der Unvermeidlichkeit konnte notfalls nachgeholfen werden. Als im Senat keine Mehrheit zur Ratifizierung des Vertrags über den Anschluß von Texas zustandekam, machten beide Häuser mit einer gemeinsamen Entschließung, wozu die Stimmen reichten, den Vertrag perfekt.[49]

Der Staat Mexiko hatte 1827 ein Gesetz erlassen, wonach die Sklaverei graduell abgeschafft werden sollte. Das beunruhigte die Bewohner von Texas so sehr, daß sie sich von Mexiko lossagen und den Vereinigten Staaten anschließen wollten, allerdings mit erweiterten Grenzen: im Süden bis zum Rio Grande. Mexiko lehnte ab, der amerikanische Kongreß stellte sich noch in der Amtszeit Präsident Tylers hinter den texanischen Wunsch. Nachfolger Polk entsandte General Zachary Taylor an den Rio Grande und erklärte gleichzeitig, die Mexikaner hätten mit den

Feindseligkeiten begonnen. Taylor war beauftragt, die Mexikaner nicht als Feinde zu betrachten, bei Zwischenfällen jedoch geeignete Maßnahmen zu ergreifen. Die Zwischenfälle blieben erwartungsgemäß nicht aus, so daß Polk im Mai 1846 verbreiten konnte, es sei amerikanisches Blut auf amerikanischem Boden vergossen worden.[50]

Mexiko hätte sich mit dem Landhunger der Amerikaner wohl kaum widerstandslos abfinden können. Auf amerikanischer Seite ließ sich die Öffentlichkeit seit dem Überfall auf Fort Alamo (1836) leicht gegen den südlichen Nachbarn mobilisieren. Die Stimmen der Opponenten, die von »Mr. Polk's War« sprachen, vermochten sich gegen den lautstark vorgebrachten Kampfruf »Remember the Alamo!« nicht durchzusetzen.

Außenpolitischer Ehrgeiz und militärische Planung klafften bei Kriegsausbruch weit auseinander. Die USA hatten zum Kriegsbeginn nur 7000 Soldaten unter Waffen stehen. Das Motto schien, wie im zivilen Leben, auch hier zu heißen: »Hurry up and catch up.« Bis zum Ende des Jahres 1846 sind die nordöstlichen Teile Mexikos erobert worden. Polk ordnete an, in Vera Cruz zu landen und auf die mexikanische Hauptstadt vorzurücken. Im September 1847 ist Mexiko-Stadt zur bedingungslosen Kapitulation aufgefordert worden. Ein ehemaliger Englischprofessor avancierte zum Militärgouverneur. Die USA waren erstmals erfolgreich in ein fremdes Land eingefallen und hatten es besiegt.[51] Bereits 1845 hatte die US-Flotte Befehl erhalten, bei einem etwaigen Kriegsausbruch San Francisco und andere Punkte zu besetzen. Als es soweit war, eroberten Heer und Marine das spanische Kalifornien.

Trotz vieler Beförderungsrangeleien unter hohen Offizieren, trotz unsinniger Rivalitäten zwischen Heer und Marine, zwischen Berufssoldaten und Freiwilligen wurde der Krieg vom Militärischen her zu einem »smashing success«, einem durchschlagenden Erfolg. Im Vertrag von Guadelupe Hidalgo (1848) wurde Mexiko gegen 15 Millionen Dollar – »Gewissensgeld«, wie man sagte – gezwungen, Kalifornien und Neumexiko an die USA abzutreten und den Rio Grande als Grenze zu Texas anzuerkennen.

Die Regierung in Washington und andere interessierte Kreise verstanden es, in Verkehrung der Tatsachen die Mexikaner als die Invasoren hinzustellen. Die Verfechter der offenkundigen Bestimmung waren stärker als die Gegner der Expansion, stärker als James Russell Lowell, der ab 1846 in den *Biglow Papers* den Krieg gegen Mexiko kritisierte, stärker als Henry David Thoreau, der sich mit einem persönlichen Kriegssteuerboykott einen Gefängnisaufenthalt einhandelte. Zwischen 1815 und 1860 vergrößerten die USA ihr Hoheitsgebiet um 1,2 Millionen Quadratmeilen.

Die Amerikanisierung der Sprache

Mögen sich Engländer mokiert haben, daß ihren amerikanischen Vettern viele grammatikalische Fehler unterliefen und daß sie in der Rechtschreibung nicht allzu firm waren: die Amerikaner waren geborene Redner. Ihre forensische Beredsamkeit, so wurde behauptet, habe sich an der Ausdrucksweise der Indianer geschult. Auf alle Fälle war der Redestil im Lauf des 18. Jahrhunderts klarer und einprägsamer geworden – sogar in den Predigten ließ sich diese Tendenz erkennen –, und die Rhetorik der Kirchenmänner, Wanderprediger und Politiker blieb eine der wichtigsten Inspirationsquellen. Die *Lectures on Rhetoric* (1783) von Hugh Blair wurden weiterhin als Lehrbuch an den Colleges verwendet. John Quincy Adams, der spätere Präsident, lehrte seit 1806 als Professor für Rhetorik in Harvard. Vielleicht hat sich kein Volk seit den Hellenen in dem Maß der Redekunst gewidmet wie die Amerikaner zwischen Revolution und Bürgerkrieg.

Horace Bushnell wollte mit der Sprache seiner Predigten die Gläubigen auf »die offenen Gefilde des Denkens« führen.[52] Daniel Webster, Henry Clay und John Calhoun brachten mit ihrer meisterhaften Eloquenz politische Entscheidungen zuwege. Der junge Emerson war als Lyzeumsredner besser bekannt denn als Schriftsteller. Als Redner an Lincolns Grab hat er sich tief verbeugt vor der Kunst der Gettysburg Address und bei dieser Gelegenheit auf andere große rednerische Leistungen seiner Zeit verwiesen: die Rede des ungarischen Patrioten Lajos Kossuth in Birmingham und die Verteidigungsrede des gewalttätigen Abolitionisten John Brown vor Gericht. George Washington fiel mit seiner mageren rhetorischen Begabung ganz aus dem Rahmen; in seiner zweiten Inaugurationsrede beschränkte er sich wohlweislich auf 134 Wörter. Andere gingen bis zur Selbstaufopferung. William Henry Harrison wollte es bei seiner Amtseinführung unter 8000 Wörtern nicht tun, erkältete sich ohne Hut und Mantel an diesem stürmischen Märztag des Jahres 1841 und starb vier Wochen später.

Der erbauliche Stil der Reden am 4. Juli und bei anderen patriotischen Anlässen, die Adlerschwingenrhetorik, wie man sie nennen könnte, griff auf andere Branchen über, so auf die Geschichtsschreibung. Die Werke von George Bancroft wurden von Schwulst und Bombast zusammengehalten. Der oratorische Stil verlangte nach dem Grandiosen, nach verschwenderischer Ausstattung, nach einer Überfülle von Adjektiven und Attributen. Der Historiker ließ bei der Charakterisierung einer durchweg heroischen Vergangenheit Großzügigkeit walten, auch in seinen sprachlichen Mitteln: »Was auffällig herausgestellt wird, wird im selben Moment wieder verworfen.«[53]

In der Auseinandersetzung um die Sklaverei wurde der Kongreß zu einem Ort verbaler Aggression. Besonders hervorgetan als einfallsreicher Malediktor hatte sich der Republikaner Thaddeus Stevens, der seine demokratischen Kollegen aus den Südstaaten als »Schleimer« oder »Reptilien« beschimpfte. Einige seiner Invektiven mußten anstandshalber aus dem Protokoll getilgt werden. Manchmal wurden im Capitol die Grenzen der sprachlichen Auseinandersetzung auch überschritten. Ein Südstaatler griff Stevens nach einem Wortgefecht mit einem Bowiemesser an. Im Kongreß ist öfter mal gerauft worden: Einmal waren dreißig bis vierzig Abgeordnete an einer Schlägerei beteiligt.

Gerne möchte man glauben, daß das Vokabular der Pioniere im Westen reichhaltiger war als das der Yankees im Osten. Aber die »Wiederentdeckung des lehmigen Untergrunds der Literatur« ist gerade an der Ostküste vorangetrieben worden. Die Sprache wird vom Volk gemacht, nicht von den Lexikographen, sagte Walt Whitman. Bronson Alcott hatte die Künstlichkeit der Städtersprache satt. Thoreau wehrte sich gegen hölzerne und leblose Vokabeln mit »paralysierten Schwänzen«. Emerson bewunderte die Sprache des Volkes, die Ausdrucksweise der Fuhrleute, deren Wörter »laufen und rennen«.[54] Eine besonders geglückte literarische Umsetzung des »Yankee lingo« sind die *Biglow Papers* von James Russell Lowell. Ein neuenglischer Farmer, Hosea Biglow, kommentierte dort im Denk- und Sprachstil der Yankees die Tagesereignisse, parodierte eine Rede Calhouns (»The Debate in the Sennit«) und kritisierte den Krieg gegen Mexiko als glatten Mord.

Ein Virtuose des »Yankee small talk« war Oliver Wendell Holmes, der schon als Medizinstudent seinen »Autocrat of the Breakfast Table« (1831/32) zum Sprechen gebracht hatte. Das ganze 19. Jahrhundert hindurch, bis zu den *Fables in Slang* (1899) von George Ade und darüber hinaus zu Will Rogers, ist die Sprache des einfachen, auf seine Weise sehr gescheiten Amerikaners ein wirksames Stilmittel in der Literatur geblieben.

»Im Wörterbuch wohnt der Tod«, urteilte Lowell. Er hätte damit Noah Webster treffen können, der 1783 und 1808 mit dem *American Spelling Book* und 1828 mit dem *American Dictionary of the English Language* herausgekommen war. Englische Lexika tun es nicht mehr, erklärte Webster in einer Zeitungsanzeige, sie hängen ein halbes Jahrhundert hinter dem Stand der Wissenschaft zurück.[55] In seinem Werk wurden englische Vokabeln modernisiert oder amerikanisiert, *plow* stand für *plough*, *center* für *centre*, *check* für *cheque*. Websters Rechtschreibfibel, der »Speller« mit dem berühmten blauen Rücken, erreichte Millionenauflagen. Freilich sagen die Verkaufsziffern nichts über die orthographischen Standards aus. Einer der zahlreichen Amateurphrenologen nahm sich vor, »medison« zu studieren, ein Studium, das er leicht zu bewältigen können glaubte, nachdem er über dieses Gebiet schon so viel wußte.[56] Mark Twain hat das Draufgängertum an der Frontier, das auch vor der Orthographie nicht haltmachte, unnachahmlich charakterisiert: »Ich gebe keinen Deut für einen Mann, der ein Wort bloß auf eine Art buchstabieren kann.« Timothy Dexter veröffentlichte sein Buch *A Pickle for Knowing Ones* (1806) ohne Interpunktion. Der zweiten Auflage fügte er eine mit

Satzzeichen übersäte Seite an, auf daß jeder Leser sich seinen Text nach Belieben salzen und pfeffern könne.

Die politische und militärische Vorherrschaft der Angloamerikaner wurde begleitet von der endgültigen Etablierung des Englischen als Landessprache. Der Gebrauch und die Kenntnis von alten und lebenden Fremdsprachen ging zurück. Der Utopist Stephen Andrews soll noch 32 Fremdsprachen gekannt haben, aus denen er eine Kunstsprache formen wollte, Alwato mit Namen. Die Funktion einer lingua franca hat jedoch das Englische übernommen. Griechische und lateinische Wendungen wurden gar nicht mehr oder falsch gebraucht. Als John Quincy Adams dem wahlunterlegenen Henry Clay das Außenministerium anvertraute, verurteilte Senator Benton diese Praxis: sie verletze das Prinzip der »demos krateo«, was er für Griechisch hielt. Spanische Begriffe sind amerikanisiert worden. Aus einem Dampfschiff namens *Bueneta* wurde volksetymologisch die *Bone-eater.*[57] Das Französische wollte seit jeher nicht recht in die sprachliche Landschaft passen und ist früh ironisiert worden. Walt Whitman holte sich fremdsprachige Vokabeln nur noch zu dekorativen Zwecken, um sie wahllos über die Zeilen zu verstreuen: »Allons! from all formules! ... Allons! the road is before us!« Die Sozialreformerin Dorothea Dix brüstete sich im Ausland damit, keine fremde Sprache zu sprechen.

Zeitweise schien es, als könnte Deutsch dem Englischen Konkurrenz machen. Ein Antrag, der Deutsch zur Landessprache gemacht hätte, war im Parlament einmal nur knapp gescheitert. Generationen nationalbewußter Deutscher und organisierter Deutschamerikaner haben seitdem von dieser Abstimmung geschwärmt und sich der Illusion hingegeben, Amerika wäre an diesem Punkt in der Geschichte beinahe deutschsprachig geworden. Doch langfristige kulturelle Entwicklungen werden nicht mit einmaligen Abstimmungen revidiert. Englisch hat andere Sprachen intensiver durchdrungen als umgekehrt. Deutsch hatte keine Überlebenschance in Amerika. Wie sollte es überleben können in einem Land, in dem der Dichter Joaquin Miller, der »Byron von Oregon«, »Goethe« auf »teeth« reimte? Englisch drang in die Enklaven der Pennsylvaniadeutschen ein. Englisch transformierte das Finnische zu der seltsamen Mischsprache *Finglish.* Eine Vielzahl von indianischen Bezeichnungen wurde ins Englische übernommen, Englisch hat aber auch die Indianersprachen nicht unberührt gelassen. Die kalifornischen Mono, um nur noch ein Beispiel zu nennen, entlehnten *twobits*, den Vierteldollar, als *tubizi.*[58]

Eine republikanische Erziehung

Benjamin Rush erklärte in den *Thoughts upon the Mode of Education in a Republic* (1786), die Erziehung habe sich auf republikanische Prinzipien zu gründen. Zu diesem Zweck mußte der Stundenplan modernisiert und von europäischen Traditionen wegbewegt werden. Griechisch und Latein, so meinte Rush, entsprächen amerikanischen Bedürfnissen nicht mehr, größeres Gewicht sei auf Staatsbürgerkunde zu legen, auf Agrikultur, auf Handelskunde und auf angewandte Mathematik. Mit der Unabhängigkeit kam die Forderung nach einer national bewußten, nativistischen, von Europa separaten Erziehung. Neuenglische Schullehrer beschwerten sich, daß die Sprache nicht in allen Staaten einheitlich sei. Georgia bestrafte junge Männer, die im Ausland studierten, indem sie ihnen die vollen Bürgerrechte vorenthielt.[59]

Jefferson wollte im Rahmen einer republikanisch-amerikanischen Erziehung an den Klassikern festhalten und räumte dem »klassischen Wissen« sogar die erste Stelle ein. Man wäre schlecht beraten, schrieb er in den *Notes on the State of Virginia*, hier dem Vorbild Europas zu folgen, wo die alten Sprachen langsam außer Mode kämen. Schon in der Schrift *Education for a Lawyer* (1767) hatte Jefferson die Wichtigkeit der Kenntnis lateinischer und griechischer Originale betont. Ein guter Rechtsanwalt müsse nicht nur seinen John Locke und seinen Condorcet kennen, sondern auch mit Cicero und Seneca vertraut sein. Sogar an den Grundschulen wollte Jefferson Latein und Griechisch gelehrt wissen, wenigstens bei den besonders begabten Schülern.[60]

Die Beteiligung Frankreichs am Unabhängigkeitskrieg förderte das Interesse an französischen Erziehungsideen. Die 1784 gegründete University of the State of New York orientierte sich an den Idealen der Französischen Revolution und hielt sich organisatorisch an einen Plan, den Diderot entworfen hatte. Diderots enzyklopädistische Vorstellungen spielten noch 1871 bei der Gründung der University of Michigan eine Rolle, deren ursprünglicher Name Catholepistemiad sich nicht durchgesetzt hat. Michigan hatte damals einen hohen Anteil an französischsprachigen Einwanderern.[61]

Die Partei der Federalists trug sich mit Plänen, eine politische und administrative Elite heranzuziehen. Washington schlug die Errichtung einer Bundesuniversität am Regierungssitz vor. Die Antifederalists um Jefferson, James Madison und Charles Pinckney widersetzten sich solchen Plänen erfolgreich. Als zentrale oder vom Bund finanzierte Bildungsstätten gab es bis zur Errichtung der Land Grant Colleges (*Morrill Act* 1862) nur die Militärakademie von Westpoint (1802) und die Naval Academy in Annapolis (1845). Als der Vorschlag auftauchte, den gesamten Lehrkörper einer europäischen Universität nach Amerika zu verpflanzen, um damit eine amerikanische Bundesuniversität auszustatten, fand George Washington diese Idee nicht gut, so sehr er sich für eine zentrale Hochschule eingesetzt hatte. Denn seiner Ansicht nach sollten »nützliche Handwerker« und nicht spezialisierte Akademiker den Pulk der Einwanderer ausmachen.

Von den Gründerjahren bis in die Zeit nach dem Bürgerkrieg herrschte in den USA ein Bildungsideal vor, das die Erziehung zu Glück und Tugendhaftigkeit mindestens gleichrangig neben den Erwerb von Wissen und Weisheit stellte. Ohne

Tugend kein Glück, sagte Jefferson. Und höchste Weisheit werde zu höchster Narrheit, wo sterile Spekulation nicht durch Herzensbildung ergänzt wird. Die Federalists legten aus ordnungspolitischen Erwägungen größeres Gewicht auf eine formelle Erziehung als der romantische Jefferson, aber auch sie sahen gute Gründe, sich von der europäischen Bildungstradition zu distanzieren. England und Frankreich seien alte und durchtriebene Nationen, schrieb Emma Willard in ihrer populären *History of the United States* (1828), der amerikanische Charakter zeichne sich durch jugendliche Einfachheit, jungfräuliche Reinheit und unübertreffliche Tugend aus.[62]

Ein aufrechter Republikaner hatte keine Not, Amerikas Überlegenheit in Bildungsfragen vorzuexerzieren, egal, um welche Disziplin es sich handelte. Selbst die Unterrichtung in den klassischen Sprachen erwies sich in Amerika sinnvoller als in Europa, denn »der amerikanische Student zieht aus dem Studium der alten Classiker ... viel mehr Belehrung und praktischen Nutzen als der Deutsche, denn dieser kann sich höchstens an dem Inhalt derselben erbauen, jener sieht sich in der Lage, die aus der Lektüre erlernten Grundsätze von Selbstregierung, Freiheit, Männerwerth und Bürgertugend gleich ins Leben überzutragen, ohne daß er wie der deutsche Student Gefahr läuft, sich eine Zurücksetzung in der Carriere, wenn nicht noch schlimmeres Uebel damit zuzuziehen«[63]. Der ideelle und moralische Nutzen, die patriotische Verwendbarkeit von Bildungsgütern, wurde höher eingeschätzt als ihr scholastischer Wert. Der Historiker Jared Sparks manipulierte den Nachlaß George Washingtons, um nur ja nicht den Schatten des Gewöhnlichen auf den großen Helden fallen zu lassen. Als Herausgeber einer *Library of American Biography* in 25 Bänden bevorzugte Sparks Eroberer, Soldaten, Politiker und andere Männer der Tat. Ein Geschichtswerk habe so erbaulich zu sein wie der »luftigste Roman«, meinte das *Atlantic Monthly* noch kurz vor dem Bürgerkrieg – eine Forderung, die gar nicht so weit hergeholt war, da große Historiker der Epoche sich nebenher auch als Dichter versuchten. John Motley zum Beispiel legte mit *Morton's Hope* (1839) einen autobiographisch gefärbten Roman über die Erfahrungen eines Amerikaners an einer deutschen Universität vor.

Motley hatte in Deutschland mit dem jungen Bismarck studiert. Für den wissenschaftlichen Nachwuchs galt oft dasselbe wie für Künstler und Schriftsteller: vor der kulturellen Autonomie lag ein Europaaufenthalt. Edward Everett und George Ticknor studierten ab 1815 in Göttingen. George Bancroft folgte ihnen drei Jahre später und promovierte dort 1820. Nach seiner Rückkehr zog er an einer Schule in Massachusetts einen kombinierten Unterricht in klassischen Studien und Gymnastik auf, ehe er nach Harvard berufen wurde. Studenten und Kollegen haben ihn wegen seiner ausgeprägten Germanophilie heimlich verspottet und sich über seine »kontinentalen Manierismen« lustig gemacht. Mochte er sich in der Geschichtswissenschaft als besonders aggressiver Nationalist erweisen und in der Politik als einer der expansionshungrigsten Amerikaner überhaupt, so hielten

Kritiker dem von Ranke Gelobten noch nach seinem Tod vor, er habe sich in Deutschland »übergermanisieren« lassen und sei womöglich »overeducated« in die Heimat zurückgekehrt. Für Longfellow war es Ende der 1820er Jahre keine Frage, daß man in Göttingen hervorragende Studienbedingungen vorfand; dringend riet er einem Freund, sie wahrzunehmen.[64]

Der Historiker Bancroft, der Graecist Everett, der Hispanist Ticknor und andere Koryphäen Harvards hatten in Deutschland studiert und machten ihre Universität zu einem Zentrum der Geisteswissenschaften. Ticknor bewunderte die Deutschen, auch wenn er glaubte, daß sie ihre Genialität in die falschen Bahnen lenkten. Der aus Deutschland stammende Charles Follen wurde als Germanist nach Harvard berufen. Der gebürtige Schweizer Louis Agassiz, der dem Lehrkörper seit 1848 als Naturhistoriker und Zoologe angehörte, betrieb empirische Forschungen zur Neubegründung der Eiszeittheorien. Der Botaniker Asa Gray wurde weltbekannt und trat als einer der ersten für die Lehre Darwins ein. Bereits Jefferson hatte die Autorität der Offenbarung in Frage gestellt. Er bezweifelte, daß versteinerte Muscheln, die man in 15000 Fuß Höhe gefunden hatte, von der Sintflut dort hinaufgeschwemmt worden seien. In Yale machte sich der Geologe Benjamin Silliman an eine wissenschaftliche Untersuchung der Schöpfungsgeschichte. Francis Lieber aus Deutschland unterrichtete am South Carolina College Politische Wissenschaften. Richard Hildreth, der einen der ersten Romane gegen die Sklaverei verfaßt hatte, stellte eine ökonomisch bestimmte *Theory of Politics* (1853) vor.

Die wissenschaftliche Entwicklung erfolgte trotz kirchlicher Kontrolle. Zu Beginn des 19. Jahrhunderts wurden rund neunzig Prozent der Colleges von Sekten kontrolliert: von der kleinen Female Academy (1802) der Mährischen Brüder in Salem (North Carolina) über das kalvinistische Andover Theological Seminary (1808) bis zu Harvard, das 1805 unitarisch geworden war. Im Süden und im Westen entstand eine Kette von Baptisten- und Methodistencolleges. Ein Reisender in Illinois zeigte sich recht beeindruckt von der Qualität dieser Anstalten, von der »getauften Intelligenz«, wie er das nannte.[65] Konfessionelle Hochschulen blieben ein Charakteristikum des Landes. 1885 wurde das Quäkercollege Bryn Mawr gegründet.

Die Studentenzahlen waren anfangs nicht überwältigend. Harvard hatte 1815 nicht mehr als 66 Absolventen, Yale 69, das William & Mary College in Virginia ganze 23. In vielen Anstalten blieb man bei herkömmlichen Lehrplänen, bei Latein, Griechisch, Rhetorik, Logik und Moralphilosophie. Jefferson setzte am William & Mary College Geschichte, Wirtschaftspolitik und moderne Sprachen durch. Die University of Virginia (1825) hatte ein noch breiteres Fächerangebot, für eine Belebung des Stundenplans sorgte auch die New York University (1831), die zur größten Privatuniversität des Landes wurde. An den älteren Hochschulen Harvard, Yale, Columbia, Dartmouth und Princeton blieb das Monopol der humanistischen Fächer und Jura als zweitem großen Gebiet bestehen.

Eine systematische medizinische Ausbildung gab es noch nicht. »Die Amerikaner, denen es immer pressiert, bilden ihre Ärzte auf ihre übliche Weise aus.« 1847 kam es zur Gründung der American Medical Association. Klagen über das mäßige Niveau und dürftige Arbeitsmöglichkeiten wurden laut. Noah Webster beschwerte sich unter anderem über den Mangel an Originalwerken in den Bibliotheken. Dartmouth öffnete seine Bücherei nur eine Stunde – pro Woche –, und für jedes Buch mußte eine Leihgebühr entrichtet werden. Die Bücherbestände wirkten oft reichlich antiquiert, noch um 1850 waren drei Viertel aller in Amerika verlegten Werke englische Nachdrucke. Die Wohlhabenden hatten seit je ihre eigenen Privatbibliotheken. John Quincy Adams, der spätere Präsident aus Neuengland, besaß 1809 rund 5000 Werke. Selbst der eher praktisch orientierte George Washington hatte mehr als 800 Werke im Regal stehen. Öffentliche Bibliotheken dagegen wurden erst nach und nach zahlreicher und besser.

Patriotismus und Religiosität gingen in den Lehrbüchern eine enge Verbindung ein. Gilbert Hunts *Historical Reader* (1819), präsentierte die Geschichte Amerikas seit seiner Entdeckung im Stil der Bibel: »... und es begab sich aber im vierzehnhundertundzweiundneunzigsten Jahr christlicher Zeitrechnung, daß Columbus die Wasser der Mächtigen Tiefe überquerte ...«[66] Der Inhalt der Geschichtsbücher wurde zum Kanon, den man von Zeit zu Zeit um eine Strophe ergänzte. Verleger beruhigten Schullehrer mit dem Hinweis, künftige Auflagen würden Seite für Seite mit der jüngsten Auflage übereinstimmen. Geschichte war eine Phantasiewelt, in der sich Gute und Böse tummelten, die Guten siegten, die Welt bewegte sich unaufhaltsam auf materielle und sittliche Vollkommenheit zu, dies besonders in den Vereinigten Staaten. Erziehung war das große Desideratum der Zeit vor dem Bürgerkrieg, sagte der Sozialreformer Horace Greeley. An Wörterbüchern und Sprachlehren bestand in der Bevölkerung vom Präsidenten abwärts großer Bedarf. Der Sprachforscher Noah Webster konnte bald von den Tantiemen seiner Fibeln und Lexika leben. Das *Spelling Book* wurde bis 1908 in 60 Millionen Exemplaren verkauft. Eine Auflage von über 100 Millionen Exemplaren erreichten die sechs *Eclectic Readers* (1836–1857) von William McGuffey. Generationen von Amerikanern haben anhand dieser Anthologien Lesen und Schreiben gelernt und nebenbei ein gehöriges Maß patriotischer Folklore mitbekommen, wie etwa das Märchen von Washington und dem Kirschbaum, das McGuffey von Parson Weems übernommen hatte. Verbreitet war das Gedächtnislernen. Im *monitorial system* hörten ältere Schüler die jüngeren ab. Nicht nur Fakten, auch nationale Tugenden wurden auswendig gelernt.[67] Nach 1835 entstand im Anschluß an europäische Pädagogik eine Bewegung gegen das reine Auswendiglernen. In pädagogischen Zeitschriften propagierten William Woodbridge, Henry Barnard und Horace Mann Pestalozzis Ideen. William Colburn hatte schon 1821 *First Lessons in the Arithmethic on the Plan of Pestalozzi* angeboten.

Charakterschulung wurde als mindestens ebenso wichtig begriffen wie die Vermittlung von Wissen. Die einflußreiche Zunft der Phrenologen gab vor, mit exakten Schädelmessungen den Charakter eines Menschen erkennen zu können. Allein dies war in einer mobilen Gesellschaft mit einem ständigen Zufluß von Einwanderern attraktiv genug. Zudem verhießen die Phrenologen, man habe sich zwar letztlich mit den Ausmaßen seines Schädels, nicht aber mit den dadurch geprägten Charaktereigenschaften ein für allemal abzufinden. Durch Training, Ernährung, Umwelt sei sehr wohl eine Veränderung zu erreichen. »Self Made or Never Made«, erklärte Orson Fowler, der Verleger des *American Phrenological Journal*, einer Zeitschrift, die von 1837 bis 1911 Bestand hatte.[68] Eine große Zahl von Veröffentlichungen, in Buch- und Broschürenform, christlich oder profan, halfen jungen Menschen bei der Charakterfindung. Der *Young Men's Guide* (1831) von William Alcott wurde bis 1858 fünfundzwanzigmal neu aufgelegt, samt der Verfassung der Vereinigten Staaten, die den Anhang zierte. Alcott, eine ehemaliger Lehrer, war bemüht, das rechte Zusammenspiel zwischen Körper und Geist zu fördern. Seine physiologischen Anschauungen legte er in dem Buch *The House I Live in* (1857) nieder. Dort wurde der Körperbau des Menschen in Analogie zu einem Haus gesetzt, der Grundrahmen war das Skelett, der Verputz die Haut, die inneren Organe die Möbel und so fort. Kamine oder Balkone kamen nicht vor.

Trotz der Verpflichtung auf die Ideale der Gründerväter, auf Vaterlandsliebe und auf einen kollektiven Amerikanismus sprach aus den Texten zur Charakterbildung ein deutlicher Hang zur Vereinzelung, zur Selbstliebe als Erziehungsprinzip. Der junge Ralph Waldo Emerson nannte seine Epoche das »Zeitalter der ersten Person Singlar« und stellte »die Unendlichkeit des Privatmannes« ins Zentrum seiner Lehre. Der Harvard-Theologe Henry Ware wandte sich in seiner Schrift *On the Formation of the Christian Character* (1831) an den einzelnen, der den Weg zu sich selbst gleichsam ohne seine Mitmenschen zurücklegen kann. Die erbaulichen und sentimentalen Romane und Gedichte der Epoche förderten diesen Zug zum Narzißmus. Frauen, als die Hauptkonsumenten dieser Literatur, waren in besonderem Maß auf *self-education* angewiesen, die bei einsamer Lektüre und ohne Kontakt zu anderen Menschen stattfand. Eine verwandte Entwicklung ließ sich in der Berufsausbildung beobachten. Nachdem das europäische Lehrlingssystem in Amerika nie richtig Fuß fassen konnte, war der Lernende auf Selbststudium angewiesen. Ohne Meister und ohne Mitlehrlinge vertiefte er sich in technische und berufsbildende Lehrbücher mit Titeln wie *The American Mechanic, Workingman's Companioin* oder *Printer's Instructor.* Die *How-to-manuals* machten zwischen 1820 und 1852 einen Großteil der amerikanischen Buchproduktion aus.[69]

Noch um die Mitte des 19. Jahrhunderts waren Pädagogen zu finden, die große Ziele nur mit Strenge und absoluter Disziplin erreichen zu können glaubten. In die Jahrzehnte vor dem Bürgerkrieg fällt aber auch der Beginn einer neuen pädagogischen Entwicklung: die Erziehung des Menschen zur Freiheit mit möglichst freiheitlichen Mitteln. Lyman Beecher erwarb sich den Respekt der Studenten am Lane Theological Seminary vor allem deswegen, weil er auf strenge Reglementierung verzichtete. Die Entfaltung der Persönlichkeit vertrug keinen Zwang, meinte Thoreau, je weniger man einen Menschen mit Direktiven belaste, desto besser: »Laßt ihn zu der Musik gehen, die er hört, egal, welchen Takt sie hat oder wie entfernt sie ist.« Kritiker dieser Einstellung brachten die Erziehung zu Freiheit und Individualismus mit der hohen Mobilität junger Amerikaner zusammen, deren Ambitionen ständig angestachelt würden, so daß keiner mehr den heimatlichen Boden bestellen wolle. In letzter Konsequenz glaubte man dann, auf eine institutionalisierte Bildung überhaupt verzichten zu können. Hermann Melville hat diese Haltung in einem der meistzitierten Sätze der amerikanischen Literatur, in *Moby Dick,* zum Ausdruck gebracht: »A whale ship was my Yale College and my Harvard.« (»Ein Walfangschiff war meine Universität, Yale und Harvard zugleich.«)[70]

Das amerikanische Schul- und Bildungssystem war zu der Zeit alles andere als straff organisiert. Lehrer wurden auf Auktionen den niedrigsten Bietern anvertraut, die für ihren Unterhalt zu sorgen hatten. Manchmal wurde ein Lehrer auch turnusmäßig in den Haushalten einer Gemeinde untergebracht. Unter dem System des englischen Quäkers John Lancaster unterrichteten die älteren Schüler die jüngeren, die gescheiten die weniger gescheiten. Ebenfalls aus England importiert war die Sonntagsschule, für arbeitende Kinder oft die einzige Gelegenheit, anhand des Katechismus Lesen und Schreiben zu lernen. Um 1830 gab es in den USA rund eine Million analphabetischer Kinder; die Tendenz war steigend. Als DeWitt Clinton, der Gouverneur von New York, 1826 die Forderung nach allgemeinen, säkularisierten, kostenlosen Schulen erhob, löste er in der Elite und bei den Anhängern konfessionell gebundener Privatschulen nachhaltigen Protest aus. Doch der Zug zu mehr Gleichheit ließ sich kaum aufhalten. Der *Working Man's Advocate* erschien in den 1830er Jahren mit der Kopfzeile »Alle Kinder haben das gleiche Anrecht auf Erziehung«. Tammany Hall, das Parteizentrum der Demokraten in New York, machte sich den Slogan »Schools for All« zu eigen. In den Staatsparlamenten wurden Initiativen zur Errichtung eines öffentlichen Schulsystems eingebracht. Bis zum Bürgerkrieg war außerhalb der Südstaaten die aus Steuermitteln finanzierte, öffentlich kontrollierte Grundschule im Prinzip anerkannt. Diese Entwicklung war mit ein Verdienst des Pädagogen Horace Mann, der zwischen 1837 und 1848 die Schulaufsichtsbehörde des Staates Massachusetts als Generalsekretär leitete. Er setzte die Schulpflicht für mindestens sechs Monate im Jahr durch, womit er gleichzeitig der Kinderarbeit entgegenzuwirken hoffte. Er säkularisierte den Stundenplan, plädierte für mehr High-Schools, regte Lehrerverbände an und organisierte Lehrerbildungsstätten.

In verschiedenen Städten des Landes wurden pädagogische Zeitschriften gegründet. Horace Mann war der erste Herausgeber des *Common School Journal*

(1839–52) in Boston. Henry Barnard begründete 1855 in Hartford (Connecticut) das *American Journal of Education*, das bis 1881 erschien. Barnard war in Yale und in Deutschland erzogen worden und hat Comenius, Rousseau und Pestalozzi ins Englische übersetzt. Er und Horace Mann betrachteten sich als Rivalen, obwohl sie im Grunde die gleichen Ziele verfolgten. Im pädagogischen Denken des 19. Jahrhunderts drückte sich der Glaube an die absolute Formbarkeit des Menschen aus. Horace Mann bekannte sich deshalb zur Phrenologie, weil er in ihr eine Methode sah, der Natur ihre Geheimnisse abzuringen und den Menschen so zu perfektionieren, daß nicht nur die Dummheit ausgerottet, sondern am Ende auch die Krankheit, wenn nicht der Tod überwunden war.

XXII. Kapitel

KULTURELLE UNABHÄNGIGKEIT

»Die Künste sind stets nach Westen gereist«, befand Benjamin Franklin und griff damit das Thema der *translatio studii* wieder auf, das schon die Puritaner beschäftigt hatte. Bei den britischen Kolonisten hatte sich in den Jahrzehnten vor der Revolution neben ihrem politischen Selbstbewußtsein auch eine gewisse kulturelle Eigenständigkeit herausgebildet. Wie diese Eigenständigkeit seit dem 18. Jahrhundert in Literatur und Kunst zum Ausdruck kam und wie sie sich bis zum Bürgerkrieg weiterentwickelt hat, soll hier nachgezeichnet werden.

Unverkennbar ist ein intensiver, gegen die europäische Lebensauffassung gerichteter Zug. »Ich muß nach Oregon gehen und nicht nach Europa, sagte Thoreau sich vor, und für Ralph Waldo Emerson lag das wahre Amerika westlich der Appalachen. Die junge politische Nation war entschlossen, ihre Existenzberechtigung als Kulturnation nachzuweisen, sie war rechtfertigungsbedürftig, und sie geriet manchmal in Beweisnot. Die Library of Congress gab 1802 ihr erstes Bestandsverzeichnis heraus; man zählte 964 Bände und neun Landkarten. Die *Edinburgh Review* höhnte 1821: »Wer in aller Welt liest schon ein amerikanisches Buch, oder geht in ein amerikanisches Theaterstück, oder sieht sich ein Bild oder eine Skulptur aus Amerika an?«[1]

Haben die Vereinigten Staaten genügend Substanz, so lautete die Frage, eine von Europa unterscheidbare Kulturtradition aufzubauen und zu pflegen? Oder sollte es typisch sein, daß die neue Nationalhymne nach der Melodie eines alten britischen Trinklieds gesungen wurde? Englische Amerika-Besucher beantworteten die Frage mit einiger Herablassung, sie konnten aber auch feststellen, daß es den Amerikanern an einer gehörigen Portion Selbstbewußtsein nicht fehlte. Staunend und mit unverhohlenem Widerwillen notierte die reisende Engländerin Francis Trollope das selbstbewußte Auftrumpfen ihrer amerikanischen Gesprächspartner. Der New Yorker Geistliche Frederick Shelton setzte sich mit *The*

Trollopiad (1837), einer Satire in Versen, gegen Trollope und andere Kritiker der amerikanischen Gesellschaft zur Wehr. Der amerikanische Witz formte Trollopes Buchtitel *Domestic Manners of the Americans* (1832) zu *Manners of the American Domestics* um, weil die Engländerin sich besonders über das für sie ungewohnte respektlose Verhalten der Dienstboten ausgelassen hatte.

Die amerikanische Kultur sollte aus bewußter Ablehnung europäischer, insbesondere englischer Vorbilder erwachsen. Philip Freneau, der glühende Patriot und Parteigänger Jeffersons, goß seine Verachtung für England in Verse:

Can we ever be thought to have a learning or grace
Unless it be sent from that damnable place.*

William Cullen Bryant forderte in seinen Vorlesungen über Dichtung (1825) erhabene, hehre Ziele für eine Literatur, die den Menschen weg von der Sünde und hin zur Erlösung führen sollte. Eine literarische Unabhängigkeitserklärung verfaßte William Ellery Channing. In den *Remarks on American Literature* (1830) trat er für die Autonomie des Schriftstellers ein, der objektiv und kritisch die Topik seines eigenen Landes behandelt. James Fenimore Cooper kritisierte in *Gleanings in Europe: England* (1837) europäische Zustände und warnte vor Nachahmung.

»Nachahmung ist Selbstmord«

Als Emerson 1836 seinen Essay *Nature* herausbrachte, schien klar zu sein, daß sich die USA auf dem Weg zu einer eigenen Kultur befanden. Mit dem »American Scholar« war ein selbständiger Denker entstanden, der sich nicht mehr an fremde Vorgaben halten mußte. »Der Tag unserer Abhängigkeit«, schrieb Emerson, »unsere lange Lehrzeit bei den Gebildeten anderer Länder, neigt sich dem Ende zu.« Zu lange habe man auf die europäischen Musen gehört. Jetzt sei die Zeit des denkenden Amerikaners gekommen, der andere zur Aktion aufruft und sich nicht mehr mit der Rolle des Papageien zufriedengibt. Grundsätzlich sei jeder befähigt, diese Aufgabe zu übernehmen, die »scholars« sind keine isolierte Kaste mehr. In »Self-Reliance« (1841) gipfelte Emersons Forderung nach kultureller Unabhängigkeit in dem Satz: »In der Erziehung jedes Menschen kommt ein Punkt, wo er zu der Überzeugung gelangt, daß Mißgunst Unwissen ist und Nachahmung Selbstmord ...«[2] Der Amerikaner sieht keinen Grund mehr, sich vor anderen verbeugen oder entschuldigen zu müssen, er kann und muß auf eigenen Füßen wandeln: »We must go alone.«

Kulturreisen nach England, Italien, Griechenland oder Ägypten erübrigen sich. Und wenn der Amerikaner ins Ausland fährt, dann kann er dort auftreten wie ein

* Wird man uns je Bildung oder vollendete Manieren zutrauen / es sei denn, sie stammen aus diesem verdammenswerten Land.

Souverän, der sich von »alten Dingen« nicht beeindrucken läßt. Die göttliche Vorsehung hat ihn für Amerika bestimmt. Dort muß er wirken, dort nur vermag er aus Chaos und Dunkelheit zum Licht vorzudringen. »Nur wenn der Mensch alle fremde Hilfe ablegt und alleine dasteht, erst dann wird er in meinen Augen stark sein und obsiegen. Jeder Rekrut, der zu seinen Fahnen eilt, macht ihn schwächer.« »Vergeßt Europa ganz«, empfahl James Russell Lowell. Cooper schuf die Figur des Aristabulus Bragg, ein »regular mover«, der die Europäer bemitleidet, weil sie von ihrer Vergangenheit hinabgezogen werden und nicht frei sind wie er, der seinem Vorwärtsdrang nachgeben kann und dessen ewiges Ziel das Ende des Weges ist. Der schriftstellernde Rechtsanwalt und Kongreßabgeordnete Charles Ingersoll wollte »der Welt beweisen, daß Religion, Wissenschaft, Literatur und Künste, alle Leistungen des Menschengeistes, keine bessere Schutzherrin haben als die Demokratie«.[3] Das nationale Epos müsse der Größe des Landes entsprechen, proklamierte Henry Wadsworth Longfellow in *Kavanagh* (1849). In Augustine Dugannes *Art's True Mission in America* (1853) nahm der kulturelle Nationalismus vollends chauvinistische Züge an.

Die Idee kultureller Selbständigkeit wurde von Zeitschriften wie der *Literary Gazette* (1809) in Philadelphia gefördert, der *North American Review* (1815) in Boston oder dem *American Journal of Science and Arts* (1818). Der Bostoner Literaturzirkel *Athenaeum* baute eine Bücherei, ein Museum und ein Laboratorium auf. Im selben Jahr, in dem Emerson den eigenwüchsigen »American Scholar« ausrief, legte der Yale-Professor James Dwight Dana ein grundlegendes Werk zur Mineralogie vor. Der Zeichner und Ornithologe John James Audubon veröffentlichte *The Birds of America* (1828–37). Jared Sparks, der erste amerikanische Geschichtsprofessor, startete die *Library of American Biography*. Francis Lieber gab in dreizehn Bänden die *Encyclopaedia Americana* (1829–33) heraus. Die Künste und die Wissenschaften haben sich auch ohne Emersons Appelle entwikkelt, nur hat keiner die Signatur der Zeit so leidenschaftlich und so zitierfähig charakterisiert wie er.

Architektur und Bildhauerkunst

In der Architektur waren seit Beginn des 18. Jahrhunderts die *Mansions*, die Herrenhäuser auf dem Land, zu einem Charakteristikum des kolonialen Baustils geworden, vor allem im Süden. Drayton Hall am Ashley River; Tuckahoe der Familie Randolph; Westover von William Byrd oder das von George Washington ausgebaute Mount Vernon.

Der Georgianische oder Palladio-Stil in der ersten Hälfte des 18. Jahrhunderts orientierte sich an Andrea Palladio, dem italienischen Baumeister, und am Palladio Londonensis, den englischen Spielarten dieses Stils, in dem zum Beispiel die

Redwood Library in Newport (Rhode Island) erbaut wurde. Es stellte sich heraus, daß diese neoklassische Bauweise sich den Erfordernissen kalter Winter und heißer Sommer in den Kolonien anpassen ließ. Viele der kolonialen Baumeister sind anonym geblieben, an ihrem Ende reiht sich William Buckland, in England geboren, 1774 gestorben, in die Tradition der Palladio, Vitruvius, Inigo Jones und Christopher Wren ein. Die meisten seiner Bauwerke sind in Annapolis erhalten.[4]

Daran schloß sich der amerikanisch-römische *Federal Style* an, der sich die Monumentalbauten Roms oder Athens zum Vorbild genommen hatte, Kulturen, mit denen man politisch viel gemeinsam zu haben glaubte. Jefferson entwarf eine Reihe von Gebäuden in diesem Stil, darunter sein eigenes Haus auf Monticello.

»Und warum sollten wir dorische oder gotische Vorbilder kopieren?« fragte Emerson säuerlich. Widersprach die Imitation klassischer und mittelalterlicher Baustile nicht dem Streben nach hausgemachter Grandeur? Die Generation vor Emerson verneinte diese Frage, und seine Zeitgenossen waren geteilter Meinung. Philip Freneau brachte den römischen Baustil mit nationaler Größe zusammen, Triumphbögen waren ihm Symbole der Freiheit. Die Revolution hatte den Geschmack am Klassischen geweckt, die eigenen Helden wurden auf eine Stufe mit den Helden der Antike und des Mittelalters gestellt. Washington war Cincinnatus oder Fabius oder König Alfred. Die Klassik war ein Mythus, »der die Kraft hatte, Menschen in Bewegung zu setzen und ihre Taten zu formen«. Klassische Architektur und Bildhauerei eigneten sich dazu, den Helden Denkmäler zu setzen, überlebensgroße Denkmäler. Vor dem Revolutionskrieg waren öffentliche Gebäude wie die Independence Hall in Philadelphia noch bescheiden dimensioniert. In der Frühzeit der Republik nahmen selbst Privatbauten die Ausmaße repräsentativer öffentlicher Bauten an. Der Republikaner, so schrieb Lewis Mumford, brauche Ellbogenraum für große Gesten.[5]

Im Jahre 1800 verlegte John Adams den Regierungssitz von Philadelphia nach Washington. Pierre L'Enfant hatte dort zehn Jahre zuvor die strahlenförmige Anlage der Bundeshauptstadt entworfen und 1793 den Grundstein für das Capitol gelegt, das im Krieg von 1812 niedergebrannt und von Benjamin Latrobe, dem beherrschenden Architekten der Gründerjahre, wiederaufgebaut wurde. Latrobe hat Banken im Stil griechischer Tempel gebaut, die Bank der Vereinigten Staaten nach dem Vorbild des Parthenon gestaltet. Sein Schüler Robert Mills, der dem Patentamt und der Postbehörde in Washington neoklassische Züge gab, war zutiefst von seiner amerikanischen Mission überzeugt: »Wir sind in eine neue Epoche der Weltgeschichte eingetreten; es ist unsere Bestimmung zu führen, nicht geführt zu werden. Unser weites Land liegt vor uns, und unser Motto lautet: Excelsior.« Der Bildhauer Horatio Greenough mußte feststellen, daß ein Künstler, der sich in Europa ausbilden und inspirieren ließ, von seinen amerikanischen Landsleuten scheel angesehen und fast wie ein Landesverräter betrachtet wurde.

Dabei hatte er doch von den Griechen nur lernen wollen, wie man Amerikaner wird, griechische Prinzipien interessierten ihn, nicht griechische Dinge.[6]

Der griechische Baustil wurde nach Amerika importiert, ehe er in England oder Frankreich in Mode kam. Wie in der Kolonialzeit ergab sich eine Tendenz zur Vereinfachung und Linearisierung europäischer Modelle. Der römische Tempel wurde palladianisch umgestaltet, die neuen Kirchen zeigten weniger Würfel und achteckige Formen. Der *Federal Style* ersetzte im Übergang vom römischen zum griechischen Stil sanfte Kurven durch gerade Linien. Das Korinthische wurde zum Ionischen vereinfacht, und wo es blieb, tauchten amerikanische Elemente auf, wie etwa die Maisblätter an den Säulen des Capitols der Bundeshauptstadt. Den Direktoren der Nationalbank war an einem klassischen Bau gelegen, aber »in seiner einfachsten und preisgünstigsten Form«. Überall im Lande tauchten weißgestrichene Imitationen aus Holz auf. Im Süden entstand das *Plantation Greek* der Herrenhäuser. Das Capitol von Indiana wurde schrecklich in die Länge gezogen, die Proportion ging verloren. Wichtig war das nicht, wichtig war die heroische Note der Klassik, der mythologische Gehalt, die Verwandtschaft, die sich zwischen dem Goldenen Zeitalter der Antike und der Neuzeit konstruieren ließ. Margaret Fuller zog das Griechische dem Römischen vor, weil sich der Grieche der Natur hingab, weil er göttlich und dämonisch war und – wie die Amerikaner – ein unerfülltes Ziel vor Augen hatte.[7] Die wichtigsten amerikanischen Bildhauer der Zeit studierten in Italien. Hiram Powers schuf in Florenz eine »Griechische Sklavin« (1843), deren Nacktheit man zu verzeihen gewillt war, zumal sie mit einem christlichen Kreuz ausgestattet war. Als Greenough jedoch einen halbnackten Washington (1842) mitbrachte, löste er Entrüstung aus.

Ästhetik hieß auch Bewegung. Der Kongreß erteilte den Auftrag, Galionsfiguren für die Schiffe zu schaffen, die gegen die Piraten der Barbareskenstaaten eingesetzt wurden. William Rush, der erste Bildhauer der Republik, machte sich ans Werk. Ihm wurde attestiert, was man europäischen Meistern nicht zutraute: ein Tempo in die hölzernen Figuren am Bug hineinzulegen, daß der Eindruck entstand, als würden sie vor dem Schiff einhereilen.[8]

Eine der dynamisch wirkenden Galionsfiguren von Isaac Fowle (1818–1853), Bildhauer und Holzschnitzer zu Boston

Der »pointed style« – vertikale Linien und Spitzbögen – erreichte die Innenräume. Höhe verlieh Würde, meinte man. Auf Bettpfosten erschienen nachgemachte Kathedralenspitzen, auf Spiegeln und Kamineinfassungen umklammerten Adlerklauen geraffte Pfeilbündel. Der Möbelschreiner Duncan Phyfe beklagte mit anderen seiner Zunft den Verfall des guten Geschmacks. Manche halten Möbel, Silberschmuck oder das nach Henry William Stiegel benannte Stiegelglas heute noch für die künstlerisch wertvollsten Produkte der Kolonialzeit.[9] Phyfe hatte früher elegantes und teures Mobiliar im Stil von James und Robert Adams entworfen. Jetzt sah er sich genötigt, »Möbel für Metzger« herzustellen.

Thomas Cole stellt in »Der Traum des Architekten« (1840) einen erhabenen Baustil vor, in dem die verschiedensten Stilrichtungen Platz haben

Um 1840 wurde der klassische vom mittelalterlichen oder »gotischen« Stil abgelöst, dem romantischen Geist der Zeit entsprechend. Eine klare Trennungslinie zwischen Neoklassik und Romantik läßt sich allerdings nicht ziehen. Die Trinity Church in New York ist ein Musterexemplar für das *Gothic Revival.* Der Bau der Smithsonian Institution wird manchmal dazugezählt, anderen Augen kommt er römisch, normannisch, lombardisch oder orientalisch vor. Das erste Gebäude der New York University am Washington Square wurde als *English Collegiate Gothic* klassifiziert. Die großen Bogenfenster waren der King's College

Chapel zu Cambridge nachempfunden. Die Abneigung gegen alles Englische schien hier etwas nachgelassen zu haben. Das Gotische wurde in Holz imitiert. Holz war ein amerikanischer Stoff, seine Verwendung patriotisch und billig. William Rush hatte schon 1814 einen Washington geschnitzt. Bei einer Kirche in Brunswick (Maine) wurden die Stützpfeiler des Turmes aus Holz gefertigt. Sie hörten ein paar Zentimeter über dem Boden auf und hingen quasi in der Luft. Gotische Linien wurden womöglich noch begradigt, Pfeiler standen frei und hatten nichts mehr zu tragen, Bögen baumelten von der Decke.

Robert Dale Owen sah den Vorteil des Gotischen in seiner Wandelbarkeit, und Wandel bedeutete Fortschritt. Die Stilmischung wurde fast zum Prinzip. Amerikanische Baumeister haben sich in der ersten Hälfte des 19. Jahrhunderts in römischen, griechischen, gotischen und in sonstigen Stilarten versucht. In Philadelphia wurden gleichzeitig eine griechische Bank, eine maurische Akademie und gotische Privathäuser errichtet, dazu ein Gefängnisbau (1832/33), dessen Frauen- und Schuldnertrakte für ägyptisch gehalten werden konnten. Der Maler Thomas Cole hat die architektonischen Phantasien der Zeit sensibel dargestellt. Sein Bild »The Architect's Dream« (1840) zeigt römische Kolonnaden, griechische Tempel, ägyptische Pyramiden und gotische Kirchtürme. Und dies war mehr als ein Traum, denn die Mischung der Stile konnte wirklich an ein und demselben Bauwerk vollzogen werden. So sehr sich die hyperkritische Engländerin Francis Trollope über die stilistische Anarchie beklagte – ihren eigenen »Bazaar« in Cincinnati hat sie aus antiken, maurischen und venezianischen Elementen zusammengestückelt. Ionische Voluten zierten die gotischen Fenster. Der Baumeister einer New Yorker Synagoge kombinierte ein toskanisches Portal mit einem gotischen Turm. Mark Twain sagte später, nirgendwo sonst sei der amerikanische Humor so deutlich zum Ausdruck gekommen wie in der Architektur.

Tocqueville beurteilte die amerikanische Architektur um 1830 mit höflicher Zurückhaltung, Thoreau sprach von »sogenannten Architekten«. Die Amerikaner, schrieb ein Kunsthistoriker, wechselten ihre Baustile so geschwind wie ihre Politik, ihre Lesegewohnheiten und ihre Transportmittel. Nathaniel Hawthorne erhob die Vergänglichkeit zum Prinzip. Jede Generation solle ihre eigenen Häuser bauen, hieß es in *The House of the Seven Gables* (1851): wo Rathäuser, Gerichte, Parlamentsgebäude und Kirchen alle zwanzig Jahre in sich zusammenfielen, da würden die Bürger auch den ideellen Gehalt dieser Institutionen überprüfen und den nötigen Reformen unterziehen.[10]

Malerei

Die erste Ausstellung kolonialer Gemälde hatte 1757 in New York stattgefunden. In kalvinistisch beherrschten Regionen gab es keine religiöse Malerei; dort durfte man sich »kein Bild« machen. Selbst als der kalvinistische Einfluß nachließ, wurden religiöse Themen nur spärlich verwendet. Immerhin hat der aus Schweden stammende Gustav Hesselius für eine anglikanische Kirche in Maryland ein Abendmahl geliefert. Hesselius, 1755 gestorben, wird mitunter als Gründer der »Amerikanischen Schule« bezeichnet. Er malte Häuptlinge, Faune und Nymphen, die Indianern ähneln. Sein Sohn John Hesselius war vielleicht der einzige in Amerika geborene Maler der südlichen Kolonien.[11] Die erste amerikanische Malerin, Henrietta Johnston, deren Porträts heute merkwürdig modern anmuten, war 1705 nach Charleston in South Carolina gekommen.

Die größten amerikanischen Maler der Revolutionszeit waren John Singleton Copley, Benjamin West, Charles Willson Peale, Gilbert Stuart und John Trumbull. Copley, der Porträtmaler der neuenglischen Prominenz, hatte keine Gelegenheit, in seiner Heimatstadt Boston Aktstudien zu treiben, weshalb seine Figuren meist eine falsche Anatomie zeigen. Die Gliedmaßen sind zu kurz, der Kopf zu groß, die Beine wirken wie angeklebt. Teils weil er sich in Boston nicht weiterentwickeln konnte, teils weil er Loyalist war, ging er vor der Revolution nach England, wo ihn ein Meister hatte wissen lassen, er könne in Europa lernen, vorausgesetzt, es seien ihm nicht schon Stil und Geschmack in Boston versaut worden. Wie sein Kollege Benjamin West tat Copley sich in England vor allem als Historienmaler hervor.

Benjamin West, ein Quäkerssohn aus Pennsylvania, war früh nach England ausgewandert und mit seinen mythologischen und historischen Themen zu Erfolg gekommen. Ein Bild, *The Death of General Wolfe at Quebec* (1771), ist die »erste Pietà des Nationalismus« genannt worden, und wie eine Kreuzabnahme sieht das Arrangement zweifellos aus. West war der erfolgreichste unter den Künstleremigranten. Generationen amerikanischer Maler haben von ihm gelernt.

Gilbert Stuart, wie Copley und Benjamin West loyalistisch gesinnt, stammte aus einer königstreuen Familie in Rhode Island, studierte nach Ausbruch der Revolution bei West in England, porträtierte Georg III. und den Prinzen von Wales. 1792 kehrte er nach Amerika zurück, wo er mehrfach George Washington malte, den er inzwischen zu bewundern gelernt hatte. Andere Größen dieser Zeit haben ihm Porträt gesessen, darunter John Adams, Jefferson, Madison, Johann Jacob Astor und General Knox.

Der republikanisch eingestellte Charles Willson Peale hat insgesamt vierzehn Porträts von Washington angefertigt. Peale war aktiv um die Förderung amerikanischer Künste und Wissenschaften bemüht. Ernähren konnte ihn seine Kunst nicht. Er stopfte Vögel aus, plombierte Zähne und reparierte Uhren, um sich am Leben zu erhalten. Seine Porträts, ob Washington, ob La Fayette, sind alle mit ziemlich derselben Physiognomie ausgestattet.

John Trumbull, ein Vetter des Dichters, wurde als Sohn eines kolonialen Gouverneurs von Connecticut geboren. Als Harvard-Absolvent und überzeugter Republikaner erblickte er den Sinn der Malerei darin, Geschichte im Bild festzuhalten. Das hat er mit seinen Revolutionsdarstellungen – *Battle of Bunker Hill* oder *The Signing of the Declaration of Independence* – auf seine Weise getan.

Die kolonialen Maler hatten von den Europäern geborgt, aber gleichzeitig ihre Vorbilder in einer typischen Weise abgewandelt. Barocker Pomp, barocke Rundungen verschwanden. Die porträtierten Gestalten nahmen oft genug eine entrückte Pose ein. Vom 17. Jahrhundert bis zu Copley hatte sich eine Sichtweise durchgesetzt, »welche die zugrundeliegende Präsenz einer menschlichen Figur zu ignorieren schien«.[12]

Charles Wilson Peale benannte seine elf Kinder nach berühmten europäischen Malern – einige von ihnen kamen selbst zu Künstlerruhm. Rembrandt Peale malte Porträts und Allegorien. Raphaelle Peale, der Schalk, unterlief die viktorianische Moral mit dem Bild *After the Bath* (1823), auf dem hauptsächlich ein großes Badetuch zu sehen ist. Titian Peale tat sich als Tiermaler hervor. Der Ehrentitel »amerikanischer Tizian« wurde allerdings Washington Allston zuerkannt, der für seine romantischen und sentimentalen Gemälde und als Verfasser des »gotischen« Romans *Monaldi* (1841) bekanntgeworden ist; in England verkehrte er mit Coleridge und Wordsworth.

Kontakt mit Europäern und Ausbildung an europäischen Schulen suchten viele. Emmanuel Leutze, das Oberhaupt der *Düsseldorfer Schule,* lebte und arbeitete zwanzig Jahre in Deutschland. Und doch zeigt sich gerade Leutze in Bildern wie *Washington Crosses the Delaware* als prononciert nationaler Künstler. Seine monumentale Allegorie *Westward the Course of Empire Takes Its Way,* die auf sechshundert Quadratfuß einen Treppenaufgang im Capitol schmückt, ist zu einem amerikanischen Symbol schlechthin geworden. Dem Kopf der *Hudson River School,* Thomas Cole, wurde sogar nachgesagt, er sei durch seinen Europa-Aufenthalt »more American« geworden; erst in Amerikas unberührter Natur habe er die Vorlagen für seine Landschaftsbilder finden können. Deutschstämmige Maler wie Rufus Zogbaum, Charles Schreyvogel oder Charles Wimar wählten amerikanische Sujets und stellten gerne das Leben an der Frontier dar. Albert Bierstadt aus der späten *Hudson River School* verlegte sein Arbeitsfeld bis in die Rocky Mountains und ins Tal des Yosemite. Mit »staccato quality« malte George Catlin amerikanische Indianer, Bilder, die heute noch dokumentarischen Wert besitzen. George Caleb Bingham spezialisierte sich in Bildern wie *Jolly Flatboatmen* oder *Stump Speaking* auf Frontierszenen und den Alltag im Hinterland. Schon von den Themen her konnte es nicht ausbleiben, daß sich die amerikanische von der europäischen Malerei entfernte.

Dazu kam die ideologische Distanz. Der autodidaktische Porträtmaler Chester Harding aus Conway (Massachusetts) äußerte sich auf einer Europareise nur herablassend über die Meisterwerke von Raffael und Rubens. Der ehemalige Landarbeiter, Möbelschreiner, Salonkeeper und Hausierer porträtierte Daniel Boone und verschiedene Indianerhäuptlinge, machte Gilbert Stuart erfolgreich

Konkurrenz und legte seine demokratisch-egalitäre Kunstauffassung in einer *Egotistography* nieder. Hardings Galerie wies werbend darauf hin, seine Werke seien »frisch aus dem Atelier eines amerikanischen Künstlers. Keine geräucherten Schinken alter Meister«. Der Genremaler William Mount goß seine demokratische Gesinnung in den Satz: »Male nie für die wenigen, male für die vielen.«[13] Die *American Art Union* und die *Cosmopolitan Art Association* forderten von den Künstlern an erster Stelle die Lösung von alten und europäischen Vorbildern. Trotz demokratischer Gleichheitsbekenntnisse waren in der Malerei der Epoche repräsentative Helden und hochfliegende Ideen gefragter als Figuren des Alltags. In einem der ersten Bilder aus der industriellen Arbeitswelt, *Interior of a Smithy* (1815) von Bass Otis, sind die arbeitenden Menschen in einer Eisenschmiede »nur nebensächlich eingefügt, um dem Ganzen Perspektive zu geben und die Größe des Betriebs zu verdeutlichen.«[14]

Die Landschaftsmaler, besonders die Mitglieder der *Hudson River School,* wie Thomas Cole, Asher Durand oder John Kensett, schienen davon auszugehen, daß das weite Land der Ausbreitung der Industrie natürliche Grenzen setzen und anders als in England die Entstehung von Slums verhindern würde. Typisch für sie war nicht der Rückgang von der Technik in die stimmungsvolle Landschaft, das *paysage intime,* wie in der europäischen Romantik. Die Fluchtrichtung zeigte nach vorn, der amerikanische Künstler suchte entlegene unerforschte Dimensionen. Thomas Cole, 1801 in England geboren, 1819 ausgewandert, unternahm lange Wanderungen in den Bergen am Hudson River auf der Suche nach immer neuen Horizonten. Gefragt ist das Endlose und Offene, nicht das Abgeschlossene und Intime. Die vierteilige *Voyage of Life* von Cole zeigt im ersten Bild »Youth«, ein ätherisches Schloß, das über Bergspitzen gen Himmel ragt, und endet in der Weite des Ozeans, im Nichts, in der Selbstauflösung. *Course of Empire* schildert in fünf Teilen Coles Vorstellung vom Ablauf der Menschheitsgeschichte: die wilde Perspektive des Urzustands, das Pastorale, die Vollendung des Empire, die Zerstörung und schließlich die letzte Phase der Verlassenheit, wo vor leeren Wassern, unter leerem Himmel und einem fahlen Mond nur noch eine Säule aufragt; die Natur hat von der Welt wieder Besitz ergriffen. Der leere Himmel symbolisierte für Cole das Erhabene, das Sublime, die Unendlichkeit. Aus seinen Landschaften spricht die Sehnsucht nach dem Entfernten. Ein Pfeil, den man in diese Bilder abschießt, so sagte William Cullen Bryant, wird außer Sicht geraten.[15]

Musik

Im kolonialen Süden gab es ambulante Musik- und Geigenlehrer. Erhalten ist der Vertrag mit einem Orgellehrer, der sich verpflichtet hatte, einen Schüler »das Mysterio besagter Musik mit möglichster Eile« zu lehren.[16] Der komponierende

Organist Peter Pelham ist wahrscheinlich der einzige Berufsmusiker der Kolonialzeit gewesen. Weltliche Musik war nicht zu unterscheiden von der europäischen Art, auch wenn hie und da einmal eine Sonate oder ein Menuett komponiert wurde. Das Forte der Kolonisten war die geistliche Musik, waren religiöse Hymnen, die in der Zeit des *Great Awakening* einen Aufschwung nahmen, dazu die Musik der Sklaven bis zur Herausbildung des Spirituals. Die meistverbreiteten Instrumente waren Gitarre und Geige, Flöte, Horn und das Klavier. Die Moravier in North Carolina brachten es irgendwie fertig, aus einem hohlen Baum eine Trompete herzustellen. Aus London kam das »glassichord«. Benjamin Franklin persönlich spielte auf der Glasharmonika oder den »musical glasses«. Auf einigen Plantagen wurden mit Dienstboten ganze Orchester zusammengestellt. Thomas Jefferson, der selbst Geige spielte, hat sich immer ein solches »plantation orchestra« gewünscht.

1756 wurde in Maryland die Beggar's Opera (1728) von John Gay aufgeführt. Die erste große amerikanische Oper hatte 1781 Premiere. Francis Hopkinson, der sich für den ersten amerikanischen Komponisten hielt, pries in *The Temple of Minerva* (1781), einer Allegorie auf den »Genius« von Frankreich und Amerika, die Allianz zwischen Franzosen und Amerikanern während des Revolutionskrieges. Die patriotischen Hymnen des William Billings, eines neuenglischen Gerbers, ließen keine Zweifel aufkommen, daß Gott auf der Seite der Rebellen war. Die Lieder in den Jahren nach der Unabhängigkeit, George Webbs *Ode to the Fourth of July*, die Märsche von Oliver Shaw, Charles Horns *National Melodies of America*, drückten den Überschwang aus, der mit der politischen Freiheit einherging. Die meist autodidaktischen Komponisten ungezählter Quicksteps und Quickmarches, Quadrilles und Gallops nutzten musikalische Quellen aus aller Welt: russische, türkische, wienerische, tirolerische, ungarische und böhmische.

Aus Nordböhmen kam der von der deutschen Romantik geprägte Anton Philip Heinrich. Er wurde zu einem glühenden amerikanischen Nationalisten und avancierte, mangels Konkurrenz, als Anthony Heinrich zum »Beethoven Amerikas«, der die diversen Anarchiads, Democratiads und Guillotiniads um eine Yankee Doodleiad bereicherte. Heinrich hatte, von Wanderlust getrieben, einige europäische Länder bereist, ehe er nach Amerika ging. Dort setzte er seine Reise fort, ließ die, wie er meinte, übervölkerten Städte des Ostens hinter sich und suchte Zuflucht in der Wildnis Kentuckys. Die »Genien der Musik in einem amerikanischen Wald« wollte er aufspüren. Einsamkeit und Eskapismus sind aus seinen Kompositionen herauszuhören. Sein Werk *Dawning of Music in Kentucky* (1820) mit dem Untertitel *The Pleasures of Harmony in the Solitudes of Nature* läßt die Themen Wiedergeburt, Erneuerung und die Suche nach ewigen Glaubenswahrheiten anklingen. Das Melodram *The Child of the Mountain* mit dem Untertitel *Deserted Mother* spielt zwischen mittelalterlichen Burgen. Heinrich fühlte sich als »a wand'ring wayward child« und ließ seine Frau im Osten und sein Kind in Böhmen zurück. Von seinem neuerworbenen Amerikanismus nahm er nur

Abstand, sobald er musikalisches Unverständnis witterte: »Mein Gott im Himmel! De peebles vot make John Tyler Bresident ought to be hung! He knows no more apout music than an oyshter!«[17]

Anton Heinrich gab, für Klavier gesetzt, 1820 seine Sammlung moralischer, patriotischer und sentimentaler Lieder unter dem Titel *The Western Minstrel* heraus. Minstrels, verwandt mit dem Wort »Minnesang«, waren zu jener Zeit amerikanische Balladen, die vor mittelalterlichem Hintergrund ein hohes Lied auf Amerika anstimmten. »Sie enthalten etwas von der Energie, dem Tempo und der Weitläufigkeit der Republik. Mittelalterlich gewandet, war der Troubadour doch eine genuin amerikanische Gestalt, der Apostel von Gleichheit und Brüderlichkeit.«[18] Über die *Minstrel Show* wurden diese Balladen zu einer eigenständigen amerikanischen Musik- und Unterhaltungsform, die später für die Kultur der Schwarzen eine besondere Rolle spielte.

Die europäische Musiktradition wurde nicht zurückgedrängt, im Gegenteil, ab den 1840er Jahren gab es besonders in Boston, Philadelphia und New York regelmäßig Konzertaufführungen mit Werken von Beethoven, Händel, Haydn oder Mendelssohn. Aber insgesamt schlug die amerikanische Musik eine andere Richtung ein. Lowell Mason versammelte im *Boston Glee Book* (1838) fröhliche und patriotische Lieder mit Titeln wie »Land of Our Fathers«, »Gallant and Gaily« oder »Rise, Cynthia, Rise«. Stephen Foster komponierte die ewig populären Songs »Oh! Susannah«, »Swanee River« und »My Old Kentucky Home«. Foster, der in Cincinnati als Buchhalter gearbeitet hatte und den Süden erst später aus eigener Anschauung kennenlernte, schrieb viele Lieder für die schwarzen Minstrelshows. In seinen »äthiopischen Songs« hat er, obwohl selbst Gegner der Sklaverei, die Arbeitsplantagen als pastorale Orte geschildert. Seine fließenden, unkomplizierten Melodien sind harmonisch meist nur auf Tonika, Dominante und Subdominante aufgebaut. Damit und mit dem Inhalt der Liedtexte läßt sich die Beliebtheit seiner Kompositionen erklären. Der Historiker Carl Bode hat recht deutlich gezeigt, wie Stephen Foster sein Publikum in ein »never-never land« führte. In den Liedern, so heimelig sie klingen, herrscht kein Mangel an Symbolen der Flucht, der Schlaf wird zur Todesmetapher, die Entfernung von Zeit und Raum zur großen Sehnsucht: »Man braucht nicht groß zu spekulieren, will man den Eskapismus bemerken, der sich ausdrückt in zeitlicher Distanz (in drei Formen: Kindheit, Alter und die ›gute alte Zeit‹), räumlicher Distanz (der Süden), Distanz von der Wirklichkeit (Träume) und Distanz vom Leben (Tod).«[19] Foster starb in einem New Yorker Armenspital.

Theater

Das erste im Text überlieferte amerikanische Drama war eine satirische Attacke auf einen englischen Kolonialbeamten; aber *Androboros* (1714) ist nie aufgeführt worden. Das erste Theatergebäude mit dem ersten Berufsensemble in den Kolonien überhaupt entstand 1716 in Williamsburg. Die Initiatoren waren zwei ehemalige *indentured servants,* Charles und Mary Stagg. Sie brachten es zu Wohlstand, hatten schließlich selbst zwei Dienstboten unter Vertrag und besaßen zwei Sklaven. In South Carolina ist in den 1730er Jahren Theater gespielt worden, in Maryland ab 1752, in North Carolina noch später. 1767 wurde in der Provinz New York das erste Theater gegründet. Sogar in Neuengland schwächte sich der Vorbehalt gegen Schauspiele ab. Das Drama *George Barnwell* (1730) wurde ein Jahr nach der Aufführung in London von einer neuenglischen Zeitung nachgedruckt.

Theateraufführungen blieben sporadisch. Zwischen den Inszenierungen in den einzelnen Kolonien lagen manchmal Jahrzehnte. Zu den am liebsten gespielten Stücken gehörten der *Kaufmann von Venedig, Romeo und Julia* und *Richard III., The Recruiting Officer* von Farquahar und Addisons *Tragedy of Cato,* die auch von Amateurgruppen inszeniert wurde und der Patrick Henrys berühmter Ausruf »Give me liberty or give me death« fast wörtlich entnommen ist. George Washington ist fleißig ins Theater gegangen und hat Aufführungen in Williamsburg und Alexandria besucht. Eine englische Truppe, die 1752 den *Kaufmann von Venedig* in Williamsburg aufführte, verbeugte sich in einem Prolog auf der Bühne vor dem amerikanischen Publikum:

> Haste to Virginia's Plains, My Sons, repair,
> The Goddess said Go …

Das amerikanische Theater blieb lange der englischen Tradition verpflichtet, mehr noch als Architektur, Malerei und Musik. Doch nach der Unabhängigkeit sollte es nicht mehr das Aschenbrödel unter den Künsten sein. Mit *The Contrast* (1787) von Royall Tyler kam das erste von einem Amerikaner verfaßte Schauspiel auf die Bühne. Ein weiteres Stück von Tyler, das Musikspiel *My Day in Town* (1787), ist verlorengegangen. Nach einer Schätzung sind vier Fünftel der zwischen Revolution und Bürgerkrieg geschriebenen Dramen nicht überliefert. Patriotische Stücke und moralisierende Melodramen beherrschten die Szene.[20] William Dunlap schrieb sechzig Stücke, darunter viele Übersetzungen und Nachahmungen europäischer Autoren. *The Stranger* (1798) zum Beispiel ist eine Adaption Kotzebues. 1832 konnte Dunlap eine *History of the American Theater* vorlegen.

Die Dramatiker waren, wie die Architekten, fasziniert von mittelalterlichen Vorbildern und Stoffen. *England's Iron Days* (1837) von Nathaniel Bannister spielt in der Zeit der Sachsen und Normannen. George Miles aus Maryland schrieb ein Blankversdrama über den arabischen Propheten *Mohammed* (1850). Der populäre Nathaniel Willis siedelte seine Tragödie *Bianca Visconti* (1837) im späten italienischen Mittelalter an. Charlotte Barnes verlegte in ihrem Schauspiel *Octavia Bragaldi* die »Kentucky-Tragödie«, eine sensationelle Eifersuchtsaffäre aus dem Jahr 1824, ins Mailand des 15. Jahrhundert. Manchen schien die amerikanische

Kulisse einfach nicht bühnenreif genug. John Burk kleidete seine Bewunderung für patriotische Amerikanerinnen in ein Stück über Jeanne d'Arc (*Female Patriotism*, 1798). Der junge James Fenimore Cooper mußte erst von Freunden dazu gedrängt werden, seinen zweiten Roman in Amerika spielen zu lassen; *The Spy* (1821) kam im Jahr darauf als Theaterstück heraus.

Trotz des vor allem in Neuengland spürbaren Widerstands gegen das Theater als unmoralischer Anstalt sind die politischen und militärischen Ereignisse zwischen der Boston Tea Party und dem Krieg von 1812 häufig auf die Bühne gebracht worden. Hugh Henry Brackenridge, der während des Unabhängigkeitskrieges als Feldkaplan diente, schmiedete bereits 1776 ein Blankversdrama über die Schlacht von Bunker Hill. Die Helden mußten glorifiziert werden. George Washington wurde mit historischen Feldherren verglichen und für überlegen befunden. Nach seinem Tod entstand in Pennsylvania ein deutschsprachiges Stück mit dem Titel *Washingtons Ankunft in Elisium* (1800), woselbst der General sich mit Brutus, Columbus, Franklin und William Penn ins Gespräch vertieft. Ein Enkel Washingtons machte seinen Großvater zum Mittelpunkt eines »nationalen Dramas« in zwei Akten. Bis zum Bürgerkrieg wollte die Flut der »National Military Dramas« und der »American Patriotic Spectacles« nicht mehr abreißen. Die Bühne eignete sich zur Propagierung kulturellen Selbstbewußtseins. Royall Tylers 1787 in New York uraufgeführte Komödie *The Contrast* ist ein Lob der einfachen Sitten auf dem Lande vis-à-vis der dekadenten, frivolen, Europa nachäffenden Manieren in den Städten. In J. N. Barkers Drama *The Indian Princess* (1808) fordert der virginische Pionier die Engländer auf, sie sollten sich aufhängen auf ihrer nebligen und düsteren Insel, nur in Amerika könne man frei atmen.[21]

XXIII. Kapitel

DICHTUNG UND PROSA

Nichts hatte über den Mangel an hochrangiger literarischer Produktion in den britischen Kolonien hinwegtäuschen können. Wohl hat Arthur Blackmore einige Romane geschrieben, nachdem er als Professor am William & Mary College wegen Trunkenheit entlassen worden und nach England zurückgekehrt war. Es ist aber nicht bewiesen, daß er sie in Virginia schrieb, sonst könnte man das Datum des ersten amerikanischen Romans um ein halbes Jahrhundert vorverlegen.[1] So gebührt dieser Platz Thomas Digges, einem Katholiken aus Maryland, dessen *Adventures of Alonso* 1775 in London herauskamen. Nach anderer Lesart ist der Ehrentitel »First American Novel« dem Melodram *The Power of Sympathy* (1789) von William Hill Brown zu verleihen.

Als der fähigste und witzigste der Schriftsteller des Südens ist William Byrd bezeichnet worden, dessen *History of the Dividing Line, A Progress to the Miners* und *A Journey to the Land of Eden* klassischen Status in der amerikanischen Literaturgeschichte erreicht haben. Byrd war in vielen Sätteln gerecht und ist auch durch eine Reihe respektloser Gelegenheitsgedichte hervorgetreten.

Der Süden behielt seine Tradition der leichten Muse bei, den satirischen Unterton, den Spott. Nicht einmal das Epitaph war so biblisch-schwülstig wie weiter nördlich.[2] In Annapolis schlossen sich einige Poetaster zu einem »Tuesday Club« zusammen, die ihre Kunst nicht allzu ernst nahmen. Es gab aber auch ernstgemeinte Dichtung. Richard Lewis versuchte sich in der neoklassischen Manier. Eine beliebte Form war die »lyric to ladies«, das Billetdoux, das oft genug in den Spalten der *Virginia Gazette* und anderer Zeitungen zu finden war.

Jupiter Hamon war der erste Afrikaner, der in Amerika ein Gedicht veröffentlichte.[3] Er lebte als Sklave auf Long Island. Phillis Wheatley, Sklavin in Boston, war 1761 nach Amerika gebracht worden. Sie lernte Englisch und Latein, verfaßte Gedichte seit sie 14 Jahre alt war, darunter eine »Elegie« (1770) auf den Tod von

George Whitefield. Ihre *Poems on Various Subjects, Religious and Moral* (1773) sind von Voltaire gelobt worden. Nach dem Tod ihrer Besitzer wurde sie freigelassen; sie starb jung und in Armut.

Die Literatur während und nach der Revolution war mit politischen Themen durchsetzt, das gilt selbst für Abenteuerromane wie Royall Tylers *The Algerine Captive* (1797). Als Begrenzungspunkte kann man die Autobiographie des antidemokratischen Journalisten William Cobbett, *Life and Adventures of Peter Porcupine* (1776) und das antifederalistische Gedicht *Porcupiniad* (1799) von Matthew Carey setzen. Erfahrungsberichte legten Zeugnis ab von den Motiven der Rebellen und Patrioten wie vom Schicksal der unterlegenen Loyalisten. Zum »Dichter der amerikanischen Revolution« ist Philip Freneau geworden, der sich auf die Seite Jeffersons geschlagen hatte. »The British Prison Ship« (1781) beschreibt die Grausamkeit des Krieges, natürlich besonders seitens der Engländer. In anderen Gedichten schilderte er den leidenschaftlichen Kampf der durchweg heldenhaften siegreichen Amerikaner.[4]

Die »Hartford Wits« John Trumbull, Timothy Dwight und Joel Barlow stellten sich hinter die Revolution und führten ihre republikanische Gesinnung im Mund, verwahrten sich aber gegen radikale Auswüchse. In *McFingal* (1775–1782) stellt Trumbull in Gestalt eines schottischen Tories die Loyalisten bloß. Das Gedicht ist wiederholt neu aufgelegt worden und war einer der beliebtesten Raubdrucke der Zeit. Gemeinsam mit Barlow und anderen legte Trumbull in der *Anarchiad* (1786–1787) seinen antifederalistischen und antiagrarischen, gegen Jefferson gewandten Standpunkt dar. Timothy Dwight exponierte in »Greenfield Hill« (1794) die britische Plünderung von New Haven.

Nach der Unabhängigkeit und nach dem Krieg von 1812 verlangte das Nationalbewußtsein nach großen Dichtern. Wo war er, der amerikanische Wordsworth oder Sir Walter Scott? Jede gekünstelte Verserzählung wurde als neues nationales Epos gefeiert, jede sentimentale Romanschriftstellerin als amerikanische Jane Austen.[5] Als »durch und durch amerikanisch« lobte Henry Adams den aus Schottland stammenden Hugh Brackenridge aus Pittsburgh, der in *Modern Chivalry* (1792) die Schwächen der jungen Republik satirisch aber wohlwollend aufs Korn genommen hatte. In Joel Barlow und seiner *Columbiad* (1807) glaubte Adams wenigstens ansatzweise den großen Nationaldichter zu erkennen: »Als Dichter hat er es auf sich genommen, für sein Land das zu tun, was Homer für Griechenland getan hat. Vergil für Rom, Milton für England und Camões für Portugal – Amerika ein großes Epos zu geben.« Mit Hannah Adams trat die erste Berufsschriftstellerin der USA auf den Plan. David Humphreys verherrlichte die *Happiness of America* (1780), die *Glory of America* (1783) und zeichnete mit einem *Poem on the Industry of the United States* (1783) ein rosarotes Bild von der industriellen Revolution. Patriotische Versepen blieben bis zum Bürgerkrieg in Mode. Nur reichte bei den Verfassern der *Virginiad* (1825), *Coloniad* (1858) oder

Washingtoniad (1861) das dichterische Talent meist nicht an die Vaterlandsliebe heran.

Das »Gothic Revival« erfaßte mit seinen mittelalterlichen Themen die Literatur. Samuel Woodworth stellte General Washington in *The Champions of Freedom* (1816) einen gotischen Dämon in Gestalt eines Indianerhäuptlings zur Seite. Coopers *The Bravo* (1831) spielt im Venedig der Renaissance, Longfellows *The Golden Legend* (1851) im mittelalterlichen Deutschland. In einem allegorischen Gedicht reflektierte Edgar Allan Poe über den Ursprung der Schönheit des von Tycho Brahe beobachteten Sterns *Al Araaf* (1829). Das Motiv in »Rip Van Winkle« aus Washington Irvings *Sketch-Book* (1819–20) ist der deutschen Sage entnommen. Irvings romanhafte *Chronicle of the Conquest of Granada* (1829) und die Erzählungen in *The Alhambra* (1832) widmeten sich der Wiederbelebung mittelalterlicher Würde und Schönheit und dem Heroismus der Mauren angesichts der Barbarei christlicher Eroberer.

Die meistgelesenen Autoren der Zeit, und dazu gehörte Washington Irving, fanden ihr Publikum vor allem über Zeitschriften. Ihr gemeinsames Merkmal war die Lust am Reisen: »Diese Autoren gründeten ihr Handwerk auf eine Form der Flucht – aus ihrem Land, aus ihrer Identität und aus ihrer Tätigkeit selbst. Offenbar machten sie ihr zielloses Wandern zum Beruf...«[6] Der literarische Dandy Nathaniel Willis durchstreifte Europa und Kleinasien. Seine Reisebriefe erschienen in den mehrbändigen Sammlungen *Pencillings by the Way* (1836 ff.) und *Loiterings of Travel* (1840). Bayard Taylor stellte seine Reiseerfahrungen unter dem Titel *Views A-Foot* (1846) vor und legte sich Rechenschaft ab über seine psychische Disposition: »Manchmal wünsche ich mir fast, daß mir Hindernisse in den Weg geworfen werden, damit ich bei ihrer Überwindung zusätzliche Stärke gewinne.« Unter Haschischeinfluß eröffneten sich ihm die ersehnten endlosen Weiten, ein grenzenloses Triumphgefühl stellte sich ein. Nach einem orientalischen Bad schwebte er auf rosigen Wolken und fand nur mit Mühe ins Irdische zurück.[7] Fritz Ludlow, der sich auch mit Opium auskannte, verarbeitete in *The Hasheesh Eater* (1857) eigene Erfahrungen.

Irving hatte mit einer Amerikanisierung der Literatur nichts im Sinn, er bewunderte Wohlanständigkeit, Zurückhaltung und andere englische Tugenden, wie einer seiner Zeitgenossen meinte. Und doch konnte er sich den Neigungen seiner Landsleute nicht entziehen. Sein Held Rip Van Winkle ist mit Erfolg bemüht, gesellschaftliche Fesseln abzustreifen, die Bindungen an sein Haus, an Ehe und Arbeit loszuwerden, und er vererbt diese Veranlagung seinem Sohn. Man hat die amerikanischen Züge Irvings so leicht vergessen, weil er im Stil altmodisch wirkte, der Vergangenheit den Vorzug gab und weil er zu der eher konservativen »Knickerbocker Group« gehörte, die nach seiner *Knickerbocker's History of New York* (1809) benannt war. William Cullen Bryant, James Kirke Paulding und Lydia Child waren Mitglieder dieses Zirkels: Bryant, der als Mitherausgeber der *Evening*

Post in New York zu den einflußreichen Federalists zählte und eine große amerikanische Literaturtradition heraufziehen sah; Paulding, der in *The Backwoodsman* (1818) die Freiheit des amerikanischen Westens feierte; Child, die in *Hobomok* (1824) ihr Herz für den »edlen Wilden« entdeckte.

Edgar Allan Poe

Edgar Allan Poe hat die »Knickerbockers«, mit deren Erfolgen er nicht Schritt halten konnte, als »Literati« diffamiert. Ein gängiges Urteil weist Poe eine Sonderstellung in der amerikanischen Literatur zu. Es ist wahr, daß er kaum direktes politisches Interesse zeigte. Regionale und nationale Anliegen blieben in seinen Schriften peripher. Von Transzendentalismus und Egalitarismus hielt er sich fern. Die »reformistischen Halbgötter« schienen ihm nach außen gekehrte Teufel zu sein. Man hat Poe als Exoten bezeichnet, als genialen Dichter des Mysteriösen, als Vorläufer der anspruchsvollen Detektivgeschichte und der Science Fiction, als Außenseiter, der »eigentlich« nicht zu Amerika gehöre, sich zwanglos in die europäische Tradition einfüge, wie *ex post* aus seinem Einfluß auf europäische Autoren von Baudelaire bis Arno Schmidt zu schließen sei.

Keine Frage, daß Poe sich auf dem damaligen literarischen Markt schwerer getan hat, als weniger begabte Kollegen. Für die *Tales of the Grotesque and Arabesque* (1839) bekam er Belegexemplare, aber keine Tantiemen, für »The Raven« (1845) nicht mehr als zehn Dollar. Während einer Lesung im Oktober 1845 verließ ein Großteil des Publikums den Saal. Aber gerade der Mißerfolg hat Poe dazu gebracht, für die Eigenständigkeit der amerikanischen Literatur zu streiten. Wie viele seiner Zeitgenossen hat er eine Unabhängigkeit nicht nur das Staates, sondern endlich auch der Künste und der Wissenschaften gefordert. Man solle ein amerikanisches Buch nicht erst dann für gut befinden, wenn es ein analphabetischer Londoner Kritiker für »lesbar« erklärt hat, schrieb er in seinen Bemerkungen zur »Nationality in American Letters«.[8]

Poe, das Waisenkind, der isolierte Internatszögling in England, der enterbte Adoptivsohn, dessen Mitschüler in Richmond ihn als Schauspielerbalg verspotteten und dessen Pflegevater ihm noch vom Totenbett aus mit dem Stock drohte – die Einsamkeit ist ihm zur zweiten Natur geworden, den Wunsch nach Gesellschaft verspürte er nur, wenn er betrunken war. Die Ehe mit seiner vierzehnjährigen Kusine Virginia war problematisch, manche haben aus Erzählungen wie *Berenice, Ligeia* oder *The Fall of the House of Usher* einen unbewußten Tötungswunsch herausgelesen. In seinen nomadenhaften Gewohnheiten war er ganz amerikanisch, er scheint ständig zwischen Richmond, Baltimore, Boston, Philadelphia unterwegs gewesen zu sein, ohne sich irgendwo zu Hause zu fühlen. In den letzten Lebensjahren häuften sich gewalttätige Zwischenfälle und alkoholische Exzesse.

Daß Poe den Problemen seiner Zeit gegenüber apathisch war, ist übertrieben. In journalistischen Arbeiten hat er sich mit der Sklaverei, mit der Temperenzbewegung, mit Schuldgefängnissen – die er von innen kannte – und mit der existentiellen Frage des Urheberrechts auseinandergesetzt. Seinen Landsleuten bescheinigte er Selbstsicherheit, Mut und geistige Elastizität. Naturwissenschaftliche und technische Dinge haben ihn ebenso interessiert und fasziniert wie seine Mitbürger. Poe befand sich im »mainstream« des amerikanischen Denkens, urteilte ein Biograph, und war keineswegs ein Exot. Poe träumte vom Heraufkommen einer geistigen Elite, von der Herrschaft des Genies. »Träumen war das Gewerbe meines Lebens«, schrieb er in *The Assignation.*[9] Ein Gedicht verdiente für ihn nur dann so genannt zu werden, wenn es aufrührte und die Seele auf eine höhere Stufe transportierte. Poe hat sich skeptisch über demokratische Zustände geäußert und ist am Ende deutlich auf Distanz zu seiner Zeit gegangen. Es mag richtig sein, ihn einen entfremdeten Kosmopoliten zu nennen. Falsch wäre es, ihn deshalb aus der amerikanischen Geschichte herauszunehmen, denn die Sehnsucht nach dem Anderen, dem Besseren, dem Höheren ist Teil eben dieser Tradition. »Out of space – out of time«, so charakterisierte er selbst sein Werk. Poe stellte sich in den Schatten des Todes, der Tod war die große Metamorphose, die Lösung von Menschen und Dingen, die Einsamkeit, die er ebenso gefürchtet wie gesucht hatte. D. H. Lawrence hat erkannt, daß Poe mit seinem Bestreben, das ererbte Bewußtsein auszulöschen, mitten in der amerikanischen Literaturtradition stand: »... alte Dinge müssen absterben und sich auflösen, denn die alte weiße Seele muß nach und nach in Stücke fallen, ehe sich etwas Neues ereignen kann.«[10]

Nach literarischen Maßstäben erreichten nur zwei Schriftstellerinnen dieser Zeit, Margaret Fuller und Harriet Beecher-Stowe, das Niveau ihrer männlichen Kollegen. Aber der amerikanische Literaturmarkt wurde zwischen 1840 und 1890 von Frauen beherrscht, ihnen fielen die großen Verkaufserfolge zu. Der sentimentale Roman brachte Anerkennung und Tantiemen, Poe wurde hingegen in Europa eher rezipiert als in seiner Heimat. Melville konnte von seinen Honoraren kaum leben. *Billy Budd* fand erst nach Melvilles Tod einen Verleger. Bis zur zweiten Auflage von *Moby Dick* vergingen sechzig Jahre. Hawthorne schimpfte auch aus Konkurrenzneid auf den »d----d mob of scribbling women«.[11] Susan Warners Trivialroman *A Wide, Wide World* (1850), trotz seines Titels als *domestic novel* ausgewiesen, erreichte binnen zwei Jahren 13 und insgesamt 67 Auflagen. Die New Yorker Kritiker redeten von der Notwendigkeit einer nationalen Literatur und nahmen ihre Entstehung nicht wahr, unterschätzten Emerson, verkannten Poe und behandelten Melville als Verräter an der amerikanischen Sache. Whitman hat zu Lebzeiten wenig Anerkennung geerntet. Die großen Dichter der Zeit verdingten sich als subalterne Angestellte im öffentlichen Dienst, in den Ministerien Washingtons, in den Zollämtern New Yorks. Die Zensur verstärkte den ästhetischen und literarischen Provinzialismus und Isolationismus.[12] Der Historiker George Bancroft hielt bei aller Liebe zu Deutschland Goethe für bestialisch und schmutzig. Kunst wurde von den Gerichten nach dem viktorianisch bestimmten Hicklin-Test beurteilt: Erst ab 1933 wurde nicht mehr der besonders anfällige oder debile Rezipient zum Maßstab des Erlaubten genommen, sondern der *homme moyen sensuel.* Whitmans *Leaves of Grass* wurden nach Erscheinen als »indecent book« verurteilt; der Dichter verlor seine Stellung im Innenministerium. Der Generalstaatsanwalt von Massachusetts verlangte, daß zwei anstößige Gedichte aus dem Band entfernt wurden, was auch geschah.

Der erste amerikanische Lyriker, der an seinen Gedichten verdiente, war Henry Wadsworth Longfellow. Von den *Songs of Hiawatha* (1855) wurden in den ersten fünf Monaten 30000 Exemplare verkauft. Longfellow gehörte zu den »Boston Brahmins«, ein Sammelbegriff für eine Gruppe neuenglischer Dichter, Geistlicher und Professoren, die sich der »natürlichen« Aristokratie Neuenglands verpflichtet fühlten. Die Bezeichnung, halb Schimpfwort, halb Ehrenname, hat sich als ironisches Epitheton für die neuenglische Oberschicht gehalten. Die Boston Brahmins hielten zur Demokratie à la Jackson vornehm Abstand. William Prescott beschäftigte sich mit Ferdinand und Isabella, John Motley mit dem Aufstieg der holländischen Republik. Longfellow, beeinflußt von den romantischen Sehnsüchten Freiligraths und dem Prosastil Jean Pauls, veröffentlichte auf Drängen seines abolitionistischen Freundes Charles Sumner *Poems on Slavery* (1842), hielt sich aber ansonsten von aktuellen Themen fern. Die *Songs of Hiawatha* haben das frühe, angeblich einfache Amerika zum Gegenstand. Oliver Wendell Holmes, Professor der Anatomie, befaßte sich in seinem Roman *Elsie Venner* (1861) mit dem Zusammenhang zwischen Prädestination und Vererbung und mit der neuenglischen »Aristokratie ohne Titel«. John Greenleaf Whittier erwies in den *Legends of New-England in Prose and Verse* (1831) der Geschichte Neuenglands seine Reverenz und verherrlichte in *Snow-bound* (1866) das Yankee-Leben auf dem Lande. Whittier war aber auch aufgrund seines Quäkerglaubens ein engagierter Abolitionist, ebenso wie James Russell Lowell, der gewandteste unter den Boston Brahmins. Lowell attackierte in den *Biglow Papers* (1847, 1848, 1867) und in anderen Schriften die Kriegspolitik, die Sklaverei und das Wirtschaftsprinzip des laissez-faire. Er hat das Interesse an sozialkritischen Themen gefördert und den Unterschied zwischen einer nationalen und einer bloß patriotischen Literatur angedeutet, die nach seinen Vorstellungen allerdings enge moralische Grenzen haben mußte: »Kein Mensch sollte eine Zeile schreiben, von der er nicht möchte, daß sie seine Tochter liest.«

Lowell mag in manchem altmodisch wirken und viele von Whittiers Gedichten sind nach heutigem Geschmack sentimental und oberflächlich. Es gibt aber keinen Zweifel, daß die amerikanische Literatur zwischen Poes Tod und dem Beginn des Bürgerkriegs zu sich selbst fand und eine eigene Qualität annahm. Noch herrsche Mittelmäßigkeit, schrieb Cooper 1848 in *The Sea Lions,* aber Amerika befinde sich unaufhaltsam auf dem Weg zu einer kulturellen Blüte. Die Prophezeiung hatte einiges für sich. Zwischen 1850 und 1855 erschienen in rascher Folge Hawthornes *Scarlet Letter,* Melvilles *Moby Dick,* Emersons *Representative Men,* Beecher-Stowes *Uncle Tom's Cabin,* Thoreaus *Walden* und Whitmans *Leaves of Grass.* In der Literaturgeschichte hat sich für diesen Abschnitt die Bezeichnung »American Renaissance« eingebürgert, obwohl dies, weil es sich um die *erste* Blüte der dichterischen Prosa handelte, nicht zutreffend ist.

Nathaniel Hawthorne und Herman Melville

Nathaniel Hawthorne stand in loser Verbindung zum Transzendentalismus und zum Unitarismus, hat sich aber mit deren wichtigsten Glaubenssätzen nicht identifizieren können. Die Vorstellung von der Perfektionierbarkeit des Menschen war ihm fremd, das Fortschrittsdenken nicht seine Sache, die ewige Suche nach dem Sinn des Kosmischen hat er lächerlich gemacht. Emerson stufte er abschätzig als einen »Sucher nach er weiß nicht was« ein. Daß Amerika eine neue Welt, ein neuer Anfang sei, wollte ihm im Gegensatz zur Mehrzahl seiner Zeitgenossen nicht einleuchten. In Salem geboren, dem Ort der historischen Hexenprozesse, machte er die puritanische Welt des 17. Jahrhunderts zum Schauplatz vieler seiner Romane und Geschichten, eine unwirkliche und phantastische Welt, die von moralischen Konflikten beherrscht, vom Versagen, vom Untergang und vom Sieg des Bösen bestimmt war, als würde Cotton Mather noch leben. D. H. Lawrence wollte in Hawthornes Meisterwerk, dem *Scarlet Letter,* die amerikanische Grundbotschaft entdeckt haben: Der Heuchler sagt »Liebe und sei fruchtbar!«, aber das Unterbewußtsein befiehlt »Vernichte! Vernichte! Vernichte!«[13]

Hawthornes Vater, ein Schiffskapitän, starb an Gelbfieber, als der Sohn vier Jahre alt war. Von daher kann das Gefühl der Vereinsamung herrühren, das ihn sein ganzes Leben nicht mehr losließ, so sehr er manchmal versuchte, aus der Einsamkeit eine Tugend zu machen. Der Mensch ist von Natur aus ein soziales Wesen, schrieb er, und doch ließ er es mit wenigen Monaten auf der kommunalen Brook Farm bewenden. In der *Blithedale Romance* (1852) ging er zu derartigen Experimenten auf Distanz. Nach seinen ersten literarischen Erfolgen, den *Twice-Told Tales* (1837, 1842), dem *Scarlet Letter* (1850) und dem *House of the Seven Gables* (1851) verdiente er sich mit einer Wahlkampfbiographie einen Konsulposten in Liverpool. Von England und den Engländern enttäuscht, legte er dieses Amt 1857 nieder, bereiste den Kontinent, lebte zwei Jahre in Italien, das ihm wie ein poetisches Märchenland vorkam (*The Marble Faun,* 1860), kehrte nach England und – widerwillig – nach Amerika zurück: »Um die Wahrheit zu gestehen, ich wäre in jedem Land lieber zu Gast, als in mein eigenes zurückzukehren. Die Vereinigten Staaten eignen sich für viele hervorragende Zwecke, aber sie sind sicher nicht geeignet, darin zu leben.«[14] Im neuenglischen Concord blieb er so isoliert wie in Europa. Er hat unter seiner Einsamkeit gelitten, ohne sie überwinden und ohne wie Emerson eine Philosophie daraus machen zu können. F. O. Matthiessen kommt am Beispiel Hawthornes immer wieder darauf zu sprechen, wie sehr die amerikanische Gesellschaft wie eine riesige Zentrifuge wirkt.[15] Die Parallelen zwischen Leben und Werk sind augenfällig. Hawthornes Figuren sind von der Gesellschaft isoliert, aber sie kommen sich auch untereinander nicht näher, als seien sie durch »wide, unoccupied spaces« voneinander getrennt oder als lebten sie in einem Vakuum. Selbst die Ehebrecherin Hester Prynne aus dem *Scarlet Letter* trifft ihren Verführer Dimmesdale im kleinen, überschaubaren Boston erst nach sieben Jahren. Hawthorne hätte Emersons Diktum vom Menschen als »repellent orb« nie unterschrieben, seine Protagonisten und er selbst jedoch passen in ihrer Lebenshaltung recht gut in dieses Bild.

Herman Melville verlor mit 13 seinen Vater, reiste als Kajütenboy und Schiffsjunge nach England, in die Südsee, nach Hawaii. Seine ersten Bücher spielen auf See: *Typee* (1847), *Omoo* (1847), *Redburn* (1849), *White Jacket* (1850). Auf paradiesischen Südseeinseln machte Melville die Erfahrung der Unerfülltheit in der Erfüllung. Es zog ihn zurück in die Welt, das Ziel mußte vor ihm liegen, nur so konnte der Wunsch nach Perfektion in Einsamkeit bestehen bleiben. Taji, der Held aus der Allegorie *Mardi* (1849), verzweifelt an Schönheit und Weisheit und setzt seine Suche über ein endloses Meer fort.

Melvilles Hauptwerk *Moby Dick* (1851) sind die verschiedenartigsten Interpretationen unterschoben worden, von der einfachen Walfängerstory bis zur universellen Mythologie. Der Wal, darin stimmen viele überein, steht für die große Verweigerung. Für die einen ist es ein Nein zur Natur gewesen, für andere ein Nein zur Technik, für dritte ein Nein zur Kultur der oberen Mittelschicht, für wieder andere ein Nein zum Puritanismus, zum Materialismus, zum Optimismus oder zur Ausbeutung des Menschen. Die Theorie der Objektbeziehungen ermöglicht eine Synthese dieser scheinbar lächerlichen Widersprüche. Ahab kämpft gegen das Objekt an sich, gegen die Gegenständlichkeit überhaupt. Der Wal muß vernichtet werden, muß mit allen Mitteln und unter Aufbietung aller Energie zum Verschwinden gebracht werden, selbst wenn der Nutzen dieses Vorhabens nicht erkennbar wird. Ahabs Obsession ist ein »namenloses, unergründliches, unirdisches Ding«, das er gegen alle Widerstände zu beseitigen hat. Die Beseitigung des Objekts stellt die vollkommene Offenheit und Bindungslosigkeit des Ozeans wieder her, auf dem objektfreien Meer ist der eigentliche Ort der Seele, dort wohnt die unsterbliche, die höchste Wahrheit, »uferlos, unendlich wie Gott«. Melvilles Helden sind weder bereit noch fähig, natürliche Grenzen zu akzeptieren. Captain Ahab ist der Prototyp des Philobaten, wie er einsam und aufrecht am Mast steht und über den Bug hinaus in die Ferne starrt. Eine Umkehr gibt es nicht für ihn, denn die Wahrheit ist grenzenlos und das Irdische trägt keine Hoffnung.[16]

Melvilles Roman *Pierre* (1852) zeigt wie Hawthornes *Blithedale Romance* das Versagen der Idealisten, den Himmel auf Erden zu schaffen. Nicht konkrete Dinge, sondern Licht und Raum dienen der Seele als Nahrung. Der endlose Weg, der fliehende Strom sind die Bestimmung des Menschen. *Pierre* trägt autobiographische Züge; Melville hat Hawthorne seine suizidalen Neigungen offenbart. Abenteuer und Angstlust, Träume von endlosen Weiten blieben ihm und seinen Helden. Melville hat seine Figuren, bis zum »wandernden Ishmael« Ungar in *Clarel* (1876), immer wieder mit der Sehnsucht nach »remoteness« ausgestattet. Er verstand es, im Leser die Illusion schierer Ausdehnung zu wecken. Weiß war die Farbe, die er mit Distanz, mit Objektlosigkeit, mit Selbstauflösung am liebsten in Verbindung brachte.[17]

Walt Whitman

Ein sehr braves, aber ein sehr eigenartiges Kind sei er gewesen, sagte die Mutter von Walt Whitman. Er selbst hatte sich negativ über seine Kindheit geäußert, sie sei unglücklich und von Rastlosigkeit geprägt gewesen. Als er vier Jahre alt war, zog die Familie von Long Island nach Brooklyn. Ab da fand über einen längeren Zeitraum hinweg jährlich ein Wohnungswechsel statt. Der Vater war als Farmer und Zimmermann nicht sonderlich erfolgreich, er trank und war schwermütig. Walt stand zu ihm in keiner näheren Beziehung, von seinem »lieben Vater« hat er erst nach dessen Tod im Jahr 1855 gesprochen. In einem Anfängerroman *Franklin Evans* (1842) erzählte Whitman die Geschichte eines ausgenutzten und schutzlosen Jungen ohne Freunde. Standardthemen seiner frühen Prosa waren Mütter, die unter gewalttätigen Ehemännern leiden, und Kinder, die weglaufen oder sterben. Gut getroffen hatte es immer nur der erstgeborene Sohn. Im wirklichen Leben dagegen ging Whitmans ältester Bruder elend an der Syphilis zugrunde – in einem Irrenhaus. Ein anderer Bruder heiratete eine trunksüchtige Prostituierte und starb mit 36 an Tuberkulose, ein dritter war Epileptiker.[18]

Affektarmut und eine seltsame Unempfindlichkeit kennzeichneten Whitmans junge Jahre, Eigenschaften, die man noch in seinen ersten Gedichten wahrnehmen kann. Zumindest machte ihm ein Beziehungskonflikt zu schaffen, die Angst vor dem Alleinsein und die Furcht vor zu großer Nähe zu anderen. Normalerweise ruhig und scheinbar ausgeglichen, verprügelte er mit 19 Jahren ein Kind, das ihn beim Angeln gestört hatte. In New York erlernte er das Setzerhandwerk, danach war er eine Zeitlang als Schullehrer auf Long Island tätig, lebte abwechselnd bei den Eltern seiner Schüler und bekam Anstände wegen pädophiler Neigungen. Eine Weile gab er in Huntington eine Wochenzeitung heraus, beendete das Unternehmen freilich abrupt und machte seine eigene Rastlosigkeit dafür verantwortlich. Auf Manhattan arbeitete er einige Jahre als Drucker und Journalist. Als er 1845 nach Brooklyn zurückkehrte, hatte er mindestens zehn verschiedene Zeitungsbetriebe kennengelernt. Zwei Jahre lang, für ihn eine Rekordzeit, verdingte er sich beim *Brooklyn Eagle,* ehe er sich kurzfristig entschloß, einer Redaktion in New Orleans beizutreten. Auf dem Weg dorthin gewann er einen Eindruck von der »Great Migration«, dem großen Zug der Siedler gen Westen.[19]

Walt Whitman (1819–1892), der Rhapsode der amerikanischen Demokratie

In Whitmans Gedankenwelt war Platz für die Ideen der Mystik und der Romantik, des Quäkertums, des deutschen Idealismus und der neuenglischen Transzendentalphilosophie. »Emerson hat mich zum Kochen gebracht«, bekannte er einmal, der stets frei von anderen geborgt hat. Fast wörtliche Übereinstimmungen gibt es zwischen Emersons Essay »Self-Reliance« und Whitmans berühmtestem Gedicht »Song of Myself«. Mit dem Wortspiel »eye« und »I« reduzierte er, wie Emerson, das Selbst auf die Funktion des Sehens. Die Ausdrucksweise amerikanischer Dichter habe fortan »transzendent und neu« zu sein, forderte Whitman, der im übrigen gelobte, konventionelle Sujets zu meiden und auf herkömmliche poetische Ausschmückungen zu verzichten. Für Zitate aus Antike und Klassik war in seiner Dichtung kein Platz, das nahm er sich wenigstens vor. In der Nachfolge Emersons plädierte er für die Unabhängigkeit von ausländischen Vorbildern. Hawthorne sollten die Leute lesen, nicht »ausländischen Schund«. Denn: die alten, mottenzerfressenen europäischen Staaten hätten ihre besten Tage gesehen.[20]

Die Vereinigten Staaten waren für Whitman im wesentlichen das »größte Gedicht«. Er war der Rhapsode der amerikanischen Demokratie, der Apostel ungehinderter Expansion. Die Lebensbedingungen an der Frontier hat er in hymnischen Gedichten wie »Pioneers! O Pioneers« besungen. Zu seinen journalistischen Erfahrungen gehörte auch eine Tätigkeit bei der *Democratic Review*, dessen Herausgeber den Begriff »Manifest Destiny« in Umlauf gebracht hatte, die angeblich offenkundige Bestimmung der Angloamerikaner, den Kontinent zu erobern. Whitman war ganz für die Annektierung Kaliforniens, da ein so erbärmliches Land wie Mexiko bei der Besiedlung der Neuen Welt mit einer edlen Rasse ohnehin nicht mithalten könnte. Daß Kanada bald zu den USA gehören würde, war für ihn eine ausgemachte Sache.[21]

1855 erschienen in einer Auflage von 795 Exemplaren erstmals die *Leaves of Grass*. Der Titel umgreift eine zentrale Metapher: die Halme stehen für den Einzelnen, das Gras für das Kollektiv. Die ersten Zeilen des in späteren Auflagen so genannten »Song of Myself« lauten:

> One's-self I sing, a simple separate person
> Yet utter the word Democratic, the word En-Masse.*

Zwei Dollar kostete das Bändchen, das sich nicht sonderlich gut verkaufte, aber gewichtige Kritiker fand. Einer von ihnen sah in Whitman eine Kombination aus neuenglischem Transzendentalisten und New Yorker Rowdy, ein anderer einen wildgewordenen Emerson. Emerson selbst schrieb einen begeisterten Brief an den Dichter. Als Whitman das Anerkennungsschreiben jedoch für Reklamezwecke einsetzte, äußerte er sich kühler: Die *Leaves of Grass* seien eine Mischung aus dem religiösen indischen Gedicht *Bhagavad Ghita* und der New Yorker Tageszeitung *Herald*.[22]

---

* In der Übertragung von Küchler:
Ich singe ein Ich, einen einfachen, einzelnen Menschen,
Doch das Wort Demokratisch spreche ich aus, das Wort En-Masse.

Whitman besprach seine Werke selbst, natürlich anonym und natürlich positiv. Eigenlob gehörte zu seinem Wesen. Begeistert von seinem Spiegelbild blickte er ins sonnenbeglänzte Wasser des East River und sah Lichtstrahlen von seinem Haupt ausgehen. Als ausgeprägter Narziß war er ganz dafür, daß jedermann sein eigener Priester sein sollte. Er feierte sich selbst, der Klang seines Namens war ihm Musik, das Aroma seiner Achselhöhlen schmeichelte ihm mehr als jedes Gebet. Autoerotik gehörte zu seiner narzißtischen Grundhaltung:

I am myself the greatest traitor
I went myself first to the headland ...
my own hands carried me there.

Die Bildsprache in »Live Oak«, »Calamus« oder »Children of Adam« ist eher autoerotisch auszulegen als homophil oder heterosexuell und manchmal mit Schuldgefühlen untermischt. In späteren Editionen der *Leaves of Grass* tilgte er homosexuelle Anspielungen und im Alter brüstete er sich damit, ein halbes Dutzend Kinder in die Welt gesetzt zu haben. Ob das stimmt, ist fraglich. Ein Gelehrter, dem es peinlich war, daß Amerikas größter Dichter gleichgeschlechtlichen Umgang pflegte, gab sich alle Mühe, die Existenz wenigstens eines Sohnes nachzuweisen.[23]

Auf der Suche nach seinem verwundeten Bruder George kam Whitman während des Bürgerkriegs in die Bundeshauptstadt Washington. Auf dem Weg durch die Lazarette wurde er mit Kriegsopfern bekannt. Ein Charakteristikum dieses Krieges war die serienmäßige Amputation von Gliedmaßen, die sich vor den Hospitälern zu Bergen türmten. Aseptische Vorkehrungen waren so gut wie nicht bekannt, die Wundärzte trugen keine Handschuhe und wetzten ihre Messer an den Schuhsohlen. Whitman wirkte als eine Art Krankenpfleger, erteilte seelischen Zuspruch, schrieb Briefe an Eltern und Entlassene und versuchte, homosexuelle Kontakte zu knüpfen. Im letzten Kriegsjahr fand er für fast zehn Jahre als Angestellter bei Bundesbehörden ein leidliches Auskommen.[24] 1873 erlitt er seinen ersten Schlaganfall.

In der Nachkriegszeit nahmen sein Nationalismus und seine Europafeindlichkeit womöglich noch zu:

America isolated I sing
I say that works made here in the spirit of other lands,
are so much poison to These States.*

Er entwickelte sich aber auch zu einem Kritiker der amerikanischen Demokratie, und weil er von Haus aus so amerikagläubig war, fielen seine Tiraden besonders ungezügelt aus. In *Democratic Vistas* (1871) beschimpfte er die Gesellschaft der

* Ich singe, ein isoliertes Amerika / Ich sage, daß die Werke, die hier im Geist anderer Länder entstehen, / diese Staaten nur vergiften.

USA als verkrebst und verderbt, die Kapitalisten als verworfen, sah sich von Roheit umgeben, von Korruption und Bestechung, von Falschheit und Aberglauben; er vermißte Amerikas Seele. Reichlichen Gebrauch machte er von einem Privileg, das er sich selbst herausgenommen hatte: das Recht, sich zu widersprechen. Der Barde der amerikanischen Demokratie glaubte weder an die Assimilierbarkeit der Schwarzen noch ans Wahlrecht für Frauen.[25]

Der »einsame Sänger«, wie ihn einer seiner Biographen nannte, war nach eigenen Worten nicht dazu geboren, eingezäunt zu leben. Zeitweise erwog er, seinen Lebensunterhalt als »wandernder Redner« zu verdienen. Sein Leben hatte er als eine unaufhörliche Reise verstanden: »I tramp a perpetual journey.«

Die liebsten Kumpel waren ihm Fuhrleute, Fährmänner und Pferdebahnschaffner. Der Schönheit einer Lokomotive widmete er ein eigenes Gedicht. Macht man die Gegenprobe, so stellt sich heraus, daß Whitman recht wenig gereist ist. Nach seinem Intermezzo in New Orleans fand man ihn bald wieder in Brooklyn. Dort, in Washington und in New Jersey verbrachte er den größten Teil seines Lebens. Erst als alter Mann hat er den Westen gesehen.[26]

Seine größten Fahrten fanden in Gedanken statt. Die Seele des Menschen auf der Reise »down the open road« war Whitmans »wesentliche Botschaft«, erkannte D. H. Lawrence. Die endlosen Rodomontaden seiner Dichtung kreisen um ein einziges Thema: die »single, separate person« in Bewegung. In »A Passage to India« wird als Ziel der Schöpfung wohl angedeutet, daß Ozeane überquert werden, damit Nationen zueinanderfinden (»the distant brought near«), aber der Dichter zieht es dann doch vor, in unbekanntes Terrain vorzustoßen und die »formlosen Weiten des Raumes« zu explorieren. Whitman hat sich mit »A Passage to India« mehr identifiziert als mit jedem anderen seiner Gedichte. Hier wollte er den Materialismus seines Jahrhunderts überwinden und zu spirituellen Werten eines neuen Zeitalters vordringen. Eine eigentliche Philosophie lag dem Gedicht nicht zugrunde, aber der Hauptsache nach ging es »um das eine Ding, das vor dem andern flieht«[27], und in der letzten Zeile heißt es überdeutlich: »O farther, farther, farther sail!«

Whitmans Gedichte sind Gedichte der Bewegung: »Song of the Open Road«, »Song of the Rolling Earth«, »Out of the Cradle Endlessly Rocking«, »Out of the Rolling Ocean the Crowd« ... Verben der Bewegung bestimmen die Szene: *to flow, to float, to arise, to stride on.* Das bewegte Ich will eins werden mit dem Kosmos. Objekte stören, man muß sie hinter sich lassen, sich über sie hinwegsetzen wie in »Out of the Cradle« oder sie absorbieren wie in »Crossing Brooklyn Ferry«. *Flow on, fly on, flaunt away, expand* heißen dort die Imperative. Wo man Emersons atomistisches Weltbild notfalls mit dem Wunsch nach intellektueller Unabhängigkeit zusammenbringen konnte, wurde bei Whitman die Forderung nach *emotioneller* Unabhängigkeit vollendet. »Wie vollständig die Objekte bei ihm eliminiert werden, ist frappierend«, schrieb ein neuerer Literaturwissenschaftler.

Um frei zu sein, mußte das Ich, das »Me Myself« von all seinen Ursprüngen, allen Beeinflussungen losgelöst werden. Die Freiheit liegt in der Bewegung:

> ... that child who went forth every day, and who
> now goes, and will always go forth every day.*

Reisen wird wichtiger als Ankommen. »Sich bloß zu bewegen ist dann das Glück«, schrieb Whitman. Die Reise ins Unbekannte bringt nichts weiter als die Reise selbst, wunderte sich D. H. Lawrence, dem im übrigen nicht entging, daß Tausende von Amerikanern Whitmans Lebensanschauung teilten.[28]

Mit Hilfe seiner Dichtung könne der Leser die eigene Flucht inszenieren, schrieb Whitman, und das konnte nur eine Flucht aus der Wirklichkeit sein. »The Sleepers« hat man das einzige surrealistische Gedicht im Amerika des 19. Jahrhunderts genannt. So sehr Whitman die amerikanische Demokratie als ideale Gemeinschaft pries und so intensiv er auch einen Ausgleich zwischen Person und Gemeinschaft herbeizuführen suche – »Immer bin ich meiner selbst bewußt als zwei« –, am Ende überwog das Gefühl der Fremdheit, der Vereinzelung, ein Gefühl, das bis zur Todessehnsucht reichte. Sprach er von der Nähe zu andern, von Solidarität, stahl sich ein falscher, flacher Ton in seine Worte. Im Mittelpunkt seines Universums stand das Ich, das nach Befreiung schrie, das neu geboren werden wollte, dessen Weg »onward and outward« führte und dem man jedes Hindernis aus der Bahn räumen mußte.[29]

> Unscrew the locks from doors!
> Unscrew the doors themselves from their jambs.**

Eine englische Verehrerin wollte einen Wunschknaben mit Whitman zeugen und schlug vor, das Kind auf einem Bergesgipfel, an der frischen Luft zu empfangen. Sie hat, in dieser Hinsicht, Whitman gut verstanden.

Von Freiligrath wurde Whitman als »der Dichter par excellence« verehrt, Oscar Wilde vermochte seine Bewunderung kaum in Worte zu kleiden, Thomas Mann stellte ihn an die Seite Goethes. José Marti hat ihn lateinamerikanischen Lesern als eine Art Halbgott vorgestellt. Der amerikanische Kritiker Van Wyck Brooks sah das Verdienst Whitmans vor allem darin, der Emersonschen Philosophie Farbe und den Amerikanern einen Sinn fürs Organische in ihrem Leben gegeben zu haben. Sein kolossaler Egoismus und sein erratischer Stil haben verhindert, daß er zu einem wirklichen Volksdichter wurde.

Er selbst hat sich von seinen Landsleuten enttäuscht gezeigt. Zwanzig Jahre nach *Leaves of Grass* war er noch immer sein eigener Verleger und Vertriebschef. Er fühlte sich übergangen, in Anthologien nicht berücksichtigt, das mangelnde Echo, so sagte er bitter, habe sein Leben ruiniert. Die letzten Jahre verbrachte er allein in

* ... das Kind, das vorwärts ging jeden Tag,
und das allezeit vorwärts gehen wird.

** Schraubt die Schlösser aus den Türen!
Oder hebt gleich die Türen aus den Angeln.

einem Häuschen in Camden (New Jersey). Im Wohnzimmer stand ein einziger Stuhl; Besucher hatten auf einer umgestülpten Kiste Platz zu nehmen. In seiner Bedürftigkeit war er auf milde Gaben von Freunden angewiesen. Mehr als die Not hat ihn der Stillstand irritiert, zu dem er verurteilt war. Wie einen toten Fisch oder ein altes Sofa ohne Beine habe ihn das Meer an den Strand gespült, schrieb er ein Jahr vor seinem Tod. Da läge er nun, »nonlocomotive« und ohne Hoffnung, irgendwo hingehen zu können, »nichts bleibt mir übrig als mich ruhig zu verhalten«.[30]

Der Ozean als Analogon

»Observe a ship at sea!«, rief der Bildhauer Horatio Greenough. Würden amerikanische Architekten sich nur an den Schiffsbauern orientieren, fuhr er fort, dann hätte Amerika längst Bauwerke, die den Parthenon an Schönheit übertreffen. F. O. Matthiessen stellte seinem Monumentalwerk über die »Renaissance« der amerikanischen Literatur kommentarlos ein Porträt des Schiffsbauers Donald McKay voran und widmete Ralph Waldo Emerson ein eigenes Kapitel unter der Überschrift »The Flowing«. Emerson hatte seinen Landsleuten eine Philosophie »of fluxions and mobility« verschrieben. Der Anblick des endlosen Meeres versetzte ihn in eine Art willenlosen Zustand, der von dem Gefühl ewiger Ruhe und ewiger Dankbarkeit regiert wurde. Ganz ähnlich Melville: Wie Ahab vor dem Mast stehend, geriet er in eine traumartige, bewußtlose Verfassung, »schließlich entwich die Seele aus meinem Körper«. »The Pacific« ist als das beste Stück Prosa bezeichnet worden, das Melville je geschrieben hat, ein Hymnus an die rastlosen Wellen des Meeres.[31]

»Ihr Analogon ist der Ozean«, schrieb Whitman über seine Dichtung. Whitman war von klein auf an den Anblick des Meeres gewöhnt. Der Strand übte einen »unsichtbaren Einfluß« auf sein Werk aus. Seine Verse sollten nach eigenen Vorstellungen so unbeschwert sein wie ein Vogel in der Luft oder ein Fisch im Meer. Gerne ist er nach Coney Island hinausgefahren, um vor den Ozeanwellen zu deklamieren. Einmal hat er sich als einen erstklassigen »aquarischen Nichtstuer« eingestuft, der eine fast unbegrenzte Fähigkeit hatte, sich auf dem Rücken treiben zu lassen. In den Strom des Lebens einzutauchen und sich von ihm fortnehmen zu lassen, wurde zu einem Schlüsselbild in seiner Dichtung.[32]

Der amerikanische Adam, wie R.W.B. Lewis seinen Prototyp nannte, lebt losgelöst inmitten unbegrenzter ozeanischer Räume. Es ist ganz einleuchtend, daß Dichter mit stärkeren Objektbeziehungen den Ozean nicht als einen Ort transzendentaler Ruhe empfanden. Der dem Gegenständlichen zugetane Thoreau oder der nach Europa abgewanderte T. S. Eliot, die beide ihrem Gehör mehr trauten als ihrem Gesichtssinn, sie haben von der Wildheit, der Heimtücke, der Bedrohlichkeit des Meeres gesprochen.[33]

XXIV. Kapitel

AUSWANDERUNG

In den Gründerjahren entstand die Auffassung, daß sich Amerikas Größe aus der Mischung der Rassen und Nationalitäten herleite. Die amerikanische Mythologie ist aufgebaut auf der Geschichte, dem Epos, der »Saga« der Auswanderer. Mit den Worten »When they came to the shores ...« beginnt so mancher Satz eines ergriffenen Festredners oder eines patriotischen Schulbuchautors. Die Europäer standen dem Phänomen Auswanderung meist ablehnend, zumindest zwiespältig oder fragend gegenüber. Wenige brachten wie Eichendorff Verständnis für den Entschluß der Auswanderer auf, der »falschen Kreatur« Europa den Rücken zu kehren. Aber auch er war sich über die Motive seiner auswanderungswilligen Landsleute nicht ganz im klaren.

Wir möchten gerne wissen,
Ob sie vielleicht europamüd',
Von Weltschmerz so zerrissen?[1]

Auswanderung war ein Geschäft. Die Flotten der Hapag und des Norddeutschen Lloyd transportierten in westlicher Richtung Menschen, bei der Rückfahrt Virginia-Tabake. Die Überfahrt erfolgte auch nach der Erfindung des Dampfschiffes für eine Zeit noch auf den rentableren Segelschiffen. Agenten der Reeder beschafften auf Provisionsbasis Auswanderungslustige, die aus dem Binnenland nach den Hafenstädten Antwerpen, Rotterdam, Hamburg, Bremerhaven und Le Havre zogen. Bremen wurde zu einer Art »Vorort Neuyorks«.[2] Die *Deutsche Auswandererzeitung* informierte über Arbeitsmöglichkeiten und allgemeine Zustände in Amerika. Gottfried Duden entwarf zur Belebung des Geschäfts ein retuschiertes Bild des neuen Landes, das er später etwas realistischer zeichnete, nachdem die Amerikabegeisterung zeitweise epidemische Ausmaße angenommen hatte.[3] Ein Schiffsmakler trug behördlichen Vorbehalten gegen ein Überhandnehmen der Auswanderung Rechnung: »Meine Absicht ist es keineswegs, zur

Auswanderung aufzumuntern, sondern nur denjenigen Personen, welche sich zur Überfahrt schon fest entschlossen haben, eine vorzüglich gute und möglichst billige Schiffsgelegenheit zu verschaffen ...« Vorsorglich machte er 1854 bekannt, daß er wegen gesetzlicher Bestimmungen nach New York »keine Frauenzimmer mit Kindern ohne Ehemänner« befördere. Der Auswandererhilfsverein St. Raphael bot seine Dienste auch jenen an, »welche etwa das Unglück haben sollten, Opfer der Fluthen zu werden«. Für sie wäre der Verein »die beste Bürgschaft für eine glückliche Ewigkeit«.[4]

Antragsverfahren

Auswanderungsakten geben Aufschluß über das Genehmigungsverfahren, die sozialen Verhältnisse der Auswanderer und über mögliche Motive. Grundsätzlich und traditionell gingen die deutschen Staaten davon aus, daß sich die Untertanen von ihrem angestammten Platz nicht entfernten. Taten sie es doch, beanspruchten die Regierungsinstanzen das Recht zu wissen, wo sich jemand zu einem bestimmten Zeitpunkt aufhielt. Man muß sich diesen Sachverhalt klarmachen, will man verstehen, welch radikale Herausforderung ein Auswanderungsantrag darstellen konnte. Selbst wandernde Handwerksburschen waren gehalten, fortlaufend Rechenschaft über ihren Reiseweg zu geben. Sie mußten sich jährlich bei ihrer heimatlichen Polizeibehörde melden, Nachricht über ihren gegenwärtigen Standort geben und ihr Wanderbuch auf dem laufenden halten. In den Wanderbüchern waren zur Mahnung Passagen aus einschlägigen Regierungserlassen eingetragen.

Königlichen Beamten fehlte das Verständnis für Auswanderungsanträge, solange der Antragsteller nicht der Gemeindekasse zur Last fiel. Die bayerische Kammer des Inneren versah den Antrag eines Schneidergesellen, der 1849 mit seinen Kindern nach Amerika wollte, mit dem süffisanten Vermerk, er ginge »wahrscheinlich in der Hoffnung einer glücklichen, mit Reichthum gesegneten Zukunft«. Über Warnungen und Vorhaltungen des Magistrats setzten sich Auswanderungswillige hinweg. Ein typischer Eintrag lautete: »Gesuchsteller auf das Gewagte seines Vorhabens aufmerksam gemacht und über die Verhältnisse Amerikas belehrt, beharrt bei seinem Entschluß.« Wie und wie viele Auswanderer sich dem Genehmigungsverfahren entzogen haben und ohne Erlaubnis ausreisten, ist nicht bekannt. Aber es gab Auswanderer, die von Amerika aus die heimatlichen Behörden anschrieben und kühl darum baten, ihnen die Auswanderungsbewilligung nachzuschicken.

Man findet alle Stände und Berufe: Schriftsetzer und Handschuhmacher, Kaufleute und Säcklermeister, Putzmacherinnen und Militärholzgartenaufseherstöchter. Daß die Auswanderer nur aus den ärmsten Schichten kamen, ist nicht wahr. Manchmal wanderte die Herrschaft aus, während die Dienstmagd zwar mitreiste, sich ihr Heimatrecht aber ausdrücklich vorbehielt. Die Mehrzahl der Anträge wurde von 20- bis 30jährigen unverheirateten Männern gestellt. Viele junge Männer verließen ihr Land, um dem Militärdienst zu entgehen. Eine ganze Reihe von Anträgen wurde aber immer wieder von Personen gestellt, die nicht zum Militär mußten, ein Freilos gezogen oder den Dienst bereits hinter sich hatten und nach der Entlassung nicht mehr richtig Tritt fassen konnten. Die Armenpflege streckte ihnen manchmal das Reisegeld vor. 1852 ging für eine 24jährigen Uhrmacherssohn der Militärdienst zu Ende. Die Entlassungspapiere bescheinigten ihm »mittelmäßige« bis »tadelhafte« Aufführung. Er war zweimal desertiert, zu verschärftem Arrest und jahrelanger Wehrdienstverlängerung verurteilt worden. Am Ende schienen seine Vorgesetzten froh gewesen zu sein, ihn loszuwerden. Er ging noch im selben Jahr nach Philadelphia. Welche Demütigungen er hatte hinnehmen müssen, kann man aus seinem Entlassungsschein ablesen. Dort wurde er als »im Gesichte etwas nothbrüchig« charakterisiert, eine Eintragung, die der Entlassene eigenhändig unterschreiben mußte.

Auswanderer waren Personen, die sich aus den verschiedensten Gründen von ihrer vertrauten Umgebung lösen wollten oder die von Haus aus mit Anpassungsschwierigkeiten zu kämpfen hatten. Der Vater eines 20jährigen Handlungslehrlings stellte das Gesuch für den Sohn, es sei zu erwarten, daß dieser seine Lehrstelle wegen »liederlichen Lebenswandels« bald einbüßen würde. Es wäre nicht das erste Mal, fügte der Vater hinzu, sein Sohn habe – in einer anderen Stadt – schon einmal seinen Arbeitsplatz aus disziplinarischen Gründen verloren. Um »möglichst schnelle Realisierung« des Antrags bat der Vater. Der Sohn wartete die Bewilligung gar nicht erst ab. Der Bescheid traf einen Monat nach seinem Weggang ein.

Der schleppende Arbeitsstil der Behörden muß so manchen Auswanderungswilligen zur Verzweiflung getrieben haben. Ein Eisenbahnarbeiter, der sich mit Frau und neugeborenem Kind nach Amerika aufmachen wollte, schickte zwei Telegramme und einen Brief an seine Heimatgemeinde, worin er erklärte, daß er bereits gekündigt und seinen Hausrat verkauft habe und sich elend durchschlagen müsse: »Ich erlaube mir nochmals meine Bitte zu wiederholen, wann meine Papiere ankommen selbige sogleich hierher senden zu wollen indem ich mit größtem Schmerz darauf warte.« Als die amtliche Erlaubnis erteilt wurde, war der Mann schon in Bremen.

Die sorgfältige Prüfung von Auswanderungsanträgen geschah nicht ganz unbegründet. Das zeigt der Fall eines Bäckermeisters, der im September 1857 beantragte, nach Nordamerika gehen zu dürfen, um sich »dort umzusehen, ob es mir nicht möglich ist, für mich und meine Familie dortselbst ein besseres Unterkommen zu finden als hier, wo es offenbar ist, daß ich meine Familie nicht zu ernähren im Stande bin ...«. Die Obrigkeit verlangte von ihm 1600 Gulden Kaution zur Sicherung der Existenz seiner Angehörigen, denn er wollte Amerikas Möglichkeiten zunächst einmal allein erkunden. In einer Stellungnahme der Gemeinde hieß es, der Antragsteller sei ein »überspannter« Mensch, der sein Gewerbe so übel betrieb, daß er dem Bankrott schon ziemlich nahe gewesen sei. Potentielle Gläubiger wurden aufgefordert, ihre Ansprüche binnen vierzehn Tagen vorzubringen. Der Antragsteller, inzwischen als »ehemaliger« Bäcker bezeichnet, kam den Auflagen nach; im Januar 1858 wurde die Auswanderungsgenehmigung erteilt. Da erhob die Ehefrau Katharina Einspruch. Ein Teil der Kaution stamme aus ihrem Vermögen, also wolle sie auch darüber verfügen. Dies wurde ihr zugestanden. Jetzt ließ man ihren Mann ziehen.[5]

Motive

Es ist keine Frage, daß wirtschaftliche Not ein wichtiges Auswanderungsmotiv war. In einer Familie aus der Ortschaft Hautzenberg bei Passau wanderten 1906 nicht weniger als neun von zwölf Kindern nach Übersee aus. Eines von ihnen hatte im Bayerischen Wald als Holzfahrer fünfzig Pfennig pro Tag verdient, als Milchfahrer in den USA lag der Tageslohn bei einem Dollar, eine einfache Rechnung. Trotzdem sind hinter den wirtschaftlichen Erwägungen der Auswanderer sozialpsychologische Besonderheiten nicht zu übersehen.

Aus dem Bezirk Mühldorf in Oberbayern sind aus den Jahren 1840–1854 einige Auswandererakten erhalten. In allen Fällen ergeben sich Hinweise unterschiedlichen Grades auf gestörte, nicht dem Regelverlauf entsprechende Sozialbeziehungen. Als ein unehelich geborener junger Mann seine Absicht erklärte, nach Nordamerika gehen zu wollen, schoß sein »natürlicher« Vater hundert Gulden zu den Reisekosten bei. Der Antragsteller forderte vom Mühldorfer Magistrat weitere hundert Gulden, um den Überfahrtsvertrag schließen zu können. Der Antrag wurde mit Zustimmung des Armenpflegeschaftsrates genehmigt. Eine ledige Tagelöhnertochter wurde beim Magistrat vorstellig und verlangte eine Beihilfe zur Auswanderung. Bei ihr zeigte sich die Behörde freigiebig, »nachdem man froh sein darf, solche Dirnen wegzubringen und nur zu wünschen wäre, daß man dieses jährlich bewerkstelligen könnte«. Die Frau erhielt je fünfzig Gulden aus der Armenmädchenstiftung und aus der Lokalarmenpflege. Der Magistrat fragte selbst bei einem Münchner Schiffsmakler an, ob sie »heuer noch überschifft werden könne«. Der Fall eines Mühldorfer Schreiners deutet darauf hin, daß eine schwierige Stellung in der Gemeinde nicht primär auf eine prekäre wirtschaftliche Lage zurückgehen muß. Der Schreiner verfügte über ein Vermögen von zweitausend Gulden, die er auch ausführen durfte. »Er ist ein guter Arbeiter«, urteilte der Magistrat, »verheiratet, Vater von vier Kindern, ernährt sich aber sehr schwer, da seine Frau gegen ihre Nachbarsleute schlimm, und daher nicht beliebt ist.« Man versuchte, ihn von seinem Auswanderungsentschluß abzubringen, »allein vergebens«. Hartnäckig blieb er bei seinem Vorhaben, man mußte ihn gehen lassen.[6]

Auf breiterer Basis besteht keine eindeutige Beziehung zwischen Wirtschaftskonjunktur und Auswanderung. Wenn man voraussetzt, daß steigende Brotpreise ein Indikator für wachsende Armut sind, so korrelieren zwar die Auswandererzahlen aus Bayern und der Pfalz in den Jahren 1845–1855 positiv mit der Höhe des Roggenpreises. Aber: Zwischen 1867 und 1885 ergibt sich in Bayern, zwischen 1881 und 1893 in Südwestdeutschland überhaupt keine statistische Beziehung zwischen der Fluktuation des Getreidepreises und der Höhe der Auswanderungsraten. Und gerade in diesen Jahren erreichte die Auswanderung aus Deutschland ihren Höhepunkt, 1882/83 verließen eine halbe Million Deutsche ihre Heimat.[7] Sie rekrutierten sich vorwiegend aus den ländlichen Gebieten im Norden und Osten, waren Handwerker, Bauern und Landarbeiter. Nach 1883 sank die Zahl von Jahr zu Jahr und stieg erst nach dem Zweiten Weltkrieg wieder an. Es ist nicht einmal gesagt, daß sich die wirtschaftliche Lage der Zurückbleibenden durch die Massenauswanderung später verbessert hat[8], auch wenn die Gemeinden manchmal erleichtert waren, als asozial verschriene Gemeindemitglieder loszuwerden. Rückwanderern konnte es passieren, etwa in Franken, als Bürger zweiter Klasse eingestuft zu werden.

Auswanderer sollte man sich nicht unbedingt als hilflose, auf fremden Rat angewiesene, von ruchloser Ausbeutung bedrohte Personen vorstellen. Eine nicht genau bestimmbare Zahl von ihnen – eine Quelle spricht von »large numbers« – hatte Reiseerfahrungen im In- und Ausland, manchmal auch in Übersee gesammelt, ehe man sich zur permanenten Auswanderung entschloß.[9] Der Umfang der Mobilität vor der Abwanderung nach Übersee ist noch kaum erforscht. Als Muster zeichnet sich immerhin ab: *pre-atlantic migration,* im Anschluß daran eine Art *middle passage* über den Ozean und daran anschließend die *second migration* im Zielland selbst, wo die wenigsten am Ankunftsort seßhaft wurden. Von New York aus wanderten sie weiter zu Arbeitsplätzen im Landesinneren. Die ursprüngliche Abwanderung aus der angestammten Heimat läßt sich nicht mit einer Wanderung von einer Region mit Arbeitsmangel in eine Region mit Arbeitermangel erklären. Nicht die Ärmsten sind ausgewandert, sondern diejenigen, die mit den untersten Sprossen der sozialen Leiter nicht zufrieden waren. In Finnland zum Beispiel wurden Arme und Wohlhabendere auf der Suche nach etwas besserem – *parempaa* – vom Auswanderungsfieber ergriffen.[10]

Die Auswanderer mußten sich mit den Zuständen auf den Schiffen abfinden, mit verdorbenen Lebensmitteln und verseuchtem Wasser, mit Cholera, Gewalt und Promiskuität. Die deutschen Reeder sollen in puncto Ordnung und Hygiene noch mit am besten abgeschnitten haben, wenngleich sie mit den von Mormonen gecharterten Schiffen nicht konkurrieren konnten. Zwischendeckpassagiere hatten Bettzeug, Besteck und Geschirr, die Kajütenpassagiere wenigstens ihren Wein selbst mitzubringen. Ein Minimum an Disziplin wurde auf manchen Schiffen durch eine Art Selbstverwaltung der Passagiere aufrechterhalten. Schilderungen vergnügter Szenen auf der Überfahrt wollen oft nicht so recht zu dem düsteren Bild passen, das wir uns gemeinhin von heimwehkranken Emigranten machen.[11]

Auswanderer vertreiben sich an Bord der »Samuel Hope« die Zeit; Holzschnitt 1849

Es hat Auswanderer gegeben, die in Amerika Ruhe und klösterliche Abgeschiedenheit zu finden hofften, wie der Sohn eines Wirtes aus dem oberbayerischen Ebersberg, der 1846 ins Kloster St. Maria in Pennsylvania ging, oder die beiden Handwerksgesellen, die ein Jahr später nach St. Vinzenz gingen, um dort als Mönche zu leben.[12] Typischer ist freilich, was Friedrich Gerstäcker in seinem Buch *Nach Amerika* über deutsche Auswanderer zu sagen wußte. Sie suchten »Ellbogenraum, um sich rühren zu können«. Die Auswanderer kamen auf der Suche nach einer politischen Freiheit, schrieb D. H. Lawrence mit kaum unterdrückter

Verachtung, »um alles hinter sich zu lassen, was sie jemals gewesen sind«. Lawrence hegte keine Zweifel, daß sich die zentrifugalen Antriebe der Auswanderer im amerikanischen Charakter niedergeschlagen haben, bei Benjamin Franklin in seiner Parole »Be masterless!«, bei Melville, dem sein Heim als »torture box« erschien oder bei Walt Whitman und seinen Gestalten, die nichts erreichten als die Reise selbst[13]. Eine persönliche Disposition mußte den Auswanderungsentschluß begleiten. Der Bruder des Dichters John Keats ging nach Amerika, für Keats selbst war Amerika »that most hateful land«.

Deutsch-Amerikaner

In der älteren Literatur herrscht kein Mangel an blutsmäßigen, rassischen Interpretationen der deutschen Auswanderung nach Nordamerika, die 1750 mit 300 Siedlern im kanadischen Halifax begonnen hatte. Der antibritisch gesinnte, mit sittlichem Mut ausgestattete deutsche Bauer sei nach Amerika gegangen, heißt es da, weil er dort billigen Boden vorfand. Zu seinen hervorstechenden Eigenschaften zählten Zuversicht, Optimismus und eine strahlende »Reichsfreudigkeit«. Das Pathos hat sich in einigen neueren Darstellungen erhalten: »Deutsches Blut und deutscher Schweiß düngten den Neuen Garten Eden.« Deutsche Zeitgenossen urteilten über ihre deutschamerikanischen Verwandten härter. »Bang und bitter muß es ausgesprochen werden: der Deutsche als Deutscher versagt.« Der Deutschamerikaner sei alles andere als ein Kulturdünger, er sitze naiv und stumpfsinnig in den Biergärten Milwaukees herum, unfähig, »in Amerika geistig zu konkurrieren«. Eine schwäbische Pfarrerstochter beklagte nach einer Amerikareise das Los der Familie eines deutschamerikanischen Mannes: »Die Frau kann als Wäscherin, Kostgeberin, Kleider- oder Putzmacherin ihr Geld in saurem Schweiß verdienen; da kommt des Abends der Herr Gemahl, eignet sich den Inhalt der Kasse an und vergeudet den Verdienst seiner Frau mit Spielen, Trinken und anderem Unfug.« Charles Sealsfield alias Karl Postl meinte: »Lampenputzer und die noch eine Stufe tiefer stehenden Dienste werden durchgängig von Deutschen versehen.« Die Deutschen ließen es an der rechten Moral fehlen, setzte Sealsfield hinzu, und würden zu viel mit Negerinnen buhlen[14].

Zwischen Hymnus und Verketzerung ergibt sich ein weniger dramatisches Bild. Deutsche Auswanderer konnten sich vor ihrer Abreise über Berufsmöglichkeiten in Lohgerbereien, Seifenfabriken und in der baumwollverarbeitenden Industrie informieren, bei der Herstellung von Schießpulver, Hufeisen, Ackergeräten, Zigarren und Steingutwaren, als Grobschmiede, Drechsler, Besenbinder, Zuckerbäcker und Küfer.[15] Sie fanden Arbeit als Wagenbauer, Glasbläser, Weber, Kürschner und Gerber; als Geigenbauer wie Georg Gemünder aus Württemberg; als Klavierbauer wie Heinrich Steinweg oder Steinway, der sein Handwerk in

Goslar erlernt hatte; als Kunsttischler in der Firma Globe-Wernicke in Cincinnati, bekannt für ihre Karteikästen; als Elektroktechniker wie Karl Steinmetz. Wilhelm Rüttinghausen hatte schon im 17. Jahrhundert in Pennsylvania die erste Papiermühle gebaut. Die Derringer-Pistole wurde von einem Pennsylvaniadeutschen erfunden. Die aus der Schweiz stammenden Gebrüder Studebaker begannen 1852 mit dem Bau von »Prärieschonern«, den Planwagen der Pioniere, sie verdrängten das ältere Conastoga-Modell. Aus 68 Dollar Startkapital wurde in South Bend (Indiana) die größte Wagenfabrik der USA. Handwerker und Bauern beherrschten die Szene, dazu ein paar Selfmademen, die ihr Geld meistens dort machten, wo die alte Finanzaristokratie noch nicht hingekommen war: im amerikanischen Westen. Wären da nicht der Baron von Steuben, Carl Schurz aus dem Rheinland und Heinrich Kissinger aus dem bayerischen Fürth – die deutschamerikanische Kolonie müßte um herausragende Helden wirklich verlegen sein. Zusammen mit Pastorius kann man wenigstens für jedes Jahrhundert auf eine markante Symbolfigur verweisen.

Freiheitlichen Ideen und dem Gedankengut der radikalen Burschenschaften verpflichtet waren die Gründer der Gießen-Gesellschaft Karl und Paul Follen und Friedrich Münch. Auf dem Weg über die Auswanderung sollten Freiheit und deutscher Nationalismus in Amerika verwirklicht werden. Am stärksten hing Friedrich Münch der Vorstellung von einem teutonischen Amerika an, einem »neuen Deutschland« auf amerikanischem Boden:

Deutsche Kraft und deutsche Treue –
über Meere fliehn sie hin.
O so blühe denn aufs neue
deutsche Kraft und deutsche Treue
am Missouri sollt ihr blühn.

Im Programm der Gießener standen die auch grammatikalisch recht deutschen Sätze: »Der Grund zu einem neuen und freien Deutschland in der großen nordamerikanischen Republik mag durch uns gelegt werden; so müssen wir in unsere eigene Auswanderung möglichst viele unserer besten Landsleute hereinziehen, zugleich die nötigen Veranstaltungen treffen, daß jährlich ein wichtiger Nachzug uns folgt, und so müssen wir wenigstens in einem der amerikanischen Territorien einen, seinem Grundwesen nach deutschen Staat gründen, in welchem künftig alle, denen, wie uns selbst, die heimatlichen Zustände unerträglich dünken, eine Zuflucht finden, ja den wir zu einem Musterstaat in dem großen Gemeinwesen zu machen imstande sind.«[16]

Um dieses Ziel zu erreichen, sollten deutsche Auswanderer in bestimmte Gebiete dirigiert werden. Der Mainzer Adelsverein hatte sich Texas als deutschen Siedlungsraum auserkoren. 1844 kaufte Prinz Carl von Solms-Braunfels texanisches Land, deutsche Familien gründeten die Siedlungen Neu-Braunfels und Friedrichsburg. In den USA sind mindestens achthundert Ortsnamen deutschen

Ursprungs, darunter allein neunzigmal der Name Berlin.[17] Die »Germania-Gesellschaft« in New York schlug vor, Texas überhaupt in eine deutsche Überseeprovinz zu verwandeln. Die »Deutsche Gesellschaft von Philadelphia« ließ deutschen Bauern Landstriche in Missouri reservieren. Unter dem Einfluß der Gießen-Gesellschaft schrieb der Auswanderer und spätere Vizegouverneur von Illinois Gustav Körner 1834: »Es ist wohlbekannt, daß kürzlich in Deutschland eine Reihe sehr bemerkenswerter Männer den Gedanken gefaßt hat, gemeinsam in eine bestimmte Region der Vereinigten Staaten auszuwandern und dort einen neuen Staat zu begründen, in dem vor allem deutsche Bräuche und die dieser deutschen Lebensart entsprechenden Gesetze herrschen und auch entsprechend gesichert werden sollen.«[18] Die Philadelphia-Gesellschaft riet 1836 deutschen Auswanderern, sich von ihren angelsächsischen Nachbarn wenigstens »partiell« zu isolieren. Aber trotz aller Anstrengungen der Auswanderergesellschaften wollte ein neues Deutschland nicht entstehen, weder in Texas noch im Mittleren Westen. Deutschnationales Gedankengut fand bei ungebildeten Bauern und Handwerkern wenig Anklang. Sie glaubten, besser zu fahren, wenn sie sich rasch amerikanisierten.

Von den politischen Flüchtlingen des Vormärz wie Carl Schurz, Friedrich Hecker, Franz Sigel, August Willich oder auch Julius Fröbel wollten sich die wenigsten auf einen deutschen Separatismus in Amerika einlassen. Das gilt auch für Franz Lieber, der in Deutschland wegen staatsgefährdender demokratischer Neigungen verfolgt und in seiner neuen Heimat zu einem angesehenen Gelehrten wurde. Nicht alle, die zu den Forty-Eighters gezählt werden, hatten politische Motive. Ein deutscher Auswanderer mit dem sprechenden Namen Abhau kam hauptsächlich auf der Suche nach neuen wirtschaftlichen Möglichkeiten, wie ein Biograph berichtete, der sich für den Deutschen in seiner Eigenschaft als Großvater H. L. Menckens interessiert hatte. Andere wanderten aus, weil sie mit der mißglückten Revolution von 1848 gerade nichts zu tun haben wollten und die Revolutionäre für »Krakehler« hielten. Trotzdem ist es nicht falsch, Vormärz und Auswanderungsimpuls eng zusammenzubringen. Richard Barthold war der Sohn eines 48ers. Sein Vater hatte es vorgezogen, im Lande zu bleiben. Der junge Barthold führte seine Auswanderung auf den freiheitlichen Geist zurück, in dem er erzogen worden war: »... Ich kann mit gutem Recht behaupten, daß ich ein Amerikaner war, noch ehe ich einen Fuß in dieses gastfreundliche Land gesetzt habe.«[19]

Umfang und Einfluß der intellektuellen 48er sind im Vergleich zu den Einwanderern aus der Arbeiter- und Bauernschicht überschätzt worden. Die Verzerrung geht mit auf die herausragende Gestalt des Carl Schurz zurück, der nach seiner geglückten Flucht aus einem preußischen Zuchthaus Deutschland den Rücken kehrte und in Amerika Karriere machte als Wahlkämpfer für Lincoln, Gesandter in Madrid, Senator von Missouri und schließlich als Innenminister der USA. Andere

Deutsche verblassen neben ihm: Johann Kalb aus Hüttendorf bei Erlangen, der als Generalmajor in der Schlacht von Camden fiel; der Arzt und Dichter Edmund Dorsch; Eberhard Faber aus Stein bei Nürnberg, der in Amerika eine Filiale der bekannten Bleistiftfabrik aufmachte; Henry Villard alias Heinrich Hilgard aus Speyer, Börsenspekulant, Journalist und Philanthrop, befreundet mit Lincoln, verheiratet mit einer Tochter William Lloyd Garrisons, ein Mann, der Eisenbahnen finanzierte und Edison bei der Verwirklichung seiner Pläne unter die Arme griff; Ottilie Assing, eine Nichte von Varnhagen von Ense, die mit Frederick Douglass befreundet war und dessen Autobiographie übersetzt hat.

Der deutsche Kulturbeitrag wird heute an bewährten Einzelpersönlichkeiten wie Carl Schurz oder am bürgerlichen Kollektiv festgemacht. Radikale und sozialistische Traditionen innerhalb der deutschen Einwanderergruppe sind erfolgreich zugeschüttet worden. Die Ghostwriter von John F. Kennedy lagen ganz auf der entpolitisierten Linie, als sie schrieben: »Besonders dem Einfluß der deutschen Einwanderer verdanken wir es, daß unser tägliches Leben von dem strengen und ernsten puritanischen Gepräge befreit wurde. Die Deutschen hielten zäh an ihrer Vorstellung vom ›kontinentalen Sonntag‹ als einem Tag ... der Erholung, des Frühstücks im Grünen, der Familienbesuche, des ruhigen und friedlichen Biertrinkens in einem Gartenlokal fest, bei dem man genüßlich der Musik einer Blaskapelle zuhören konnte.«[20] Deutscher Sang erschallte nicht nur am Biertisch, sondern auch beim Apfelkrautkochen und Schweineschlachten, in der Kirche und unter dem Weihnachtsbaum.

Die Auswanderer Carl Beck und Carl Follen waren Schüler des deutschen Turnvaters Jahn. Beck hatte 1824 die erste amerikanische Turnhalle gebaut und Friedrich Jahns *Deutsche Turnkunst* übersetzt. Follen brachte das Motto »Frisch, fröhlich und frei / die mutigen Söhne der Turnerei« in Umlauf und avancierte zum ersten Turnlehrer Harvards. Mit den Forty-Eighters kamen weitere Turner ins Land, auch Franz Lieber fühlte sich Jahns Ideen verbunden. 1850 war es Zeit, zur Gründung der »Vereinigten Turnvereine Nordamerikas« zu schreiten. Der amerikanische Turnerverband war eine politisierte Vereinigung, die *Turnerzeitung* gab sich politisch radikal. Die Turnvereine dienten ganz im Sinne Jahns der Wehrertüchtigung der männlichen Jugend. Die Mitgliedschaft überlappte sich mit Feuerwehren und paramilitärischen Schützenverbänden. Bei alteingesessenen, fremdenfeindlichen Amerikanern standen die Turner in keinem guten Ruf. Die geselligen Ausflüge der New Yorker Turner endeten mehr als einmal mit Massenraufereien. »Wir tranken Bier, aßen Hand- und Schmierkäse, machten einige Freiübungen; und unser Sprecher Sig. Kaufmann sowie der Sprecher Scheibel vom Wallabout Turnverein hielten vortreffliche Reden gegen das Muckerthum sowie gegen Nativismus und Fanatismus.« Bei der Heimfahrt gerieten die Turner in Streit mit einer Gruppe, die der Berichterstatter als »Rowdies« bezeichnete: »Nun gab es harte und schnelle Arbeit. Nix, Turnwart von Wallabout, Scheibel und Metternich sowie alle hieben brav auf die Hunde. Jede Minute hörte man einen markdurchdringenden Schmerzenschrei, wenn Nix (er war ein Metzger) einen Rowdy beim Genick und beim Hintern packte, ihn zweimal hin und her schwenkte und mit furchtbarer Gewalt mit dem Kopfe gegen den Zaun schleuderte.« Das Maifest des Jahres 1851 in Hoboken bei New York scheint nicht viel anders ausgegangen zu sein: »Dann gab ich das Kommando zum Sturmangriff. Mit einem Hurra-Ausruf, als sei es verabredet, stürzten sich unsere wackeren Turner auf die Bestien.«[21]

Nativismus

Vor allem durch die irische Zuwanderung stieg die Zahl der Katholiken in Amerika von 60000 im Jahr 1820 auf 3,5 Millionen im Jahr 1850. 1820–1845 waren vor allem irische Handwerker und wohlhabendere Bauern gekommen, die sich in Amerika eine breitere Zukunftsperspektive erhofften. Nach der großen Kartoffelfäule von 1845 setzte eine Massenauswanderung des ländlichen Proletariats ein, das um das blanke Überleben kämpfte. In Irland starben Tausende den Hungertod, niemand begrub sie, sie blieben liegen, wo sie zusammengesackt waren. Nach einer Schilderung waren ihre Münder noch grün von den Gräsern und Disteln, die sie in äußerster Not gegessen hatten. Bis 1860 wanderten anderthalb Millionen in die USA aus. Irische Großgrundbesitzer haben bei der Auswanderung nachgeholfen, um verarmte Pächter vom Land zu treiben. Die Mehrzahl der irischen Auswanderer hatten zu wenig Kapital, um auf neuem Boden als Bauern weiterzumachen. Die meisten gingen in den industriellen Nordosten, wo sie in den Fabriken der Städte mit wenig Aussicht auf sozialen Aufstieg arbeiteten. Andere verdingten sich als Hilfsarbeiter beim Bau der Kanäle und Eisenbahnen. Entlang der neugebauten Bahnlinien entstanden irische Gemeinden, gegründet von Einwanderern, die es leid waren, weiterzuziehen.[22]

Der presbyterianische Geistliche Lyman Beecher erhob seine Predigerstimme gegen die »katholischen Horden«. Der Erfinder des Telegraphen Samuel Morse kehrte aus Europa zurück und tat in Buchform kund, im Ausland sei eine katholische Verschwörung gegen die amerikanische Demokratie im Gange (*Foreign Conspiracy*, 1844). Die Autorin Maria Monk erzählte in *Awful Disclosures* (1836) Schauergeschichten, die sie als Nonne in einem frankokanadischen Kloster erlebt haben wollte. Trotz einer rasch verfaßten Gegenschrift unter dem Motto *audi alteram partem*[23] heizte ihr Buch die antikatholische Stimmung an, ließ aber auch einige Leser zum katholischen Glauben konvertieren. In Philadelphia ereigneten sich 1844 bewaffnete Zusammenstöße zwischen Katholiken und Protestanten. Es gab Tote und Verletzte. Katholische Kirchen und deutsche Turnhallen wurden von fremdenfeindlichem Mob heimgesucht, der Ursulinerinnenkonvent im neuenglischen Worcester fiel einem Brandanschlag zum Opfer. Antikatholisch gebärdeten sich Organisationen wie die *Guardians of Liberty*, die *Knights of Luther*, die *Covenanters*, die *American Pathfinders* und die 1837 gegründete *Native American Association*. Der *Supreme Order of the Star-Spangled Banner* (1849) verstand sich als Bruderschaft, der nur angehören durfte, wer schon im dritten Glied Amerikaner war. »Preserve America for Americans«, lautete die Parole gegen deutsche Einwanderer im Mittelwesten und katholische Iren im Osten. »Catholic« und »foreign« wurde synonym verwendet. Öffentliche Ämter sollten Protestanten vorbehalten bleiben. Auf Fragen antworteten die Geheimbündler stereotyp mit »I know nothing«, was ihnen den Spitznamen *Know-Nothings* eintrug. 1854 wurde aus dem Geheimbund eine reguläre politische Partei, die unter dem schlichten Namen *American Party* einen eigenen Präsidentschaftskandidaten aufstellte und Ausländer erst nach 21 Jahren einbürgern wollte. Durch ihre Allianz mit südstaatlichen Sklavenhaltern verlor die Partei an Einfluß. Die Mitglieder einer Nachfolgeorganisation wurden als »Do-Nothings« verspottet.

1815–1860 kamen fünf Millionen Einwanderer ins Land. Sie weckten bei alteingesessenen Amerikanern die Befürchtung, daß mit den Neueingewanderten die »decency« des amerikanischen Lebens auf der Strecke bleibt. Allein deswegen sollte der Europäer amerikanisiert werden, ein »uplifting« war angezeigt, die Kinder vor allem mußten rasch »naturalisiert« werden und sei es durch Umsiedlung und Unterbringung im Westen. Denn in den Hafenstädten und den Slums des Ostens konnte keine wirksame Amerikanisierung stattfinden. New Yorks Einwanderungsquartier, die Lower East Side, war schlimmer als das schlimmste Europa. Verwahrloste Kinder bevölkerten die Straßen. Niemand könne mehr den Broadway entlanggehen, stöhnte ein indignierter Bürger, ohne auf gräßliche Trupps verwahrloster, obszöner Mädchen zu stoßen, die, in Lumpen gekleidet, ab dem Alter von zwölf Jahren der Prostitution nachgingen und bei denen der kindliche Ausdruck längst aus dem Gesicht gewichen war.[24] Die *Children's Aid Society* schickte ab 1854 rund 20000 Kinder in westliche Bundesstaaten, etwa die Hälfte davon waren Einwandererkinder.

XXV. Kapitel

FRONTIER

Die amerikanischen Behörden veröffentlichten seit 1790 Landkarten, auf denen das Land je nach Bevölkerungsdichte in sechs Regionen aufgeteilt war: von mehr als neunzig bis zu weniger als zwei Einwohnern pro Quadratmeile. Schematisch gesehen verlief die Frontier als *Linie* zwischen der Region mit weniger als zwei und dem Gebiet mit mindestens zwei Personen pro Quadratmeile. Die Frontier als *Gebiet* lag in den Regionen mit mindestens zwei und nicht mehr als sechs Bewohnern pro Quadratmeile. Von Jahrzehnt zu Jahrzehnt, von Volkszählung zu Volkszählung hat sich die Grenzlinie weiter nach Westen verschoben. Frontier als *Prozeß* meint im modernen Sprachgebrauch die Entwicklung gesellschaftlicher Eigenarten in neuerschlossenen, spärlich besiedelten Landstrichen.

Geographische Entwicklung

Für amerikanische Historiker dauert die Frontierzeit von der Gründung Jamestowns im Jahr 1607 bis 1890, als amtlich das Ende der Frontier erklärt wurde.[1] Ab 1630 breiten sich die neuenglischen Siedler über die Küstenebene und die Flußläufe hinauf aus. Im Inneren wurden die Indianer insular auf höher gelegenen Gebieten zurückgelassen. Thomas Hooker drang 1635 auf indianischen Trails bis zum Connecticut River vor. In den nächsten Jahrzehnten folgten Siedler und Händler den Flüssen in westlicher und südlicher Richtung. Wer an der Westgrenze der Tidewater-Region ein Fort errichtete, konnte mit einer Garantie auf 600 acres Land rechnen. Ab 1650 wurde der Piedmont erforscht, ab 1663 die Kolonie Carolina erschlossen, spanische Siedler nach Florida zurückgetrieben. Im Zuge der Rebellion von Bacon (1676) brach in Virginia die friedliche Grenze zum Indianergebiet zusammen, die Aufständischen breiteten sich nach ihrer Niederlage weiter gen

Westen aus. Nach zwei Indianerkriegen konnten in Neuengland ab 1677 bis zur Jahrhundertwende die restlichen Flußläufe und die Hochländer von Massachusetts und Connecticut erobert werden. Der Magistrat von Boston regte 1690 an, den Frontierverlauf genau festzuhalten und in jedem vorgeschobenen Ort vierzig Soldaten zu stationieren. An der Carolina Frontier entwickelte sich zu dieser Zeit ein zäher Grenzkrieg mit den südlichen und westlichen Nachbarn. Spanische Missionen in Georgia und Florida wurden zerstört, die Spanier nach dem Yamassee-Massaker (1715) weiter abgedrängt. Gouverneur Spotswood von Virginia schickte 1716 eine Expedition ins Tal des Shenandoah. Neuengland dehnte sich im 18. Jahrhundert weiter nach Norden aus. Von 1750 bis zur Unabhängigkeitserklärung wurden in Vermont, New Hampshire und Maine über siebzig neue Orte gegründet. Virginia und Carolina erweiterten ihr Siedlungsgebiet nach Westen.

Engländer und Holländer hatten hundert Jahre gebraucht, um den Mohawk im Zentrum der Provinz New York zu erreichen. Bis zur Mitte des 18. Jahrhunderts sind nur gelegentliche Vorstöße über die Alleghenies unternommen worden. Bis der Mississippi, die »middle border«, als westliche Siedlungsgrenze gelten konnte, vergingen noch einmal hundert Jahre. Man sollte allerdings berücksichtigen, daß kanadische Waldläufer das große Felsengebirge schon erreicht hatten, noch ehe neuenglische Siedler das Mittelgebirge der Alleghenies überschritten haben. Ab 1860 verlagerte sich die Frontier weiter nach Westen, die Siedlungsgrenze schob sich über die Great Plains und die Rocky Mountains vor und hatte nach etwa dreißig, vierzig Jahren die dünn besiedelte Pazifikküste erreicht. Henry Adams verglich 1868, nach seiner Rückkehr aus Europa, die amerikanische Gesellschaft mit einer langen Karawane, die sich weit über die Prärien hinzog.

Es gab eine Frontier des Entdeckers, des Missionars, des Soldaten, des Wanderpredigers, des Farmers, des Stadtbewohners. Die chronologische Reihenfolge ist umstritten. Für manche kamen zuerst Pelzhändler und Goldsucher, dann die bäuerlichen Pioniere, die besser ausgerüsteten Farmer, schließlich Handwerker, Kaufleute, Ärzte, Rechtsanwälte und Pastoren.[2] Eine andere Reihung setzt die frühe landwirtschaftliche Frontier an die erste Stelle, im Anschluß daran die Frontiers der Pelzjäger, Entdecker, Erzschürfer und Viehzüchter, der Farmer in *Far West* und am Ende die *Urban Frontier.* Man spricht außerdem von einer Frontier der Straßen, der Kanäle und der Eisenbahnen. Im allgemeinen wird dem Farmer der Hauptanteil bei der Erschließung des Westens zuerkannt. Zur frühen landwirtschaftlichen Frontier kann man den Tabakanbau in Virginia durch John Rolfe rechnen; Mais, Weizen, Hafer, Roggen, Gerste in Neuengland und in den mittleren Kolonien; Reis in den Carolinas; im übrigen Süden Hanf, Flachs, Hirse oder Baumwolle, deren Produktion allerdings erst nach der Erfindung der Baumwollentkernungsmaschine (1792) wirklich profitabel wurde und zwischen 1820 und 1830 zu einer verstärkten Vertreibung der Indianer führte. Die Siedler nahmen Saatgut und Schößlinge mit auf den Weg nach Westen, wobei dem Apfel so etwas wie eine symbolische Bedeutung zukam.[3] Die Franzosen hatten zu Beginn des 17. Jahrhunderts mit der Pelzjagd und dem Pelzhandel begonnen. Nach dem Frieden von Paris (1763) beherrschte England den Handel mit Fellen und Pelzen, nach der Revolution monopolisierte der 1783 aus Deutschland eingewanderte Johann Jacob Astor diesen Markt.

Auf Initiative von Thomas Jefferson drang 1803–1806 eine Expedition unter Meriwether Lewis und William Clark von Pittsburgh aus zum Pazifik vor. Die Expeditionsteilnehmer erfüllten den Auftrag, den oberen Missouri zu erkunden, eine Route über den Kontinent zu finden, die Rocky Mountains zu überqueren, Fauna und Flora und vor allem die Indianerrassen zu erforschen. Am Pazifik stießen die Entdecker auf Indianer, die »son-of-a-bitch« sagen konnten, woraus nicht zu Unrecht der Schluß gezogen wurde, daß zuvor schon Pelzjäger dagewesen sein mußten.[4] Jefferson zu Ehren benannten die Entdecker einen Fluß »the Philosopher«. Sie sahen sich in Oregon um, das alsbald von der Regierung beansprucht wurde. Expeditionsleiter Lewis, ein seit seiner Kindheit bindungsloser, ebenso waghalsiger wie schwermütiger Mensch, nahm sich ein paar Jahre später das Leben.[5] Der Offizier Zebulon Pike erhielt 1805 den Auftrag, die Quellen des Mississippi aufzuspüren. Ein Berg in den Rocky Mountains ist nach ihm benannt. Stephen Long, Jedidiah Smith, James Pattie, Benjamin Bonneville und Nathaniel Wyeth drangen in den nächsten beiden Jahrzehnten in den fernen Westen, nach Colorado und nach Südkalifornien vor. John Charles Frémont ließ sich in den 1840er Jahren von dem Pfadfinder Kit Carson den Weg nach Utah und an die Westküste weisen. William Cody alias Buffalo Bill führte 1859 den Wagentreck des ersten jüdischen Pioniers Fred Solomon nach Denver. Entdecker und erste Siedler folgten den verschiedenen Trails, dem *Oregon Trail,* dem *California Trail,* dem *Mormon Trail* des Brigham Young, dem *Santa Fé Trail,* dem *Old Spanish Trail* oder der *Gila River Route.*

Um 1800 wurde am Mississippi, in Missouri, Iowa und Illinois Blei gefunden. Der Gold Rush nach Kalifornien setzte 1849 ein, die Jagd nach Gold und Silber in Nevada 1859 und 1873. Die kalifornische Bevölkerung nahm im ersten Jahr des Goldrausches um 90000 Personen zu.[6] 100000 Goldsucher kamen ab 1859 nach Colorado, die Hälfte blieb. An den Mining Frontiers wurden vormals indianische Gebiete von Europäern besetzt. Die Bevölkerungsverschiebung nahm Ausmaße einer Völkerwanderung an, die sich auch auf Territorien wie Arizona, Oregon, Washington, Idaho und Montana erstreckte.

Der Ursprung der Cattlemen's Frontier liegt in Texas, damals eine Domäne der Spanier und Mexikaner. Cowboys gibt es seit 1837, nach anderer Lesart schon seit 1775. Die ersten berittenen Rinderhirten waren mexikanische Saisonarbeiter. Vor einiger Zeit stellten Historiker verwundert fest, daß es auch schwarze und gelbe Cowboys gab.[7] Die Nachfrage nach Pferden konnte bis 1810 kam gestillt werden.

Milchkühe hatten von jeher gute Preise erzielt. Zu den Viehtreibern zählten die Schweinehirten, die der Folklore ein eigenes Lied geschenkt haben:

> Hog drovers, hog drovers, hog drovers we air
> A-courtin your darter so sweet and so fair,
> Can we git lodgin' here, O here,
> Can we git lodgin' here?*

Rinder wurden anfangs von Texas nach New Orleans getrieben. Im Jahr 1846 soll ein Mann allein tausend Stück Vieh nach Ohio gebracht haben. Die goldsuchenden Forty-Niners waren auf Nachschub aus Texas angewiesen, ebenso die Städter im Norden. In den ersten fünfzehn Jahren nach dem Bürgerkrieg wurden fünf Millionen Rinder über die Grenzen von Texas getrieben, später vor allem in die Eisenbahnstädte Abilene, Wichita, Ellsworth, Dodge City und Ellis, sämtlich in Kansas gelegen. Die Great Plains zwischen dem 89. Meridian und den Rocky Mountains wurden mit der fortschreitenden Vernichtung der Büffelherden zum Weideland für Rinder und nach der Einführung moderner Ranchingmethoden zum Cattle-Kingdom. Das Land wurde im *open-range grazing* ohne Zäune kommunal genutzt. Bei den round-ups im Frühjahr und im Herbst sortierten die Besitzer ihr Vieh nach den Brandzeichen aus. Homesteaders, Spekulanten und Viehdiebe unterliefen dieses zweckmäßige Arrangement. Der Farmer konkurrierte mit dem Ranchman, der Fenceman mit dem Cattleman. Der Stacheldraht, den der Texaner Joseph Glidden sich 1874 patentieren ließ, beendete die Ära der freien Weidegründe.

In den semi-ariden Gebieten der Great Plains wurde etwa ab der Mitte des 19. Jahrhunderts mit der Technik des *dry-farming* experimentiert. Dry-farming wird dann erforderlich, wenn die jährliche Niederschlagsmenge unter einem bestimmten Minimum liegt. Der Boden muß, besonders nach Regenfällen, tief und häufig gepflügt werden. Die Mormonen sind Experten dieser vor allem in Utah und Nebraska betriebenen Anbauform. Irrigation, künstliche Bewässerung und Berieselung ist ebenfalls von den Mormonen in größerem Umfang eingeführt worden. An der Farmer's Frontier entsprangen unter den schwierigen klimatischen und ökonomischen Bedingungen radikale, agrarisch orientierte Reformbewegungen wie die *Grangers,* die *Greenbackers,* die *Free-Silverites* und die Populisten.

Die letzte Frontier, die der Städte, war für einen revisionistischen Historiker eine der ersten. Richard Wade behauptete 1959, Städte wie St. Louis, Pittsburgh, Lexington, Louisville, Cincinnati seien in Wirklichkeit Brückenköpfe der Frontier gewesen und weit jenseits der jeweiligen Siedlungsgrenze gelegen. Die neuere Forschung verleiht dieser These einige Glaubwürdigkeit. Städtebaulich und architektonisch richteten sich die Frontierstädte nach den Metropolen des Ostens; Philadelphia war tonangebend. Cincinnati füllte sich seit 1790 mit Siedlern aus

---

* Schweinehirten... sind wir / umwerben Eure Tochter, so lieb und so blond / Gebt Ihr uns Herberge...?

allen Landesteilen: »Es gibt keinen Staat der Union, der unsere Stadt nicht mit einigen seiner unternehmungslustigen oder rastlosen Bürger bereichert hätte«, stellte ein Bewohner von Cincinnati 1815 fest. In den Städten an der Frontier konnten vor allem auch diejenigen Akademiker reüssieren, die an der Ostküste nie auf einen grünen Zweig gekommen waren. »Die Menschen schienen innerlich zu wachsen, je größer ihr Abstand von den älteren Staaten wurde ...«[8]

Schon lange hatten es Kolonisten für ihre offenkundige Bestimmung gehalten, sich über den ganzen Kontinent zu verbreiten. Ein Viertel der Kongreßdebatten in den ersten Jahrzehnten nach Gründung der USA drehte sich um die Landnahme.[9] Der Geistliche und Geograph Jedidiah Morse glaubte 1789 zu wissen, daß das Gebiet jenseits des Mississippi keinesfalls den Spaniern zugedacht war: »Der Gott der Natur hat niemals beabsichtigt, daß einige der wertvollsten Teile der Erde von den Untertanen eines 4000 Meilen entfernten Monarchen bewohnt werden sollen.«[10] Rund hundert Jahre später erblickte der Philosoph Josiah Royce in der Besiedlung und Entwicklung Kaliforniens einen Prozeß »von göttlich-moralischer Bedeutung«.

Jefferson kaufte zu Beginn des Jahrhunderts von Napoleon das Louisiana-Territorium, einen potentiellen Siedlungsraum von 800000 Quadratmeilen Größe. Voraussetzung der Besiedlung war die Vertreibung der Indianer. Das *Indian Country* im Norden – die späteren Staaten Wisconsin, Michigan, Illinois, Indiana und Ohio – wurde von Wyandotte, Sewanee, Miami und Kickapoo bewohnt. Im Süden mußten die konföderierten Stämme der Cherokee, Chickasaw und Choctaw enteignet werden, ehe sich die Staaten Mississippi, Alabama, Georgia, Tennessee oder Kentucky zu konsolidieren vermochten. Die Abtretungsverträge wurden routinemäßig gebrochen. John C. Calhoun und Andrew Jackson schlugen vor, die indianische Bevölkerung endgültig in den Great Plains westlich des Mississippi anzusiedeln, um für weiße Siedler Raum zu schaffen.

Hinter der Ausrottung des Büffels standen Militär und Regierung. Durch den geplanten Entzug der Existenzgrundlage sollten Indianer dort unterworfen werden, wo Kriege und Vertragsabschlüsse ihren Zweck nicht erfüllt hatten. 1885 wurde die letzte Büffelherde aufgerieben. James Fenimore Cooper hat in *The Pioneers* (1823) festgehalten, wie an der Frontier mit Kanonen nach Wildtauben geschossen wurde, wie man ganze Seen trockenlegte, um aller Fische auf einmal habhaft zu werden. Man jagte mehr als man brauchte, die Ressourcen der Natur wurden ohne Rücksicht geplündert, das erlegte Wild verfaulte auf der Prärie und in den Wäldern. Gerodete Baumstämme wurden auf einen Haufen gerollt und angezündet. Erst nach dem Bürgerkrieg trat mit George Marsh ein Mann auf den Plan, der sich Gedanken darüber machte, ob und wie die angerichteten Schäden wieder zu reparieren seien.[11]

Zu Beginn des 18. Jahrhunderts waren Siedler in den *Old West* gezogen, das heißt in die noch unbewohnten Gebiete zwischen dem Atlantik und den Allleghenies. Deutsche und schottische Iren waren in diesen Gruppen stark vertreten, aber auch andere, »die das Leben in den älteren Gemeinden aus irgendeinem Grunde über hatten«. Weder die Puritaner Neuenglands noch die Anglikaner im Süden konnten die Wanderbewegung in westlicher Richtung auf Dauer kontrollieren.

Die Faszination der freundlichen Weiten am White Bear Lake von Minnesota, eine Frontierlandschaft (1855)

Die Erschließung des Westens war keine Sache, die den Neueinwanderern auf der Suche nach Land vorbehalten war. Die Mehrzahl der Pioniere im Westen und Südwesten hatte vorher schon Land im Osten besessen. General Lyman führte noch vor der Revolution vierhundert angestammte Yankee-Familien nach Süden. Im Gebiet des heutigen Natchez County ließen sich mit Lyman die Comstocks, Sheldons, Cranes, Bradleys und andere angesehene Familien nieder. In der Revolutionszeit setzten sich Loyalisten nach Quebec, Ontario und Nova Scotia ab, nach dem Krieg zogen Neuengländer nach Vermont, New Hampshire und nach Maine. Der Exodus der Yankees ist von der Geschichtsschreibung lange Zeit ignoriert worden. Doch die Verbreitung der Neuengländer über den Kontinent bis zum Pazifik ist eine der größten Wanderungsbewegungen überhaupt gewesen. Die Loyalisten gingen, um ihre Haut zu retten. Andere waren mit dem Klima unzufrieden, mit dem Bodenertrag, mit den Steuergesetzen oder mit religiösen Beschränkungen. All das stimmt, reicht aber zur Erklärung des Yankee-Exodus nicht aus. Näher an die Wahrheit bringt uns das Phänomen, »daß Yankees mit dem ungewöhnlichen Drang geboren waren, mit eigenen Augen zu sehen, ob das Gras auf der anderen Seite des Berges wirklich grüner war«. Das irrationale Motiv, das Holbrook anspricht, ist eine Konstante in der Entwicklung der amerikanischen Gesellschaft, zu deren Grundideen die ständig mögliche Ortsveränderung gehört. »Das amerikanische Heim war mobil, lange ehe es auf Räder gesetzt wurde.«[12]

Alltag an der Siedlungsgrenze

1790 lebten in Kentucky 70000 Menschen. Innerhalb der nächsten zehn Jahre nahm die Bevölkerung um 160000 Einwohner zu, und dies trotz der hohen Kindersterblichkeit. An der Frontier starb etwa die Hälfte der Kinder, ehe sie das vierte Lebensjahr erreicht hatten. Im Jahre 1801 meldete die Volkszählungsbehörde für die »westliche Region« 877331 Bewohner mit etwa zehn Prozent mehr Männer als Frauen. Der Männerüberschuß blieb bis weit ins 19. Jahrhundert hinein ein Merkmal der Frontiergegenden. Zwischen 1810–1840 versechsfachte sich die Bevölkerung westlich der Alleghenies. Binnen eines Jahrzehnts, zwischen 1812 und 1821, wurden sechs neue Staaten in die Union aufgenommen: Louisiana, Indiana, Mississippi, Illinois, Alabama und Missouri. Die militärischen Forts entlang der Trails dienten den Siedlern als Durchgangsstationen. Sie waren in der Regel überfüllt, hochgradig unhygienisch und Brutstätten von Infektionskrankheiten wie Windpocken, Diphtherie oder Tuberkulose. Ohio, Kentucky und das Mississippital wurden von Choleraepidemien heimgesucht. Ärzte und Quacksalber behandelten Skorbut, Bronchitis, Rheuma und Schlangenbisse. Ein Tavernenschild aus der Kolonialzeit gibt auch über einige hygienische Regeln des Hauses Auskunft: »Übernachtung pro Bett vier Pence – Sixpence mit Abendessen – Pro Bett nicht mehr als fünf Personen – Stiefel im Bett ausziehen – Drehorgelspieler schlafen im Waschhaus.«

Die Leierkastenmänner hatten es noch besser als die Scherenschleifer, die überhaupt nicht aufgenommen wurden. In den Herbergen an der Frontier war es nicht ungewöhnlich, daß Männer und Frauen sich im selben Raum auszogen, die engen Quartiere miteinander teilten und im Bett liegend ihre Reiseerfahrungen miteinander austauschten. Der Oregon Trail von Independence (Missouri) bis in den Nordwesten des Landes war 2000 Meilen lang. Unterwegs wurden Partner gesucht und gefunden, Ehen geschlossen, Kinder geboren. Verbreitet waren vorläufige Eheschließungen, bis ein nachrückender Pfarrer die Paare traute, die mitunter erst knapp dem Kindesalter entwachsen waren. Das legale Heiratsalter an der Frontier lag für Männer bei 16, für Frauen bei 14. Empfängnisverhütung war so gut wie unbekannt. Durch Frühehe und rasch aufeinanderfolgende Geburten hatte manche Frau zehn Kinder geboren, noch ehe sie dreißig war. Der Ehemann war darauf eingerichtet, bei der Geburt mitzuhelfen. Eine fünfköpfige Familie, die 1784 von Pennsylvania nach Ohio zog, war mit drei Pferden ausgerüstet; auf dem ersten Pferd saß die Mutter samt Kleinkind und Küchenutensilien, auf dem zweiten wurden Vorräte, Pflugscharen und Landwirtschaftsgeräte transportiert, über dem dritten hingen zwei große Körbe mit dem Bettzeug, den Kleidern und den Kindern. Familien führten außerdem eine oder mehrere Kühe mit sich, um unterwegs mit Milch versorgt zu sein.[13]

Die Qualität des Essens an der Frontier war minderwertig. Reisende berichteten von wäßrigem Tee und Kaffee, von halbgebackenem Brot, teigigen Pasteten und Kuchen, von fetten Soßen und wenig schmackhaften Puddings. Vegetarische Bestandteile, Obst und Gemüse, gerieten ins Hintertreffen. Zu gepökeltem Rindfleisch wurde viel scharfer Alkohol getrunken. Wo Salz fehlte, und das war bis zur Entdeckung von Salzquellen im Inland nicht selten der Fall, mußte mit anderen Mitteln gewürzt werden.[14] Die drei beliebtesten Speisen an der Frontier, Wurst, Leberpudding und *head cheese*, wurden erst mit Salbei und Pfeffer genießbar.[15] Schweinefleisch und Fisch wurden in Schnee eingepackt aufbewahrt. In Cincinnati allerdings waren Austern aus Baltimore zu haben, Fische aus dem Eriesee und Wildpret aus den Prärien.

Verschiedenen Reisenden hat es gefallen zu berichten, westlich der Appalachen sei eine attraktive Frau eine Seltenheit gewesen. Der Historiker Thomas Clark sieht zwei Typen von Frauen an der Frontier. Einmal die praktische und robuste Pioniersfrau, die sachlich und resolut auftrat, ihren Mann nicht gerade glücklich machte, ihm das Leben aber doch erleichterte. Der Typ der braven Pioniersfrau ist von der Romanschriftstellerin Caroline Kirkland in *A New Home – Who'll Follow* (1839) und *Forest Life* (1842) idealisiert worden. Zum anderen habe es die empfindliche Neurotikerin gegeben, die gerne klagte, häufig kränkelte oder sich Krankheiten einbildete und mit ihrem Schicksal haderte.[16] Entsprechende Typologien für den Mann fehlen. Der notorische Frauenmangel ließ dem heiratswilligen Pionier keine großen Wahlmöglichkeiten, so oder so. Ein Texas-Neuling forderte ungeniert Nachschub aus Europa an: »... dann noch eine Frau für mich, hübsch etc., Mutter weiß schon, was mir gefällt.«[17] In Tennessee und in anderen Frontiergegenden heirateten die Männer aus Mangel an weißen Frauen Indianerinnen. Mit ihren indianischen Gefährtinnen erschienen die Trapper der Rocky Mountains jeden Juli zum Jahrestreffen, das dem Verkauf der Felle und dem Einkauf von Vorräten diente.

In kalifornischen Goldgräberstädten und anderswo an der Frontier verdienten Tanzmädchen deutscher Abkunft, die Hurdy-Gurdy Girls, ihr Geld. Parallel zur Hauptstraße in den Frontierstädten verlief »The Row«, in der die Freudenhäuser angesiedelt waren. Prostituierte arbeiteten dort unter Aufsicht einer Madame oder betrieben in eigener Regie ihre »cribs« genannten Kleinbordelle. Feministinnen meinen heute, die Frau im Old West sei hauptsächlich als sexuelle Ware behandelt worden.[18]

Bigamie war dort nicht auszuschließen, wo man nicht wußte, ob ein Mann in anderen Landesteilen oder in Europa eine oder mehrere Frauen zurückgelassen hatte. Frauen war es gestattet, nach längerer Abwesenheit des Mannes ein zweites Mal zu heiraten. Kehrte der erste Gatte unverhofft zurück, mußte die Frau eine Wahl treffen, für die es keine festen Kriterien gab, schon gar keine gesetzlichen. Rebecca Boone hatte sich wiederverheiratet, als ihr Mann Daniel Boone, der Frontierheld, in indianischer Gefangenschaft saß.

Das viktorianische Jahrhundert engte die Entfaltungsmöglichkeiten der Frau ein; nicht so an der Frontier. Dort hat sich ihr Betätigungsfeld, ihr gesellschaftlicher Aktionsradius und ihre Unabhängigkeit von den Eltern vergrößert.[19] Die Landverteilung nach dem *Homestead Act* (1862) kam auch ledigen Frauen und Witwen zugute. Der Mut und die Selbständigkeit der Pionierfrauen ist von vielen Beobachtern gewürdigt worden. Eine junge Dame konnte ihre Heiratschancen um zehn Prozent verbessern, schrieb das *Atlantic Monthly* halb im Scherz, wenn sie fähig sei, über einen Zaun zu flanken.[20] Möglich, daß das weibliche Unabhängigkeitsbedürfnis an der Frontier auf die Ostküste zurückgewirkt hat. Zumindest ist den Frauen im Westen als ersten das Wahlrecht verliehen worden, in Wyoming (1869), Utah (1870), Colorado (1893), Idaho (1896), was freilich auch damit zusammenhing, daß man durch eine frauenfreundliche Gesetzgebung mehr Frauen in den Westen zu locken hoffte.

Der *Mayflower Compact* kann als erstes Agreement zwischen Siedlern zur Regelung ihrer öffentlichen Angelegenheiten betrachtet werden. Viele Übereinkünfte dieser Art wurden während der Kolonialzeit getroffen und schriftlich fixiert. Diese Tradition setzte sich fort. Im östlichen Tennessee unterzeichneten die Siedler von Watauga ihre »Articles of Association« (1773) und gelobten, den Anordnungen von fünf »Commissioners« Folge zu leisten. Im Vorfeld der Revolution, aber ohne von ihr zu wissen, trafen sich im Mai 1775 achtzehn Delegierte aus vier exponierten Siedlungen zwischen dem Cumberland- und dem Kentucky-Fluß zu einer politischen Versammlung. Mit den *Land Ordinances* von 1785 und 1787 versuchte die neue Bundesregierung, das Frontiergebiet zu strukturieren und die Rechte der Frontiersmen zu definieren. Die westliche Region wurde in Townships von sechs Quadratmeilen aufgeteilt, diese wieder in Parzellen à 640 acres. Die Siedler sollten in den Genuß derselben Rechte kommen wie die Bewohner der bereits etablierten Staaten.

Die Frontiergemeinschaften legten Wert auf Selbstverwaltung. Fast überall fand sich jemand ein, der schon anderswo politische Erfahrung erworben hatte und sich in Verwaltungsdingen auskannte. Politisch Ambitionierte erkannten das Wählerpotential für einen künftigen Sitz im Kongreß. Die Gemeinde- und Staatsverfassungen ähneln einander sehr, besonders originelle Beiträge zur politischen Theorie enthalten sie nicht. Die Debatten vor ihrem Zustandekommen und die Verfassungsdokumente selbst sind von historischem Interesse, zur politischen Praxis an der Frontier sagen sie nicht viel aus, denn die war alles andere als statisch. Als gesichert gilt, daß unter dem Einfluß der Frontier und ihrer provisorischen Regierungen konfessionelle und besitzrechtliche Wahlrechtsbeschränkungen liberalisiert wurden. Die Legislative wurde gestärkt, die Verantwortlichkeit gegenüber den Wählern durch häufige, manchmal jährlich stattfindende Wahlen erhöht. Mehr öffentliche Ämter als zuvor wurden zur Wahl ausgeschrieben, die Amtszeiten verkürzt, die formellen Voraussetzungen zur Ausübung eines Mandats reduziert. Initiativantrag, Volksabstimmung, Abwahl und geheime Abstimmung haben sich zuerst im amerikanischen Westen durchgesetzt[21].

Manche Historiker schreiben Gesetzlosigkeit, Rowdytum und Blutvergießen nur dem *Far West* zu. Das Leben im *Old West,* östlich des Mississippi, sei mit Ausnahme einiger Hafenstädte ruhig und bürgerlich, wenn nicht gar eintönig und langweilig gewesen. Freilich war überall im Westen, egal, ob diesseits oder jenseits des Mississippi, die Verabschiedung von Statuten, Vorschriften und Gesetzen eine Sache, ihre Einhaltung eine andere. Der Frontierbewohner konnte mit Gesetzen nicht viel anfangen, »die seinen Handlungsspielraum einengten, und er brach das Gesetz, sobald ihm dessen Beschränkungen unbequem wurden«[22].

Nach einem Grundsatz aus dem *Common Law,* dem *posse comitatus,* durfte ein Sheriff eine Gruppe geeigneter Männer, eben eine »Posse«, zusammenrufen, um Gesetzesbrecher, Rebellen, Krawallmacher zu verfolgen und festzusetzen. Die *Mining Codes* an der Goldgräberfrontier sind später in die kalifornische Staatsgesetzgebung eingegangen. Mit ordnungsliebenden Bürgern besetzte Ausschüsse *(vigilante committees)* gaben sich ihr eigenes Recht, jagten und ergriffen *outlaws,* stellten sie vor ein »Volksgericht«. Der Schuldspruch erfolgte durch Zuruf. Streitigkeiten um die Gunst der Prostituierten brachen ebenso häufig aus wie um die Rechtmäßigkeit eines Claims. In blutige Fehden waren die *Hoosiers* aus Indiana und die *Crackers* aus Georgia verwickelt, die *Wolverines* aus Michigan, die *Suckers* aus Illinois und die *Pukes* aus Missouri. Während Goldschürfer skandinavischer Herkunft leidlich akzeptiert wurden, stießen die »Latin foreigners«, einschließlich der Franzosen, auf feindselige Ablehnung. Den Amerikanern mißfielen vor allen Dingen deren »gesellige Gewohnheiten«, das heißt, Arbeit und Freizeit gemeinsam und nicht auf eigene Faust zu gestalten. Ein kanadischer Augenzeuge, William Perkins, schrieb um 1850 in sein Tagebuch: »Es überrascht, wie gleichgültig die Leute in diesem Land angesichts von Gewalt und Blutvergießen werden. Hier gibt es fast täglich Raufhändel, die mit der größten Fühllosigkeit ausgetragen werden, wobei man sich gleichzeitig bewußt ist, daß das eigene Leben ebenso in Gefahr ist wie das des Gegners. Ein Mann feuert hier beim geringsten Anlaß zum Streit seine Pistole mit derselben Bereitschaft ab, mit der er in einem andern Land einen Fausthieb austeilen würde.«[23]

Ein *mining camp* in Alta (Utah) verzeichnete in einem Jahr 101 Morde – in einer einzigen Bar. In Dodge City, dem gewalttätigen Dorado der Cowboys, war der *Boot Hill* als Friedhof reserviert für alle, die in Stiefeln starben. Das Wort *stiff* wurde substantiviert und bedeutete Leichnam. Ein Produkt der Frontier war Marthy Cannary, bekannt als »Calamity Jane«. Sie trug Männerkleidung, war trinkfest, ein ausgezeichneter Schütze, bekriegte Indianer, gab Siedlertrecks bewaffnetes Geleit, konnte mit Stieren so gut umgehen wie mit Maultieren und verbrachte wegen Schlägereien und Schießereien manche Nacht im Gefängnis. Sie starb als Alkoholikerin. Eine moderne Feministenzeitschrift schrieb etwas zurückhaltend, »Calamity Jane« hätte sich mit ihrer traditionellen Rolle als Frau nie abfinden wollen.[24]

Zwischen dem kalifornischen Gold Rush von 1848 und dem Oklahoma Land Rush von 1889 liegt die Zeit der hektischen Expansion, der wachsenden Gesetzlosigkeit, des unkontrollierbaren Besitz- und Landerwerbs. An der südwestlichen Frontier, in Tennessee und Kentucky, hatte so mancher die Besitzrechte seines Nachbarn in Zweifel gezogen. Squatters ließen sich auf unbewohntem Gebiet nieder und vertrauten darauf, daß die Regierung ihnen das Land später umsonst oder zu einem geringen Preis überlassen würde. Der *Homestead Act* von 1862 war ein wichtiger Anreiz für die Wanderung nach Westen. Das Gesetz wurde allerdings von den Strohmännern, den »dummy settlers« der Landspekulanten unterlaufen. 1889 wurde Oklahoma zur Besiedlung freigegeben. 20000 »Boomers« stellten sich an den Grenzen von Kansas und Texas auf, um nach dem Schuß aus einer Pistole eine der 6000 Parzellen zu ergattern. Sie fanden scharenweise »Sooners« vor, die das Signal gar nicht erst abgewartet hatten.

Siedlungen sind oft ebenso rasch wieder aufgegeben wie errichtet worden. Man kann sie heute als »ghost towns« besichtigen. Aus anderen wurden lebendige Frontierstädte mit Rathäusern, Kirchen, Schulen, Bars und Theatern. Die erste Zeitung des Westens, die *Kentucky Gazette,* entstand 1787. Ab 1824 wurden im Frontiergebiet Schulbücher gedruckt, 1840 zählte man westlich der Alleghenies 400 Druckpressen. Ein Pionier aus Ohio reiste nach Boston, tauschte Tierfelle gegen Bücher ein und errichtete 1803 im Athens County die erste Leihbibliothek, »coonskin library« genannt. In der Leihbücherei von Dayton in Ohio mußte der unachtsame Leser drei Cents Strafe zahlen, wenn er Kerzenwachs auf die Seiten tropfen ließ. In Central City (Colorado) leisteten sich die Schatzsucher ein Opernhaus, und die Bewohner von Leadville, hoch in den Rocky Mountains gelegen, luden Oscar Wilde zu einem Vortrag ein, damit er ihnen die »Ethik der Kunst« verdeutliche. Der ersten Universität des Westens, dem 1780 in Lexington (Kentucky) gegründeten Transylvania College, wurde 1799 eine medizinische Fakultät angegliedert. Der Ausbau eines öffentlichen Schulwesens stieß allerdings auf beträchtliche finanzielle Hindernisse. Die Frontierbewohner applaudierten jedem Redner, der Erziehung und Demokratie nebeneinanderstellte. Ein Politiker aber, der eine Anhebung der Steuern für schulische Zwecke forderte, gefährdete seine Wiederwahl. Nach einer populären Vorstellung sollte die Ausbildung eines Schülers pro Jahr nicht mehr als einen Dollar kosten. Die Lehrerschaft war anfangs ausschließlich männlichen Geschlechts, Frauen stand dieser Beruf erst in der Jackson-Zeit offen. Draußen an der Frontier konnte es einem Schulmeister keinesfalls schaden, wenn er der Stärkste in der Klasse war.[25]

Mit den Postkutschen, von vier oder sechs Pferden gezogen, war eine Reisegeschwindigkeit bis zu acht Meilen pro Stunde zu erreichen. 1817 wurde der östliche Teil der Cumberland Road eröffnet. Die Reisezeit von Baltimore nach Wheeling verkürzte sich von acht auf drei Tage. Postkutschen und Ochsengespanne zogen über den Cumberland Gap nach Ohio. Der *Road Survey Act* (1824) intensivierte die Straßen- und Kanalbauplanung. Charles Dickens mokierte sich in den *American Notes* (1842), die amerikanischen Straßen seien nichts anderes als eine Serie von Sumpflöchern und Kiesgruben.

Oliver Evans stellte 1804 ein Dampfschiff mit fünf Pferdestärken auf Räder und ließ das Vehikel mit dem gewiß nicht alltäglichen Namen »Oruktor Amphibolos« durch die Straßen von Philadelphia rollen. Robert Fultons Dampfschiff »Clermont« bewältigte 1807 die Strecke von New York nach Albany auf dem Hudson in 32 Stunden. Durch die Dampfschiffahrt auf dem Mississippi konnte man von New Orleans nach Pittsburgh in dreißig statt wie bisher hundert Tagen kommen. Das letzte Stück des Erie-Kanals wurde 1825 eröffnet, Kanäle von 3200 Meilen Länge bis 1850 fertiggestellt. Fracht- und Passagierboote auf den Kanälen sind anfangs noch vom Ufer aus mit Pferden gezogen worden. Die Frontierstadt Buffalo war auf diese Weise zu erreichen.

Der Bau der transkontinentalen Eisenbahn war entscheidend für die wirtschaftliche Erschließung des Westens. Das erste eisenbahnartige Gefährt bewegte sich 1795 auf Holzschienen am Bostoner Beacon Hill bergabwärts. Die frühen Eisenbahnen waren der Postkutsche nachgebildet, mit Holzklötzen als Bremsen, die von Hand oder durch Fußhebeldruck gegen die Räder gepreßt wurden. Bis 1860 erreichten die amerikanischen Züge eine Geschwindigkeit von sechzig Meilen pro Stunde. Als sich die von Council Bluffs (Iowa) westwärts vorgetriebene *Union Pacific* und die von San Francisco nach Osten verlegte *Central Pacific* am 10. Mai 1869 am Promontory Point in Utah endlich getroffen hatten, Atlantik und Pazifik durch Schienen verbunden waren, da schwärmte Robert Louis Stevenson von den epischen Dimensionen dieser technischen Leistung. Die Eisenbahn, spottete Henry Adams, sei das einzige aktive Interesse von sechzig Millionen Amerikanern.

1890 erklärte der Direktor der amerikanischen Volkszählungsbehörde das Ende der Frontier. Eine zusammenhängende Siedlungsgrenze gab es nicht mehr, das Ende der Frontier als Region war abzusehen. Der Schriftsteller Hamlin Garland, in Armut großgeworden auf einer Farm in Wisconsin, schrieb zwei Jahre später: »Es gibt kein freies Land mehr. Der letzte Morgen verfügbaren Landes ist in die Hände von Privatpersonen oder Firmen übergegangen.«

Die wissenschaftliche Diskussion um die Frontier kreist seit fast hundert Jahren um die Turner-These; der Historiker Frederick Jackson Turner hatte sie just nach der amtlichen Schließung der Frontier aufgestellt. Ebenfalls aus Wisconsin stammend, war er davon überzeugt, daß wirtschaftlicher und sozialer Wandel historisch interpretiert werden müssen. Der Turner-These zufolge ist die amerikanische Mentalität entscheidend von der Frontierumgebung geformt worden. Gemeinsame Bedingungen führten zu gemeinsamen Merkmalen. Der Westen prägte den Osten, die Frontier beschleunigte den Amerikanisierungsprozeß. Von seiner Frontiernatur her ist der amerikanische Mensch individualistisch, opportunistisch, nationalistisch und demokratisch. Die Frontier schwächte die Bindungen zu Europa und gab das Sicherheitsventil für das städtische Proletariat im Osten des Landes ab.[26]

Leider hat Frederick Jackson Turner weder seine Hauptbegriffe definiert noch seine These empirisch abgestützt. Hat er die Frontier im Süden miteinbezogen, die Sklaverei? Wenn die Frontier demokratisch machte, fragten seine Kritiker, was heißt demokratisch? Sind die staatspolitischen Grundsätze der USA nicht unter europäischem Einfluß zustandegekommen? Warum sollte der Bewohner einer *log cabin* in Ohio amerikanischer sein als ein neuenglischer Farmer oder ein selbständiger Handwerker in Pennsylvania? Wo blieb der Individualismus von Pionieren, die der Regierung in Washington unausgesetzt billigeres Land, bessere Straßen, mehr Miliz abverlangten? Bestand der Individualismus nicht bloß aus persönlichen Schrullen und Starrköpfigkeit? Wie konnte die Frontier als Sicherheitsventil der Städte wirken, wenn den wirklich Armen doch der Weg in den Westen verschlossen blieb, da sie die Mittel für die Grundausrüstung nicht aufbrachten? Die Abwanderung nach Westen war bei Hochkonjunktur größer als in rezessiven Phasen. Auf jeden Arbeiter, der an die Frontier ging, trafen zeitweise bis zu zwanzig Farmer, die in die Städte zogen.[27] Ist nicht jeder Teil Nordamerikas zu irgendeinem Zeitpunkt Frontier gewesen? Warum sollte dann der Westen den Osten geprägt haben? Hat nicht umgekehrt der Westen immer wieder den Osten kopiert?

Die Turner-Schule blieb dabei: An der Frontier entstanden eine materialistische Grundhaltung, eine Verpflichtung auf harte Arbeit, eine demokratische Einstellung, durchlässige soziale Klassen, Fortschrittsglaube, der *go ahead spirit* und eine exzessive Mobilität. Aus der ethnischen Verschiedenheit der Siedler erwuchs der typische Amerikaner, praktisch veranlagt, optimistisch, erfinderisch, experimentierfreudig, unstet, zur Vereinfachung neigend, religiös tolerant und voller Ungeduld gegenüber der Trägheit der Gesetzesmaschinerie.[28]

Der Kulturhistoriker Merle Curti hat versucht, an einem Fallbeispiel zu überprüfen, ob Turner richtig lag, ob die Frontier dem Amerikanisierungsprozeß tatsächlich Vorschub geleistet hat. In einem Frontiergebiet in Wisconsin, dem Trempealeau County, sind seiner Ansicht nach zwischen 1850 und 1880 folgende Charaktereigenschaften entstanden: Selbstvertrauen, Optimismus, Findigkeit, Ausdauer, Verantwortungssinn und geistige Lebendigkeit. Die Einwohner propagierten wirtschaftliche Gleichheit, nachbarschaftliche Zusammenarbeit und den Wert persönlicher Initiative. Allein der Glaube an diese Eigenschaften kann das Verhalten schon beeinflußt haben. Curti sieht Turner bestätigt. Einige seiner Ergebnisse sehen freilich wie Gegenargumente aus. Die im Ausland geborenen Siedler hatten kaum Anteil am politischen und kulturellen Leben. Die Ehe mit Einheimischen blieb Einwanderern meistens versagt. Aus wirtschaftlicher Gleichheit folgte nicht notwendig politische Gleichheit. Die Einkommensstruktur an der Frontier in Wisconsin ähnelte zudem der von älteren Gemeinden in Vermont an der Ostküste.[29]

Fast dreihundert Jahre lang hat sich die Frontier über den Kontinent bewegt. Überkommene Vorstellungen mußten überprüft, verändert, notfalls über Bord geworfen werden. Es war immer Zeit für einen neuen Anfang, für die Errichtung einer neuen Frontier. Die Kinder wiederholten die Erfahrungen der Eltern. Das amtlich verfügte Stichjahr 1890 sollte nicht überbewertet werden. So verlegt David Potter das Ende der Frontier auf die Zeit um 1850, als freies Land knapp zu werden begann. Andere glauben, der amerikanische Lebensrhythmus habe sich 1890 nicht abrupt geändert.[30] Der ferne Westen war erst spärlich besiedelt, und es gab andere Grenzen, die zu überwinden sich lohnten; sie hatten nicht unbedingt mit der Bevölkerungsdichte zu tun.

Die Frontier in Folklore und Literatur

Das beherrschende Genre in der Folklore der Frontier ist die *tall tale* als Ausdruck des expansiven Lebensgefühls der Pioniere. Fabelhafte Geschwindigkeiten werden dort erreicht. Eine Squashrebe wächst derart schnell, daß sie eine Schweineherde einholt. Ein Mann läuft so schnell, daß er sein Bett erreicht, nachdem er das Licht ausgeblasen hat, ehe es dunkel wird im Zimmer. Ein wiederkehrendes Element in den Sagen der Pioniere ist die Lust, sich vom Erdboden zu lösen. Mark Twain hat in *Life on the Mississippi* (1883) die sprunggewaltigen Figuren geschildert, die im »entrechat-six« in die Luft springen und vor der Landung dreimal die Hacken zusammenschlagen. Die Legende weiß von einem Mann in San Francisco, der sich am eigenen Kragen drei Fuß in die Luft ziehen konnte und nicht bloß aus dem Sumpf auf festen Boden wie Münchhausen. Der legendäre Yankee Sam Patch behauptete, über die Niagarafälle springen zu können, und alsbald breitete sich eine wahre Epidemie aus: Bauernburschen setzten über Weidezäune, Ladenschwengel über Verkaufstheken, und in den Dorfstraßen sah man vernünftig aussehende Männer sich springend fortbewegen. Bernard DeVoto hat die Frontierhelden des 19. Jahrhunderts als »unheilbar artistisch« charakterisiert. Sie begleiteten ihre prahlerischen Geschichten mit »akrobatischen Verrenkungen«. Das Bedürfnis, auf irgendeine Weise die Beine in die Luft zu strecken, wird anscheinend unwiderstehlich. Ferdinand Kürnberger beschrieb einen ambulanten Händler, den er in einer Postkutsche beobachtet hatte: »Als er dann saß, legte er seine zwei langen Beine wie Greifzangen auseinander, und zwar auf meine Schultern. Dagegen durfte ich eigentlich nichts einwenden, denn das Recht auf Beinausstrekkung gehört in jeder Lage zu den wichtigsten Privilegien des Yankee. Bloß auf dem Wege des friedlichen Vertrags erschlich ich mir so viel, daß er die Beine nach Art eines Viadukts über meinen Kopf spannte, und sich's gefallen ließ, da ihnen die Unterlage meiner Schultern entzogen war, daß ich sie mit meinem Taschentuch oben an die Wagendecke knüpfte.«[31]

Davy Crockett hat die autobiographische *tall tale* eines Backwoodsman hinterlassen. Er rühmte sich, das längste Messer »in all Kentuck'« zu besitzen, und war mit der Flinte so treffsicher, daß die Waschbären freiwillig von den Bäumen stiegen, wenn er auf sie anlegte. Die eingefrorene Sonne hat Crockett aufgetaut, die Erde wieder in Rotation versetzt, »push along, keep movin'« lautete sein Motto, und nach einer Wahlniederlage sagte er seinen Wählern, sie könnten alle zur Hölle gehen, er ginge nach Texas. Mike Fink, der seine Heldentaten am Mississippi vollbrachte, stammte aus Pittsburgh und hatte das Leben in einer Blockhütte an der Grenze zum Indianerland kennengelernt. Seit er als unfehlbarer Schütze seinen ersten Kampf souverän gewonnen hatte, gab man ihm bei jedem Preisschießen den ersten Preis freiwillig, um ihn daran zu hindern, sämtliche Trophäen einzuheimsen. Die *Keelboatmen*, die Flußschiffer auf dem Mississippi, legten sich mit jedem Indianer an, »damit ihre Muskeln nicht einrosteten«. Mike Fink hat all seine Händel siegreich überstanden, die Liste seiner Triumphe, sagt die Legende, wäre länger als der Alptraum eines Walfisches. Daniel Boone, der Held von Kentucky, ist von Byron im achten Canto des *Don Juan* (1823) verewigt worden. In Kentucky ist es ihm bald zu eng geworden, er zog weiter nach Missouri, Ellbogenfreiheit hieß die Parole. Es gibt eine Frontiergeschichte, in der sogar die Kartoffeln klagen, es sei ihnen zu eng in der Furche. Die echten Frontiersmen blieben in Bewegung, schlugen oft nie mehr Wurzeln, tauschten ihr Land, kaum erworben, gegen neues ein.[32]

In seinen »border romances« wie *The Yemassee* (1835), *Helen Halsey* (1845) oder *Voltmeier* (1869) verarbeitete William Gilmore Simms Frontiererfahrungen in seinem Heimatstaat South Carolina. James Hall, Richter und Bankier von Beruf, gab mit dem *Illinois Monthly Magazine* die erste Literaturzeitschrift westlich von Ohio heraus. In den *Legends of the West* (1832) und den *Tales of the Border* (1835) hielt er die Lebensumstände und die Vorstellungswelt der Pioniere an der Frontier in Illinois fest. Timothy Flint hatte vorher schon in seinen autobiographischen *Recollections* (1826) von seiner Missionstätigkeit am Mississippi Zeugnis abgelegt.

Sein Roman *The Life and Adventures of Arthur Clenning* (1828) schildert ebenfalls die Illinoisfrontier. *The Shoshonee Valley* (1830) handelt von einem neuenglischen Seemann, der sich mit seiner chinesischen Frau zu den Indianern zurückzieht.

William Cooper hatte damit geprahlt, er könne jeden im County verprügeln. Sein Sohn James Fenimore Cooper, in New Jersey geboren, im Staat New York aufgewachsen, von der Universität Yale relegiert, fuhr wie Melville zur See, ehe er eine literarische Karriere einschlug. Er hat rund fünfzig Titel verfaßt, darunter die *Leatherstocking Tales* (1823–1841), deren erste, *The Pioneers*, den Lederstrumpf Natty Bumppo in seinen abenteuerlichen Verwicklungen vorstellten, die auch das Interesse der Europäer an der amerikanischen Literatur weckten. Cooper sah Parallelen zwischen den Wäldern der Frontier und dem Ozean in beider Grenzenlosigkeit, beide waren Bereiche des Möglichen, stellten Schwierigkeiten dar, die sich überwinden ließen. Um zu überleben, muß der Held das Weite suchen, er muß abspringen – »jump off« –, sich lösen von vertrauten Menschen und Umgebungen. Natty Bumppo als *Deerslayer* (1841) geht lieber zu den Irokesen, um sich dort foltern zu lassen, als die Frau zu heiraten, die ihm ihre Liebe erklärt hat. Cooper hat die Frontier nicht nur in idealisierter Form dargestellt. Als wohlhabendem Grundbesitzer war ihm die Vulgarität der Frontiersleute zuwider, der spekulative Geist ruinierte seiner Meinung nach die öffentliche Moral, mit dem Egalitarismus der Jackson-Zeit hatte er nichts im Sinn.[33]

Nathaniel Hawthorne läßt in seiner Geschichte »Earth's Holocaust« (1844) Präriebewohner ein Freudenfeuer entzünden und den abgetragenen Trödelkram der Alten Welt verbrennen, die Heraldik der Königshäuser, ihre Roben und Szepter, Werke der europäischen Literatur und Philosophie. R. W. B. Lewis verwendete diese Erzählung einleitend in seiner Charakterisierung des »amerikanischen Adam«, der, von historischem Ballast befreit, desto geschwinder in die freien Räume des Westens vordringen kann. Henry Thoreau verglich das England seiner Zeit mit »einem alten Herrn, der mit sehr viel Gepäck reist, mit Trödel, der sich im Haushalt über die Jahre angesammelt hat und den er nicht zu verbrennen wagt«.[34] Für den Engländer war das keine Frage des Mutes, sondern inneres Bedürfnis, das dem Amerikaner fremd war. Thoreau wußte am Walden Pond zu schätzen, daß seine Blockhütte nicht von einem Zaun umgeben, sondern Teil der Natur war (*Walden, of Life in the Woods,* 1854). Er beschränkte seine Ausrüstungsgegenstände auf ein Minimum, um sich eine Art künstlicher Frontier zu schaffen.

Ab 1860 bis zum Ende des Jahrhunderts fanden die Zustände an der Frontier in den *dime novels* ihren Nachhall. Erastus Beadle, der erfolgreichste Verleger dieser Groschenromane, und seine Autoren hatten eigene Frontiererfahrung; sie schrieben nicht nur nach dem Hörensagen. »Calamity Jane«, die bekannteste Frauengestalt dieses Genres, war von Edward Wheeler einer Frontiersfrau in South Dakota nachempfunden und mit dem Epitheton »The Heroine of the Whoop-Up« ausgestattet worden. Calamity Jane redete und handelte wie ein Mann und antwortete auf die Frage, warum sie Männerkleidung trage: »Wenn's um rasche Fortbewegung geht und so weiter, sind Männerklamotten meiner Meinung nach einfach nicht zu schlagen.« Frauen erlagen wie Männer der Faszination des endlosen Horizonts, sie beherrschten ihre Pferde, ihre Waffen und durcheilten erhobenen Hauptes die abenteuerlichsten Geschichten, an deren Ende die Viehdiebe hinter Schloß und Riegel saßen und dem Gesetz wieder einmal Genüge getan war.

Beständigkeit von Themen und Handlungsabläufen läßt sich auch in der anspruchsvolleren Literatur des Westens ausmachen, von Coopers *The Last of the Mohicans* (1826) bis zu Owen Wisters *The Virginian* (1902). In Wisters Roman erwirbt sich Molly Wood die »skills« eines Cowgirls, und das tut ihrem Charakter gut. Erst bei Zane Grey wird die Frau im Westen wieder domestiziert. Eine parallele Entwicklung fand in der Filmgeschichte statt. Der frühe Stummfilm zeichnete ein realistisches Bild von der Pioniersfrau, spätere Hollywoodfilme lieferten nur noch einen rührseligen Abklatsch.[35]

Als der Historiker Hubert Bancroft in den 1880er Jahren seine Mitarbeiter in den Westen schickte, um bei Schatzsuchern, Viehzüchtern und anderen Augenzeugen zu erfragen, wie es eigentlich gewesen, da begann aus der Frontier schon ein Mythos zu werden, der sich verstärkte, je weiter die Frontierzeit entschwand. Sieben Jahre nach der amtlichen Aufhebung der Siedlungsgrenze wurde in Wyoming ein jährlicher *Frontier Day* ins Leben gerufen. Zwei Jahrzehnte nach Ausrottung der letzten Büffelherde kam es zur Gründung der *American Bison Society* (1905). Je geringer die wirtschaftliche Bedeutung des Viehtriebs wurde, desto mehr Aufhebens machte man vom Cowboy. Zane Grey hat dem Cowboy in *The Lone Star Ranger* (1915) und *Riders of the Purple Sage* (1912) literarische Denkmäler gesetzt. Eugene Rhodes aus Nebraska wurde nicht müde, unter wechselnden Titeln wie *Good Men and True* (1910), *Once in the Saddle* (1927) oder *The Trusty Knaves* (1933) die Viehhirten den immer selben Gefahren auszusetzen. *The Covered Wagon* (1923) gilt als der erste große Cowboyfilm. Annie Oakley schloß sich als Kunstschützin Buffalo Bill's Wildwestshow an und verteidigte ihren persönlichen Mythos gewinnträchtig mit einer Serie von Verleumdungsklagen.

Für Henry Nash Smith ist es kein Zufall, daß der Westen in der englischen Sprache weiblichen, der naturferne, europanahe Osten sächlichen Geschlechts ist. Eine simple ödipale Erklärung stellt sich die Frontier als Mutter, den Frontiersman als Sohn, die Ostküste als den autoritären Vater vor. Selbst wer mit diesen Erklärungsversuchen nicht viel anfangen kann, wird einräumen müssen, daß die Faszination des Westens – auch bei Europäern – auf tiefere Bedürfnisse schließen läßt. Mythen aus der Pionierzeit haben ihre Kraft in der modernen amerikanischen Gesellschaft nie ganz verloren. Als 1959 das erste Astronautenteam der Öffentlichkeit vorgestellt wurde, schwärmte hinterher die *New York Times:* „Es war, als kehrte man in die Zeiten der Old Frontier zurück, zur Sage von den einfachen Männern, die Amerika schufen ...«

XXVI. Kapitel

DIE BESEITIGUNG DER INDIANER

Daß die Indianer eine eigentümliche und reiche Kultur hatten, ist von der Mehrzahl der amerikanischen Wissenschaftler im 19. Jahrhundert verkannt oder geleugnet worden. Bis zur Jahrhundertwende ist die indianische Kultur vor allem deswegen ignoriert worden, weil man glaubte, die Indianer stünden der Idee des Fortschritts im Wege. Indianische Statik und Abgeschlossenheit, so lautete das gängigste Argument, ließe sich nicht mit Dynamik und Offenheit der Weißen vereinbaren. Tocqueville sagte ohne Umschweife den baldigen Untergang der Indianer voraus: »Sie sterben in der Absonderung, in der sie gelebt haben.«

Für die angebliche Unfähigkeit der Indianer zum Fortschritt sind die verschiedensten Ursachen genannt worden: ihre biologische Konstitution, ihre dämonische Mythologie, ihre Abstammung aus Asien und damit ihr orientalischer Geist. Eine unübersehbare Kluft tat sich für den Historiker Francis Parkman zwischen den statischen Indianern und der weißen Rasse auf. Die Heirat mit Indianern »erniedrigt« den Weißen, während es nicht einmal sicher sei, ob der Indianer, der einen weißen Menschen heiratet, einen »uplift« erfährt. Nur wenigen Indianern sei es vergönnt, sich von der Stufe der Wildheit zur Zivilisation zu erheben, urteilte Lewis H. Morgan in seinen Werken *League of Iroquois* (1851) und *Ancient Society* (1877). Theodore Roosevelt und Frederick Jackson Turner ließen keine Zweifel aufkommen, daß die Indianer dem Fortschritt geopfert werden müßten.[1]

Mit dem aus Deutschland stammenden Anthropologen Franz Boas hätte ein Umschwung kommen können, mit seinen Veröffentlichungen zur Ethnologie und Folklore, zur Sprache, zur Kunst und zu indianischen Denkweisen – wäre da nicht die Hartnäckigkeit gewesen, mit der Schulbuchautoren und Collegeprofessoren an überlieferten Vorstellungen festhielten. Die Geschichte und mehr noch die Kulturgeschichte der Indianer wurde in didaktischen Texten bis in unsere Tage verfälscht oder nur beiläufig betrieben oder so gut wie ganz unterschlagen. Der

»Trail of Tears«, die Vertreibung von über hunderttausend Cherokees aus dem amerikanischen Südosten unter den Präsidenten Jackson und Van Buren, kommt in einigen Standardwerken nicht vor und wird in einem Spezialwerk von Arthur Schlesinger jr. über das Zeitalter Jacksons mit keinem Wort erwähnt. Ein modernes Standardwerk zur amerikanischen Kunstgeschichte unterschlägt den indianischen Beitrag.[2]

Die Literatur des 19. Jahrhunderts konzentrierte sich auf die dramatischen oder sentimentalen Aspekte der Beziehungen zwischen Indianern und Weißen. Die *Indian captivity narrative* – Berichte von Weißen in der Gewalt von Indianern – wurde seit Charles Brockden Brown um 1800 bis in die Gegenwart zu einem beliebten Genre. Historische Romane und Dramen ranken sich um herausragende Gestalten wie King Philip, Pontiac, Tecumseh, Black Hawk oder Sitting Bull. Longfellow goß seine Geschichte des Ojibwa *Hiawatha* (1855) nach dem Muster des finnischen Nationalepos *Kalevala* in trochäische Tetrameter. Der schriftstellernde Arzt Robert Bird charakterisierte in seinem Roman *Nick of the Woods* (1837) die Indianer als dreckig, versoffen und erbarmungslos. Cooper verwechselte im *Letzten Mohikaner* die Mahicans mit den Mohegans. John Smiths angebliche Errettung durch die Häuptlingstochter Pocahontas ist in eine kaum mehr überschaubare Flut von literarischen Verarbeitungen eingegangen, darunter: der Roman *The First Settlers of Virginia* (1805) von John Davis, die Schauspiele *The Indian Princess or La Belle Sauvage* (1808) von James Barker, *Pocahontas* (1830) von George Custis, einem Enkel von Martha Washington, *Pocahontas* (1837) von Robert Dale Owen, dem Sohn des großen Reformers, *My Lady Pocahontas* (1885) von John Cooke, der Captain Smith mit William Shakespeare zusammentreffen ließ, das Jugendbuch *Pocahontas and Powhatan* (1879) von Edward Eggleston, eine Parodie *Po-Ca-Hon-Tas* (1855) von John Brougham, in der Indianermädchen sich zu einer »Anti-marry-folks-against-their-will-society« zusammenschließen. Die Verleger der *dime novels,* allen voran Erastus Beadle, haben zu gerne Romanzen zwischen Weißen und Indianerinnen auf den Markt geworfen, etwa *Malaeska – or the Indian Wife of the White Hunter* (1860) von Ann Stephens, ein Buch, das in dreihunderttausend Exemplaren aufgelegt wurde.[3]

»You can't change an Indian« war eine verbreitete Maxime des 19. Jahrhunderts, und danach wurde gehandelt. Trotz der Faszination, die von indianisch-weißen Verbindungen ausging, sind Indianer – anders als Schwarze – eher dem oralen als dem genitalen Erleben zugeordnet worden. Indianer wurden als Kinder vorgestellt, als teils unschuldige, teils böswillige Kinder der Natur. Die Bedrohung, die von ihnen ausging, war nicht in erster Linie sexuellen Charakters. »Der Indianer war ein Teil des Ichs, jenes primitiven, oralen Teils, der auf eine gefährliche Weise indolent und aggressiv war und deshalb, im Namen des Selbstschutzes zerstört werden mußte.« Indianer eigneten sich außerdem als Objekte zur Befriedigung der Angstlust. »Whew, boys!« tönte der Frontierheld Mike Fink, »wenn uns die

Choctawteufel in dem Wald da drüben anstänkern ... würde ich sie Gentlemen nennen.«[4]

In Schulbüchern, von Filmen zu schweigen, war der Indianer der Aggressor, während der weiße Siedler nur in Frieden gelassen werden wollte. Man weiß heute aus besseren Quellen, daß indianische Familien sich vor den Weißen und ihren Planwagen so sehr fürchteten, daß sie manchmal die Nacht abwarteten, wenn sie den Trail überqueren mußten. Viele Straßen und Eisenbahnlinien in den USA verlaufen heute entlang alter indianischer Pfade. Mit Hilfe von Indianern wurden die Wasserwege erforscht. Weiße haben indianische Jagd- und Kriegsmethoden nachgeahmt, die Kartoffel, den Mais, die Tomate von ihnen übernommen, von mittel- und südamerikanischen Stämmen Vanille, Kakao, Coca, Quinoa, Agave, vielleicht auch die Erdnuß, und Heilmittel vor allem von kalifornischen Indianern. Indianer waren wichtige Informanten der Pioniere, die auf den *Overland Trails* zwischen 1840 und 1860 nach Westen zogen. Sie gaben Auskunft über Wasser- und Weideplätze, sie halfen beim Überfurten der Flüsse, beim Einfangen von entlaufenem Vieh, ließen sich als Briefboten einsetzen und waren Partner beim Handel mit Pferden, Kleidern, Waffen, Whiskey und anderen Waren. Eine Zuspitzung ergab sich erst im zweiten Jahrzehnt der großen Wanderung nach Kalifornien und nach Oregon, als Indianer dem Vorbild weißer Trapper folgend den Pionieren Wegzölle abverlangten und auf Widerstand stießen. Frontierzeitungen bauschten diesen Streitpunkt und vereinzelte Überfälle auf, riefen nach einer härteren Politik und nach dem Militär.

Das Ausmaß an Gewalt zwischen Indianern und weißen Siedlern ist nachträglich übertrieben worden. Den zuverlässigsten Schätzungen zufolge sind in den beiden Jahrzehnten vor dem Bürgerkrieg auf den Overland Trails 362 Weiße und 426 Indianer umgebracht worden.[5] Indianer wurden im 19. Jahrhundert weniger das Opfer individueller Scharmützel als geplanter militärischer Aktionen. Nach der Schlacht von Fallen Timbers, sozusagen der letzten Schlacht des Unabhängigkeitskriegs, und der Unterzeichnung des *Jay Treaty* (1794) gaben die Briten ihre Militär- und Handelsstützpunkte im Nordwesten auf. Das Territorium stand nun amerikanischen Siedlern endgültig offen. Die USA versuchten, die britische Politik zu kopieren und den individuellen Handel mit Indianern durch ein ausgedehntes Netz von Verträgen an sich zu ziehen. Das *Indian Factory System* sollte mit regierungsamtlich kontrollierten Handelsposten private Geschäftemacherei unterdrücken und den Umgang der beiden Rassen miteinander in friedliche Bahnen lenken; das System brach 1822 zusammen. 1819 waren im Haushalt Mittel zur »Zivilisierung« der Indianer bereitgestellt worden. 1824 wurde das *Bureau of Indian Affairs* als zentrale Verwaltungsstelle eingerichtet. Allein 1827–1837 sind etwa einhundert Landabtretungsverträge zwischen Washington und verschiedenen Indianerstämmen geschlossen worden. Shawnee, Chippewa und andere Stämme überschrieben weißen Verhandlungspartnern im Vertrag von Greenville (1795) weite Gebiete im südlichen und östlichen Ohio, ungefähr zwei Drittel des heutigen Staatsgebiets. Im Vertrag von Fort Clark (1808) gaben die Osage ihr Land zwischen den Flüssen Arkansas und Missouri auf, etwa die Hälfte des heutigen Arkansas und zwei Drittel von Missouri. Die Sac und Fox traten im Vertrag von Fort Armstrong (1832) Gebiete in Iowa westlich des Mississippi ab. Die Sioux ließen sich 1851 zu Landabtretungen in Iowa und Minnesota überreden. Der Vertrag von Fort Laramie (1851) bezog sich auf Ländereien in Norddakota, Montana und Wyoming, wurde allerdings von indianischer Seite nie als ratifiziert betrachtet.

Viele dieser Verträge waren erst nach vorherigem Blutvergießen zustandegekommen. Der spätere Präsident William Harrison, damals noch Gouverneur von Indiana, zerstörte in der Schlacht von Tippecanoe (1811) die Hauptsiedlung der Shawnee, um die Herrschaft von Tecumseh und seines als Prophet auftretenden Bruders zu beenden. Der spätere Präsident Andrew Jackson führte einen Feldzug gegen die Creek, der in der Schlacht von Horseshoe Bend in Alabama (1814) endete. Jacksons Truppen schnitten Hautstreifen aus indianischen Leichen zur Verwendung als Pferdezügel und als Souvenirs.[6] Der spätere Präsident der Nordstaaten, Abraham Lincoln, und der spätere Präsident der Südstaaten, Jefferson Davis, fochten als junge Offiziere im Black Hawk War (1832). Die Sauks unter Black Hawk hatten den USA 50 Millionen acres überlassen und sich auf ein Gebiet westlich des Mississippi zurückgezogen. Das Abkommen wurde von einem großen Teil des Stammes für ungültig erklärt. Bei dem Versuch, den Mississippi wieder in östlicher Richtung zu überqueren, um dem Hungertod zu entgehen, wurden die Sauks trotz nachweislicher Friedensangebote Black Hawks in Wisconsin von Miliztruppen aus Illinois angegriffen und abgeschlachtet. Zu diesem Zeitpunkt bestand kein politischer Anlaß mehr, Indianer zu disziplinieren, oder zu verhindern, daß sie Allianzen mit Engländern, Spaniern oder Franzosen eingingen.[7] Kriege und Massaker dienten jetzt offenkundig der territorialen Expansion.

Die Indianerpolitik unter Präsident Andrew Jackson wird in allen Lehrbüchern als *Indian Removal* angesprochen, was so viel heißt wie das Wegschaffen oder die Beseitigung der Indianer. Bereits Thomas Jefferson hatte mit der Idee gespielt, die Indianer auf dem Gebiet des *Louisiana Purchase* (1803) unterzubringen und dort von Weißen unbehelligt siedeln zu lassen. Präsident Monroe war ein Anhänger dieses Plans, Jackson wollte ihn energisch in die Tat umsetzen. Der *Indian Removal Act* (1830) sah vor, ein permanentes »Indian Country« westlich des Mississippi zu schaffen, das sich von Kanada bis Texas erstrecken und zum Lebensraum aller Indianer werden sollte. Im Gegenzug sollten Indianer ihren Besitz in den Staaten und Territorien östlich des Mississippi aufgeben. Der Widerstand der nordwestlichen Stämme gegen diese Umsiedlung wurde rasch gebrochen. Im Süden war die Politik schwieriger durchzusetzen. Die »Five Civilized Tribes«, das waren Creek, Choctaw, Chickasaw, Cherokee und Seminolen, betrieben Landwirtschaft, unterhielten Viehherden und Mühlen, lebten in festen Häusern und schickten ihre Kinder auf Missionsschulen. Die Seminolen hatten schon früher der Einverleibung Floridas weichen müssen (1816–18). Jetzt wurden sie nach einem neuen, jahrelangen Krieg (1835–42) in den Westen getrieben, ihre Anführer eingesperrt. Viele überlebten den gruppenweisen Transport auf dem »Trail of Tears« nach Oklahoma nicht. Die Cherokee versuchten, sich mit einer Klage gegen Übergriffe des Staates Georgia zur Wehr zu setzen. Das höchste Gericht war allerdings der Meinung, Indianer seien weder amerikanische Bürger noch Ausländer und hätten kein Klagerecht vor Bundesgerichten.[8] Andere, indianerfreundliche Gerichtsentscheidungen wurden von der Exekutive ignoriert. Die Erklärung des Obersten Bundesrichters Marshall, die Gesetze von Georgia hätten auf Indianergebiet keine Gültigkeit, kommentierte Jackson mit den Worten: »John Marshall hat sein Urteil gesprochen, jetzt soll er es mal vollziehen.«

Im Krieg gegen die Seminolen waren auf gefangene oder getötete Indianer 200 Dollar Prämie ausgesetzt, ein Indianerskalp war etwas weniger wert. Seit den French-and-Indian Wars im 18. Jahrhundert hatte sich das Skalpieren durch Weiße fest eingebürgert, eine Form der Akkulturation, von der man nicht gerne spricht.[9] Jackson hegte keine Zweifel an der Richtigkeit seiner Politik. Die Indianer, meinte er in seiner Abschiedsrede von 1837, hätten den Fortschritt in den einzelnen Bundesstaaten nur aufgehalten. Ihre Entfernung aus dem Gemeinwesen der Weißen käme beiden Rassen zugute. Der *Indian Intercourse Act* (1834) definierte die Grenzen des indianischen Landes. Das war zumindest eine Selbsttäuschung. Der Expansionsdrang der Siedler, die Proklamation neuer Territorien und die Organisation neuer Staaten wie Nebraska und Kansas westlich des Mississippi ließen ein stabiles »Indian Country« nicht zu. Im Krieg gegen Mexiko wurden auf Indianer wieder Kopfprämien ausgesetzt. Nach Kriegsende gab es kaum noch Zweifel, daß die USA sich einmal bis zum Pazifik ausdehnen würden. Im Vertrag von Guadelupe Hidalgo (1848) fielen neue Stämme unter die Jurisdiktion Washingtons und ihr Land in den Zugriff der Siedler.

Nach einer Landabtretung am oberen Minnesota lehnten sich die Sioux gegen den Verlust ihrer Jagdgründe, die beengten Lebensverhältnisse und die unzureichende Nahrungsversorgung auf. Ihr Aufstand wurde unter anderen von deutschen Siedlern in Neu-Ulm (Minnesota) 1862 niedergeschlagen. Es gab 450 Tote. Der Aufstand war mit ein Grund für die Einrichtung von Reservaten in Dakota. Im Südwesten disziplinierte der *Indian Agent* Kit Carson widerspenstige Navajos und Apachen. Den Navajos wurde die alleinige Souveränität der USA während des Bürgerkriegs mit Gewalt vorexerziert. Nach ihrer Niederlage hielt man Stammesangehörige bis 1867 in einem Fort gefangen. Aus Strafe für die Teilnahme an Überfällen der Sioux erschlug ein ehemaliger Indianermissionar mit tausend Freiwilligen aus Colorado im *Sand Creek Massacre* (1864) fünfhundert schlafende Cheyenne und Arapahoe, Männer, Frauen und Kinder. Wer an der Frontier des Westens einen Indianer umgebracht hatte, war in den Augen von John Evans, des ersten Gouverneurs von Colorado, ein Patriot. »Ein paar Monate Vernichtungsfeldzug gegen die roten Teufel wird Ruhe bringen und nichts anderes«, schrieben die *Rocky Mountain News* ohne Umschweife.[10]

Eine Affinität zwischen Indianern und eingewanderten Weißen aufgrund ähnlich beschaffener Objektbeziehungen konstruieren zu wollen, wäre ein Mißverständnis. Erstens ist ein stark ausgeprägter Bewegungstrieb nur *ein* Merkmal des objektschwachen Typs. Zweitens legten verschiedene Stämme ein unterschiedliches Verhalten gegenüber Personen und Gegenständen an den Tag. Erik Erikson hat dies am Beispiel der »retentiven« Yurok und der »eliminativen« Sioux nachgewiesen. Die Dakota entdeckten in der Natur kreisförmige, die Pueblo rechtwinklige Formen. Die Narragansett konnten sich Ortsveränderungen nur aus akuter wirtschaftlicher Not vorstellen, während bei den Winnebago der *trickster* als »archaische Figur der Wanderlust« eine wesentliche Rolle spielte, in der Angehörige der weißen Mehrheitskultur sich folgerichtig gerne wiedererkannten.[11]

Die Irokesen hatten sich mit einer Liga aus sechs Nationen ein übergreifendes politisches System geschaffen, in dessen sozialen Einheiten aber, den nach Totems benannten *clans,* familiäre und hierarchische Zuständigkeiten genau geregelt waren. Die Seneca, eine der sechs Nationen, wehrten sich gegen den Ausverkauf ihres Landes, setzten schwachgewordene Häuptlinge ab und riefen 1848 eine eigene Republik aus, die im Südwesten des Staates New York bis heute überdauert hat. Bei den Kwakiutl dagegen brachten von Weißen eingeschleppte Epidemien, Syphilis, Pocken und Tuberkulose, ferner Alkohol und andere europäische Waren das herkömmliche Versorgungs- und Beziehungssystem in den 1830er Jahren in Unordnung. Die Positionen in der sozialen Hierarchie verloren ihre eindeutige Definition. Der Potlatch hörte auf, ein Privileg der Häuptlinge zu sein, geriet außer Kontrolle und führte zum Ruin von Stammesmitgliedern, die ihre Kräfte überschätzten oder das Opfer ungezügelten Machtstrebens wurden.[12] Die »Five Civilized Tribes« versuchten, nach der Vertreibung ihre politische und soziale Organisationsform aufrechtzuerhalten, was vor allem an den partikularistischen Vorschriften des *Dawes Act* scheiterte. Die Kiowa, zu Beginn des 18. Jahrhunderts in Montana entdeckt, wanderten erst nach der Übernahme des Pferdes von den Weißen in südliche Richtung.

Unterschiedliche Auffassungen von Heirat und Ehe sind ein weiterer Beleg für uneinheitliche Objektbeziehungen bei verschiedenen Stämmen: die Probeehe bei den Seri, voreheliche Promiskuität bei den Naudowessie, die manchen modernen Sexualforscher aus der Fassung gebracht hätte, Levirat und sukzessive Polygamie bei den Ojibwa. Der Einfluß und die Nähe von Weißen beeinträchtigten indianische Formen der Mann-Frau-Beziehung. Stammesgemeinschaften in den westlichen Landesteilen setzten das Heiratsalter um so weiter herab, je näher weiße Siedlungen lagen, um sich vor Übergriffen und Geschlechtskrankheiten zu schützen. In manchen Gebieten nahm jede dritte Indianerin sexuelle Beziehungen zu weißen Männern auf. In einigen Staaten wurden Indianer als Schwarze eingestuft, womit sie unter das Eheverbot fielen. Behörden und Missionare drangen auf monogame Beziehungen.[13]

Gemeinschaftszerstörend wirkte sich bei einigen Stämmen die Übernahme der Sklaverei von den Weißen aus. Mitunter wurde das System bis ins Detail kopiert. Nach einem Gesetz der Cherokee war es verboten, Sklaven das Lesen und Schreiben beizubringen (1848). Häuptlinge der Creek verbaten sich die christliche Missionierung ihrer Sklaven und setzten ihre Absicht auch mit Gewalt durch. Man kann nicht einmal sagen, daß die Ausbreitung der Sklavenhaltung unter Indianern der Regierung in Washington unbedingt mißfiel. Ein *Indian Agent*, verantwortlich für die Cherokee, malte in einem Bericht an das Kriegsministerium assimilative Möglichkeiten der Sklaverei aus: »Wenn jede Indianerfamilie ... ein Negerpärchen ihr eigen nennen würde, das ihr den Ackerbau beibringt, wäre dies meiner Meinung nach der beste Schritt in Richtung Zivilisierung als jeder andere denkbare Plan.«[14] Die 17000 Cherokee in Oklahoma besaßen vor dem Bürgerkrieg 4000 Sklaven, die sich 1841/42 und 1850 zu Aufständen erhoben.

Einen Versuch indianischer Selbstbehauptung unternahm Elias Boudinot, der mit dem zweisprachigen *Cherokee Phoenix* (1828–35) in Georgia die erste Zeitung für einen Indianerstamm herausgab und Teile des Neuen Testaments in seine Sprache übersetzte. William Apes, Nachkomme eines Häuptlings und methodistischer Prediger, trat für die Rechte der Indianer auf Cape Cod ein. Die Handsome Lake-Religion, entstanden in den ersten Jahrzehnten des 19. Jahrhunderts, strebte einen Kompromiß zwischen beiden Kulturen an. Der Indianerführer Handsome Lake wollte, daß zwei Schüler aus jeder der »Six Nations« auf weiße Schulen gingen und daß die Stämme sich auf die Bestellung des Bodens, die Viehhaltung und den Bau von Holzhäusern vorbereiteten. Monogame Verhältnisse, ein Zurückdrängen des matrilinealen Systems, eine Entmachtung der Schamanen sollte neue ethische Vorstellungen schaffen, mit denen sich Alkoholismus, Vandalismus, Streitsucht und Familienzerfall aufhalten ließen. Sozial gestärkte Stämme, glaubte Handsome Lake, seien besser imstande, sich gegen den Ausverkauf ihres Landes zur Wehr zu setzen. Man kann nicht ausschließen, daß dieser Kompromiß das Überleben der Seneca in New York ermöglicht hat. Aber egal, ob Indianer Widerstand leisteten oder sich unterwarfen oder einen Ausgleich suchten – in der angloamerikanischen Kultur wurden sie als unliebsames Element betrachtet, »als ein Hindernis, das beseitigt werden mußte wie ein Baumstumpf auf dem Fahrweg«.[15]

XXVII. Kapitel

DAS BAND DER EHE UND DIE AMERIKANERIN

Nach der Unabhängigkeit wurde das Eheleben ideologisch unterfüttert. Der superpatriotische Parson Weems ließ einen ungenierten Aufruf zum Gebären ergehen. Seine Schrift *Hymen's Recruiting Sergeant* erschien 1799 und erreichte 1851 die 14. Auflage. Weems forderte seine unverheirateten Landsleute auf, für das Wohl der Republik zu zeugen. Denn weder die ruhmreichen Helden der Revolution noch die besten Präsidenten würden in der Lage sein, Amerika vor dem Zugriff der Briten zu bewahren, solange das Zahlenverhältnis zwischen Briten und Amerikanern bei 10 zu 1 liegt: »No, my friends, 'tis population, 'tis population *alone*, that can save our bacon.« Amerika brauche Soldaten, deswegen sollten alle Junggesellen und Jungfrauen im Lande die herzliche Bitte befolgen

Marry, and raise up children, maight and main,
Then laugh ye may at England, France and Spain*.

So einfach war das nicht überall zu bewerkstelligen. Nach der Volkszählung von 1801 lebten in der »Western Region« 33 060 mehr Männer als Frauen. 1790, bei der ersten Volkszählung der USA, waren unter den Bewohnern Kentuckys die Männer mit 3286 Köpfen in der Überzahl, Sklaven nicht gerechnet. Ein Bedarf an mannbaren Töchtern, wie man damals sagte, bestand auch in anderen, bereits länger besiedelten Gebieten.

»Amerika ist sicherlich das Land in der Welt, in welchem das Band der Ehe am meisten geachtet ist, und wo man den höchsten und zutreffendsten Begriff vom ehelichen Glück hat«, schrieb Tocqueville und steht mit dieser Meinung ziemlich allein da. Als »kleine Katastrophen« bezeichnete der Historiker Page Smith die

* Heiratet und zieht nach Leibeskräften Kinder groß / dann könnt ihr England, Frankreich und Spanien auslachen.

amerikanischen Ehen, zumindest in den östlichen und mittelwestlichen Landesteilen. Zeitgenössische Beobachter wollten nur den Bewohnern der Südstaaten familiäre Zuneigung und häuslichen Frieden attestieren, mochten sie auch Sklavenfamilien auseinanderreißen. Den Yankees wurde wahrer Familiensinn abgesprochen.[1]

Arthur Calhoun, der erste Historiker der USA, der sich systematisch mit der amerikanischen Familie befaßt hat, glaubte, nach der Revolution einen allgemeinen Sittenverfall feststellen zu müssen, der vor allem daher rühre, daß europäische Liederlichkeit ins republikanische Gemeinwesen eindringe: Geldheiraten, Geschlechtskrankheiten und Prostitution nahmen zu, die Heiratslust nahm ab. Die Frauen begannen sich zu schmücken, um den Männern zu gefallen. Die Männer behandelten ihre Frauen wie Kleiderpuppen – als wären mit der Republik feudale Zustände eingekehrt. Ähnlich argumentierten Page Smith und andere neuere Historiker. Die Frau wurde jetzt als kostbares und empfindliches Museumsstück behandelt, und sie begann, sich entsprechend zu verhalten. Sie zeigte sich nervös, gab sich prüde, schützte Krankheiten vor, um sich ihrem Ehemann zu entziehen. Besonders in den Städten konnte die Ehe die damit verbundenen Erwartungen nicht erfüllen. Mann und Frau bewegten sich in verschiedenen Bereichen. Die Abwesenheit des Mannes, das emotionelle Defizit, versuchte die Frau mit verstärkter Hinwendung zum Kind, vor allem zum Sohn, auszugleichen. Die Männer in den damaligen Zeitungsredaktionen und europäische Reiseschriftsteller waren sich in einem Punkt einig: Die Amerikanerin führte zu oft ein Leben in Luxus und Müßiggang, ihre Zerbrechlichkeit war eine Pose, um sich vor unangenehmen Arbeiten zu drücken. Ein Historiker sprach sogar von weiblichem Parasitentum.[2]

Bis zum Bürgerkrieg waren Frühehen eine kulturell gebilligte Selbstverständlichkeit. Man weiß von 27jährigen Großmüttern, von Ehefrauen, die mit Puppen spielten, und oft kamen Mutter und Tochter zur selben Zeit nieder. Junge Paare, die sich keinen eigenen Hausstand leisten konnten, zogen in *boarding houses*, was der ehelichen Harmonie meist nicht gut bekam. Um 1860 herrschte in den USA noch ein erheblicher Männerüberschuß. In Verhältniszahlen ausgedrückt – auf 104 Männer kamen 100 Frauen – erscheint die Überzahl nicht gerade erdrückend. Die absoluten Zahlen freilich – eine halbe Million mehr Männer als Frauen – machen den Frauenmangel anschaulicher. Der Frauenmangel war mit ein Grund, warum man sich das ganze Jahrhundert hindurch darüber Gedanken machte, ob es für einen Mann rechtens sei, die Schwester seiner verstorbenen Frau zu ehelichen.[3] Einen Frauenüberschuß gab es allerdings schon um die Jahrhundertmitte in den Atlantikstaaten. Dies geht wenigstens zum Teil auf die Industrialisierung zurück. In den Fabriken wurden Frauen vor allem als billige Arbeitskräfte eingesetzt. Im Osten gab es Arbeitsplätze für Frauen, im Westen Ehemänner, lautete die harte Verallgemeinerung eines Autors.[4] Einer Neuengländerin wurde von den rauhen Kumpels des Nordostens so viel Ehrerbietung entgegengebracht, daß sie sich wie eine Göttin fühlte. Andere, wie die Schriftstellerin Frances Fuller Victor, konnten unter nomadenhaften Männern von einer Idolisierung nichts bemerken. Viele Frauen fanden keine heiratsfähigen Männer, eine Situation, die sich nach dem Bürgerkrieg verschlimmerte. Ein »christlicher Philanthropist« brachte damals die Ausbreitung der Prostitution mit dem Frauenüberschuß in Verbindung und schlug vor, diesem Übel mit der Einführung der Vielweiberei zu begegnen.

Tocquevilles eheliche Glücksidylle jedenfalls kann keiner Quellensichtung standhalten. Familien mit nur einem Elternteil waren im Amerika des 19. Jahrhunderts gang und gäbe, und zwar weniger durch Scheidung als durch Trennung, Verlassen oder frühen Tod. Großfamilien waren schon wegen der niedrigen Lebenserwartung nicht typisch. Wo und wann hätten Großeltern schon mit ihren Enkeln zusammenleben können, ganz abgesehen von der unausgesetzten Mobilität und der vorherrschenden neolokalen Hausstandsgründung. Dazu kam das abrupte Verlassen des Partners als ein amerikanisches Phänomen, das europäischen Betrachtern immer nur schwer eingänglich war. Man braucht hierbei nicht bloß an so prominente Fälle wie den des Gouverneurs von Tennessee denken, Samuel Houston, der sein Amt aufgab, als ihm die Braut davongelaufen war. Er ging zu den Cherokee nach Oklahoma und nahm sich eine indianische Frau.

Die Vorstellung, mit neuen Partnern ein neues Glück zu suchen, stand ganz im Einklang mit dem amerikanischen Traum. Verwirklicht werden konnte dieser Traum erst nach einer zähen Auseinandersetzung mit einem streckenweise erzkonservativen Scheidungsrecht. Der Staat Massachusetts ging nach der Revolution erst einmal einen Schritt zurück, erkannte Verlassen nicht mehr als Scheidungsgrund an und gebärdete sich damit weniger liberal als die alten Puritaner. In den Südstaaten kamen Scheidungen typischerweise nur durch Sondergesetze der Volksvertretung zustande. In Maryland wurde ein Mann geschieden, dessen Frau einen Mischling geboren hatte; Mutter und Kind wurden als Sklaven verkauft. Trunksucht konnte ein Scheidungsgrund sein, aber nur, wenn das Parlament für den speziellen Fall ein Gesetz erließ. Virginia schaffte die legislative Scheidung 1848 ab und ermächtigte die Gerichte, Scheidungen wegen Ehebruch, später auch wegen Verlassen auszusprechen oder wenn sich herausstellte, daß die Gattin vor der Ehe Prostituierte gewesen oder schwanger in die Ehe gekommen war. Je weiter man nach Westen kam, desto liberaler wurde das Scheidungsrecht. Ohio, Illinois und Indiana gaben sich auf diesem Gebiet wesentlich fortschrittlicher als South Carolina oder New York. Eine Ausnahme war Connecticut, dort wurden Trunksucht und seelische Grausamkeit ab 1843 als Scheidungsgründe anerkannt. In den Genuß der Liberalisierung kam eine Frau, deren Mann es sich zur Gewohnheit gemacht hatte, mit Stiefeln zu Bett zu gehen und tote Hühner im Teekessel zu deponieren. Eine Lockerung des Eherechts befürworteten Lucy Stone, Susan Anthony, Elizabeth Cady Stanton und Robert Dale Owen. Prominente Gegner waren Timothy Dwight als Geistlicher und Präsident der Universität Yale und Horace Greeley, der Gründer der *New York Tribune*, der in anderen Dingen seiner Zeit so weit voraus war. Dwight begründete seine Einwände gegen eine Liberalisierung mit der biblischen Heiligkeit der Ehe.[5] Enge Scheidungsparagraphen ließen Scheidungskolonien entstehen, die sich im Lauf des Jahrhunderts immer weiter nach Westen schoben. Scheidungswillige New Yorker nahmen ihren Wohnsitz eine Zeitlang in einem anderen Staat und kehrten nach erfolgter Scheidung in ihre Heimat zurück, sofern sie es in Kauf nahmen, als schuldig Geschiedene in New York nicht wieder heiraten zu dürfen. Ohio, Indiana und Illinois waren ab 1840 Scheidungsparadiese, nach dem Bürgerkrieg wurde Chicago zum Dorado.

Am Ende der Kolonialepoche waren die sozialen Unterschiede größer geworden. Mode und Etikette spielten eine wichtigere Rolle, die Verstädterung begann. In den besseren Schichten glaubte man Status zu erwerben, indem man die Engländer imitierte. Dadurch sank die Bedeutung der Frau, was ihre Funktion in der Gesellschaft anbetraf. Von der Frau wurde – zunächst einmal in der Rhetorik – nicht mehr die Mitarbeit im Farm-, Pionier- und Wirtschaftsleben erwartet, sondern »anmutig über den Salon zu wachen«. Gegen Ende des 18. Jahrhunderts hatte sich eine Ziererei und Prüderie breitgemacht, die sich vor dem Körperlichen genierte. »Amerikanische Frauen teilen ihren ganzen Körper in zwei Hälften ein; von oben bis zur Taille ist es der Magen; von dort bis zum Fuß sind es die Fußknöchel.«[6] Mit der Vermeidung »unanständiger« Wörter versuchte die Mittelschicht, ihre Identität zu finden. Wo sich bei Männern nach der Unabhängigkeit im Überschwang eine größere Rüdheit zeigte, pflegten Frauen eine neue Feinheit, die der Sache der Gleichberechtigung abträglich war. Frauen zogen sich zurück, schützten Unwohlsein vor, wagten nicht mehr, sich zu amüsieren.

John und Abigail Adams hatten sich einst freimütig zur Einheit von körperlicher und seelischer Liebe bekannt; nun wurden die Bereiche aufgeteilt. Johns Enkel Charles Francis Adams legte Wert auf die Feststellung, daß er seine Frau nicht wegen ihrer sexuellen Anziehungskraft geheiratet habe. Das keusche und anständige »good girl« mußte mit dem sexuell attraktiveren »bad girl« in Wettbewerb treten. Männer erprobten ihre Kräfte an zweifelhaften Frauenzimmern, bis sich ein »nice girl« zum Heiraten einstellte. Auf dem Heiratsmarkt sollte sich die Frau ein Bild zulegen, das der Begehrlichkeit des Mannes entsprach und gleichzeitig die Tabus beachten, die eine offene Zurschaustellung ihrer Reize untersagten.[7]

Die veränderte Einschätzung der Frau läßt sich an der Handhabung des Wahlrechts ablesen. In keiner der dreizehn Kolonien war Frauen das Wählen ausdrücklich verboten gewesen. Manche sagen, weil die Vorstellung einfach undenkbar war. Das ist nicht ganz richtig. Für die revolutionäre Zeit gilt, daß Frauen, die die verlangten Besitz- und Wohnsitzbedingungen erfüllten, wählen durften, mit Ausnahme von Pennsylvania, Delaware, South Carolina und Georgia. Wenn auch wenige Gebrauch davon machten, so gibt es doch »eine Handvoll Beispiele« aus Neuengland und den Mittelkolonien, bei denen Frauen wählten. Als erster Staat schränkte New York 1778 das Wahlrecht durch Einfügung des

Wörtchens »male« ein.[8] Doch im Wahlgesetz von New Jersey (1790) steht ausdrücklich »he and she«, wenigstens bis zum Jahr 1807, als man den Frauen das Wahlrecht wieder entzog; andere Staaten taten desgleichen. Die Folge war, daß die Rechtsstellung der Frau durch das ganze 19. Jahrhundert hindurch und bis ins 20. Jahrhundert hinein hinter ihrer gesellschaftlichen und wirtschaftlichen Bedeutung einherhinkte und daß umgekehrt ihre rechtliche Unterprivilegierung ihren gesellschaftlichen und wirtschaftlichen Rang behinderte.

Das 19. Jahrhundert mit seinem »Kult vom wahren Frauentum« sprach den Amerikanerinnen zum Schein einen höheren Status zu, während sie in Wirklichkeit weniger Privilegien hatten als zuvor. Frauen wurden als »finer clay« betrachtet, als dünnes, besonders edles Porzellan, das beim Umgang äußerste Vorsicht verlangte. Der *Southern Literary Messenger* machte sich 1844 Gedanken über die Herkunft geschlechtsspezifischer Unterschiede, an der Art der Unterschiede hegte er keine Zweifel. Und danach war der Mann eben kühn, unternehmungslustig und wettbewerbsorientiert, die Frau schwach, hilflos und sicherheitsbewußt. Die Natur hatte das weibliche Geschlecht im Interesse der Fortpflanzung geheiligt, der Mann war gehalten, dieses Heiligtum anzubeten. Weil die Aufgabe der Frauen »höher und heiliger« war als die der Männer, sollten sie sich von öffentlichen Angelegenheiten fernhalten und statt dessen zu Hause die Leidenschaften des Mannes kühlen. Die Ehe sei für die Frau wichtiger als für den Mann, lautete die herrschende Meinung, deshalb gebühre ihr der Vorrang bei der Partnerwahl.[9]

Die doppelte Moral der Männer verlangte von den Frauen Keuschheit, Treue, mitunter wurde sogar die Forderung laut, in der Ehe als Institution der Fortpflanzung habe es keine Lust zu geben. Die vielzitierte Ritterlichkeit der Südstaatler war eine »Ritterlichkeit des Harems«. In South Carolina sah das Parlament sich veranlaßt, gesetzlich zu regeln, welcher Vermögensanteil eines verheirateten Mannes im Erbfall seiner Konkubine vermacht werden durfte. Manche Sozialhistoriker glauben, die Frau habe sich in ihr Los geschickt, ihre Leidenschaften unterdrückt und diesen Zustand am Ende als normal akzeptiert. Es gab Frauenrechtlerinnen, die den doppelten Standard und seine Wirkung auf weniger aufgeklärte Frauen durchschauten. Elizabeth Cady Stanton schrieb 1856 an Lucy Stone: »... welcher Mann kann ernsthaft leugnen, daß er insgeheim das Vergnügen seiner Frau seinem eigenen opfern darf; und was schlimmer ist: die Frau glaubt das inzwischen selbst.«[10]

Sofern die Frau bereit war, mit der doppelten Moral zu leben, konstruierte sie daraus wenigstens, gleichsam als Ersatz für entgangene Lust, ihre moralische Überlegenheit. Catherine Beecher und Harriet Beecher-Stowe trösteten ihre Geschlechtsgenossinnen mit dem Gedanken, daß der Mann die Frau umsorgen müsse, deshalb allen Lebensstürmen ausgesetzt sei und die schmutzigen Arbeiten zu verrichten habe. Eliza Farnham, die als Aufseherin in der Frauenabteilung des Zuchthauses Sing-Sing gearbeitet hatte und hernach Medizin studierte, tat den Schritt von der moralischen zur physiologischen Überlegenheit; immerhin genieße die Frau bei der Anzahl der sekundären Geschlechtsmerkmale einen doppelten Vorteil, und das Organ, das bei ihr *prima facie* zu fehlen schien, sei in Wirklichkeit in ganz besonders konzentrierter Form vorhanden.[11]

Die Religion blieb ein starkes Bollwerk gegen weibliche Gleichberechtigung. Religiös bestimmtes pädagogisches Schrifttum empfahl den Jungen einfache Nahrung, Wassertrinken und harte Betten, die Mädchen sollten zeitig nach Hause gehen und auf Rückenausschnitte verzichten. Susannah Rowson ließ mit dem Roman *Charlotte Temple* (1792) eine Warnung an unerfahrene Mädchen ergehen. Andere hielten es für besser, wenn Mädchen überhaupt keine Romane lasen. Eine Enkelin von Cotton Mather, die Pfarrerstochter Hannah Mather Crocker, stellte recht bescheidene Forderungen auf. Die Rechte der Frau müßten sich mit der Bibel vereinbaren lassen, schrieb sie 1818. Nach Evas Sündenfall ginge es jetzt um eine graduelle Wiederherstellung fraulicher Reinheit. Mit der Gleichstellung sei am besten am häuslichen Herd zu beginnen. Es gab einige Geistliche, zum Beispiel bei den Unitariern, die als Abolitionisten, Pazifisten und Temperenzler auch für die Frau radikale Reformen einklagten. Aber es ist kein Zufall, daß das erste große frauenemanzipatorische Werk der amerikanischen Kulturgeschichte, Sarah Grimkés *Letters on the Equality of the Sexes and the Condition of Woman* (1838), sich gerade gegen eine überwiegend frauenfeindliche Geistlichkeit richtete. Als Sarah und Angelina Grimké in Boston vor gemischtem Publikum gegen die Sklaverei sprachen, erging flugs ein Hirtenbrief der kongregationalistischen Kirche: Sobald weibliche Macht öffentlich und nicht mehr privat ausgeübt werde, verliere die Frau ihre natürliche Eigenart. Frauen, die diese Argumentation annahmen, sprachen sich gegen das Frauenwahlrecht aus, wie die Schriftstellerin Mary Dodge aus Massachusetts oder Catherine Beecher, die in Cincinnati ein Frauencollege gegründet hatte, aber den Einfluß der Frau nicht über die Wahlurne geltend machen wollte.[12]

Die Rollenverteilung zwischen Mann und Frau existierte oft nur in der Rhetorik. Dort figurierte die Frau als Bewahrerin von Tugend und Häuslichkeit, in Wirklichkeit stellten Frauen, die nicht so leicht »freeholders« werden konnten wie Männer, einen hohen Prozentsatz der Belegschaft in den Fabriken.[13] Die doppelte Moral zeigte sich auch hier. In den Textilfabriken von Lowell und Waltham in Massachusetts waren ledige Arbeiterinnen in Gemeinschaftsunterkünften untergebracht. Den Fabrikbesitzern lag die Moral ihrer weiblichen Angestellten mehr am Herzen als die arbeitshygienischen Bedingungen. Während es den männlichen Arbeitnehmern freistand, die allseits bekannten Bordelle aufzusuchen, mußten sich Frauen eine strikte Kontrolle ihres Sexuallebens gefallen lassen.[14] Der neuenglische Geistliche Orestes Brownson war bei aller Sympathie für das Los des Arbeiters fest davon überzeugt, daß Fabrikarbeiterinnen für immer für die Ehe verloren seien. Der Arbeitstag, durch Glockenschlag geregelt, dauerte 14 Stunden. Unpünktlichkeit wurde gelegentlich mit Schlägen bestraft. Die körperlichen und seelischen Schäden, die Arbeiterinnen davontrugen, fielen nicht ins Gewicht, solange die Moral gewahrt blieb. Manche hielten der Belastung nicht stand und wurden in den Selbstmord getrieben. Die Fabrikarbeiterin Harriet Farley veröffentlichte im *Lowell Offering* (1842–45) Beiträge ihrer Kolleginnen und ihre eigenen Ansichten zur Berufs- und Lebenswelt. Die Zeitschrift *The Factory Girl* definierte eine Fabrikarbeiterin als »eine Person, die in einer Fabrik beschäftigt ist und im allgemeinen dreimal so viel einbringt wie sie verdient«.[15] Unter Sarah Bagley schlossen sich 500 Arbeiterinnen zur *Lowell Female Labor Reform Association* (1846) zusammen. Innerhalb der *Workingman's Association* wurde auf Initiative der Schwestern Victoria Woodhull und Tennessee Claflin eine Frauensektion gegründet, die sich vornahm, das Wahlrecht für Frauen, die freie Liebe und eine Universalsprache einzuführen. Die erste große Frauenrechtsversammlung fand 1848 in Seneca Falls (New York) statt.

Das erste Berufsfeld, auf dem Frauen mit Männern gleichzogen, war die Missionstätigkeit, deren Umfang und Wirkung lange Zeit unterschätzt wurde. Religiös und humanitär motivierte Missionarinnen sind auf diese Weise aus ihrer häuslichen Enge ausgebrochen und haben unter hohem Risiko fremde Kulturen in China, in Syrien und in anderen Teilen der Welt kennengelernt. Europäische Amerikabesucher zeigten sich mitunter sehr angetan von der Amerikanerin. Tocqueville lobte ihr Selbstbewußtsein und ihre Selbständigkeit, James Bryce ihr soziales Engagement, Rudyard Kipling ihre Cleverneß und Redegewandtheit. Die Frau war meist »gebildeter«, kultivierter, belesener als der Mann, der vorgab, für schöngeistige Dinge zu »busy« zu sein. Ihre Kultiviertheit hat sie sich trotz intellektueller Unterdrückung erworben und obwohl sie an Bildungsgütern möglichst kurzgehalten wurde. »Die Vorstellung, einer Frau die Ausbildung eines Mannes zu geben«, befand ein Collegepräsident um 1850, »ist zu lächerlich, um glaubhaft zu sein«[16]. In den westlichen Landesteilen wurde der Separatismus auf dem Bildungssektor noch am schnellsten überwunden. Das Oberlin College in Ohio führte schon 1833 bei seiner Gründung die »Co-education« ein, 1847 folgte diesem Prinzip die Staatsuniversität von Iowa, 1853 das Antioch College. Die Zahl der Akademikerinnen stieg. 1860 gab es bereits ebensoviele Lehrerinnen wie Lehrer. Der weibliche Bildungsanteil nahm allgemein zu. Elizabeth Blackwell absolvierte 1849 an einem College im Staat New York ein Medizinstudium, knapp hundert Jahre nachdem in Deutschland Dorothea Erxleben als Ärztin promoviert war.

In Pennsylvania wurden Studentinnen, die sich für Medizin einschreiben wollten, von ihren männlichen Kommilitonen mit Tabaksaft bespuckt. Selbst am aufgeschlossenen Oberlin College trug man Sorge, daß die Aufklärung nicht zu weit ging. Zur Beruhigung der Eltern hieß es im Vorlesungsverzeichnis des Jahres 1835, Studierende unterschiedlichen Geschlechts dürften sich nicht gegenseitig auf ihren Zimmern besuchen.[17]

Männer und Frauen bewegten sich im gesellschaftlichen Bereich weiter auseinander. Davon zeugt die Entstehung eines eigenen weiblichen Zeitschriftenmarkts.

Dreißig neue Frauenzeitschriften kamen im Nordosten zwischen 1830 und 1860 zu den zwanzig bestehenden hinzu, darunter am wichtigsten das *Ladies' Magazine*, der *Ladies' Companion* aus New York und *Godey's Ladies Book* in Philadelphia. Ungetrübtes Vergnügen wollte der Herausgeber Louis Godey dem weiblichen Gemüt bieten. Die langjährige Redakteurin Sarah Hale, auf einer Farm in New Hampshire aufgewachsen, wurde zur Schiedsrichterin über den Geschmack der Amerikanerin.[18] Sie hat zwei Generationen mit Haushaltstips, Kochrezepten, Modenachrichten, mit erbaulichen Gedichten und Geschichten versorgt, die Umgangsformen und die Moral von Müttern und Töchtern mitgeprägt. Ihr Gedicht »Mary had a little lamb« ist zu einem der bekanntesten Kinderverse geworden. *Godey's Ladies Book* hatte Hunderte von Empfehlungen parat, wie man den richtigen Mann findet und wie man ihn hält, drückte sich aber in viktorianischer Manier um die Körperlichkeit der Liebe herum.

In Neuengland wurde nach der Revolution neben der zivilen auch die kirchliche Trauung zugelassen. Im Süden wurde das Monopol der anglikanischen Geistlichkeit bei der Eheschließung durchbrochen und auf alle christlichen Denominationen ausgedehnt. In Tennessee durften der Gouverneur sowie die Speakers von Ober- und Unterhaus die Paare trauen, in South Carolina der Friedensrichter oder der Pfarrer. In Virginia konnten die Juden, in Pennsylvania die Quäker nach ihren eigenen Riten heiraten. Traten im Verlauf einer Ehe Zweifel auf, ob eine Verbindung gültig war und die Statuten keine oder keine klare Antwort gaben, wurde auf das *common law* rekurriert. In New Hampshire zum Beispiel war eine *common law marriage* dann gegeben, wenn Mann und Frau drei Jahre zusammengelebt und sich wirklich als Mann und Frau betrachtet hatten. Wenn, wie in Neuengland, aus dem kodifizierten Recht nicht hervorging, ob eine Ehe wegen Bigamie, Idiotie oder Impotenz für ungültig erklärt werden konnte, wurde das *common law* zu Rate gezogen. Ehefrauen gaben mit der Verheiratung die »legal control« an ihre Männer ab. Die Ehefrau konnte ohne ihren Mann keine Klage anstrengen, kein Erbe antreten und nur in einigen Staaten selbst ihr Testament aufsetzen. Der religiöse Hintergrund verstärkte die Kraft der ungeschriebenen Gesetze. Nach der Bibel sei nun einmal der Mann das Oberhaupt der Familie, schrieb 1852 das *Presbyterian Magazine*.

Die berühmteste Frauenrechtlerin der Vorbürgerkriegszeit war Margaret Fuller mit ihrem Buch *Woman in the Nineteenth Century* (1845). Dort propagierte sie eine Ehe, die über praktische, emotionelle und intellektuelle Gemeinsamkeiten hinausging; sie sollte eine transzendentale Komponente haben, eine »Pilgerfahrt zu einem gemeinsamen Heiligtum« sein und dem Bedürfnis der Frau nach innerem Wachstum Genüge tun. Ein merkwürdiges Vorbild hatte sie sich ausgewählt – die teutonische Frau, die dem Krieger Priesterin, Gefährtin, Schwester und Weib in einem war.[19] So unhistorisch und weltfremd ihre Gedanken auch schienen, ihre Vorstellung, daß über die Töchter eine Erneuerung der Söhne zum Wohle der Menschheit eintreten müsse, ist in Amerika nie ganz untergegangen.

XXVIII. Kapitel

RELIGIÖSE VIELFALT

Der erste Verfassungszusatz untersagte ein »establishment of religion« von Staats wegen, doch galt diese Vorschrift nicht unbedingt für die Einzelstaaten, die vielfach Steuern für religiöse Zwecke erhoben, die Eignung zum Volksvertreter oder Beamten vom Bekenntnis zu einer protestantischen Kirche abhängig machten und die Bürger per Gesetz zu »public worship« anhielten. Ehemalige Revolutionsführer schworen in den Gründerjahren ihren deistischen Vorstellungen ab, weil sie in der Religion ein Instrument zur Kontrolle ausufernder demokratischer Ansprüche zu erkennen glaubten. Ein erschrockener John Adams stellte sich eine Republik aus dreißig Millionen Atheisten vor und ging zu den französischen Enzyklopädisten Diderot und d'Alembert auf Distanz.

Das »Disestablishment« aber, das heißt die Trennung von staatlichen und kirchlichen Funktionen, ließ sich auf die Dauer nicht aufhalten. Man hat in dieser Trennung einen Triumph des Wettbewerbsgeistes, des kommerziellen Elans und des Individualismus gesehen. Die Moral der Gründerzeit war eine Moral von Bibern, meinte Henry Adams, jener Tiere, mit deren Fellen der aus Waldorf bei Heidelberg eingewanderte Johann Jakob Astor seine Taschen auspolsterte. Die Kirchen mußten ihre intellektuelle Diszipliniertheit dreingeben. Mitgliederzahlen wurden wichtiger als Dogmen.[1] Um Mitglieder zu werben, hatte sich auch die Geistlichkeit dem Wettbewerb zu stellen. In Connecticut erhielten die Kongregationalisten ab 1817 keine Steueranteile mehr. Massachusetts ließ 1827 Schulbücher verbieten, die einer bestimmten Sekte den Vorzug einräumten. 1833 wurde in Massachusetts als letztem Bundesstaat die Trennung von Staat und Kirche für amtlich erklärt.

Eine Folge des »Disestablishments« war eine höhere Mobilität der Geistlichen, die sich nun auf den Markt begeben mußten, wollten sie ihren Beruf ausüben. Die puritanischen Pastoren Neuenglands waren schon in der zweiten und dritten

Generation mobiler als in der ersten. Diese Entwicklung beschleunigte sich. Lyman Beecher, einer der gewaltigsten Prediger der Zeit, wechselte auf der Suche nach einem besseren Gehalt dreimal die Pfarrei. In New Hampshire blieben die Pfarrer im Jahr 1790 durchschnittlich dreißig Jahre in derselben Gemeinde, 1804 waren es fünfundzwanzig Jahre und in den späten 1830er Jahren nur noch vier bis acht Jahre. Landesweit wechselte ein Pfarrer in jedem Jahrzehnt zweimal die Gemeinde. Manche fanden überhaupt keine Pfarrei mehr und blieben unbestallt. Etablierte oder ehemals etablierte Kirchen mußten – wie vor ihnen die Methodisten – dazu übergehen, ihre Pfarrer zu ordinieren, ohne ihnen eine bestimmte Gemeinde zuweisen zu können. Dadurch büßte der Geistliche Prestige und Einfluß ein. Er gehörte nicht mehr von Haus aus zu denen, die in einem Gemeinwesen den Ton angaben. Er wurde aus den Schaltstellen der Macht in die Sonntagsschulen, die Salons der Damen und in die Bibliotheken abgedrängt. Unverbindliche gesellschaftliche Funktionen traten an die Stelle politischer Machtausübung. Als nach einer Ordinierung einem frischgebackenen Pastor ein Fest gegeben wurde, auf dem man aß, trank, rauchte und angeregt miteinander plauderte, kam Lyman Beecher zu der entsetzten, aber richtigen Schlußfolgerung: »Altmodische Puritaner waren das nicht.«[2]

Die Hauptsekten in den USA nach 1800 waren die Kongregationalisten in Neuengland, wo auch die Unitarier an Boden gewannen, in New York Holländisch-Reformierte und Episkopalier, die sich auch Anglokatholiken nennen, Lutheraner, Quäker und Moravier in Pennsylvania und New Jersey, Katholiken in Maryland, in den südlichen und westlichen Staaten Baptisten, Methodisten und Presbyterianer, Juden in den Küstenstädten Newport, Providence, New York City, Philadelphia, Charleston und Savannah. Dazu kamen kleinere Gruppierungen wie Rappisten, Schwenckfelder, Altlutheraner, Adventisten, Campbellisten, Shakers, Bethel-Aurora-Deutsche, Amish, Old Amish und andere Mennoniten. Der junge Joseph Smith fühlte sich zu den Methodisten hingezogen, aber Bedenken blieben; im Zweifel gründete er eine eigene Kirche, die Heiligen der letzten Tage oder Mormonen.

Die Sektenvielfalt war nicht ausschließlich eine Erscheinung des 19. Jahrhunderts. Bereits um 1700 hatte sich Justus Falckner über die unzähligen »Sekten und Horden« in Germantown beklagt, über Quäker, Anabaptisten, Naturalisten, Rationalisten, Independents und Sabbatarians, die alle nur ein Prinzip zu haben schienen: »Laß alle Ordnung fahren und lebe nach eigenem Wohlgefallen.«[3] Zwist, Spaltung, Abwanderung, Neugründung sind wiederkehrende Muster in der amerikanischen Religionsgeschichte seit der Kolonialzeit. Roger Williams war nacheinander Anglikaner, Puritaner, Separatist, Baptist und Seeker. Der pietistische Lutheraner Pastorius wurde Quäker, der Quäker George Keith wurde Anglikaner. Der lutherische Pfarrer Martin Stephan aus Dresden forderte seine Gemeinde auf, mit ihm nach Amerika zu gehen, um dem Sodom und Gomorrha zu entgehen, das sich in Deutschland seiner Meinung nach anbahnte. In Missouri wurden die Stephanisten ihres Führers bald überdrüssig; sie verjagten ihn. Frontierbedingungen, neue Einwanderungsgruppen und schließlich auch das Pro und Kontra um die Sklaverei haben die zentrifugalen religiösen Tendenzen verstärkt.

Die Aufsplitterung war westlich der Appalachen besonders stark. Von größeren Sekten spalteten sich wegen persönlicher, trivialer oder grundsätzlicher Streitfragen Subsekten ab, die dem Namen der Mutterkirche ein mehr oder weniger phantasievolles Attribut voranstellten. So entstanden aus den *Regular Baptists* die *Free Baptists, Free Will Baptists, General Six Principle Baptists, Seed-in-the-Spirit-Predestinarian Baptists,* dazu drei baptistische Kirchen für Schwarze. Die Methodisten zerfielen in *Methodist Church, Independent Methodist Church, New Congregational Methodist Church, Methodist Episcopal Church South, African Methodist Episcopal Church, African Union Methodist Protestant Church, Union American Methodist Church, African Methodist Episcopal Zion Church* sowie *Reformed Zion Union Apostolic Church.* Bei den Quäkern bildete sich seit den 1820er Jahren ein liberaler und ein orthodoxer Flügel heraus. Die Mormonen teilten sich wegen der Polygamie. Auf eine besonders sinnreiche Namensgebung verfielen die Presbyterianer, die sich in eine *Presbyterian Church in the United States* im Norden und in eine *Presbyterian Church in the United States of America* im Süden teilten. Bis zum Ende des Jahrhunderts gab es vier verschiedene Gruppen von Quäkern, sechs verschiedene Gruppen von Adventisten, sieben verschiedene Gruppen von Katholiken, zwölf verschiedene Gruppen von Presbyterianern, zwölf verschiedene Gruppen von Mennoniten, dreizehn verschiedene Gruppen von Baptisten, sechzehn verschiedene Gruppen von Lutheranern und siebzehn verschiedene Methodistengruppen, um wirklich nur einige zu nennen.

Unitarismus

Zweifel an der kalvinistischen Orthodoxie führten zur Spaltung der neuenglischen Kongregationalisten in Kalvinisten und Unitarier. Die Unitarier, Leugner der Dreifaltigkeit, sahen in Jesus den Sohn Gottes, nicht aber einen eigenen Gott. Mit den Säulen des Kalvinismus, mit Erbsünde, bedingungsloser Prädestination und begrenzter Sühne hatten sie nichts mehr im Sinn. Der Unitarismus übernahm das Erbe des Deismus und wurde zur kirchlichen Heimat der aufgeklärten Elite. Der führende Kopf der Unitarier war nach der Jahrhundertwende William Ellery Channing. Er konnte sich in seinen Glaubensvorstellungen auf eine lange europäische Tradition berufen. Herbert von Cherbury und Grotius lieferten den Unitariern Argumente, ebenso John Biddle und John Locke. Joseph Priestley reiste in die USA und stärkte seinen amerikanischen Glaubensgenossen den Rücken, die sich freilich auf eigene Theologen wie Jonathan Mayhew oder Charles Chauncey berufen konnten. Unter James Freeman wurde in der King's Chapel von Boston die Liturgie von trinitarischen Elementen gereinigt, eine episkopalische Kirche in die erste unitarische Gemeinde Amerikas umgewandelt. Die Mitglieder der ersten Kirche der Pilgerväter in Plymouth, 1620 gegründet, entschieden sich 1801 per Abstimmung für den Unitarismus.

Der *Baltimore Sermon* (1819) von William Ellery Channing ist zum zentralen Dokument der amerikanischen Unitarier geworden. Channing, der ursprünglich Medizin studieren wollte, bezog mit 14 Jahren Harvard College, legte 1798 dort sein Examen ab, verbrachte zwei Jahre als Tutor in Virginia, hielt 1802 seine erste Predigt und wurde ein Jahr später Pastor einer kongregationalistischen Kirche in Boston. Die Predigt, die er im Mai 1819 in Baltimore hielt, faßte die Prinzipien der unitarischen Lehre zusammen. Die gedruckte Fassung erlebte binnen vier Monaten acht Auflagen. Die Heilige Schrift ist für Channing inspirierte Offenbarung, aber von Menschen in der Sprache des Menschen geschrieben. Ihre Bedeutung erschließe sich auf die gleiche Weise, wie die anderer Bücher. Das Neue Testament genieße Vorrang. Durch Christus habe Gott den Menschen die »most perfect revelation« seines Willens übermittelt, Jesus selbst sei göttlich, jedoch von dem einen Gott unterscheidbar. Die Wunder Jesu werden nicht geleugnet, sie seien aber für das Christentum nicht entscheidend gewesen, die moralische Vollkommenheit Gottes bedürfe ihrer nicht. Gegen den zornigen Gott der Kalvinisten setzte Channing »one sublime idea«, nämlich die Größe der menschlichen Seele, die dem vollkommenen Gott geistig verwandt ist.

Es wäre falsch, aus Channing oder Emerson eine schwärmerische Liebe zum Volk herauslesen zu wollen, das Gegenteil wäre richtig. Beruhigend auf die Aggressivität populärer Sekten einzuwirken, die moralischen Mängel im Volksglauben zu beheben, zählte zu den Glaubensmotiven der Unitarier. Channing wandte sich ausdrücklich gegen die leichtfertige Art, wie der Kreuzestod als Garantie für die Vergebung der Sünden genommen wurde.[4]

Das zweite »Great Awakening«

Anklänge an eine sentimentale Christusverehrung sind bereits während der ersten großen Revivalbewegung in den 1740er Jahren aufgetreten, zum Beispiel bei den von den Gebrüdern Wesley inspirierten Methodisten, die vor allem außerhalb der Städte Zulauf fanden. »Jesus, lover of my soul« lautete eines der von Charles Wesley geschriebenen Lieder. Methodisten und Baptisten lagen mit ihren Doktrinen nicht allzuweit vom Anglikanismus entfernt. Beide Sekten hielten eine persönliche Kommunikation zwischen Gott und Mensch für möglich. Freilich wurde der methodistische Glaube von den besseren Ständen als bildungs- und kulturfeindlich angesehen. Methodisten begannen damit, ihre Kinder selbst zu unterrichten oder Sonntagsschulen aufzubauen, an denen unorthodoxe Lehren vertreten wurden. Methodistische *circuit riders* oder Wanderprediger veranstalteten *camp meetings* und Liederfeste, bei denen sie die Emotionen ihrer Zuhörer bis zur Hysterie aufstachelten.[5]

Das zweite *Great Awakening* nach 1800 war ein Kreuzzug von Methodisten, Baptisten, Shakers, aber auch von Presbyterianern gegen die aufklärerische Haltung, wie sie die Unitarier verkörperten, eine Serie von *Revivals* in den ersten Jahrzehnten des 19. Jahrhunderts. Die Bewegung war anfangs auf Tennessee und Kentucky konzentriert, wo sie von Methodisten und Baptisten getragen wurde. Danach verlagerte sich der Schwerpunkt nach Osten. Dort übernahm Lyman Beecher, ein Presbyterianer, die geistliche Führerschaft. Ab 1825 zeigte die Stoßkraft wieder in westliche Richtung. In dieser letzten Phase gingen die wichtigsten Impulse von Charles Finney aus, der sich vom Presbyterianismus zum Kongregationalismus bekehrt hatte.

Der Revivalismus war eine Art Innere Mission. Der rastlose Aktivismus nahm selbst für amerikanische Verhältnisse außergewöhnliche Dimensionen an. Wanderprediger Francis Asbury überquerte nach eigener Zählung sechzigmal die Alleghenies, um den Frontierbewohnern die Frohe Botschaft zu bringen. Das *Home Missionary and Pastor's Journal* schrieb 1830: »Es gibt keinen Platz für Untätigkeit oder Erholung. Zum Ausruhen wird im Himmel genug Zeit sein.« Der Bewegungsdrang fand die eigentümlichsten Ventile. Ein Shaker hat die bei einem camp meeting in Kentucky geübte Praxis des »jerk« in Einzelheiten beschrieben: »Die Übung begann für gewöhnlich beim Kopf, der vorwärts und rückwärts flog und von einer Seite zur andern mit einem heftigen Stoß, den jeder natürlich unterdrücken wollte, aber umsonst; und je mehr sich einer anstrengte, er selbst und gelassen zu bleiben, desto mehr kam er ins Schwanken und desto schneller wurden seine Zuckungen. Er mußte sich unter der Stimulierung notwendigerweise in Bewegung setzen, sei es mit einem gewaltigen Sprint über den Boden und indem er von Fleck zu Fleck hüpfte wie ein Fußball, oder indem er herumhopste mit in alle Richtungen zuckendem Kopf, Leib und Gliedern, als müßte er gleich auseinanderfliegen.« Manchmal mußte vor dem Postament des Predigers Stroh aufgeschüttet werden, auf dem sich die Gläubigen in ekstatischen Zuckungen wanden.[6]

Charles Finney gab Richtlinien zur Durchführung von Meetings heraus mit praktischen Ratschlägen über den Einsatz von Chören, Musikinstrumenten und Stimmpfeifen. Spezialitäten waren das »protracted meeting«, das sich über mehrere Tage hinzog, und der »anxious seat«, auf dem der arme Sünder sich laut klagend und gestikulierend von seinen Anfechtungen lossagte. Im Hinterland der Südstaaten wurden Revivals für Schwarze abgehalten. Niemand könne die Religiosität der Sklaven ganz verstehen, schrieb W. E. B. DuBois, der nicht den revivalistischen Predigtstil, die Musik und das frenetische Gebaren miterlebt habe.

Die Revivalbewegung erfaßte die amerikanischen Katholiken. Während das protestantische Awakening eine Sache der Wanderprediger und der Laien war, gruppierte sich die katholische Glaubenserneuerung um Kirche und Pfarrer. Die katholische Kirche hatte unter allen Konfessionen den größten Priestermangel. Auf dem Höhepunkt des Great Awakening kamen auf die halbe Million amerikanischer Katholiken nur 250 Pfarrer. Der katholische Bischof von Galveston in Texas betreute vor dem Bürgerkrieg ein Gebiet von der Größe Frankreichs. Priestermangel, Anfeindungen, Verfolgungen und die Attraktivität anderer Glaubensgemeinschaften haben die katholische Kirche viele Gläubige gekostet, manche sagen, die Zahl der Abtrünnigen sei in die Millionen gegangen. Trotzdem wuchs die katholische Gemeinde bis 1850 zur größten Einzelkirche der USA heran. Ihre Größe entsprach freilich nicht ihrer gesellschaftlichen Bedeutung. Dafür sind einmal die Spannungen zwischen den einzelnen Nationalitäten katholischen Glaubens verantwortlich, zum anderen standen protestantische Sekten mit dem vorherrschenden Lebensgefühl in dieser Phase des geistigen und territorialen Expansionismus besser im Einklang.[7]

Das zweite Great Awakening war nicht in dem Maße wie das erste auf die Restauration orthodoxer Glaubensinhalte angelegt, auch wenn es nicht schadete, die Unitarier als gefährliche Häretiker hinzustellen. Finney hatte genau wie die Unitarier eine »upward revision« der kalvinistischen Anthropologie im Sinn: Gott ist perfekt, der Mensch kann perfekt werden. Von der angeborenen Schlechtigkeit der Menschen sprachen beide Richtungen nicht mit der kalten Selbstverständlichkeit der alten Puritaner. Unterschiede zwischen Unitariern und Revivalisten in ihrem Streben nach Perfektionismus ergaben sich eher in der Handhabung der Toleranz. Die Unitarier befleißigten sich größerer Geduld und Nachsicht. Die Volkssekten neigten zu einer »ultraistischen« Haltung, zur Intoleranz gegenüber allem, was nicht ins Königreich Gottes auf Erden zu passen schien.

Kostenlose Bibeln wurden zur Beförderung des Glaubens von der *American Bible Society* (1816) im ganzen Land verteilt. Die *American Home Missionary Society* (1826) forderte entschlossen die religiöse Unterweisung der Bevölkerung. Missionare der *American Tract Society* verkauften oder verschenkten fromme Schriften an die Haushalte und forderten bei dieser Gelegenheit katholische Bürger dazu auf, sich von den Fesseln Roms zu befreien. Die Gesellschaft druckte pro Jahr bis zu zwölf Millionen Exemplare frommer Traktate. Das Revival weckte das Interesse an Musik. Den religiösen Hymnen von Lowell Mason waren einfache, singbare Melodien unterlegt. Quer durch die Denominationen entstanden religiöse Romane mit gottesfürchtigen Männern und Frauen, die allesamt moralisch handelten. Der Geistliche Joseph Ingraham schilderte in *The Prince of the House of David* (1855) das Leben Jesu und in *The Pillar of Fire* (1859) die Geschichte von Moses. Die literarische Tradition der *religious novel* überdauerte den Bürgerkrieg. »Bete weiter – bete ohne Unterlaß«, lautete die Empfehlung in einem Tagebuchroman von Elizabeth Prentiss, der unter dem Titel *Stepping Heavenward* (1869) den Alltag einer frommen Frau beschrieb.

Adventisten

Endzeiterwartungen umspannten das gesamte 19. Jahrhundert, von Lorenzo Dow – *The Second Advent* (1815) –, für den die Menschheitsgeschichte in Amerika konvergierte, bis zu dem schwarzen Millenaristen im amerikanischen Süden, der das Ende der Welt für den 18. August 1890 voraussagte und sich für diese Gelegenheit das Monopol auf selbstgemachte Flügel reservierte. In den 1830er Jahren war der Glaube an den Aufbruch ins Tausendjährige Reich so selbstverständlich geworden, daß nur Trunkenbolde sich dieser Idee widersetzten, wie ein Zeitgenosse meinte. Gelegentlich sind die Apokalyptiker in Prae- und Postmillenialisten aufgeteilt worden, je nachdem, ob sie glaubten, die Parusie stünde unmittelbar bevor oder man hätte noch tausend Jahre Zeit bis zur Wiederkunft Christi. Die einen sollen mehr der Unterschicht angehört haben, die anderen den vornehmeren Sekten, die einen seien pessimistisch, die anderen optimistisch gewesen, hier Verzweiflung, dort Fortschrittsglaube. Streng unterscheidbar sind die beiden Lager nicht, aber immerhin scheint es so, als ob die ländlichen Adventisten unter William Miller jede irdische Hoffnung aufgegeben hatten, während das Stadtbürgertum oder die Mormonen ihren Millenarismus mit einer Ideologie des Fortschritts – »onward and upward« – in Einklang bringen konnten.[8] Fundamentalisten waren sie alle oder fast alle. Das Fundament, die Bibel, befahl ihnen, das Jenseits anzusteuern.

Der neuenglische Farmer William Miller war in seiner Jugend Deist. Unter dem Eindruck des Krieges von 1812 wandte er sich religiösen Dingen zu, wurde Baptist und kam nach längerem Bibelstudium zu der Überzeugung, daß das Ende der Welt im Jahre 1843 zu erwarten sei. Die Lektüre des Buches Daniel und der Offenbarung vermittelte ihm recht präzise Angaben nicht nur über das Datum des Weltuntergangs, sondern auch über die Art, wie dieser vonstatten gehen würde. Die Gerechten, tot oder lebendig, würden »dem Herrn in der Luft begegnen«. Dort finde ihre Prüfung statt, während die Erde zunieden durch Feuer vernichtet und gereinigt werde von allen Gottlosen und bösen Geistern. Nach tausend Jahren erst werde die Erde wieder bewohnbar. Dann steige Jesus mit den Seinen hinab und lebe auf der neuen Erde in einem neuen Himmel immerdar.[9] Miller war ein begehrter Prediger auf den Revival Meetings der 1840er Jahre. Verschiedene baptistische Kirchen und eine Reihe von Zeitschriften, zum Beispiel der *Philadelphia Alarm,* haben ihn unterstützt. Am 21. März 1843 versammelten sich seine Anhänger in weißen Gewändern auf Hausdächern und Hügeln, die Schätzungen schwanken zwischen 50 000 Personen und einer Million.

Als neues Datum wurde der 22. Oktober 1844 errechnet. Der Millerismus breitete sich im nördlichen Neuengland aus. Bauern ließen die Ernte draußen auf dem Feld stehen, berichtete der *Advent Herald* im Oktober 1844 voller Genugtuung, so unerschütterlich glaubten sie an die Voraussage. Der *Midnight Cry* empfahl seinen Lesern in der letzten Nummer: »Reißt Euch los von der Welt so gut ihr könnt. Wenn eine unaufschiebbare Pflicht Euch für einen Moment in die Welt zurückruft, so geht wie ein Mensch, der schnell eine Arbeit im Regen erledigt. Lauft und beeilt Euch und macht kein Hehl daraus, daß Ihr alles bereitwillig für etwas Besseres hinter Euch laßt.«[10]

Jane Parker hat in einem autobiographisch gefärbten Roman den Fanatismus ihres adventistischen Vaters beschrieben.[11] Mit dem merkwürdigen Phänomen, daß sich die Zahl von Millers Anhängern vermehrte, nachdem die letzte Prophezeiung *nicht* eingetroffen war, illustrierte Leon Festinger seine Theorie der Stabilität von Überzeugungen. Wie andere Sekten spalteten sich auch die Adventisten, aber nicht so sehr aus Uneinigkeit über das Weltuntergangsdatum, sondern weil die einen den Samstag, die anderen den Sonntag geheiligt wissen wollten. Die *Seventh Day Adventists* zählten noch im 20. Jahrhundert über hunderttausend Gläubige.

Shakers

Die Ursprünge der Shakers lagen bei englischen Quäkern und französischen Kamisarden. Wegen ihrer ekstatischen Tanzbewegungen wurden sie auch *Shaking Quakers* genannt, außerdem sind sie unter dem Namen *Millenial Church* bekanntgeworden. Die offizielle Bezeichnung lautete *United Society of Believers in Christ's Second Appearing*. Ann Lee, die Stammutter der amerikanischen Shakers, hatte sich der Sekte bereits in England angeschlossen, und zwar nach dem Tod ihres vierten Kindes, einer Zangengeburt, die sie fast das Leben gekostet hätte. Bereits vorher hatte sie drei Kinder frühzeitig verloren. Ihre Haltung gegenüber Ehe und Sexualität orientierte sich an diesen Erfahrungen, den Tod ihrer Kinder betrachtete sie als Strafe Gottes für ihre »Konkupiszenz«. John Humphrey Noyes, der Gründer der Oneida-Gemeinde, meinte, das Zölibat der Shakers, mit denen er sympathisierte, sei wegen »des Jammers ungewollter Zeugung« entstanden. Die Shakers selbst haben eher religiöse als soziale Gründe in den Vordergrund gestellt.

Ann Lee oder Mother Ann, wie sie bald genannt wurde, glaubte, eine Reinkarnation Jesu oder zumindest das weibliche Gegenstück zum Sohn Gottes zu sein. Der Gott der Shakers war männlich und weiblich in einem, er konnte sich, wie das Auftreten Christi bewiesen hatte, ohne Geschlechtsverkehr fortpflanzen. Das biblische Gebot »Seid fruchtbar und mehret Euch« ließ sich im Shakerglauben ohne Sexualität befolgen. Ann Lee begann in England ihren »Krieg gegen die Lust«, den sie ab 1774 mit einer Handvoll Anhänger in Amerika fortzusetzen gedachte. Sie war in England wegen ihres auffälligen Gebarens eingesperrt worden. Der Auswanderungsentschluß ging aber nicht allein auf die Einschränkung der Glaubensfreiheit zurück, sondern auch darauf, daß man in Amerika mehr Anhänger zu finden hoffte als im anglikanischen Manchester. Ann Lee trennte sich nach der Ankunft in New York von ihrem trunksüchtigen Mann und erklärte, sie sei

Die familienfeindliche Sekte der Shakers; nach einer Lithographie aus dem Jahr 1840

gekommen, die Welt von oben nach unten zu kehren. Die Shakers waren Pazifisten. Sie gelobten, niemals Waffen anzurühren und forderten andere zur Gewaltlosigkeit auf. Wie in England gerieten sie deshalb mit der Obrigkeit in Konflikt – man befand sich mitten im Unabhängigkeitskrieg – und wurden vorübergehend eingesperrt. Ein weiterer Stein des Anstoßes war das Zölibat. Ann Lee ist mindestens einmal entführt und mißhandelt worden. Ihre Entführer wollten sich persönlich überzeugen, ob sie eine Frau war. Gegner der Shaker haben Ann Lee als Heuchlerin und Wahrsagerin, als Trinkerin, Sadistin und Hure hingestellt und das Shakertum als einen großen Betrug.[12]

Ann Lee ist nach Jahren der Verfolgung und Entbehrung 1784 gestorben. Drei Jahre später wurde in Watervliet (New York) eine Shakergemeinde gegründet. Die Sekte fand während des zweiten Great Awakening beträchtlichen Zulauf, einige der ersten Shakerdörfer sind aus lokalen Revivals in New York, New Hampshire und Connecticut entstanden. In Philadelphia wurde eine Shakergemeinde für Schwarze ins Leben gerufen. Die Shakers trugen ihren Glauben an die Frontier und beteiligten sich zu Beginn des 19. Jahrhunderts am Kentucky Revival. Dort fanden sie neue Anhänger, stießen aber auch auf Ablehnung und militanten Widerstand. Das Keuschheitsgelübde konnte in einer Region, die auf Zuwachs angewiesen war, starke Ressentiments wecken. Das Shakertum, sagten seine Gegner, würde Amerika auf Dauer entvölkern. Fünfhundert Bewaffnete und noch mehr Zivilisten überfielen 1810 eine Shakersiedlung und verlangten die Herausgabe von Kindern, die dort angeblich unfreiwillig lebten. Die Shakers wurden ferner aufgefordert, ihrem Glauben abzuschwören und das Land zu verlassen.[13]

Die Sekte hielt auch nach dem Tod von Ann Lee an der Überzeugung fest, daß Jesus bei seiner Wiederkunft in weiblicher Gestalt erscheine, und verwies mit Stolz darauf, als einzige Religionsgemeinschaft die Frau aus ihrem Vasallentum herausgeführt zu haben. Father Joseph Meacham, ein konvertierter Amerikaner, übernahm in der Nachfolge von Ann Lee übergeordnete Funktionen und faßte die Dogmen in einer Schrift zusammen. Der Weg zur Vollkommenheit, sagte Meacham, sei eine Reise nach innen; dort sitze der böse Feind, dort sei er zu bekämpfen. Die Sexualität des Menschen, verstanden als tierische Leidenschaft, sei der Ausdruck des Bösen, das Grundübel der Welt. Nur der Keusche könne so rein werden wie Jesus. Die Ausrottung des Sexualtriebs sei die Grundvoraussetzung für eine bessere Welt ohne Angst und Scham, ohne Leid und Krieg. Geschlechtliche Enthaltsamkeit bereite auf das Millenium vor. Einem, der auf Freiersfüßen wandelte, hatte Mother Lee gesagt: »Die Vereinigung im Fleisch ist ein Bund mit dem Tod und ein Vertrag mit der Hölle ...« Diesen radikalen Standpunkt haben ihre Nachfolger nicht geteilt. Für sie war die Ehe an sich kein Verbrechen, nur gehörten alle, die ihr nicht entraten konnten, einer niederen Gesellschaftsschicht an, hatten sie doch das Streben nach Vollkommenheit aufgegeben. Verliebten Shakers wurde der Exodus gestattet. Es ist möglich, daß die Sektenführung die Fortpflanzung manchmal erlaubt hat, dann nämlich, wenn man den Geschlechtsakt ohne Lust ausführte oder zumindest glaubhaft machen konnte, die Leidenschaften erfolgreich abgelegt zu haben.[14]

Das Shakertum ist mit dem katholischen Konvent verglichen worden, mit der klösterlichen Lebensform. In den Shakersiedlungen schliefen Männer und Frauen in getrennten Zimmern mit vier bis sechs Betten. Brüder und Schwestern durften auf den engeren Treppen nicht aneinander vorbeigehen, breite Gänge verhinderten körperliche Nähe, private Begegnungen zwischen den Geschlechtern waren nicht vorgesehen. Die »Millenial Laws«, 1821 aufgestellte und 1845 revidierte Ordensregeln, untersagten das Händeschütteln zwischen Brüdern und Schwestern. Im Sommer gingen die Mädchen zur Schule, im Winter die Knaben. Frauen durften Männern keine Knöpfe annähen, solange sie das Kleidungsstück am Körper trugen. Um nicht der Männer und ihrer Nachtgeschirre ansichtig zu werden – dies hätte die Fleischeslust aufreizen können –, kamen die Frauen morgens erst beim zweiten Trompetenstoß aus ihren Schlafräumen. Zwei Shakermädchen, die man bei der Betrachtung kopulierender Fliegen ertappt hatte, mußten sich gegenseitig auspeitschen. So will es wenigstens die Legende, die nicht ganz unglaubwürdig ist. Denn die Shakers unternahmen alle nur denkbaren Anstrengungen zur absoluten Unterdrückung der Triebe, wobei die Trennung der Geschlechter sogar auf die Trennung der Arten ausgedehnt wurde. Hühner durften nicht auf Enteneiern brüten, Birnen nicht auf Äpfel gelegt werden.

Shakers glaubten die Frage »Are you perfect?« getrost bejahen zu können. Voraussetzung für das Erreichen des sündenfreien Zustands war neben absoluter Keuschheit der Rückzug aus der Welt. Das konnte auch die Lösung familiärer Bindungen bedeuten. Aus Hymnen der Shakers sprach eine radikale Ablehnung der Familie. Als besonders verabscheuungswürdig wurden dort Blutsverwandte hingestellt.

Das religiöse Zeremoniell der Shakers wurde in Amerika extravaganter als in England, es nahm phantastische Formen an und endete manchmal in äußerster Formlosigkeit. In den Meetings entfiel mit fortschreitender Dauer fast jegliche Zurückhaltung, jeder agierte, wie es ihm gerade einfiel, ob er nun tanzte, auf einem Bein durch den Raum hüpfte oder flach auf der Erde lag, die Arme schwang wie ein Rad oder mit den Armen ruderte, um den Teufel zu verscheuchen. Manche lachten haltlos, trommelten mit den Füßen auf den Boden, andere sprangen auf und nieder, redeten in fremden Zungen, stöhnten wie im übergroßen Schmerz. Wieder andere starrten nach oben, griffen mit den Armen zur Decke und hoben die Beine, als wollten sie zum Himmel steigen. Manchmal marschierten sie auch geschlossen durch den Raum; zu diesem Zweck hatten sie eigene Marschlieder. Tanz, Gesang und Bewegung sind sicherlich Spannungslöser gewesen, Ventile eines streng reglementierten Lebens.

> We love to dance, we love to sing,
> We love to taste the living spring,
> We love to feel our union flow
> While round, and round, and round we go.

In der Ekstase sangen oder lallten sie je nach Eingebung eine andere Melodie zu frei erfundenen Worten oder Silben. Sie riefen indianische Geister zu sich herab, mit denen sie tanzten, hüpften und Fangen spielten. Aber selbst im enthemmten Zustand war es Brüdern und Schwestern verboten, sich gegenseitig zu berühren. Die Meetings sättigten körperliche Bedürfnisse, blieben aber im Charakter religiös und auf transzendente Ziele gerichtet.

Der Alltag wurde von Schweigsamkeit und harter Arbeit bestimmt. Nach dem Vorbild der ersten Christengemeinde wollten die Shakers in ihrem neuen amerikanischen Jerusalem »perfekte Gleichheit« erzielen. Die »geweihte Arbeit«, die sie verrichteten, war im Sinne von »travail« zu verstehen, Arbeit auf der Reise ins Königreich Gottes. Wie andere Amerikaner waren die meisten Shakers gerecht in vielen Sätteln, sie hatten, in ihrer Sprache, mehr als ein *»calling«*.

Trotz des flexiblen Arbeitsbegriffs war das Leben in den Siedlungen eher auf Statik und Dauerhaftigkeit angelegt. Jede Einzelheit des Zusammenlebens, des Wirtschaftens, des Verhaltens war festgeschrieben. Die Shakers durften ihre Füße nicht am Boden schleifen lassen, auf daß der Teppich geschont wurde. Abrupte Wendungen auf dem Treppenabsatz waren untersagt, um die Entstehung von Löchern zu verhindern. Beim Händefalten war der rechte Daumen über den linken zu legen, nicht etwa umgekehrt. In der Landwirtschaft haben sie sich auf Planung und möglichst ökonomische Arbeitsverteilung verlassen. Die Ironie wollte es, daß die zölibatären Shakers erfolgreiche Viehzüchter wurden. Ihre Durhamrinder waren landauf, landab gefragt. Die Felder wurden mit ordentlichen Steinmauern umgeben. Sie bauten Hanf an, Marihuana beruhigte die Nerven. Europäische Besucher lernten die Shakers als ausgezeichnete Landwirte kennen, deren Kulturen sich vorteilhaft von denen anderer Amerikaner abhoben. Daß die Sekte einen Gegenpol zur Rastlosigkeit und zur übertriebenen Individualität des Pionierdaseins bildete, ist von verschiedenen Beobachtern notiert worden. Die Shakersiedlungen wollten Inseln der Ruhe und des Ausgleichs sein. Den Sektenmitgliedern war aufgetragen, keinesfalls Vergleiche mit den »schmutzigen Vagabunden« der übrigen Welt anzustellen. Die Jagdleidenschaft der Pioniere in ihrer Umgebung haben sie nicht geteilt. Jugendliche unter 15 Jahren durften nicht jagen, und man riet ihnen, von Gewehren überhaupt die Finger zu lassen. Verschwendung war verpönt, im Wirtschaftsleben und dann auch in der Ästhetik. Niemand habe ein Recht, hieß es in den Ordensregeln, Geld für Schönheit auszugeben, solange es Armut gibt. Kleidung hatte schmucklos zu sein. Eine der vielen Vorschriften besagte, daß an hellen Sommerhüten keine dunklen Bänder getragen werden dürften. Die Shakers waren erfindungsreich und experimentierfreudig, aber die Lust am Experimentieren hatte Grenzen. »Sobald eine gute Lösung gefunden war, blieb man dabei.« Das Streben nach Dauerhaftigkeit hat dazu geführt, daß die Möbel, der Hausrat und die verschiedensten Gebrauchsgegenstände der Sekte heute zu den wertvollsten Kulturprodukten des Landes zählen. Die Shakers haben es bei aller Jenseitsorientierung verstanden, zentrifugale Kräfte durch Appelle an das Gemeinschaftserlebnis zu binden.

Die Shakers erreichten in den 1850er Jahren mit 6000 Mitgliedern ihren Zenith. Nach dem Bürgerkrieg setzten Auflösungserscheinungen ein. Das Zölibat verhinderte natürliches Wachstum und hielt Beitrittswillige ab. Betrügerische Spekulanten und Makler fügten einigen Siedlungen finanzielle Verluste zu, die das Überleben schwieriger machten. Manche fielen in die Sünde zurück, will sagen, sie ertrugen die Ehelosigkeit, die absolute Gehorsamspflicht und die Isolation von der Außenwelt nicht mehr. Sie gliederten sich wieder in eine Gesellschaft ein, die sich bewegliche Ziele gesetzt hatte.[15] Zu Beginn des 20. Jahrhunderts gab es noch 600 Shakers, die sich nach wie vor des Zölibats befleißigten. Erst nach 1970 sind die Shakers aus dem religiösen Leben Amerikas verschwunden. Waren die zentripetalen Kräfte ursächlich für die mit fast 200 Jahren ungewöhnlich hohe Lebensdauer der Sekte? Vielleicht hat eher die rare Mischung aus zentripetalen Elementen im Alltag und aus zentrifugalen Elementen im Zeremoniell den seelischen Ausgleich geschaffen, der die Shakers länger überleben ließ als andere Gruppen.

Mormonen

Das Mormonentum ist oftmals als durch und durch amerikanisch beschrieben worden, als »play-within-a-play«, als amerikanischer Mikrokosmos. Schließlich zeigten die Mormonen charakteristische Merkmale des modalen Amerikaners, die Mobilität, die Rastlosigkeit, die visionäre Neigung, den Glauben an die Perfektionierbarkeit des Menschen. Auch sie haben den Amerikanischen Traum geträumt und ihn sogar ein gutes Stück verwirklicht. Auch sie haben teilgenommen an den amerikanischen Traditionen des Selfmademan, des Schatzsuchers, des »Trickster«. Und haben sie sich nicht ganz exemplarisch auf die Suche nach jungfräulichem Land begeben?

Die philobatischen Elemente in der Geschichte der Mormonenkirche sind kaum zu übersehen. Die Eltern des Kirchengründers Joseph Smith zogen jahrelang rastlos umher. Der Vater ähnelte dem notorischen »Yankee Peddler«, die revivalistische Mutter wanderte auf der Suche nach wahrer Erlösung von einer Sekte zur anderen. Der junge Joseph war fasziniert von den »tall tales«, er fühlte sich hingezogen zu den vagabundierenden Gaunern und Wahrsagern seiner Zeit.[16] Von seiner ersten überirdischen Erscheinung wurde ihm aufgetragen, sich keiner Sekte anzuschließen, die zweite Vision beschrieb er als einen in der Luft stehenden Menschen, »denn seine Füße berührten den Boden nicht«.

In dem Yankee-Propheten Joseph Smith eine philobatische Disposition zu finden, überrascht nicht. Die Heiligen der letzten Tage oder Mormonen sahen ein neues Königreich »heranrollen«, und Joseph Smith war derjenige, der durch seinen großartigen Traum die »kontinentale Vision« vermitteln konnte, die keiner Gegenständlichkeit mehr bedurfte und keine Hindernisse mehr kannte. In Missouri hatte Smith die objektlosen Ebenen des amerikanischen Westens gepriesen. Dort erst, nicht im Osten des Landes, wurden seine Bedürfnisse erfüllt. Zu der Zeit hatte er alle Formen der Gewalt, der Verfolgung und der inneren Konflikte erlebt und gelernt, mit dem »thrill«, der Angstlust, nicht nur umzugehen, sondern sie sogar als Stimulans zu schätzen: »Aufregung ist fast zum Wesen meiner Existenz geworden, wenn sie sich legt, komme ich mir fast verloren vor.« Die Sehnsucht nach den freundlichen Weiten, nach dem unendlichen Ziel und die Lust am Risiko wurden ergänzt durch einen stark ausgeprägten Bewegungsdrang: »Brüder, sollen wir nicht weitermachen mit dieser großen Sache? Geht vorwärts und nicht rückwärts. Nur Mut, meine Brüder, und vorwärts, vorwärts zum Sieg.«[17]

Joseph Smiths Nachfolger Brigham Young gründete im amerikanischen Westen nicht weniger als 325 Ortschaften und rühmte sich gerne mit der Zahl der Häuser, die er errichtet und wieder aufgegeben hatte. Er schickte Missionare zu so entlegenen Plätzen wie Hawaii, Malta und den Sandwichinseln. Der Wüstenstaat Deseret, das spätere Utah, wurde als Zentrum des Mormonentums zu einer kulturellen Oase, die tausend Meilen von der nächsten Siedlungsgrenze entfernt lag, Ost oder West. Die Idee des Unendlichen wurde Bestandteil mormonischer Denkweisen. Es gab einen »Fortwährenden Einwanderungsfond« und in der Theologie das »Gesetz ewigen Fortschritts«. Britische Mormonen, die frisch bekehrt nach Utah auswanderten, sind von ihren bodenständigen Landsleuten charakterisiert worden als »eine Masse, die körperlich und geistig bereits auf dem Marsch war«. Neuzugewanderte mußten in der Wahl ihrer Berufe flexibel sein, was wiederum ein eigentümliches Merkmal des amerikanischen Nationalcharakters war, wie Brigham Young bemerkte.[18]

Der »Upper Room« des Tempels in Salt Lake City nahm für die Heiligen der letzten Tage eine magische Bedeutung an. Das erzieherische Ziel der Kirche war und ist die »elevation« der Gläubigen. Die mormonischen Theaterstücke des 19. Jahrhunderts sollten ebenfalls eine »erhebende« Wirkung auf die Zuschauer ausüben. Noch heute wird jeder gläubige Mormone dazu angehalten, den »upward reach« nicht zu vergessen. Man ist also versucht zu urteilen, die Mormonen entsprächen recht gut der allgemeinen amerikanischen Ideologie.

Es wäre auch naiv anzunehmen, die Mormonen stünden vollkommen außerhalb der amerikanischen Tradition. Trotzdem gab und gibt es deutliche Unterschiede zwischen dem Mormonentum und dem Hauptstrom der amerikanischen Kultur. Diese Unterschiede hat Wallace Stegner, einer der besten Mormonenkenner, in dem Satz zusammengefaßt: »Sie träumten ihren Traum als Gruppe, nicht als einzelne...«[19] Die Indianer der Rocky Mountains erkannten das Besondere am ehesten und teilten die weiße Rasse in »Mericats« und »Mormonee« ein.

Nach Jahren intensiver Verfolgung faßte Joseph Smith den Entschluß, mit seinen Anhängern ein abgelegenes und unbesiedeltes Gebiet aufzusuchen. Allerdings kann die Abwanderung der Mormonen mit den gängigen Kategorien des »Westward Movement«, der »Turnerthese« oder des »Manifest Destiny« nicht befriedigend erfaßt werden. Erstens haben die Heiligen der letzten Tage ihr Territorium in Utah ursprünglich nicht als eine bloße Erweiterung der USA betrachtet. Zuweilen sind sie in Gruppen beachtlicher Größe über den Kontinent gezogen, die zusammenblieben, nachdem sie ihr Ziel erreicht hatten. Drittens legte Brigham Young ausdrücklich Wert darauf, die Wildnis in organisierter Form zu durchdringen und zu erschließen. »Drifting« wurde als absolut unentschuldbar geahndet. Mormonen haben nie an Oikophobie gelitten, jener markanten Furcht vor der Häuslichkeit, wie sie für die legendären Frontiersleute so typisch ist. Nichts davon findet sich in ihrem Alltag, nichts in ihrer Folklore. Young errichtete feste Versorgungsstationen entlang des *Mormon Trail.* Mormonen wollten auf der Wanderschaft wissen, wo genau sie sich zu einem bestimmten Zeitpunkt befanden.

Der Mormonenführer Brigham Young (1801–1877) weist seiner Sekte den Weg nach Utah jenseits der Rocky Mountains

Vielleicht ist es kein Zufall, daß der Erfinder eines primitiven Kilometerzählers ein Mormone war. Die mormonischen Pioniere, die in der Mitte des 19. Jahrhunderts nach Westen zogen, gehörten nicht zu den rastlosen Glücksrittern, die mit ausgestellten Ellbogen vorpreschten und aus Klaustrophobie jede Gelegenheit wahrnahmen, neue Ortsveränderungen zu verwirklichen. Der Gruppenzusammenhalt garantierte einen geordneten Vormarsch. Für persönliche Eskapaden blieb kein Platz.[20]

Zum Mormonentum bekehrte Briten zeigten wie andere Auswanderer eine grundsätzliche Bereitschaft zur Mobilität. Aber die mormonische Auswanderung über den Atlantik geschah nach Plan und war hochgradig durchorganisiert. Neubekehrte Frauen und Kinder gingen vielfach zuerst, während der Mann zunächst in England die Überfahrt abarbeitete, ehe er selber nachreiste, eine Umkehrung der sonst üblichen Reihenfolge. Auf der Überfahrt herrschte Disziplin. Für gesunde Ernährung, hygienische Zustände und seelische Betreuung war gesorgt. Die von der Mormonenkirche gecharterten Auswandererschiffe galten in der Branche als vorbildlich. Mormonen haben sich nie in Bewegung gesetzt, nur um »on the move« zu sein. Ihre Wanderungen gingen zum Teil auf die aktive Verfolgung durch ihre Gegner zurück. Dies allein wäre in der amerikanischen Geschichte nichts Besonderes gewesen. Das wirklich Außergewöhnliche rührte daher, daß die Mormonen auf Wanderschaft gingen, nicht um sich in alle Winde zu zerstreuen, sondern um sich möglichst an einem Punkt zu versammeln.

Von Anfang an war der Mormonenkirche das Dogma des *gathering* wichtiger als das Dogma von der Polygamie. Die nach ihrer Ansicht demnächst anstehende Wiederkunft Christi machte die Konzentration auf ein Gebiet erforderlich. Die Mormonen waren nach Utah gekommen, um dort zu bleiben und feste Behausungen zu errichten. Deseret, der Mormonenstaat, wurde unter strikter Aufsicht der Kirche erschlossen. Einzelvorstöße in die Wildnis sind nicht geduldet worden. Risiken trachtete man, nach Möglichkeit, auf ein Minimum zu reduzieren. Neuland wurde mehrere Monate lang observiert und geprüft, ehe eine paramilitärische Vorhut von den Hauptorten Salt Lake oder Provo aus vorrückte. Die Landverteilung stand unter kirchlicher Kontrolle. Niemand erhielt mehr Land als er bewirtschaften konnte. Noch ehe der erste Treck in Deseret eingetroffen war, hatte eine Vorausabteilung das Gelände begutachtet. Brigham Youngs berühmter Ausruf »This is the place!« war nicht so spontan wie er klang. Er attackierte Kirchenmitglieder, die seiner Meinung nach zu weit von der Gemeinde, vom »main body« abwanderten. Die Bemühungen der Kirche, Abwanderung zu verhindern, scheinen wesentlich mehr Erfolg gebracht zu haben als im puritanischen Neuengland, denn es bestand ein grundsätzliches Bedürfnis nach gegenseitiger Nähe. Noch heute ist die Neigung der Mormonen zur Seßhaftigkeit *(to stay put)* stärker als in der übrigen Bevölkerung.[21]

Mormonische Siedlungen sind mit japanischen Dörfern oder mit den Anlagen der Pueblo-Indianer verglichen worden. Das ist eine Übertreibung, denn die Häuser eines Mormonenorts liegen nicht sehr nahe beieinander. Die Parzellen sind großzügig geschnitten, die Straßen weisen eine ausreichende Breite für den etwaigen Einzug des Herrn auf. Trotzdem weicht die Einteilung vom vertrauten amerikanischen Muster ab.[22] Mormonische Wohnhäuser stehen nicht im Zentrum der Grundstücke, sondern in Vierergruppen an den Straßenkreuzungen. Wie in europäischen Dörfern verlegten die Mormonen Stall und Scheune in den Ort, nicht hinaus auf die Felder. Für ihre Häuser bevorzugten sie eine stabile Bauweise. »To be gathered out of Babylon into the New Jerusalem«, hieß das erklärte Ziel der Kirche. Um Christus zu erwarten, mußten die Gläubigen sich versammeln, und versammelt sein bedeutete, sich nahe der Propheten und der Apostel aufzuhalten, schrieb 1862 der *Millenial Star.* Das »gathering«, das Versammeln, war nicht nur aus spirituellen Erwägungen wichtig. Die Saints glaubten an ein Zion auf Erden. Nach der Parusie würde man bleiben können wo man war – zumindest für die nächsten tausend Jahre.

Die Nähe zu einer Kirche unter der Aufsicht eines Bischofs wurde jedem Mormonen garantiert. Die Hauptaufgabe der Kirchentribunale bestand darin, die Einheit der Gemeinde zu gewährleisten. Salt Lake City erscheint heute als starkes Symbol der zentripetalen Kräfte im Mormonentum, Mekka oder dem Vatikan vergleichbar, während der Protestantismus in seinem Ursprung zentralistische Formen verabscheute. Die Idee des Versammeltseins, die Vorstellung, ein gemeinsames Zentrum zu haben, erfüllte das starke Bedürfnis nach Sicherheit. Die Bewohner Utahs haben »gerne eingeräumt, daß ihnen die Berge ein sicheres Gefühl gaben«.[23]

Das Mormonenreich sollte sich auf Kooperation, nicht auf Wettbewerb gründen. Das Siegel des Staates Utah ist der Bienenstock, Brigham Young erinnerte in vielem an einen äußerst umsichtigen Bienenvater. Die wirtschaftlichen Unternehmungen bestanden nicht aus isolierten Einzelexperimenten, sondern aus kalkulierten Versuchen, wirtschaftlich autark zu werden und für das Millenium gerüstet zu sein. Die Möglichkeit zur »Flucht aus der Freiheit« gehörte zur Attraktivität des Mormonentums auch auf dem ökonomischen Sektor. Anfängliche kommunistische Formen waren kurzlebig, aber eine Mischung aus Kooperativismus und individuellem Unternehmergeist ist typisch geblieben für den Mormonenstaat. Zur Aufrechterhaltung der Arbeitsdisziplin enthielten die ersten Statuten scharfe Bestimmungen gegen Nichtseßhafte und Arbeitsscheue. Als Vagabund wurde jedermann verfolgt, der nicht nachweisen konnte, wie er seinen Lebensunterhalt verdiente. Müßiggänger, ob sie Vermögen hatten oder nicht, sind zu öffentlichen Arbeiten herangezogen worden.[24]

Die Mormonen sind eine engmaschige Gesellschaft. Gerade ihr sozialer Zusammenhalt hat auf den Stationen ihrer Wanderung nach Utah die Feindseligkeit christlicher Nachbarn hervorgerufen, die eine wirtschaftlich und politisch geschlossene Gruppierung als Bedrohung empfanden. Die Schaffung eines privaten Alphabets war dazu gedacht, die Gläubigen noch enger aneinanderzubinden, ebenso das mormonische Theater, der Tanz und die Kirchenchöre. Solidarität ist unter Mormonen stets mehr als eine leere Formel gewesen. Sie zeigen eine ausgeprägte Bereitschaft, ihren Glaubensbrüdern mit Rat und Tat beizustehen. Ihre Gemeinden funktionieren nach den Prinzipien lokaler Autonomie. Nachbarschaftshilfe und die Erziehung zur Selbsthilfe werden großgeschrieben.[25]

Die Polygamie der Mormonen trug eher den Charakter der Häufung als der Verteilung. Ein guter Mormone mußte mindestens drei Frauen haben, wenn er im nächsten Leben etwas darstellen wollte.[26] Die Vielweiberei erinnert an das Anlegen von Lebensmittelvorräten. Brigham Young – man sprach ironisch von »Brighamy« – stationierte einige seiner Frauen, über fünfzig insgesamt, in den Provinzstädten Provo und St. George, um stets nahe am häuslichen Herd zu sein. Die Kirche ermutigte ihre männlichen Mitglieder, sich lediger Neuzugänge weiblichen Geschlechts anzunehmen und die »Kirchenwitwen« nicht zu vergessen, deren Männer auf Mission waren. Mormonen haßten die Verschwendung, und die Vorstellung einer »wasted virgin« kam ihnen unerträglich vor. Die religiöse Übung des »sealing«, die Anbindung von Frauen, Verwandten und Vorfahren an den Mann als Vorbedingung für das ewige Leben, weist ebenfalls in die Richtung starker Objektbeziehungen.

Aldous Huxley nannte den Tempel in Salt Lake City einmal das »Chartres von Deseret«. Die Sakralbauten der Mormonen wirken fremd im protestantischen Amerika. Jeweils gängige Baustile, etwa das »Gothic Revival«, wurden von der Kirche gebilligt, nachdem sie im übrigen Land außer Mode gekommen waren. Eine Erklärung hierfür ist, daß die Mormonen kulturelle Spätlinge sind, in künstlerischen Stilfragen wie in gesellschaftlichen Streitfragen. Den Schwarzen sind von der Kirche erst 1978 gleiche Rechte verliehen worden, Frauen werden immer noch diskriminiert. Eine damit verwandte Erklärung lautet, daß die mormonische Gesellschaft in allen Belangen auf die Bewahrung des Überkommenen zielt. In der mormonischen Landschaft werden ganz bewußt frühere kulturelle Spuren nicht beseitigt. Deshalb wirken Mormonendörfer einigermaßen altertümlich, als hätte man ein Freilichtmuseum vor sich. Ausrangierte Gegenstände werden nicht weggeworfen, weil man sie »noch einmal brauchen könnte«. Die Landwirtschaft ist hochgradig maschinisiert, trotzdem sieht man auf den Feldern noch primitive Heulader aus Holz *(hay derricks)* herumstehen. Auch wenn sehr viel altes Gerümpel aufbewahrt wird, entsteht nirgendwo der Eindruck der Unordentlichkeit. Im Gegenteil, die Erschließung Utahs erfolgte im Vergleich zum übrigen Westen planvoll und mit Mäßigung, die natürlichen Reserven wurden nicht auf Biegen oder Brechen ausgebeutet. Ordnung und Permanenz waren wichtiger als schnelle Profite. Die windigen »shack towns« des Westens mit alten Eisenbahnwaggons, Autowracks, Häusern mit falschen Fassaden, müllüberladenen Grundstücken ohne Gras und Bäume sind nicht typisch für das Mormonenland. Utah und die Mormonen sind bekannt für ihre Pappeln, »Mormon trees« genannt, die sie von Anfang an pflanzten. Mormonen waren intuitive Landschaftsschützer lange vor der grünen Revolution.

Die Zeitvorstellung der Mormonen ist zyklisch, nicht linear. Das Ende wird wie der Anfang, die Menschen wieder wie Gott sein. »Going back to Jackson county«, ein vielverwendeter Ausdruck in der Folklore der Mormonen, symbolisiert diese

Sehnsucht nach den Anfängen ihrer Geschichte. Nach vorne zu drängen um jeden Preis ist nie nach ihrem Geschmack gewesen.[27] In der Regel haben sie sich langsamer entwickelt als ihre Umwelt. Wenn es aber wahr ist, daß die westliche Kultur stärkere Objektbeziehungen entwickelt und entwickeln muß, um überleben zu können, dann wären die Mormonen ironischerweise ihrer Zeit um einiges voraus gewesen.

Perfektionisten und Spiritisten

Bereits im 18. Jahrhundert waren der deutsche Pietismus, der britische Methodismus und das amerikanische Great Awakening aus einer geistigen Bewegung entstanden. Jetzt, während des zweiten großen Aufbruchs im religiösen Leben, ließen sich Querverbindungen und gemeinsame Ziele nicht verkennen, so verschieden die Wege auch waren. Die -ismen waren fast beliebig mischbar. In der Gestalt des Unitariers William Ellery Channing trafen sich Rationalismus, Republikanismus, Transzendentalismus, platonischer Idealismus, Rousseauismus und ein pietistisch eingefärbter Kalvinismus, der sein Ideal dem Hopkinsianismus eines Samuel Hopkins abgeschaut hatte.

Der Wirrwarr ist weniger kompliziert als es scheint, sofern man nur im Auge behält, daß es den verschiedensten Richtungen um eine neue Anthropologie ging, die den perfekten Menschen ermöglichen sollte. Die Verwandlung der Welt hatte die Verwandlung des Menschen zur Vorbedingung. Die Prädestinationslehre vertrug sich schlecht mit dem neuen Credo. Pietisten relativierten durch Selbstkasteiung und Askese die altkalvinistische Rechtfertigung aus dem Glauben und legten größeres Gewicht auf Reue, Umkehr und ein gottgefälliges Leben, in dem gute Werke sehr wohl ihren Platz hatten. Wohltätigkeit trug für die Salzburger Pietisten in Ebenezer und anderen Orten Georgias seit jeher zur Heiligung des Menschen bei. Waisenhäuser und andere philanthropische Einrichtungen sollten die Erneuerung des Menschen befördern. Glaube und Gebet mußten aus dem Herzen kommen. Hier befanden sich die Pietisten im Einklang mit dem Geist der Zeit. Sie wurden dort konkret, wo Emerson nur unverbindliche Schwärmereien in die Welt gesetzt hatte.

In Amerika fand der soziale Aktivismus der Pietisten freien Raum, in Deutschland erweckte er Argwohn. Heine hat sie als Heuchler diffamiert, die öffentlich Wasser preisen und heimlich Wein trinken. Prinz Wilhelm hat sie gegenüber Bismarck, der eigene pietistische Neigungen mit Erfolg unterdrückte, als scheinheilige Karrieremacher hingestellt.

Die amerikanischen Sektierer, denen es um eine Erneuerung der Religion ging, schufen sich ein Weltbild, das menschenfreundlicher war als das bisherige und das trotzdem über den Menschen hinauswies. Die Welt war ein Chaos, aber jenseits des Chaos wartete die große Harmonie. Der Mensch war reformierbar, perfektionierbar, und zwar bis zu einem Grad, wo er sich an Zeit und Raum und an seinen Körper nicht mehr gebunden fühlen mußte. Hatte man erst die seltsamen Haustiere »cat-echism« und »dog-matism« hinter sich gelassen, meinte der Mesmerist und Hypnotiker Andrew Jackson Davis, dann würden Unfreiheit und soziale Übel verschwinden und Amerika zum besten Ort der Erde für alle Fleißigen werden.[28] Die Adventistin Ellen White suchte dasselbe Ziel auf dem Weg über Hydropathie und Grahambrot zu erlangen. Die Christenheit habe sich einer universellen Reform zu verpflichten, predigte Charles Finney, der führende Revivalist der 1830er Jahre, einer Reform, die von unten nach oben verlief, nicht wie früher von der Elite verordnet wurde, sondern bei den geringsten der Brüder und Schwestern ansetzte. Die Jenseitsbezogenheit des Revivalismus schloß Optimismus und sozialen Aktivismus nicht aus, ein Aktivismus, der dem kulturellen *take-off* nach dem Krieg von 1812 entsprungen war.[29] Finney dehnte den Aktivismus auf die Slums aus, schickte Missionare in die Elendsviertel der Städte. Missionare weißer und schwarzer Hautfarbe wurden, um dem universellen Anspruch zu genügen, nach China beordert, nach Sierra Leone und Liberia.

Den Mitgliedern der mildtätigen *Magdalen Society* widerfuhr in den Elendsvierteln eine neuartige Erkenntnis: Prostitution war das Resultat von Armut, nicht von Verworfenheit. In New York bildete sich die erste Gesellschaft zur Abschaffung der Todesstrafe. In derselben Stadt wurde 1815 die erste Friedensgesellschaft gegründet, die sich zur *American Peace Society* (1828) ausweitete. Einer ihrer Gründer, ein Farmer aus Maine, schlug wie der große Kant die Bildung eines Völkerbunds vor. Ein neuenglischer Schmied gab die pazifistische Zeitung *The Christian Citizen* (1844–51) heraus und hielt in Amerika und England Reden gegen den Krieg.[30]

Amerika wurde in den Jahrzehnten vor dem Bürgerkrieg aber auch ein Platz für Exzentriker aller Art. Jeremiah Reynolds trat 1825 mit einer Lehre auf den Plan, wonach die Erde aus fünf konzentrischen Sphären bestehe, die innen hohl seien und Polaröffnungen hätten, die es erlaubten, von der Außenseite des Globus über den Rand hinweg auf die Innenseite zu segeln, ohne daß man dessen gewahr würde. Edgar Allan Poe hatte sich von dieser Idee faszinieren lassen. Mit allen Mitteln wollte man natürlichen und übernatürlichen Rätseln auf die Spur kommen. Zu diesen Mitteln zählten Phrenologie, Tiermagnetismus oder Hypnose, Psychometrie oder Hellsehen. Die Hydropathie nahm pseudoreligiöse Züge an. Allein sechs Zeitschriften widmeten sich der Wasserheilkunde. Mochte sich die Zeitung *Vox Populi* über Adventismus, Spiritismus und Rheumatismus lustig machen – fünfzig verschiedene Periodika beschäftigten sich fast ausschließlich mit spiritistischen Fragen, und die Flut wollte nicht verebben.[31]

Wie Tocqueville dazu kam, den Amerikanern einen Widerwillen gegen alles Übersinnliche zu bescheinigen, »un dégoût presque invincible pour le supernaturel«, ist sein Geheimnis geblieben. Gerade die als materialistisch eingestuften Amerikaner haben eine deutliche Tendenz gezeigt, den Stoff zur Idee zu machen. Die somatische Lehre von Franz Anton Mesmer wurde in Amerika zu einer spiritistischen Angelegenheit. Die Dichterin Lydia Sigourney aus Connecticut war nach eigenem Bekunden bereits 1823 an den »Grenzen des Reiches der Geister« angelangt. Die Schwestern Kate und Margaret Fox luden zu spiritistischen Séancen ein, bei denen Geräusche aus dem Jenseits zu hören waren. Als Lester Ward, der erste amerikanische Soziologe, 1870 erklärte, der Spiritismus würde einmal zum führenden Glauben Amerikas werden, war er mit dieser Vorhersage schon ein wenig spät dran.[32]

XXIX. Kapitel

TRANSZENDENTALISMUS

Die Transzendentalisten gehören heute zu den am besten erforschten Persönlichkeiten der amerikanischen Geistesgeschichte: William Ellery Channing, ihr antikalvinistischer Vorläufer, Ralph Waldo Emerson, ihr geistiges Oberhaupt, Henry David Thoreau, der Einsiedler von Walden Pond und Verfechter des zivilen Ungehorsams, Margaret Fuller, die mit dem *Dial* eine Art offizielles Organ der Schule herausgab, der mystisch orientierte Pädagoge Bronson Alcott, Begründer der utopischen Gemeinschaft »Fruitlands«, schließlich der Philosoph Theodore Parker, der als unitarischer Geistlicher mit seiner Kirche gebrochen hatte, weil er glaubte, die Bibel müsse immer wieder neu interpretiert werden.

Der Name Transzendentalismus leitet sich von Kants *Kritik der praktischen Vernunft* her, von der transzendentalen Erkenntnisart, die nicht nach Objekten fragt, sondern nach dem, was jenseits der Dinge liegt. Als geistige Bewegung muß der Transzendentalismus vor dem religiösen Hintergrund Neuenglands gesehen werden. Der kalvinistische Puritanismus hatte den Schwerpunkt auf die Moral gelegt, auf die individuelle Verantwortlichkeit vor einem anthropomorphen Gott. Der Unitarismus verwarf Erbsünde, Trinität und Prädestination, der Mensch war perfektionierbar. Für den Transzendentalisten ist das Göttliche eine unpersönliche Kraft, die dazu befähigt, Zeit und Raum zu transzendieren. Nicht Bibel oder Dogmen dirigieren den Menschen, sondern die Intuition, »dieser Lichtstrahl, der von innen her blitzartig seinen Geist erleuchtet«, wie Emerson sagte. Mensch, Natur, Moral sind Ausdruck der »Oversoul«, eines universellen Geistes.

Parallelen zu europäischen Entwicklungen sind unverkennbar, die Verwandtschaft mit der idealistischen, deistischen und pantheistischen Begriffswelt, die Reaktion gegen bloß säkulare Formen der Aufklärung. Emerson war der europäischen Romantik verpflichtet, Coleridge, Wordsworth, Carlyle. Er hat sich tief in Goethes und anderer Deutscher Schuld gefühlt, was nicht nur nationalsozialistischen Autoren Genugtuung verschaffte. Theodore Parker, der an die zwanzig Sprachen beherrschte, kannte Strauß' *Leben Jesu.* Thoreau teilte romantische Vorbehalte gegen die aufkommende Industriegesellschaft. Und doch ist der Transzendentalismus eine charakteristisch amerikanische Bewegung gewesen. Swedenborgs Visionen waren Emerson nie beweglich genug. Wo Wordsworth zum Sichtbaren und Endlichen zurückkehrt, verlängerte sich Emersons Denklinie ins unwiderruflich Jenseitige.[1] Europäischen Zeitgenossen war das Schwärmertum ihrer amerikanischen Kollegen manchmal zu viel. Carlyle hat Bronson Alcott als komischen Don Quichotte verspottet, der die Welt mit einer Rückkehr zu Bucheckern und zum Goldenen Zeitalter erlösen wollte. Margaret Fuller brachte er nach ihrem Aufschrei »I accept the universe« mit unnachahmlicher Trockenheit auf den Boden der Tatsachen zurück: »By God, she'd better«, was so viel heißt wie: »Das würde ich ihr auch geraten haben.«

Ralph Waldo Emerson

Zum repräsentativsten aller amerikanischen Denker ist Emerson erhoben worden;[2] kein Amerikanist durfte an ihm vorbeigehen. Unerklärt blieb, warum man sich solange mit seinen Metaphern und Wahrheiten, mit den Wahrheiten als Metaphern oder den Metaphern als Wahrheiten herumgeschlagen hat, ohne je nach den psychologischen Grundbedürfnissen zu fragen, die transzendentalistischem Philosophieren zugrundeliegen. Ralph Waldo Emerson, in Boston geboren, in Harvard erzogen, hatte 1832 sein Amt als unitarischer Geistlicher niedergelegt und sich im neuenglischen Concord angesiedelt. Seine Schriften, sein grundlegendes Buch *Nature* (1836), seine Essays »Self-Reliance« (1841) oder »The Over-Soul« (1841) behandelten im weitesten Sinne die ursprüngliche Beziehung des Menschen zum Universum; sie haben ihrem Verfasser den Ruf eines »Buddha des Westens« eingebracht.

Emersons Vater war ein ehrgeiziger Mann, der sich selbst zu Höchstleistungen antrieb. »O Emerson!«, schrieb er in sein Tagebuch, »erhebe dich zur Arbeit! Zum Ruhm!« Die selbstgesteckten Ziele blieben unerreicht, oft wirkte er niedergedrückt, die Familie litt unter seinen Launen und Ansprüchen. Er starb, als Waldo acht Jahre alt war. An seine frühen Jahre hat Emerson unangenehme Erinnerungen geknüpft. Wegen des Kriegs von 1812 mußten die Emersons für drei Jahre aufs Land ziehen. Man war arm, zwei Brüder teilten sich einen Mantel. Die verwitwete Mutter betrieb eine Gästepension, um den Lebensunterhalt zu bestreiten. Mehrfach, oft alle paar Monate, zog sie auf der Suche nach einem günstigeren Standort innerhalb Bostons um. Der Schüler Emerson war frühreif, aber kein Primus. Zu den Klassenkameraden ging er auf Distanz, mit Erwachsenen kam er besser zurecht als mit Gleichaltrigen. Wie sein Urgroßvater war er stolz auf seinen Gang: als würden die Füße den Boden nicht berühren. Wie seinen Vater packten ihn mitunter Selbstzweifel, weil er noch nichts aus sich gemacht hatte.[3]

Als Vierzehnjähriger bezog er Harvard College, baute eine Mauer der Reserviertheit um sich herum und legte sich sein Einzelgängertum als Tugend zurecht:

I went to Cambridge when a boy
To hear the gownsmen
And found more sense
In the way than in the hall
The poet vowed to solitude
Best society is rude.[4]*

Nach einem mittelmäßigen Examen verdingte er sich als Lehrer an einer Mädchenschule, übte den Beruf des Schulmeisters freilich ohne Begeisterung aus und hielt sich sogar für einen hoffnungslosen Fall. Die Freude über seine erste Publikation war bald dahin, er fühlte sich innerlich leer und meinte, seine Talente zu vergeuden. Mit 22 Jahren schrieb er sich wieder in Harvard ein, studierte Theologie, wollte Pastor werden und geriet unter den Einfluß des Unitariers William Ellery Channing. Seit einer Augenoperation insistierte er auf seinen visuellen Fähigkeiten: »Das, was andere hören, *sehe* ich.« Sein mangelhafter Gehörsinn ist wohl für die holprigen Verse verantwortlich, *hour* reimte sich da auf *slower.*

1829 wurde er ordiniert. In diesem Jahr heiratete er eine 19jährige, die nach anderthalb Jahren starb. Aus ihrem Nachlaß sollte ihm ein bescheidenes Vermögen zufallen, was ihm den Entschluß erleichterte, den Pfarrerberuf aufzugeben und sich als Schriftsteller und Vortragsreisender selbständig zu machen. Nach seinem Rücktritt als Pastor fühlte er eine Last von sich genommen. Er brach zu einer zehnmonatigen Europareise auf. Als Studiker in Harvard war er mit antieuropäischen Sentiments ausgestattet worden; das gehörte damals zur Topik. Aber jetzt, vor Ort, bewunderte er die Kunstschätze in den großen Metropolen. Raffael hatte es ihm besonders angetan.[5]

Emersons Schriften präsentieren sich als eine Mixtur aus Freidenkertum, Naturreligion und Pantheismus, aus Plato, Plotin und Swedenborg. Ganz vereinnahmen ließ er sich von keiner Richtung. Hegel hatte ihn gelangweilt. Zeitlebens definierte er sich als einen Wahrheitssucher. Auf ein geschlossenes Lehrgebäude legte er keinen besonderen Wert. Einmal sagte er, die Quintessenz seiner Schrift über »Consistency« laute »Damn Consistency«. Seine Essays fielen größtenteils epigrammatisch aus. Auf Übergänge zwischen den Sätzen glaubte er verzichten zu können, der Leser sollte mitdenken, deshalb bot er ihm keine Überleitungen an. Logische Haltbarkeit war zweitrangig, Fragen blieben offen. Wenn das Ziel der

* Als Jüngling bin ich nach Cambridge gegangen / um die Talarträger zu hören / doch fand ich mehr Sinn auf dem Weg als im Hörsaal / Der Dichter schwor sich Einsamkeit / die beste Gesellschaft hat etwas Grobes.

Existenz die perfekte Einswerdung mit dem All sein sollte, wozu dann die Notwendigkeit fortgesetzter Dynamik? Aber Widersprüche haben ihn, darin Whitman ähnlich, nicht bekümmert.[6]

Als Anhänger einer »natürlichen Aristokratie« beschimpfte Emerson den ungebildeten Präsidenten Andrew Jackson als eine jämmerliche Gestalt, der man es leider gestattet habe, den Stuhl von George Washington und John Adams zu verunzieren. Die Sklaverei hat er entschieden verurteilt, doch schien es ihm

Ralph Waldo Emerson (1803–1882), in seiner Denkweise so repräsentativ für sein Land, daß man ihn »Mister America« genannt hat

wichtiger, eingekerkerte Gedanken zu befreien als schwarze Zwangsarbeiter. In seinem Buch *The Conduct of Life* (1860), geschrieben am Vorabend des Bürgerkriegs, vermied er politische Probleme und behandelte Fragen allgemeiner Natur. Eine prominente Abolitionistin ließ sich von der unwirklichen Qualität seiner Essays irritieren, aber Emerson war fest davon überzeugt, daß die Evolution nach oben zeigte und daß man durch eine rechte Erziehung des Menschengeschlechts den Staat nach und nach zum Verschwinden bringen könne.

Der anarchische Zug an ihm kam nicht von ungefähr. Emerson hielt sich von Natur aus für kalt. Nach dem Tod seiner Frau Ellen fühlte er sich »strangely happy«. Er wunderte sich über die Kühle, die Emotionslosigkeit, mit der er auf seine erste Ehe zurückschaute. Aus Motiven, die nur ihm selbst bekannt waren, öffnete er ein Jahr nach dem Begräbnis Ellens Sarg. Ihm war klar, daß der »Einsamkeitstick« immer mit ihm sein würde. Daß er fünfundzwanzig Jahre nach der Veröffentlichung seines ersten Buches noch keinen einzigen Schüler hatte, machte ihn stolz. Er unterhielt ein gastfreundliches Haus, aber die meisten Menschen in seinem Haushalt kamen ihm vor wie auf der anderen Seite einer Kluft. Gesprächspartnern blickte er nicht ins Gesicht, sondern über die Schulter. Seine zweite Frau Lidian sprach ihn in Gegenwart Dritter ausschließlich mit »Mr. Emerson« an. Mutter, Frau und Kindern fühlte er sich auf Reisen am nächsten: Er räumte ein, daß er, der Eisblock, im Abstand von dreißig Meilen zu schmelzen begann. Als Vorzug seines Hauses betrachtete er einzeln beheizbare Zimmer, so daß sich die Familie nicht um ein gemeinsames Kaminfeuer drängen mußte. Konkreten Utopisten unterstellte er die Absicht, Unvermögen im Dickicht der Menge zu verstecken. Emerson, urteilte der jüngere William Ellery Channing, sei unfähig, eine persönliche Beziehung mit jemandem einzugehen.[7] Emerson machte aus der Not eine Tugend und aus seinem übersteigerten Bedürfnis nach Einsamkeit eine Philosophie. Seine gesamte Lehre, sagte er, lasse sich auf eine einzige Doktrin reduzieren, die Doktrin von den unendlichen Möglichkeiten des Menschen in seiner Privatheit.

Eine seiner wichtigsten Maximen lautet: »Die Sehachse fällt nicht mit der Achse der Dinge zusammen.« In der transzendentalen Bewegung löse sich das Ich von den Dingen und werde eins mit der Ewigkeit – als »transparenter Augapfel«, Emersons berühmtestem Bild: »Auf dem blanken Erdboden stehend – den Kopf von der Luft umschmeichelt und in den endlosen Raum erhoben – verflüchtigt sich jeder niedere Egoismus. Ich werde zum transparenten Augapfel; ich bin nichts, ich sehe alles; die Ströme des universellen Wesens durchlaufen mich; ich bin ein wahrhaftiger Bestandteil Gottes.« Die Erfahrung kommt direkt, ohne Vermittler. Heilige, Dogmen, Propheten, die alten Kategorien der Erkenntnis werden entbehrlich, Tradition spielt keine Rolle mehr, jede herkömmliche Grenze wird überschritten. In einem frühen Essay hatte Emerson geschrieben: »Alles, was wir für etabliert gehalten haben, zittert und bebt, und Literatur, Städte, Klima, Religionen verlassen ihre Fundamente und tanzen vor unseren Augen.«[8]

Natürlich lassen sich Emersons Ideen auch eindimensional, etwa in Begriffen der Zivilisationsfeindlichkeit interpretieren, wie sie die Romantik kannte. Da werden die Städte zu Gefängnissen, die den menschlichen Sinnen nicht genügend Raum geben. Man muß hinausgehen, seinen »musikalischen Augen« an freien Horizonten Perspektiven öffnen. Im blauen Zenith treffen sich Abenteuer und Wirklichkeit, heißt es in *Nature,* so man bereit ist, den »Rucksack der Überlieferung« abzulegen. In »Self-Reliance« wird der flexible Yankee gepriesen, der sich die Welt als Schule erkoren hat und erstarrte Bildungsformen hinter sich läßt. Mit der irdischen, horizontalen Dimension jedoch ist Emersons Welt nicht erschlossen. Der Ballast der Überlieferung wird nicht bloß abgestellt, er fällt ganz herunter von der runden Erde. Das Ziel ist ätherisch, nicht irdisch, die »festlichen Gärten« liegen im Jenseits, im Transzendenten eben, man wird es nie erreichen, wird nie erfüllt sein, die Reise ist das Wichtigste, die Bewältigung der »splendid distance«, die nur Abwesenheit, keine Anwesenheit kennt.[9] Der Vektor im Kräfteparallelogramm des Lebens zieht nach vorn und nach oben.

Manchmal scheint es, als sei der Wanderer bereit, sich wenigstens an natürliche Objekte zu klammern, als wüßte er ihre Heiligkeit, ihre Kühle, ihre detachierte Aura zu schätzen. Dann aber wird klar, daß der Mensch als Teil der Natur anderen natürlichen Dingen überlegen ist: »... Bäume sind unvollkommene Menschen und scheinen, in der Erde verwurzelt, ihre Gefangenschaft zu beklagen.« In der Natur herrscht Harmonie zwischen zentripetalen und zentrifugalen Kräften, und doch sind wir nicht dazu bestimmt, zur Ruhe zu kommen, domestiziert zu werden. Im Gegenteil, die Natur ist es, die uns weiterzieht, »weiter und weiter, ohne irgendwo anzukommen«.[10]

Das Vokabular in *Nature,* »Self-Reliance« und »The Over-Soul« ist fast identisch: *to detach, to look forward, to advance, to float, to dissolve, distance, beyond, disengaged, onward, motion, change.* In der »Over-Soul« häufen sich die Aufforderungen, auf Objekte, auf Erfahrung, auf Geschichte, auf ganze Welten zu verzichten: »Die Dinge, die wir jetzt für fest angebunden halten, werden sich nach und nach von unserer Erfahrung lösen und wie reife Früchte herunterfallen.« – »Die Seele schaut immer nach vorn, schafft eine Welt vor sich und läßt Welten hinter sich.« – »Mit jedem göttlichen Impuls reißt der Geist die dünne Rinde vom Sichtbaren und Endlichen.«[11] Sollen die Neureichen, die Vulgären ihre Schätze häufen, ihre Broschen und Ringe vorzeigen, ihre sozialen Beziehungen pflegen. Die »Over-Soul« braucht das nicht, sie ist »einfach und wahr«, verpönt den Luxus und hat keine eleganten Freunde. Alle Formen »gewöhnlicher Neugierde« fallen von ihr ab, wenn sie sich dem Strom des Seins hingibt, sich hineintreiben läßt ins Geheimnis der Natur und alle Dinge sich auflösen in einem Ozean aus Licht. Das ozeanische Gefühl stellt sich ein, wenn Subjekt und Objekt verschmelzen, wenn der Betrachter und das Schauspiel eins werden, wenn bei der Vereinigung mit der »Over-Soul« Angstlust entsteht, »Schrecken und Wonne«.[12]

In »Self-Reliance« geht es um mehr als um einen postrevolutionären Affekt gegen England oder Europa. Die existentielle Unabhängigkeit wird wichtiger als die kulturelle. Der wahre Mensch bedarf unendlicher Räume, in denen er sich frei bewegt. Die alten Dinge verschwinden, Bücher, Gesetze, Idole, Brauchtümer fliegen aus dem Fenster. Geschichte ist Beleidigung, die Erinnerung ein Leichnam.

Theorien kann man fahren lassen wie der biblische Joseph seinen Mantel. Emerson hat früh seinen Vater verloren und früh seine erste Frau, zwei seiner Brüder starben kurz hintereinander. Jetzt ruft er dazu auf, Vater und Mutter, Weib und Bruder zu vergessen, sobald der Genius ruft. Ein Tor, wer am häuslichen Herd ausharrt. Die Stimme des Blutes zählt nicht mehr. Warum die Fehler der Freunde teilen? Philanthropie ist Narrheit. Der wahrhaft Große braucht keine Hilfe, einsam genießt er die Süße seiner Unabhängigkeit. Sein Ziel führt ihn von Menschen weg, nicht zu Menschen hin. Er wird keine Fußstapfen vorfinden auf seinem Weg, denn er braucht keinen Vermittler zwischen sich und dem Metaphysischen. Am Ende wird es nur noch das eigene Ich geben. Selbst der persönliche Gott ist dann eine Person zu viel.[13] Spirituelle Isolation wird die Erhöhung bringen. Die Gesellschaft wird sich niemals fortbewegen, Fortschritt gibt es nur für den Einzelnen. Das Licht wird nur sehen, wer sich loslöst von allem und jedem. Andere Menschen stören bei der Suche nach Wahrheit, Besitz ist lästig. Franklin und Galilei haben ihre Erfindungen ohne Hilfsmittel gemacht, Columbus die Neue Welt in einem offenen Schiff entdeckt. Das Schöpferische ist verkommen, weil sich Menschen zu lange an Dinge geklammert haben, statt auf sich selbst zu sehen. Das Leben muß sein wie die Wellen des Atlantik, die auf den Mond zulaufen. In diesem Kosmos ist jedermann ein »infinitely repellent orb«, ein Himmelskörper mit unendlich großen Abstoßkräften. Emerson ging von diesem Gedanken nicht mehr ab. Die Wunschvorstellung absoluter Beziehungslosigkeit zieht sich durch alle seine Schriften. »Nun, die Seele berührt niemals ihr Objekt«, schrieb er in seinem Essay über »Experience«, »unsere Beziehungen zueinander sind verquer und oberflächlich ... Jede Person, die uns begegnet, hat etwas von einer optischen Täuschung.«[14]

Emerson hielt seinen Solipsismus für Individualismus. Kommunal angelegte Unternehmungen wie das Brook Farm-Experiment deutete er ironischerweise als Möglichkeit zur Verwirklichung eines echten Individualismus. »Handle allein«, lautete die Parole, Amerika wird dem »vorwärtsdrängenden Tatmenschen« gehören. Soziales Bewußtsein konnte unter diesen Voraussetzungen nicht gedeihen. Wohltätigkeit bewahrte nur Menschenleben, die es nicht wert waren, bewahrt zu werden. Das Übel bestand in den Massen, das Irdische ging den Philosophen letztlich nichts an: Gott mußte seine Welt schon selbst regieren. Die transzendentale Philosophie Emersons ist apokalyptisch: »... die Körper berühren sich nicht mehr, der Tänzer läßt das Tanzen; wir stehen vor dem *exeunt omnes* des menschlichen Dramas.«[15]

Henry David Thoreau

Scheinbar nahe bei Emerson stand Henry David Thoreau. Auch ihm ging es um persönliche Selbstverwirklichung. Auch er schwärmte von der Natur, und bei allem naturwissenschaftlichen Interesse zog er die Weite des Himmels der Enge des Mikroskops vor. Aber von einer Selbstauflösung in der Natur, wie bei Emerson, ist bei ihm nicht die Rede. Beim Vorstoß in die Tiefe der Wälder von Maine kam ihm der Gedanke, daß diese Region unangetastet bleiben oder höchstens von Lebewesen bewohnt werden sollte, die noch nicht mit der Zivilisation in Berührung gekommen sind. Auf Dauer fühlte er sich nur in Concord zu Hause, auf fremdem Boden überfiel ihn Traurigkeit. Emerson hielt den Jüngeren für zu »praktisch«, zu sehr dem Konkreten und Tangiblen ergeben. Die beiden entfremdeten sich einander und wirkten auf Beobachter wie zwei Hummer, die nett zueinander sein wollten. Thoreau sagte dem ehemaligen Freund und Mentor in seinem Tagebuch Adieu: »Mein Pfad führt mich auf diese Seite des Berges – deiner auf jene. Seit langer Zeit bist du mir ferner und ferner erschienen.«[16]

Der Literaturwissenschaftler F. O. Matthiessen hat die Unterschiede zwischen den beiden großen Transzendentalisten souverän herausgearbeitet. Thoreau wollte sich ungleich Emerson auf alle Sinne, nicht nur auf die Augen, verlassen, und sein Horizont reichte nur soweit die Sinne reichten, ohne sich im »üblichen transzendentalen Dunst« zu verlieren. Ebensowenig teilte er Emersons asoziale Konsequenzen. Kollektives Handelns betrachtete er als politisch angemessen. In *Walden or Life in the Woods* (1854) beschrieb er die Zeit zwischen Juli 1845 und September 1847, die er – mit Unterbrechungen – am Walden Pond bei Concord verbrachte, um dort zu einer autonomen Person *(self-reliant individual)* heranzureifen. Um »bewußt zu leben«, mußte er sich absetzen von seinen Mitbürgern, von der Menschenmasse, die ein Leben in stiller Verzweiflung führte. »Einfaches Leben und hohes Denken« war der Zweck seines Einsiedlerdaseins. Schlichte Kleidung und die Bauweise der ersten Siedler sollten ihm helfen, zu sich selbst vorzudringen. Ein rituelles Bad im Teich brachte ihm dann und wann das Gefühl der Neugeburt, der Reinigung, der Befreiung von gesellschaftlichen Verstrickungen.

Der Puritanismus hatte seine Ideale an den materiellen Erfolg verraten. Nun mußten »Einfachheit, Unabhängigkeit, Großmut und Vertrauen« wieder einkehren. Nicht außer der Welt wollte er leben, dazu war die Welt zu schön, aber abseits vom Gleichschritt der Menschheit: »Wenn ein Mensch nicht Schritt hält mit seinen Begleitern, dann vielleicht deshalb, weil er einen andern Trommler hört.« Gerade dieses Zitat eignet sich dazu zu zeigen, wie Thoreau, anders als Emerson, seinen Individualismus ins Politische umsetzte. Jeder, der mehr Recht hat als seine Nachbarn, schrieb Thoreau in *The Duty of Civil Disobedience* (1849), hat eine Stimme Mehrheit. Er distanzierte sich von einem Staat, der Kriege führte, Indianer verfolgte und die Sklaverei duldete. Aus Protest verkündete er, wie vier Jahre vor ihm Bronson Alcott, einen persönlichen Steuerboykott. Emersons Beziehungslosigkeit war ihm fremd. Seine eigene Empfehlung lautete: »Laß dein Leben nicht ganz ohne Ziel *(object)* sein.«[17]

Das »Imperial Self«, wie Quentin Anderson den Ichbegriff von Emerson aber auch von Whitman und Henry James umschrieb, trug zwangsläufig menschen- und gesellschaftsfeindliche Merkmale. Das amerikanische Selbst war auf der Flucht vor der Zivilisation, vor gesellschaftlichen Einrichtungen, vor emotionellen Bindungen an andere Menschen. In letzter Konsequenz nahm Emersons Weltanschauung blutrünstige Züge an.[18]

Die Transzendentalisten in ihrer Mehrheit waren »men without connections«. Das unitarische Establishment beargwöhnte sie und verwehrte ihnen den Zugang zum Wohlstand. Die einfachste sozialpsychologische Erklärung wäre nun, die Verachtung, die transzendentalistische Denker weltlichen Dingen entgegenbrachten, auf persönliche Enttäuschung zurückzuführen. Parallel zur sozialen lief eine emotionale Bindungslosigkeit. Man kann schwer sagen, was Ursache, was Wirkung gewesen ist. Jedenfalls ist die Charakterisierung »men without connections« doppeldeutig. Neueste Interpretationen behandeln die Transzendentalisten und ihre Wirkung auf die amerikanische Gesellschaftsphilosophie weniger gnädig als noch vor einer Generation. Das hartnäckige Pochen auf »Self-Reliance«, schrieb ein ökologisch orientierter Wissenschaftler, das daraus hergeleitete »kosmische Mandat« und der Anspruch, mit dieser Ideologie die Welt erretten zu können, ist zu einem selbstmörderischen Unterfangen geworden.[19]

Margaret Fuller, unter den Transzendentalisten sozusagen »the woman without connections«, war zu ihrer Zeit die gebildetste Frau Neuenglands, eine Intellektuelle, die ihres eigenen Wissens permanent überdrüssig zu werden schien, die über jeden Lesestoff rasch hinauswuchs und glaubte, selbst Shakespeare hinter sich lassen zu müssen. Auf der Suche nach Selbsterfüllung hat sie immer neue Stationen angesteuert, mit Emerson gebrochen, Amerika den Rücken gekehrt.[20] Europa lähmte und langweilte sie. Ihren Landsleuten warf sie vor, sie hätten seit Jefferson ihre Ideale verraten, sie könnten der übrigen Welt kein Vorbild mehr sein. Ihr Tod vor der Küste New Yorks trug die Züge eines passiven Selbstmords.

Die wenigsten Transzendentalisten konnten Emerson in seinem radikalen Solipsismus folgen. William Henry Channing vertrat als Unitarier einen christlichen Sozialismus, eine Reform der Umwelt durch Perfektionierung des Menschen. Beeinflußt von Saint-Simon und Fourier bewegte ihn die Frage, wie Gemeinschaft mit Individualität zu vereinbaren sei. Durch kollektives Meditieren, lautete die Antwort. Moralische Autonomie führte bei ihm nicht zu einer Suche nach dem absoluten Selbst. Ich und Gesellschaft wurden nicht antagonistisch begriffen. Theodore Parker, ebenfalls ein verkrachter unitarischer Pastor, engagierte sich bis zur physischen Erschöpfung für den Kampf gegen die Sklaverei und gegen andere Übel der Zeit. Parker erwartete sich vom Glauben an die unendliche Vollkommenheit Gottes eine friedliche, eine gesunde Welt. Bronson Alcott, eine Egomane zwar, konnte bei seinen pädagogischen Reformen und utopischen Versuchen mit extremen Varianten des Individualismus nicht viel beginnen.[21]

XXX. Kapitel

UTOPISCHE GEMEINSCHAFTEN

Das Kunstwort Utopie wurde von Thomas Morus in seiner Schrift *De optimo reipublicae statu, deque nova insula Utopia* (1516) geprägt. Es setzt sich zusammen aus οὐ (nicht) und τόπος (Ort), eine Sache also, für die es keinen Ort gibt. Eng definiert steht Utopie für eine Insel der Phantasie, auf der vollkommene Zustände herrschen, weitergefaßt bezeichnet der Begriff »ein ideales Commonwealth, dessen Bewohner unter perfekten Bedingungen leben«.

Plato hat im *Timaeus* und in der *Politeia* solche Gemeinwesen entworfen. In der Renaissance ließ sich der kalabresische Mönch Tommaso Campanella von platonischen Vorstellungen zu seiner *Civitas Solis* (1623) anregen, einem astrologisch determinierten Sonnenstaat. Wo Morus in einer freiheitlichen Utopie ein Maximum an Lebensfreude mit einem Minimum an Arbeit verknüpfen wollte, schwebte Campanella eine Utopie der sozialen Ordnung vor, unter der das geistliche und das weltliche Leben straff organisiert blieben.

Etwa um dieselbe Zeit entwarfen der Lutheraner Johann Valentin Andreae mit *Christianopolis* (1619) und Samuel Gott mit *Nova Solyma* (1648) christlich orientierte Utopien. Francis Bacon dagegen betonte den weltlichen Charakter seines idealen Gemeinwesens *Nova Atlantis* (1624–1629), zu dessen Wesen eine ausgeprägte Experimentierfreudigkeit unter neuen Bedingungen gehörte.[1] Es ist anzunehmen, daß Morus wie Campanella und Bacon sich von der Entdeckung Amerikas zu ihren Schriften inspirieren ließen. Das häufig verwendete Attribut »nova« kehrt in der Begriffsbildung »Neue Welt« wieder.

James Harringtons zur Cromwell-Zeit entstandene Utopie *Oceana* (1656) hat die amerikanischen Gründungsväter und mit seinen beiden Grundideen das politische Leben in den USA überhaupt beeinflußt: politische Macht sei auf Besitz zu gründen und nur befristet auszuüben; politische Entscheidungen fallen im Zusammenspiel zwischen einem Senat, einem Magistrat und dem Volk.

Frühe reale Utopien

Das ganze 18. Jahrhundert hindurch sind in Europa literarische Utopien entworfen worden. Als Johann Gottfried Schnabel seine phantastische Insel Felsenburg vorstellte, entstand in Amerika eine frühe reale Utopie. 1732 gründete Conrad Beisel in Pennsylvania das klosterartig organisierte Ephrata. Männer und Frauen, die im gleichen Stil gekleidet waren, konnten zwischen zwei Orden wählen, einem zölibatären und einem monogamen. Die »leeren« Gebiete Amerikas schienen sich für die Verwirklichung utopischer Ideen besonders gut zu eignen. Seit Beginn des 19. Jahrhunderts häuften sich dort die von Europa aus vorangetriebenen Neugründungen.

Utopische Gemeinschaften waren als Korrektiv der alten Ordnung gedacht oder auch als radikaler Neuanfang. In Ohio siedelten ab 1819 die Zoaristen, deutsche Pietisten unter Führung von Josef Bäumeler oder – amerikanisiert – Bimeler. In Zoar, das bis 1898 existierte, herrschte anfangs Eheverbot. Man wollte die Kinderzahl senken um aus der Armut herauszufinden, und man sah im Zölibat zudem eine Möglichkeit, egoistische Interessen zu unterdrücken. Bäumeler selbst allerdings setzte sich bald für die Abschaffung der Ehelosigkeit ein, nachdem er sich auf dem Krankenbett in seine Pflegerin verliebt hatte.[2]

Der Schuster Georg Rapp aus Württemberg, 1757 geboren, war einer von denen, die sich mit der Kluft zwischen gesellschaftlichen Verhältnissen und der im Neuen Testament verheißenen Ordnung nicht abfinden wollten. 1803 ging er nach Amerika und gründete wenig später in Pennsylvania die *Harmony Society*. Die Rappisten, sechshundert deutsche Bauern und Handwerker, gaben sich 1805 eine Art Gesellschaftsvertrag. Nach dem Vorbild der ersten Christen brachten sie ihr Geld in eine Gemeinschaftskasse ein, die Landwirtschaft betrieben sie als Kommune. Drei Jahre nach der Gründung wurde als Resultat einer religiösen Erneuerungsbewegung das totale Zölibat eingeführt. Dies geschah offenbar aus wirtschaftlicher Notwendigkeit. Rapp, der sich gerne als Schrittmacher Gottes sah und seinen Anhängern das Rauchen untersagte, war aus Not gezwungen, einen Schnapshandel mit Indianern aufzuziehen. Die Ehelosigkeit sollte die Zahl der unproduktiven Gemeindemitglieder – Kinder, Schwangere – senken.

Wie Ann Lee von den Shakers entwickelte Georg Rapp die passende Theorie zur Ehelosigkeit *nach* ihrer praktischen Einführung. Auch er vertrat den Standpunkt, Gott und Adam seien ursprünglich mit einer doppelten Geschlechtlichkeit ausgestattet gewesen. Wäre Adam Hermaphrodit geblieben, er hätte ohne Eva die Erde bevölkern können. Nur, bei der Betrachtung kopulierender Tiere verspürte Adam den Wunsch, mehr Tier als Gott zu sein. Perfekt war dagegen Jesus, der in Rapps Vorstellung ohne Sexualorgan wiederauferstanden war. Enthaltsamkeit sei der Weg zur Seligkeit für den Menschen, die Geschlechtsteile würden nach und nach verkümmern.

Rappistische Männer und Frauen unterzeichneten einen Vertrag, worin sie sich verpflichteten, künftig wie Bruder und Schwester zusammenzuleben. Anders als die Shakers durften sie beieinander wohnen und sogar das Bett miteinander teilen. Der Mißbrauch des Vertrauens wurde bestraft. Ob der Sektenführer die Enthaltsamkeitsvorschriften lockerte, sobald die wirtschaftliche Lage sich entspannte, ist nicht genau bekannt. Man kann aber davon ausgehen, daß die millenaristisch orientierten Rappisten keine Nachwuchssorgen kannten.[3] Die Wiederkehr Christi war für sie nahe herbeigekommen. Rapp glaubte, den Tag selbst noch erleben zu dürfen; er starb 1847.

Von Pennsylvania wanderten die Rappisten nach Indiana. 1824 kaufte ihnen Robert Owen ihr Gebiet ab, um darauf seine »New Harmony« zu errichten. Die Sekte kehrte nach Pennsylvania zurück und siedelte in Economy am Ohio nördlich von Pittsburgh. 1875 lebten noch etwa einhundert Sektenmitglieder.

Utopischer Sozialismus

Die französische Sozialphilosophie wandte sich nach der Jahrhundertwende sowohl gegen die Aristokratie wie auch gegen Gewalt, Terror und soziales Chaos. Utopische Gedanken an ideale Gemeinschaften tauchten auf. Marx nannte die beiden wichtigsten Vordenker dieser Richtung, Saint-Simon und Fourier, utopische Sozialisten, deren Ideen auf nicht zu verwirklichenden Träumen beruhten. Der Utopische Sozialismus gründete auf der Überzeugung, daß Arbeitslosigkeit und soziale Benachteiligung durch eine freiwillige Vergesellschaftung der Produktionsmittel zu überwinden seien. Die heraufziehende Industrialisierung wurde hierbei als Chance, nicht als Erschwernis begriffen. Saint-Simon ging es in seinen Schriften *Système industriel* (1821) und *Nouveau Christianisme* (1825) darum, mit einer neuen Religion den Anforderungen eines neuen Zeitalters gerecht zu werden. Charles Fourier erwartete eine Epoche der Weltharmonie von 35 000 Jahren Dauer und entwarf dazu »rationalistisch durchkonstruierte ›Phalanstères‹ als Produktionseinheiten« à 2000 Personen, die ihr Privateigentum behalten durften. Étienne Cabet verwendete in seiner *Voyage en Icarie* (1839) die Begriffe »communiste« und »communisme«. Proudhon weigerte sich, Kapital und Arbeit antithetisch zu fassen. Aus dem einen könne das andere und beide zu Garanten menschlichen Glücks werden.[4]

Die USA haben »als Auswegmöglichkeit eine große Rolle für alle Frühsozialisten gespielt ..., die einzige Chance für viele, wenn in der Heimat kein Platz blieb«. Bis zum Bürgerkrieg wurden auf amerikanischem Boden ziemlich genau einhundert, allein 1840–1850 mehr als vierzig kommunistische Experimente begonnen.[5] Marx hatte für diese »kleinen Experimente«, wie er sie nannte, nur Hohn, für die »rationalen Konstruktionen« der Utopisten und den appellativen Charakter ihrer

Entwürfe nur Verachtung. Er wollte nicht ethisch, sondern logisch-diskursiv vorgehen, damit die Unvermeidlichkeit des historischen Verlaufs und des Zusammenbruchs des Kapitalismus objektiv und auf wissenschaftliche Tatsachen gestützt zu Tage trat. Experimente, die auf der Macht des persönlichen Beispiels beruhten, mußten für ihn fehlschlagen.

Sich über den Klassenkampf zu erheben, erschien ihm phantastisch und gefährlich. Utopische Gemeinschaften charakterisierte er als »Duodezausgaben des neuen Jersusalem«, ihre Gründer taten nichts weiter, als an »bürgerliche Herzen und Geldsäcke« zu appellieren. Auf den historischen Mechanismus, an den Marx glaubte, wollten die utopischen Sozialisten nicht vertrauen. Sie trugen subjektiven Faktoren, der Aufnahmebereitschaft der Menschen, Rechnung, deshalb die Appelle an das Gefühl, deshalb die Betonung der inneren Harmonie, ehe es zu einer harmonischen Gesellschaft kommen konnte.

New Harmony

Robert Owen bestand in *The Social System* (1820) und *The Book of the New Moral World* (1836) auf einer »Zusammenlegung von Produktion und Konsum«.[6] Seine Gemeinschaft der Zukunft sollte in einem 1000 mal 100 Fuß großen und abgeschlossenen Gebäudekarree wohnen, in dem sich Schule, Universität, Bibliotheken, Kapelle, Laboratorien, Küchen, Speisesäle und Wäschereien befanden. Der erste und zweite Stock war für verheiratete Paare vorgesehen, der dritte für Unverheiratete und Kinder. Das ganze war als ein »new empire of peace and goodwill« gedacht, in dem sich der von den Weisen vorausgesagte Glückszustand erreichen ließ. Owen war überzeugt davon, daß sich sein Entwurf einer kommunistischen Lebensform über alle Kontinente ausbreiten und dem Menschengeschlecht zum Glück verhelfen würde. Seinem Aufruf, mit ihm das Experiment zu wagen, folgten binnen sechs Wochen 800 Personen, von denen einige sicher auch von Owens Reichtum angezogen wurden. In Indiana kaufte Owen von George Rapp 30 000 acres Grund, auf dem er seine New Harmony errichtete. Statt des geplanten Gebäudes nahm man mit den Behausungen der weiterziehenden Rappisten vorlieb. Im April 1825 erklärte Owen in der ehemaligen Rappistenkirche: »Ich bin in dieses Land gekommen, um ein vollständig neues Gesellschaftssystem einzuführen; um ein unaufgeklärtes, selbstsüchtiges System umzuwandeln in ein aufgeklärtes Sozialsystem, in dem sich nach und nach alle Interessen in eins finden, und um alle Ursachen für den Wettbewerb zwischen einzelnen Personen zu beseitigen.«[7] Durch seine industriellen Reformen im schottischen New Lanark hatte Owen in Amerika bereits einen Namen. Vor dem amerikanischen Präsidenten John Quincy Adams und einer Reihe von Honoratioren tat er in einer Rede kund, er wolle die menschliche Rasse von allem Übel befreien und sich drei

Jahre dafür Zeit geben. Nach drei Jahren war seine Musterkolonie zusammengebrochen.

Am 1. Mai 1825 war die Gründung erfolgt. Im September lebten bereits einige Dissidenten am Ohio. Ein zweites Einsetzungsdokument sah radikale Gleichheit vor, worauf wieder einige auszogen und in zwei Meilen Entfernung mit der Siedlung Macluria einer Utopie nacheiferten, in der die erzieherischen Ideen Pestalozzis umgesetzt werden sollten. Knapp ein Jahr später war Robert Owen gezwungen, wegen anhaltender Spannungen selbst das Steuer zu übernehmen. Kurz darauf entstand ein neues Schisma: Englische Arbeiter, die sich Owens

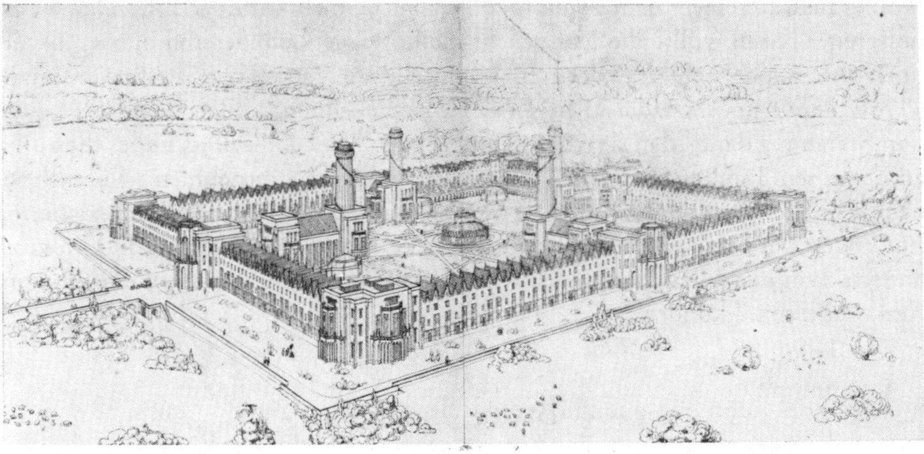

Robert Owens Phantasie sah in dieser trutzigen Anlage die Utopie »New Harmony« entstehen

Abstinenzlertum nicht beugen wollten, taten sich in der Gemeinde Feiba Pelevi zusammen. Zum 50. Jahrestag der Unabhängigkeitserklärung, am 4. Juli 1826, erließ Owen eine »Declaration of Mental Independence«, in der er dem Privatbesitz, irrationalen Formen der Religion und der bürgerlichen Ehe den Kampf ansagte. Owens Proklamationen vermochten einen grundsätzlichen Konflikt nicht zu überbrücken: die Spannung zwischen religiösen und nicht-religiösen Mitgliedern. Anfang 1827 wurden Ginhäuser aufgemacht, einzelne Grundstücke zum Verkauf ausgeschrieben, die Gemeinschaftshäuser verwaisten.

Im März 1827 gestanden Owen und sein Sohn in der *New Harmony Gazette* ihre Niederlage ein. Die erste Utopie, die nicht von einer Sekte getragen wurde, war gescheitert. Die materiellen Voraussetzungen waren nicht ungünstig gewesen: der Einzug in fertige Häuser, Schuldenfreiheit, ein potenter Philantrop als Mäzen.

Trotzdem kam das Ende schneller als bei religiösen Gemeinschaften. Es fehlte die einigende Idee, der innere Zusammenhalt. Die Mitglieder blieben sich, trotz gemeinsamer Veranstaltungen, fremd. Sie waren aus allen Ländern Nordeuropas gekommen und aus beinahe jedem Staat der Union. Die sieben verschiedenen Verfassungen, die binnen zwei Jahren verabschiedet wurden, konnten Zwietracht nicht verhindern. Die Frommen wollten sich mit dem Profanen nicht abfinden, die Fleißigen haderten mit den Arbeitsscheuen. Owen hatte es nicht für nötig befunden, seine Utopisten einem Auswahlverfahren zu unterziehen. Akademiker und Angehörige der Mittelschicht kapitulierten vor ungewohnten körperlichen Anstrengungen. Den amerikanischen Geologen Thomas Say quälten nach der Gartenarbeit Blasen an den Händen. Der junge Robert Dale Owen konnte nach der Weizenaussaat seinen Arm zwei Tage lang nicht mehr rühren. Eine Dame aus besseren Kreisen wollte die Kühe nicht melken. Die Gebildeteren blieben lieber unter sich, so beobachtete es der zu Besuch weilende Herzog von Sachsen-Weimar. »Trotz der Grundsätze der Gleichheit, die sie bekennen, stoßen sich doch Leute von Erziehung daran, daß sie mit verlaufenem Volk auf demselben Fuße leben und an derselben Tafel essen sollen.«[8] Das Gemeinschaftsunternehmen teilte sich in neunzehn kleinere Gemeinden auf, von denen im Jahr 1830 keine mehr existierte. Für Owen war der Mensch das Produkt seiner Umwelt. Änderte man die Umwelt, änderte man den Menschen. Doch sein Environmentalismus war zu einfach, um funktionieren zu können.

Brook Farm

Die antike Phalanx war eine Schlachtordnung mazedonischer Lanzenträger. Der Franzose Charles Fourier bildete aus Phalanx und *monastère* den Begriff »phalanstère« und verstand darunter eine sozialistische Produktionsgemeinschaft, die etwa 2000 Personen zählen sollte. Der amerikanische Journalist Albert Brisbane machte sich in Paris mit fourieristischem Gedankengut vertraut und brachte es in kondensierter Form seinen Landsleuten nahe. In seinem Buch *The Social Destiny of Man* (1840) und in dem Pamphlet »Association« (1843) ging es ihm wie Fourier vor allem um die Transformation des Arbeitslebens. Brisbane gestaltete den Fourierismus in seinem Sinne um, konzentrierte sich auf praktische, unkontroverse Aspekte des Sozialismus, verkleinerte die Phalanx auf ein paar hundert Menschen, dämpfte Fouriers sexuellen Radikalismus ab und christianisierte die Ideenwelt des Franzosen nach eigenem Geschmack.[9]

Gefolgsleute fand Brisbane zunächst unter seinen New Yorker Journalistenkollegen, bei Horace Greeley, George Ripley und Charles Dana. Der »Transcendental Club« unter Ripley hatte vorher schon nach neuen Formen kommunalen Zusammenlebens gesucht. Unter der Ägide des »Brook Farm Institute of Agriculture and

Education« wollte man nun ernsthaft darangehen, brüderliche Zusammenarbeit anstelle von selbstsüchtigem Wettbewerb zu praktizieren. In Roxbury, ein paar Meilen westlich von Boston, begann 1843 das Experiment Brook Farm, das trotz kurzer Lebensdauer einen festen und vieldiskutierten Platz in der sozialphilosophischen und literarischen Tradition der USA gewonnen hat. Führende Intellektuelle der Zeit wie Orestes Brownson, Margaret Fuller, Ralph Waldo Emerson, Bronson Alcott, William Ellery Channing und andere Transzendentalisten verfolgten das Experiment mit interessiertem Wohlwollen. Propagandistisch unterstützt wurde das Unternehmen, an dem maximal 70 Personen beteiligt waren, von den Zeitschriften *Phalanx*, *Harbinger* und *Dial*.

Die Utopisten der Brook Farm gaben sich eine eigene Verfassung. Novizen mußten Kapital oder besondere Fertigkeiten einbringen. Für die Aufnahme war eine Zweidrittelmehrheit erforderlich. Jedes Mitglied war mit Aktien am Unternehmen beteiligt, alle drei Jahre sollte eine fünfprozentige Dividende ausgeschüttet werden. Für Behausung, Heizung, Essen, Kleidung, Krankenbetreuung und die Sicherung des Lebensabends hatte die Kolonie Sorge zu tragen. Die Wahl der Tätigkeit richtete sich nach eigenem Gutdünken und nach den Bedürfnissen der Gemeinschaft. Die Arbeitsleistung wurde alljährlich finanziell honoriert, niemand durfte den aktuellen Gegenwert seiner Arbeitsleistung überziehen. Körperliche und geistige Arbeit wurden mit gleicher Münze entlohnt, von etwaigen Überschüssen wollte man kulturelle Güter anschaffen. Ein wählbares Vorstandsgremium war zuständig für Finanzen, Produktion und Erziehung.

Brook Farm wollte Individualität und soziale Aktion auf ideale Weise kombinieren. Jedes Mitglied sollte so viel Privatbesitz behalten, daß es die Kolonie notfalls verlassen konnte. Dienstboten und andere Lohnarbeiter wurden nicht beschäftigt, dafür erhob man der Hände Arbeit auf einen ehrenvollen Platz. Auf nicht viel mehr als 200 acres Farmland betrieb man Landwirtschaft, verkaufte Milch nach Boston, kaufte Butter dafür ein. Die Nahrung war einfach, Alkohol verpönt, Kaffee und Tabak gerade noch geduldet. Junge Frauen sorgten für den Haushalt, am Waschtag wurde männliche Mithilfe erwartet.[10]

Der Schriftsteller Nathaniel Hawthorne entschloß sich, eine Weile auf der Brook Farm zu leben. In der *Blithedale Romance* (1852) hat er seine kommunalen Erfahrungen verarbeitet. An die geschriebene Verfassung, so Hawthorne, hielt sich kaum einer. Und die markanten Individualisten der Kolonie verglich er mit krummen Stöcken: sie ließen sich schwer zu Reisigbündeln fassen. Alle hatten Probleme, aus ihrer Isolation herauszufinden, eine Kolonistin nahm sich das Leben.

Hawthornes Schwägerin, die Lehrerin Elizabeth Peabody, sah auf der Brook Farm bereits paradiesische Zustände heraufdämmern, als Teile der fast kompletten Phalanstère niederbrannten. Zum Wiederaufbau fehlte der Mut. Die Phalanx, die nach den Vorstellungen George Ripleys die Einheit der Stirn und der Faust dokumentieren sollte, löste sich vier Jahre nach ihrer Gründung auf. Eine große, kultivierte Familie hatten sie sein wollen, die da zu den Gedichten Tennysons und Brownings Unkraut jäteten, und doch war der Utopismus der Brook Farm nichts anderes als eine Erscheinungsform des Egoismus gewesen. Die Seele des Menschen, sagte ein hämischer Kritiker, konnte unter einem Misthaufen genauso verkommen wie unter einem Geldhaufen. Wer den ganzen Tag pflügte, wunderte sich Emerson in einem seiner prosaischen Momente, erhielt so viel Lohn wie einer, der den ganzen Tag zum Fenster hinausschaute. Ripley gestand sich ein, daß er das soziale Experiment mit einem inneren Vorbehalt in Angriff genommen hatte. Persönlich zog er es vor, von der Welt und anderen Menschen unabhängig zu sein.[11]

Dreißig oder vierzig Phalanstères, darunter die Wisconsin Phalanx und die Alphadelphia Phalanx, wurden unter dem Einfluß von Fourier, Brisbane und Ripley gegründet. Die wenigsten dieser Experimente haben zwei oder drei Jahre überdauert. Arbeiter und Handwerker aus Albany und New York fanden sich in Sylvania im westlichen Pennsylvania zusammen. Horace Greeley betreute ab 1843 die North American Phalanx in Red Bank (New Jersey), vierzig Meilen von New York. Das Ende kam nach dreizehn Jahren, die Siedler waren einander überdrüssig geworden, Langeweile hatte sich ausgebreitet. Die Zeit hegte utopische Erwartungen, aber das konkrete Zusammenleben wollte bei allem Idealismus nicht funktionieren.

Ikarien

Étienne Cabet, Verfasser eines vierbändigen Werkes über die Französische Revolution und zeitlebens eine Art Berufsrevolutionär, mußte als junger Mensch für einige Jahre ins Exil. In England studierte er die Ideen Robert Owens, nach seiner Rückkehr legte er den utopischen Roman *Voyage en Icarie* (1842) vor. Die praktische Umsetzung seiner Ideen sollte in Amerika stattfinden, Frankreich erwies sich als zu eng, zu intolerant. Im Februar 1848 brach eine Vorhut nach Texas auf, für Cabet ein epochales Datum, denn ab jetzt würden seine »Soldaten der Menschheit« das Antlitz der Welt verändern. Allein, von der Vorhut starben vier an Malaria, sieben an Erschöpfung, einen traf der Blitz, fünf machten sich selbständig, der Rest wartete auf Nachschub. Die ersten Ikarier waren beim Landkauf betrogen worden; das Gebiet bestand aus verstreuten Parzellen. Die zweite Gruppe, zehn Leute, streckte im Winter 1848 die Waffen. Im Januar des nächsten Jahres traf der sechzigjährige Cabet mit 450 Personen in New Orleans ein und wählte Nauvoo am Mississippi als neuen Siedlungsort. Die ersten sechs Jahre ließen sich günstig an, die Ikarier vertrugen sich in der ehemaligen Mormonenstadt besser als Owens Leute in ihrem Rappistendorf. Cabet veröffentlichte eine Reihe von Propagandaschriften für seine Gemeinde, die zeitweise bis zu 1500 Köpfe zählte, entwickelte aber diktatorische Gelüste, ließ Whiskey und Tabak verbieten, die ihm in sein kommunistisches Idealgebilde nicht zu passen schienen. Es gab Streit und gewalttätige Auseinandersetzungen auf der Straße. Cabet wurde abgesetzt, er zog sich mit einigen Getreuen nach St. Louis zurück, wo er 1856 starb.

Die anderen gingen nach Iowa, wo sie auf 4000 acres in der Nähe von Corning einen neuen Anfang machten. 1875 bestand die Utopie aus elf, hauptsächlich französisch-sprachigen Familien, die in einem gemeinsamen Speisesaal aßen, sich auf kommunalen Besitz verpflichteten und keine Dienstboten dulden wollten, um sich nicht an den Idealen der Gleichheit und Brüderlichkeit zu versündigen. Die Gemeinde hatte einen Präsidenten, der im jährlichen Turnus wechselte und für die Unterrichtung der Kinder verantwortlich war. Eigene religiöse Übungen kannten sie nicht, »Communism is their religion«, beobachtete ein Besucher.[12] In den 1870er Jahren forderte die jüngere Generation die Aufgabe privater Wein- und Gemüsegärten. Frauenrechtler traten auf den Plan. Die älteren, bequemeren Ikarier verließen die Gemeinschaft und siedelten sich in der Nähe an. Ein Teil der jüngeren wurde des ständigen Kampfs gegen die Armut müde und zog weiter nach Kalifornien. Bis zum Ende des Jahrhunderts verliert sich ihre Spur.

Amana

Aus der Bibel stammt der Name Amana. Die Mitglieder dieser Sekte, die sich für die »wahren Inspirationsgemeinden« hielten, wanderten 1842 aus Deutschland aus und siedelten ab 1855 in Iowa, westlich von Davenport. Ihre Ursprünge reichen bis ins 18. Jahrhundert zurück, das eigentliche »Werkzeug« der Inspiration wurde aber erst Michael Krausert, ein Schneider aus Straßburg. Spätere Werkzeuge waren Philip Mörschel, der Schneider Christian Metz und Barbara Heynemann, »eine arme, ganz ungelehrte Dienstmagd«. Metz blieb bis zu seinem Tod im Jahr 1867 das religiöse Oberhaupt. Man hatte Verbindung mit ebenfalls inspirierten englischen Quäkern aufgenommen, ehe man sich zur Auswanderung entschloß. Dort erst sollen sich unter wirtschaftlichem Druck kommunistische Lebensformen herausgebildet haben, nachdem vorher nur ein religiöses Gemeinschaftsleben angestrebt worden war. Die Sekte hat etwa hundert Schriften über sich und ihre Religion veröffentlicht. Zuwachs erhielt sie aus Deutschland, von armen Familien, die sich brieflich um Aufnahme bewarben und denen die Überfahrt bezahlt wurde.

Die Verwaltung wurde von dreizehn Räten ausgeübt, jedes der insgesamt sieben Dörfer wählte sich außerdem einen Ältestenrat. Wahlberechtigt waren nur Männer. Frauen blieben von politischen und religiösen Entscheidungen ausgeschlossen, mit Ausnahme einer inspirierten achtzigjährigen Frau, die 1875 als religiöses Oberhaupt eingesetzt wurde. Für das politische Leben außerhalb der Gemeinden bestand wenig Interesse. Nach dem Bürgerkrieg ging man aus Unzufriedenheit mit der Regierungsarbeit in Washington nicht mehr zum Wählen.

Die Sekte bestand Mitte der 1870er Jahre aus knapp 1500 Mitgliedern, lauter Deutschen, denen ein Gebiet von 25 000 acres zur Verfügung stand. Man lebte vom Ackerbau und vom Ertrag der Handwerks- und Fertigungsbetriebe, brachte es zu ansehnlichem Wohlstand und beschäftigte rund zweihundert Arbeitskräfte, die nicht zur Gemeinde gehörten. In den Gemeinschaftsküchen werkten jüngere Frauen unter Anleitung der älteren. Das Essen wurde nach Geschlechtern getrennt eingenommen. Jeder Berufszweig hatte einen Vormann. Die Vormänner setzten sich allabendlich zusammen, um den Arbeitsplan für den folgenden Tag zu besprechen und die Arbeitskräfte je nach Bedarf zu verteilen. Im Sommer arbeitete der Großteil auf den Feldern.

Kinder waren vom 6. bis zum 13. Lebensjahr schulpflichtig. In der schulfreien Zeit wurden Mädchen wie Jungen zum Stricken ermuntert, um sie an Fleiß zu gewöhnen und von der Straße fernzuhalten. Der Unterricht beschränkte sich auf elementare Dinge. »Warum sollten wir unsere Jugend studieren lassen? Wir brauchen keine Rechtsanwälte oder Prediger und wir haben schon drei Ärzte.«[13] In ihrer Bildungsfeindlichkeit waren sich die Amanaleute mit Hutterern, Mennoniten und anderen weltabgewandten Sekten einig. Ein bißchen Musiklehre wurde den Kindern beigebracht, aber Musikinstrumente gab es ebensowenig wie Spiele oder Bilder, und Besucher vermißten jede Abendunterhaltung. Der missionarische Eifer war schwach entwickelt. Die wenigen jungen Leute, die sich in der Welt umsahen, kehrten nach kurzer Dauer in den Schoß der Gemeinde zurück. Amana ist heute stark kommerzialisiert und lockt mit stereotyp deutschen Produkten Touristen an.

Equity und Modern Times

Josiah Warren, der erste amerikanische Anarchist, entstammte einer altpuritanischen Familie aus Boston. Als junger Mann ging er nach Westen. In Cincinnati fand er als Kapellmeister, Musiklehrer und Lampenhersteller sein Auskommen. Er studierte die Schriften Robert Owens, lebte einige Zeit in New Harmony und entwickelte seine eigenen utopischen Vorstellungen. Warum sind die bisherigen kommunistischen Experimente gescheitert, fragte sich Warren. Der Grundfehler lag seiner Meinung nach in der »combination« von Menschen. Deshalb forderte er jetzt die absolute, wortwörtliche Souveränität des Individuums. »Jedermann hat das absolute Recht, alles zu tun«, lautete die Devise. Alle Zusammenschlüsse, alle Vereinbarungen, alle Beziehungen sollten fortan freiwillig, zeitlich begrenzt und unbeaufsichtigt sein. Der Oktroy gesetzlicher und gesellschaftlicher Vorschriften entfiel. Jeder lebte auf eigenes Risiko, *at his own cost.*

Josiah Warren, der von John Stuart Mill lobend erwähnt wurde, hat seine Ideen in den utopischen Gemeinschaften Equity (1830/31), Tuscarawas (1835–37) und Utopia (1845–51), sämtliche in Ohio gelegen, ausprobiert. Das Prinzip der »Equity«, wie er es in seiner Schrift *Equitable Commerce* (1846) niedergelegt hat, wurde in den »Time Stores« verwirklicht. Dort sind alle Waren zum Selbstkostenpreis verkauft worden, plus einem Zuschlag für die Verkaufszeit, die der Käufer in Arbeitszeit zu entrichten hatte. Der Zimmermann entgalt mit Zimmermannsarbeiten, die Näherin mit Näharbeiten. Auch der Arzt stellte beim Einkauf »labor notes« aus. Mit diesem System glaubte Warren, das Profitmotiv erfolgreich unterlaufen zu haben. 1850 verlagerte er sein Operationsgebiet an die Ostküste. In New York bekehrte er den Fourieristen Stephen Andrews zu seiner Philosophie. Zusammen mit Andrews, dem der Sinn nach einer »Pantarchie« mit totaler Freiheit stand[14], gründete er 1850 bei Brentwood auf Long Island *Modern Times*, eine Gemeinschaft ohne Regeln, ohne Gerichte, ohne Polizei, ohne Gefängnis, aber auch ohne Kriminalität und Prostitution. Die Bewohner der rund einhundert Cottages konnten sich nach Belieben paaren, kleiden und ernähren. Eine Frau lebte – auf eigenes Risiko – ausschließlich von ungesalzenen Bohnen und starb binnen Jahresfrist. In der Kleidung lebte sich der Wunsch nach Individualität aus, keiner wollte, wenn nur irgend möglich, so aussehen wie der andere. Der Kirchenbesuch erinnerte an ein Kostümfest mit breitkrempigen Hüten und Pluderhosen, die Rocklängen reichten vom Knie bis zum Knöchel. In den Partnerbeziehungen waren alle denkbaren Kombinationen erlaubt.

Modern Times scheiterte aus wirtschaftlichen, nicht aus internen sozialen Gründen. Arbeitsplätze waren rar. Die »labor notes« erwiesen sich in der Außenwelt natürlich als wertlos. Nach dem Finanzkrach von 1857 überlagerte der Existenzkampf die utopischen Ideale. Warren wandte sich von der Kommune ab, weil er sich mit dem Prinzip der freien Liebe nicht einverstanden erklären konnte. Trotzdem überlebte Modern Times noch den Bürgerkrieg. Bis zum Ende hielten die Bewohner an ihrem extremen Individualismus fest: »Nichts stand in so üblem Ansehen wie die Gleichartigkeit, nichts erhielt mehr Applaus als die Abwechslung, kein Fehler war verzeihlicher als die Exzentrik.«[15]

Oneida

John Humphrey Noyes, als Sohn eines kleinen Bankiers aus dem neuenglischen Vermont einer strengen Erziehung unterworfen, absolvierte das Dartmouth College und studierte Theologie in Andover und Yale, ehe er in seinem Heimatstaat eine eigene Bibelschule aufmachte. Ab 1834 gab er die Monatszeitschrift *The Perfectionist* heraus, anhand derer sich die Entwicklung seiner Lehre nachzeichnen läßt: von einer Gemeinschaft des Glaubens über eine Gemeinschaft des Eigentums zu gemeinsamen Haushalten und gemeinsamen Partnern. Als Bibelkommunismus bezeichnete Noyes sein System. 1843 verzichteten mit ihm 35 Personen auf privaten Besitz. Noyes vertrat zu der Zeit an der Bibelschule noch die Ehelosigkeit als wahre Lehre. Ähnlich den Shakers ging er von einem bisexuellen Gott aus, der sich, wie das Beispiel Jesus Christus bewiesen hatte, selbst fortpflanzen konnte. In seiner Gemeinde wurden sogar Vorschläge laut, sich mit der Shakersekte zusammenzutun. Da führte Noyes eine Neuerung ein: Er heiratete, ermunterte andere zur Ehe und verkündete, seine Frau dürfe sich weiterhin allen anderen in Liebe verbunden fühlen. Von Frauentausch wurde gesprochen, als Noyes sich in eine verheiratete Frau seiner Gemeinde verliebte. Die beiden Paare bildeten ein Quartett, heirateten sich gegenseitig und vollzogen die Ehe. Die beiden Schwestern von Noyes und ihre Männer schlossen sich dem Arrangement an. 1847 wurde Noyes des Ehebruchs angeklagt. Er floh in den Staat New York und gründete in einem ehemaligen Sägewerk am Oneida Creek seine Gemeinde, die mit zu den seltsamsten auf dem amerikanischen Kontinent gehörte.

Theoretisch war jeder Mann mit jeder Frau verheiratet. Die Pantagamie ist eine Steigerung der Polygamie, weshalb man den Oneidaleuten auch vorwarf, sie wollten die Mormonen übertreffen, »to out-Mormon the Mormons«. Für Noyes war die Monogamie ein Verstoß gegen das Naturgesetz. Von Natur aus konnte und wollte der Mensch mehrere Partner lieben. Dieser natürliche Wunsch werde von jedermann einhellig verdammt, sagte Noyes, und sei doch allen insgeheim bekannt.[16] In der Einehe erkannte Noyes nur noch Nachteile. Sie führe zu heimlichem Ehebruch, in der Tat oder in Gedanken; sie bringe Paare zusammen, die nicht zueinanderpaßten; sie befriedige den sexuellen Appetit nur unzureichend und monoton. Vor allem könne die Monogamie dem Sexualtrieb dann nicht gerecht werden, wenn er am stärksten ist, in der Jugendzeit.

Noyes behielt sich die Kontrolle über die diversen Paarungen vor. Erst mußte ein Mitglied sich läutern, Perfektionist werden, danach durfte es sich am Ringtausch beteiligen. Heiligkeit kam vor freier Liebe. Heilig war, wer seine Selbstsucht ablegte, sich dadurch der Sünde entledigte. Für die Geläuterten bestand kein Unterschied mehr zwischen dem Eigentum an Sachen und dem Eigentum an Personen.

Die Vielehe, von Noyes »complex marriage« genannt, sollte die Eintönigkeit der Monogamie aufbrechen. In der Anfangsphase der Utopie konnte jeder Mann jeder Frau direkt zu erkennen geben, daß er mit ihr schlafen wollte. Dieses Prinzip führte zur Überbeanspruchung einiger Frauen, worauf eine dritte Person als Vermittler eingeschaltet wurde. Der Mann trug dem Vermittler seine Wünsche vor, über die Buch geführt wurde. Ab 1860 bearbeitete ein Ältestenrat unter Vorsitz von Noyes alle Anträge unter »geistigen Erwägungen«. Hyperaktive wurden im Zaum gehalten. Frauen konnten ein Beischlafansinnen ablehnen, selbst wenn der Ältestenrat ihm zugestimmt hatte. Freilich lautete eines der Gebote, verfügbar zu bleiben, »to keep in circulation«. Dauerhafte Bindungen sollten sich nicht ergeben, »perpetual courtship« war verpönt.

Das System der »aufsteigenden Mitgliedschaft« bevorzugte verdiente Sektenmitglieder bei der Beischlafvergabe. Die Vorrechte der »Central Members« – ein Wortspiel war nicht beabsichtigt – erstreckten sich in diesem abgestuften System auf Männer und Frauen. Die zentralen Mitglieder ließen es sich angelegen sein, bei jungen Paaren keine exklusiven Bindungen entstehen zu lassen. Father Noyes erklärte sich zum »ersten Gatten«, dem das Recht auf Entjungferung zustand; sie erfolgte im allgemeinen im Alter von dreizehn Jahren. Frauen jenseits der Menopause waren dazu ausersehen, junge Novizen in die Liebeskunst einzuführen. Trotzdem wollten die Klagen der älteren Frauen nicht nachlassen, daß sie beinahe ganz übersehen würden, während man die jüngeren sieben- bis achtmal pro Woche verlangte. Im Durchschnitt konnte eine Frau alle zwei bis vier Tage mit einem Wechsel rechnen. Der Mann ging nach dem Koitus nach Hause. Eine gemeinsame Übernachtung hätte zu einer engen und damit unerwünschten Bindung führen können. Die Paare durften sich auch in eigens für »soziale Zwecke« bereitgestellten Zimmern begatten. Kinder erhielten den Nachnamen des Vaters. War dieser nicht bekannt, den der Mutter.

Ab 1848 arbeitete Noyes an einem eigenen System der Geburtenkontrolle, um Übervölkerung durch »complex marriage« zu unterbinden. Er hatte außerdem persönliche Gründe, sich über wirksame Verhütungsmethoden Gedanken zu machen. Seine angetraute Frau Harriet hatte bei fünf Geburten vier Totgeburten, worauf das Paar den Verkehr für zwei Jahre einstellte. Noyes kannte die Schrift *Moral Physiology* (1831) von Robert Dale Owen über Coitus interruptus sowie Charles Knowltons *Fruits of Philosophy* (1832), in der die Anwendung von Kontrazeptiva empfohlen wurde. Moralisten verteufelten derlei Methoden als bequeme Mittel, den Folgen der Sünde aus dem Wege zu gehen. Auch Noyes lehnte den Coitus interruptus unter Hinweis auf den biblischen Onan ab. Andere Verhütungsmittel seien nur Tricks der wollüstigen Franzosen. Seine eigene Methode nannte er »Male continence«. In der wissenschaftlichen Literatur taucht diese Technik unter dem Namen Karezza auf. Die Ejakulation des Mannes unterbleibt. Noyes hatte für sich entdeckt, daß die Sexualorgane nicht nur der Fortpflanzung dienen, sondern auch eine »soziale Funktion« haben, daß der Geschlechtsverkehr ein Zeugungsakt oder ein »geselliger Akt« sein kann. Zeugungsorgane wie Gebärmutter und Testikel sind von den »Vergeselligungsorganen« Penis und Vagina »physiologisch deutlich unterschieden«.[17] Frauen würden sich nun nicht mehr zu Tode gebären, Männer nicht mehr unfreiwillig zu den Mördern ihrer Frauen werden. Noyes fühlte sich bei seiner Entdeckung besonders den Shakers verpflichtet, nur habe er Selbstverleugnung durch Selbstkontrolle ersetzt. Seinen Samen an die Frau zu verschwenden, ohne ein Kind zu wollen, das komme dem Irrsinn gleich, eine Pistole zur Entladung auf einen Freund abzuschießen, sagte Noyes in seiner bilderreichen Sprache. Deshalb mußten die »amativen« und die »propagativen« Funktionen des Sexuallebens voneinander getrennt werden.

Den Oneidianern kam »male continence« wichtiger vor als die Erfindung des Dampfbootes oder des Telegraphen. Noyes zählte die von ihm beschriebene Technik zu den Schönen Künsten und meinte im Überschwang, sie würde eines Tages Musik und Malerei übertreffen. »Complex marriage« und »male continence« zusammen gäben der Liebe den Geist, der unter monogamen Bedingungen verarmt und abstumpft. Der »Lebenskraftvergeudung« und »Lebensabzapfung« des Mannes würde ein Ende gesetzt. Die Geburtenkontrolle in der Oneida-Kommune war »effektiv, wenn nicht perfekt«.[18] In 21 Jahren kam es zu nicht mehr als 31 ungeplanten Geburten.

Eine ständige Einrichtung in der Kommune war die offene, freimütige Gruppendiskussion, »Mutual Criticism« genannt. Pantagamie, Karezza und eine rudimentäre Form der Gruppentherapie sind von anderen zu späteren Zeiten wieder aufgegriffen worden. Dies gilt auch für die eugenischen Vorstellungen, die Noyes schließlich entwickelte. Die allgemeine Verbreitung des männlichen Samens diskriminiere die Besten, lautete die Grundüberlegung. Der unmoralische, unperfektionierte Mensch streue seinen Samen überall hin, der wertvolle Typ lege sich gewissenshalber Zwänge auf. Das wollte Noyes unter dem Einfluß von Darwin und Charles Galton ändern. 1869 wählte er ein paar Dutzend der ihm am besten geeignet erscheinenden Partner aus, um mit ihnen sein genetisches Experiment ins Werk zu setzen. George Bernard Shaw hat das Auswahlkriterium auf seine unnachahmliche Weise kommentiert: Das Zuchtziel sei halt stets »another Noyes« gewesen.[19]

In Oneida gab es weder Polizei, noch Gerichte, noch Gefängnisse, weder Scheidung noch Prostitution, keine verprügelten Ehefrauen und keine bösen Schwiegermütter. Als Nachteile zählten Kritiker den Mangel an Demokratie auf, die ständige gegenseitige Beobachtung und das von oben angeordnete Verbot der Mutterliebe. Zweifelhaft ist, ob die Unterdrückung des Orgasmus den Männern auf die Dauer nicht seelisch und körperlich geschadet hat.

In der Mitte der 1870er Jahre verstärkten sich die Proteste gegen Oneida vor allem von seiten des Klerus. Noyes mußte unter Druck, und auch wegen interner Zwistigkeiten, 1879 aus seiner Gemeinde fliehen. Er landete in Kanada, von wo aus er seine Gemeinde aufforderte, zum Zölibat überzugehen. Die Oneida Community existiert heute noch am Oneida Creek. Sie lebt von der Herstellung von Gebrauchskunstartikeln. Kommunale Züge trägt das Leben kaum noch. Die Sexualmoral ist ausgesprochen konservativ.[20]

Die Wahrheit von morgen

»Es geht nicht an«, dekretierte Martin Buber, »das als utopisch zu bezeichnen, woran wir unsere Kraft noch nicht erprobt haben«.[21] Utopisches Denken ist die unaufhörliche Suche nach größerer menschlicher Vollkommenheit, wie sie im Neuen Testament wieder und wieder zum Ausdruck kommt. Fanatische Perfektionisten waren im Mittelalter die Fraticelli, die Brüder vom Heiligen Geist. Im Reformationszeitalter zählten Ableger der Wiedertäufer dazu, auch die Puritaner. Die Methodisten John und Charles Wesley, die in den 1730er Jahren nach Amerika kamen, glaubten an die Möglichkeit, ein vollkommenes Leben nach den Regeln Christi führen zu können, wenn auch die wenigsten das Ziel erreichen. Die neuenglische Utopie in Hopedale war den Reformbewegungen der 1840er Jahre verpflichtet, dem Temperenzlertum, dem Abolitionismus und der Frauenbefreiung. Utopische Gemeinschaften mußten auf dem Weg zur Vollkommenheit mit konfessionellen und gesellschaftlichen Traditionen brechen, sie in alle vier Winde schlagen, wie Constance Rourke sich ausdrückte. Perfektionisten leugneten »die Knechtschaft der Sünde«, in Oneida löste man die Fessel der Ehe, die Spiritualisten kämpften gegen die Umklammerung des Todes an. Besonders in den Jahrzehnten zwischen 1830–1850 stellte sich das anscheinend unabweisbare Bedürfnis ein, alles bisherige neu und anders zu machen, eine Tendenz, die sich in einer Dauerwanderung vieler Sekten und Sektenmitglieder niederschlug, selbst wenn keine akute Verfolgung drohte.[22]

Darüber soll nicht vergessen werden, daß die kleineren amerikanischen Utopien nach ihrer Etablierung eher statisch angelegt waren. Vom permanenten Experimentieren, einer Grundforderung an utopisches Leben in Francis Bacons *Nova Atlantis,* wollte man dort nichts wissen. Hier muß man sich eher an die USA als Gesamtutopie halten, die sich laut Verfassung darauf verpflichtet haben, »a more perfect union« zu erreichen. Aber selbst da kann sich die Vorstellung von einem vollkommenen Zustand auf die Vergangenheit statt auf die Zukunft richten: Die Gründungsväter haben von Tacitus und Sallust geschwärmt und sich die Zeiten der römischen Republik herbeigewünscht. Die Nachfahren der Gründungsväter blickten mit Wehmut auf das Zeitalter der Aufklärung zurück. Populisten träumten von Jeffersons Agrarstaat, Verherrlicher der Frontier von längst verflossenen Zeiten, als ein Mann noch ein Mann war. Eine Utopie kann, um mit Victor Hugo zu sprechen, die Wahrheit von morgen sein. Sie kann aber auch auf die Lüge von gestern bauen. Aus den patriarchalischen Agrarkommunen Bethel in Missouri (1844–60) und Aurora in Oregon (1856–81), begründet von dem preußischen Einwanderer Dr. Wilhelm Keil, sind kaum zukunftsweisende Entwicklungen abzulesen.

Die transatlantischen Utopien scheiterten an der »mitgebrachten Selbstsucht«, schrieb Martin Buber, der Philosoph des Ich und Du. Der Amerikaner Emerson hatte einen anderen Akzent gesetzt: »Amerikas soziale Gemeinschaften ... waren Flüstergewölbe, in denen die geheiligte angelsächsische Privatheit auf der Strecke blieb.« Der Argwohn gegen das Kollektiv hat in Amerika das Überleben utopischer Gemeinschaften erschwert. Shakers und Mormonen sind auch wegen ihrer wirtschaftlichen Geschlossenheit angefeindet worden, die Außenstehenden Chancen nahm. Sozialismus, utopisch oder nicht, wollte sich mit der herrschenden Ideologie des Individualismus nicht vertragen. Anhänger einer kommunalen Lebensweise sind immer wieder in die Strudel des Wettbewerbs hineingezogen worden. Die Mehrzahl der utopischen Gemeinschaften hat sich im Kielwasser der großen Bewegung nach Westen aufgehalten, ein Forscher zählte nur drei Utopien unter reinen Frontierbedingungen. Das mag untertrieben sein, doch bleibt festzuhalten, daß der statische Charakter der meisten utopischen Experimente auf Dauer der Dynamik Amerikas nicht widerstehen konnte.[23]

XXXI. Kapitel

SKLAVEREI

1619 wurden die ersten Afrikaner nach Virginia gebracht. Einige Anzeichen sprechen dafür, daß sie anfangs eher nach Art der *indentured servants* beschäftigt wurden, also befristet. Erst in den 1660er Jahren ging man in Virginia und Maryland zur Versklavung auf Lebenszeit über. Gegen Ende des 17. Jahrhunderts stieg in England das Lohnniveau. Als Folge mußten in den amerikanischen Kolonien höhere Preise für Dienstboten auf Zeit entrichtet werden. Die Plantagensklaverei wurde rentabler und breitete sich vom nördlichen Brasilien über die Karibik nach Nordamerika aus.[1]

Die Mehrzahl der Sklaven kam aus Westafrika. Besonders gefährdet waren die seßhaften, an stetige Arbeit gewöhnten Stämme der Ibo, Ewe, Biafada, Bakongo, Wolof, Bambara, Ibibio, Serer und Arada. Weniger leicht ließen sich die bewaffneten, berittenen, beweglichen und straff organisierten Stämme der Yoruba, Dahomey, Ashanti, Fulani, Kom, Mandingo und Haussa versklaven.[2] Die Gefangenen wurden aus dem Landesinneren an die Küsten getrieben, dort vielfach mit dem Brandzeichen der Händler versehen und auf Sklavenschiffe verfrachtet. Pro Sklave standen vier bis fünf Quadratfuß Schiffsraum zur Verfügung. Die Höhe des Sklavendecks hatte einem Gesetz zufolge mindestens fünf Fuß zu betragen. Dieser Wert wurde regelmäßig unterschritten und betrug in einem dokumentierten Fall weniger als vierzig Zentimeter.[3] Der Sklave lag in Blut, Eiter und in seinen eigenen Exkrementen. Ein hoher Prozentsatz überlebte die »middle passage« über den Atlantik nicht.

Nach neueren Schätzungen wurden vom 16. Jahrhundert bis zum Jahr 1850 zehn Millionen Afrikaner nach Nord-, Mittel- und Südamerika gebracht. Die Zahl der verschleppten Schwarzen übertraf bei weitem die Zahl der freiwilligen weißen Einwanderer. Vor der Massenauswanderung nach Amerika kamen auf einen weißen Europäer vier bis fünf Afrikaner. Trotzdem blieb das zahlenmäßige

Übergewicht letztlich bei den Weißen. In der Regel starben ein Fünftel, manchmal auch die Hälfte der Schwarzen auf dem Transport; Afrikaner waren anfälliger für Epidemien als Europäer; ein hoher Prozentsatz wurde das Opfer gewalttätiger Sklavenbesitzer. Bei der ersten Volkszählung in den USA im Jahr 1790 waren knapp ein Fünftel der Gesamtbevölkerung schwarzer Hautfarbe. Die Zahl der Schwarzen stieg bis zum Bürgerkrieg von 700000 auf 3,2 Millionen Sklaven und eine halbe Million freier Schwarzer, die zum Teil selbst Sklaven besaßen. Die Zahl der importierten Schwarzen hatte sich damit in Nordamerika nahezu verzehnfacht. Die Sklavenbevölkerung der amerikanischen Südstaaten reproduzierte sich selbst und nahm in dieser Hinsicht eine historische Sonderstellung ein.[4]

Der überseeische Sklavenhandel wurde 1808 im Einklang mit der Verfassung offiziell eingestellt. Allerdings liefen noch bis 1859 Sklavenschiffe amerikanische Häfen an.[5] Außerdem ist der Binnenhandel mit Sklaven aktiv fortgesetzt worden, vor allem zwischen den Staaten des »Alten Südens« und den neuen Staaten am Golf. In New Orleans inserierte 1860 ein Sklavenhändler sein Angebot unter der Überschrift »Neger aus Carolina und Virginia zu verkaufen«: »Ich habe fünfzig Neger aus Carolina und Virginia erhalten, darunter Feldarbeiter, Köchinnen, Wäscherinnen und Büglerinnen; außerdem zwei Ia Hufschmiede, einen Ia Maurer, fünf gute Zimmerleute und einen guten Faßbinder ... Wer einen Kauf tätigen will, tut gut daran, zuerst bei mir vorbeizuschauen, ehe er anderswo kauft ...«

In Westeuropa war die Sklaverei in der Zeit des Kolumbus am Aussterben. Die Frage, warum sie sich in den USA so lange gehalten hat, ist bisher nicht befriedigend beantwortet worden. Der Verweis auf den Arbeitskräftemangel in einem unerschlossenen Erdteil, dessen Besiedlung und Ausbeutung ohne Zwangsarbeit schwierig oder unmöglich gewesen wäre, läßt Fragen offen. Auf Haitii wurden die Sklaven 1803 freigesetzt, in mittelamerikanischen Staaten 1824, in Mexiko 1831, auf den britischen Karibikinseln 1838, in den aufgeklärten USA erst 1863 und erst im Zuge eines Bürgerkriegs. Ein Historiker hat gerade den hohen Stand der Aufklärung für die Hartnäckigkeit verantwortlich gemacht, mit der die USA an der Sklaverei festhielten: Wo kein Herr-Knecht-Verhältnis bestand wie in Europa, war Platz für ein Herr-Sklaven-Verhältnis. Eine verwandte Perversion des Denkens erkennt man hinter dem älteren Argument, die Sklaven seien gleichsam erlöst und befreit worden, indem man sie ins christliche Amerika brachte, anstatt sie in heidnischer afrikanischer Dunkelheit verderben zu lassen.[6] Festzuhalten ist, daß auf dem amerikanischen Doppelkontinent nur Kuba und Brasilien die Sklaverei später abschafften als die USA. Die Europäer sind wegen ihrer dominierenden Stellung im Sklavenhandel nicht qualifiziert, moralische Werturteile abzugeben. Die europäischen Großmächte und die USA einigten sich erst 1885 in der Kongoakte auf Maßnahmen gegen den Handel mit Afrikanern. Den Kindern von schwarzen Haussklaven in »Deutsch-Ostafrika« wurde erst 1905 die Freiheit gegeben.

Sklavenbesitzer

Das System der Sklaverei wird gerne mit dem aristokratischen Süden der Vereinigten Staaten in Verbindung gebracht, mit virginischen Großgrundbesitzern wie George Washington und Thomas Jefferson. Man vergißt darüber, daß bis ins 19. Jahrhundert hinein Sklaven auch in Neuengland und in den mittleren Staaten wie New York und Pennsylvania gehalten wurden. Als Crèvecoeur die selbstgestellte Frage »What is an American?« mit »a new man« beantwortete, schloß er in die Antwort seine eigenen Sklaven natürlich nicht mit ein. Andrew Jackson, der angebliche Volkspräsident, hatte sich als junger Mann eine Sklavin gekauft und war mit ihr über die Cumberland Mountains nach Nashville gezogen, wo er sich ein Vermögen mit der vertrauten Methode erwarb, Indianern ihr Land abzujagen und sich vom Erlös schwarze Sklaven zu kaufen. Jackson war mit 150 bis 200 Sklaven einer der größten Sklavenhalter des Staates Tennessee und legte eine ausgeprägte paternalistische Haltung an den Tag. Von seinen Sklaven sprach er als »my family«. Die ideologische Einstellung zur Sklaverei hatte nicht notwendig mit der regionalen Zugehörigkeit einer Person zu tun. Der Südstaatengeneral Robert E. Lee sagte 1856: »Die Sklaverei als Institution ist in jedem Land ein moralisches und politisches Übel ..., ein größeres Übel für die weiße als für die schwarze Rasse.« Lee emanzipierte die Sklaven, die er von seiner Mutter geerbt hatte. Dagegen bekannte der Nordstaatengeneral William T. Sherman noch ein Jahr vor Ausbruch des Bürgerkrieges: »Ich würde die Sklaverei nicht abschaffen oder modifizieren, selbst wenn ich es könnte.«[7]

Die Plantagenherren des Südens betrachteten die Sklaverei als eine Pflicht und als eine Last, dies umso mehr, je näher der Bürgerkrieg rückte. Der Besitz einer großen Anzahl von Sklaven verlieh eine Art Adelsprädikat. Wer seine Sklaven freisetzte, lief Gefahr, aus der guten Gesellschaft ausgeschlossen zu werden. Insofern war das Sklavensystem eine vorkapitalistische, elitäre, hegemoniale, gegen die Strömung der Hauptkultur gerichtete Institution. Die atavistischen Züge sind unverkennbar, denkt man etwa an die antiken Namen, die den Sklaven gegeben wurden: Othello, Mentor, Claudius, Hercules, Clio oder Lavinia. Zweifel an der Sklaverei als aristokratischer Einrichtung sind freilich berechtigt. Die »kleinen« Sklavenhalter waren numerisch und vielleicht sogar politisch im Übergewicht. Die Zahl der Sklavenbesitzer mit fünf oder weniger Sklaven hat man bis vor kurzem unterschätzt, die schottisch-irischen Einwanderer zum Beispiel, die auf *free enterprise* und Chancengleichheit pochten, die kleinen und mittleren Farmer und Handwerker, die Reichtum und Status erwerben wollten, Durchschnittsbürger, die Sklaven als normale Besitztümer auf dem Weg zum Wohlstand betrachteten. Für sie waren Sklaven nichts weiter als Güter auf dem freien Markt. Sklaven erleichterten die angestrebte soziale Mobilität, das paternalistische Ethos der Landaristokraten spielte in ihrem Denken keine Rolle.[8]

Die absolute Zahl der Sklavenbesitzer nahm in den letzten drei Jahrzehnten vor dem Bürgerkrieg um 170000 Personen zu. Etwa ein Drittel der südstaatlichen Haushalte besaßen Sklaven. Rund zehn Prozent der Sklavenhalter waren Frauen, über zehn Prozent Handwerker, Geschäftsleute, Staatsbedienstete und andere Personen aus nichtagrarischen Berufen. Weiße Arbeiter besaßen oder mieteten hauptsächlich schwarze Frauen oder Kinder für den Haushalt. Dazu kamen Indianer, Schwarze und Mulatten, die selbst Sklaven hielten. Der mittlere Bestand lag bei acht bis neun Sklaven. Für die Plantagen waren zwanzig Sklaven typisch, das heißt nicht mehr als vier schwarze Familien. Nur ein Viertel der Sklavenbevölkerung lebte auf Großplantagen mit über fünfzig Zwangsarbeitern.[9]

Die Sklaverei rentierte sich nicht für die Besitzer, mutmaßte Tocqueville: »Mit weißen Arbeitern spart man Zeit und Geld.« Gegenden ohne Sklaverei stünden wirtschaftlich besser da als solche mit Sklaverei. Inzwischen weiß man es besser. Der Aufwand für einen Sklaven erforderte etwa ein Drittel der Lohnkosten eines freien Arbeiters. Der Preis für Sklaven richtete sich nach den Marktpreisen für Baumwolle und schwankte zwischen 200 und 1100 Dollar, konnte aber kurz vor dem Bürgerkrieg bis auf 1800 Dollar steigen. In den 1850er Jahren kostete ein Sklave in Afrika 50 Dollar. Für den Transport waren 25 Dollar zu entrichten. Der Verkaufswert wurde von den Zwischenhändlern in Kuba auf 1000 Dollar angesetzt, beim Wiederverkauf in den USA konnte der Preis um weitere 500 Dollar gestiegen sein.[10] Sklaven stellten fungible Werte dar, die als Sicherheit angeboten wurden, wenn Geschäftspartner Ansprüche gegeneinander hatten. Im Erbfall konnten sie zur Deckung der Schulden herangezogen werden. Das Geschäft mit der Sklaverei zog Betrüger an, die Sklaven stahlen und weiterverkauften.

Vor dem Bürgerkrieg sind sechzig Prozent der Sklaven im Baumwollanbau beschäftigt worden. Schurwolle und Leinen waren um diese Zeit außer Mode gekommen. Baumwolle machte 1850 über die Hälfte der amerikanischen Exporte aus. Die Hauptanbaugebiete lagen in den nach der Farbe des Bodens benannten *black belts,* die sich von South Carolina bis Georgia erstreckten. Cotton wurde aber auch am Golf von Mexiko, im Mississippital und am Red River bis nach Texas hinein angebaut. Baumwollanbau und Baumwollernte waren hochgradig arbeitsaufwendig. Der Aufstieg des »Cotton Kingdom« wäre ohne die Ausbeutung von Sklavenarbeit nicht möglich, die weltweite Nachfrage nicht zu befriedigen gewesen.

Recht und Unrecht

Nachdem anfangs das Dienstverhältnis der zwangsimportierten Afrikaner als befristet gegolten hatte, setzte sich im Verlauf des 17. Jahrhunderts die Auffassung einer lebenslänglichen Versklavung durch. In Virginia wurde der Sklavenstatus

1662 für vererbbar erklärt, und zwar nach dem Prinzip *partus sequitur ventrem* über die Mutter. Die mit Hilfe von John Locke erstellten *Fundamental Constitutions* für die Carolinas legten 1669 unmißverständlich fest: »Jeder freie Mann von Carolina soll die absolute Verfügungsgewalt über seinen Negersklaven haben.« Sklaven wurden vermögensrechtlich zum *chattel* gerechnet, zu den beweglichen Sachen, also zum Hab und Gut ohne Grundstücke und Gebäude. Als Jefferson sich über eine allgemeine Umsiedlung der Schwarzen Gedanken machte, erschien ihm als vordringliches Problem, wie man die Besitzer entschädigen könnte, und errechnete eine Schadenersatzsumme von 600 Millionen Dollar.[11]

Der schwarze Sklave war in mehrfacher Hinsicht juristisch eine Unperson. Die Vergewaltigung einer schwarzen Frau zum Beispiel tauchte in den Gesetzbüchern nicht auf und konnte folglich nicht bestraft werden. Trotz der Einstufung als Sache mußten die Gerichte den Sklaven einen freien Willen zubilligen, denn anders hätten sie wegen Straftaten nicht belangt werden können. Sklaven waren somit Ding *und* Mensch. Ein gewisses Recht auf Notwehr war ihnen theoretisch zugebilligt. In North Carolina wurde ein Weißer wegen Mordes an seiner schwarzen Sklavin sogar zum Tod verurteilt. Trotz dieses Rechtsschutzes sind die wenigsten der Übergriffe geahndet worden. Die Gesetzestexte sagen hier kaum etwas über die Wirklichkeit aus. Kentucky hatte vergleichsweise sklavenfreundliche Statuten. Die Praxis im Alltag war womöglich noch brutaler als anderswo.

Unter dem System des »hiring-out« konnten Sklaven als Handwerker, Bauhelfer, Dienstboten oder Kaminfeger an Dritte vermietet werden. Manche Besitzer gestatteten ihren Sklaven, sich selbst einen Arbeitgeber zu suchen. Einen Teil ihres Verdienstes mußten sie abliefern, das Ersparte durften sie für den eigenen Freikauf zurücklegen. General Stonewall Jackson zum Beispiel kaufte zwei Sklaven, denen er erlaubte, sich ihre Freiheit selbst zu verdienen.

Eine grobe Einteilung läßt sich vornehmen in Haussklaven und Feldsklaven. Die Haussklaven hatten es im allgemeinen besser getroffen, doch ist die Trennung und Hierarchisierung der beiden Gruppen zumeist übertrieben worden.[12] Der weiße Aufseher über die Feldsklaven kommandierte schwarze »drivers«, deren Funktion darin bestand, die Zwangsarbeiter auf Trab zu bringen. Arbeitsunwillige Schwarze wurden an den »nigger breaker« vermietet, der die Aufgabe übernahm, sie von ihrer Aufsässigkeit zu kurieren. »Soul-drivers« trieben verkaufte Sklaven über Staatsgrenzen zu ihren neuen Besitzern.

Ein hessischer Soldat hat 1776 die Lebensumstände von Feldsklaven auf einer Plantage bei Charleston so geschildert: »Die Letzteren, welche den Acker bauen, sind oft schlimmerer Behandlung als der Ochse in Europa ausgesetzt. Sie gehen nackend und können kaum ihre Scham mit einem alten Lumpen bedecken. Elende Hütten von übereinander gelegten Balken, worinnen weder Kamin noch Feuerherd ist, machen ihre Wohnung aus. Ihr ganzer Hausrat besteht aus einem großen eisernen Topf und etlichen ausgehöhlten, trocken gemachten Kürbissen, und zuweilen habe ich auch mal einen Eimer darin angetroffen. In seinem Unterhalt bekommt täglich ein Negroe ein Quart (beinahe soviel als in Hessen ½ Maas) Welschkorn [Mais] oder Reis. Dieses Welschkorn schrotet derselbe auf einer außen an der Hütte festgemachten Handmühle. Der eiserne Pott steht in der Mitte der Hütte am Feuer, und hierin wird das geschrotete Korn oder Reis gesotten ... Gar darf es nicht werden, weil es sonst zu seinem Unterhalt nicht hinlänglich ist. Das Lager dieser elenden Geschöpfe ist in der bloßen Asche um das Feuer herum ...«

Käufer inspizieren auf dem Markt feilgebotene Sklaven

Jefferson ließ seinen Sklaven Schaffleisch, gesalzenen Fisch und Zuckersyrup verabreichen, bekömmliche und billige Nahrungsmittel, wie er meinte. Wie viele seiner Zeitgenossen hielt Jefferson schwarze Menschen für Schwerarbeit prädestiniert. Sie brauchten seiner Ansicht nach weniger Schlaf und waren hitzeverträglicher, weil sie stärker durch die Haut transpirierten als Weiße. Die unterschiedliche Pigmentierung der Haut konnte er sich nicht erklären. In den *Notes on Virginia* hegte er kaum Zweifel, daß die weiße Rasse die schönere sei. Die ästhetische und anthropologische Wertung war, mit biblischen Argumenten untermischt, immer die letzte Rechtfertigung der Sklaverei. Erst nachdem Jefferson mit seiner Sklavin Sally Hemings Kinder gezeugt hatte, zeichnete er ein günstigeres Bild von schwarzen Menschen. Wo er sie früher in die Nähe der Orang-Utans gestellt hatte, hielt er sie jetzt für potentiell ebenso intelligent und bildungsfähig wie Weiße. Das Vorurteil saß freilich so tief, daß er sie en passent doch wieder mit Tieren gleichsetzte.[13]

Sklaven mußten auf dem Auktionsblock erklären, welche besonderen Kenntnisse und Fähigkeiten sie hatten. Prospektive Käufer überzeugten sich von ihrer körperlichen Verfassung, nahmen eine Gebißprüfung vor und erkundigten sich bei jungen Sklavinnen nach dem Stand ihrer Jungfräulichkeit. Der erworbene Besitz wurde in einem bestimmten Sinn geschützt. Nur zehn Prozent der dreihundert Lynchtoten zwischen 1840 und 1860 waren schwarzer Hautfarbe. Die emanzipierten Schwarzen der Nachbürgerkriegszeit sind wesentlich häufiger zu Opfern der Lynchjustiz geworden.[14] Trotz dieser Einschränkung hat die gegen Sklaven ausgeübte Gewalt entsetzliche Dimensionen angenommen.

Die Plantagenbesitzer sprachen vor allem bei kleineren Delikten selbst Recht, konnten Delinquenten aber auch dem Vorsteher des Ortsgefängnisses überantworten, der für ihre Auspeitschung sorgte. Ein Sklavenbesitzer führte über seine Auspeitschungen, einzeln oder im Kollektiv, gewissenhaft Buch: »hatte ein allgemeines fröhliches Auspeitschen«; »zerbrach meinen Stockdegen über einem ihrer Schädel«; »peitschte sie schlimmer aus als je zuvor«; »peitschte jeden Feldsklaven vom Kapo angefangen«. »Die Strafen sind barbarisch und laufen der Menschlichkeit entgegen«, schrieb ein Augenzeuge. »Über gewöhnliche, kleine Fehler werden (die Feldsklaven) mit 2 Händen in die Höhe gebunden und ganz entsetzlich auf den bloßen Rücken gepeitscht. Nach Proportion des Verbrechens wird wohl auch ein eiserner Nagel an die Peitsche gebunden ...« Offene Striemen wurden mit Salz und Wasser behandelt, angeblich zur Desinfizierung und um Fliegen fernzuhalten. Damit läßt sich allerdings nicht erklären, warum, wie in einem berichteten Fall, das in die Wunden gestreute Salz mit einem Paddel festgeklopft werden mußte. Nach der gebräuchlichsten Methode wurde der zu bestrafende Sklave mit dem Gesicht nach unten auf den Erdboden gelegt, seine vier Gliedmaßen an Pfähle festgebunden, ehe der exekutierende Herr oder Aufseher auf das Opfer einschlug. Bei länger anhaltenden Schlägen begann sich die Rückenmuskulatur zusammenzuziehen und zu zittern, »wie bei frischgeschlachtetem Rindfleisch«. Manche mußten tagelang aufrecht in einem Loch stehen, anderen sind eiserne Kragen mit Hörnern um den Hals gelegt worden, so daß sie nur auf der Seite liegen konnten. Die Eisenfesseln sind in einigen belegten Fällen so lange nicht entfernt worden, daß sie ins Fleisch hineingewachsen waren.[15]

In der Mehrzahl der Fälle waren die Anlässe der Bestrafungen geringfügig. Eine Sklavin erhielt von einem schwarzen Aufseher acht bis zehn Hiebe, weil sie ihre Harke verlegt hatte. Weil sie in dem Verdacht stand, einen Kamm zerbrochen zu haben, wurde eine etwa zehnjährige Haussklavin von ihrer weißen Herrin gefesselt, mit Weidenruten gepeitscht, mit Füßen getreten und stundenlang gequält. Die Herrin war nach der Prozedur so lahm, daß sie sich nicht mehr selbst ausziehen konnte. Ein Aufseher schnitt einem Sklaven den Armmuskel durch, einfach weil er sein Opfer schwächen wollte. Ein Gutsbesitzer trat einer seiner Sklavinnen in den Mund, als sie unter den Peitschenhieben zu laut schrie. Anschließend tropfte er flüssiges Siegelwachs in ihre Wunden, ließ es antrocknen und schlug es ihr mit der Reitpeitsche wieder vom Rücken. Das Vergehen der Frau: sie hatte Waffeln anbrennen lassen.[16]

Jenseits aller ökonomischen Überlegungen war das Sklavereisystem ein Aktionsfeld für Sadisten oder ein System, das sadistische Züge freilegte, verstärkte oder erst gebar. Prügelnde Herren und Aufseher mußten sich gegenseitig in den Arm fallen, um einen Totschlag zu vermeiden. Einer der Herren befahl seinem Sklaven, ihm nach der Züchtigung für den erwiesenen Dienst zu danken. Ein anderer zwang sein Opfer unter Schlägen, die Wahrheit zu gestehen, das Geständnis zu widerrufen, wieder zu gestehen und so fort. In Virginia erinnert das »bucking«, eine auch in Brasilien bekannte Foltermethode, an die »Bogner-Schaukel« in deutschen Konzentrationslagern. Hier wurden dem Sklaven die Hände über den angehockten Beinen zusammengebunden, zwischen Unterarme und Knie schob man eine Stange, die Peiniger schlugen auf das hilflos am Boden rollende Opfer ein. Eine sadistische Spezialkonstruktion diente dazu, zwei Männer übereinander liegend in den Zwangstock zu fesseln. Man verabreichte ihnen Abführmittel, so daß der obere auf den unteren seine Notdurft verrichtete.[17]

Schwere Übergriffe wurden von der Justiz in einigen Fällen geahndet. Im allgemeinen jedoch sind Körperstrafen nicht nur sozial gebilligt, sondern als Selbstverständlichkeit begriffen worden. Ein Geistlicher predigte 1857: »Wir halten es für die Pflicht christlicher Herren, gut zu essen zu geben und gut zu kleiden und bei Ungehorsam gut auszupeitschen.« In Kentucky hatte ein Pastor sich angewöhnt, seine eigenen, ungehorsamen Sklaven zur Strafe unter Wasser zu tauchen. Ein Sklavenmädchen ahmte diese Methode bei einem unartigen Kind nach, das sie beaufsichtigen sollte; das Kind ertrank. Die schuldige Kindsmagd wurde zum Tod verurteilt, schritt fröhlich zur Hinrichtung, da sie zu jung war, um einen Begriff vom Sterben zu haben.[18]

Als Präsidentschaftskandidat und Innenpolitiker ist Henry Clay eine Zierde jedes Geschichtslehrbuchs. Als Plantagenbesitzer drückte er seinen Sklaven das Brandzeichen HC auf und schlug einen von ihnen so schwer, daß dieser hinterher Selbstmord beging. Ein Sklave hackte sich die rechte Hand ab, um nicht einem der »soul-drivers« ausgeliefert zu werden. Der Sklavin Lavinia Bell wurden mit einem Hammer die Zähne eingeschlagen, die Ohrläppchen mit V-förmigen Einschnitten markiert, Zeichen auf die Hand und die Bauchdecke gebrannt. Ihr Herr unterzog sie der Tortur des »bucking«, stäupte sie und brachte ihr schwere Verletzungen an der Schädeldecke bei. Hinterher ließ er ihr eine Silberdecke einsetzen und bemerkte dazu, damit hätte er ihr gleich das Überfahrtsgeld ins Purgatorium mitgegeben. Lavinia Bell versuchte sich den Qualen zu entziehen, indem sie Lahmheit simulierte oder sich wahnsinnig stellte.[19]

In der Vorbürgerkriegszeit sind für medizinische Experimente unter anderem Seeleute, Einwanderer, Vagabunden oder ärmere weiße Bürger herangezogen worden. Ganz besonders hat man aber Sklaven als Versuchskaninchen in Hörsälen und Kliniken mißbraucht. Die Angst der Schwarzen vor dem Seziertisch war begründet. Ärzte liehen sich Sklaven aus, um riskante Experimente mit ihnen durchzuführen, zum Beispiel über die Verträglichkeit hoher Temperaturen. Die gewonnenen Erkenntnisse hielt die damalige Medizin für anwendbar auf Weiße, obwohl man auf anderen Gebieten an der unterschiedlichen biologischen Beschaffenheit der schwarzen Rasse festhielt.

Der Entschluß zur Flucht wurde häufig während oder nach einer schweren körperlichen Züchtigung gefaßt. Entlaufene Sklaven, gemeinhin »run-aways« genannt, mußten laut Verfassung ihren Besitzern zurückgegeben werden. Diese Vorschrift ist in den *Fugitive Slave Laws* von 1793 und 1850 bekräftigt worden. Die Besitzer inserierten entsprungene Sklaven wie entlaufene Haustiere. Rund achtzig Prozent der Flüchtigen waren Männer zwischen 16 und 35 Jahren. Entlaufene Sklaven wurden mit Hunden gehetzt, oft von diesen zerfleischt und getötet.[20] Notorischen run-aways befestigte man mit Eisenbändern eine Glocke am Kopf. Das Einfangen entlaufener Sklaven wurde belohnt. Häscher weißer und schwarzer Hautfarbe haben sich auf diese Verdienstmöglichkeit spezialisiert.

Freie Neger mußten ihren Status mit einem Dokument nachweisen können. Zur Flucht entschlossene Sklaven stellten sich falsche Pässe aus, um Kontrollen zu überstehen. Sie suchten sklavenfreie Gebiete zu erreichen, am besten Kanada, denn der Aufenthalt in den sklavenfreien Staaten und Territorien der USA war nach dem Gesetz und nach der Gerichtsentscheidung im Falle Dred Scott (1857) keine Garantie gegen eine Wiederversklavung. Kanada wurde vor dem Bürgerkrieg zum »golden country« der Sklavenbevölkerung. Die illegalen Fluchtwege der »underground railway« führten von Detroit ins kanadische Windsor und von dort in die Freiheit. Die ehemalige Sklavin Harriet Tubman kehrte nicht weniger als neunzehnmal in den Süden zurück, um anderen Sklaven zur Flucht zu verhelfen. Gelegentlich traten run-aways mit ihren früheren Besitzern in Briefkontakt. Sie redeten ihnen ins Gewissen, forderten sie zur Reue auf und teilten ihnen auf pointierte Weise mit, daß so mancher Ex-Sklave inzwischen eine größere Farm besaß als sein ehemaliger Herr.

Ehe, Familie, Rassenmischung

Die Kolonisten Neuenglands wurden in einem Gesetz von 1705 dazu aufgefordert, die Ehe zwischen Sklave und Sklavin nicht »unbillig« zu verbieten. Aber auch bei den Puritanern sind Sklavenfamilien ohne viel Federlesens durch Verkauf auseinandergerissen worden. In Pennsylvania durften die Sklaven nach einer Version wie die englischen Quäker heiraten. Ein anderer Autor behauptet allerdings, man hätte ihnen nur das Zusammenleben ohne Heirat erlaubt.[21] Generell waren protestantische Besitzer weniger willens, Sklavenehen zu gestatten. Katholiken zeigten hier mehr Nachgiebigkeit. Das System der *encomienda* in Lateinamerika war der Familienbildung unter Schwarzen zuträglicher als die nordamerikanische Plantage.[22] Nicht zufällig ist gerade im katholischen Louisiana der Verkauf schwarzer Mütter mit Kindern unter zehn Jahren gesetzlich verboten worden. In der Praxis haben auch protestantische Sklavenhalter eheähnliche Verbindungen unter Sklaven respektiert.

Groß kann das Interesse der Besitzer an der Verheiratung ihrer Sklaven nicht gewesen sein. Sklaven waren beweglicher Besitz und mußten disponibel zum Verkauf bleiben. Die Sklavin sollte als Konkubine zur freien Verfügung stehen. Schließlich wäre die Ehe der »Sklavenzucht« im Wege gestanden.[23] Solche Züchtung von Sklaven wurde in einer nicht bekannten Zahl von Fällen systematisch betrieben. Fruchtbare Sklaven waren besonders ab 1808 begehrt, als der Sklavenimport ungesetzlich geworden war. In einem Inserat heißt es: »Zu verkaufen – ein Mädchen von etwa 29 Jahren, aufgewachsen in Virginia, und ihre beiden weiblichen Kinder ... sie zeigt ein ausgesprochen gebärfreudiges Verhalten und bietet jedem eine ausgezeichnete Gelegenheit, der sich selbst eine Familie gesunder Nigger heranzuziehen wünscht.«[24] Hohe Geburtsraten waren erwünscht. Mehr Sklaven bedeuteten mehr bewegliches Kapital. Weiße Herren achteten darauf, daß schwangere Sklavinnen nicht unnötig geschunden wurden – es ging um eine Investition. Die Grausamkeit hatte ihre eigene Rationalität. In Louisiana sind schwangere Sklavinnen zum Auspeitschen in ein Loch gestellt worden, um das Ungeborene zu schützen.[25]

»Jumping the broomstick« war ein eingeführtes Ritual im Süden. Sklavenbesitzer ließen den schwarzen Mann und die schwarze Frau über einen Besenstiel springen, womit die »Trauung« vollzogen war. Manchmal wurde der eheähnliche Zustand von einem schwarzen Prediger abgesegnet. Sklaven konnten ihre Bereitschaft, als Mann und Frau zusammenzuleben, allein dadurch anzeigen, daß sie sich gemeinsam in die Hütte zurückzogen.[26]

Über zweihundert Jahre lang lag die Entscheidung über das Ehe- und Familienleben bei den weißen Herren. Die Sklavenehe war eine wilde Ehe, ein *contubernium*, das heißt ein Zusammenleben ohne rechtliche Folgen. Selbst wenn der Herr seine Einwilligung oder ein Pastor seinen Segen gegeben hatte, war kein gültiger

Ehevertrag zustandegekommen. Die Einwilligung war jederzeit widerrufbar, mochten Herrin und Herr auch als gerührte Gäste an der Quasihochzeit teilgenommen haben. Sklavenkinder mußten von Haus aus als illegitim gelten. Eltern hatten über ihre Kinder nicht mehr Rechte »als eine Kuh über ihr Kalb«.[27] Weil die Ehe zwischen Sklaven gesetzlich nicht sanktioniert war, konnte die Trennung von Familien nicht illegal sein.

Wo es keine Ehe gab, gab es im strafrechtlichen Sinn weder Ehebruch noch Unzucht noch Bigamie. Die Justiz war von Amts wegen nicht interessiert am Sexualverhalten des Sklaven, an der »violation of his bed«, wie ein Staatsanwalt in Maryland sich ausdrückte. In Brooklyn wurde 1859 ein entflohener Sklave von der Anklage der Bigamie freigesprochen, weil er laut Gesetz gar nicht verheiratet gewesen sein konnte. In der Vorbürgerkriegszeit wurden Schwarze, die sich einer Vergewaltigung schuldig gemacht hatten, nur dann kastriert, wenn das Opfer eine Weiße war. In der Vorstellungswelt der Südstaatler begehrten schwarze Männer die weißen Frauen stärker als Frauen ihrer eigenen Rasse, so wie der Orang-Utan die schwarze Frau seiner eigenen Spezies vorziehe.[28] Sklaven durften ohne Zustimmung ihrer Herren freie Schwarze weder heiraten noch Verkehr mit ihnen haben. Später wurde in einigen Staaten ein generelles Umgangsverbot ausgesprochen. In North Carolina war ab 1830 eine etwaige Heiratseinwilligung des Besitzers nichtig.

Die sexuelle Not der Sklaven wurde dadurch verschärft, daß bis ins 19. Jahrhundert hinein die männlichen Sklaven in der Überzahl waren. Allein auf Jamaika gab es zeitweise 30000 mehr versklavte Männer als Frauen. In den USA kamen 1820 auf 1000 männliche 967 weibliche Sklaven. Für die Zeit davor fehlen zuverlässige Statistiken. Erst zwischen 1830 und 1840 nivellierte sich das Verhältnis. Ab 1840 waren Sklavinnen laut Volkszählung in der Überzahl. 1850 kamen auf 1000 Sklaven 1008 Sklavinnen.

Auf Kuba wurden Sklavinnen von ihren Herren gezwungen, als Prostituierte zu arbeiten. Weiße Dienstboten sind in den britischen Kolonien gelegentlich mit Schwarzen gepaart worden, um den Sklavenbestand zu erhöhen. Als die ersten importierten Afrikaner noch den Status von Dienstboten auf Zeit hatten, sollen Mischehen zwischen schwarzem und weißem Dienstpersonal nicht selten gewesen sein. Erst später sind Kolonie für Kolonie Gesetze gegen Mischheiraten erlassen worden, erstmals 1705 in Neuengland, 1835 in Missouri, in South Carolina erst nach dem Bürgerkrieg. In Rhode Island, Maine und Massachusetts waren Ehen von weißen Personen mit Schwarzen, Indianern oder Mulatten ungültig; ein Verfahren zu ihrer Auflösung war nicht notwendig.[29]

Sklavinnen wurden vor dem Verkauf intime Fragen gestellt. Gutaussehende junge Frauen erzielten höhere Preise. Manche wurden eigens für das Konkubinat erworben. Weiße Aufseher bemächtigten sich schwarzer Frauen, freiwillig oder mit Gewalt, mit oder ohne Zustimmung der Besitzer. Für die jungen Herren gehörte es zum guten Ton, bei schwarzen Sklavinnen erste sexuelle Erfahrungen zu sammeln. In einem Staat wie North Carolina konnte ein Weißer nicht wegen Unzucht mit einer schwarzen Frau belangt werden, weil die schwarze Frau kein »standing in court« hatte, sie hatte weder Klagerecht, noch konnte sie als Zeugin auftreten. Mulattinnen wurden als eine Art Freiwild betrachtet. Sklavinnen, die sich den Wünschen ihrer Herren widersetzten, wurden mit Schlägen gefügig gemacht oder für lebensbedrohende Arbeiten eingeteilt, etwa in den Reissümpfen. Der Körper war alles, was die Sklavin hatte, um sich die Gunst ihrer Herren zu erkaufen und sich das Leben erträglicher zu machen.[30]

Jefferson war einer der Südstaatler, die überzeugt davon waren, daß Menschen schwarzer Hautfarbe nur zur körperlichen, sinnlichen Liebe fähig waren. Seine Konkubine, Sally Hemings, die Halbschwester seiner verstorbenen Frau, hat ihm mindestens fünf Kinder geboren. Das läßt sich ziemlich zweifelsfrei aus den Geburtsdaten nachweisen. Die gegnerische Presse der Federalists benützte Jeffersons »yellow children« als politische Munition. Jefferson hat unter der Situation, die eine Heirat ausschloß, gelitten, er hat »das psychosexuelle Dilemma« Amerikas stellvertretend durchlebt. Andere Figuren der Weltgeschichte haben ungebildete Geliebte gehabt, aber Jeffersons Konflikt war »spezifisch amerikanisch«, weil er seine Kinder nicht anerkennen durfte. Was blieb ihm anders, als sich in die Distanziertheit zu retten, auf Autonomie zu pochen, seine Mitbürger vor der Verstrickung in Allianzen zu warnen, Freundschaft als Bündnis mit der Narretei und dem Unglück anderer zu definieren. Keine Generation habe das Recht, schrieb er 1789 seinem politischen und persönlichen Freund James Madison, eine andere Generation an sich zu binden.[31]

Jeffersons revolutionärer Kampfgefährte Patrick Henry hatte einen schwarzen Sohn, den er Melancthon nannte. Richard Johnson, Vizepräsident unter Van Buren, und der republikanische Politiker Thaddeus Stevens hielten sich schwarze Mätressen. Mehr als einem Amerikareisenden ist die Ähnlichkeit des jungen schwarzen Hauspersonals mit der weißen Herrschaft aufgefallen. Weiße Frauen wußten von den Aktivitäten ihrer Männer und litten darunter. »Uns südstaatliche Ladies beehrt man mit dem Namen Ehefrau«, klagte eine Schwester von Präsident Madison, »doch wir sind bloß die Gebieterinnen eines Seraglios.« Weil Sklaven als Untermenschen galten, mußte die weiße Frau die Seitensprünge ihres Mannes als besonders demütigend empfinden. Vielleicht ist die sprichwörtliche Delikatheit der weißen Lady darauf zurückzuführen, daß sie sich nicht mit den »wilden kleinen Negermädchen« identifizieren wollte.[32]

Die Zeitschrift *Southern Literary Messenger* stellte 1844 eine eigentümliche Theorie zur Rassenmischung vor. Durch sexuelle Kontakte zwischen Schwarz und Weiß würde der »minderwertigen Rasse«, dem Schwarzen, Gelegenheit zur Aufwertung gegeben. Dem »geduldigen Negerochsen« könne nur Gutes erwachsen, wenn sich der weiße, kaukasische Löwe ihm zuwendet. Nachdem der Schwarze ungeschlacht, aber gelehrig sei, gewinne er durch Rassenmischung an

Statur, erwerbe Stolz, Charakter und Bescheidenheit und – Gipfel des Zynismus – mehr Schamgefühl, Keuschheit und sexuelle Disziplin.[33]

Daß sich Bewohner angelsächsischer, protestantischer Länder weniger mit Schwarzen vermischt haben als die Bewohner romanischer, katholischer Länder, entspricht nicht den Tatsachen. In Nord- und Südamerika war die Rassenmischung, jedenfalls bis zur Abschaffung der Sklaverei, kein Zeichen von Toleranz, sondern ein Resultat der Ausbeutung im privaten und wirtschaftlichen Bereich mit der Lust an der verbotenen Frucht als zusätzlichem Faktor.[34]

Aufstände, Freilassung, Freikauf

Gelegentlich setzten sich Schwarze gegen den sexuellen Mißbrauch ihrer Frauen mit Gewalt zur Wehr oder nahmen an sadistischen Aufsehern blutige Rache. Diebstahl, Brandstiftung und Sabotageakte können als Formen des Protests gegen ihre Unterdrückung betrachtet werden, auch die Gewohnheit, ihre Herren anzulügen. Zu organisierten Sklavenaufständen ist es in Nordamerika nur selten gekommen. 1800 probte Gabriel Posser in Virginia den Aufstand. 1822 inszenierte der freie Schwarze Denmark Vesey in South Carolina eine Sklavenrebellion. 1831 kostete ein Aufstand unter Nat Turner sechzig Weißen das Leben. Diese Aufstände erreichten nie die Dimensionen, wie man sie in Lateinamerika kannte. Nat Turner, der sich noch am ehesten als messianischer Führer sehen läßt, brachte nicht mehr als siebzig Gefolgsleute hinter sich. Er wurde ergriffen und gehängt. Die weißen Herren beobachteten aufmerksam das Entstehen von Unzufriedenheit und wußten aufkeimenden Widerstand mit rabiaten Mitteln zu brechen. Freiheitliche Einflüsse von außen wurden von der Sklavenbevölkerung sorgsam ferngehalten. Jefferson fühlte sich verpflichtet, seine weißen Landsleute vor einem Franzosen zu warnen, der sich angeblich auf dem Weg von Santo Domingo nach Charleston befand, um die Sklaven dort zu Unruhen anzustiften.[35]

Nach dem Aufstand Nat Turners machte sich Nervosität unter den Weißen breit. Die Tätigkeit schwarzer Prediger wurde eingeschränkt, die gesetzlichen Bestimmungen verschärft. In Virginia standen auf die Anstiftung zum Aufruhr harte Strafen, die im Wiederholungsfall bis zur Todesstrafe reichten; ähnlich in Louisiana und in anderen Südstaaten. Eine Sonderstellung nimmt die Rebellion auf der Amistad im Jahr 1839 ein. Unter ihrem Führer Cinqué hatten sich 53 Sklaven in einer Meuterei eines spanischen Schiffs bemächtigt. Ein Weißer navigierte sie nach Long Island, worauf amerikanische Instanzen entscheiden mußten, was mit ihnen zu geschehen habe. Der Oberste Bundesgerichtshof urteilte 1841, daß diese »fresh African negroes« nach dem Verbot des Sklavenhandels als Freie zu betrachten und nach Afrika zu entlassen seien. Cinqué zog nach seiner Rückkehr einen eigenen Sklavenhandel auf.[36]

Jefferson hat sich wiederholt Gedanken darüber gemacht, wie eine Freilassung der Sklaven zu bewerkstelligen sei. Zum Zeitpunkt der Gründung der USA sah er die besten Voraussetzungen dafür in seinem eigenen Staat Virginia. Die Chancen der Unfreien in Maryland und North Carolina beurteilte er schlechter, während er für South Carolina überhaupt keine Möglichkeiten sah, im Gegenteil, dort wurde der Sklavenimport unvermindert weiterbetrieben. Zu Beginn des 19. Jahrhunderts warf Jefferson die Frage auf, ob sein Staat in den westlichen Territorien nördlich des Ohio Land kaufen und emanzipierte Sklaven dort ansiedeln solle. Allerdings kamen ihm dabei selbst Bedenken, einmal wegen der Kosten, zum andern, weil eine Kolonie von Schwarzen, die später zum Bundesstaat erhoben werden müßte, den Widerstand anderer Staaten herausfordern würde, insbesondere der Anrainer. Ein weiteres Zielgebiet für freigelassene Sklaven waren seiner Ansicht nach die Westindischen Inseln. Dort seien die klimatischen Bedingungen für Schwarze ideal, sie könnten unter ihren eigenen Rassegenossen leben und wären weit genug entfernt von Menschen weißer Hautfarbe. Ob die europäischen Herrscher in den Plan einwilligen würden, wußte Jefferson nicht zu sagen. Er konnte sich aber vorstellen, daß im de facto souveränen Santo Domingo ein Interesse an emanzipierten Sklaven bestünde, ja, daß die dortige Regierung sogar solche Schwarze willkommen heißen würde, die in den USA als Kriminelle gelten.[37] Sollten sich diese Pläne zerschlagen, wäre kein Siedlungsraum »nearer home« zu finden, bliebe Afrika. Jefferson und andere emanzipationswillige Südstaaten unterstützten den Vorschlag, freigelassene Sklaven an der afrikanischen Küste, zum Beispiel in Sierra Leone anzusiedeln. Neben humanitären Erwägungen führte Jefferson die wirtschaftlichen Vorteile ins Feld, die sich aus den Handelsbeziehungen mit einer afroamerikanischen Kolonie ergeben würden, mußte allerdings einräumen, daß die nördlichen Staaten sich wohl kaum dazu überreden ließen, die anfänglichen Kosten mitzutragen. Wenn überhaupt, dann müßten die Südstaatler das Projekt aus eigenen Mitteln bestreiten.[38]

Wenige Jahre später, 1817, wurde in Washington die *American Colonization Society* gegründet, die das Ziel verfolgte, befreite Sklaven außer Landes zu bringen. 1822 gründete dieser Verein mit staatlicher Unterstützung an der Westküste Afrikas Liberia. Etwa zehntausend Ex-Sklaven fanden dort eine Heimat. 1847 gab sich der Staat eine Verfassung, 1862 wurde er von den USA anerkannt. Die ersten Jahrzehnte waren geprägt von Grenzstreitigkeiten mit England und Frankreich und von Auseinandersetzungen der Americo-Liberianer mit den afrikanischen Stämmen im Hinterland. Die Afro-Amerikaner importierten in Amerika erworbene Kulturelemente. In Monrovia fand Mitte der 1840er Jahre ein methodistisches Revival statt. Nach Liberia entlassene Sklaven meldeten sich manchmal brieflich bei ihrem »Dear Master«. Robert E. Lee erhielt begeisterte Dankesbriefe eines Freigelassenen, der sich höflich erkundigte, wie es mit den rheumatischen Beschwerden seines früheren Herrn stünde.[39]

Weiße Herren haben von Zeit zu Zeit einen Teil oder alle ihre Sklaven in die Freiheit entlassen, manchmal aus Gewissensgründen, manchmal aus wirtschaftlich-praktischen Motiven. Die *manumission,* wörtlich das Von-der-Hand-lassen von Sklaven, war in den Gesetzen unterschiedlich geregelt. In Maryland, Virginia, North Carolina, Kentucky und Louisiana war die Freilassung am leichtesten zu bewerkstelligen. Andere Staaten hatten strengere Vorschriften. Einen Einfluß auf die Freilassungsquote übten die Preise auf den Sklavenmärkten aus. Je höher die Preise, desto geringer die Wahrscheinlichkeit der Emanzipation. Die Zahl der Freigelassenen stieg bis zum Bürgerkrieg von 30000 (1790) auf über 250000 (1860). Einige der »freedmen« erwarben selbst Land und Besitz, einschließlich Sklaven. Andere lebten als »squatters« auf momentan ungenutztem Land. Wieder andere zogen arbeits- und mittellos von Ort zu Ort, von County zu County. Eine nicht bestimmbare Zahl ging an Malaria und anderen Krankheiten zugrunde. Je näher der Bürgerkrieg rückte, desto mißtrauischer wurden freie Schwarze von den weißen Südstaatlern beäugt. Texas schloß seine Grenzen für Freigelassene überhaupt, weshalb sich freie Neger zum Schein bei Sklavenhaltern verdingten.[40]

Die Zahl der Freedmen wäre wesentlich geringer gewesen, hätten sich Sklaven nicht selbst freigekauft. Durch Nachtarbeit, etwa als Schuster, durch die Beträge, die ein Nebenverdienst abwarf, etwa Geflügelzucht, durch ihren Anteil beim »hiring-out« oder mit Zuwendungen von Sklavereigegnern, konnten sie ihre Freiheit erlösen. Nach ihrer Freilassung versuchten viele von ihnen energisch, ihre versklavten Angehörigen ebenfalls freizubekommen.

Akkulturation und Christianisierung

Die Begegnung von angloamerikanischen mit afro-amerikanischen Glaubenshaltungen und Verhaltensweisen führte zu einer wechselseitigen Akkulturation von schwarzen Sklaven und weißen Herren. Überspitzt ausgedrückt wurde der Sklave amerikanisiert, der weiße Südstaatler afrikanisiert. In einem Standardwerk zur Mentalität des Südens ist sogar zu lesen, die Schwarzen hätten den Lebensstil der Weißen »tyrannisiert«.[41] C. G. Jung glaubte beobachten zu können, der psychologische Einfluß der Schwarzen habe sich unabhängig von der Rassenmischung darauf ausgewirkt, wie die Amerikaner gehen, singen, tanzen und beten.

Zu den afrikanischen Elementen in den Südstaaten zählten landwirtschaftliche Anbaumethoden zum Beispiel beim Reisanbau, eine »gesündere« Einstellung zur Sexualität, ein verlangsamter Lebensrhythmus, spezielle Ernährungsgewohnheiten wie die Verwendung stärkerer Gewürze oder die Zubereitung von Mais nach Art des afrikanischen *fufu,* erweiterte Sozialbeziehungen, die auch Nichtverwandte als Vettern oder Brüder einschlossen, die Organisation des Arbeitstages, hygienische Standards wie das tägliche Bad. Schwarze Mediziner behandelten im

Virginia des 18. Jahrhunderts schwarze und weiße Patienten. In der Architektur hat sich das schmale »shotgun house« mit westafrikanischen, karibischen und französischen Elementen im Einzugsgebiet des Mississippi mit seinen hintereinander angeordneten Räumen und dem Eingang an der Giebelseite bis ins 20. Jahrhundert hinein erhalten.[42]

Sklaven schufen sich innerhalb ihres Alltags begrenzte Freiräume. Sie hatten ihre eigenen Eß- und Trinksitten. An Feiertagen veranstalteten sie Ringkämpfe und Wettläufe, sie fischten und gingen zur Jagd, setzten sich zu Glücksspielen zusammen, musizierten und tanzten. In einigen Landesteilen wurden ihre Tänze allerdings als »bacchanalisch« verboten.

Die Schwarzen in den britischen Kolonien Nordamerikas haben die Sprache der Bibel von den Weißen übernommen und in ihren idiomatischen Wendungen archaische Anglizismen mit afrikanischen Bildungen untermischt. Der sprachliche Einfluß vermittelte sich vor allem über die Kinder der Weißen. In vielen Haushalten war die schwarze Mammy der ruhende Pol in der Familie. Bestimmte Formen der Intonation, der »drawl«, das Silbenverschlucken gingen in die Sprache der Weißen ein, aber auch einzelne afrikanische Vokabeln, etwa das kongolesische *ouendai* (fortfahren), *cooter* (Schildkröte), *cola, okra, goober, pinder* (Erdnuß), *yam, gumbo, mumbo-jumbo, juju, buckra* (weißer Mann), *banjo, bamboula.* Die englische Grammatik wurde von den Sklaven mit charakteristischen Veränderungen übernommen, zum Beispiel die Verwendung des männlichen Personalpronomens für beide Geschlechter.[43]

Die farbige, allegorische Ausdrucksweise der Sklaven findet sich noch heute in der Sprache der schwarzen Amerikaner. Sklaven waren zur Bewahrung afrikanischer Kulturelemente fast ausschließlich auf mündliche Tradierung angewiesen. Etwa ein Drittel der Sklavensprichwörter enthält afrikanische Elemente. Eine Reihe afrikanischer Fabeln sind in Amerika weitererzählt worden, vor allem Tierfabeln, in denen ein kleines Tier ein größeres Tier überlistet.

Einige Sklaven konnten schreiben. Ein afrikanischer Moslem las im Koran und schrieb in seinem Gefängnis in North Carolina seine Bitte um Freilassung in arabischer Schrift an die Wände. Sklaven schrieben Briefe und verfaßten Arbeitsberichte für ihre Herren. Jefferson war der Ansicht, Schwarze könnten keine Dichter sein, da ihnen nur die körperliche Liebe, nicht aber der Eros bekannt sei. Die in Afrika geborene Phillis Wheatley strafte ihn Lügen mit ihren *Poems on Various Subjects* (1773). Der Sklave George Moses Horton veröffentlichte *The Hope of Liberty* (1829), *Poetical Works* (1845) und *Naked Genius* (1865). In dem Stück *Triumphs of Love* (1795) trat erstmals ein Schwarzer auf der Bühne auf. William Brown verfaßte mit *The Escape* (1858) das erste afroamerikanische Theaterstück. Joshua Johnston zeichnete sich als Porträtmaler aus.[44]

In methodistischen Sonntagsschulen wurden mitunter auch junge Sklaven unterrichtet. Doch meist hielt man sie mit Bedacht von Wissen und Bildung fern.

Phillis Wheatley (ca. 1753–1824), die erste schwarz-amerikanische Dichterin

Ein Sklave, der während des Bürgerkrieges zu den Unionstruppen geflohen war, wußte nicht einmal, aus welchem Staat er kam. Der Politiker Frederick Douglass war während seiner Sklavenzeit mehr als einmal mit der Maxime konfrontiert worden: »Lernen verdirbt den besten Nigger der Welt.« Nach dem Aufstand von Nat Turner wurde über die Sklaven ein virtuelles Bildungsverbot verhängt. Fibeln oder Liederbücher durften ihnen nicht mehr ausgehändigt werden. In den letzten Jahren vor dem Bürgerkrieg entbrannte innerhalb der *American Bible Society* eine Diskussion, ob man Sklaven überhaupt mit Bibeln versorgen solle. Die Kinder freier Schwarzer trafen etwas bessere Bedingungen an. Für sie wurden in einigen Nordstaaten, zum Beispiel 1831 in Ohio, separate Schulen eingerichtet. Freigelassene und entflohene Sklaven haben mit ihren »slave narratives« ebenso bewegende wie historisch wertvolle Dokumente hinterlassen.[45]

Puritaner hatten die Indianisierung Neuenglands gefürchtet und dieser Gefahr die Missionierung der Indianer entgegengesetzt. Ähnlich versuchte man die Afrikanisierung des Südens zu stoppen, indem man die Sklaven zum Christentum bekehrte. Die zwangsimportierten Afrikaner und ihre Nachkommen haben den christlichen Glauben nicht blind übernommen, sondern nach ihren Vorstellungen und Bedürfnissen umgeformt. Die Schuldhaftigkeit des Menschen trat in den Hintergrund, die kalvinistische Spannung zwischen Erbsünde und Welterlösungsanspruch wurde reduziert.[46] Der düstere Methodismus nahm lebensbejahendere Züge an. Nicht nur Jesus, auch Moses konnte das Heil vermitteln. Die Lehre von der Vorherbestimmung fand wenig Anklang unter Schwarzen, weshalb sich viele von ihnen zu den *Free Will Baptists* hingezogen fühlten, die mit der Prädestination nichts im Sinn hatten.

Die christliche Religion war für die weißen Herren ein brauchbares Kontrollinstrument. Mit dem Verweis auf eine andere, eine bessere Welt ging ein pazifizierender Effekt einher:

> Children, we all shall be free
> When the Lord shall appear.

Der tief erniedrigte Sklave, der in seiner Lage kaum fähig war, sich zur Wehr zu setzen, konnte in der im Namen Christi verlangten passiven Unterwerfung Trost und Halt finden. Kirchenführer stellten sich im 19. Jahrhundert verstärkt auf die Argumente der Sklavereibefürworter ein. Die Presbyterianische Kirche erklärte 1861, das Sklavensystem sei im allgemeinen »gütig und wohlwollend« und die Versklavung für Schwarze der Normalzustand. Ein Bischof der Episkopalischen Kirche von Virginia wußte die Stäupe in allen Fällen zu entschuldigen als er an Sklaven gewandt sagte: »Nun denn, wenn euch Züchtigung zuteil wird, so verdient ihr sie entweder oder ihr verdient sie nicht. Aber ob ihr sie nun verdient oder nicht – es ist eure Pflicht …, daß ihr sie geduldig ertragt.«[47]

Sklaven hörten Predigten weißer Pfarrer, hielten jedoch anschließend häufig ihre eigenen Gottesdienste ab, um dort das »real preachin'« schwarzer Gottesmänner zu erfahren. Schwarze Prediger haben manchmal die weiße Herrschaft unterstützt und ebenso wie die weiße Geistlichkeit den Sklaven Gehorsam abgefordert. Trotzdem sahen sich die Weißen genötigt, freien schwarzen Priestern Beschränkungen aufzuerlegen, vor allem nach Sklavenaufständen. Zu einem revolutionären, christlich inspirierten Millenialismus kam es unter der schwarzen Bevölkerung der Südstaaten nicht. Dazu war das Regime der Weißen zu stark. Da die Fixierung auf die Erbsünde fehlte, zum afrikanischen Erbe stattdessen der Glaube an die Seelenwanderung gehörte, fanden apokalyptisch orientierte Propheten kaum Widerhall.[48]

Aberglauben, Magie, Wahrsagerei und Geisterbeschwörung boten dem Sklaven innere Abwehrmöglichkeiten gegen totale Abhängigkeit. Afrikanische Riten gingen in den Voodoo-Kult ein, der über die Karibik aufs Festland kam, sich dort mit christlichen Elementen mischte und seine Hochburg in New Orleans hatte. Ehemalige Sklaven haben noch in den 1930er Jahren an die magischen Kräfte von Friedhofserde geglaubt[49], und in den schwarzen Ghettos von heute spielen esoterische Kulte nach wie vor eine wichtige Rolle.

Religiöse und weltliche Musik

Melodie- und Textelemente der ältesten schwarzen Spirituals stammen zum Teil aus dem religiösen Liedgut der Weißen. Musikexperten sind sich nicht einig darüber, wie die Mischung aus afrikanischen und europäischen Stilelementen zustandekam und welche Komponenten überwogen. Sicher ist, daß das Spiritual spätestens im 19. Jahrhundert mit den schwarzen Elementen des Hollers, des Blues und des Worksongs angereichert worden ist und Bestandteile des weißen »spiritual song« zurückgedrängt wurden. Der Ursprung und die Entwicklung des Spirituals ist zu einem Streitpunkt im Rassenkampf geworden. Selbstbewußte Schwarze wollen lediglich eine oberflächliche Ähnlichkeit mit weißen Liedern europäischer Herkunft anerkennen. LeRoi Jones besteht darauf, daß eine große Zahl schwarzafrikanischer Lieder fast unberührt nach Amerika importiert wurde.[50]

Auf der anderen Seite wurde behauptet, die religiös bestimmten Lieder der Schwarzen leiteten sich von den »revival songs« einfacher weißer Menschen her.[51] Die musikalische Tradition kann aber auch bis zu den »spiritual songs« im England des 16. Jahrhunderts zurückverfolgt werden oder wenigstens bis zum Liederbuch der neuenglischen Puritaner, dem volkstümlichen *Bay Psalm Book*, das dem Titelblatt zufolge »Psalms, Hymns and Spiritual songs of the Old and New Testament« enthielt. Missionare brachten Neuauflagen dieser Laudate gegen Ende des 17. Jahrhunderts in die südlichen Kolonien und damit auch zu den schwarzen Sklaven. Als Substantiv datiert »Spiritual« wohl aus der Zeit der Wiedererwekkungsbewegung nach 1800, als der Begriff die »revival hymns« und »revival songs« bei den camp meetings bezeichnete.

Aus englischen, schottischen, irischen Volks- und Kirchenliedern, aus Seemannsliedern, aus weißen »revival songs«, aus französischen Volksliedern der Cajuns in Louisiana und aus afrikanischer Rhythmik und Artikulation entstand eine genuin amerikanische Musikform. Die Musikwissenschaft versucht mit großem Eifer, die verschiedenen Stilelemente zu entwirren und ihre Weitergabe zu verfolgen. Zum Beispiel sollen einige Cherokee von schwarzen Sklaven afrikanische Musikweisen übernommen haben.

Die Musik der schwarzen Amerikaner, das vielfach anzutreffende Schema des »call-and-response« ähnelt westafrikanischen Gesängen. Man erkennt die rhythmische Komplexheit afrikanischer Musik wieder, in der drei oder mehr Rhythmen nebeneinander herlaufen können. Händeklatschen – »patting juba« – ersetzte die Musikinstrumente. Weltliche Lieder der Schwarzen lieferten eine rhythmische Unterstützung des Arbeitsvorgangs, wie etwa bei den Arbeitsgesängen der schwarzen Zwangsarbeiter auf den Flußschiffen, bei den Ruderern und Deckarbeitern oder bei den »field hollers« der Feldsklaven. Singen spendete den Geschundenen Trost und Durchhaltevermögen.

Breddren, don't get weary, breddren don't get weary
Breddren, don't get weary. Fo' de work is mos' done.*

Das Spiritual ist polyrhythmisch angelegt. In der Technik des »off-beat« hinkt die Melodieführung hinter dem Takt her oder läuft ihm voraus. Der afrikanische Parallelismus in den Harmonien, das heißt die Überlagerung der einstufigen Akkordtonmelodien mit Terzen, Quarten und Quinten, wich nach und nach der funktionellen Harmonik Europas. Harmoniestufen der europäischen Musik wurden übernommen, die Kadenz zum Beispiel, gewissermaßen ein Übergang von der Horizontalen zur Vertikalen. Umgekehrt ist die Tradition englischer Lieder um das Call-and-response-Schema erweitert worden, und zwar auf dem Weg der Improvisation. Bei den Camp Meetings des Great Awakening haben westafrikanische Rhythmen motorische Bedürfnisse des Körpers befriedigt. Die »singing ecstasy« war so gesehen das Produkt aus afrikanischer und europäischer Musiktradition.[52]

Die Entstehungsgeschichte führt zurück bis zu den Vodum-Ritualen von Dahomey und später Haitis. Diese Rituale bezogen im Unterschied zum Christentum Körper und Geist gleichmäßig in das religiöse Erleben ein, und zwar mit Hilfe der Musik. Auch bei hysterisch anmutenden Ritualen blieb ein Maß an Disziplin erhalten, aus der heraus spontan improvisiert wurde. Improvisation blieb das entscheidende Kriterium im Vergleich zur europäischen Musikgeschichte.[53]

Das Spiritual verzichtet im Gegensatz zum religiösen Lied der Weißen auf abstrakte Begriffe und bietet den Text erzählend, bildhaft, gefühlsbetont und anhand konkreter Personen dar. Leib und Seele werden nicht getrennt vorgestellt,

---

* Brüder, werdet nicht müde ..., denn die Arbeit ist fast getan.

die Geschlossenheit der menschlichen Existenz betont. Religion ist nichts Statisches oder Zeitloses, sondern verträgt die Einbeziehung moderner Dinge wie das Dampfboot, die Eisenbahn, den Pullmanwagen, die Sämaschine, dann auch das Telefon. Die Grenze zur Moderne verläuft dort, wo Wissenschaft und Bibel kollidieren. Dann ähneln die Lieder der Schwarzen den Aussagen fundamentalistischer weißer Sekten.

Religiöse Vorstellungen wurden mit teils verdeckten, teils offenen Kommentaren zum Alltag untermischt. Auferstehung und ewiges Leben treten in Analogie zu Flucht und Befreiung. In den weltlichen Liedern war ebenfalls eine metaphorische Ausdrucksweise geboten, vor allem, wenn Weiße zugegen waren. Für den Sexualakt wurden Umschreibungen gewählt wie *pushing, rocking, blowing, cooking, shaking, riding, beating, rolling.*[54]

Die Klage über das Los als Sklave ist ein hervorstechendes Merkmal von Spirituals wie »Nobody knows the trouble I've seen« oder »Sometimes I feel like a motherless child«. Man findet aber auch Beispiele für Freude und Unbeschwertheit, für Zuversicht und Heilserwartung. Die Heilsgewißheit der Schwarzen unterscheidet sich recht deutlich von den gravitätischen Versionen der Weißen, wie sie etwa in dem vielgesungenen »Amazing Grace« zum Ausdruck kommt. Dem schwarzen Spiritual sind selbst parodistische Züge nicht fremd. Der auf die Einhaltung der Sonntagsruhe dringende Text »Don't hammer on Sunday, God gave you Monday« wurde selbstironisch umgemodelt in »Ain't it a shame to steal on Sunday, when you got Monday«.

Von den Spirituals geht eine schwer zu definierende Stärke aus, eine Zuversicht, die bei aller Klage und Wehmut doch Trost spendet und Hoffnung auftut, eine Hoffnung und einen Glauben »an die letzte Gerechtigkeit aller Dinge«, wie W. E. B. DuBois sich ausdrückte. Der latente politische und soziale Inhalt der Spirituals läßt sich an Liedern wie »Steal away to Jesus« verdeutlichen, mit dem die *Fisk Jubilee Singers* erstmals großes Aufsehen erregten und das wie eine Aufforderung zur Flucht klingt. Sieben der ursprünglichen Jubilee Singers waren ehemalige Sklaven.

Biblische Begriffe nahmen eine Doppelbedeutung an. Canaan war der freie Norden, das Roman Kingdom der versklavte Süden, dazwischen als Grenze der Fluß Jordan, den es zu überschreiten galt. Moses wurde zum imaginären Befreier, Pharao zum weißen Herrn und dessen Tochter zum Lichtblick inmitten verderbter Macht. Daniel bricht die Naturgesetze und setzt sich gegen Könige (= Plantagenbesitzer) und Löwen (= Bluthunde) erfolgreich zur Wehr: »My Lord delivered Daniel. Why not deliver me too?« (Der Herr errettete Daniel, warum nicht auch mich?) Dem entlaufenen Sklaven Frederick Douglass, der in Freiheit ein angesehener Bürger wurde, war das *double entendre* in den Spirituals bewußt. Er glaubte, die Anspielungen seien den Herren und Aufsehern entgangen, sonst hätten sie merken müssen, daß in den Zeilen »O Canaan, sweet Canaan / I am bound for the land of Canaan« der freie Norden gemeint war und nicht das biblische Land oder das Jenseits. Es ist allerdings nicht anzunehmen, daß argwöhnischen Sklavenhaltern das revolutionäre Potential ganz verborgen blieb. Spirituals eigneten sich ihrer Meinung nach dazu, Solidarität zu stiften, Emotionen aufzupeitschen und die Bereitschaft zum Aufstand zu signalisieren. Camp Meetings, hieß es, machten Sklaven aufsässig. Mitunter wurden Fluchtgedanken in den Liedern kaum verhüllt zum Ausdruck gebracht:

I thought I heard them say
There were lions in the way,
I don't expect to stay
Much longer here.
Run to Jesus – shun the danger –
I don't expect to stay
Much longer here.*

Eines der häufigsten Worte im Spiritual ist das Wort *trouble*. Der singende Sklave äußert den Wunsch, seine Beschwernisse, Angst und Not hinter sich zu lassen, indem er sich den Tod wünscht, die Flucht erwägt oder wie Joshua so lange kämpft, bis alle Mauern einstürzen. Beschaulich ist das Spiritual fast nie. Jesus, auf den sich die Sänger mehr beriefen als auf Gottvater, reitet auf einem weißen Pferd einher und bleibt als Rebell gegen jede Übermacht siegreich. Jesus ist der wahre Verbündete, der rechte Fluchthelfer, der die Seinen nicht im Stich läßt. Harriet Tubman kündigte mit Spirituals ihre Fluchtpläne an: »Wenn der gute alte Himmelswagen kommt ... reise ich ins Gelobte Land.« Ob es die himmlische Kutsche war, die Arche Noah oder die moderne Eisenbahn – mit allem, was sich bewegte, mit allem Fahrbaren sind Fluchtgedanken assoziiert worden. Seit in den 1830er und 1840er Jahren die Eisenbahn in die Südstaaten gekommen war, richteten sich auf dieses so unglaublich starke und schnelle Vehikel die Freiheitsträume. »Git on board, little chillen«, hieß es jetzt. Die Bezeichnung »underground railroad« ist keine Zufallsprägung gewesen für die geheimen Fluchtwege in den Norden. »I grab the first thing smoking«, sagten noch im 20. Jahrhundert schwarze Südstaatler, die der fortwährenden Diskriminierung entkommen wollten, was so viel heißt wie »Ich schnapp mir das erste Ding, das raucht«. James Baldwins »Tell me How long the Train's Been Gone« geht auf einen Spiritualtext zurück. Grob geschätzt ist in einem Drittel aller Spirituals von »motion« in irgendeiner Form die Rede von *walking, riding, rowing, wading* oder *inching away*. Das beliebteste unter den weltlichen Liedern der Sklaven war »Run, nigger, run«, und der Minstrelsänger George Washington Dixon drängte seine Brüder und Schwestern: »Push-a-long, keep moving.« Spirituals brachten als anonyme Volks-

* Ich meine, ich habe sie sagen hören / man stößt unterwegs auf Löwen, / ich habe nicht vor, viel länger hier zu bleiben. / Lauf zu Jesus – trotz' der Gefahr – ich habe nicht vor, hier länger zu bleiben.

musik einen aktiv politischen und nicht nur religiösen Protest gegen das System der Sklaverei zum Ausdruck.[55]

Kollektive Erfahrungen

In der neueren Geschichtsschreibung zur Sklaverei wird Mal um Mal der Satz des schwarzamerikanischen Schriftstellers Ralph Ellison zitiert, daß eine Kultur wohl kaum durch bloßes Reagieren entstehen kann. Einige der genuinen afroamerikanischen Elemente wurden genannt. Die Frage ist jetzt, ob diese sich einem gemeinsamen Prinzip unterordnen lassen, oder anders gefragt, ob es außer der Hautfarbe ein grundsätzliches Merkmal gibt, das die schwarze von der weißen Bevölkerung unterscheidet und aus dem sich kulturelle Eigenheiten der Schwarzen herleiten lassen.

Das afrikanische Erbe der Sklaven trug im Gegensatz zur kalvinistischen Tradition des weißen Amerika lebensbejahende, nicht außerweltliche Züge. Der Glaube an die Wiedergeburt in einer anderen Gestalt unterschied sich von der puritanischen Regeneration. Die afrikanischen Sklaven lebten unter zyklischen Zeitvorstellungen, wogegen weiße Amerikaner ihre Existenz linear und in Phasen religiöser Erneuerung auf apokalyptische Erwartungen hin ausrichteten.[56] Sklavenhalter haben die Indifferenz der Schwarzen gegenüber zukünftigen Dingen mit Apathie verwechselt und die Hinwendung zum Momentanen, zum Konkreten und Tangiblen mit Sorglosigkeit.

Die Beziehungen der ersten Sklavengenerationen zu ihrer Vergangenheit waren brutal durchschnitten worden. Und doch konnten einige charakteristische Elemente hinübergerettet werden. An der Frontier entstanden eigene Dörfer für Schwarze. In den Behausungen der Sklaven dominierte eine zentripetale Raumaufteilung, wie man sie aus Afrika kennt. Manche versuchten, das polygame System weiterzuführen. Besonders im 18. Jahrhundert fallen die »retentiven Fähigkeiten« der gefangenen Sklaven auf, die starke gefühlsmäßige Bindung an ihre frühere Heimat und die Beschäftigung mit Personen aus ihrem alten Lebenskreis. Todeswünsche hatten die Heimkehr zu den Ahnen zum Gegenstand.

Gemessen an ihrem grausamen Schicksal war die Suizidrate unter Sklaven niedrig, was man auf ihre kollektive Verantwortung zurückgeführt hat. Sklaven zogen die Arbeit im Kollektiv anderen Arbeitsformen vor; Sklavenhalter mußten diese Eigenschaft berücksichtigen. Der südstaatliche Agronom Edmund Ruffin meinte: »Ein Neger hält es nicht aus, allein zu sein und zieht ungeschützte und harte Arbeit in Gesellschaft mit anderen einer leichteren Arbeit ohne Gesellschaft vor.«[57] Die Lieder zur Arbeit wurden, wo immer möglich, gemeinsam gesungen. Bei den Gottesdiensten stand das Gemeinschaftserlebnis im Vordergrund. Nachdem die Weißen den Sklaven verboten hatten, beim Gottesdienst zu tanzen, fanden sie sich im »ring-shout« zusammen.

Dem Sklaven war, der Natur des Systems nach, die freie Entscheidung über Seßhaftigkeit oder Mobilität versagt. Wegen der steigenden Baumwollnachfrage wurden zwischen 1790 und 1860 über 800000 Schwarze von Nord nach Süd, von Virginia, Maryland und den Carolinas nach Alabama, Mississippi, Louisiana und Texas transportiert. Sklaven blieb generell keine andere Wahl, sagte Frederick Douglass, als dort Wurzeln zu schlagen, wo man sie hingebracht hatte. Sklaven entwickelten starke Bindungen an ihren Ort und zu den Personen ihres Umkreises, auch wenn sie nicht miteinander verwandt waren. Manche hätten es vorgezogen, in ihrer Gegend verkauft zu werden, als eine Ortsveränderung ihres Besitzers mitmachen zu müssen. Sklaven haben oft gerade dann die Flucht ergriffen, wenn der Besitzer einen größeren Umzug plante.[58]

Die eheähnlichen Verbindungen der Schwarzen waren unter Sklavereibedingungen weniger stabil als die Ehen der Weißen. Nicht zu verkennen ist jedoch das verzweifelte Bemühen von Sklaven, ihre Familien trotz ungünstiger Voraussetzungen zusammenzuhalten. Runaways haben immer wieder versucht, verkauften Mitgliedern ihrer Familien zu folgen. Den Sklavenhaltern war diese Tatsache gut bekannt, deshalb haben sie in ihren Suchanzeigen vermerken lassen, wohin die Angehörigen eines flüchtigen Sklaven verkauft worden waren. Im 18. Jahrhundert ist in Virginia jeder dritte Runaway geflohen, um Verwandte oder enge Freunde aufzusuchen.[59]

Die Betonung gemeinschaftlicher Lebensformen ist ein Charakteristikum des schwarzen Amerikaners geblieben. Die Südstaaten unterscheiden sich durch die wechselseitige Akkulturation zwischen Weiß und Schwarz von der individualistischen Grundstruktur des kulturdominanten Nordens und Westens. »Der Süden«, schrieb Robert Penn Warren, »hat eine instinktive Furcht, auf Seiten der Schwarzen und Weißen, daß die Dichte der Erfahrung, die Konkretheit des Lebens verletzt wird, die Furcht vor der Abstraktion.« Die geographische Mobilität im Süden ist geringer als in anderen Teilen des Landes, das bezieht sich auch auf unternommene Auslandsreisen. Südstaatler besitzen proportional weniger Reisepässe als Amerikaner im Nordosten oder am Pazifik.[60] Klima, Einkommensverhältnisse, traditionelle Verhaltensformen weißer Südstaatler spielen hier sicher eine Rolle, aber auch das Erbe aus der Sklavenzeit und die kollektive Orientierung der Schwarzen.

Abolitionisten und ihre Gegner

Die Hoffnung, daß die Sklaverei im Süden ähnlich wie im Norden nach und nach aussterben würde, hatte sich zerschlagen. Neue Verarbeitungsmethoden bei der Baumwollgewinnung, die Errichtung von Großplantagen im Süden und Südwesten, die Lebensphilosophie südstaatlicher Aristokraten und deren Ausstrahlung auf die weiße Mittelschicht ließen die Versklavung von Arbeitskräften opportun erscheinen.

Kirchen und Sekten bezogen anfangs eine deutliche Position gegen die Sklaverei, wie etwa die Mennoniten um Pastorius. In Philadelphia gründeten Quäker 1775 die erste *Anti-Slavery Society*. Religiös bestimmte Gegner der Sklaverei zitierten gerne aus der Schrift *The Selling of Joseph* (1700) des Puritaners Samuel Sewall: »Es gibt keine Verhältnismäßigkeit zwischen zwanzig Silberlingen und der Freiheit.« Die Baptisten Virginias erklärten 1789 die Sklaverei zu einem »horrid evil«, das dem Naturrecht zuwiderlief; ähnlich äußerte sich die Baptistenkirche Kentuckys. Gegen Ende des 18. Jahrhunderts ließen einige Sklavenhalter unter dem Eindruck methodistischer Revivals ihre Sklaven frei. Die *Methodist General Conference* beschloß 1812, ein Sklavenbesitzer könne nicht Kirchenältester werden. Die *General Assembly* der Presbyterianer empfahl drei Jahre später, durch Erziehung der Sklaven auf ihre Befreiung hinzuwirken. Einige Baptistengemeinden weigerten sich, Sklavenbesitzer aufzunehmen.[61]

Der emanzipatorische Reformeifer südstaatlicher Kirchenmänner ließ zu Beginn des 19. Jahrhunderts nach. Wer früher moralische Skrupel hatte, erklärte diese jetzt für weibisch. Die Zahl der sklavenhaltenden Geistlichen nahm zu, die Proteste wurden leiser oder verstummten. Konnte ein Sklavenbesitzer ein guter Presbyterianer sein? Konnte ein baptistischer Sklavenbesitzer Missionar werden? Durfte ein methodistischer Bischof Sklaven halten? Über diesen Streitfragen spalteten sich zwischen 1844 und 1853 von den Methodisten, Baptisten und Presbyterianern einige Kirchen ab, die im Süden das Recht auf Sklaverei hochhalten wollten.

In den freien Staaten des Nordens fanden sich Gegner der Sklaverei zu Interessenverbänden zusammen, darunter die *New England Anti-Slavery Society* (1832) in Boston und die *American Anti-Slavery Society* (1833) in Philadelphia. 1830–1836 stieg die Zahl dieser Gesellschaften von 100 auf über 500. Sie verteilten Propagandamaterial und schickten Redner aus. Ihr politisches und humanitäres Ziel war die »abolition«, die Abschaffung der Sklaverei und die Zivilisierung der Schwarzen. Frauen fühlten sich zu dieser Aufgabe besonders berufen. Auf Druck der Männer mußten sie allerdings eine separate Organisation gründen. In der *Female Anti-Slavery Society* waren die Fabrikarbeiterinnen von Lowell aktiv, während unter männlichen Arbeitern eher Gleichgültigkeit oder Rassismus vorherrschten.[62]

Die Abolitionisten waren eine heterogene Gruppierung. Zu ihnen zählten die Politiker Charles Sumner und Thaddeus Stevens, der unitarische Geistliche William Ellery Channing[63], der Quäkerpoet John Greenleaf Whittier und die neuenglische Romanschriftstellerin Lydia Child, Mitherausgeberin des *National Anti-Slavery Standard,* die ehemaligen Sklaven Frederick Douglass, Sojourner Truth und Harriet Tubman, die Schwestern Angelina und Sarah Grimké, die aus einer Sklavenhalterfamilie in South Carolina stammten. Mehr als ein Sklavenhalter hat sich aktiv für die Sache des Abolitionsimus verwandt, zum Beispiel John Cocke, der selbst eine große Plantage besaß. John Brown faßte den Plan, in den südlichen Appalachen mit entflohenen Sklaven eine Republik zu gründen und von dort aus die Sklavenstaaten mit Krieg zu überziehen.

Anfangs traten Gegner der Sklaverei wie der Quäker Benjamin Lundy oder der ehemalige Sklavenbesitzer James Birney für eine graduelle Auflösung des Systems durch Erziehung und Aufklärung ohne emotionale Appelle ein. Ab 1830 radikalisierte sich die Bewegung und drang auf die sofortige Abschaffung. Der Wanderprediger Theodore Weld mobilisierte die Staaten Ohio, Illinois und Indiana gegen die Sklaverei, die er für einen schweren Verstoß gegen göttliche Gebote hielt.[64] Weld war der effektivste Redner der American Anti-Slavery Society. Ihm gelang es, im Kongreß einen gegen die Anhänger der Sklaverei eingestellten Block zustandezubringen.

Einen entscheidenden Anteil an der Radikalisierung hatte die abolitionistische Zeitschrift *The Liberator,* die 1831 in Boston erstmals erschien und 35 Jahre Bestand hatte. Ihr Herausgeber war William Lloyd Garrison, der im Jahr zuvor im Gefängnis gelandet war, weil er einen neuenglischen Sklavenhändler angegriffen hatte. Die erste Nummer des *Liberator* enthielt Garrisons leidenschaftlichen Appell »To the Public«: »*Ich werde so* streng sein wie die Wahrheit und so kompromißlos wie die Gerechtigkeit. Über dieses Thema möchte ich nicht maßvoll denken, reden oder schreiben. Nein! Nein! Sagt einem Mann, dessen Haus in Flammen steht, er solle maßvoll Alarm schlagen, sagt ihm, er solle seine Frau maßvoll aus den Händen der Entführer retten, sagt der Mutter, ihr Kind maßvoll aus dem Feuer zu ziehen, in das es gefallen ist – aber verlangt nicht von mir, in einer Sache wie dieser Mäßigung zu üben. Ich meine es ernst – ich werde keine Zweifel lassen – ich werde nichts entschuldigen – ich werde nicht einen Zoll zurückweichen – *und man wird mich hören.*«[65] Garrison bedauerte, jemals für die graduelle Abschaffung eingetreten zu sein. Er distanzierte sich von der Idee der Kolonisierung in Afrika, die er einmal unterstützt hatte, und wandte sich in einer Art von christlichem Anarchismus gegen die Gewalt von Regierungen und Gesetzen. Ein Exemplar der Verfassung verbrannte er wegen ihrer Passagen über die Sklaverei.

Der Süden war in der Phantasie von Abolitionisten ein Ort des ungezügelten Hedonismus, ein Sündenpfuhl, den es trockenzulegen galt, ein großes Bordell, wie der *Liberator* im Jahr 1858 schrieb: Weiße Herren suhlten sich dort mit schwarzen Sklavinnen und trügen dadurch zur überstarken Vermehrung der schwarzen Rasse bei. Eine Emanzipation der Sklavenbevölkerung würde zu ihrer Verstreuung

Titelseite einer Publikation von 1864, deren Verfasser sich die Folgen von Lincolns Wiederwahl ausmalte ▶

WHAT MISCEGENATION IS!

—AND—

WHAT WE ARE TO EXPECT

Now that Mr. Lincoln is Re-elected.

By L. SEAMAN, LL. D.

WALLER & WILLETTS, Publishers,

NEW YORK.

führen und ihr Wachstum reduzieren. Solange der Süden aber eine abgeschlossene Einheit bliebe, würde dort, wie in den Klöstern, die Lust regieren. Die Südstaatler drehten den Spieß um und behaupteten, die angeblich human gesinnten Abolitionisten gäben in Wirklichkeit nur ihrer Triebhaftigkeit nach; was sie wirklich wollten, seien afrikanische Frauen.[66]

Abolitionisten waren schwarzen Sklaven bei ihrer Flucht via »Underground Railroad« in die freien Staaten und nach Kanada behilflich. Der Sozialutopist Stephen Andrews schlug vor, das gesamte Sklavereisystem durch Freikauf zu beenden. Die guteingeführte Firma Bruin & Hill handelte mit wiedereingefangenen Sklaven, die sie auch zahlungswilligen Abolitionisten anbot. Die Strategie des Freikaufs mußte aus finanziellen Gründen scheitern. In einem Fall ist eine schwarze Sklavin, die wegen ihrer Schönheit 1800 Dollar kosten sollte, auf dem Transport gestorben, weil Abolitionisten die Kaufsumme nicht rasch genug aufbringen konnten.

Den propagandistischen Anstrengungen der Sklavengegner kam ein Buch zu Hilfe, das alle bis dahin bekannten Verkaufsrekorde schlug. Von Harriet Beecher-Stowes Roman *Uncle Tom's Cabin, or Life Among the Lowly* (1852) wurden am Erscheinungstag 3000 und binnen fünf Jahren eine halbe Million Exemplare verkauft. Die rührselige Geschichte von Eva, Topsy, Uncle Tom und dem brutalen Sklaventreiber Simon Legree rief auch in Europa ein gewaltiges Echo hervor. Die aus Neuengland stammende Autorin, Tochter des berühmten Predigers Lyman Beecher, verehrte die puritanischen Vorväter Cotton Mather und Jonathan Edwards und hatte sich von den biblischen Argumenten des Abolitionisten Theodore Weld stark beeinflussen lassen. In einem späteren Roman, *Dred* (1856), wandte sie sich den wirtschaftlichen Hintergründen der Sklaverei zu, aber *Uncle Tom's Cabin* sollte vor allem ein Dokument christlicher Nächstenliebe sein. Uncle Tom wird zu einer Art Christusfigur, als er zu seinem Peiniger sagt: »Ich vergebe dir von ganzem Herzen.«

»Ich habe alles meinen Visionen entnommen«, erklärte Beecher-Stowe, was nicht ganz wörtlich zu nehmen war, denn die Geschichte fußte auf der angeblich authentischen Lebensbeschreibung von Josiah Henson, eines schwarzen, methodistischen Geistlichen aus Maryland. *Uncle Tom's Cabin* hat das protestantische Gewissen wachgerüttelt und eine Reihe von Epigonen zu *anti-slavery novels* inspiriert. Der Roman provozierte aber auch mindestens ein Dutzend *pro-slavery novels,* in denen das bekannte Argument vorgetragen wurde, die südstaatlichen Plantagensklaven hätten es im Vergleich zu den Lohnsklaven in aller Welt recht gut getroffen.[67]

Sieben Monate nach dem erstmaligen Erscheinen des *Liberator* brach die Sklavenrevolte unter Nat Turner los; Sklavenhalter sahen einen direkten Zusammenhang. Auf die Ergreifung Garrisons wurde eine Belohnung ausgesetzt. Der Rigorismus Garrisons, der die Sklaverei als »damning crime« bezeichnete, erstickte im Süden Sympathien für die Sache der Abolitionisten, zumal er sich dazu hinreißen ließ, eine allgemeine Charakterisierung der Südstaatler zu wagen und sie die gemeinsten aller Diebe, die schlimmsten aller Räuber zu nennen, denen man die Kongreßsitze entziehen sollte: »Für unsere Begriffe stehen sie außerhalb des Christentums, des Republikanismus, der Menschheit.«[68] In Charleston brach ein Mob ein Postschiff auf und verbrannte abolitionistisches Schrifttum. Der südstaatliche Professor Thomas Hookes vertrat 1835 die Ansicht, Zeitungen und Pamphlete der Sklavereigegner seien vom Postversand auszuschließen. Als im selben Jahr der Postmaster von South Carolina abolitionistische Literatur konfiszierte, reagierte der Postminister in Washington diplomatisch: »Ich kann Ihren Schritt weder sanktionieren, noch will ich ihn billigen.« Zwischen den Zeilen war zu erkennen, daß er mit der Beschlagnahme einverstanden war. Wenige Monate später unterstützte Präsident Andrew Jackson in einer Botschaft an den Kongreß die Postzensur und zieh die Abolitionisten der Vorbereitung zum Bürgerkrieg.

Moral und Unmoral sind keine geographischen Begriffe und lassen sich in puncto Sklaverei nicht säuberlich geschieden dem Norden und dem Süden zuteilen. Es stimmt, daß die Proteste gegen die Postzensur im Norden vernehmlicher waren. Eine New Yorker Zeitung klagte, nun sei jeder »twopenny postmaster« ermächtigt zu entscheiden, welche Art von Nachrichten man verbreiten dürfe, welche nicht.[69] Opposition gegen den aggressiven Feldzug der Sklavereigegner gab es aber auch in den Nordstaaten, zum Beispiel von Geschäftsleuten, die mit Baumwolle handelten. Die Philosophie des John Locke eignete sich wieder einmal vortrefflich als Argumentationshilfe. Der Abolitionismus, hieß es, verletze das Recht auf Privateigentum. Versammlungslokale der Abolitionisten sind mehrfach überfallen und verwüstet worden, die Redaktion der abolitionistischen Zeitschrift *The Philantropist* in Ohio wurde niedergebrannt. In Philadelphia galten Abolitionisten von Amts wegen als »outlaws«. Engagierte Sklavereigegner wurden gesteinigt, geteert und gefedert und aus den Städten gejagt. Ein Mob legte Garrison einen Strick um den Hals und zerrte ihn durch Bostons Straßen; er kam knapp mit dem Leben davon. Elijah Lovejoy, der in Illinois eine abolitionistische Zeitung herausgab, wurde 1837 ermordet, nachdem man seine Druckpresse in den nächsten Fluß geworfen hatte.

Wer als Schwarzer in irgendeiner Form zur Abschaffung der Sklaverei aufrief, mußte laut einem Gesetz des Staates Virginia aus dem Jahr 1832 mit bis zu 39 Peitschenhieben rechnen, im Wiederholungsfall mit der Todesstrafe. Weiße Angeklagte kamen zunächst glimpflicher davon; sie erhielten für dasselbe Vergehen nur Geldstrafen. Je mehr aber die Abolitionisten ihre Kampagne forcierten, desto schärfer wurden die Strafbestimmungen. Ein Abolitionist, der nach Virginia ging und dort Propaganda gegen die Sklaverei machte, mußte ab 1836 mit einer Geld- und Haftstrafe rechnen. Die Post war seit 1848 aufgerufen, die Entdeckung abolitionistischer Literatur dem Friedensrichter zu melden, der die Pflicht hatte,

Kontrabande zu beschlagnahmen und zu verbrennen. *Uncle Tom's Cabin* ist überall im Süden aus dem Verkehr gezogen worden. Ein Jahr später wurden zudem Gespräche über die Abschaffung der Sklaverei unter Strafe gestellt. Wer behauptete, es gebe kein Besitzrecht an Sklaven, konnte in Virginia ein Jahr Gefängnis erhalten. In Louisiana wurden entsprechende Äußerungen schon seit 1830 mit Zuchthaus bis zu 21 Jahren oder mit der Todesstrafe geahndet. Die drakonischen Strafen bezeugen die wachsende Nervosität unter Sklavenhaltern. Die Fronten verhärteten sich. Trotzig forderten einige Südstaaten, den internationalen Sklavenhandel wieder einzuführen. Wenn man innerhalb der USA ungestraft mit Sklaven handeln durfte, warum dann nicht mit Afrika?

Die Abolitionisten sind in der Geschichtsschreibung mitunter recht kritisch beurteilt worden. Es ist wahr, daß man im weiteren Umfeld des Abolitionismus seltsame Gestalten antrifft. Der kongregationalistische Geistliche Horace Bushnell hatte sich gegen die Sklaverei und den *Fugitive Slave Act* ausgesprochen, weil er Schwarze für Tiere hielt, die nicht vom Stamme Adams sind wie die Weißen. Nach seinem Kalkül würde die Befreiung der Sklaven zu ihrer Vernichtung führen und Amerika zu einem freien und homogenen Land machen. Insgesamt jedoch repräsentierten die Abolitionisten eine politische und soziale Reformbewegung, die im Gegensatz zu vielen anderen Reformversuchen im 19. Jahrhundert ihr Ziel erreichte, und dies über den hartnäckigen und gewaltsamen Widerstand in allen Teilen des Landes hinweg.[70]

Durch die Tätigkeit der Abolitionisten fühlten sich Südstaatler zur aktiven Verteidigung ihres Systems aufgerufen. Die Notwendigkeit der Sklaverei wurde mit historischen, religiösen, sozialen und mit opportunistischen Überlegungen begründet. »Empirisch« sei nachzuweisen, schrieben südstaatliche Akademiker, daß der gesellschaftliche Einfluß der Sklaverei in der Geschichte stets heilsam gewesen sei. Große Geister wie Pindar oder Plato waren Sklavengesellschaften entsprungen. Die Sklaverei erlaubte es der Herrschaftsklasse, Kultur, Geist und Genie zu pflegen und die Erneuerung des menschlichen Geschlechts in Angriff zu nehmen.[71]

In den Augen der neuenglischen Kolonisten stand die Sklaverei im Einklang mit dem Gesetz Mose. Im Alten Testament wird sie ausdrücklich gebilligt, im Neuen Testament nicht verurteilt, argumentierten Laien und Theologen im Süden und im Norden der USA. In diesem Punkt waren sich der New Yorker Rechtsanwalt John Richter Jones[72] und der presbyterianische Theologieprofessor James Thornwell aus South Carolina einig. Wer einen Sklavenhalter vom Abendmahl ausschließt, sagte Thornwell, bringe das Verhalten Jesu und seiner Apostel ins Zwielicht. Thomas Dew, Professor am William & Mary College in Virginia, erklärte in einer Schrift aus dem Jahr 1832 die Sklaverei zum »positiven Gut«.

Das am meisten verbreitete Argument lautete, der Sklave sei im Süden gut versorgt und damit freier und zufriedener als der nordstaatliche Lohnsklave. Um den Beweis für diese These anzutreten, ließ ein Sklavenbesitzer aus Georgia unter dem Namen seines Sklaven Harrison Berry eine Verteidigungsschrift erscheinen. Der Jurist George Fitzhugh systematisierte das soziale Argument in einer *Sociology for the South* (1854) und in *Cannibals All! or Slaves Without Masters* (1857). In den sogenannten freien Gesellschaften, erläuterte Fitzhugh, herrschten nackter Individualismus und Egalitarismus nach dem Prinzip »every man for himself, and the devil take the hindmost« – den letzten beißen die Hunde. Die angeblich so idealistischen Nordstaaten hätten nichts anderes vor, als die organischen und bewährten Bindungen zwischen Herr und Sklave zu durchtrennen, um die Schwarzen desto leichter in ihren Fabriken ausbeuten zu können. Caroline Hentz aus Massachusetts legte mit dem Roman *The Planter's Northern Bride* (1854) ein Gegenstück zu Harriet Beecher-Stowes *Uncle Tom's Cabin* (1851) vor und pries darin die segensreichen Wirkungen der Herr-Knecht-Beziehung. In dem Gedicht *The Hireling and the Slave* (1854) verglich William Grayson das schöne Leben des Plantagensklaven mit dem bitteren Los des Lohnsklaven im Norden. Grayson war in den 1830er Jahren Senator für South Carolina im Kongreß.

Vergleiche mit dem Ausland sollten die Berechtigung des eigenen Systems erweisen: Sklaven hätten es besser als mexikanische *peons,* die wie Vieh gekauft und verkauft und im Alter hilflos ihrem Schicksal überlassen werden. In Deutschland würden junge Arbeiter geschlagen. Die moralischen Vorhaltungen einer Engländerin konterte eine südstaatliche Lady mit dem Argument, sie solle sich lieber um die Armen in Londons Elendsvierteln kümmern.

Rassistische Argumente konnte der Sklavenhalter von europäischen Wissenschaftlern wie Gobineau oder von amerikanischen Ethnologen beziehen. Dr. Josiah Nolt aus Alabama betrieb zur Abwehr des Abolitionismus ethnologische Studien, »niggerology«, wie er sich privat ausdrückte. Eine südstaatliche Kulturzeitschrift schrieb 1855: »... der Neger ist mit seinen Trieben enger mit dem Vieh verwandt als alle anderen Angehörigen der menschlichen Rasse. Sich selbst überlassen ... erblicken wir das Tier mit all seinen Urmerkmalen – faul, geil, wie ein Idiot unfähig zur Selbstregierung oder zur Vorsorge, grausam und hinterlistig wie ein Affe.«[73] Die Charakterisierung des Schwarzen als minderwertiges Wesen diente der Rechtfertigung eines unmenschlichen Regimes und der Beruhigung des eigenen Gewissens. Dem Norden machte man vor, die Südstaatler würden zur Aufrechterhaltung des Systems Tag für Tag schwere Opfer bringen. Essays zur Verteidigung der Sklaverei brachten in der Literatur, in der Gesellschaft und an den Universitäten des Südens in der Vorkriegszeit Ansehen und beruflichen Aufstieg. Die Autoren wurden gefeiert, ihre Schriften gaben ihnen das Entrée zu einer verschworenen Gemeinschaft.[74] Nathaniel Tucker, Romancier und Juraprofessor in Virginia, plädierte in *The Partisan Leader* (1836) für die Sezession und sagte einen Bürgerkrieg voraus.

QUELLEN UND ANMERKUNGEN

Vorwort

Michael Balint: Thrills and Regressions. London 1959

Roger Barker/M. Wright: Midwest and Its Children. Hamden 1971

Erik Erikson: Kindheit und Gesellschaft. Zürich 1950

F. G. Friedmann: Politik und Kultur. München 1969

Geoffrey Gorer: Die Amerikaner. Reinbek 1956

Edward Hall: Proxemics. New York 1963

Alex Inkeles: »Continuity and Change in the American National Character«. In: Tocqueville Rev., 1980, S. 22ff.

David Riesman et al.: The Lonely Crowd. New Haven 1950

Alexander Szalai: The Use of Time. Den Haag 1972

Einleitung: Die große Rechtfertigung

1. Zit. n. John Walzer: »A Period of Ambivalence: 18th Century American Childhood«. Aus: L. de Mause (Hrsg.): The History of Childhood. New York 1974
2. John Smith: A Map of Virginia (1612)
3. Richard B. Davis: Intellectual Life in the Colonial South. Knoxville 1978, Bd. III, S. 1469; Nathaniel Ames, zit. n. Max Savelle: The Colonial Origins of American Thought. Princeton 1964, S. 184; Philip Freneau/Hugh Brackenridge: »Poem on the Rising Glory of America« (1771)
4. Sacvan Bercovitch: The Puritan Origins of the American Self. New Haven 1975, S. 145
5. Cotton Mather: Magnalia Christi Americana (1702). Hrsg. von K. Murdoch. Cambridge 1977, S. 123

I. Anfänge der Kolonisation

1. Etwa das Drama The Lost Colony (1937) von Paul Green
2. Zit. n. S. E. Morison: The Oxford History of the American People. New York 1965, S. 51
3. Edward Misselden: Circle of Commerce (1623). Zit. n. Harry Carman/H. Syrett: A History of the American People. New York 1957–1959
4. Zit. n. Robert Bremner et al. (Hrsg.): Children and Youth in America. Cambridge 1970, Bd. I
5. Zit. n. Richard B. Davis: Intellectual Life in the Colonial South. Knoxville 1970, S. 15, 16
6. Bradford Smith: Bradford of Plymouth. Philadelphia 1951, S. 136; Perry Miller/Th. Johnson: The Puritans. New York 1963, S. 100; G. Green: American Eyes. Ann Arbor 1982, S. 36
7. H. S. Commager: Documents of American History, S. 15; Alfred Kelly/W. Harbison: The American Constitution, New York 1963, S. 17; V. L. Parrington: Main Currents of American Thought. Bd. I. The Colonial Mind. New York 1927
8. William Bradford: Of Plymouth Plantation 1620–1647. Zit. n. Miller/Johnson, 1953, S. 102; A. Lord: »The Mayflower Compact«. In: Proceedings of the American Antiquarian Society, 1921; Charles Andrews: The Colonial Period of American History (1934–38). 4 Bde. New Haven 1954
9. Morison, 1965, S. 55
10. Miller/Johnson, 1963, S. 96, 98, 117
11. Wallace Notestein: The English People on the Eve of Colonization. New York 1954, S. 65, 82, 84
12. Notestein, 1954, S. 117
13. Stephen Foster: Their Solitary Way – the Puritan Social Ethic. New Haven 1971, S. 16f.; Darrett Rutman: Winthrop's Boston. New York 1965, S. 6f.; Sacvan Bercovitch: The Puritan Origins of the American Self. New Haven 1975, S. 102; David Hall: The Faithful Shepherd. New York 1974, S. 77; Edmund Morgan: The Puritan Dilemma. Boston 1958, S. 6, 16, 39
14. Miller/Johnson, 1963, S. 119, 121, 499; Edmund Morgan: The Puritan Family, New York 1966, bringt als Beispiel allerdings nur Samuel Sewall; Edward Eggleston: The Transit of Civilization from England to America in the 17th Century (1900). Boston 1959, S. 1
15. Edward Johnson: Wonder-Working Providence 1628–51. London 1653/54, S. 81; Roger Williams: The Complete Writings. New York 1963, Bd. VI, S. 292; George Washington: Writings, Bd. I, S. 360; Ralph Waldo Emerson: Society and Solitude, 1870, II, S. 17
16. Frederick Paxson: History of the American Frontier. Boston 1924, S. 24; Carman/Syrett, Bd. I, S. 82; R. B. Davis, Bd. II, S. 653
17. R. B. Davis, Bd. I, S. 61
18. John Pory, zit. n. R. B. Davis, Bd. I, S. 32
19. Rudolf Hellung: »Die Deutschen in Kanada«. Aus: Multikulturalismus in Kanada. Mannheim 1982, S. 32

20. Michael Kammen: People of Paradox. New York 1972, S. 203
21. Kai Erikson: Wayward Puritans. New York 1966, S. 37
22. Miller/Johnson, 1963, S. 163, 165, 168f.
23. Zit. n. D. Hall, 1974, S. 156, 78, 75, 88; zit. n. K. Erikson, 1966, S. 42

II. Puritanische Theologie

1. Wallace Notestein: The English People on the Eve of Colonization. New York 1954, S. 148
2. Perry Miller/Th. Johnson: The Puritans. New York 1963, S. 499
3. Notestein, 1954, S. 147
4. David Hall: The Faithful Shepherd. New York 1974, S. 22; Miller/Johnson, 1963, S. 85; Cotton Mather: Magnalia Christi Americana (1702). Cambridge 1977, S. 91
5. Zit. n. D. Hall, 1974, S. 51
6. Ein amerikanischer Bundesrichter hat noch 1959 in Barenblatt v. United States mit Lilburne das Recht auf abweichende Meinungen verteidigt
7. Cotton Mather: Magnalia, S. 93
8. Edmund Morgan: The Puritan Family. New York 1966, S. 28
9. Medulla Sacrae Theologicae (1623, engl. The Marrow of Sacred Divinity, 1642); De Conscientia, vor 1631, engl. Conscience with the power ... (1639)
10. Miller/Johnson, 1963, S. 6
11. The Poems of Edward Taylor. Hrsg. von D. Stanford. New Haven 1966, S. XXVIII
12. Miller/Johnson, 1963, 251
13. Zit. nach Sacvan Bercovitch: The Puritan Origins of the American Self. New Haven 1975, S. 16; zit. n. D. Hall, 1974, S. 162; Miller/Johnson, 1963, S. 348
14. Thomas Shepard, zit. n. David Leverenz: The Language of Puritan Feeling. New Brunswick 1980, S. 187f., 190; Edward Taylor, zit. n. Norman Grabo: »The Veiled Vision ...«. In: William and Mary Quarterly, Okt. 1962, S. 54 und Bercovitch, 1975, S. 16
15. Miller/Johnson, 1963, S. 188
16. Bercovitch, 1975; Grabo, 1962
17. Howard Feinstein: »The Prepared Heart: a Comparative Study of Puritan Theology and Psychoanalysis«. In: American Quarterly, 1970, S. 166ff.
18. Matth. 25: 32–33
19. Thomas Hooker: The Application of Redemption 1637–1656. Gainesville 1956
20. Ralph Barton Perry: Puritanism and Democracy. New York 1944
21. D. Hall, 1974, S. 58; Kai Erikson: Wayward Puritans. New York 1966, S. 194–198
22. Darrett Rutman: Winthrop's Boston. New York 1965, S. 56; C. Mather: Magnalia, S. 155
23. Calvin, Institutio, III, XXIV, 10; Stephen Foster: Their Solitary Way. New Haven 1971, S. 103
24. Hall, 1974, S. 47
25. Joseph Bohatec: Calvins Lehre von Staat und Kirche. Leipzig 1937
26. Rutman, 1965, S. 26; D. Hall, 1974, S. 95

27. John Cotton: Milk for Babes (1646)
28. V. L. Parrington: Main Currents of American Thought. New York 1927, Bd. I, S. 28
29. C. Mather: Magnalia, S. 89
30. Foster, 1971, S. 125
31. Morgan, 1966, S. 8; K. Erikson, 1966, S. 50f.

III. Politik und Wirtschaft in den frühen Kolonien

1. Richard B. Davis: Intellectual Life in the Colonial South. Knoxville 1978, Bd. III, S. 1518
2. Alfred Kelly/W. Harbison: The American Constitution. New York 1948, S. 25
3. Eine griffige Predigerformel fand William Hooke: New England's Teares for Old England's Feares (1641)
4. Kai Erikson: Wayward Puritans. New York 1966, S. 213
5. Darrett Rutman: Winthrop's Boston. New York 1965, S. 255
6. Andrew McLaughlin: The Foundations of American Constitutionalism. New York 1932; Rutman, 1965, S. 162; Katherine Brown: »A Note on the Puritan Concept of Aristocracy«. In: Mississippi Valley Historical Review, 1954/55; Roy Lokken: »The Concept of Democracy in Colonial Political Thought«. In: William and Mary Quarterly, 1959, S. 577; V. L. Parrington: Main Currents of American Thought. New York 1927, Bd. I, S. 13, 21, 33
7. Brief an Lord Say, zit. n. Thomas Hutchinson: History of the Colony and Province of Massachusetts-Bay (1764). Cambridge 1936, Bd. I, S. 497
8. Calvin: Institutio, III, 19, 15–16; Bohatec, 1937
9. Rutman, 1965, S. 65
10. Bradford Smith: Bradford of Plymouth. Philadelphia 1951, S. 219; Edmund Morgan: The Puritan Dilemma. Boston 1958, S. 96, 162f.
11. David Hall: The Faithful Shepherd. New York 1974, S. 129
12. R. B. Davis, Bd. II, S. 631
13. William Bradford: Of Plymouth Plantation 1620–1647. New York 1952; Howland Kenney: Laughter in the Wilderness. Kent 1976, S. 76
14. Edward Eggleston: The Transit of Civilization from England to America in the 17th Century (1900). Boston 1959, S. 279; Richard Bushman: From Puritan to Yankee. Cambridge 1967, S. 35
15. R. B. Davis, Bd. II, S. 943f.
16. Cotton Mather: A Christian at his Calling (1701); E. A. J. Johnson: American Economic Thought in the 17th Century. New York 1961, S. 84ff.; E. Morgan, 1958, S. 67; John Cotton: Way of Life. Zit. n. Larzer Ziff: Puritanism in America. New York 1973, S. 152
17. Rutman, 1965, S. 96, 243 FN, 275, 254, 272, 201
18. Sacvan Bercovitch: »The Rites of Assent ...«. Aus: Sam Girgus (Hrsg.): The American Self. Albuquerque 1981, S. 7; Bushman, 1967, S. 137
19. Reinhard Bendix: Max Weber. New York 1962, S. 58; Max Weber: Die Protestantische Ethik I. Tübingen 1979, S. 338

20. Miller/Johnson: The Puritans, 1963, S. 198f.
21. Miller/Johnson, 1963, S. 195; W. Hubbard, zit. n. Stephen Foster: Their Solitary Way. New Haven 1971; Cotton Mather: Durable Riches (1695), zit. n. St. Foster: Their Solitary Way, S. 135
22. Foster, 1971, S. 160; Miller/Johnson, 1963, S. 214; Rutman, 1965, S. 172; Miller/Johnson, 1963, S. 155; Foster, 1971, S. 27; Rutman, 1965, S. 212, 146, 163
23. Samuel Sewall: Diary 1674–1729 (1878). Princeton 1966, Eintrag vom 16. Dez. 1711; Edmund Morgan: The Puritan Family. New York 1966, S. 119; Carman/Syrett: A History of the American People. New York 1957–1959
24. Eggleston, 1959; Morgan 1966, S. 10; R. B. Davis, III, S. 1565, beruft sich auf Abbot E. Smith; Alden Vaughan: »From White Man to Redskin ...«. In: American Historical Review, 1982, S. 935; G. Alsop: A Character of the Province of Mary-Land. London 1666, zit. n. Kenney, 1976, S. 85; R. B. Davis, III, S. 1333; Eggleston, 1959, S. 296ff.
25. Lawrence Towner: »A Fondness for Freedom – Servant Protest in Puritan Society«. In: William and Mary Quarterly, 1962, S. 208; Robert Bremner (Hrsg.): Children and Youth in America, Bd. I. Cambridge 1970, S. 125; Cotton Mather: A Good Master Well Served (1696) bei Towner, 1962, S. 210
26. Assistants' Record, zit. n. Rutman, 1965, S. 52; Cotton Mather: Magnalia Christi Americana (1702). Cambridge 1977, S. 194
27. Sarah Kemble Knight: Journal of Madame Knight (1704). Zit. n. Miller/Johnson, 1963, S. 437;
28. Samuel Sewall, zit. n. Miller/Johnson, 1963, S. 515; Max Savelle: The Colonial Origins of American Thought. Princeton 1964, S. 124; Towner, 1962, S. 202

IV. Indianer und Christen

1. Thomas Morton: New English Canaan. Amsterdam 1637; Thomas Thoroughgood: Jewes in America, or, Probabilities That the Americans are of That Race (1650); Hamon L'Estrange: Americans No Jewes, or Improbabilities That the Americans are of That Race (1652); Menasse Ben Israel: Spes Israeli (1650)
2. Alden Vaughan: »From White Man to Redskin ...«. In: American Historical Review, 1982, S. 917ff.; vgl. J. F. Cooper: The Redskins (1846)
3. Bradford Smith: Bradford of Plymouth. Philadelphia 1951, S. 149
4. Bradford Smith, 1951; William Bradford: Of Plymouth Plantation 1620–1647 (1856). New York 1952, S. 197, 261ff.; zit. n. Richard B. Davis: Intellectual Life in the Colonial South. Knoxville 1978, Bd. I, S. 157; Perry Miller/Th. Johnson: The Puritans. New York 1963, S. 505
5. Ralph Hamor, zit. n. R. B. Davis, Bd. I, S. 188; Hesekiel 37: 21; W. S. Simmons: »Conversion from Indian to Puritan«. In: New England Quarterly, 1979, S. 216
6. David Stineback: »Status of Puritan-Indian Scholarship«. In: New England Quarterly, 1978, S. 85; Simmons, 1979; Davis, Bd. I, S. 191
7. Miller/Johnson, 1963, S. 503; John Eliot: New England's First Fruits (1643); Thomas Shepard: The Cleare Sun-shine of the Gospell Breaking forth upon the Indians in New England (1648)

8. Shepard, 1648, S. 4
9. Increase Mather: A Brief History of the Warre with the Indians in New England (1676); G. Thomas: »Puritan, Indians, and the Concept of Race«. In: New England Quarterly, März 1975, S. 10; Stineback, 1978
10. Allen Trelease: Indian Affairs in Colonial New York. The 17th Century, Ithaca 1960, S. 39, 38, 170f., 99; Patrick Malone: »Changing Military Technology Among the Indians of Southern New England 1600–1677«. In: American Quarterly, 1973, S. 50; Thomas Morton, 1637, S. 54; zit. n. Edmund Morgan: The Puritan Dilemma. Boston 1958, S. 72
11. Richard Alstyne: Empire and Independence. New York 1965, S. 5; Trelease, 1960, S. 260f.
12. Miller/Johnson, 1963, S. 457; Michael Kammen: People of Paradox. New York 1972, S. 34; Cotton Mather: Magnalia Christi Americana (1702). Cambridge 1977, S. 162
13. John E. Ferling: A Wilderness of Miseries: War and Warriors in Early America. Westport 1980, S. 41f.; Davis, Bd. I, S. 53; Georg Friederici: Skalpieren und andere Kriegsgebräuche in Amerika. Braunschweig 1906; Thomas, 1972, S. 22. – Th. Jefferson merkte in seinen Notes on the State of Virginia an, man habe den Indianern ihr Land sehr oft regulär abgekauft. Eine nähere Erläuterung dieser Aussage hat er im Manuskript gestrichen: »It is true that these purchases were sometimes made with the price in one hand and the sword in the orther.« – Davis, Bd. II, S. 1565
14. Alden Vaughan: New England Frontier: Puritans and Indians. Boston 1965, S. 137; Bradford, S. 284; Bradford Smith, 1951, S. 261; John Underhill: Newes from America (1638); Miller/Johnson, 1963, S. 473
15. Vaughan, 1965, S. 148f.
16. Trelease, 1960, passim
17. Richard Dillon: North American Indian Wars. New York 1983; D. E. Leach (Hrsg.): The Rhode Islanders Reports on King Philip's War (1676). Providence 1963, S. 22
18. Simmons, 1981, S. 70, 78; Leach, 1963, S. 74, 78, 60; Dillon, 1983
19. I. Mather, 1676, zit. n. Richard Slotkin: Regeneration Through Violence. Middleton 1973, S. 84ff.
20. Slotkin, 1973, S. 88f.
21. Trelease, 1960, S. 282ff.
22. Ferling, 1980, S. 10, 46; Morgan, 1966, S. 110; V. L. Parrington: Main Currents of American Thought. New York 1927, Bd. I, S. 30
23. Trelease, 1960, S. 104
24. Trelease, 1960, S. 139
25. Slotkin, 1973, S. 42f.
26. R. B. Davis, Bd. I, S. 153, Bd. II, S. 1347; Simmons, 1981, S. 62
27. R. B. Davis, Bd. I, S. 114; Miller/Johnson, 1963, S. 433; C. Mather: Magnalia, S. 129; R. B. Davis, Bd. III, S. 1627
28. Arthur Calhoun: A Social History of the American Family. Cleveland 1917, Bd. I, S. 323; Bradford, S. 111; Calhoun, S. 324, 166; Bradford, 222
29. R. B. Davis, Bd. I, S. 164; Calhoun, 215; John Lawson: History of Carolina (1709)
30. Philip Young: »The Mother of Us All: Pocahontas Reconsidered«. In: Kenyon Review, 1961, S. 391ff.

31. William Strachey, 1615, zit. nach Ph. Young, 1961, S. 395; Philip Barbour: Pocahontas and Her World. Boston 1969; Julia Spruill: Women's Life and Work in the Southern Colonies (1938). New York 1972, S. 7
32. Simmons, 1981, S. 71, 63
33. Simmons, 1981, S. 63; R. B. Davis, Bd. II, S. 654; Robert Berkhofer: The White Man's Indian. New York 1978; Miller/Johnson, 1963, S. 324
34. Morton, 1637, Buch I; Simmons, 1981, S. 60, 66, 70. – Vgl. bei Salvanius über gebildete Römer aus der Zeit des Niedergangs: »Sie suchen bei den Barbaren die Menschlichkeit der Römer, weil sie bei den Römern die barbarische Unmenschlichkeit nicht ertragen können.« Zit. n. Werner Raith: Das verlassene Imperium. Berlin 1982, S. 168; Alvin Josephy: »Indians in History«. In: Atlantic Monthly, Juni 1970, S. 67ff.

V. Die koloniale Familie

1. Peter Laslett: Househould and Family in Past Time. Cambridge 1972; Arthur Calhoun: A Social History of the American Family. Cleveland 1917, Bd. I, S. 87; Rudy Seward: »The Colonial Family in America ...«. In: Journal of Marriage and Family Living, 1973, S. 67; Philip Greven: The Protestant Temperament. New York 1977
2. George Howard: A History of Matrimonial Institutions. 3 Bde. Chicago 1904; Anne Wharton: Colonial Days and Dames. Philadelphia 1895, S. 197f.
3. Calhoun, Bd. I, S. 61; Howard, Bd. II, S. 81
4. Calhoun, Bd. II, S. 151; P. Miller/Th. Johnson (Hrsg.): The Puritans. New York 1963, S. 387; Samuel Peters: »The Virtue of Bundling«. Aus: Brom Weber: An Anthology of American Humor. New York 1962, S. 125. – Amerikanische Historiker haben sich ausgiebig mit dem Thema »bundling« befaßt; die bibliographischen Angaben hierzu füllen Seiten. In unseren Tagen hat Art Buchwald vorgeschlagen, das »bundling« wieder einzuführen und damit die Energiekrise zu bekämpfen. – International Herald Tribune vom 15.11.1973
5. Zit. n. Julia Spruill: Women's Life and Work in the Southern Colonies (1938). New York 1972
6. Calhoun, S. 216; Alice Earle: Colonial Dames and Good Wives. Boston 1895; Calhoun, S. 252; Page Smith: Daughters of the Promised Land. Boston 1970, S. 38
7. Earle, 1895
8. Edmund Morgan: The Puritan Family. New York 1966, S. 40; Mary Benson: Woman in the 18th Century. New York 1935, S. 126; Calhoun, Bd. II, S. 95. – Die Frau als Unperson wurde aufgehoben vom Supreme Court in Reed v. Reed (1971)
9. John Demos: A Little Commonwealth. Family Life in Plymouth Colony. New York 1970; Talitha Cumi erschien erstmals 1873, der Titel ist aramäisch nach Markus 5: 41 »Mägdlein, ich sage dir, stehe auf!«; vgl. James Hart: The Oxford Companion to American Literature. London 1946, S. 744; Eric Dingwall: The American Woman. New York 1957
10. P. Smith, 1970, S. 54
11. Willy Hellpach: Kulturpsychologie. Stuttgart 1953

12. Calhoun, S. 39; Morgan, 1966, S. 50; Aldous Huxley: Jesting Pilate (1926). London 1948, S 285
13. E. Morgan: »The Puritans and Sex«. In: New England Quarterly, 1942, S. 591ff.; vgl. Roger Thompson: »The Puritans and Prurience ...«. In: H. C. Allen/R. Thompson: Contrast and Connection. London 1976, S. 36ff.
14. Morgan, 1942, S. 607; Demos, 1970, S. 137; Michael Gordon (Hrsg.): The American Family. New York 1978, S. 268
15. Nelson Blake: The Road to Reno – a History of Divorce in the United States. New York 1962, S. 22, 24, 29f.
16. Blake, 1962, S. 35, 38; Morgan, 1966, S. 34f.
17. Nancy Cott bei Michael Gordon, 1978, S. 116; Blake, S. 43; Miller/Johnson, 1963, S. 437
18. John Walzer: »A Period of Ambivalence: 18th Century American Childhood«. Aus: L. de Mause: The History of Childhood. New York 1974, S. 364
19. Joseph Illick: »Child-Rearing in 17th Century England and America«. Aus: L. de Mause, 1974, S. 317; Robinson, zit. n. David Stannard: »Death and the Puritan Child«. Aus: Stannard: Death in America. Philadelphia 1975, S. 13; Ross Beales: »In Search of the Historical Child ...«. In: American Quarterly, 1975, S. 386; Jon. Edwards: Conversion and Revival in New England (1740). Zit. n. Stannard, 1975, S. 24; James Janeway: Token for Children (1728). Zit. n. Sandford Fleming: Children and Puritanism (1933). New York 1969, S. 86
20. Robert Bremner et al. (Hrsg.): Children and Youth in America. Cambridge 1970, Bd. I, S. 82f.
21. James Janeway: Token for Children. – Fleming, 1969, S. 86f., zitiert nach der Ausgabe von 1728 und gibt an, daß der neuenglische Teil dieser Schrift von Cotton Mather verfaßt und 1700 separat veröffentlicht wurde
22. Demos, 1970; Illick, 1974; Thomas Cobbett: A Fruitfull and Usefull discourse .... London 1656. Zit. n. Illick, S. 316; Wadsworth, zit. n. Bremner, Bd. I, S. 1970; Stannard, 1975
23. Illick, 1974; Morgan, 1966, S. 77; R. Williams, 1643, zit. n. W. S. Simmons: »Cultural Bias in the New England Puritans' Conception of Indians«. In: William and Mary Quarterly, 1981, S. 62
24. Increase Mather, 1711, n. Stannard, 1975
25. Bremner, Bd. I
26. Auszüge bei Bremner, Bd. I
27. Greven, 1977, S. 281
28. Cotton Mather: Help for Distressed Parents (1695); Cotton Mather: Corderius Americanus (1708). Zit. n. Morgan, 1966, S. 103, 105, 108
29. Illick, 1974, S. 324; Edward Eggleston: The Transit of Civilization from England to America (1900). Boston 1959, S. 19
30. Illick, 1974; Beales, 1975; Stannard, 1975; Stephen Foster: Their Solitary Way. New Haven 1971, S. 137
31. Gerhard Alexis: »Wigglesworth's ›Easiest Room‹«. In: New England Quarterly, 1969, S. 573ff.
32. Morgan, 1966, S. 96; Greven, 1977, S. 269

33. Illick, 1974, S. 327
34. David Leverenz: The Language of Puritan Feeling. New Brunswick, 1980, S. 3; Peter Wagner: »A Note on Puritans and Children in Early Colonial New England«. In: Amerika-Studien, 1980, S. 47ff.; Oscar und Mary Handlin: Facing Life. Boston 1971, S. 16ff.; Bernard Bailyn: Education in the Forming of American Society. New York 1960

VI. Wissenschaft und Religion

1. Wallace Notestein: The English People on the Eve of Colonization. New York 1954, S. 69
2. Edmund Morgan: The Puritan Dilemma. Boston 1958, S. 81; Samuel Willard, zit. n. Morgan, 1966, S. 90; Ralph Barton Perry: Puritanism and Democracy. New York 1944
3. John Eliot: New England's First Fruits. London 1643, S. 12; Bernard Bailyn: Education in the Forming of American Society. New York 1960; Richard B. Davis: Intellectual Life in the Colonial South. Knoxville 1978, Bd. I, S. 259
4. Edward Eggleston: The Transit of Civilization from England to America (1900). Boston 1959, S. 220
5. John Locke: Some Thoughts Concerning Education (1693); John Eliot, 1643, S. 12
6. Eggleston, 1959, S. 259; Perry Miller/Th. Johnson: The Puritans. New York 1963, S. 408
7. Walter Meserve: »English Works of 17th Century Indians«. In: American Quarterly, 1956, S. 269
8. R. B. Davis, Bd. I, S. 268
9. H. S. Stout: »The Morphology of Remigration: New England University Men and their Return to England«. In: Journal of American Studies, 1976, S. 151, 162, 167
10. Stout, 1956, 164; Eggleston, 1959, S. 235
11. David Hall: The Faithful Shepherd. New York 1974, S. 180
12. Eggleston, 1959, S. 73, 15, 44, 55
13. S. E. Morison: The Intellectual Life of Colonial New England. New York 1956 (= The Puritan Pronaos, 1935); Eggleston, 1959, S. 48ff.
14. John Van de Wetering: »God, Science, and the Puritan Dilemma«. In: New England Quarterly, 1965, S. 420
15. Eggleston, 1959, S. 20, 26; Miller/Johnson, 1963, S. 512
16. Notestein, 1954, S. 104, 106
17. Eggleston, 1959, S. 91
18. Eggleston, 1959, S. 191ff.
19. Louis B. Wright: Culture on the Moving Frontier. Bloomington 1955, S. 17, 37; Leeds Almanac 1695, zit. n. Louis Wechsler: The Common People of Colonial America. New York 1978, S. 78
20. R. B. Davis, Bd. II, S. 509
21. Thomas Hariot: A brief and true report ... (1588; Frankfurt 1590); George Sandys: Ovid's Metamorphosis Englished (1626); John Josselyn: New England's Rareties Discovered (1672); Miller/Johnson, 1963, S. 108

22. John Childe: New Englands Jonas (1647); Edward Winslow: New Englands Salamander (1647); George Fox: Cain Against Abel (1675); Roger Williams: George Fox digg'd out of his Burrows (1676)
23. V. L. Parrington: Main Currents in American Thought. New York 1927, Bd. I, S. 82; John Norton, zit. n. P. Miller: The New England Mind. New York 1939
24. John Smith: A true relation of such occurrences ... as hath hapned in Virginia since the first plantation of that collony (1608)
25. E. Johnson, zit. n. Sacvan Bercovitch: »How the Puritans Won the American Revolution«. In: Massachusetts Rev., 1976, S. 614f.
26. Samuel Sewall: Diary. Erstausgabe 1878–1882. 3 Bde.; gekürzte Fassung hrsg. von M. Van Doren, 1927; revidierte Fassung, Princeton 1966; R. B. Davis, Bd. III, S. 1325; Chard P. Smith: Yankees and God. New York 1954, S. 221
27. Richard Rich: Newes from Virginia (1610); John Smith: Description of New England (1616); Francis Higginson: New England's Plantation (1630), zit. n. Miller/Johnson, 1963, S. 124
28. Erstausgabe in Boston am 25.9.1690

VII. Ästhetische Anfänge

1. Edward Eggleston: The Transit of Civilization from England to America (1900). Boston 1959, S. 98f., 130. – Der Truthahn hieß im Deutschen »wälsches Huhn«, so wie man zum Mais »Wälschkorn« sagte
2. Miller/Johnson (Hrsg.): The Puritans. New York 1963, S. 506
3. Leo Kaiser: A Census of American Latin Verse 1625–1825. Charlottesville 1983; Early American Latin Verse. Chicago 1984
4. Miller/Johnson, 1963, S. 74f.
5. Zit. n. Eggleston, 1959, S. 126
6. Kenneth Murdock: Einleitung zu Cotton Mather: Magnalia Christi Americana. Cambridge 1977; Eggleston, 1959, zitiert aus dem Psalm Book von 1640: »God's altar needs not our pollietys«; Miller/Johnson, 1963, S. 673, 686
7. Sacvan Bercovitch: The Puritan Origins of the American Self. New Haven 1975, S. 29; Miller/Johnson, 1963, S. 2; Cotton Mather: Magnalia, S. 101; Miller/Johnson, 1963, S. 426; E. F. Carlisle: »The Puritan Structure of Edward Taylor's Poetry«. In: American Quarterly, 1968, S. 153, 160, 154; William Manniere: »Cotton Mather and the Biographical Parallel«. In: American Quarterly, 1961, S. 157
8. Murdock, 1977; Miller/Johnson, 1963, S. 675; C. Mather: Magnalia, S. 124, 107
9. Miller/Johnson, 1963, S. 561; Carlisle, 1968, S. 151
10. Bercovitch, 1975; Miller/Johnson, 1963, S. 548; Richard B. Davis: Intellectual Life in the Colonial South. Knoxville 1978, Bd. III, S. 1315, 1506, 1348
11. Christopher Brooke: A Poem on the Late Massacre in Virginia (1622); James Revel: The Poor Unhappy Transported Felow's Sorrowful Account of His Fourteen Years Transportation, at Virginia, in America, o.J
12. Miller/Johnson, 1963, S. 394; Edward Hudon: Freedom of Speech and Press in America. Washington 1963, S. 11

13. Edmund Morgan: »The Puritan Ethic and the American Revolution«. In: William & Mary Quarterly, 1967, S. 4; zit. n. David Leverenz: The Language of Puritan Feeling. New Brunswick 1980, S. 38, 24
14. R. B. Davis, Bd. III, S. 1120, 1280; James D. Hart: The Oxford Companion to American Literature. London 1941
15. Zit. n. Russel Nye u. J. E. Morpurgo: Geschichte der USA. München 1964, S. 93; Percy Scholes: The Puritans and Music in England and New England. London 1934; Barbara Lambert (Hrsg.): Music in Colonial Massachusetts 1630–1820, Bd. I, Music in Public Places. Boston 1980; Miller/Johnson, 1963, S. 311ff., 453; Laura Becker: »Ministers vs. Laymen: The Singing Controversy in Puritan New England 1720–1740«. In: New England Quarterly, 1982, S. 81
16. John McCoubry aus L. B. Wright: The Arts in America – the Colonial Period. New York 1966, S. 154; R. B. Davis, Bd. III, S. 1228, 1222f.
17. John Demos: A Little Commonwealth. New York 1970, S. 29; R. B. Davis, Bd. III, S. 1129; George Tatum: »Architecture«. Aus: L.B. Wright, 1966, S. 62, 45; S.E. Morison: Builders of the Bay Colony (1930). Boston 1978; Robert Smith: »The Decorative Arts«. Aus: L. B. Wright, 1966, S. 254; Miller/Johnson, 1963, S. 2; Bicentennial Times, Sept. 1976

VIII. Alltagsleben in den Kolonien

1. Ola Elizabeth Winslow: Samuel Sewall of Boston. New York 1964, S. 202; Chard P. Smith: Yankees and God. New York 1954, S. 222; Samuel Sewall: Diary 1674–1729. Princeton 1966
2. John Winthrop: Journal 1630–1649. New York 1908; Ch. P. Smith, 1954, S. 222
3. Nathaniel Ward: The Simple Cobbler of Aggawam (1645); Howland Kenney: Laughter in the Wilderness. Kent 1976
4. Winthrop: Journal vom 25.9.1638; Stephen Foster: Their Solitary Way. New Haven 1971, S. 28
5. Alexis de Tocqueville: Über die Demokratie in Amerika. Stuttgart 1959, Kap. 1; 1. Kor. 11: 14; S. Stoddard, zit. n. P. Miller/Thomas Johnson: The Puritans. New York 1963, S. 454, 456
6. William Bradford: Of Plymouth Plantation 1620–1647. New York 1952; Philip Young: »The Mother of Us All: Pocahontas Reconsidered«. In: Kenyon Review, 1961, S. 392
7. Edward Eggleston: The Transit of Civilization from England to America in the 17th Century. Boston 1959, S. 134; Richard B. Davis: Intellectual Life in the Colonial South. Knoxville 1978, Bd. III, S. 1336; Miller/Johnson, 1963, S. 406
8. W. Root u. R. Rougemont: Eating in America. New York 1976; Richard Cummings: The American and his Food. New York 1970
9. Bradford, S. 260f.; R. B. Davis, Bd. II, S. 940
10. W. J. Rorabaugh: The Alcoholic Republic. Oxford 1979; Eggleston, 1959, S. 153f.; C. Mather: Magnalia Christi Americana (1702), Cambridge 1977, S. 191f.
11. Eggleston, 1959, S. 197; David Riesman: »Football in America ...«. In: American Quarterly, 1951, S. 309ff.; R. B. Davis, Bd. I, S. 153; C. Mather: Magnalia, S. 159

12. William Perkins, zit. n. E. Morgan: »The Puritan Ethic and the American Revolution«. In: William & Mary Quarterly, 1967, S. 4; W. Bradford: Of Plymouth Plantation 1620–1647. New York 1952
13. Eggleston, 1959
14. Kenney, 1976, 5ff., 36
15. Sewall, Diary vom 1.4.1719
16. Carl Holliday: The Wit and Humor of Colonial Days (1912). New York 1960, S. 24
17. R. A. Bosco: »Lectures at the Pillory: the Early American Execution Sermon«. In: American Quarterly, 1978, S. 156ff.
18. Bradford, S. 159; Sewall: Diary vom 3.8.1711 u. 15.1.1701

IX. Koloniale Rechtsprechung

1. Richard B. Davis: Intellectual Life in the Colonial South. Knoxville 1978, Bd. II, S. 1592
2. George F. Dow: Everyday Life in the Massachusetts Bay Colony (1935). New York 1969, S. 200, 214; Kai Erikson: Wayward Puritans. New York 1966, S. 187, 189; R.A. Bosco: »Lectures at the Pillory ...«. In: American Quarterly, 1978, S. 157
3. Edward Eggleston: The Transit of Civilization from England to America in the 17th Century (1900). Boston 1959, S. 273
4. Arthur Calhoun: A Social History of the American Family. Cleveland 1917, S. 92; R.B. Davis, Bd. II, S. 636; Frances Trollope: Domestic Manners of the Americans (1832). New York 1949, S. 230
5. Richard Morris: Artikel »Blue Laws«. Aus: J. T. Adams: Dictionary of American History, Bd. II, S. 204; Gorton Carruth: American Facts and Dates. New York 1964
6. Julia Spruill: Women's Life and Work in the Southern Colonies (1938). New York 1972; Calhoun, 1917, S. 273; Eggleston, 1959, S. 144
7. Dow, 1969; Eggleston, 1959, S. 144; William Bradford: Of Plymouth Plantation 1620–1647. New York 1952, S. 224
8. P. Miller/Th. Johnson: The Puritans. New York 1963, S. 375; Darrett Rutman: Winthrop's Boston. New York 1965, S. 242, 243; Larzer Ziff: Puritanism in America. New York 1973, S. 121
9. Miller/Johnson, 1963, S. 112; Eric Dingwall: The American Woman. New York 1957, S. 40; Bradford Smith: Bradford of Plymouth. Philadelphia 1951, S. 222f.
10. Calhoun, S. 132, 138; Bradford Smith, 1951; Benjamin Franklin: »Speech of Polly Baker« (1747), Papers, Bd. III, New Haven 1961, S. 120ff. – Einer der Scherze, die sich Franklin mit künftigen Historikern erlaubte.
11. Calhoun, S. 138; George Howard: A History of Matrimonial Institutions. Chicago 1904, 3 Bde
12. Howard, Bd. II, S. 169, 173; Dow, 1969, Kap. 14
13. K. Erikson, 1966, S. 57; R. B. Davis, Bd. III, S. 1569
14. Zit. n. R. B. Davis, Bd. II, S. 654
15. George Kittredge: Witchcraft in Old and New England. Cambridge 1929, S. 330f.

16. Thomas Hutchinson: The History of the Colony and Province of Massachusetts-Bay (1764). Cambridge 1936, Bd. II, S. 15
17. Zit. n. Miller/Johnson, 1963, S. 759
18. Cotton Mather: Wonders of the Invisible World. London 1693, S. 18, 27, 74 und passim
19. Mather: Wonders, S. 129–138, S. 138–148, S. 120–129
20. Mather: Wonders, S. 58
21. Perry Miller: The New England Mind, Kap. 13; Marion Starkey: The Devil in Massachusetts. New York 1949
22. John Demos: »Underlying Themes in the Witchcraft of 17th Century New England«. In: American Historical Review, 1970, S. 1317; John Demos: Entertaining Satan. New York 1982; Boyer/Nissenbaum aus: Robert Brugger: Our Selves/Our Past. Baltimore 1981
23. R. B. Davis, Bd. II, S. 654; Bd. III, S. 1599

X. Religiöse Dissidenten

1. Edward Johnson, zitiert nach P. Miller/Th. Johnson: The Puritans. New York 1963, S. 160; John Cotton: The Way of Congregational Churches Cleared (1648); William Bradford: Of Plymouth Plantation 1620–1647. New York 1952, S. 146ff., 161
2. Howland Kenney (Hrsg.): Laughter in the Wilderness. Kent 1976, S. 31f.; Bradford, S. 195; Thomas Morton: New English Canaan. Amsterdam 1637, S. 109 u. passim
3. Bradford, S. 248; Roger Williams: The Bloudy Tenent. London 1644, S. 2
4. Larzer Ziff: Puritanism in America. New York 1973, S. 87
5. R. Williams, zit. n. M. Kammen: People of Paradox. New York 1972, S. 179 u. Miller/Johnson, 1963, S. 476
6. Herbert Aptheker: The Colonial Era. New York 1959
7. Page Smith: Daughters of the Promised Land. Boston 1970, S. 40; Offenbarung 2: 20; V. L. Parrington: Main Currents of American Thought. New York 1927, Bd. I, S. 49; Thomas Welde u. J. Winthrop: A Short Story of the Rise, Reign, and Ruin of the Antinomians, Familists, & Libertines, that Infected the Churches of New England. London 1644, S. 31
8. Transkript des Verfahrens bei Charles Francis Adams, Antinomianism in the Colony of Massachusetts Bay 1636–1638. Boston 1894, S. 235ff.
9. J. F. Maclear: »Anne Hutchinson and the Mortalist Heresy«. In: New England Quarterly, 1981, S. 74ff.; Wheelwright, zit. n. K. Erikson: Wayward Puritans. New York 1966, S. 88; Darrett Rutman: Winthrop's Boston. New York 1965, S. 120
10. Emory Battis: Saints and Sectaries. Chapel Hill 1962, S. 242 u. passim.; Winthrop, zit. n. Miller/Johnson, 1963, S. 136
11. E. Erikson, 1966, S. 127f., 132; Eric Dingwall: The American Woman. New York 1957, S. 40
12. Zit. n. K. Erikson, 1966, S. 125
13. Welde/Winthrop, 1644, S. 33 u. Begleitheft
14. Dictionary of American Biography, Bd. VII, S. 438; Kenneth Porter: »Samuell Gorton – New England Firebrand«. In: New England Quarterly, 1934, S. 405ff.

15. Cotton Mather: Magnalia Christi Americana (1702). Cambridge 1977, S. 164; K. Erikson, 1966, S. 135
16. Milton Barron: »The Incidence of Jewish Intermarriage in Europe and America«. In: American Sociological Review, 1946, S. 10; Michael Selzer: Kike – a Documentary History of Antisemitism in America. New York 1972, S. 9
17. Edward Eggleston: The Transit of Civilization from England to America in the 17th Century (1900). Boston 1959, S. 151; zit. n. Miller/Johnson, 1963, S. 531
18. Zit. n. Miller/Johnson, 1963, S. 227; Mather: Magnalia, S. 168

XI. Das »Plus Ultra« am Ende der Welt ...

1. David Hall: The Faithful Shepherd. New York 1974, S. 136; John Demos: A Little Commonwealth. New York 1970, S. 49; P. Miller/Th. Johnson: The Puritans. New York 1963, S. 379; Hall, 1974, S. 195, 138, 146
2. Edmund Morgan: The Puritan Family. New York 1966, S. 185; Michael Kammen: People of Paradox. New York 1972, S. 63; Demos, 1970, S. 11f.
3. Darrett Rutman: Winthrop's Boston. New York 1965, S. 28, 93; Winthrop's Journal, Sept. 1642, zit. n. Miller/Johnson, 1963, S. 138; Rutman, 1965, S. 256; Ezekiel Rogers, 1657, zit. n. David Leverenz: The Language of Puritan Feeling. New Brunswick 1980, S. 196
4. Leverenz, 1980, S. 199
5. Gene Wise: American Historical Explanations. Minneapolis 1980, S. 164
6. Sacvan Bercovitch: »How the Puritans Won the American Revolution«. In: Massachusetts Review, 1976, S. 615f.
7. Amy Lang: »Antinomianism and the Americanization of Doctrine«. In: New England Quarterly, 1981, S. 242; John Cotton, zit. n. Stephen Foster: Their Solitary Way. New Haven 1971, S. 50; M. G. Murphy: »The Psychodynamics of Puritan Conversion«. In: American Quarterly, 1979, S. 135ff.
8. P. M. G. Harris aus: James Hoopes (Hrsg.): Symposium über Perry Millers New England Mind. In: American Quarterly, 1982, S. 40; Sacvan Bercovitch: »The Rites of Assent ...«. Aus: Sam Girgus: The American Self. Albuquerque 1981, S. 9; Darryl Baskin, 1969, zit. n. Kammen, 1972, S. 65
9. Samuel Lee: The Joy of Faith (1687), zit. n. Miller/Johnson, 1963. S. 285f.; Edward Johnson, zit. n. Miller/Johnson, 1963, S. 162; Leverenz, 1980, S. 188; Edward Eggleston: The Transit of Civilization from England to America. Boston 1959, S. 127; Th. Hooker, zit. n. Morgan, 1966, S. 20
10. Sacvan Bercovitch: The Puritan Origins of the American Self. New Haven 1975, S. 63; W. Bradford: Of Plymouth Plantation. New York 1952; Rutman, 1980, S. 30; Foster, 1971, S. 52; Cotton Mather: Magnalia Christi Americana (1702). Cambridge 1977, S. 165
11. Leverenz, 1980, S. 51
12. Bradford, zit. n. C. Mather, 1977, S. 204; Willard, 1694, zit. n. Leverenz, 1980, S. 119f.
13. E. Johnson, zit. n. Miller/Johnson, 1963, S. 146, 148, 152, 156; Nehemia 9: 28

14. J. F. Maclear: »New England and the Fifth Monarchy ...«. In: William & Mary Quarterly, 1975, S. 223ff.
15. Sacvan Bercovitch: The American Jeremiad. Madison 1978, S. 8, 16
16. Zit. n. R. B. Davis: Intellectual Life in the Colonial South. Knoxville 1978, Bd. I, S. 94; Bd. III, S. 1651; Bd. I, S. 5
17. R. B. Davis, Bd. I, S. 9 u. S. XXIV

XII. Soziale Veränderungen im 18. Jahrhundert

1. Bernard Bailyn: »1776: A Year of Challenge«. In: Journal of Law and Economy, Okt. 1976
2. Benjamin Franklin: »Observations Concerning the Increase of Mankind« (1751)
3. S. E. Morison: The Oxford History of the American People. New York 1965, S. 172; Benjamin Franklin, zit. n. Claude Van Tyne: The Causes of the War of Independence. New York 1951, S. 318; Ronald Hoffman: »The ›Disaffected‹ in the Revolutionary South«. Aus: Alfred Young (Hrsg.): The American Revolution. DeKalb 1976, S. 280; Rhys Isaac: »Preachers and Patriots ...«. Aus: Young, 1976, S. 131
4. Jackson Turner Main: The Social Structure of Revolutionary America. Princeton 1965, S. 272, 286
5. Staughton Lynd: Class Conflict, Slavery, and the United States Constitution. Indianapolis 1967; Isaac, 1976, S. 135; Howland Kenney (Hrsg.): Laughter in the Wilderness. Kent 1976, S. 133; Main, 1965, S. 279, 283
6. Richard Morris: The American Revolution Reconsidered. New York 1967, S. 56, 62
7. Louis Hartz: The Liberal Tradition in America. New York 1955, S. 39
8. Elisha Douglass: Rebels and Democrats. Chapel Hill 1955, S. 146; Edward Countryman: »›Out of the Bounds of Law‹: Northern Land Rioters in the 18th Century«. Aus: Young, 1976, S. 47; Marvin Kay: »The North Carolina Regulation ...«. Aus: Young, 1976, S. 73; Lynd, 1967, S. 65
9. Eric Foner: »Tom Paine's Republic ...«. Aus: Young, 1976, S. 203; Lynd, 1967, S. 77
10. Richard Bushman: From Puritan to Yankee. Cambridge 1967, S. 273, 278ff., 286; Lynd, 1967, S. 36; R. A. Ryerson: »Political Mobilization and the American Revolution«. In: William & Mary Quarterly, 1974, S. 578
11. Harry Carman/H. Syrett: A History of the American People. New York 1957–1959; Werner Stein: Kulturfahrplan. Berlin 1946ff.
12. Main, 1965; William McLoughlin: »Red Indians, Black Slavery and White Racism ...«. In: American Quarterly, 1974, S. 368; Philip Morgan: »Work and Culture: The Task System ...«. In: William & Mary Quarterly, 1982, S. 563ff.
13. Patrick Henry, zit. n. Bernard Bailyn: The Ideological Origins of the American Revolution. Cambridge 1967, S. 237; Fawn Brodie: Thomas Jefferson. London 1974, S. 342
14. Joan Wilson: »The Illusion of Change: Women and the American Revolution«. Aus: Young, 1976, S. 393; Mary Benson: Woman in the 18th Century. New York 1935, S. 315; Eliz. Dexter: Colonial Women of Affairs. Boston 1924; Sidney Ditzion: Marriage, Morals, and Sex in America. New York 1961, S. 21f.

15. Benjamin Rush, zit. n. Page Smith: Daughters of the Promised Land. Boston 1970, S. 60; Jefferson, zit. n. Benson, 1935, S. 246; James Flexner: George Washington. 1965–1972, Bd. I, S. 47
16. Arthur Calhoun: A Social History of the American Family. Cleveland 1917ff., S. 334
17. Louis Wechsler: The Common People of Colonial America. New York 1978, S. 110, 54
18. New York Weekly Journal 1735, zit. n. Kenney, 1976,S. 182
19. Zit. n. Ernest Earnest: The American Eve in Fact and Fiction. Urbana 1974, S. 18
20. Kenney, 1976, S. 140; Wechsler, 1978, S. 9
21. Kenney, 1976, S. 201
22. Wechsler, 1978, S. 58
23. B. Franklin: Autobiographie. Berlin 1954
24. Flexner, Bd. I, S. 156; Wallace Brown: The Good Americans. New York 1969
25. Elizabeth Ellet: The Women of the American Revolution (1848); Joan Wilson, 1976, S. 391; Linda Grant DePauw: »Women of the Revolutionary Era«. In: Ms., Juli 1974. – Entworfen wurden die Stars & Stripes von Francis Hopkinson, einem der Gründerväter
26. Benson, 1935, S. 160f.; Earnest, 1974, S. 11
27. Carman/Syrett, 1957–1959, Bd. I
28. Michael Kammen: People of Paradox. New York 1972, S. 150
29. Thomas Clark: Frontier America. New York 1959, S. 211 u. passim; E. Foner, 1976, S. 203; Isaac, 1976
30. Franklin: Autobiographie; Richard Cummings: The American and his Food. New York 1970
31. Wechsler, 1978, S. 37; Bicentennial Times, Dez. 1975

XIII. Der Konkurrenzkampf mit England

1. John Adams, zit. n. Richard Van Alstyne: Empire and Independence. New York 1965, S. 1
2. Alfred Kelly/W. Harbison: The American Constitution. New York 1948, S. 17
3. Claude Van Tyne: The Causes of the War of Independence. New York 1951, S. 43f., 96
4. V. L. Parrington: Main Currents of American Thought. New York 1927, Bd. I, S. 207, 119
5. Dirk Hoerder: »Boston Leaders and Boston Crowds ...«. Aus: Alfred Young (Hrsg.): The American Revolution. DeKalb 1976, S. 238
6. Jack P. Greene: »Foundations of Political Power in the Virginia House of Burgesses 1720–1776«. In: William and Mary Quarterly, 1959, S. 485ff.; Jackson Turner Main: »Government by the People«. In: William and Mary Quarterly, 1966, S. 397
7. H. Carman/H. Syrett: A History of the American People. New York 1957, S. 45
8. Lawrence Gipson: The Coming of the Revolution. New York 1954, S. 25 und passim
9. H. S. Commager: Documents of American History, Nr. 23, 27, 30
10. Marc Egnal/J. Ernst: »An Economic Interpretation of the American Revolution«. In: William and Mary Quarterly, 1972, S. 25
11. Commager, Nr. 32

12. Oliver M. Dickerson: The Navigation Acts and the American Revolution. Philadelphia 1951, S. 32, 46, 52, 55; Gipson, 1954, S. 25f., 161; Robert Thomas: »A Quantitative Approach to the Study of the Effects of British Imperial Policy Upon Colonial Welfare«. In: Journal of Economic History, 1965, S. 637
13. Eric Robson: The American Revolution. London 1954, S. 50; David Ramsay: History of the American Revolution. London 1793, S. 31
14. Albrecht von Haller (1730), zit. n. Albrecht Schmitt: Herder und Amerika. Den Haag 1967, S. 11; R. B. Davis: Intellectual Life in the Colonial South. Knoxville 1978, Bd. I, S. 196
15. Douglas Freeman: George Washington. New York 1948–1957, Bd. I, S. 59
16. Francis Parkman: History of the Conspiracy of Pontiac (1851); Robert Rogers: Ponteach, or the Savages of America – a Tragedy (1766)
17. Louis Hacker: »The American Revolution: Economic Aspects«. In: Marxist Quarterly, 1937, S. 49; Thomas Abernethy: Western Lands and the American Revolution. New York 1937
18. R. S. Cotterill: The Southern Indians. Norman 1963, S. 71f.; James Flexner: George Washington. 1965–1972, Bd. I, S. 10

XIV. Erziehung zur Unabhängigkeit

1. John Walzer: »A Period of Ambivalence: 18th Century American Childhood«. Aus: L. de Mause (Hrsg.): The History of Childhood. New York 1974. Das Charakteristische im Erziehungsstil des 18. Jahrhunderts sei das Schwanken zwischen *to reject* und *to retain* gewesen
2. Oscar Handlin/Mary Handlin: Facing Life. Boston 1971, S. 20; Walzer, 1974; David Musto: »The Youth of John John Quincy Adams«. In: Proceedings of the American Philosophical Society, 1969, S. 269ff.
3. Walzer, 1974, S. 362; Bernard Bailyn: Education in the Forming of American Society. New York 1960, S. 49, 25
4. Handlin/Handlin, 1971, S. 22f.; David Scott Smith, aus: M. Gordon: The American Family. New York 1978, S. 97
5. Robert Bremner et al. (Hrsg.): Children and Youth in America. Cambridge 1970, Bd. I, S. 25
6. Walzer, 1974; Louis B. Wright: Culture on the Moving Frontier. Bloomington 1955, S. 24
7. Woodbridge Riley: American Philosophy – the Early Schools. New York 1907, S. 64, 15
8. Charles Mullett: Fundamental Law and the American Revolution. New York 1933; Max Beloff (Hrsg.): The Debate on the American Revolution. London 1949, S. 91
9. Richard B. Davis: Intellectual Life in the Colonial South. Knoxville 1978, Bd. II, S. 872; Wright, 1955, S. 24
10. Merle Curti: »Intellectuals and the Founding Fathers« (1956). Aus: George Huszar: Intellectuals. Glencoe 1960

XV. Religion und das Orakel der Vernunft

1. Perry Miller: Jonathan Edwards, s.l. 1939; Louis Wechsler: The Common People of Colonial America. New York 1978
2. Benjamin Franklin: The Autobiography. New York 1932; Richard Bushman: »Jonathan Edwards as a Great Man«. Aus: R. Brugger: Our Selves/Our Past. Baltimore 1981, S. 70; Rudolf Bauer: »Nikolaus Zinzendorf, der ›verrückte Kerl‹«. In: Frankfurter Hefte, 1983, S. 53
3. Bushman, 1981, S. 62; David Leverenz: The Language of Puritan Feeling. New Brunswick 1980, S. 252; Jon. Edwards: Some Thoughts Concerning the Revival (1742)
4. Rhys Isaac: »Preachers and Patriots ...«. Aus: Alfred Young (Hrsg.): The American Revolution. DeKalb 1976, S. 150; William Breitenbach: »Unregenerate Doings ...«. In: American Quarterly, 1982, S. 481, zit. n. Richard Bushman: From Puritan to Yankee. Cambridge 1967, S. 274
5. Zit. n. Sandford Fleming: Children and Puritanism. New York 1969, S. 166
6. R. Mensching in: Religion in Geschichte und Gegenwart; Herbert Morais: Deism in 18th Century America. New York 1960, S. 88
7. Morais, 1960, S. 17, 90
8. Paul Anderson/M. H. Fisch: Philosophy in America. New York 1939, S. 182
9. Morais, 1960, S. 117, 111
10. Thomas Hall: The Religious Background of American Culture. New York 1959, S. 120
11. Harry Carman/H. Syrett: A History of the American People. New York 1957
12. Wechsler, 1978, S. 74; E. Partridge: Dictionary of American Slang. 4. Aufl., S. 574; Mayhew, zit. n. Max Savelle: The Colonial Origins of American Thought. Princeton 1964, S. 180
13. Jon. Mayhew: On the Nature, Extent, and Perfection of the Divine Goodness (1763); Chard Powers Smith: Yankees and God. New York 1954, S. 262ff.; Jon. Mayhew: »A Discourse Concerning Unlimited Submission« (1750), zit n. P. Miller/Th. Johnson: The Puritans. New York 1963, S. 277; Jon. Mayhew: The Snare Broken (1766)
14. John Wise: A Churches Quarrel Espoused (1710); Ch. P. Smith, 1954, S. 276f.
15. Isaac, 1976, S. 139; Charles Chauncy: Compleat View of Episcopacy (1771); Merle Curti: »Intellectuals and the Founding Fathers« (1956). Aus: George Huszar: Intellectuals. Glencoe 1960, S. 30
16. V. L. Parrington: Main Currents of American Thought. New York 1927, Bd. I, S. 33; Isaac Backus: An Appeal to the Public for Religious Liberty (1773); William McLoughlin: »Massive Civil Disobedience as a Baptist Tactic in 1773«. In: American Quarterly, 1969, S. 727; Elisha Douglass: Rebels and Democrats. Chapel Hill 1955, S. 140; E. B. Greene: The Revolutionary Generation. New York 1946, S. 1946

XVI. Zeitung, Pamphlet, Polemik

1. Philip Davidson: Propaganda and the American Revolution. Chapel Hill 1941, S. 209; Thomas Dilworth: A New Guide to the English Tongue (ca. 1740); Louis Wechsler: The Common People of Colonial America. New York 1978, S. XIV

2. Ben Bagdikian: »First Amendment Revisionism«. In: Columbia Journalism Review, 1974, S. 39
3. Vincent Buranelli: »Peter Zenger's Editor«. In: American Quarterly, 1955, S. 174ff. und The Trial of Peter Zenger. New York 1957
4. Frankenberg/Rödel: Von der Volkssouveränität zum Minderheitenschutz. Frankfurt 1981; Gary B. Nash: »Social Change and the Growth of Prerevolutionary Urban Radicalism«. Aus: Alfred Young: The American Revolution. DeKalb 1976, S. 13; Zechariah Chafee: Free Speech in the United States. Cambridge 1948, S. 21
5. Bruce Granger: Political Satire in the American Revolution. New York 1960
6. Georg Stadtmüller: Das Naturrecht im Lichte der geschichtlichen Erfahrung. Recklinghausen 1948
7. V. L. Parrington: Main Currents of American Thought. New York 1927, Bd. I, S. 190; Andrew McLaughlin: A Constitutional History of the United States. New York 1935; Josiah Quincy: Observations on the Boston Port Bill (1774)
8. Arthur Schlesinger: The Colonial Merchants and the American Revolution (1917). New York 1939, S. 241
9. David Ramsay: History of the American Revolution (1789). New York 1968, S. 32
10. Zit. n. Max Beloff: The Debate on the American Revolution. London 1949, S. 204
11. Crèvecœur: Letters from an American Farmer (1782), aufgefunden 1922
12. Carman/Syrett, S. 112; Ned Ward: A Trip to New England (1699); Oliver Dickerson: The Navigation Acts and the American Revolution. Philadelphia 1951, S. 52f.
13. Edward Bentham: De Tumultibus Americanis. London 1776, S. 22 und passim
14. Friedrich Kapp: Der Soldatenhandel deutscher Fürsten nach Amerika. Berlin 1864, S. 223
15. Antonelli Gerbi: The Dispute of the New World. Pittsburgh 1973, S. 31, 21, 45; Gilbert Chinard: »18th Century Theories on America as a Human Habitat«. In: Proceedings of the American Philosophical Society, 1947, S. 27ff.; Guillaume Raynal: Histoire philosophique et politique (1770ff.)
16. Richard Merritt: »The Emergence of American Nationalism ...«. In: American Quarterly, 1965
17. Charles Andrews: The Colonial Period of American History. New Haven 1934, Bd. I, S. 8
18. John Witherspoon: »The Druid« (1781)
19. Claude Van Tyne: The Causes of the War of Independence. New York 1951

XVII. Die Verschärfung der Kolonialgesetzgebung

1. J. M. Bumstead: »Things in the Womb of Time«. In: William & Mary Quarterly, 1974, S. 533ff.
2. H. S. Commager: Documents of American History, 6. Aufl. New York 1958, Nr. 35
3. J. Dickinson, zit. n. John Wahlke: The Causes of the American Revolution. Boston 1950, S. 20; Commager: Documents, Nr. 56, 36, 38
4. Arthur M. Schlesinger: The Colonial Merchants and the American Revolution (1917). New York 1939, S. 249, 263f.

5. Royal American Magazine, Okt. 1774, zit. n. Fred MacFadden: »Popular Arts and the Revolt Against Patriarchism in Colonial America«. In: Journal of Popular Culture, 1974, S. 289
6. Michael Kammen: »The Meaning of Colonization in American Revolutionary Thought«. In: Journal of the History of Ideas, 1970, S. 133; Max Beloff (Hrsg.): The Debate on the American Revolution. London 1949, S. 120
7. Lord Camden, zit. n. Beloff, S. 120
8. Lord Northington, zit. n. Beloff, S. 116; E. Burke, zit. n. Beloff, S. 211
9. G. H. Guttridge: English Whiggism and the American Revolution. Berkeley 1963, S. 143; Beloff, S. 6
10. E. Burke, zit. n. E. B. Greene: The Revolutionary Generation. New York 1946, S. 249; John Franklin Jameson: The American Revolution Considered as a Social Movement. Princeton 1926; Arthur Schlesinger: »Political Mobs and the American Revolution«, aus: Nothing Stands Still. Hrsg. von A. M. Schlesinger Jr. Cambridge 1969; Merrill Jensen: »Democracy and the American Revolution«. In: Huntington Library Quarterly, 1957, S. 321ff.; Jackson Turner Main: The Social Structure of Revolutionary America. Princeton 1965, S. 116
11. Carl Becker: The Declaration of Independence. New York 1922; Ralph Barton Perry: Puritanism and Democracy. New York 1944; Garry Wills: Inventing America. Garden City 1978
12. Bernard Bailyn: The Ideological Origins of the American Revolution. Cambridge 1967, S. 177
13. Frederick B. Tolles: »The American Revolution Considered As a Social Movement«. In: American Historical Review, 1954, S. 4f.; S. E. Morison: The Oxford History of the American People. New York 1965, S. 194ff.; Edwin Burrows/M. Wallace: »The Psychology of Revolution and Repression«. In: Perspectives in American History, 1972, S. 268ff.; Kenneth Lynn: A Divided People. Westport 1977; Philip Greven: The Protestant Temperament. New York 1977, Kap. 8; D. Leonard, zit. n. Mary Beth Norton: »The Loyalist Critique of the Revolution«. Aus: Library of Congress: The Development of a Revolutionary Mentality. Washington 1972, S. 127ff.
14. John Ferling: »American Revolution ...«. In: Historian, 1978, S. 493; Jonathan Boucher: A View of the Causes and Consequences of the American Revolution (1797)
15. Wallace Brown: The Good Americans. New York 1969; Sidney Fisher: »The Legendary and Myth-Making Process in Histories of the American Revolution«. In: Proceedings of the American Philosophical Society, 1912, S. 54

XVIII. Revolutionäre

1. Arthur M. Schlesinger: The Colonial Merchants and the American Revolution (1917). New York 1939
2. John C. Miller: Origins of the American Revolution. Boston 1948, Kap. 21: »The American Revolution as a Democratic Movement«
3. Eduard Baumgarten: Benjamin Franklin, der Lehrmeister der amerikanischen Revolution. Frankfurt 1936; Cecil Currey: Code No. 72 – Ben Franklin: Patriot or Spy.

Englewood Cliffs 1972; Max Savelle: The Colonial Origins of American Thought. Princeton 1964, S. 104; Carl Van Doren: Benjamin Franklin. New York 1941
4. Zit. n. E. B. Greene: The Revolutionary Generation. New York 1946, S. 184f.
5. Benjamin Franklin: Autobiographie. Berlin 1954, S. 145
6. W. Lockhart/R. McClure: »Obscenity in the Courts«. In: Law and Contemporary Problems, 1955, S. 600
7. Siegfried Giedion: Die Herrschaft der Mechanisierung. Frankfurt 1982; Baumgarten, 1936, S. 22
8. Fawn Brodie: Thomas Jefferson. London 1974
9. Samuel Adams: The Rights of the Colonists. Ausgabe Boston 1906; William A. Williams: The Contours of American History. Chicago 1966; Esmond Wright, Fabric of Freedom. New York 1961, S. 97; Eric Goldman: »Firebrands of the Revolution ...«. In: National Geographic Magazine, Juli 1974, S. 11; S. E. Morison: The Oxford History of the American People. New York 1965, S. 207
10. Eric Foner: Tom Paine and Revolutionary America. London 1979, S. 191; Goldman, 1974; Williams, 1961, S. 116; Thomas Paine: The American Crisis (1776–1783)
11. John Adams, zit. n. Morison, 1965, S. 347; Marvin Kitman: George Washington's Expense Account. New York 1970; James Flexner: George Washington. Boston 1965–1972, Bd. I, S. 265
12. Flexner, Bd. I, S. 160, 108; Richard Alstyne: Empire and Independence. New York 1965, S. 16

XIX. Der Unabhängigkeitskrieg

1. Zit. n. Albert Pfister: Die Amerikanische Revolution. Stuttgart 1904, S. 391
2. Zit. n. Eduard Panzer: »Der Soldatenhandel deutscher Fürsten«. In: Frankfurter Zeitung, 15.5.1926
3. Friedrich Kapp: Der Soldatenhandel deutscher Fürsten nach Amerika. Berlin 1864, S. 179
4. Regulations for the Order and Discipline of the Troops of the United States (1779)
5. Marvin Kitman: George Washington's Expense Account. New York 1970, S. 176, 160
6. Russell Weigley: Towards an American Army. Westport 1974, S. 7
7. James Martin/M. E. Lender: A Respectable Army. Arlington Heights 1982, S. 17 und passim
8. William Woodward: George Washington. London 1928, S. 234
9. Hannah Arendt: On Revolution. New York 1963, S. 90
10. Bernard Bailyn: The Ideological Origins of the American Revolution. Cambridge 1967, S. 153; John Franklin Jameson: The American Revolution Considered as a Social Movement (1926). New York 1950, S. 6
11. Martin/Lender, S. 141; Ronald Hoffman: »The ›Disaffected‹ in the Revolutionary South«, aus: Alfred Young (Hrsg.): The American Revolution. DeKalb 1976, S. 294ff.; Fawn Brodie: Thomas Jefferson. London 1974, S. 308, spielt auf die sog. XYZ-Affäre an

12. Carl Becker: The History of Political Parties in the Province of New York (1909). Madison 1960; Jameson, 1950; Jesse Lemisch: »The American Revolution Seen from the Bottom Up«. Aus: B. Bernstein (Hrsg.): Towards a New Past. New York 1968, S. 16; Merrill Jensen: »The American People and the American Revolution«. In: Journal of American History, 1970, S. 23
13. Richard Buel: »Democracy and the American Revolution«. In: William and Mary Quarterly, 1964, S. 180; William A. Williams: The Contours of American History. Chicago 1966; Staughton Lynd: Class Conflict, Slavery, and the U.S. Constitution. Indianapolis 1967
14. Louis Hacker, zit. n. J. C. Wahlke (Hrsg.): The Causes of the American Revolution. Boston 1950, S. 1; Richard Morris: The American Revolution Reconsidered. New York 1967, S. 78; Benjamin F. Wright: Consensus and Continuity. Boston 1958; Crane Brinton: The Anatomy of Revolution. New York 1952, S. 43
15. Jackson Turner Main: »The Results of the American Revolution«. In: Historian, 1969, S. 547; R. Hoffman, 1976, S. 312; Jameson, 1950
16. Nelson Blake: The Road to Reno. New York 1962, S. 47
17. Richard Macmaster: »Anti-Slavery and the American Revolution«. In: History Today, 1971, S. 715ff.; Benjamin Quarles: The Negro in the American Revolution. Chapel Hill, 1961
18. A. T. Steele: The American People and China. New York 1966; S. E. Morison: The Oxford History of the American People. New York 1965
19. Thomas Paine 1782, zit. n. Milton Klein: »The American Revolution in the 20th Century«. In: Historian, 1972, S. 221; Dale Van Every: Forth to the Wilderness. New York 1961, S. 351
20. Richard Frothingham: The Rise of the Republic of the U.S. Boston 1972, S. 10, 14, 27, beruft sich auf Bancroft: History of the U.S. Boston 1852, Bd. IV, 10; Jameson, 1950, S. 18; Robert E. Brown: Middle-Class Democracy and the Revolution in Massachusetts (1955). Ithaca 1968; F. Tolles: »The American Revolution Considered as a Social Movement ...«. In: American Historical Review, 1954, S. 6; M. Jensen: »Democracy and the American Revolution«. In: Huntington Library Quarterly, 1957, S. 341
21. Steuben News, Juni/Juli 1971; M. Klein, 1972, S. 213
22. W. Woodward, 1928, S. 84; Mason Weems: The Life and Memorable Actions of George Washington, s.l. 1800, S. 107; G. Bancroft 1852, Bd. IV, S. 5, 12, 15
23. Sacvan Bercovitch: »How the Puritans Won the American Revolution«. In: Massachusetts Review, 1976, S. 598
24. Cornelius Blatchly: Essay on Common Wealths. New York 1822, S. 28
25. Eric Foner: Tom Paine and Revolutionary America. London 1979; V. L. Parrington: Main Currents of American Thought, Bd. III, S. 334
26. Julius Lester: Revolutionary Notes. New York 1969, S. 39
27. K. E. Boulding: The U.S. and Revolution. Santa Barbara 1961, S. 4; F. Hsu: Americans and Chinese. New York 1970, S. XXVII; Eric Goldman: »Firebrands of the Revolution«. In: National Geographic Mag., Juli 1974, S. 26; I. Kristol: »The Most Successful Revolution«. In: American Heritage, April 1974, S. 40

28. Robert Waelder: »Psychoanalysis and History ...«. aus: B. Wolman: The Psychoanalytic Interpretation of History. New York 1971, S. 24
29. Sacvan Bercovitch: »The Rites of Assent ...«. Aus: Sam Girgus (Hrsg.): The American Self. Albuquerque 1981, S. 13

XX. Die Verfassung

1. Merrill Jensen: The Articles of Confederation. Madison 1948
2. Earl Latham: The Declaration of Independence and the Constitution. Boston 1956, S. 29
3. Hätte es die Klausel nicht gegeben, wäre John Adams 1800 wiedergewählt worden. – Staughton Lynd: Class Conflict, Slavery, and the U.S. Constitution. Indianapolis 1967, S. 160, 178. – Nach Art. I, 9, 1 war der Sklavenhandel bis 1808 erlaubt
4. Die Federal Reserve Bank durfte von einem Einzelstaat wie Maryland nicht eigens besteuert werden. – McCulloch v. Maryland (1819)
5. Charles Thach: The Creation of the Presidency. Baltimore 1922, S. 80
6. Edward Corwin: The Presidency. New York 1957, S. 307
7. H. Knust: Montesquieu und die Verfassungen der Vereinigten Staaten von Amerika. München 1922, S. 91; The Federalist (1787–1788), New York 1888
8. Hans Roemer, aus: Eduard Baumgarten (Hrsg.): Amerikakunde. Frankfurt 1952,S. 149
9. V. L. Parrington: Main Currents of American Thought, Bd. III, S. 283; Carl Friedrich/R. McCloskey: From the Declaration of Independence to the Constitution. New York 1954
10. Robert Schuyler: The Constitution and the U.S. New York 1923; S. E. Morison: The Oxford History of the American People. New York 1965, S. 313; Andrew McLaughlin: A Constitutional History of the United States. New York 1935, S. 208
11. Raoul Berger: Government by Judiciary. Cambridge 1977, S. 134
12. Robert Shalhope: »The Ideological Origins of the Second Amendment«. In: Journal of American History, 1982, S. 611
13. A. Kelly/W. Harbison: The American Constitution. New York 1948, S. 317, 164; Ralph Barton Perry: Puritanism and Democracy. New York 1944
14. Charles Beard: An Economic Interpretation of the Constitution of the U.S. (1913). New York 1949
15. Robert E. Brown: A Critical Analysis of »An Economic Interpretation« ... Princeton 1956; R. Brown: Reinterpretation of the Formation of the American Constitution. Boston 1963; Forrest McDonald: E Pluribus Unum. Boston 1965; Staughton Lynd: »Beyond Beard«. Aus: B. Bernstein: Towards a New Past. New York 1968
16. Vgl. Claude Barfield: Rethinking Federalism. Washington 1981, S. 10
17. Zit. n. Marcus Cunliffe: George Washington. Boston 1958, S. 137

XXI. Nationales Selbstbewußtsein

1. Harry Carman/H. Syrett: A History of the American People. New York 1957–1959, Bd. I, Kap. 10

2. Henry Adams: History of the United States of America. New York 1889, S. 160
3. Hermann Graf Keyserling: Amerika – Aufgang einer neuen Welt. Stuttgart und Berlin 1930, S. 134
4. Zit. n. Charles Sanford: Quest for America 1810–1824. New York 1964, S. 6
5. Zitiert bei Michael Kammen: People of Paradox. New York 1972, S. 2111
6. Zitiert bei Sanford, 1964, S. 258f.
7. S. E. Morison: The Oxford History of the American People. New York 1965, S. 338
8. Thomas Jefferson: The Life and Selected Writings. New York 1944, S. 280; vgl. John Taylor: The Arator (1813)
9. V. L. Parrington: Main Currents of American Thought. New York 1927, Bd. I, S. 358
10. D. H. Fischer: The Revolution of American Conservatism. New York 1965, S. 169
11. Henry Adams, Bd. I, S. 79f.
12. Parrington, Bd. II,S. 74; Fischer, 1965, S. 4 und 23; Jesse Lemisch: »The American Revolution Seen From the Bottom Up«. Aus: Barton Bernstein (Hrsg.): Towards a New Past. New York 1968
13. Fischer, 1965, S. 30–32
14. Zitiert nach Edward Hudon: Freedom of Speech and Press in America. Washington 1963, S. 51
15. Harold Nelson (Hrsg.): Freedom of the Press from Hamilton to the Warren Court. Indianapolis 1967, S. XIX; Thomas Emerson: Toward a General Theory of the First Amendment. New York 1966
16. Parrington, Bd. II, S. 21 und 358; H. S. Commager: Documents of American History, 6. Aufl. New York 1958, Nr. 109 und Nr. 118
17. Günter Frankenberg und U. Rödel: Von der Volkssouveränität zum Minderheitenschutz. Frankfurt 1981, S. 238
18. Morison, 1965, S. 325
19. Carman/Syrett, Bd. I, S. 442ff.
20. Reginald Horsman: The Causes of the War of 1812. Philadelphia 1962, S. 194 und 32
21. Horsman, 1962, S. 264 und 94; vgl. Alfred T. Mahan: Seapower in its Relation to the War of 1812. London 1905
22. Horsman verweist auf die Schriften von John Baker Holroyd: Observations on the Commerce of the American States (1783); James Stephens: War in Disguise or The Fraud of the Neutral Flags (1805); James Madison: Examination of the British Doctrine (1806)
23. Anon.: Collection of Interesting Reports and Papers. Hrsg. von der Society of Shipowners (1807); Macall Medford: Oil Without Vinegar (1807)
24. Horsman, 1962, S. 234, 169, 204, 212 und 225
25. Horsman, 1962, S. 172 und 174
26. Reginald Stuart: War and American Thought. Kent 1982, S. 129
27. Horsman, 1962, S. 232f.
28. Stuart, 1982; Horsman, 1962, S. 183
29. Arthur Schlesinger: The Age of Jackson. Boston 1945, S. 18f.; S. E. Morison: Oxford History of the American People. New York 1965, S. 424; V. L. Parrington: Main Currents of American Thought. New York 1927, Bd. I, S. 139
30. Morison, 1965, S. 423

31. Michael Rogin: Fathers and Children. New York 1975
32. Max Lerner: America as a Civilization. New York 1957, Bd. I, S. 363
33. Zitiert bei Morison, 1965, S. 424
34. Richard McCormick: »New Perspectives on Jacksonian Politics«. Aus: Seymor Lipset und R. Hoftstadter: Sociology and History: Methods. New York 1968, S. 228ff.
35. Lerner, 1957, Bd. I, S. 362
36. Joseph Dorfman: »The Jackson Wage-Earner Thesis«. In: American Historical Review, 1949, S. 296ff.; Richard Hofstadter: The American Political Tradition and the Men Who Made It. New York 1948; Lee Benson: »The Concept of Jacksonian Democracy«. Aus: W. Cahnman: Sociology and History. Glencoe 1964, S. 415ff.
37. Zit. n. Parrington, Bd. II, S. 25
38. »The public affairs of the United States have been conducted with a stupidity which has excited the wonder of mankind«, schrieb 1860 Biograph James Partan, zit. n. James Bugg: Jacksonian Democracy. New York 1966, S. 16; Neil Hultin: »Canadian Views of American English«. In: American Speech, Dez. 1967; Alfred Cave: Jacksonian Democracy and the Historians. Gainesville 1964, S. 17
39. Alexis de Tocqueville: Über die Demokratie in Amerika. Stuttgart 1959, Bd. II, S. 112
40. Tocqueville, 1959, Bd. II, S. 76, 15
41. Zitiert nach Ernst Fraenkel: Amerika im Spiegel des deutschen politischen Denkens. Köln 1959, S. 277
42. Tocqueville, 1959, Bd. II, S. 112, 117, 271, 274, 121ff.
43. Tocqueville, 1959, Bd. II, S. 34, 162, 18; Bd. I, S. 42, 202
44. Tocqueville, 1959, Bd. I, S. 225, 245, 270, 226
45. Tocqueville, 1959, Bd. I, S. 175, 294, 300, 301, 222. – Brief Jeffersons an Madison vom 15. März 1789
46. Edward Pessen: »The Egalitarian Myth and American Social Reality«. In: American Historical Review, 1971, S. 989ff.; Donald Cole: »The Age of Jackson. After Forty Years«. In: Reviews in American History, März 1986, S. 149ff.
47. Alexis de Tocqueville: Über die Demokratie in Amerika. Stuttgart 1959, Bd. I, S. 321; Bd. II, S. 288; Bd. I, S. 424
48. Donald W. Robinson (Hrsg.): As Others See Us. International Views of American History. New York 1969,S. 61f.
49. Dexter Perkins: The Evolution of American Foreign Policy. New York, 2. Aufl. 1966, S. 20
50. C. H. Hamlin: The War Myth in U.S. History. New York 1948, S. 30; Otis Singletary: The Mexican War. Chicago 1962, S. 11
51. Singletary, 1962, S. 24f., 101
52. R. B. Davis: Intellectual Life in the Colonial South, Bd. I, S. 238; William Bryan: George Washington in American Literature. New York 1952, S. 51; Ann Douglas: The Feminization of American Culture. New York 1977, S. 140
53. Sidney G. Fisher: »The Legendary and Myth-Making Process in Histories of the American Revolution«. In: Proceedings of the American Philosophical Society, 1912, S. 70; A. Douglas, 1977, S. 178
54. F. O. Matthiessen: American Renaissance. New York 1954, S. 35, 86

55. Charles Sanford: Quest for America. New York 1964, S. 273
56. Ronald Walters: American Reformers. New York 1978, S. 15
57. Thomas Nichols: Forty Years of American Life (1864). New York 1969, Bd. I, S. 230
58. Karl Teuschl: Kulturelle und sprachliche Elemente bei den North Fork Monos in Kalifornien. Magisterarbeit. München 1983, S. 66
59. Worcester Gazette, 5.8.1790; Statut des Staates Georgia von 1785 bei Robert Bremner, Children and Youth in America. Cambridge 1970
60. The Life and Selected Writings of Jefferson. New York 1944, S. 1046; Robert Ulich: History of Educational Thought. New York 1950, S. 256
61. Ellwood Cubberley: Public Education in the U.S. Cambridge 1934
62. Henry Cabot Lodge: George Washington. Boston 1889, Bd. II, S. 320; The Writings of Th. Jefferson. Washington 1903, Bd. XIV, S. 405; Bd. V, S. 442; D. H. Fischer: The Revolution of American Conservatism. New York 1965, S. 49; Carl Bode: Antebellum Culture. Carbondale 1970, S. 237
63. C. L. Fleischmann: Erwerbszweige, Fabrikwesen und Handel in den Vereinigten Staaten von Nordamerika. Stuttgart 1850, S. 473
64. Robert Canary: George Bancroft. New York 1974, S. 10; George Bancroft. History of the U.S. Boston 1834ff.; Sidney G. Fisher: »The Legendary and Myth-Making Process …«. In: Proceedings of the American Philosophical Society, 1912, S. 68; Henry Wadsworth Longfellow am 18.6.1829: Letters. Bd. I, S. 324
65. Zit. n. Louis B. Wright: Culture on the Moving Frontier. Bloomington 1955, S. 110
66. Zit. n. Charles Sanford (Hrsg.): Quest for America. New York 1964, S. 264f.
67. Ruth Elson: Guardians of Tradition – American Schoolbooks of the 19th Century. Lincoln 1964
68. Zit. n. Ronald Walters: American Reformers. New York 1978, S. 161
69. Emerson: Journal (1827); A. Douglas: The Feminization of American Culture. New York 1977, S. 10; Bibliotheca Americana, Bd. I, zit. n. Bode, 1970, S. 131
70. F. O. Matthiessen: American Renaissance. New York 1954, S. 84; Athanasius Zimmermann: Die Universitäten in den Vereinigten Staaten Amerikas. Freiburg 1896, S. 58; Barrows Mussey: Yankee Life by Those Who Lived it. New York 1947, S. 360; Thoreau, Walden, Conclusion; Nichols, Bd. I, S. 24; Melville: Moby Dick, Kap. 24

XXII. Kulturelle Unabhängigkeit

1. Oliver Larkin: Art and Life in America. New York 1966, S. 80; Charles Sanford: The Quest for Paradise. Urbana 1961, S. 177; Charles Sanford: Quest for America. New York 1964, S. 308
2. Ralph Waldo Emerson: Self-Reliance. Boston 1884, S. 48
3. Emerson: Essays. New York o.J., S. 41, 57, 68; Cooper, zit. n. S. Bercovitch: »How the Puritans Won the American Revolution«. In: Massachusetts Review, 1976, S. 628; Ingersoll, zit. n. R. Nye/J. E. Morpurgo, Geschichte der USA. München 1964, S. 294
4. R. B. Davis: Intellectual Life in the Colonial South, Bd. II, S. 1145f., 1160
5. Lewis Mumford: Sticks and Stones. New York 1955, S. 57f.

6. Larkin, 1966, S. 166; Sanford, 1964, S. 437, schreibt das Zitat Latrobe zu. Eleanor Spencer: »New Patterns of Greatness«, aus: George Boas (Hrsg.): Romanticism in America. Baltimore 1940, S. 17; Greenough, zit. n. F. O. Matthiessen: American Renaissance. New York 1954, S. 149
7. Mumford, 1955, S. 63; Larkin, 1966, S. 84, 56; D. Fehrenbacher: The Era of Expansion. New York 1969, S. 114; Sanford, 1961, S. 157
8. Larkin, 1966, S. 102
9. Robert Smith: »The Decorative Arts«. Aus: Louis B. Wright (Hrsg.): The Arts in America. The Colonial Period. New York 1966, S. 253
10. Larkin, 1966, S. 150; R. W. B. Lewis: The American Adam. Chicago 1955, S. 19
11. R. B. Davis, Bd. II, S. 1235
12. John McCoubrey: »Painting«. Aus: L. B. Wright, 1966, S. 249
13. Larkin, 1966, S. 151, 217
14. Ph. Foner/R. Schultz: Das andere Amerika. Berlin 1983. S. 350
15. Sanford, 1961, S. 145, 149
16. Zit. n. R. B. Davis, Bd. III, S. 1269
17. Zit. n. John Hill Hewitt: Shadows on the Wall (1877), aus: Gilbert Chase (Hrsg.): The American Composer Speaks. Louisiana State University Press 1966, S. 75
18. Lubov Keefer: »The Beethovens of America«. Aus: G. Boas, 1966, S. 158
19. Carl Bode: Antebellum Culture. Carbondale 1970, S. 29
20. R. B. Davis, Bd. III, S. 1289; Ada u. Herbert Carson: Royall Tyler. Boston 1979; Bode, 1970, S. 6
21. William Bryan: George Washington in American Literature. New York 1952; Jürgen Wolter: »Die Helden der Nation ...«. In: Amerikastudien, 1979, S. 246ff.

XXIII. Dichtung und Prosa

1. R. B. Davis: Intellectual Life in the Colonial South. Knoxville 1978, Bd. III, S. 1495
2. Davis, Bd. III, S. 1400
3. 1760. – Klaus Ensslen: Einführung in die schwarzamerikanische Literatur. Stuttgart 1982, S. 16
4. Philip Freneau: Poems (1786)
5. Nye/Morpurgo. Geschichte der USA. München 1964, S. 294
6. Ann Douglas: The Feminization of American Culture. New York 1977, S. 237
7. Carl Bode: Antebellum Culture. Carbondale 1970, S. 223; Bayard Taylor: The Lands of the Saracen (1855)
8. Poe: Works. Chicago 1894ff., VII, S. 213
9. David Rein: E. A. Poe – the Inner Pattern. New York 1960; Great Tales of E. A. Poe. New York 1960, S. 67; Arthur Quinn: E. A. Poe. New York 1942, S. 392
10. F. O. Matthiessen: American Renaissance. New York 1954, S. 11; D. H. Lawrence: Studies in Classic American Literature (1922). Garden City 1953, S. 74
11. A. Douglas, 1977; Anne Wood: »The Literature of Impoverishment ...«. In: Women's Studies, 1972, S. 5; Gail Parker: »Sex, Sentiment, and Oliver Wendell Holmes«. In: Women's Studies, 1972, S. 47ff.

12. S. E. Morison: The Oxford History of the American People. New York 1965, S. 495; Milton Konvitz: First Amendment Freedoms. Ithaca 1963
13. Matthiessen, 1954, S. 194; V. L. Parrington: Main Currents of American Thought, Bd. II, S. 438f.; Lawrence, 1953, S. 93
14. Zit. n. Malcolm Cowley: »The Lost Generation Today«. In: Saturday Rev. of Literature, 2.6.1951, S. 6
15. Matthiessen, S. 228
16. H. N. Smith: Democracy and the Novel. New York 1978, S. 53f.
17. Matthiessen, S. 385, 391, 46
18. Justin Kaplan: Walt Whitman. Toronto 1982, S. 58ff.
19. Stephen Black: Whitman's Journey Into Chaos. Princeton 1975, S. 39; Kaplan, S. 87, 90, 104
20. Matthiessen, S. 523; Kaplan, S. 189; Vorwort zu Leaves of Grass, Ausgabe 1855; Brooklyn Eagle, 1846, zit. n. John Broderick (Hrsg.): Whitman the Poet. Belmont 1962, S. 51; Gay Wilson Allen: The Solitary Singer. New York 1955, S. 85
21. Vorwort zu Leaves of Grass, Ausgabe 1855; Allen, S. 83, 85
22. Broderick, S. 67; Kaplan, S. 254, 212
23. Kaplan, S. 21, 317; »Crossing Brooklyn Ferry«, Leaves of Grass, 2. Auflage 1856; Black, S. 108, 128, 189; Allen, S. 143; Emory Holloway: Free and Lonesome Heart. The Secret of Walt Whitman. New York 1960
24. Allen, S. 288, 298f., 461
25. Allen, S. 374, 370; Kaplan, S. 335
26. Allen, S. 100; Kaplan, S. 70
27. 1888. – Zit. n. Broderick, S. 57
28. Quentin Anderson: The Imperial Self. New York 1971, S. 106; R. W. B. Lewis: The American Adam. Chicago 1955, S. 46; Matthiessen, S. 59; Lawrence, S. 186
29. Broderick, S. 13; Kaplan, S. 190; Richard Chase: Walt Whitman. Minneapolis 1961, S. 7f., 21
30. Leo Marx (Hrsg.): The Americanness of Walt Whitman. Boston 1960, S. 84, 86; Allen, S. 469, 521; Kaplan, S. 352; Broderick, S. 157f.
31. Matthiessen, S. 152, 62, 69, 566; Melville: Moby Dick; »The Pacific«. Ausgabe 1967, S. 400
32. Matthiessen, S. 566; Kaplan, S. 61, 91; Broderick, S. 54; Allen, S. 101, 144
33. R. W. B. Lewis, 1955, S. 91; Sam Baskett: »Fronting the Atlantic ...«. In: New England Quarterly, 1983, S. 208ff.

XXIV. Auswanderung

1. Eichendorff: Wanderlieder. Der Auswanderer (1837)
2. Richard O'Connor: The German-Americans. Boston 1968
3. Gottfried Duden: Bericht über eine Reise nach den westlichen Staaten Nordamerikas. Ebersfeld 1829; Gottfried Duden: Die nordamerikanische Demokratie und das Tocquevill'sche Werk darüber. Bonn 1834; Manfred Durzak: »Perspektiven des Amerikabildes ...«. In: Sprache im technischen Zeitalter, 1975, S. 297ff.

4. Woerl's Führer für deutsche Auswanderer. Würzburg 1877, S. 122
5. Stadtarchiv Passau IB
6. Stadtarchiv Mühldorf A 1096, 1097
7. Takenori Inoki: Aspects of German Peasant Emigration to the United States. Cambridge 1974, S. 170, 245; O'Connor, S. 128
8. Oscar Handlin: The Uprooted. Boston 1951, S. 34
9. Carlton Qualey. Aus: Fritiof Ander: In the Trek of the Immigrants. Rock Island 1964, S. 35
10. A. W. Hoglund: »No Land for Finns ...«. Aus: M. Karni et al.: The Finnish Experience in the Western Great Lakes Region. Vamurala 1975
11. Zum Beispiel bei Charlotte Erickson: Invisible Immigrants. Coral Gables 1972, S. 313
12. Bayr. Staatsarchiv RA 16878, 16869
13. D. H. Lawrence: Studies in Classic American Literature. New York 1953, S. 14, 22, 154, 186
14. Joseph Och: Der Deutsch-Amerikanische Farmer. Columbus 1913; O'Connor, S. 189; Karl Lamprecht: Americana. Freiburg 1906; Luise Weil: Aus dem Schwäbischen Pfarrhaus nach Amerika. Stuttgart 1860; Charles Sealsfield: Die Vereinigten Staaten von Nordamerika (1827). Hildesheim 1972
15. C. L. Fleischmann: Erwerbszweige, Fabrikwesen und Handel in den Vereinigten Staaten von Nordamerika. Stuttgart 1850
16. Zit. n. A. B. Faust: The German Element in the U.S. Boston 1909, Bd. II, S. 364f.
17. Kirchliches Monatsblatt (Philadelphia), Juli/August 1972
18. Zit. n. O'Connor, S. 77
19. W. H. A. Williams: H. L. Mencken. Boston 1977, S. 18; Ernst Steiger: 53 Jahre Buchhändler in Deutschland und Amerika. New York 1901, S. 5; Richard Barthold: From Steerage to Congress. Philadelphia 1930, S. 13
20. J. F. Kennedy: »A Nation of Emigrants«. Zit. n. O'Connor, S. 80
21. Zit. n. Foner/Schultz: Das andere Amerika. Berlin 1975, S. 21
22. Oscar Handlin: A Pictorial History of Immigration. New York 1972, S. 112, 114
23. William Stone: Maria Monk and the Nunnery of the Hotel Dieu (1836)
24. 1851. – David Grimsted (Hrsg.): Notions of the Americans 1820–1860. New York 1970, S. 280

XXV. Frontier

1. Nelson Klose: A Concise Study Guide to the American Frontier. Lincoln 1964, S. 6
2. Ray A. Billington: Westward Expansion. New York 1949, S. 5f.
3. Thomas D. Clark: Frontier America. New York 1959, S. 215
4. S. E. Morison: The Oxford History of the American People. New York 1965, S. 367
5. Howard Kushner: »Suicide of Meriwether Lewis«. In: William & Mary Quarterly, 1981, S. 464ff.
6. Klose, 1964, S. 178
7. Philip Durham: »Negro Cowboys«. In: The American West. Herbst 1964, S. 27ff.

8. Richard Wade: The Urban Frontier. Cambridge 1959; Lyle Dorsett: The Queen City. Boulder 1977; David Drake, zit. n. L. B. Wright: Culture on the Moving Frontier. Bloomington 1955, S. 94; Thomas Nichols: Forty Years of American Life (1864). New York 1969, Bd. I, S. 408
9. Michael Rogin: Fathers and Children. New York 1975
10. Jedidiah Morse: The American Geography. Elizabethtown 1789, S. 469
11. Michael Kammen: People of Paradox. New York 1972, S. 151; George Marsh: The Earth as Modified by Human Action. New York 1874
12. Carman/Syrett: A History of the American People. New York 1957, S. 45, 82; Lillian Schlissel: »Frontier Families ...«, aus: Sam Girgus (Hrsg.): The American Self. Albuquerque 1981, S. 156; Stewart Holbrook: The Yankee Exodus. New York 1950, S. 10; Page Smith: Daughters of the Promised Land. Boston 1970, S. 203
13. Th. Clark, 1959, S. 203
14. Richard Cummings: The American and his Food. New York 1970
15. Th. Clark, 1959, S. 216
16. Nichols, Bd. I, S. 281; Th. Clark, 1959, S. 377, 492
17. Zit. n. Arthur Calhoun: A Social History of the American Family. Cleveland 1917ff., Bd. II, S. 105
18. V. Fisher/O. Holmes: Gold Rushes and Mining Camps of the Early American West. Caldwell 1968; Women (New York), Frühj. 1970, S. 52
19. Schlissel, 1981, S. 158
20. Atlantic Monthly, 1862, zit. n. Barbara Greenleaf: Children through the Ages. New York 1979, S. 123
21. Th. Clark, 1959, S. 17; Klose, 1964, S. 127f.
22. Th. Clark, 1959, S. 226; Eugene Hollon: Frontier Violence. New York 1974; Th. Clark, S. 17
23. Th. Clark, S. 574; Wright, 1955, S. 130; Perkins: Tagebuch 1849–1852, zit. n. Times Literary Supplement, 26.6.1965, S. 739
24. Fisher/Holmes, 1968; Women, Frühj. 1970
25. Wright, 1955, S. 117f.; Henry Fairlie: »The Hope and Fear of America«. In: Washington Post, 14. Dez. 1975, S. 37; Th. Clark, 1959, S. 391f.
26. Garland, zit. n. H. N. Smith: Virgin Land. New York 1950, S. 288; Frederick Jackson Turner: »The Significance of the Frontier in American History« (1893)
27. Carman/Syrett, Bd. I, S. 335; Th. Clark, 1959, S. 202; Alan Beckman: »Hidden Themes in the Frontier Thesis«. In: Comparative Studies in Society and History, 1965, S. 361ff.
28. R. A. Billington: »Frontiers«, aus: C. Vann Woodward: The Comparative Approach to American History. London 1968, S. 89f.
29. Die Aussagen über Hilfsbereitschaft sind – gelinde gesagt – ambivalent. Die Gemeinde stand vier beinamputierten Jungen bei, »after a by-stander refused to lift a finger to help them after a train approached«. – Merle Curti: The Making of an American Community. Stanford 1959, S. 116
30. Frederick Paxson: History of the American Frontier. Boston 1924, S. 44; David Potter: People of Plenty. Chicago 1968, S. 160; Morison, 1965, S. 746

31. Walter Blair/H. Hill: America's Humor. New York 1978, S. 224; Constance Rourke: American Humor. New York 1931, S. 73; Ferdinand Kürnberger: Der Amerikamüde (1855). Wien o.J., S. 296f.
32. Walter Blair: Tall Tale America. New York 1944, S. 41, 43, 47; Rourke, 1931, S. 49, 6
33. R. W. B. Lewis: The American Adam. Chicago 1955, S. 99; V. L. Parrington: Main Currents of American Thought, Bd. II, S. 224
34. Lewis, 1955, S. 13f., 22
35. Shelley Armitage: »Rawhide Heroines ...«, aus: Sam Girgus: The American Self. Albuquerque 1981, S. 171, 177; Carman/Syrett, Bd. II, S. 234

XXVI. Die Beseitigung der Indianer

1. Tocqueville: Über die Demokratie in Amerika, Bd. I, S. 394; Robert Bieder: »Anthropology and History of the American Indian«. In: American Quarterly, 1981, S. 309ff., referiert u.a. Samuel Morton (1839) und Henry Schoolcraft (1851–1857); Francis Parkman: Oregon Trail (1849); Th. Roosevelt: The Winning of the West (1889–1896); F. J. Turner: The Character and Influence of Indian Trade in Wisconsin (1891)
2. Franz Boas: The Mind of Primitive Man (1911); Primitive Art (1927); Alvin Josephy: »Indians in History«. In: Atlantic Monthly. Juni 1970, S. 67; Oliver Larkin: Art and Life in America. New York 1966
3. Jürgen Wolter: »Die Helden der Nation ...«. In: Amerikastudien, 1979, S. 246ff.
4. Michael Rogin: Fathers and Children – Andrew Jackson and the Subjugation of the American Indian. New York 1975, S. 125; Blair/Hill: America's Humor. New York 1978, S. 120f.
5. John Unruh: The Plains Across. Urbana 1979
6. Rogin, 1975, S. 151
7. S. E. Morison: The Oxford History of the American People. New York 1965, S. 445
8. Cherokee Nation v. Georgia (1831)
9. Der Brauch ging in redensartliche Wendungen ein. Wenn sich jemand selbst verwünschte, rief er »May I never see a scalp!« – Georg Friederici: Skalpieren und ähnliche Kriegsgebräuche in Amerika. Braunschweig 1906, S. 61
10. Carman/Syrett, Bd. II, S. 51
11. Erik Erikson: Childhood and Society. New York 1963; Yi-Fu Tuan: Space and Place: Minneapolis 1977, S. 16; Paul Radin: The Trickster. London 1956; Psychocultural Review. Winter 1958, S. 53
12. Lewis Morgan: League of the Ho-dé-no-san-nee or Iroquois (1851); Edmund Wilson: Apologies to the Iroquois. New York 1960; Gail Ringel: »The Kwakiutl Potlatch ...«. In: Ethnohistory, 1979, S. 355
13. George Howard: A History of Matrimonial Institutions. Chicago 1904, Bd. I, S. 218; Lester Ward: Dynamic Sociology (1883). New York 1968, Bd. I, S. 218; Vine DeLoria: Custer Died for your Sins. London 1969
14. William McLoughlin: »Red Indians, Black Slavery and White Racism: America's Slaveholding Indians«. In: American Quarterly, 1974, S. 375f.

15. Anthony Wallace: »Cultural Composition of the Handsome Lake Religion«. In: Bureau of American Ethnology Bulletin, 1961, S. 149; D. Fehrenbacher: The Era of Expansion. New York 1969, S. 35

XXVII. Das Band der Ehe und die Amerikanerin

1. Tocqueville: Über die Demokratie in Amerika, Bd. I, S. 305; Page Smith: Daughters of the Promised Land. Boston 1970, S. 132; Thomas Nichols: Forty Years of American Life (1864). New York 1969, Bd. I, S. 405
2. Arthur Calhoun: A Social History of the American Family. Cleveland 1917, Bd. II, S. 223; P. Smith, 1970, S. 214; Bryan Strong im Journal of Marriage and Family Living, August 1973; Calhoun, Bd. II, S. 241
3. Jonathan Bartlett: Remarks on the Question, is it lawful to marry the sister of a deceased wife (1814), ähnlich Parsons Cooke (1842); eine einschlägige Schrift erschien noch 1886
4. Ernest Groves: The American Woman. New York 1944, S. 112
5. Nelson Blake: The Road to Reno. New York 1962, S. 60; Joel Prentiss: Commentaries on the Law of Marriage and Reform (1851); T. Dwight, 1816, zit. n. Blake, S. 58
6. Moreau de St. Méry, zit. n. P. Smith, 1970, S. 60
7. P. Smith, 1970, S. 63
8. Linda DePauw: »The Forgotten Spirit of '76 ...«. In: Ms., Juli 1974, S. 54; Calhoun, Bd. II, S. 80
9. William Chafe: The American Woman. New York 1972; Barbara Welter: »The Cult of True Womanhood«. In: American Quarterly, 1966, S. 151ff.; William O'Neill: Everyone Was Brave. Chicago 1969, S. 5; Southern Literary Messenger, Juni 1844, S. 331; Alexander Walker: Woman Physiologically Considered (1840); Senator Frederick Frelinghuysen, zit. n. Chafe, 1972, S. 11
10. Robert Riegel: American Woman. Rutherford 1970, S. 106; Calhoun, Bd. II, S. 323; Blake, S. 81; Eric Dingwall: The American Woman. New York 1957, S. 86; Elizabeth Cady Stanton, zit. n. O'Neill, 1969
11. Catherine Beecher/Harriet Beecher-Stowe: The American Woman's Home (1869); Eliza Farnham: Woman and her Era (1864)
12. Hannah Mather Crocker: Observations on the Real Rights of Women (1818); O'Neill, 1969, S. 11; Hirtenbrief von 1837, zit. n. Women (New York), Frühj. 1970, S. 6
13. Hamilton: Report on Manufactures (1791); Edith Abbott: Women in Industry (1915)
14. Groves, 1944, S. 132
15. Zit. n. Ph. Foner/R. Schultz: Das andere Amerika. Berlin 1983, S. 56
16. Zit. n. Calhoun, Bd. II, S. 90
17. Ernest Earnest: The American Eve in Fact and Fiction. Urbana 1974, Kap. 5; Groves, 1944, S. 176
18. Anne Wood: »The Literature of Impoverishment ...«. In: Women's Studies, 1972, S. 7
19. Margaret Fuller: Woman in the 19th Century (1845). New York 1971, S. 57

XXVIII. Religiöse Vielfalt

1. Ann Douglas: The Feminization of American Culture. New York 1977, S. 24, 7
2. David Hall: The Faithful Shepherd. New York 1974; A. Douglas, S. 29, 43; Beecher, zit. n. Barrows Mussey: Yankee Life By Those Who Lived It. New York 1947, S. 361
3. Zit. n. Michael Kammen: People of Paradox. New York 1972, S. 80
4. W. E. Channing: The Works. Boston 1883, S. 367, 374, 376, 379; John Hardon: The Protestant Churches in America. Westminster 1962, S. 243
5. Emory Bucke: The History of American Methodism. Nashville 1964, Bd. I, S. 273f.; Thomas Clark: Frontier America. New York 1959, S. 309
6. Home Missionary Journal, zit. n. Robert Handy: Religion in the American Experience. Columbia 1972, S. 89; Richard McNemar, 1808, zit. n. Handy, 1972, S. 81; Thomas Nichols: Forty Years of American Life (1864). New York 1969, Bd. I, S. 78
7. Jay P. Dolan: Catholic Revivalism: The American Experience 1830–1900. Notre Dame 1978; D. Fehrenbacher: The Era of Expansion. New York 1969, S. 107
8. Sacvan Bercovitch: »How the Puritans Won the American Revolution«. In: Massachusetts Review, 1976, S. 626; Ronald Walters: American Reformers. New York 1978, S. 26
9. Miller, zit. n. Handy, 1972, S. 166f.
10. Midnight Cry, zit. n. Leon Festinger: When Prophecy Fails. Minneapolis 1956, S. 21
11. Jane Parker: Barley Wood (1860); Edward Eggleston: The End of the World (1872)
12. Mary Dyer: Portraiture of Shakerism (1827)
13. Edward Andrews: The Community Industries of the Shakers. Albany 1932, S. 22; Edward Andrews: The People Called Shakers. New York 1963, S. 91
14. Joseph Meacham: A Concise Statement of the Principles of the Only True Church (1790); Andrews, 1963, S. 22; Raymond Muncy: Sex and Marriage in Utopian Communities. Bloomington 1973, S. 20
15. Andrews, 1963, S. 20 und passim; John McAleer: Ralph Waldo Emerson. Boston 1984, S. 416
16. Donna Hill: Joseph Smith – the First Mormon. Garden City 1977, S. 52, 57
17. Zit. n. Leonard Arrington/Davis Bitton: The Mormon Experience. New York 1979, S. 284; Fawn Brodie: No Man Knows My History. New York 1945, S. 356
18. Zit. n. Arrington/Bitton, 1979, S. 136; zit. n. P. A. M. Taylor: Expectations Westward. Ithaca 1966, S. 81
19. Wallace Stegner: Mormon Country. New York 1942, S. 62
20. Stegner, 1942, S. 112; Brodie, 1945, S. 130
21. Hosea Stout: On the Mormon Frontier. The Diary 1844–1861. Salt Lake City 1964, Bd. II, S. 334; Dale Morgan, zit. n. W. Mulder/R. Mortensen (Hrsg.): Among the Mormons. Lincoln 1973, S. 471
22. Richard Francaviglia: The Mormon Landscape. New York 1978, S. 8
23. Francaviglia, 1978, S. 160
24. Leonard Arrington: Great Basin Kingdom. Lincoln 1966; Arrington/Bitton, 1979, S. 42; Thomas O'Dea: The Mormons. Chicago 1957; Stegner, 1942, S. 64

25. Robert Mullen: The Mormons. London 1967, S. 199; William McNiff: Heaven on Earth. Oxford (Ohio) 1940, S. 166; Truman Madsen (Hrsg.): Reflections on Mormonism. Provo 1978, S. 9
26. Annie Clark Tanner: A Mormon Mother – an Autobiography. Salt Lake City 1941, S. 65; Stanley Ivins: »Notes on Mormon Polygamy«. In: Utah Historical Quarterly, 1967, S. 308ff.
27. Stegner, 1942, S. 28f.; Brigham Young: »When we turned back from Provo to reoccupy Salt Lake we entered upon the back track, which is to eventually bring us to Jackson County, Missouri«, zit. n. Stanley P. Hirshson: The Lion of the Lord. A Biography of Brigham Young. New York 1969, S. 183
28. Andrew Jackson Davis: The Great Harmonia (1850)
29. Ronald Walters: American Reformers. New York 1978, S. 16
30. William Ladd: Essay on a Congress of Nations (1840); Elihu Burritt: Lectures and Speeches (1866)
31. Nichols, Bd. I, S. 337
32. Tocqueville: Über die Demokratie in Amerika, II, 12; Douglas, 1977, S. 22; Sasz, 1981, S. 96

XXIX. Transzendentalismus

1. Hans Heyck: »Ralph Waldo Emerson – ein Heutiger«. In: Nationalsozialistische Monatshefte, 1932, Nr. 31; Dieter Schulz: »Emerson's Visionary Moments ...«. In: Amerikastudien, 1983, S. 29
2. Michael Kammen: People of Paradox. New York 1972, S. 260
3. Ralph Rusk: The Life of Ralph Waldo Emerson. New York 1949, S. 4 , 23, 55, 59, 86, 115; John McAleer: Ralph Waldo Emerson. Boston 1984, S. 359, 36, 20
4. Zit. n. Rusk, S. 66
5. Rusk, S. 97, 157, 165, 84, 178; McAleer, S. 67, 155, 558
6. Rusk, S. 167, 280, 435; McAleer, S. 6, 229
7. Rusk, S. 122 und passim; McAleer, S. 101 und passim; W. E. Channing, zit. n. McAleer, S. 346. Seinen Biographen hat er ewige Rätsel aufgegeben. Rusk konnte nicht zeigen, worin Emersons Größe bestand, McAleers Zitate wollen nicht zum Text passen
8. Schulz, 1983, S. 23; Roland Hagenbüchle: »Spontaneity and Form ...«. In: Amerikastudien, 1983, S. 13, 15; Stanley Cavell: »The Thought of Movies«. In: Yale Review, 1983, S. 200
9. Emerson: Essays. New York o.J., Nature, S. 124f., 219, 139; Self-Reliance, S. 60
10. Emerson, Nature, S. 131ff.
11. Emerson, Over-Soul, S. 200, 214
12. Emerson, Over-Soul, S. 211, 207, 205
13. Quentin Anderson: The Imperial Self. New York 1971, S. 6
14. Zit. n. F. O. Matthiessen: The American Renaissance. New York 1954, S. 65, 476
15. Emerson: Self-Reliance. Boston 1884, S. 60; McAleer, S. 516; Emerson, Journals, S. 8, 18; Parrington, Bd. I, S. 39; Q. Anderson, 1971, S. 5

16. Thoreau: The Maine Woods. New York 1960, S. 278; Thoreau, 1856, zit. n. McAleer, S. 350
17. Matthiessen, 1954, S. 92; Charles Sanford: The Quest for Paradise. Urbana 1961, S. 179; Thoreau: Walden, XVII, Conclusion; Matthiessen, S. 88
18. Anderson, 1971, S. 3; »Alphonse of Castile« (1847), zit. n. Curtis Brown: Star-Spangled Kitsch. New York 1975, S. 17
19. Stanley Elkins, zit. n. Jesse Lemisch: On Active Service in War and Peace. Toronto 1975, S. 78; Ulrich Horstmann: »The Whispering Sceptic ...«. In: Amerikastudien, 1983, S. 50
20. »I must die if I do not burst forth in genius or heroism«, zit. n. A. Douglas: The Feminization of American Culture. New York 1977, S. 279
21. Th. Parker: Letter for the People of the United States Touching the Matter of Slavery (1848); W. H. Channing: Works (1863–1870); B. Alcott: Observations on the Principles and Methods of Infant Instruction (1830)

XXX. Utopische Gemeinschaften

1. Jacques Barzun: Darwin, Marx, Wagner. Boston 1941, S. 156ff., S. 227f.
2. Charles Nordhoff: The Communistic Societies of the United States (1875). New York 1961; Mark Holloway: Heavens on Earth. New York 1951, S. 99
3. Raymond Muncy: Sex and Marriage in Utopian Communities. Bloomington 1973
4. Barzun, S. 228
5. Arthur Bestor: Backwood Utopias. Philadelphia 1970; Carman/Syrett: A History of the American People. New York 1957ff., Bd. I
6. Martin Buber: Pfade in Utopia. Heidelberg 1950, S. 44
7. Zit. n. Holloway, 1951, S. 104
8. Bernhard. Herzog zu Sachsen-Weimar-Eisenach: Reise durch Nordamerika in den Jahren 1825 + 1826. Hrsg. von Heinrich Luden. Weimar 1828, S. 139
9. Carl Guarneri: »Importing Fourierism to America«. In: Journal of the History of Ideas, 1982, S. 581ff.
10. Henry Sams (Hrsg.): The Autobiography of Brook Farm. Englewood Cliffs 1960, S. 25; Lindsay Swift: Brook Farm (1900). New York 1961
11. E. Peabody, zit. n. Sams, S. 62ff.; Ripley, zit. n. Sams, S. 7
12. Nordhoff, S. 339
13. Nordhoff, S. 33f.
14. Stephen Andrews: The Science of Society (1851)
15. Michael Fellman: The Unbounded Frame. Westport 1973; William Bailie: Josiah Warren (1906). New York 1971; John Spurlock: »Anarchy and Community at Modern Times 1851–1863«. In: Communal Societies, 1983, S. 45
16. Robert Parker: A Yankee Saint: John Humphrey Noyes. New York 1935, S. 182
17. John Humphrey Noyes. Male Continence. Oneida 1872; dt. Ausgabe: Die Manneskraft und ihre Beherrschung und Erhaltung. Leipzig 1896
18. Maren Carden: Oneida. Baltimore 1969, S. 51
19. Zit. n. Muncy, S. 189

20. Muncy, S. 195f.; Carden, 1969
21. Buber, 1950, S. 18
22. Constance Rourke: American Humor. New York 1931, S. 133f.
23. Buber, S. 125; Muncy, S. 229; Bestor, 1953; Yaacov Oved: »Communes and the Outside World ...«. In: Communal Societies, 1983, S. 82ff.

XXXI. Sklaverei

1. David Eltis: »Free and Coerced Transatlantic Migrations ...«. In: American Historical Review, 1983, S. 260
2. John Blassingame: The Slave Community. New York 1979, S. 5
3. Eltis, 1983, S. 272
4. Blassingame, 1979, S. 5; Eltis, 1983, S. 255; E. Franklin Frazier: The Negro Family in the United States. New York 1939, S. 171; Eugene Genovese: Roll Jordan Roll. New York 1976, S. 406, 5
5. Blassingame, 1979, S. 27
6. Edmund Morgan: American Slavery. New York 1975; Bancroft, zit. n. David Davis: The Problem of Slavery in Western Culture. Ithaca 1966, S. 24
7. Lee u. Sherman, zit. n. Fawn Brodie: Th. Jefferson. London 1974, S. 163
8. Genovese, 1976, S. 75ff.; James Oakes: The Ruling Race. New York 1982
9. Maurice Davie: Negroes in American Society. New York 1949, S. 23; Genovese, 1976, S. 7f.
10. Tocqueville: Über die Demokratie in Amerika, Bd. I, S. 402; Herbert Gutman: Vortrag in München am 3.6.1977; Eltis, 1983, S. 262
11. Bernd Rüster: Rassenbeziehungen in den USA. Darmstadt 1973, S. 38; Thomas Jefferson: Writings. Washington 1903, Bd. XVII, S. 10
12. Genovese, 1976, S. 338
13. Hessischer Soldat, zit. n. Foner/Schultz: Das andere Amerika. Berlin 1983, S. 40; Jefferson, Bd. XVIII, S. 197, Bd. II, S. 193, Bd. V, S. 6, Bd. VIII, S. 241, Bd. XII, S. 255
14. Genovese, 1976, S. 32
15. Carman/Syrett, Bd. I, S. 437; Herbert Gutman: Slavery and the Numbers Game. Urbana 1975, S. 22f.; Foner/Schultz, 1983, S. 40; Blassingame: Slave Testimony. Baton Rouge 1977, S. 138
16. Blassingame, 1977, S. 67, 131, 339, 372
17. Blassingame, 1977, S. 552, 137, 221, 379
18. Blassingame, 1979, S. 83; Blassingame, 1977, S. 161
19. Blassingame, 1977, S. 165, 34
20. Verfassung, Art. IV, 2, 2; Herbert Gutman: The Black Family in Slavery and Freedom. New York 1977, S. 265; Genovese, 1976, S. 651f.
21. Arthur Calhoun: A Social History of the American Family. Cleveland 1917ff., Bd. II, S. 213
22. Pierre Van den Berghe: »Racialism and Assimilation in Africa and the Americas«. In: Southwestern Journal of Anthropology, 1963, S. 429
23. Frazier, 1939

24. Calhoun, Bd. II, S. 244
25. Calhoun, Bd. II, S. 327, 262
26. William Montell: The Saga of Coe Ridge. Knoxville 1971; Gutman, 1977, S. 275ff.
27. Jay's Inquiry, zit. n. W. E. B. DuBois: The Negro American Family (1908). Westport 1970, S. 22
28. DuBois, 1971; Jefferson: Notes on the State of Virginia, zit. n. Grace Halsell: Black and White Sex. Greenwich 1972, S. 56
29. Calhoun, Bd. II, S. 325; Otto Klineberg (Hrsg.): Characteristics of the American Negro. New York 1944; Genovese, 1976, S. 422; George Howard: A History of Matrimonial Institutions. Chicago 1904, Bd. II, S. 399
30. Blassingame, 1977, S. 347, 362; Genovese, 1976, S. 421; Klineberg, S. 264
31. Jefferson: Writings, Bd. II, S. 194; Halsell, 1972, S. 54f.; Brodie, 1974, S. 467; R. W. B. Lewis: The American Adam. Chicago 1955, S. 16
32. DuBois, 1970; Calhoun, Bd. II, S. 308; Page Smith: Daughters of the Promised Land. Boston 1970, S. 220
33. Anon.: »Effect of Relations between Caucasian Master and African Slave«. In: Southern Literary Messenger, 1844, S. 329ff., 470ff.
34. Van den Berghe, 1963, S. 425, 431
35. Jefferson: Writings, Bd. IX, S. 275
36. S. E. Morison: The Oxford History of the American People. New York 1965, S. 520
37. Jefferson: Writings, Bd. XVII, S. 119; Bd. X, S. 295ff.
38. Jefferson: Writings, Bd. X, S. 296f., 329; Bd. XII,S. 10, 12; Bd. XV, S. 102ff.
39. Blassingame, 1977, S. 63, 100, 103
40. Carman/Syrett; Thomas Nichols. Forty Years of American Life (1864). New York 1969, Bd. I, S. 215
41. Blassingame, 1979, Kap. 2; Wilbur Cash: The Mind of the South (1941). New York 1960
42. Blassingame, 1979, S. 99ff.; Genovese, 1976, S. 224; John Vlach: »The Shotgun House ...«. In: Pioneer America, Jan./Juli 1976, S. 47ff.
43. Blassingame, 1979, S. 99; Genovese, 1976, S. 434
44. Blassingame, 1977, S. 70; Jefferson: Writings, Bd. II, S. 196; Oliver Larkin: Art and Life in America. New York 1966, S. 121; K. Ensslen: »Das Getto in der afroamerikanischen Literatur nach 1945«, aus: B. Ostendorf (Hrsg.): Amerikanische Gettoliteratur. Darmstadt 1983, S. 270
45. Emory Bucke: The History of American Methodism. Nashville 1964, Bd. I, S. 273f.; Frederick Douglass: The Life and Writings of Frederick Douglass. New York 1950ff.; Elizabeth Keckley: Behind the Scenes (1868)
46. Blassingame, 1979, S. 100; Genovese, 1976, S. 212
47. W. E. B. DuBois, zit. n. Robert Handy: Religion in the American Experience. Columbia 1972, S. 183; Genovese, 1976, S. 187, 208
48. Genovese, 1976, S. 237, 274f.; Blassingame, 1979, S. 132
49. Blassingame, 1979, S. 109; Gutman, 1977, S. 281
50. LeRoi Jones: Blues People. New York 1963, S. 44
51. Guy B. Johnson, aus: William Couch (Hrsg.): Culture in the South. Chapel Hill 1935
52. Marshall Stearns: The Story of Jazz. New York 1956, S. 550

53. Ben Sidran: Black Talk. New York 1971, S. 47f.
54. Blassingame, 1979, S. 124
55. Blassingame, 1979, S. 142; John Lovell: Black Song. New York 1972
56. Genovese, 1976, S. 275, 638
57. Ruffin, zit. n. Genovese, 1976, S. 323
58. Robert Fogel/St. Engermann: Time on the Cross. Boston 1974; Blassingame, 1977, S. 13; Gutman, 1977, S. 264
59. Gutman, 1977, S. 264, 344
60. Harley Upchurch: »A Quantitative Overview of U.S. Citizens Who Were ›Outward Bound‹ in the 20th Century«. Unveröff. Ms. (1960)
61. John Blassingame: The Slave Community. New York 1979, S. 77; Carman/Syrett: A History of the American People. New York 1957ff.
62. Foner/Schultz: Das andere Amerika. Berlin 1983, S. 76
63. William Ellery Channing: Slavery (1835); The Abolitionist (1836)
64. Theodore Weld: The Bible Against Slavery (1837); American Slavery As It Is (1839)
65. The Liberator, 1.1.1831
66. Ronald Walters: »The Erotic South ...«. In: American Quarterly 1973, S. 177ff.; Arthur Calhoun: A Social History of the American Family, Bd. II, S. 363
67. The Life of Josiah Henson (1849); Harriet Beecher-Stowe: A Key to Uncle Tom's Cabin (1853); ebenfalls *anti-slavery:* Richard Hildreth: The Slave (1836); Mary Pike: Ida May (1854); Melta Victoria Victor: Maum Guinea (1861); *pro-slavery:* J. W. Page: Uncle Robin in his Cabin in Virginia and Tom without one in Boston (1855); Caroline Hentz: The Planter's Northern Bride (1854)
68. Garrison, zit. n. Carman/Syrett, Bd. I, S. 502
69. William Leggett in der New York Evening Post, 12.8.1835. Aus: Harold Nelson (Hrsg.): Freedom of the Press. Indianapolis 1967, S. 215
70. Michael Kammen: People of Paradox. New York 1972, S. 256; Ronald Walters: American Reformers: New York 1978, S. 96; Ann Douglas: The Feminization of American Culture. New York 1977, S. 34
71. Drew Faust: A Sacred Circle. Baltimore 1977, S. 118ff.
72. John Richter Jones: Slavery Sanctioned by the Bible (1861)
73. Josiah Nolt/George Gliddon: Types of Mankind (1854); De Bow's Review, Jan. 1855, zit. n. Carl Bode: Antebellum Culture. Carbondale 1970, S. 264
74. D. Faust, 1977, S. 116f.; Edward Pollard: Black Diamonds Gathered in the Darkey Houses of the South (1859)

AUSGEWÄHLTE LITERATUR

Gay Wilson Allen: The Solitary Singer – a Critical Biography of Walt Whitman. New York 1955
Quentin Anderson: The Imperial Self. New York 1971
Leonard Arrington/Davis Bitton: The Mormon Experience. New York 1979

Sacvan Bercovitch: The Puritan Origins of the American Self. New Haven 1975
Robert Berkhofer: The White Man's Indian. New York 1978
John Blassingame: The Slave Community. New York 1979
Carl Bode: Antebellum Culture. Carbondale 1970
Robert Bremner et al. (Hrsg.): Children and Youth in America, Bd. I, 1600–1865. Cambridge 1970
Fawn Brodie: Thomas Jefferson: London 1974
Richard Bushman: From Puritan to Yankee. Cambridge 1967

Harry Carman/H. Syrett: A History of the American People. New York 1957–1959
Gilbert Chase: Die Musik Amerikas. Berlin/Wunsiedel 1958
Thomas D. Clark: Frontier America. New York 1959
Richard Cummings: The American and his Food. New York 1970
Merle Curti: The Growth of American Thought. New York 1943

Richard B. Davis: Intellectual Life in the Colonial South. Knoxville 1978
John Demos: A Little Commonwealth. New York 1970
Lyle Dorsett: The Early American City. St. Louis 1973
Richard Dorson: America in Legend. New York 1973
Ann Douglas: The Feminization of American Culture. New York 1977
George F. Dow: Everyday Life in the Massachusetts Bay Colony. New York 1969
Harold Driver: Indians of North America. Chicago 1961

Edward Eggleston: The Transit of Civilization from England to America in the 17th Century (1900). Boston 1959
Kai Erikson: Wayward Puritans. New York 1966

John Ferling: A Wilderness of Miseries. Westport 1980
Stephen Foster: Their Solitary Way. New Haven 1971

Eugene Genovese: Roll Jordan Roll – the World the Slaves Made. New York 1976
Antonello Gerbi: The Dispute of the New World. Pittsburgh 1973
Lawrence Gipson: The Coming of the Revolution. New York 1954
Philip Greven: The Protestant Temperament. New York 1977

David Hall: The Faithful Shepherd. New York 1974
James Hart: The Oxford Companion to American Literature. London 1946
Max Herzberg: The Reader's Encyclopedia of American Literature. New York 1962

E. A. J. Johnson: American Economic Thought in the 17th Century. New York 1961
Winthrop Jordan: White Over Black. Chapel Hill 1968

Michael Kammen: People of Paradox. New York 1972
Justin Kaplan: Walt Whitman. Toronto 1982

Oliver Larkin: Art and Life in America. New York 1966
David Leverenz: The Language of Puritan Feeling. New Brunswick 1980
John Lovell: Black Song. New York 1972
Kenneth Lynn: A Divided People. Westport 1977
Staughton Lynd: Class Conflict, Slavery, and the U.S. Constitution. Indianapolis 1967

John McAleer: Ralph Waldo Emerson. Boston 1984
William McLoughlin: Revivals, Awakening, and Reform. Chicago 1978
Jackson T. Main: The Social Structure of Revolutionary America. Princeton 1965
F. O. Matthiessen: American Renaissance. New York 1954
Perry Miller: The New England Mind, 2 Bde. New York 1939 und Cambridge 1953
Herbert Morais: Deism in 18th Century America. New York 1960
Edmund Morgan: The Puritan Family. New York 1966
S. E. Morison: The Oxford History of the American People. New York 1965
Frank Luther Mott: American Journalism. New York 1962

Wallace Notestein: The English People on the Eve of Colonization. New York 1954

Emil Oberholzer: Delinquent Saints. New York 1956

Vernon L. Parrington: Main Currents of American Thought. 3 Bde. New York 1927–1930
Ralph Barton Perry: Puritanism and Democracy. New York 1944
Edward Pessen: »The Egalitarian Myth and American Social Reality«. In: American Historical Review, 1971, S. 989ff.

Michael Rogin: Fathers and Children – Andrew Jackson and the Subjugation of the American Indian. New York 1975
Constance Rourke: American Humor. New York 1931
Darrett Rutman: Winthrop's Boston. New York 1965

Arthur Schlesinger Jr.: The Age of Jackson. Boston 1945
Richard Slotkin: Regeneration Through Violence. Middletown 1973
Chard Powers Smith: Yankees and God. New York 1954
Henry Nash Smith: Virgin Land. New York 1950

Allen Trelease: Indian Affairs in Colonial New York. Ithaca 1960

John Unruh: The Plains Across. Urbana 1979

Claude Van Tyne: The Causes of the War of Independence. New York 1951

Ronald Walters: »The Erotic South – Civilization and Sexuality in American Abolitionism«. In: American Quarterly, 1973, S. 177ff.

Louis Wechsler: The Common People of Colonial America. New York 1978

Dixon Wecter: The Hero in America. New York 1941

Marcus Whiffen/F. Koeper: American Architecture. London 1981

Bernard Wishy: The Child and the Republic. Philadelphia 1977

Louis B. Wright: Culture on the Moving Frontier. Bloomington 1955

Alfred Young (Hrsg.): The American Revolution. DeKalb 1976

Larzer Ziff: Puritanism in America. New York 1973

Dieses Buch, einschließlich Vorsatzpapier und Einband,
wurde auf Recyclingpapier gedruckt, das zu 100% aus Altpapier besteht.
Das Kapitalband und das Leseband wurden aus ungefärbter
und ungebleichter Baumwolle gefertigt.